日本近代法学の巨擘

磯部四郎論文選集

村上一博　編

信　山　社

序　文――「日本法律家の巨擘」磯部四郎――

村上一博

日本近代法学の黎明期において、フランス法学を機軸とした卓越かつ広範な法学識と旺盛な著作活動において、さらにはその豪放磊落な人柄において、もっとも異彩を放った人物といえば、誰もが真っ先に、磯部四郎という名前を思い浮かべるであろう。いくつかの人物評伝をみると、磯部について、「天下君の名を知らざる者なき」(『弁護士総攬』)「日本法律家の巨擘」(『明治弁護士列伝』)、「卓識雄弁……当代の雄」(『代表的人物及事業』)といった賞賛の文字が躍っている反面、他方では、「足下の奇才落磊は世人の驚服する所」(『東都状師月旦』)とその「国宝的心臓」(横田秀雄)を示す数々の逸話にも事欠かない。

磯部の詳しい経歴については、本書第二部に収載した評伝類に譲るが、磯部は、明治一一年一二月にフランス留学(パリ大学法学部で法学士号取得)から帰国してのち、司法省判事を皮切りとして、司法エリートとしての歩みを始め、大正一二年九月一日に、関東大震災により本所被服廠跡で焼死するまで、近代日本の立法および司法の分野で大きな足跡を残した。彼の死後、進叙のために作成された経歴一覧(『大正一二年　叙位　巻二十八』国立公文書館 2A・16・759)に依拠して(若干の修正を加えた)、主な要職をたどってみよう。

明治一二年　三月　　司法省修補課委員
　　一三年　一月　　民法編纂委員
　　一四年　六月　　民法編纂局会計主務
　　一九年　三月　　東京控訴裁判所検事

七月　大審院検事
一一月　民法第二編第三編元老院議定ニ付キ内閣委員
二三年　五月　法例民法財産取得編人事編元老院議定ニ付キ内閣委員
七月　第一回衆議院議員選挙当選（富山県第一区）
一〇月　大審院判事
二四年　七月　大審院検事
二五年　五月　代言人免許
二六年　七月　法典調査会査定委員
二七年　三月　法典調査会委員
三一年　五月　東京組合弁護士会長
（以後、明治三七・三八・三九年、大正一二年の計五度）
三五年　八月　衆議院議員選挙当選（東京府東京市）
三六年　三月　同　右
三七年　四月　同　右
三九年　六月　法律取調委員
七月　刑法取調委員会起草委員
四〇年　五月　法律取調委員
刑法施行法及監獄法主査委員
六月　法学博士
四一年　六月　東京市会議員当選

一一月　刑事訴訟法改正主査委員
大正　三年　三月　貴族院議員勅選
　　　八年　七月　臨時法制審議会委員

磯部は、司法省明法寮に入学してジョルジュ・ブスケやボワソナードからフランス法に学んだ、いわゆる正則科一期生で、同科終了後、さらにパリ大学に学んで法学士の学位を取得した、フランス法派法学者の草分けの一人である。フランスから帰国して後、右のような要職を歴任したわけだが、比較的よく知られている功績だけを時系列的に挙げてみても、①旧刑法の編纂時に刑事弁護と陪審制の導入を主唱し、②ボワソナードによる旧民法編纂作業に参加、③法典論争において断行派の中心的役割を果たし、④明治民法の編纂作業にも参加した。また、⑤日本弁護士協会を拠点として刑法改正案に反対するとともに、陪審制の創設に尽力した。その他、⑥大審院の判検事を勤め、⑦五度にわたって東京弁護士会長となり、⑧衆議院議員・貴族院議員にも選ばれた。まさに、自他ともに認める明治大正期を代表する法学者の一人であると言ってよい。

ところが、彼の法学理論そのものに焦点を当てた研究となると、これまで、ほとんど見出すことができない状況にある（小説ではあるが、木々康子『蒼龍の系譜』『陽が昇るとき』『林忠正とその時代』〔筑摩書房〕は磯部の人物像のみならず法理論までも描き出しており貴重である）。もっとも、このような研究状況は、磯部だけに限ったことではなく、およそ司法省法学校系列の法学者たちに関する研究は―ボワソナード研究を除いて―、明治大学・法政大学・関西大学の大学史研究の分野でなされてきたものの、法学説史研究の分野では、ほとんど等閑に付されてきたと言ってよい。このことは、東京大学法学部系列の法学者たち、穂積陳重・八束兄弟、梅謙次郎、富井政章らの法学説に関する研究が重視され、徐々に蓄積されてきたのと対称的である（星野英一「日本民法学の出発点」〔東京大学公開講座『明治・大正の学者たち』、のちに星野『民法論集』第五巻、所収〕など参照）。

しかし、近年、磯部四郎によって刊行された膨大な法学関係著作の多くが—講義録の類を除いて—、信山社出版から続々と復刻されており、磯部研究の基本条件が整いつつある。本書は、別に予定されている『磯部四郎研究』の姉妹版として、これらの刊行著作以外に、磯部四郎が、その生涯の時々に、あるいは諸立法事業の過程で発表した建議・意見書、あるいは諸雑誌に掲載した論稿・演説筆記録などを集め（第一部）、さらに彼に関する人物評伝および回顧談をくわえて（第二部）、一冊に纏めたものである。

なお、資料を翻刻するにあたっては、次のような基準に拠った。

一、漢字は原則として常用漢字を、俗字・略字などは正字体を用いたが、附・缺・曾など、原文のままとした場合もある。

二、かなの多くは現行の字体に、ヿ（こと）、ヿ（コト）、𪜈（トモ）、𪜊（トキ）、ホ（ナド）、〆（シテ）も、かな・カナに改めた。

三、句読点は原則として原文を尊重したが、あまりに煩雑な場合には省略した。

四、明らかな誤字・脱字、文意不明な箇所には、当該字の右側に（ママ）などと注記した。

五、原文中、差別的あるいは侮辱的な言説が見いだされる場合があるが、歴史的資料を忠実に復刻する趣旨から、あえて省略しなかった。ご理解を賜りたい。

収載した各論稿は、分野別ではなく、あえて年代順としたが、これは時々の磯部の関心事がどこにあったかを示したかったからに他ならない。この解題では、個々の論稿の内容にまで立ち入って検討する余裕はないが、各々の性格について簡単に触れておこう。

まず、第一部について。磯部が公的に発表した最初の論稿は、法学士号の取得にあたってパリ大学法学部に提出した卒業論文（Thèse pour la Licence en droit [Faculté de droit de Paris], Août 1878）［フランス国立図書館所蔵］

である。磯部は、フランス留学時代について、ほとんど語っていないため、我々は、パリ大学学籍簿と右論文によって、彼の勉学の様子を窺い知ることができるにすぎない。帰国後、司法省内に設置された修補課の委員として、各種単行法令の修補に従事したが、修補委員として彼が立案した二編の意見書、「控訴期限間詐偽予防ノ意見」および「刑事代言人ヲ許スル議上申案」が残っている（法務図書館所蔵）。後者の意見書は、後年、穂積陳重によって見出され（『続法窓夜話』）、磯部は「刑事弁護の主唱者」として知られることになるが、刑事分野では他に、陪審制の設置についても提言していたことが確実であり、フランス帰りの新進気鋭の法学者としての磯部の面目躍如たるものがある。大木喬任を中心として明治一四年から始まった旧民法編纂作業では、箕作麟祥とともに、ボワソナード草案の翻訳および修正の作業に従事するが（詳しくは、大久保泰甫・高橋良彰『ボワソナード民法典の編纂』雄松堂、参照）、元老院第一五号議案「民法」草案第二編第三編の立法趣旨説明（内閣委員）、「用益権ノ廃ス可カラサル意見」「可決相続法草案ニ対スル卑見」など、法律取調委員会での意見書を集めた。後年の回想録「民法編纂ノ由来ニ関スル記憶談」（『法学協会雑誌』）も良く知られている。また、明治一八年頃から、明治法律学校において講義を担当するようになり、その機関誌である『明法雑誌』に、盛んに討論筆記録や論文を掲載している。

いわゆる法典論争においては、旧民法の延期説に対して、「法理精華ヲ読ム」（『法政誌叢』）を皮切りに、明治法律学校と和仏法律学校が合同で出した機関誌『法治協会雑誌』（通常号および号外）に激烈な反駁文を次々に発表している。本書には、『駁東京日々新聞民法修正論』『重駁東京日々新聞民法論』など、磯部が単独名で発表した論稿だけを収載したが、『法典実施断行意見』や『辯妄』など、明治法律学校関係者らと共同執筆した意見書も多い。法典論争に敗れたのち、例の司法官弄花事件に関係して、大審院検事を辞職し弁護士となった。それ以後は、日本弁護士協会の機関紙『日本弁護士協会録事』や『法律新聞』に、時事法律論を掲載するようになり、弁護士の地位向上に取り組むと共に、衆議院議員としても立憲政友会の『政友』に拠って、とりわけ、明治三三年頃の刑法改正反対運動と大正一二年の陪審制度創設に、きわめて熱心に取り組んだことが知られる。

第二部に収載した磯部の評伝類は、衆議院議員および弁護士の評伝集に掲載されているものが多い。中でも、磯部に私淑した都澤敬治郎『従五位磯部四郎君伝』は、かなりの誇張脚色を含んでいるが、磯部の生い立ちを詳細に跡づけている。また、尾佐竹猛・播磨龍城・原嘉道・横田秀雄など、磯部と交際があった当代の著名法曹たちの回想談は、弁護士磯部の魅力を実に生き生きと描き出している。

本書には、磯部が発表した主要な論稿は、可能な限り幅広く収載するよう努めた（とくに貴重な資料を提供いただいた、木々康子・栗三直隆・谷口貴都・江戸恵子の各氏にお礼を申し上げたい）。しかし、明治法律学校や東京専門学校の機関誌に連載された講義録の類、明治民法の審議過程における発言、衆議院議員・貴族院議員としての議場での発言、弁護士として関わった民刑事事件での弁論書などに関しては、収載していない。また、諸新聞雑誌に報道された磯部関係記事のほとんどについても省略せざるを得なかった。ともあれ、いくつか重要な論稿が脱落しているのではないかと恐れている。諸賢のご教示を得て、他日、追補する機会をえられれば幸いである。

目　次

第一部　論説および討論・講談会筆記録

パリ大学法学部卒業（法学士号取得）論文
Thèse pour la Licence en droit (Faculté de droit de Paris)　一八七八年八月（巻末）
「控訴期限間詐偽予防ノ意見」（司法省『修補課各委員意見書類』第一巻）　明治一二年　四月……3
「刑事代言人ヲ許スル議上申案」（司法省『修補課各委員意見書類』第二巻）　明治一二年　六月……5
期満法に関する討論筆記　『明法雑誌』二〇号　明治一九年　九月……6
元老院第五一五号議案「民法」草案第二編第三編の立法趣旨説明
『元老院会議筆記』後期二五巻　明治一九年一二月……8
陪審制に関する討論筆記　『明法雑誌』二九号　明治二〇年　二月……10
「書入質権之性質」　『明法雑誌』三二号　明治二〇年　三月……12
「我邦将来ノ法律」　『明法雑誌』三三号　明治二〇年　四月……15
「成文法ノ根原　纂論」（一）　『明法雑誌』四六号　明治二〇年一〇月……17
同　（二）　同　四七号　明治二〇年一一月……21
同　（三完）　同　四八号　明治二〇年一一月……25

監獄に関する講談会筆記　『明法雑誌』四八号　明治二〇年一一月……29
「餅は餅屋」（一）【未見】　『明法雑誌』四九号　明治二〇年一二月……31
同　（二完）　同　五〇号　明治二〇年一二月……31
「用収権ノ廃ス可カラサル意見」（「民法編纂ニ関スル諸意見竝ニ雑書一」）　『日本近代立法資料叢書』第一〇巻　明治二〇年一二月……35
「用収権ノ廃ス可カラサル意見追加」（「民法編纂ニ関スル諸意見竝ニ雑書一」）　『日本近代立法資料叢書』第一〇巻　明治二〇年一二月……39
「一般ニ人証ヲ許容スヘキヤ否ヤノ問題ニ関スル卑見」（「民法編纂ニ関スル諸意見竝ニ雑書一」）　『日本近代立法資料叢書』第一〇巻　明治二一年　一月……45
「羅馬国民の性質」（一）　『明法雑誌』五一号　明治二一年　一月……49
同　（二）　同　五二号　明治二一年　一月……51
同　（三）　同　五三号　明治二一年　二月……55
同　（四完）　同　五四号　明治二一年　二月……59
中止未遂に関する討論筆記　『五大法律学校聯合討論筆記』第一回　明治二一年　三月……63
同　『明法雑誌』五七号　明治二一年　四月……63
「法律の厳制法式主義の利害」（一）　『明法雑誌』五八号　明治二一年　四月……67
同　（二）　同　五九号　明治二一年　五月……71
同　（三完）　同　六〇号　明治二一年　五月……75
登記に関する討論筆記　『五大法律学校聯合討論筆記』第二回　明治二一年　五月……79
「刑法第四十三条之解（没収論）」（一）　『明法雑誌』六三号　明治二一年　七月……84

同　（二完）　同　六四号　明治二一年　七月……90
「天然義務ニ関スル我カ民法草案ノ条項当否如何ノ卑見」（「民法編纂ニ関スル諸意見並ニ雑書一」）
『日本近代立法資料叢書』第一〇巻　明治二一年　八月……94
「隠居相続論」（一）　『明法雑誌』七八号　明治二三年　二月……99
同　（二完）　同　七九号　明治二三年　三月……102
「民法草案中検事ニ関スル条項」（「民法編纂ニ関スル意見書」）
『日本近代立法資料叢書』第一二巻　明治二三年　三月……105
「官吏に対する侮辱罪の解」　『求友弌聲』一号　明治二三年　四月……107
「普及選挙及ヒ限定選挙」　『明法雑誌』八六号　明治二二年　六月……109
「可決相続法草案ニ対スル卑見」
（「民法編纂ニ関スル諸意見並ニ雑書二」）　『日本近代立法資料叢書』第一〇巻
（「法律取調委員会　民法ニ関スル諸意見綴込」）　同　第一六巻　明治二二年　六月……113
「磯部報告委員ノ意見（国家の責任）」（「法律取調委員会　民法草案財産篇第三七三条ニ関スル意見」）
『日本近代立法資料叢書』第一六巻　明治二二年　九月……125
「法理精華ヲ読ム」（一）　『法政誌叢』九九号　明治二三年　一月……128
同　（二）　同　一〇〇号　明治二三年　一月……131
同　（三）　同　一〇二号　明治二三年　二月……134
同　（四完）【未見】　同　一〇四号　明治二三年　三月……137
「刑法上古代復讐主義ヲ脱セサルモノアリ宜シク改正スベシ」
『東京五大法律学校聯合討論筆記』二編　明治二三年　一月……138

「贈与ノ減殺廃止説ニ対スル卑見」（「民法編纂ニ関スル意見書」）『日本近代立法資料叢書』第一二巻 明治二三年 三月……143
国際法に関する討論筆記 『東京五大法律学校聯合討論筆記』三編 明治二三年 四月……146
「新法発布の理由」 『東京五大法律学校聯合討論筆記』四編 明治二三年 六月……147
「新法ノ改正説ハ時ノ必需ニ応セス」 『法政誌叢』一一九号 明治二四年 一月……150
「新法制定ノ沿革ヲ述ブ」（一） 『法治協会雑誌』二号 明治二四年 八月……154
同 （二完） 同 三号 明治二四年 九月……159
「法典実施ノ必要」 『法治協会雑誌』一〇号 明治二五年 四月……165
「駁東京日々新聞民法修正論」 『法治協会雑誌』号外 明治二五年 五月……169
「重駁東京日々新聞民法論」 『法治協会雑誌』号外 明治二五年 六月……188
「管財人に関する意見」 『日本之法律』五巻七号 明治二六年 七月……230
「相馬事件ノ原因」 『明法誌叢』一八号 明治二六年 八月……235
同 『日本之法律』五巻九号 明治二六年 九月……235
「仏国裁判所構成法沿革」 『日本弁護士協会録事』一号 明治三〇年 七月……239
「刑法改正ニ就テノ意見」 『日本弁護士協会録事』六号 明治三一年 一月……241
「密室監禁ニ関スル考案」 『日本弁護士協会録事』九号 明治三一年 四月……244
「親族会ニ就テ」 『日本弁護士協会録事』三五号 明治三三年 九月……247
「非刑法改正論」 『明治法学』一三号 明治三三年一〇月……250
「古賀廉造氏ニ答フ」 『明治法学』一五号 明治三三年一二月……255
同 『日本弁護士協会録事』三八号 明治三三年一二月……255

「清浦前法相の刑法改正案に関する演説筆記を読む」『法律新聞』一一号　明治三三年一二月……259
「新刑法は帝国議会の立法権を傷害し併せて帝国臣民を侮辱したるものなり」
『日本弁護士協会録事』三九号　明治三四年　一月……264
『日本弁護士協会録事』四一号　明治三四年　三月……268
「運動論」『北陸政論』　明治三四年　六月……271
「磯部四郎先生譚話拝聴筆記」（大木喬任文書）　明治三四年　七月……295
「明治法律学校支部講話大要」　明治三四年　八月……297
「磯部四郎氏の談」（大槻文彦『箕作麟祥君伝』）　昭和一九年一一月……302
「磯部四郎氏の談話」（石井研堂『改訂増補　明治事物起原』上巻）
「非刑法改正論」『政友』一五号　明治三四年一二月……304
「魚河岸移転の非を論す」『法律新聞』八五号　明治三五年　五月……313
「裁判所廃合ノ議」『日本弁護士協会録事』七二号　明治三七年　一月……320
「磯部四郎君の茶話」『法律新聞』二三二号　明治三七年　九月……323
「磯部四郎君の博士論」『法律新聞』二九一号　明治三八年　七月……325
「東京地方裁判所の武林男三郎に対する判決を読む」『日本弁護士協会録事』九八号　明治三九年　五月……328
「刑法改正案に対する私見」『日本弁護士協会録事』九九号　明治三九年　六月……331
「弁護士の職分」『法律新聞』四四六号　明治四〇年　八月……334
「韓国司法制度に就て」『法律新聞』四四七号　明治四〇年　九月……337
「陸海軍刑法改正案に就て」『日本弁護士協会録事』一一八号　明治四一年　三月……339
「借地権の由来」『法律新聞』五〇三号　明治四一年　六月……341
「陪審制度の設備を要する意見」『政友』一〇九号　明治四二年　七月……347

「陪審制度の設定を望む」『日本弁護士協会録事』一三六号 明治四二年一一月……351
「陪審を要する意見」『法律新聞』六〇六号 明治四二年一一月……355
「陪審制度論」『刑事法評林』一巻四号 明治四二年一二月……359
「刑事訴訟法改正必要」『読売新聞』一一六九九号 明治四二年一二月……363
「刑事裁判改良の方法」『政友』一一四号 明治四二年一二月……364
「磯部岸本両博士のボ氏追懐談」『日本弁護士協会録事』一四四号 明治四三年 七月……368
「法曹界に於ける梅博士」『読売新聞』一一九五三号 明治四三年 八月……369
「嗚呼梅謙次郎君逝く」『日本弁護士協会録事』一四五号 明治四三年 九月……369
「陪審制度を要する実例」『刑事法評林』二巻一二号 明治四三年一二月……371
「ルソーと其の立論」『日本及日本人』五八五号 明治四五年 一月……376
漫録子「漫録数則」『日本弁護士協会録事』一六三号 明治四五年 四月……380
「恩赦令の制定」『法律新聞』八一五号 大正 元年 九月……383
「各其職分を守るべし」『法律新聞』八三四号 大正 二年 一月……384
「防衛権の行使に非ず」『法律新聞』八四三号 大正 二年 二月……385
「我が意を得たる案」『法律新聞』八四八号 大正 二年 三月……386
「裁判昔譚」『法律新聞』八七五号 大正 二年 七月……388
「民法編纂ノ由来ニ関スル記憶談」『法学協会雑誌』三一巻八号 大正 二年 八月……390
「検事の聴取書に関する卑見」『日本弁護士協会録事』一八三号 大正 三年 二月……402
「大隈伯後援会に就きて」『日本弁護士協会録事』一九三号 大正 四年 一月……404
「日本弁護士総覧序」(浅田好三編『日本弁護士総覧』合本) 大正 四年 八月……407

「乃木家再興に就て」　『法律新聞』一〇三七号　大正　四年　九月……408
「大典雑話」　『日本弁護士協会録事』二〇二号　大正　四年一一月……410
「磯部四郎博士　郷土帰来談片」　『北陸タイムス』　大正　七年　七月……413
「陪審制度の必要」　『日本弁護士協会録事』二四九号　大正　九年　二月……415
「立法権を弄ぶもの―弁護士会分裂問題―」　『中央法律新報』第三年八号　大正一二年　四月……421

第二部　履歴および関係記事

玉乃世履「序」（磯部四郎『仏国民法契約篇講義全』）　明治一九年　九月……427
漫録「磯部四郎氏」　『富山日報』一四六三号　明治二三年　一月……428
摂提子（高橋忠治郎）編『帝国議会議員候補者列伝　全』　明治二三年　四月……431
「富山県第一選挙区衆議院議員候補者磯部四郎氏略履歴」『北陸公論』三六七～九号　明治二三年　六月……433
都澤敬治郎編『磯部四郎君伝』　明治二三年　六月……437
桂正直編『中越名士伝』　明治二五年一二月……437
関谷男也編『帝国衆議院議員実伝』　明治二三年　八月……444
木戸照陽編述『日本帝国国会議員正伝』　明治二三年　八月……446
久保田高三編著『東都状師月旦』第一巻　明治二五年一〇月……448
久保田高三編著『東都状師月旦』第三巻　明治二六年　五月……449
東恵雄著『明治弁護士列伝』　明治三一年……450

黒岩涙香「弊風一斑　蓄妾の実例（七）」『萬朝報』一七〇七号　明治三一年　七月……453
「磯部四郎君の快談」『法律新聞』二一号　明治三四年　二月……454
伊藤時編『茶話』　明治三四年　五月……455
「風の便り」『読売新聞』九一六三号　明治三五年一二月……456
『新選代議士列伝　全』　明治三五年一二月……457
「磯部弁護士の奇行」（法律経済新報社編『近世法曹界逸話』）　明治三九年一〇月……458
漫録子「本郷座舞台に於ける磯部翁」『日本弁護士協会録事』一〇九号　明治四〇年　五月……459
岩本維霞・山根秋伴編『菊あはせ（法曹の面影）』上巻　明治四二年一二月……461
東京法曹会編『日本弁護士総攬』第二巻　明治四四年一二月……463
古林亀治郎編『代表的人物及事業』　大正　二年一二月……464
井関九郎監修『大日本博士録』第一巻　大正一〇年　一月……466
播磨龍城「弁論の精髄（続）」『法律新聞』一九一六号　大正一〇年一二月……468
「磯部四郎博士の悲壮な最後」『高岡新報』　大正一二年一〇月……469
尾佐竹猛「日本陪審の沿革」（八）『法曹会雑誌』一巻九号　大正一二年一二月……470
三宅雪嶺「自分の教師」（『自分を語る』）　大正一四・一五年……472
尾佐竹猛「人間は借金を払ふ動物なり」（『法曹珍話閻魔帳』）　大正一五年　六月……473
加太邦憲『自歴譜』　昭和　六年　一月……474
塩坂雄策「故磯部四郎先生」（石井敬三郎ほか著『現代弁護士大観』第一巻）　昭和　七年一二月……475
市島春城（謙吉）「学園物故師友録　三〇、磯部四郎氏」（『随筆早稲田』）　昭和一〇年　九月……480
原嘉道「洒落な磯部博士」（『弁護士生活の回顧』）　昭和一一年一一月……481

横田正俊「磯部四郎氏の逸話」(『父を語る―横田秀雄小伝―』)　昭和一七年　一月……484
稲村徹元編『大正過去帳〈物故人名辞典〉』　昭和四八年　五月……486

第一部　論説および討論・講談会筆記録

司法省修補課意見書「控訴期限間詐偽予防ノ意見」

（『修補課各委員意見書類』第一巻、明治一二年四月二八日）

予テ民法課長ノ建議ニヨリ長官ヨリ下付セラレタルニ付控訴期限間詐偽予防ノ義左案ノ通意見ヲ付シ各位ノ高議ヲ乞フ

大政官へ上申按

明治十一年第十九号控訴手続第五条ナル三ケ月ノ控訴期限ハ甚タ長キニ過キタルヲ以テ曲者執行ノ期ヲ延ンカ為メ故ラニ控訴セント申立其間ニ於テ財産ヲ取隠シ奸詐ヲ為シ得ヘキノ弊アルニ付此期限ヲ縮メントスレハ恐クハ正意ニ控訴スル者ヲシテ其期限ヲ誤ラシメン又控訴ニ先チ仮執行ヲナサシメントスルニ恐クハ身代限ニ非サレハ仮執行ヲモ為シ能ハサル者アラン依テ控訴ノ期限ヲ縮メス仮執行ヲモ為サシメス初審裁判ヲ受クルノ後ニ於テ曲者ヲシテ姦詐ヲ為サシメサル為メニ左ノ方法御定有度御布告案相添及上申候也

御布告按

初審裁判処分法左ノ通相定候条此旨布告候事

第一条　訴訟ノ目的ナル物件ハ初審裁判言渡ノ日ヨリ控訴スルト否トニ管セス裁判執行迄之ヲ質入書入及ヒ売却スルコトヲ禁スルニ付原被告ヨリ該戸長へ申立不動産ハ其奥印ヲ止メ確定ノ動産ハ其封印ヲ受クヘシ

第二条　動産不確定物ナレハ其代価ノ金額又金円ナレハ其金円ニ各初審訴訟入費金ヲ添へ該戸長へ預クヘシ

第三条　前条ノ如ク金額ヲ戸長へ預クル能ハサル者ハ身分慥カナル証人ヲ立ツヘシ証人ナキ者ハ戸長債主等ノ立会ヲ受ケ家産明細書ヲ作リ之ヲ戸長へ預クヘシ

第四条　控訴ヲ為サントスル者前条々ノ手数ヲ尽シ戸長ノ保証書ヲ受ケ之ヲ控訴状ニ添フヘシ

第五条　終決執行ノ日ニ至リ第一条第三条ノ物品天災及抗拒ス可カラサルノ難ニ罹ルニ非スシテ紛失スルトキハ刑法ニ依リ処分セラルヘシ

司法省修補課意見書

「刑事代言人ヲ許スル議上申案」

(『修補課各委員意見書類』第二巻、明治一二年六月二七日)

我邦今日詞訟ニ代言人ヲ許サル、者ハ其能ク詞訟本人ノ情ヲ尽シテ其権利ヲ暢ヘ之ヲシテ枉屈ニ陥ラシムルナキニ在ルナリ其社会ニ益アル亦少カラス然リト雖モ詞訟ノ関係スル所ハ多クハ是レ財物金銭ノ得喪ニ過キス之ヲ刑獄ノ関係スル所ニ比スレハ其軽重大小固ヨリ日ヲ同フシテ語ルヘカラス抑々刑獄ハ栄辱ノ属スル所死生ノ跂ル、所裁判一タヒ其当ヲ失フトキハ人其罪ニ非スシテ長ク囹圄ニ繋カル、ノ苦ヲ受ケ其甚キニ至テハ身首処ヲ殊ニシ復タ日月ヲ見サルノ惨ニ遭フヲ致ス其関係スル所豈ニ至大至重ト謂ハサルヘケン哉然而シテ刑獄ノ原告タル者ハ堂々タル官吏ニシテ学力知識ニ富ムノ人ナリ之ニ反シ其被告タル者ハ大概愚昧卑賤ノ民ナリ其囚ハレテ獄庭ニ到ルヤ畏懼ニ勝ヘス自ラ其辞ヲ尽シ其情ヲ明ニシ以テ原告ノ論スル所ヲ破ルヲ得ルハ万ニ一ヲ望ムヘカラス其ヲシテ呑恨泣冤ナカラシメント欲スルハ蓋シ甚タ難シトス知ル可シ其代言弁護ヲ要スルノ切ナル亦詞訟人ノ比ニ非ス今ヤ我邦独リ詞訟ニ代言ヲ許サレ未タ刑獄ニ之ヲ許サレス豈ニ一大欠典ト謂ハサル可ケンヤ因テ速ニ刑事代言人御差許相成度御布告案相添へ此段上申候也

御布告案

凡ソ犯罪ヲ告ケラル、者ハ其情願ニ由リ代言人ヲシテ代言セシムルコトヲ許ス此旨布告候事

但シ当分ノ内詞訟代言人ヲ相用ユヘシ

期満法に関する討論筆記（問題「期満法ハ法律上に於て設くへきものに非す」）

（『明法雑誌』第二〇号、明治一九年九月二〇日発行）

曰く期満の事に附てハ先刻より段々議論もありし処なれ共一として余の敬服を表すへきものハ非ず我輩の考を以てすれば凡て世の中の法律と云へるものハ憲法にまれ行政法にまれ国際法にまれ設けさるへからさる必要ありて初めて設かりし事にて此の必要と申すものは古往今来様々に変遷ありしものにて昔しハ必要のものとして尊まれしことも今ハ無用の長物として見らるゝものも少なからざるなり左れば今日に於ては必要不可欠のものとして見るべきものも他日或は不用に属するやハ知るべからざるなり其ハ兎も角も若し必要の点より此れを云へば此の期満なるものハ今日に於ては実に必要不可欠ものなりと信ずるなり刑事期満を論ずるに証拠の湮《ママ》滅とか社会の遺忘とか申すことを理由とするハ実に未だ其奥に入らさる幼稚の議論なりとす夫れ兇悪の者を捕へて社会が此を刑するハ他あるにあらず此れを刑し此れを懲さば異日晴天白日の身となりて純良なる人ともなるべしとの微意に過ぎざるなり然るに今一の犯罪をなせしものありて深く其身を潜匿し慎心実に悔悟を生じ其の品行を修め他の良民と伍して恥づべきことも見へざるものもありとせば社会ハ何とて此れを刑するの必要あらんや特り必要なきのみならず此中には社会善良の人々と親縁の関係も起るべきに幾数年の後に至り此れを刑するが如きハ実に秩序を妨くるもの少なからさるべし或る学者ハ潜匿して刑を免るゝの苦みは刑罰を加へしに異ならすと云へり左れば此の点より論するも数年月身を匿したるものハ刑を科したると其実異なるあらさるなり又民事上に就て見れば権利あるものハ此れを保ち義務あるものは此れを行ふべきは当然の話しにて別段に入り込みし議論とも見へざるなり然れ共此れも理財上より論すれば可成所有者の曚昧にして分り兼ぬる様なる物件ハ此れを置かざるを要す且つ此れを理屈より云ふも利を見て棄つるは人情の有る可らさる話しにて自己の物件なりと云ふ時には誰れとても此れを擲

棄し居るものハあらざるべし又稀れに此れある事ありとするも理財を乱だす不注意の責罰として其権利を失はしむるも決して差支ゆることあらさるべし左れば此れも社会の必要と云ふ点より云ふ時ハ民事上にも設けざるべからさるものなるべし全体社会の事ハ道徳々々とて何も蚊も道徳論に依頼なす時は迚も進歩も発達も行ハれざることなり少し位は理屈に妨けあることなりとも世の必要の為めには此れを抂げて犠牲となすも決して差支あることにハあらさるなり

元老院第五一五号議案「民法」草案第二編第三編の立法趣旨説明

（第一読会における審議に内閣委員として出席、明治一九年一二月六日）

（『元老院会議筆記』後期第二五巻）

本官［磯部四郎、番外二番］ノ言ハント欲スル所ハ概略十番議官［箕作麟祥］ヨリ陳弁シ尽セルモ三十八番［津田真道］ハ本案ヲ看テ我国ノ慣習ニ乖ケル者ト為シ十番ハ決シテ然ラスト主張スルヲ以テ此点ニ関シ聊カ一弁セン三十八番ハ民法ヲ制定スルニハ宜シク本邦ノ慣習ヲ基本ト為スヘク苟モ然ラサレハ縦令ヒ之ヲ発布スルモ実際ニ行ハレスト云ヒ十番ハ本案ニ規定スル事項ハ大抵慣習ニ存スルヲ以テ敢テ実行シ難キノ憂ヒ無シト云フ本官ノ見ル所ヲ以テスレハ三十八番十番ノ議論ハ各一理ナキニ非サレトモ未タ以テ本案ノ全豹ヲ尽シタリト謂フヲ得ス何トナレハ本案ニ規定セル事項ニハ現時ノ慣習ニ存スル者ト将来ノ慣習ニ成ル可キ者トヲ含蓄スレハナリ凡ソ我国ニ於テ物品ノ売買及ヒ土地家屋金穀ノ貸借質入書入等ノ慣習ハ何レノ時代ニ成立セシヤヲ知ラサレトモ畢竟此等ノ慣習ノ成立セルハ社会人民ノ生活上ニ必要ナル一点ニ起因シタルナレハ風俗人情ノ相同カラサル海外ノ各国ニ於テモ皆ナ一轍ニ出テ絶テ相異ナルコト無シ我邦王政維新以来人智大ニ発達シ社会ノ交際日ニ月ニ繁ヲ加ヘ随テ新タニ生出セル慣習モ亦少ナカラス加之ナラス近時ニ至テハ外国ノ交際益ス親密ニ赴キ欧米各国ノ新事物ハ年々歳々ニ輸入シテ殆ント其底止スル所ヲ知ラス而シテ将来更ニ幾多ノ新慣習ヲ生スル有ル可キハ既往数年ノ成蹟ニ徴シテ明白ナリトス要スルニ本案ハ独リ現時ノ人民ニ施行スルノミナラス将来幾百千年後ノ人民ニモ及ホス者ナレハ其制定ニ当リテ単ニ現時ニ存スル慣習ノミヲ採リ将来ニ生ス可キ慣習ヲ遺ス如キハ蓋シ識者ノ笑フ所ト為ルヲ免レス是レ本案ニ現時ニ存スル慣習ト将来ニ生ス可キ慣習ト網羅列挙セル所以ナリ何ソ新創文字ヲ用ウト云フヲ以テ之ヲ削除ニ付ス可ンヤ論者ノ元老院議官ハ学識深遠ニ政治上ノ経験ニ富メルモ猶ホ本案ヲ解スルニ苦ム況ンヤ文字ニ疎キ人民ニ於テヲヤト云フニ至テハ本官モ洵トニ然リト云ンノミ然リト雖トモ議官諸君ヲ以テ第一世拿波烈翁帝ニ比スレハ敢テ其不満足ヲ招カサル可シト信スルカ故ニ聊カ此ニ一喩ヲ引キ以テ必シモ三十八番ノ議論ノ如クナラサルコトヲ証セン嘗テ第一世拿波烈翁帝カ或ル法律ノ議事ニ容喙セシコト有リシニ爾時「カムバツセリー」氏ハ拿波烈翁ニ対シ謂フテ曰ク君ハ実ニ雄偉ナル将軍ナリ然レトモ君ハ専門ノ法律家ニ非ス法律家ニ非スシテ法律ノ議事ニ容喙スルハ或ハ疣贅ニ属スル無キヲ得ンヤト是ニ於テ拿波烈翁ハ其言ニ従ヒ口ヲ閉チタリト云フ是ニ由テ之ヲ観レハ縦令ヒ本案中ニハ議官諸君ノ解シ得サル事項ヲ存スルモ此カ為メニ一国ニ布告ス可ラスト断言スルヲ得サルヤ明ケシ結局本案ニハ往々ニ新創文字ヲ用ヒ現時ノ慣習ニ存セサル事項ヲ掲クルモ其事項ハ今後数年間ニ慣習ト為リ新創文字モ亦敢テ難解ヲ感セサルニ至ル可シト信スルナリ

陪審制に関する討論筆記（問題「重罪裁判所に陪審員を設け事実の審判に与からしむ可し」）

（『明法雑誌』第二九号、明治二〇年二月五日発行）

曰く余ハ陪審の制を我邦に設くるハ必要なるや否やと云へる点に就てハ曾て大に疑へり明治十二年の頃陪審創定の儀に就き草案を編修なせしことありしが此の草案ハ其後焉くに散せしか遂に其侭となり何の沙汰さへあらさりしこともありて此等の点に就てハ甚だ惑へる処ありしなり然れ共我日本現行の法律を見るに及んて其必要たるを信じたり何となれば我法律ハ実に其必要なるを認め又必要なりと公言し居れバなり重罪裁判所にハ三名の判事ありて一名ハ裁判長と称し他の二名ハ陪席判事と称せり此の陪席判事とハ則ち所謂陪審のことなり又高等法院の陪席判事の如きに至てハ大審院評定官及び元老院議官中より此れを出すべきものとなせり此れを見るときハ則ち陪席判事とハ全く陪審員のことにして只其人を撰むに官吏より取りたると人民より取るべきかとの区別までになり居ることハ明白の事なるべし実に我法律ハ陪審の必要なるを認め而して陪審を設けたり只此れをして官吏社会より出たせり余ハ今一歩を進て此の人ハ如何なる社会より撰むを適当となす可きかを一言すべし若し彼の人の生命自由等に関することの如きハ一歩たりとも一寸たりとも寧ろ丁重に失する如くにこそなしたけれ人生固より自由より貴きものなし金銭を以て値ひすべきものにあらず此れが保証ハ如何なることをも厭ふべきことにあらず故に彼の陪審員の如きも若し官人のみを以て此れに宛つることとなすときハ或ハ予断の弊も起り易く且つ此の事なしとするも罪人自らをして不平の感じを起さしむるが如きことなしとも云ふ可らざれば常に彼等と伍する処の通常の人を以て陪審を組織し先づ此の彼れが仲間とする者に罪の相場を価打せしめて然る後刑を擬することゝなさバ実に罪人其人も憾ミなく又少なく共一方の人のミにて罪を断するよりハ公平の措置あるべしと信するなり実に吾々ハ此の如きの制度を希望するものなり

或ハ陪審ハ往々刑を軽からしめんと傾くが故不都合なりと申すものあれ共此れ誠に根拠なき説にして実に陪審の必要不可欠ことに至てハ我成法の明言する処なり只今日の問題ハ此れを通常人民より撰む の当否にありとす而して此のことたる多弁を要せすして通常人民よりするの公平ハ確実に得べきものたるを信するなり

「書入質権之性質」（二月五日午後七時から明治法律学校講堂における講談筆記）

（『明法雑誌』第三二号、明治二〇年三月二〇日発行）

只今ハ西洋ノ瘋癲人ヲ大変保護ナサルコトヲ長々お講釈デ之ヲ聴テ実ニ感服致シマシタ瘋癲人サヘ保護ナサルコトダカラ定メテ瘋癲タラザル者モ保護ナサルデ有マセウお講釈ヲ聞テ相成ルベクハ西洋ヘ行テ一日ナリトモきちがいニナツテモ見タイ位デアリマスガ私モ今日此ノ処ヘ来テ脳髄ガ他ヘ転ジテ仕舞ヒ云ハント欲スル考ヘモ違タ位デアリマス此ノ演説ニハ定メシ寓意ノアルコトト考ヘルガ私ノハ真ニ法律学ヲ学ブ丈デ実際ノ問題ニテハアリマセン今日私ノ云フ処ハ純粋ナル法律上ノ一問題ヲ起サウト思ヒマス其純粋ナル法律ノ一問題トハ何モ別ニ云フコトガナケレバ全ク民法中ニテ古カラ学者ガ論シテ未ダ其論決ヲ見ナイコトニシテ民法中ノ一隅ニアル彼ノ書入質ト謂フモノハ所有権ノ支分権デアルカナイカト云フ問題ヲ以テ説キマセウ諸君ハ何ソンナ事ナラ聴キニ来ナクツテモ宜カツタ三年生デモ直グ解ル話シダト思ハル、デアリマセウガ私ハ種々調ヘテ見テ今日迄考ヘガ付カナカツタ今日茲ヘ来テ之ヲ論シヤウト思テ居リ一昨晩以来考ヘタガ数年来考ヘサヘ得ナイ問題ナルニ茲ニ来ル途中風ト見出シタヤウナ心持ガスル故ソレヲ早速諸君方ニ弁ズルノデアリマスカラ謂ハヾ各員ノ意見ヲ聞ク考ヘデ申シマスソレ彼ノ所有権ナル者ハ三個ノ元素カラ成立チ法律学ノ原理デ物上権ノ一トシタルモノハ必ラス所有権ノ一元素ガ入テ居ナケレバナラン収実権、使用権、処分権ノ三個ハ即チ所有権ノ元素デス然ルニ不動産書入質ノ権ハ収実権ヲ奪ヘル乎ト云フニ決シテ奪ヘナイ然ラバ使用権ヲ奪ヘル乎是レ又奪ヘナイ処分権ハ奪ヘルカ書入主ハ何時デモ他ニ譲ルコトモ毀スコトモ出来ル只自己ハ負債返済期限ノ利益ヲ失フダケデ自分ガ書入レタ抵当物ヲ毀シテ他人ヘ売テモ差支ヘアリマセン其一点カラ考ヘルニ何フシテモ書入質ハ所有権ノ支分権ヲ構成シテハ居ナイト言フコトハ此レ皆々善ク論シテアルノデス然レハ如何ナル権利ヲ造成シテ居ルカト云フニ誰レモ答ヘタモノガ今日迄ニナイ左スレバ所有権ニハ今一層何カ元素ガアリマセウ元来所有権ハ完全ノ権デ収実権使用権処分権ガ揃ヘバ完全ノモノデアルノニ不動産ヲ抵当ニ入レルト之レガ為メニ所有者ハ何モ失フコトハナイ一種特別ノ権利ヲ失フ計リデ最初ニ申シタ書入質ハ如何ナル権利ガ所有権中ニ成立シテ居ルモノカト云フ問題ニ就テハ未ダ明答ヲ見ナイ是レハ誠ニ瑣細ノヤウナ問題ダガ私ハ今日迄見出サナカツタガ今日自分丈ハ大変満足シタ考ヲ起シマシタ是レ亦法律上ノ必要ナル問題ト思ヒマスソコデ私ハ何フ云フ権利デアルト云ハヾ全ク所有権移転ノ未必ノ条件ニ従ウモノト思フ即チ書入質ハ全ク未必条件ニ従テ居ル所有権ノ移転デアルト考ヘマス只支分権ノ成立シテ居ルノミナラズ完全ナル所有権ノ転移ヲ行テ居ルモノデアリマス就テハ私ガ考ヘノ証拠ヲ挙ゲナケレバナランカ如何ナル故ニ未必条件ニ従フ所有権デアルカナラバ若シ義務者タルモノ主タル債主ニ弁償セザルトキハ其結果ハ何フナルカト云ヘバ則チ競争ノ公売ヲ行フ是レ義務者タルモノ義務ヲ果サヾルヨリ茲ニ至ルノデアリマス即チ所有権ノ転移トハ公売ニテ未必条件ノ到着シタルモノトナル故ニ私ハ所有権ノ未必条件転移ノ契約デアルト答ヘマスソレカラ未必条件ニ従フ所有権転移ノ書入質抵当契約ニ悉ク適用カ出来ルヤ否ヤト云フコトヲ自分デ問題ヲ起シテ考ヘルニ悉ク適用スルコトガ出来ル第一未必条件ノ到着シタ以上ハ契約ノ効力ハ既往ニ遡ルヤ否ヤ三年或ハ五年経テ公売スルトキハ其売買ノ効力ハ書入質ヲシタ日ニ遡リ第三者ガ買テモ書入レシタ負債者ガ自由ニ売買カ出来ルカラ未必条件ガ到着シテ愈々公売ニ附シタ効力ハ他ノ権利者ニ少シモ拘ラズ取テ置クコトガ出来ル是レ未必条件ノ既往ニ遡ル効力デアル所以デアリマス今一ツ見出シタ理由ハ書入抵当物ガ中途デ消滅シタトキ確定物件ナレバ消滅シタニ就テ書入質ヲ更ニ供スル義務ヲ生ズル訳ハナイ是レ天災ニ依テ消滅シタノデ債主ハ単一ナル債主権シカナイヨリノコトデス由テ見レバ債主ナル者ガ書入質ヲ過失ニ因テ消滅シタノデナク又義務者ノ過失ニモアラズシテ全ク人ニ責ヲ帰スベカラザル天災デ抵当物ノ消滅シタルトキハ債主ハ何如ナルコトヲ請求スルコトカ出来ルカト云ヘバ更ニ抵当ヲ供シテ呉レザレバ何卒只今期限ニ拘ラズ返金スルカ又三ケ月以内ニ更ニ抵当物ヲ供サナイ以上ハ義務者自分ノ過失デナクシタルト同様期限ノ利益ヲ失フト云位デアリ書入質ノ不動産ガ途中デ消滅シタナレ

バまるで始メカラ書入質ノナカツタモノト見テ更ニ義務者其義務ヲ行ハナケレバナラン未必条件同一ノ効力ヲ書入質ニ及ボスハ即チ全ク条件ガ到着スレバ厭ヤデモ売買シナケレバナラント云フコト及ビ其売買ノ効力タル既往ニ遡テ登記役所へ届タ日迄ニ遡テ行クト云フコトデアリマス依テ私ノ考ヘハ書入質ノ権ハ物上件《（ママ）》デ支分権ハ成存スルモノデナイ全ク未必条件ニ従フ所有権ノ転移契約ナリト断言スルコトガ出来ル若シ之レニ由テノウノ方ガアリ私ノ迷ヒヲ解カルレバ熟考ノ上答弁ニ及ビマス

「我邦将来ノ法律」（二月五日午後七時から明治法律学校講堂における講談筆記）

（『明法雑誌』第三三号、明治二〇年四月五日発行）

先程宇川［盛三郎］君ノ論弁中「モンテスキウー」ノ語ヲ引用セラレマシタガ同ジク「モンテスキウー」ノ語ノ中ニ一国ノ人民ニシテ慣習ニ従ヒ定メタル法律ノ下ニ居ル者ハ誠ニ幸福ヲ得タルモノナリト云フコトガアリマスガ之レハ憲法又ハ行政法ヲ指シテ云タノデハアリマスマイ人民ノ日々帰依スル民法若クハ商法ヲ指シテ云タノデアリマセウ「モンテスキウー」ノ語ハ如何ニモ尤モデアリマスそこで私ガ茲ニ論シヤウト思フノハ此ノ慣習ニ従テ定ムルト云フ意味ノ解レ方ヲ取テ貰ハナケレハナラント考ヘマス元来慣習ナルモノハ百年モ二百年モ同ジキモノデハナイ必ラス時ニ従テ漸々ニ変リマスソコデ慣習法ヲ維持スル人ノ最モ主トスルモノハ此ノ時ト共ニ変遷シマスカラ決シテ慣習ハ開化ノ度ヨリ晩レル気遣ハナイト云フコトニテ人定ノ法ハ之ニ反スルモノデアリマス何故ナレバ仏蘭西法律ノ如キ千八百七年即チ鉄道或ハ蒸気又ハ写真等ヲ稍ク発明シタル時代ニ出来タ法律デアリマスソレヲ千八百八十七年ニモ其通リノ法律ニ従ハナケレハナラヌカラ今日カラ見レハ仏蘭西ノ法律ハ余程遅滞シテ居ルニ違ヒナイ故ニ人定法即チ成文法ハ始終開化ノ度カラ晩レテ居リマス矢張リ英国ノヤウニ日々変化スル慣習法ニシナケレバナラント慣習法ヲ維持スル論者カ成文法ヲ毎々悪ク云フガソレハ誠ニ結構デアリマス併シ果シテ慣習法ハ結構ダカラ日本モ慣習ニ委ネルガ宜イトスルカト云ヘバ全体慣習法ニハ「ブレシヨン」正格ト云フコトガナイ正格トハ何所カラ何レ丈ハ何ウト云フ法律カ出来ルノデアリマス日本ノ人ハ区々ノ慣習ガアツテ裁判官ガ果シテ全国ノ慣習ヲ悉ク知テ居テ適用スレバ慣習法デモ宜イカ如何セン慣習ハ之レト云フ確カナ極リガナイカラ間違ガ多ヒ恰モ博奕ヲ打ツヤウナ訳デ大変ニ損ガアリ又非常ニ利益ヲ得ルコトモアリマス是レ慣習法ノ一個ノ弊デアリマス成文法ハ開化ノ度ヨリ晩レルコトアルトモ正格ガアルカラ人民モ依テ以テ自分ノ方向ヲ定メルコトガ

出来裁判所モ之レニ依テ行フコトモ出来ル（ママ）デアリマス左ナクトモ心違ヘガナイ只恐ラクハ事実ノ認定ニ過チガアルカモ知レヌガ今日成文法ノ優ル理由ハ喋々言フニ及フコトニハアリマスマイ日本ニテモ成文法ニ極メナケレバナラン必要ガアルヨリカ私モ五六年前ヨリ此コトニ手伝ヲシテ居リ専ラ書キ集メテ居リマスソコデ私ガ今日ノ論ハ今日日本ノ民法草案ハ果シテ今日ノ慣習ニ従テ居ルヤ否ト云フ問題デアリマス私ノ考ヘルニ民法草案ハ慣習ニ従テ居ルト云フモノデ「モンデスキウ」ノ格言ニ背カナイト云フ理由ヲ演ヘヤウト思ヒマス抑モ立法官ニセヨ何ニセヨ立法上ノ議論ニテ専ラ慣習ニ従ハシメナケレハナラント云フ所ノモノハ必竟老人デアッテ老人ハ何ウ云フ慣習カ脳髄ニ入テアルカト云フニ老人ノ慣習ニ従ハナケレハナラント云フノハ王政維新前ノ慣習ヲ占メテ居ル人デアリマシテ此頃ハ封建時代デ鎗一本ヲ立テ来レバ土下坐ヲシナケレバナラヌ慣習ダノニ此レガ脳髄ヘ侵入シテ居ル故ニ「モンデスキウー」ヲシテ今日ノ有様ヲ云ハシムルモ大丈夫日本今日ノ民法ヲ制定スルニ維新以前ノ慣習ニ定ム可シトハ云フマイ必ラズ今日ノ慣習ニ従テ定メナケレハナラント云フノデセウ偖テソコデ今日ノ慣習ハ如何ナルモノカト云フニ誠ニ不完全ノ慣習ニシテ確乎トシタ慣習ハナイト言テ可ナリ今日注目スル所ノ慣習トスヘキモノハ多ク西洋風ニ由テ居リマス則チ会社ノ設ケカラ政治上家屋建築ニ市区改正等都テ一トシテ西洋ノ慣習計リニナリテ居ルノデス誤レバ或ハ五年ノ出訴期限杯ト云フ慣習ニモナリ一モ纏マリタル慣習ハナク不完全ナルガ故愈々今日ノ立法主義ハ成文法ヲ以テ基本トスヘキモノト考ヘマス

「成文法ノ根原　纂論」（一）

（『明法雑誌』第四六号、明治二〇年一〇月二〇日発行）

本題に於て予の論述せんと欲する所ハ法律の自由主義に趨く第一着歩即ち無文法より成文法に移り慣習法より制定法に転したる沿革にあるなり是れ寔に単簡《（マヽ）》のものなりと雖とも世人の思想外に於て最も肝要なる結果を得ん

甲者ハ曰く法律ハ其初め制定法に出つ間々慣習より来たるものありと雖とも是れ其例外たるに過きす即ち立法官の専断に成りたる決定の聚合体なりとす故に法律ハ特り立法官の智能を以て之を規定し之を命令し之を適用したるものにして素と国民の与りし所にあらさるなりと乙者ハ曰く法律ハ乃ち国民の動作の直接なる結果にして国民の法律思想ハ自然に事実の類例となり慣習を組成す然して後成文法出て慣習法と并立するに至る蓋し成文法ハ新に事を規定せす只慣習上存するものを採り之を確認するに過きすして慣習法ハ成文法の出つるにより聊かも其効力を減するものにあらさるなり是故に慣習法ハ国府の一時許容し置くか如き不完全無勢力のものにあらす卻て是れ法律を組成する所の原素なりと

乙者の論旨の第一の功績ハ甲者の説くか如き法律の根原を立法官の専断なる作為に基かしめたる論旨を排斥して之に代ふるに国民固有の法律思想より直接に涌出したる慣習を以て其根原と為したるにあり又第二の功績ハ法律にハ国民の思想を以て本としたる広大堅固なる基礎あることを認知して之に無形なる正理的の価値を与へ以て如何なる法律と雖とも条理に適合せさるへからさる一大原則を発覚したるにあるなり

然れとも乙者の論旨ハ過度に渉るの譏りを免れさるなり蓋し新規にして意味深重なる論理ハ一旦ハ過度に渉ることもあるへし兎に角此慣習を以て法律の根原とする論旨の如きハ其過度なるに拘らす随分永続して行ハれんこと疑なし

其過度に渉るとハ何そや曰く他なし該論旨ハ慣習法の自然の成立を重要視するに失して其慣習法より成文法に移りたる間に法律の為し得たる無慮の進歩に毫も注目せさるを云ふなり予ハ此進歩を確認する為め是より慣習法と成文法との并立を比較対照して之を研究せんと欲するなり

何れの処なるを論せす現今も尚ほ単に慣習法の下に生息する国民の表示する法律の原態ハ一目する所に於てハ固に賞歎すへき観を呈するものとす然れとも適実なる論者か慣習法を不完全のものと看做す理由ハ正しく其賞歎すへき観状にあるなり其賞歎すへき観状とハ何そや他なし法律の原態の観状ハ常に一連体となり即ち法律と国民の感覚思想と合同し法律と国民と其生存を与にし夫の成文法の如く外事の必要によりて各人の希望に衝突するの患なし実に其法律ハ国民自ら作為したる命令にして時勢に随ひ進退し一事件顕ハれて其法式遂に慣習となり一事件廃れて其前例自ら消滅す加之法律の全体の主義も唯一にして彼是抵触する所なく一事を決定するにも必す法律の全体に基きたるものとす其れ斯の如き慣習法の原態を一見せハ誰か之を賞歎せさる者あらんや然れとも此外見の完全なる状態ハ無形の不完全なる事情を暗々裏に表兆するものなり実に法律の進歩ハ此自然の一連体を打破し以て一々其性質に随ひ精密なる分析術を施すにあるなり慣習法と云ふ語ハ意義の困難を来たせしものなるか羅馬人ハ之を解釈して風俗の襲用より成立せる法律と為せり是れ予の最も同意を表する所なり

凡そ用語ハ其国民の心意に感する所に基きて起るものなるか故に右の解釈に拠れハ習俗の法律となりたるものを以て慣習法と名けたるや疑なかるへし然れとも茲に一の困難あり即ち他なし総て慣習法ハ其初め事実の類例に成立し決して夫の成文法の如く立法官の制定領布を竢ちて然る後に成るものにあらす因て其事実中必す道徳の部内に入るへきものと法律の部内に属すへきものとの区別なかるへからす而して現に其区別ありたること羅馬語に徴して明白なり何となれハ羅馬に於て純粋なる道徳の行為に関する慣習を「モレース」と称し其他を「ユヂウース」と名けしを以てなり併しなから如何して此の所為ハ道徳なり彼の所為ハ法律なりと区別したるや蓋し外形上之を区別すること能ハさるものにして之を区別すへきハ只内部の元素にあり詳言すれハ各種の場合に於て法律上の義

務と道徳上の本分との間に差異の存する無形なる心意の感覚にあるなり而して実際多くハ此区別を為すこと容易なるへし然りと雖とも時としてハ又其人の感覚力の差等如何に由りて自ら観察の異なることなしと謂ふへからさるなり

又其区別の判明ならさることあるへし都て慣習に基く感覚ハ自然の道徳に属するか将た法律に属するやの区別確定せさるか為め或ハ道徳の本分となり或ハ法律の義務となり常に其二者の間に往来し譬へハ一種の流動物の如く時勢の圧力に由て其方向を変し或ハ東し或ハ西するを得るものと謂ふへし而して其流動物法律の部内に入るや確然不抜の命令となりて形状を顕し又道徳の部内に帰するや無形の感覚に止まり各人の随意に放任する道徳の本分となるものとす其理由ハ他なし凡そ無形の事物ハ全く人心と混和して各人の胸中を経過し各人の意思の変動に随ふものにして毫も外部の裁制を受けさるを以てなり

由是観之慣習法を以て一社会を支配する間ハ法律と道徳との区別未た確立せす故に慣習法を名けて法理と道徳との混同体と云ふことを得へきなり

夫れ何れの邦土の法律を問ハす其初めにハ右の如き混同体なるなりしや毫も疑を容れさるなり但し斯る状況の継続したる時間の長短ハ各国人民開化進歩の遅速に随ひ大に異りしものと推測すへし予ハ其現状を知得する為め敢て古代に遡りて逐一其事跡を探求するを要とせす慣習法の発生ハ現時に於ても常に見る所にして只往古のものと相異る点は現時ハ其事件を発生するに止まり往古ハ一般の事件に及ひたるにあるなり然れとも慣習法たる性質に至りてハ二者与に同一なるを以て予ハ別に往古に遡ることを為さす単に現時のものに就きて前述の論旨其実に適合することを認知し得たり

何人に限らす特別の慣習法を引証することを要する場合に遭遇する者ハ夫の慣習法に一定不動の正確なる性質存立せすと云ふ論点に就きて必す予と其感を同ふするならん

仮説ハ茲に一種の慣習ありとせんに其性質ハ法律の効力を有するものなるや将た道徳の本分に止まるものなるや

と数人に質問するときハ或ハ法律の効力ありと答ふへく或ハ道徳の本分に止まるものと云ひて必す相同しきを期すへからす是れ他なし慣習ハ各人の思想に放任しありて而して人の思想ハ彼此一定同様のものならさるか故のみ且慣習法の証拠力ハ当任裁判官の意思に随ひ其効力を異にす即ち甲の裁判官ハ之を以て充分の証拠と見做すも乙の裁判官ハ之を以て未た充分の証拠と見做さゝることあるハ実際上往々見る所なり

「成文法ノ根原　纂論」(二)

(『明法雑誌』第四七号、明治二〇年一一月五日発行)

故に或る理論家ハ慣習ハ正確のものにして決して道徳の本分と相混同せさるものと喋々論弁すと雖とも是れ只一場の空言に過きさるなり実に慣習法と道徳とハ混同体に居ること多しと謂ふへし

蓋し国民万端の事に就き彼是相互同等の待遇を受けんことを欲するの念慮熾盛なるに至るに随ひ人毎に其見解を異にする夫の慣習法の不定なる支配下に其運命を放任し置くことを嫌忌し是に於てか益々同等主義を法律上に設立せんことを希望し而して其方法を成文律に借るに至る者なり成文法とハ法理を訳出したる公文の謂ひにして法理も其時始めて幼稚の域を脱するなり斯の如きハ外見上瑣細なるに似たりと雖とも法律上重大なる種々の変更を惹き起すものとす蓋し何事に限らす事物の変更ハ必す多少の弊害を発生するものなること数の免るへからさる所なり然るに豈其弊害を恐れて陋習を去らさるの理あらんや此社会の進歩を為すへき事物にして毫も弊害なきもの未た之あらすと云ふ大原則を知らさる輩ハ慣習法に支配せらるゝ幼稚素樸なる原態を誤認して完全なる法律世界と為し成文律の発生を以て法律の零落衰頽と観察するに至るへし是れ他なし慣習法の時代に於てハ既に論述せし如く法律ハ各人の感覚思想と合同して一連体を為せしと雖とも成文律の発生するに及ひてハ最早各人の感覚思想の侭に運転する円滑なる工合と異なり法律ハ自ら法律思想ハ自ら思想にして彼此相分れ其一連体の働きハ漸々に止息し且各人の思想進歩するも成文律上一々変更せさるときハ依然旧規を以て社会を制し現況と命令と相副ハさるに至る之を略言すれハ成文律ハ法理を以て殆んと死物と為し活動間断なき社会をして既に絶息したる往時の規律に服従せしむるものにして寸分油断なきも成文律に於て免れさる弊害なれハなり

此一点に就き見るも容易に成文律の不完全を覚知するに足るものなれハ判断力に乏しき無遠慮なる輩ハ自然慣習

法を愛慕して成文法を排斥するの意向あるへし然れとも法律の真正なる進歩ハ其分離及独立に成るものにして譬へハ幼者ハ父母の養育を離る、時より独立の生活を得るに至ると等く法律も亦其初め之を生ミたる国民の感覚を以て左右する慣習法の羈範を脱する時より始めて独立体を有するものなり而して此分離及独立を成就するものハ成文律を措きて他に求むへからす蓋し成文律ハ事物の変遷人智の進歩に相伴ふて自然に伸張するを得へからす即ち慣習法の如き適宜応用の活動力を有せすと雖とも其便否利害得失の多少ハ智者を竢て後に知らさるなり其便益の大なるものハ法律の固定正確及一致体是れなり而して成文律と雖とも一旦成立したる後決して不抜のものにあらす即ち亦自ら伸縮力を有して之を改正変易して以て国家当時の実用に供することを得るなり而して又成文律の固定正確明瞭なる性質ハ夫の慣習法の毎事漠然として定限なき状況に比すれハ最も単簡にして其差等啻に天淵のみならさるなり殊に成文律を駁撃する者ハ必す成文律ハ当時の応用に後るゝと云ふを以て主たる論拠と為すと雖とも各人の交際の関係ハ常に成文律と相背馳するものにあらす若し或ハ背馳すること確実なるに至れハ之を改正するを要するのミ是れ豈難事ならんや

是故に慣習法より成文律に移るの進歩を略言すれハ事物の無より有に転し内より外に顕るゝものと謂ふへきなり何となれハ慣習法ハ形体を有せす各人の内感に放任しあるものなるに之に反して成文律ハ形体を有して外感に触るゝを以てなり蓋し慣習中にハ全く実際の応用に出て毫も法理と関係を有せさる事柄なしと謂ふへからさるなり之に反して成文律ハ常に法理の固形体を保有するものとす語を更へて之を言へハ慣習ハ必すしも法理其ものたらすと雖とも成文律に至りてハ直接に法理の訳出なり殊に法理の最大肝要なる性質即ち一致体ハ成文律に由りて備具するものとす夫れ慣習法に包含する法理ハ猶ほ水面の写影の如し少しく風波ありて動揺するときハ其影乱れて真ならす之に反して成文律にありてハ其水面を凝結して不動の固形体と為し即ち鏡面と為したるか如し之に映りたる影ハ最早動揺せさるなり然れとも其写影ハ水面鏡面に臨瞰する人物の容貌如何に随ひて異同あるへきハ勿論にして総ての事物ハ之に干渉する人の思想に由り其趣を一にせす即ち法律も亦各人の感覚に随ひ其見解多少異な

るものと謂ふへし然れとも成文律ハ確乎たる外部の憑拠点を有し以て或る各限度に於て人の感覚を一様ならしむるを得るものなり故に成文律ハ従来内部の感覚を以て取捨左右することを得たる慣習法を変して外部の見解を以て判断す可き有形法と為すものとす即ち論理に照して之を査定することを得るなり外形に就きて之を分量することを得るなり

抑々慣習法の素樸淡白なる原態に永く安することハ夫の羅馬人天賦の性質に全く相反背し其建国の初めより成文律の主義に傾向したるものゝ如し其証拠ハ他なし上古に存在したる法律の創設ハ人為に出てす全く自然に成立したること明瞭なるものなりと雖とも羅馬人ハ之を初代王「ロミウリウース」及「ニウマー」の制定したるものと為せしにあるなり蓋し羅馬人以爲らく自然に成立したるものなりとハ雖とも之を確認し之を施行したる以上ハ其確認者其施行者の制定物と爲すハ至当のことにして是れ決して条理に戻らさるものなりと

斯の如き思想を以て成文律を論したる時代ハ吾人の観察の達せさる所なるを以て予ハ余り古代にハ遡らさるへし而して其共和政時代に於てハ成文律の著しき活動を見る然れとも茲に之を細説するを要せさるなり蓋し十二表法律ハ当時の法律社会の状況を観察するに最も明確なる現象にして羅馬法進歩の一大基礎ハ全く是にあるなり而して此十二表法律と云ふものも実ハ既に存在したる法律を編成したるに過きすして其之を編成するに至りたる原因ハ該国民か益々現行法の雑駁にして正確ならさる事実を感したるにあるなり斯の如きハ何れの邦土に於ても適例少からさるへし

蓋し羅馬国民か法律の不完全を感して其数十百年間施行し来りたるものゝ全体を再造編成するに至りたる理由ハ偶然にあらさるなり即ち国王を放逐したる後貴族（パトリシヤン）と平民（プレベージヤン）との地位上に生したる混乱ハ実に十二表法律を編成せし理由の根原なり其故何そや此混乱発生せすして貴族も平民も旧態の侭にて生息し当時の現行法を以て従来の如く各人の関係を支配するを得たらんにハ敢て現行法の不完全を感すへき事実あらさるへきを以てなり故に予ハ法律を再造編成して後世羅馬法の進歩上達に至る萌芽を発生したる功績ハ全く

平民族にあるものと思考す而して此十二表法律を編成したる時の主眼ハ現行法の全部を以て成文律と為すにありたるものなるが実際には只其概略を果せしに止まりて未た完成すること能はさりしなり

予ハ既に論して往古の法律ハ概して成文律の主義に傾向したるものとなせり今や法律の種々の部分を研究して其果して然る所以を証明せさるへからす抑々此傾向の力ハ私法乃訴訟法の範囲に於て最も顕著なりと雖とも公法の部内に於てハ左程明瞭ならす殊に刑法の部内に於てハ極めて微弱なりとす

人々是等の点に就き毫も自ら臆測を須ゐすして夫の羅馬古法を研究するときハ必す私法乃訴訟法の事項に於て慣習法即ち無文律と全く異なる条規を発見すへし其異なる条規とハ他なし凡そ純粋なる慣習法の支配する事実の現出するに方り之を処理するにハ先つ有識者に就き其慣習法の成立確乎たるや否やを質し之か決答を得て然る後に其処理に着手するを通例と為したるものなるに私法及訴訟法の支配に属する事項に就きてハ決して然らす常に明記の成文ありたるを云ふなり然るに後世の羅馬人が王国時代ハ概して慣習法の下にありたるもの丶如く論するハ其故何そや蓋し王権時代に成文律ありしものとせハ王権の廃頽に帰するや直ちに十二表法律を編成することを要するに至りたる理由を説明すへからさるを以てなり実に羅馬古代の訴訟法ハ其基本に於ても又其沿革に於ても常に慣習法に反対する強敵たりしものとす而して又夫の慣習法の不完全不確実が十二表法律を編成するの原由となりしことを思考せハ其強敵たりしことを理会するに難からさるへし抑々往古訴訟法全体の目的ハ裁判官をして訴訟手続の成文律にのミ拠らしめて決して他の法律に従ひ裁判すること能ハさるの地位に居らしむるにあるなり斯の如く裁判官の専横を防止すへき成文律にして若し現時の訴訟法に於けるか如く僅かに訴訟の法式手続を規定するに止まれハ其目的の半を達するに過きすして尚ほ権利義務の基本に関してハ裁判官の専横を免れさりしなるへし然れとも往古の訴訟法ハ現時の法律の如く権利義務の基本と訴訟の法式手続とを区別せす即ち権利義務の基本に係る問題を一括して規定したり是故に当時一個の訴訟にして何等の成文律をも引証するを得さるものハ判官の視る所全く不成立なりしなり

「成文法ノ根原　纂論」（三完）

（『明法雑誌』第四八号、明治二〇年一一月二〇日発行）

又慣習法の範囲ハ古法上寔に狭小のものと謂ふへし夫のの《ママ》不動産の抵当事件に関する場合を除くの外権利の基本に就き慣習法に拠りて問題を決したる事例を聞知せさるなり然るに世人か慣習法より出たる決定として表示するを欲する数多の原則ハ皆是れ当時の法律家の弁明にして成文律の敷衍拡張論なり若し夫れ当時の法律家の弁明を以て直ちに習慣法と観察するハ大なる誤にして只慣習法の僥倖なるのみ何となれハ当時の法律家啻に法律を弁明するのミならす更に数多の原則を創設したるものなれハなり然れとも其諸家の智力に成りたるものも悉く成文律の規則に従ひて推歩演繹したるに止まり未た法律の大機関を確定する勢力を有したるものにあらさるなり抑々羅馬法の熾盛に至りし所以のものハ其人民ハ曾て慣習法の成立を認知せす或ハ之を認知するも夙く其支配を脱したる事実に基くものならん実に慣習法の支配する状況を法律社会より窺ひハ国民挙て睡眠中にあるか如くして法律の活動を自然力に放任し毫も之を顧ミさるなり豈斯の如くして法律の進歩する理由あらんや苟も法律の進歩を望まハ自然の慣習に委ぬる陋俗を打破し智《ママ》　の活動を以て法律の基本と為さゝるへからさるなり

前証に均しき事蹟にして其範囲の一層広大なるものあり此事蹟たるや夫の往古の私法上慣習法ハ最も重要の地位を占めたるものと主張する論旨と愈々符合せさるなり其事蹟とハ何そや外部の法式を正確にするの傾向ありたること是れなり而して此傾向ハ古法上争ふへからさる現象を以て顕る即ち古法に於てハ外部の法式に拠らさる各人の合意ハ決して権利及義務の効力ある者と認知せさりしなり然るときハ其外部の法式の備らさる一般の意思即ち慣習法に其効力を与ふることハ必す羅馬人の性質に背反したるものなるへし蓋し法律の不完全を感せしむるものハ必すしも外部の法式の不備にあらす然れとも其法式即ち式外形の存せるときハ自然其成立の有無を確認するに

苦むなり実に各人間の合意と雖とも其結約したる状況外部の法式上に現れさるときハ其合意ハ真に法律上の権利義務を設定したるものなるや将た道徳上の関係を発生したるに止まる者なるやを識別するハ夫の外形を有せさる慣習ハ社会交際の必要即ち法律上の感覚に基きて存したるものなるや将た単純なる道徳上の精神に因りて起りたるものなるやを判断すると其困難与に同様なるへし而して定式主義ハ羅馬古法上最も明確なる標記の一にして私法に於てハ厳式契約を設定し又訴訟法に於てハ固定なる起訴の法式を要したるものとす故に羅馬法の進歩拡張ハ成文律の致したる所にして決して無文律即ち慣習法の致したるものにあらすと断定せさるへからさるなり

蓋し民間相互の交際をして一定不動の規則に従ハしむるハ啻に不都合なきのミならす却て其利益尠少ならさるなり何となれハ正確なる法式の範囲内に於て交際を為すときハ万端の事其依るへき規律あり其受くへき担保あり其証すへき形体あり而して権利にハ必す実効あり義務に必す裁制ありて人氏《(ママ)》各自の関係上疑惑する所なく安泰なるへきを以てなり是故に法律愈々精密明確なれハ人民の受くる利益も亦愈々多かるへし然れとも政府及社会の全体に関してハ決して斯の如くなるへからす夫れ天下の形勢ハ未然に明知すること甚た難し必す臨機応変謀策を施すに便するか為め伸縮自在なる構成を要すへきなり若し之に反して唯規律に是れ頼る局促なる構成ならんにハ仮令公正無私の政体なりとも時辰儀の機関一般にして瑣細の障碍物触るゝときハ之に抗抵する能ハす忽ち運転を止むるに至る深く思慮せさるへからさるなり夙に羅馬人ハ是に見るあり私法に関してハ厳式を以て其規約を固定し之に不動の外形を有せしめたりと雖とも公法に関してハ決して其主義を同ふせす以て政略に富める伎倆を表ハしたり実に民事の訴訟に於てハ法律を以て裁判官を検束したりと雖とも公法の範囲に於てハ当局官吏の自由なる意思に委ね死物に等しき規則を以て其活機体の運転を抑制せす即ち国是を全ふするの権力を奪ふことを為さす以て充分国威を伸張するの余地を得せしめたるものと謂ふへし殊に刑法ハ成文法に基かす即ち国民自ら其国会の機関に由て刑事裁判を施行したる時間ハ刑罰の原則を規定することを良しとせす一切の刑事の訴訟手続ハ一に以て国民の決する所に委ね置きたる者とす蓋し死刑に至りてハ国会にあらされハ之を宣告することを得すと云ふ原則及其

他二三の条規を十二表法律中に掲載したりと雖とも如何なる罪状に関して其刑を宣告することを得るやの点に至りてハ確定しあらさるを以て刑の適用に就きてハ予め之を定めす犯罪の都度国民全般の感覚如何に委ね全く当時の与論に支配せらるゝ国会の決断に放任したるものなること疑を容れさるなり故に同性質の犯罪にして着しく刑罰の軽重を異にしたるもの少なからす而して其軽重の差違を生したる理由ハ現今吾人の論するか如く単に犯罪の状況如何に拘りたるにあらす国民の感覚如何に憑拠したるものなりとす此羅馬国民の刑事裁判権を名けて立法権と司法権との合握と称すへし是れ他なし其裁判を其事件限りの法律と見做せしを以てなり斯の如く当時の刑事裁判を観察するハ寔に其当を得たるものと謂ふへし然して立法権と司法権との分離ハ法律の自由及一定の主義を貫徹する《（ママ）》に最も肝要の條件なるにも拘ハらす夫の最も法律の思想に富める羅馬国民にして刑法上此二権分離を遂行することを延滞したるハ果して如何なる原由に出てたるものなるや実に私法の如きハ益々之を確定し其明条を備へ其適用を一途にするの主義に傾向したる時にありなから特り刑法のみ全く別様の観を呈し長へに当任者の意思如何に由りて自在に之を伸縮することを得るの形状に置き専ら内感の指揮する所に従ハしめたるものハ果して如何なる原由に出てたるや予ハ之を以て往古の国民と政府との関係の主義に起因したるものと為せり

蓋し現時の形勢を見るに概して国民と政府との関係ハ外部の事物に渉り即ち政府の人民に対し要する所ハ外見に触るゝ所為にありて其感覚如何に就きてハ殆んと察せさるものゝ如しと雖とも古代の政府ハ全く之と相反し人民の感覚を以て資治の根本とし敢て外部の所為に拘らさるなり故に政府の事を挙くるや必す先つ国民の感覚を尋討して之か是非を決せしものとす是れ其事を遂くるに及ひて最も善良の結果を得たる所以なり

夫れ斯の如く古代の政府ハ人民に臨むに心意の内感を宗とせしと雖とも現今の政府ハ動作の外感に着眼するものなり実に往古の希臘人及羅馬人ハ法律を以て命令したる外形の所為に因り其政府の欲する所を助成したるものにあらす又当時の人民ハ政府と同様に保護の義務を交換するの意思を有したるにあらす全く其身体及財産を併せて政府に従属せしなり然るか故に人民をして其国家に尽すへき義務の何物たることを知らしむるか為め別段に法律

規則を設定するの必要なく乃ち其感覚の嚮ふ所に委ねて充分の義務を果したるものとす是れ政府か犯罪人に対して施行したる刑罰ハ所犯の外状に原かすして其内部の感覚に憑拠したる所以なり語を更へて言へハ一箇の犯罪に就きての関係ハ法律規則と犯罪人とにあらすして国民全体と犯罪人となり譬へハ国民全体ハ其犯罪人の心意を写す明鏡の如し政府ハ之に其罪状を照して以て刑罰を科せしなり而して刑罰の軽重を定むるにハ所犯其ものを量るにあらすして犯罪人生来の行状及感覚を糺すにありたるものとす

刑事を処断するに斯の如き方法を以てするハ善美の観状あるに似たりと雖とも是れ法律の進歩未た完全ならさる地位にあるものなることを確知せさるへからさるなり若し此方法を以てするときハ各事件の発出するに随ひ設定適用する刑法ハ国民の意見政府の観察及種々の状況に由り其時々大に軽重を異にし決して犯人其もの丶罪悪の度に従ひて之を罰すること能はさるに至る是れ他なし国民全体の感覚ハ猶ほ各人の感覚に於けると一般始終同様のものにあらす時と場合即ち社会形勢の変動に随ひ或ハ厳格に過ることあるへく或ハ寛宥に失することあるへきを以てなり故に犯人の為め決して公平の処断を望む能ハす抑々公平の処断ハ那如曰く犯罪の軽重に従ひ其刑罰彼是均一にして其軽きものハ常に軽く重きものハ常に重きことと是れなり之を裁判の公平同等と云ふ而して此公平同等ハ立法権と司法権との分離を行ふにあらされハ得ること難し即ち立法官と裁判官との職務の混同体を破毀し以て刑法を政略の勢力外に置き独立の成文律を設定するにあらされハ之を望むへからさるなり蓋し羅馬法の此途に就きたるハ共和政時代の末業にあり而して近世の文明諸国ハ皆之を法則とす

由是観之成文律の主義私法に早く公法部内に遅し是れ私法の学理一層先きに発見するを得たるか故なり

監獄に関する講談会筆記

(『明法雑誌』第四八号、明治二〇年一一月二〇日発行)

第三席にハ磯部四郎君の前段宇川［盛三郎］君の演説を批評せられたるものにて例の縦横自在なる弁舌を以て褒貶憚る処なく其主意を要言すれバ元来犯罪人なるものハ社会教育を以て此れを平服するを得ず警察の厳密周倒な(ママ)る預防あるさへ此れを潜り其罪を犯せし程のものなれば如何にしてか此れを教養して其心事を改良するが如きことを得ん彼の監獄を以て一の学校の如き仕組となし読書教育等を授るが如きハ殆んど寸効も此れあらざるなり而して其失費の額ハ幾何ぞ実に貴重なる社会の財力を消耗して無効の薫陶を試むる決して知者のことと云ふ可らさるなり凡そ罪人なるものハ凡て日常生計の道に窮したるより出たるものにあらざるハ少なし所云恒産なきものハ恒心なし左るからハ今仮りに数百歩を譲り獄内の薫陶其目的を達することありと仮定し悉く其性を変じて善心を養ふに足るものなりとせんも其犯人満期放免の日に臨て良民と伍せんにハ必ず一定の職業を求めさる可らず然れども凡そ人情として刑余の人ハ実に信用乏しくして何人と雖此れを雇傭するだに甚だ忌ましく考ふるを常とす已に然るときハ初め無生産なる為め罪を犯せしものハ或る刑を被り幾数年の後自由の身にハ帰りしも再び皈る処ハ無生産の境界にて一再罪を得るや社会の待遇酷薄なる為め生活の道ハ益々困難となり竟にハ糊口に窮し喝しても盗泉の水を呑まずと云ふの境に至りしもの丶外ハ貧余再び罪を犯さゞるを得ず此れ屡々在監犯人にして再犯以上のもの多き所以なりとす況んや監内の教養ハ未だ此の如き結果だに生するを得ざるに於てをや故に余ハ監内の教育を施すハ実に無用なりと信ず此れと同時に其費用を転用して犯人をして或る島嶼に移し此れを懲罰するの傍ら或る土地を与へ若しくば或る職業を授け恒産を生せしむるの法を設けなば実に非常の結果ありと信ずるなり蓋し欧羅巴諸国重もに英国の富の如きハ一に植民地の賜なりと云へり而して其植民地たる尽く罪人を移せしの島嶼な

れば英国の富ハ罪人の賜と云ふも可なり此れ一に監獄制度其宜しきを得たるに基かずんハあらず此の如くんば一方に於てハ無数の良民を作出して再犯の憂なからしめ他方に於てハ国家の富栄を全ふする両全の策を得たるものと云ふ可し余ハ監獄制度をして此の如くならしめんことを希望するものなり云々

「餅は餅屋」（一）【未見】

（『明法雑誌』第四九号、明治二〇年一二月五日発行）

「餅は餅屋」（二完）

（『明法雑誌』第五〇号、明治二〇年一二月二〇日発行）

一種の感覚力とハ何の謂そや曰く他なし其研究せんと欲する学術中に包含する無形力を尊信すること是れなり何となれハ之を尊信するか故に自己固有の判断力の及ハさる所を悟り益々其蘊奥を探究せんことを勉むるに至ると雖とも若し然らすして初めより其学術を蔑視するときハ自己固有の判断力に適合せさるものハ尽く捨てゝ取らさるに至り斯の如くして万巻の書を読むも其心に悟る所毫もあらさるへきを以てなり

夫れ平生普通人法理に対して駁撃する論旨ハ二種にして即ち此二種の論旨ハ重大の勢力を有す何そや曰く自然の観察及普通の条理に違ふと云ふ是れなり蓋し法律ハ常人之を理会（ママ）するに難く随て間々自然の観察及普通の条理と抵触するものにして維れ此一点ハ天下容るすへからさるの大罪なりと論し以て法律に対し決して動かすへからさる駁撃を加へしものと信して疑ハさる者あるなり若し法律にして果して斯の如くならさりせハ法論及法律ハ価値なきものと謂ふへし夫れ法律ハ千百年の研究を経るも尚ほ其幼稚の域を全く脱出するに至らさりしものならすや焉んそ一嘗其真味を識るを得んや彼の自然の観察若くハ普通の条理と云ふハ果して何そや只是れ外形の所見に過きす未た内部の実験あらさるなり斯の如きハ万般の事物に渉る智識の発端にして此智識遂に一変して総て事物の外形ハ輒く信するに足らすとし必すや内部の熟察を以て之を判断するに至らされハ未た進歩と云ふこと能ハさるの心証を起すに至るへきなり

此事特り法律に限るものならす凡て人智の関する事物尽く然るなり夫れ一事物に就き丁寧反覆視察熟考するときハ必す新奇の発明を為し一見一考するのミにてハ決して之を理解し得へからさるものならすや抑々斯の如く一事物に就き一見して理解する所と熟察して理解する所と其決定相同しからさるを見れハ多少教育ある者ハ其一見して理解したる所真正にして熟察して理解したる所虚妄なりと主張することハ決して肯んせさるへし然れとも法律に関してハ却て斯の如き事を主張する者多きハ笑ふへきの甚しきにあらすや慨歎の至りにあらすや

或人曰く法律も亦其元素を普通の感覚より吸収し来りたるものにあらすやと予対て曰く是れ寔に然り普通の感覚ハ法律の種子なり茲に其種子を播して萌芽の生するを見るへし然れとも其萌芽ハ乃ち萌芽にして未た樹木にあらさるなり是故に法律なるものハ其種子剖けて萌芽を生し萌芽長して学術の喬木と変化したるなり其千枝万葉ハ蓊鬱婆娑として最早微々たる種子の原態にあらす豈に之を掌上に熟視するを得んや斯の如き形状に達するにあらされハ旺盛に至りたるものと謂ふへからさるなり今樹木を変して再ひ一種子となすこと能ハさるものとせハ彼の千百年間賢人君子の講術敷衍したる法律をも亦常人の輒く理会し得へき為め普通感覚の原態に復すること能ハさるや明白ならん

又法律ハ社会の清廉なる条理を以て根原とせさるへからすと云ふ論旨ハ固より予の認知する所にして予ハ尚ほ一歩を進めて法論ハ社会の清廉なる条理の包合なりと断言するものなり抑々其条理の包合とハ何そや語を更へて云へハ数千万人か内感外感思想経験に由り得たる所の条理の集合体なり苟も之を識る者ハ自己固有の薄弱なる条理を恃ます必す既往数百千年の経験を以て事を処すへし斯の如くなれハ誤を致し敗を取ること少きなり何となれハ賢者の発見し且創設したる所のものハ愚者も勉強に由りて之を知得するに至るへきを以てなり蓋し固有の才能乏しと雖とも古人の識力経験を利用することを知る者ハ此助力を恃まさる才能者に優るハ睹易理なりとす夫れ地を耕し若くハ手工を行ふハ法律上最も簡単なる問題を理会するよりも一層容易なるハ寔に明白なり然りと雖とも其何れを為すに於ても自己固有の条理にのミ由りて既往経験の助力を恃まさる者ハ最も拙劣なる農夫職工の上に出

つることすら難かるへし而して若し此輩にして自己固有の条理を以て従来経験の手段を一変して古老の為す所を駁撃し或ハ之に教を授けんと欲するか如き妄想を懐くに至るときハ最下等の農夫職工も亦其人を嘲弄すへし而して其之を嘲弄するハ大に理由あるものと謂ハさるへからさるなり

果して然るときハ常人にして法律家に対し右に等しき言を発する者あるときハ法律家も亦農夫職工と同一の権利を有するものにあらすや夫の靴匠若くハ裁縫師も亦法律の問題を決する能力を有すへきものと主張する輩ハ何そ哲学先生に向ひて靴の製造或ハ衣服の裁縫を注文することを試ミさるや而して又法律家にして斯の如き論旨を賛成し以て農工商に論なく公衆自ら理会し得て毫も専門家の意思を仮るを要せさる法律を制定せんと欲する妄想を伝播することを禁せんにハ予此輩に向ひて自ら靴匠若くハ裁縫師の技芸を試むへしと曰ふの外なきなり一たひ之を試むれハ必す知らん法律ハ其学生に靴を製造し若くハ衣服を裁縫することを教ふるものにあらす又靴の製造衣服の裁縫ハ其職工をして法律を知らしむるものにあらさることを即ち最も卑賤なる技能と雖とも自ら其理法あるなり詳言すれハ其事物に関する条理経験の集合体ありて之を研究したる者にあらされハ之を判断し且之を実施すること能ハさるなり

右の簡単なる説明ハ専門家の法論と常人の法律に就きて懐ける意見との間に生する全体の差違を包含するなり蓋し法律の大本ハ社会全般の淡白なる条理と相適合するものなることを証明し以て専門家の法論を維持するハ最も大切の事にして且最も学術に益あるものなりと雖とも亦大に困難を極むるものと謂ハさるへからさるなり斯の如き法論の維持説ハ今日まで曾て研究したる者あらす是れ他なし法律専門家ハ永年の経験上其主義の至要なることを顕然たらしめたる点に満足し且常に其論説の至当なるハ実際に徴して明白なることを信向（ママ）して毫も其困難なる維持説を勉むることを意とせさりしか故ならん此点に就きてハ専門家に責むるに只其従来の経験に安んして敢て難を冒すことを為さゝりし懈怠の罪を以てすることを得へし是れ後進者か其途に迷ひ且動もすれハ先覚者を譏るに至りたる所以なり

茲に二箇の注目すへき主点あり予ハ読者に向ひて之を軽忽に看過し去らさることを希望するなり即ち他なし其一ハ予の論述し来りたるものハ全く法論其もの丶創設し産出したる点にのみ関するものにして決して外部の権力を以て法論と為したる材料（成文法）に関するものにあらさること是れなり実に是等の材料に就きてハ夫の法論なるものハ決して其責に任すへきものにあらす抑々法律専門家中にも奇々怪々の意見を懐く者なきにあらす是等の意見ハ淡白なる条理に合同するの距離甚た遠くして屡々星淵の大差を生するなり而して又此輩ハ其主義を以て淡白なる条理に適合せしめんことを求めたるものにあらさるか如し其二ハ法律の理由正当を証明するにハ必す其全体に拠るにあらされハ能ハさるものなること是れなり実に其中一箇の規則にして条理に反し且必要なるもの丶如く見ゆるものあるハ他なし是れ其規則を判断する者全体の関聯を知らすして各箇の規則ハ各箇に判断することを得るものと容易く信するか故なり若し斯の如き妄想を以て果して正当のものとせハ法論上の決定も亦常人の判断と敢て異なることなかるへし然れとも斯の如く法律を判断するの方法ハ迷妄も亦大甚しとす故に法論と常人の思想とハ其見る所異なるを以て随て其判断の差違を生するハ是れ止むを得さるなり

由是観之一定規則の其宜きに適したるものと雖とも常人をして之に承服せしむることの屡々困難なる所以を知るを得へきなり蓋し常人にハ一法律規則を判断するに其憑拠すへき基本を知るの識力並に其判断せんと欲する規則と之か理由との関聯を探求するの技能及法律全体に係る論理の見解欠乏するが故なり

「用収権ノ廃ス可カラサル意見」（明治二〇年一二月一九日）

（「民法編纂ニ関スル諸意見並ニ雑書一」『日本近代立法資料叢書』第一〇巻）

用収権ニ関スル法文廃案論者ノ意見ヲ略陳スレハ左ノ如シ

第一　本邦ニ於テハ用収権設定ノ慣習ナシ

第二　用収権ノ存立ハ土地家屋ノ改良保存ニ害アリ何トナレハ虚有者ニ取リテモ用収者ニ取リテモ完全ノ所有権アラサルヲ以テ自然放任主義ニ趣クヘキヲ以テナリ

第三　用収権ノ設定ハ訴訟ノ原因ヲ増加ス何トナレハ用収権ノ濫用ニ因リ若クハ毀損ニ因リ廃棄云々ノ点ヨリ無慮ノ困難ヲ生スレハナリ

第四　ボアソナード氏ムールロン氏及アコラース氏モ此権ノ存立ヲ賞賛セサルモノナリ

小官ノ浅識ヲ憚ラス此四箇ノ理由ノ取ルニ足ラサルコトヲ明示スルノ前先ツ閣下ノ注目ヲ煩ササルヲ得サルコトアリ即チ他ナシ小官ノ冒頭ニ陳述シタル如ク廃棄論者ハ僅カニ法文其モノヲ廃セント希望スルニ過キスシテ用収権其モノヲ廃スル意思アラサルコトハ廃案理由書ノ末文ニ照シテ明瞭ナリ何トナレハ其末文ニ「若シ又世ニ用収権ノ事ニ類似スル契約ヲ為スモノアリテ裁判上争論ノ起リタルトキハ其性質ヲ考ヘ結約者ノ意思ヲ察シ之ヲ民法中有名契約カ又ハ無名契約ニ擬シ其条則ニ依リ裁判シテ保護スヘキハ之ヲ保護シ其全キ用収権ニシテ有害ナルモノハ之ヲ保護セスシテ足ルヘシ」トアルヲ以テナリ

附言　此末文中「保護スヘキハ之ヲ保護シ保護スヘカラサルモノハ保護セスシテ足ルヘシ」トノ一言ハ法律家ノ論トモ思ハレス抑々成文法ノ制定アラサル前ハ兎モ角モ苟モ民法ナルモノノ制定アル以上ハ法律上禁止又ハ無効ノ条文存セサル事項ハ悉ク結納者ノ自由ニ任セ置キ其自由ノ範囲内ニ約セシ事柄ハ仮令社会一般ノ理財上多

少ノ影響ヲ及ホスモ之ヲ保護セサルヘカラサルナリ然ルニ厳重ニ用収権ヲ禁止スルトモ言フヲ肯セスシテ取捨ノ全権ヲ裁判官ニ放任スルノ趣意ナレハナリ果シテ如斯ハ民法ヲ制定スルノ要何レニ在ルヤ小官之ヲ知ラサルナリ実ニ法律ハ社会一般ノ利害ト各人民ノ利害ト権衡ヲ省ミテ社会ノ利スル所著大ニシテ各人ヲ害スル所僅少ナレハ社会ノ為メ各人ノ利益ヲ犠牲トシテ可ナリ其反対ノ場合ニ於テハ各人ノ為メニ社会ノ利益ヲ犠牲トセサル可カラサルナリ是何レノ法律ニ於テモ多少社会ノ不経済トナルヘキ事項ト雖トモ各人契約ノ自由ヲ貴重スル為メ之ヲ禁制セサル所以ナリ此一点ニ就キテモ廃案論者ハ再思セサル可カラサルナリ

廃案論者第一ノ理由ニ対スル駁撃

本邦ニ於テ用収権ヲ設定スル慣習ナシトハ是レ其権ノ無キニアラス全ク其名称ト法律ノ無キナリ故ニ基本タルヤ用収権ヲ以テ論スヘキ実例訟廷ニ顕ハルルモ従来之ヲ裁定スルノ標準ナキカ為メ屡々錯雑ナル裁判ヲ与ヘラレタルコトアルヘシ尤モ此点ニ就キテハ小官ノ喋々ヲ待タス諸裁判所ヘ照会アレハ明瞭ナルヘシ果シテ其事実アリテ名称ト法律トナキモノトセハ今日草案ニ在ルカ如ク明細ニ其法則ヲ定メ将来裁判官ニ之ヲ裁定スルノ標準ヲ与フルコト最モ肝要ナリ

第二ノ理由ニ対スル駁撃

用収権ノ存立ハ土地家屋ノ改良ニ害アルトハ小官ノ同意スル所ナリ然レトモ斯ノ如キ社会ノ理財上ニ於ケル害ハ各人結約ノ自由ヲ廃止スルニ足ルモノナルヤ如何是レ用収権存廃ヲ決スヘキ主要ノ問題トス而シテ若シ此害ヲ以テ契約ノ自由ヲ廃スヘキモノトセハ民法中啻ニ用収権ノミナラス一時所有権ノ所在確定セサルモノハ悉ク之ヲ禁止セサルヘカラス何トナレハ所有権ノ確定セサルモノハ常ニ用収権ト同一ノ損害ヲ社会ノ理財上ニ及ホスモノナレハナリ今其所有権ノ一方ニ確定セサル事項ノ二三ヲ茲ニ挙クレハ左ノ如シ

第一　生存中ノ贈与

此贈与ハ贈与者ニ後子ノ出生スル為メ及処置シ得ヘキ部分ヲ超過スル為メ廃棄スルモノトス故ニ受贈者ハ贈

与者ノ死亡ニ至ルマテ確定ノ所有権ヲ有セサルナリ
第二　買戻ノ売買
今日売渡スモ約定ノ時マテニ今日受取ル代価ヲ返セハ物件ヲ戻スヘシトノ約束ナリ故ニ其間買主ノ所有権不確定トス
第三　停止ト解除トヲ問ハス総テ未必条件ニ関スル契約ヲ以テ所有権又ハ其他ノ物権ヲ授受スル事項ハ皆其条件ノ成就シ又ハ虧缺スルニ至ルマテ常ニ其権利ノ帰スル所何レニ在ルヤ不確定ノモノナリ
第四　如何ナル場合ニ於テモ一物ノ共同所有権ハ常ニ確定ノ分配ニ至ルマテ各共同所有者ハ其畢竟得ルノ所有権何レニ在ルヤ確定セサルナリ然レトモ仏国民法及草案ニ於テ五年間ツツ幾度ニテモ延期シテ共同スルコトヲ許スモノトス
第五　地上権及永借権ノ如キモ亦多少完全ノ所有権ヲ減省スルモノナリ然レトモ仏国ニ於テ民法中其法文ノ在ラサルヲ慨歎セサル者ナシ是レ我カ草案ニ之ヲ規定シタル所以ナリ
夫レ斯ノ如ク民法中用収権ト同シク権利ヲ不確定ニ置キ社会理財ノ根拠ヲ減少スルモノアリト雖トモ今日ニ至ルマテ是等ノ諸権利ヲ廃止セント論シタル者ナク且用収権ノ廃案論者モ恐クハ是等ノ権利ヲ皆廃止スヘシト言フノ軽忽ナル果断ヲ有セサルヘシ何ソヤ是レ皆各人契約ノ自由ヲ貴重セサルヘカラサルヲ以テナリ然ルトキハ特リ用収権ノミヲ目シテ是レ社会ノ理財ニ害アルモノナリ之ヲ禁スヘシト云フノ理アランヤ寧ロ契約ノ自由ヲ貴重シ以テ民法草案ニ定メタルカ如ク精々之ヨリ生スヘキ実際ノ困難ヲ予防シ置クニ如カサルモノトス
第三理由ニ対スル駁撃
廃案論者ノ第三理由ハ反テ用収権維持論者ノ最モ勢力アル理由トナルモノトス何トナレハ総テ訴訟法ノ困難ハ其事件ヲ裁定スルノ規則不完全ナルヨリ最モ醸成スルモノナレハナリ其規則完全ナレハ裁判官ノ職務ハ之ニ照

ラシテ事実ヲ認定スルニ止マリ寔トニ簡単ナリ若シ又其法文備ラサルトキハ裁判官ハ一訴訟事件ニ付キ今日行ハルルカ如ク先ツ此事件ハ条理ニ於テ如何ニ決定スヘキヤヲ調査シ然ル後其条理ニ基キ事実ヲ認定セサルヘカラス是レ法律不備ノ実際ニ致ス最モ困難ニシテ各国争フテ成文法ノ制定ヲ希望スル所以ナリ然ルニ廃案論者ハ用収権ノ如キ錯雑ナル事項ノ細明至ラサルナキ条文ヲ廃止シテ訴訟ノ根ヲ絶ツコトヲ希望スルハ実ニ意味ナキノ至リト謂フヘシ

第四ノ理由ニ対スル駁論

ボアソナード氏ムールロン氏及アコラース氏ノ意見ハ詰リ用収権ノ設定ハ所有権ノ改良ニ害アリテ益ナシト云フニ過キス然レトモ未タ所有権ノ改良ニ害アルカ為メ之ヲ禁スヘシト論シタルモノ曾テアラサルナリ就中ボアソナード氏ノ如キハ之ヲ禁スルノ意思毛髪モアラサルコト明瞭ナリ何トナレハ禁スヘシト思考セシ用収権ヲ民法草案ニ於テ夫レ斯ノ如ク丁寧ニ起草スルノ理由アラサルヲ以テナリ而シテ又僅カニ社会理財ノ点ヨリ此権利ヲ禁スヘシト云フカ如キ論ハ必ス識者ノ採ラサル所ナルヘシ

実ニ社会ノ理財ハ寔トニ美事ナリ然レトモ之カ為メ各人ノ契約ノ自由ヲ奪フニ至ルトキハ遂ニ各人ノ所有物取扱上ニモ亦干渉スルヲ以テ正当ト云フニ至ルヘシ何トナレハ所有物保存ノ懈怠及ヒ収穫ノ緩慢ハ社会物産ノ増殖上ニ大害ヲ来タスヘキコトヲ以テナリ一日法律ノ干渉ノ極茲ニ至ルトキハ是レ所有権ノ保護ニアラスシテ其破滅ニ至ルモノトス用収権ノ禁止主義ハ自然其端緒ヲ開クモノナリ立法ノ任ニ当ルモノ軽忽ニ事ヲ執ラス注意以テ考ヘ考セサルヘカラサルナリ

右ノ理由ナルヲ以テ小官ハ万廃案説ヲ採ラサルナリ

明治二十年十二月十九日

法律取締《(ママ)》報告委員　磯　部　四　郎

法律取調委員長伯爵　山　田　顕　義　殿

「用収権ノ廃ス可カラサル意見追加」（明治二〇年一二月二二日）

（「民法編纂ニ関スル諸意見並ニ雑書一」『日本近代立法資料叢書』第一〇巻）

抑モ用収権ハ所有権中ニ包含スル一支分権ニシテ人定法ノ付与スルモノニアラス苟モ所有権ハ自然法ノ原則ニ基キ吾人ニ属スルトセハ其中ニ包含スル用収権モ亦タ均シク吾人ニ属スル自然ノ権利ト謂ハサル可カラス而シテ民法ハ吾人天賦ノ権利ヲ保護スルヲ以テ名トスルモノニアラスヤ其之ヲ保護スヘキモノヲ以テ却テ之ヲ奪フハ何ソヤ蓋シ反対論者ハ我カ従来ノ慣習ニ用収権存セストノ口実ヲ以テ（此口実ハ全ク妄想タルコトハ既ニ証明シタルヲ以テ茲ニ之ヲ駁セス）本権ノ条文ヲ民法ヨリ省カント主張スルモノナリ此口実ノ真ニ然ルモノト仮定スルモ未タ以テ用収権ヲ省ク可カラス抑モ吾人天賦ノ権利ニシテ今日マテ吾人其成立ヲ知ラス随テ之ヲ活動スルノ便益ヲ見スシテ経過シ来リタルモノ豈ニ特リ用収権ニ止マランヤ何レノ邦土ニ於テモ公衆ノ成立ヲ知ラサル権利ハ先覚者ノ在ルアリテ之ヲ公布シ茲ニ其実益ヲ悟リ漸々之ニ由テ以テ社会ノ隆盛ヲ来タスモノニアラスヤ古人言フアリ道人ヲ弘ムルニアラス人能ク道ヲ弘ムト其レ是レノ謂ヒナリ現今大政府ノ撰沢ヲ辱フシ法律取調ノ任ニ当ルモノハ少クトモ自ラ先覚者ヲ以テ許シ其既ニ知ル所ハ勿論未タ知ラサル所ト雖トモ宇内法律ノ沿革ヲ盾タシ之ヲ法理ニ照シ軽シク二三赤髯者ノ言フ所ヲ信セス以テ法律ノ基礎ヲ堅固ニシテ後世ノ笑ヲ耻ラサルコトヲ勉メサルヘカラサルナリ然ルニ僅カニ慣習上其存立ヲ知ラサルヲ名トシ法理ノ何物タルヲ研究スルコトナクシテ吾人天賦ノ権利ヲ廃滅センコトヲ主張スルハ其職務ノ大任ヲ思ハサルノ甚シキモノト謂ハサルヘカラス夫レ裁判官ノ誤解ハ其不幸ヲ一事件ニ及ホスニ過キス然トモ尚ホ其不幸ヲ患ヘテ各国法律ヲ制定シ之ニ標準ヲ与フルノ必要ヲ感シタルモノニアラスヤ立法官ノ誤解ハ之ニ反シテ其毒ヲ一国全般ノ民人ニ及ホスモノトス立法官ノ一思誤レハ其由リテ生スル結果其レ斯ノ如ク大ナリ而シテ吾人今日帯フル所ノ職務ハ則チ立法ノ任ナリ其任斯ノ如ク大ナルヲ省ミル

トキハ如何ソ数世紀ノ以前ヨリ羅馬法ニ其端ヲ顕ハシテ以来未タ曾テ法律ニ富メル各国挙テ成立ヲ争ハサル用収権ヲ軽シク廃滅スルコトヲ肯ンスルヲ得ンヤ其果断実ニ驚クヘシ只恐ル後世盲人蛇ヲ畏レサルノ譏ヲ遺サンコトヲ蓋シ当任者ノ一身ニ受クル所ノ譏ハ尚ホ甘ンスヘシ吾人一朝ノ決定ヲ以テ人民固有ノ権利ヲ剥奪スルハ是レ名ヲ法律ニ借リテ人民天賦ノ財産ヲ盗スルモノナリ其罪ハ無意無識ノ致ス所ト雖トモ上政府ニ対シ下人民ニ対シ之ヲ償フニ何ヲ以テセンヤ之ヲ謝スルノ道曾テアラサルナリ小官ノ一思茲ニ至リ反対論者ノ言ヲ聴テ黙止スルニ忍ヒス更ニ用収権ノ便益ハ反対論者ノ不利トスル所ヲ償フニ余リアル実例ヲ左ニ陳述シ以テ一ハ人民固有ノ権利ヲ保護スルノ名ト二ハ人民ノ便益ノアル所ハ仮令従来其成立ヲ知ラスト雖トモ之ヲ捨テサルノ実トヲ全フスルノ良結果ヲ見ンコトヲ希望シ以テ閣下ノ尊厳ヲ冒涜スルノ罪ヲ身ニ甘ンスルモノトス

第一　相続編第千五百八十五条第二項ヲ見ルニ「遺存配偶者ハ其被相続人トノ共同ニ出テタル卑属親相続シタル場合ヲ除クノ外総テノ相続人ニ対シ其再婚ニ至ルマテ相続全部ノ四分ノ一ニ付用収権ヲ有ス」トアルナリ

第二　父其子ノ幼年ナル間其子ノ財産上ニ用収権ヲ有ス蓋シ是レ父ノ利益ト謂フヘカラス其養育ノ労費ニ充ツルノ趣意トス

右ハ法律上用収権ノ設定スル二箇ノ場合トス尚ホ此外ニモアルヘシト雖トモ茲ニ之ヲ略ス現ニ我カ国婿養子ノ制アリテ此養子ニ相続権アルカ為メ血統ノ婦女不計ノ害ヲ他日ニ被ルノ実例少ナカラス故ニ起草者ハ将来婿養子ノ相続ヲ廃シ其相続権ハ血統ノ婦女ニ与ヘ婿養子ヲシテ之カ用収権ヲ有セシメ以テ婦女ノ将来ヲ保護スルノ方法ヲ設定セント欲スルノ意ナリ蓋シ事例ノ数多ハ権利ノ有無ヲ決スルモノニアラス其例少ナキモ廃スヘカラサルモノモノ《（ママ）》ハ廃スヘカラサルナリ故ニ右二箇ノ事例ニ因リテ用収権ノ廃スヘカラサル理由ヲ明示スヘシ

抑モ遺存ノ配偶者ニ用収権ヲ法律上有セシムヘキコトハ仏国ノ民法中未タ其法文アラサル所ナリト雖トモ諸学士ノ認メテ以テ民法ノ一大缺典トスル所ナリ其論ニ曰ク「総テ法律上ノ相続権ハ死者親愛ノ情ヲ推測シ即チ普通ノ人情ハ等親ノ最モ近キ者ヲ最モ親愛スルニ在リ故ニ相続権ヲ等親ノ最モ近キモノヨリ逐次ニ遠キニ及ホシタルモ

ノナリ是ニ由テ之ヲ観ルトキハ夫婦ノ愛情ハ親子ノ愛情ニ優ラスト雖トモ敢テ劣ラサルヘシ然ルニ遺存配偶者ノ相続権ヲ十二等親ノ次ニ置クハ相続権ノ法理ト相抵触スルコト著シキモノニアラスヤ蓋シ遺存配偶者ニ完全ノ所有権ニ於ケル相続権ヲ有セシムルハ不慮ノ禍害ヲ播種スルノ危険ナキニアラス何トナレハ其財産ヲ占ムルノ念慮ト不正ノ情ヲ恣ママニスルノ欲望トヲ以テ一方ノ死ヲ謀ルノ悪手段ヲ為スニ至ルコトナシト謂フヘカラサルヲ以テナリ其危険ヲ予防スルノ方法アル以上ハ宜ク遺存配偶者ニ多少ノ相続権ヲ与ヘ以テ一ハ死亡ノ愁歎ヲ慰メ二ハ将来其生活ヲ確保スルノ方法ヲ設ケサルヘカラス而シテ其方法ハ遺存配偶者ノ再婚ニ至ルマテ死者ノ遺産ニ付キ幾分ノ用収権ヲ与フルコト是ナリ斯クノ如クセハ完全ノ所有権ヲ有スルニアラサルヲ以テ財産ヲ奪フノ念慮ヲ養フノ具トナラサルヘクシテ且不出ノ情ヲ恣ママニスル為メ一方ノ死ヲ謀ルノ患ナカルヘシ他ナシ再婚ハ其用収権ヲ消滅スルヲ以テナリ」ト是レ起草者第千五百八十五条ニ遺存配偶者ノ用収権ヲ設ケタル所以ナリ然ルニ今ヤ反対論者ノ如ク用収権ヲ廃センカ其遺存配偶者ニ与フルニ完全ノ所有権ヲ以テスルカ然ラサレハ他ノ相続人ヨリ幾分ノ養料若クハ年金ノ如キモノヲ付与スルノ方法ヲ以テセサルヘカラス而シテ其所有金ヲ以テスヘカラサル理由ハ前陳ノ危険アルニ由リ明瞭ナリ止ムヲ得サレハ必ス他ノ相続人ヨリ年金若クハ養料ヲ給スルノ方法ニ定メサルヘカラス是ニ於テ遺存配偶者ノ地位ハ物上ノ用収権ヲ有スルト等シク安心ノモノト思考スルヲ得ルヤ決シテ然ラサルナリ或ハ其相続人ノ無資力ニ至ルコトアルヘク或ハ已レ曽テ相続シタル利得ヲ忘却シテ徒ラニ寡婦ヲ恵ムノ想ヲ懐キ之ニ教ルノ風ヲ為シ或ハ故ナクシテ其給与ヲ拒ム等無慮ノ葛藤ヲ親族内ニ醸成シ其弊ヤ啻ニ裁判所ヲ煩ハスノミナラス既ニ其頼ム配偶者ニ別レテ不幸言フヘカラサル者ヲシテ法律ノ不完全ヨリ更ニ又其不幸ヲ重ネシムルニ至ルヘシ而シテ是レ皆反対論者ノ将来ニ播ク禍根ナリ之ヲ用収権ヲ保存シテ社会理財ノ利益ヲ害スルトノ漠然タル口実ニ比スレハ利害得失ノ大小軽重天淵ノ差アルコト識者ヲ俟テ後知ルヘキニアラサルナリ豈斯ノ如キノ法律ヲ制定スルニ至ルヲ知リテ小官之ヲ黙止スルコトヲ得ンヤ

父ノ用収権モ亦然リ反対論者ノ如ク若シ用収権ヲ廃スルトキハ父ヲシテ其子ノ財産管理者ト為ササルヘカラス既

ニ管理者タル以上ハ其子丁年ニ達スルノ後父ヨリ必ス其管理ノ計算ヲ為サヽルヘカラス而シテ其計算タルヤ或ハ十有八九年間ニ渉ルモノ往々アルヘキヲ以テ其間瑣少ノ出入明瞭ナラサルモノアルモ之ヲ無理ト云フ可カラス然レトモ子ハ其計算ノ不明瞭ヲ名トシテ自ラ十有余年ノ養育ヲ受ケテ人ト成リタル父ノ大恩ヲ顧ミス反対論者ノ軽忽ヨリ出ツル法律ヲ奇貨ニ恥リ頻々乎トシテ父ヲ被告トシ訟廷ヲ煩ハスニ至ルヘシ実ニ是レ法律ヲ以テ親子天然ノ愛情ヲ断ツコトヲ奨励スルモノナリ而シテ反対論者ハ之ニ答フルニ親子自然ノ愛情アルカ故ニ小官ノ論スルカ如キ弊害ヲ実際見ルニ至ラスト云フコト能ハサルナリ何トナレハ反対論者ハ日本人ハ気ノ早キモノナルヲ以テ従来知ラサル事ト雖トモ一旦法律ニ存スルトキハ必ス実際ニ之ヲ試ムルトノ言ヲ以テ用収権ヲ廃スルノ一大論拠トスルモノナレハ親子ノ交際間ニ於テモ亦其気早キ弊害ヲ生スルコト期シテ待ツヘキヲ以テナリ然ルトキハ用収権ヲ廃シテ断タント欲スル訴訟ノ原由ハ従来希レナル父子ノ間ニ発出シ為メニ日本固有ニシテ宇内無双ノ美風威徳ヲ破壊センコトヲ不知不識反対論者ハ希望スルモノナリ豈斯ノ如キノ法律ヲ制定スルニ至ルヲ知リテ小官之ヲ黙止スルコトヲ得ンヤ

右ノ外実際ニ就キテ見ルモ用収権ノ設定ハ各人ニ重大ノ便益ヲ与フルコトアルヘシ実ニ完全ノ所有権ヲ付与スルノ必要アラスシテ屡他人ノ一身生活スルノ方法ヲ確保シ置カント欲スル場合少ナシトセス而シテ反対論者必ス言ハン斯ノ如キ場合ニ於テハ対人ノ義務ヲ以テ養料若クハ年金ヲ与フルコトヲ得ヘシト其レ然リ然レトモ其恩恵ヲ施与セント欲スルモノノ存生中ハ反対論者ノ言ノ如クスルモ事足ルヘシ然レトモ若シ之ヲ施与セント欲スルモノ死後モ尚ホ其意思ヲ貫徹セシメント欲スルトキハ其養料若クハ年金給与ノ義務ヲ自己ノ相続人ニ履行セシメサルヘカラス此時ニ方リ其相続人ハ死者ト同一ノ意思ヲ以テ之ヲ履行スルモノト思考スルコトヲ得ルヤ決シテ否ラサルナリ果シテ然ルトキハ必ス遺存配偶者ノ場合ニ於ケルト等シキ結果ヲ生スヘシ仮令ハ老僕婢ノ忠勤ニ酬ユルカ為メ其老後ヲ安堵セシメント欲シテ遺嘱ニ因リ多少ノ年金ヲ付与スルカ如キ事例ハ将来必ス現出スヘシ是ニ於テ相続人死者ノ意思ヲ心ニ銘シテ其義務ヲ喜ンテ履行スルモノト期スルコトヲ得ハ用収権設定ノ便益ヲ廃スルモ可

ナリ然レトモ実際ニ於テハ啻ニ之ヲ期スルコトヲ得サルノミナラス十中ノ八九ハ必ス故ナキノ義務ヲ負フノ想ヲ懐キ自然其想ヲ外形ノ事実ニ顕ハスニ至ルヤ今ヨリ見ルヲ得ヘキナリ而シテ此極モ亦遂ニ相続人ト老僕婢トノ間ニ訴訟ヲ為スニアラサレハ結了スルコト能ハサルニ至ルヘシ然ルトキハ死者ノ恩意ヲ空フスルノミナラス其老僕婢ヲシテ饑餓ノ間ニ身ヲ投セシムルモノトス是レ皆用収権ノ廃滅ヨリ生スル結果ナリトス由是観之法律上ノモノト人為上ノモノトヲ問ハス用収権ノ廃滅ハ其極一トシテ社会本然ノ徳義ヲ破フルニ至ラサルモノナク即チ人民ヲ駆リテ法廷ニ出入セシメ親子夫妻主従ノ愛情ヲ断ツニ至ラシムルモノトス其流毒ハ社会ノ僅々タル理財ニ関スル弊害ノ比ニアラサルナリ而シテ反対論者ノ一大論拠トスル彼ノ用収権ノ設定タルヤ訴訟ノ原由ヲ播種スルモノナリトノ主張ハ却テ之ヲ廃シテ其原由ヲ増加スルノ実例ヲ前ニ見テ自ラ其迷矇ヲ覚知センコトヲ希望ス是レ用収権ノ設定ハ反対論者ノ不利トスル所ヲ償フニ余リアリト小官ノ断言スル所以ナリ若シ此用収権ヲ廃スルカ如キ法律ヲ制定スルモノナレハ寧ロ従来ノ如ク民法ヲ設ケサルニ如カサルナリ蓋シ反対論者ニシテ其論旨ノ此極ニ至ルヲ予知セサリシモノハ尚ホ恕スヘシ今日之ヲ知リテ未タ前説ヲ改メサルモノハ啻ニ人民ニ対スルノ不信切言フヘカラサルノミナラス大政府ニ於テ今ヤ法律ヲ制定スルニ汲々タル趣意ニ背クモノト謂フヘキナリ

若シ反対論者ニ於テ公平無私ノ心ヲ以テ小官ノ切論スル所ヲ熟読玩味セハ必ス覚悟スル所アルノ好結果ヲ見ルニ至ルヤ小官ノ期シテ待ツ所ナリ然リト雖トモ先入主トナルノ諺モアレハ或ハ尚ホ迷矇ノ未タ覚メスシテ不幸ナル結果ニ遭遇スルコトナシト謂フヘカラス万一斯ノ如キコトアルトキハ必ス用収権ヲナキモノトシテ賃借権以下ノ条文ヲ修正討論スルニ至ルヘシ而シテ他日其迷矇ノ覚ムルノ時至ル（亦必ス其時至ルナリ）トキハ遂ニ今日ノ修正討論モ水泡ニ属シ更ニ初メニ回リテ議事ヲ開クヲ要スルニ至ルヘキヲ以テ今日ヨリ責メテハ執務ノ徒労ヲ予防スルノ方法ヲ設置セラレンコトヲ小官ハ敢テ冀望スルモノナリ而シテ其予防方法ハ他ナシ民法中用収権ノ存廃ニ著シキ関係ヲ有スル物権ノ部ニ就キ一時議事ヲ停止シテ直ニ人権ノ部即チ契約編ヲ今日ヨリ議事ニ付セラルルニ

アルナリ左スレハ其間ニ民法全部ノ草案モ稍完成ヲ告ケ自然用収権ノ利害得失ヲ調査スルノ材料モ備リ且議事ノ進歩上ニモ差支ヲ生セサルヲ以テ一挙両全ノ結果ヲ得ヘキナリ

蓋シ議事ノ順序変更ハ閣下ノ全権ニ在ルヘシ若シ小官ノ原案維持説行ハレサルニ於テハ何卒小官ノ切ナル心意ヲ憫察セラレ此一点ヲ御許容アランコトヲ偏ニ奉歎願候也

明治二十年十二月二十二日

法律取調報告委員　磯　部　四　郎　謹白

法律取調委員長伯爵　山　田　顕　義　殿

「一般ニ人証ヲ許容スヘキヤ否ヤノ問題ニ関スル卑見」（明治二二年一月一八日）

（「民法編纂ニ関スル諸意見並ニ雑書一」『日本近代立法資料叢書』第一〇巻）

一　民法ノ事項ニ関シテハ仏国法律ニ於ケルカ如ク特別ノ場合ヲ除クノ外人証ヲ許容セサルヲ以テ通則ト為スヲ要ス

一　商法ノ事項ニ関シテハ人証ヲ許容スルヲ以テ通則ト為スヲ要ス

民法ノ事項ニ就キ特別ノ場合ヲ除クノ外人証ヲ許容セサルヲ以テ通則ト為スヲ要スルノ理由ニ至リテハ仏国民法ノ説明書ニ就キ充分之ヲ知ルヲ得ヘキモノナルヲ以テ小官茲ニ之ヲ喋喋スルヲ要セサルヘシト雖トモ先ツ其大体ヲ掲載シテ参考ニ供セント欲ス即チ左ノ如シ

第一　人証ノ許容ヲ通則ト為シ訴訟事件ノ軽重難易ニ拘ハラス二三証人ノ口頭ヲ以テ事実ノ有無ヲ認定スルニ至ルトキハ必スヤ訴訟ノ原因ヲ増加スルノ結果ヲ惹キ起シ且随テ裁判ノ錯誤モ一層多キヲ加フルノ危険アルヘシ蓋シ刑事ニ於テハ常ニ証人ヲ以テ犯罪ノ有無ヲ決定スルニアラスヤ然ルトキハ僅ニ財産ノ関係ヲ旨トスル民事ニシテ人証ヲ許ササルハ条理ニ適合セサルモノトノ駁撃ヲ試ムル者ナキニアラサルヘシ若シ果シテ斯ノ如キ駁撃ヲ為ス者アリトセハ予之ニ答テ曰ン刑事ニ於テ人証ヲ許スハ事情止ムヲ得サルニ出ツルモノナリ何トナレハ一犯罪者ニシテ他日ニ其確証ヲ遺スヘキ証書ヲ認メテ行為ニ及フ者アラサルヘキヲ以テナリ之ニ反シテ民事ニ於テハ人証ヲ許ササルモ他ニ充分其証拠ヲ有スルノ方法及時間ノ存スルモノナルヲ以テ単ニ他人ノ口頭ヲ頼ムカ如キ信憑力ノ微弱ナル証拠方法ノ濫リニ許容シテ訴訟ノ原因ヲ増加スルカ如キコトハ為ササルヲ良シト思考ス

第二　人ノ記憶ハ常ニ確実ノモノニアラス其自身ニ関スルコトト雖トモ事ノ最モ重大ナルモノヲ除クノ外屡遺忘

スルニ至ルハ普通ナリ自身ニ関スル事ニシテ尚ホ斯ノ如シ況ンヤ他人ニ関スル事ニ於テオヤ即チ証人ハ常ニ他人ニ関スルコトヲ証言スルモノナレハ屡々事実ニ齟齬スルコトアルヘシ斯ノ如ク証拠ノ信憑力微弱ノモノヲ以テ証拠方法ノ通則トスルハ危険ナラスヤ蓋シ民法ノ事項ト雖トモ錯誤強迫及詐欺等ノ如ク実際他ニ証明スルノ道アラサル場合ハ例外トスヘキハ勿論トス是レ仏国民法第千三百四十八条ノ例外規則アル所以ナリ

第三　人証ノ許容ニ制限ヲ置カサルヘカラサル最重大ノ理由ハ暗ニ証言ヲ購求スルカ如キ姦束手段ヲ予防スルニアルナリ実ニ訴訟事件ノ金額僅少ノモノニ就キテハ此危険ナカルヘシト雖トモ其許多ナルモノニ就キテハ喰ハシムルニ利ヲ以テシテ無根ノ事実ヲ証言セシムルノ姦策百出シテ良民ヲ害スルノ結果ヲ見ルニ至ルヘシ是レ仏国民法ニ於テ訴訟事件ノ金額ヲ限リ其限度内ニ於ケルニアラサレハ人証ヲ許容セサルモノト定メタル所以ナリ右ノ外尚ホ種々ノ理由アルヘシト雖トモ一々茲ニ挙クルヲ要セス右三箇ノ理由ニ拠リテ見ルモ民事上人証ヲ許容スルヲ以テ通則トスヘカラサルコト明瞭ノモノト思考仕候

然レトモ仏国ニ於テモ現在物ヲ破壊シ新奇ヲ創設センコトヲ只旨トスルノ人アリテ即チ民事ニ於テモ人証ヲ許容スルヲ通則トセサルヘカラスト論スル者ナキニアラス（アコラース氏ハ其一人ナリ）茲ニ其論者ノ主張スル所ヲ略陳シテ且予ノ之ニ感服セサル理由ヲ一言可仕候

「其論者ノ曰ク現時ノ法律家ハ法理ノ何物タルヲ弁セス特ニ人定ノ法文ニ拘泥シテ天下ノ事総テ法文ニ適合セサル事ハ不条理ト為シ其法律家ノ条理ハ法文ヲ措キテ他ニアラサルナリ是ヲ以テ法文ニ存スル事ハ条理ニ照シテ判断スヘキノ感覚ヲ有セス公衆ヲシテ悉ク己レト感ヲ同フセシメンコトヲ冀望シ敢テ牽引附会ノ説ヲ吐露シ以テ其法文ヲ条理ニ合スルモノノ如ク外形ヲ装ハンコトヲ是レ勉ムルモノナリ即チ人証ノ制限法ニ関シテ説明スル所ノ理由モ此類ニ外ナラサルナリ何トナレハ若シ民法ノ事項ニ関シテ人証ヲ許容スルニ就キ前ニ説明シタルカ如キ危険アルモノトセハ其危険ハ商法ノ事項ニ於テモ亦存スルモノニアラスヤ然ルニ民法ノ事項ニ於テ証人ヲ許容スヘカラスト主張スル法律家ハ商法ニ於テ之ヲ許容スルヲ見ルモ一言ノ攻撃ヲ為サス啻ニ攻撃ヲ為ササルノミナラス

又更ニ其論旨ヲ変シテ商法ニ於テハ却テ斯クナカルヘカラスト主張シ其理由ハ商業ハ迅速ヲ貴フモノナリ然ルニ一々証書ヲ認ムルコトヲ要スルカ如キコトアリテハ商業運用ノ活溌力ヲ失ヒ為メニ社会ノ理財ヲ害スルコト著シ云々ト更ニ説ヲ為セリ即チ見ヨ当時ノ法律家ハ毫モ固有ノ意見ヲ有セス民法ノ人証ヲ許容セサルモ条理ナリ商法ノ之ヲ許容セサルモ亦条理ナリト云フニ過キス斯ノ如キ無原則ノ説ヲ為スニ至ルハ何ソヤ他ナシ法律家ハ人定ノ法文アルヲ知リテ法文外ニ無形ノ条理アルヲ知ラサルカ故ナリ

抑モ民法ト商法ト原則ノ相異ナル理由ハ他ナシ民法ハ羅馬以来因循姑息ヲ是レ貴フ人定法律家ノ殆ント特有物トナリテ時勢ノ進歩ニ附随スルコトナク数世紀ノ原則モ依然トシテ存シ今日ノ時勢ニ適スルヤ否ヤヲ恬トシテ顧ミス之ニ反シテ商法ハ事物自然ノ必要ヨリ幸ニ法律家ノ手ヲ離レ商業其モノノ進歩ト並来リタルヲ以テナリ由是観之民法ハ今日ノ時勢ニ後レタルコト最モ遠クシテ商法ハ民法ニ比スレハ其進歩シタルコト万々ナルモノト謂ハサルヘカラス故ニ人証ノ如キモ民法ノ姑息ヲ廃シ商法ト均シク之ヲ許容セサルヘカラサルナリト

小官ハ斯ノ如キ論者ノ説ヲ取ラサルモノナリ抑々商業ノ事項ニ於テ人証ヲ許スヲ通則トスルモノハ商業ノ迅速ヲ貴フノ理由モ其一ニ居ルモノト雖トモ之ヲ以テ唯一ノ理由トスルモノニアラス尚ホ他ニ商業上一般ニ人証ヲ許スモ民事ニ於ケルカ如キ危険アラサルノ理由アルヲ以テナリ而シテ其理由トハ他ナシ商業人ハ交際上日々契約ヲノミ事トシテ一日モ他人ト契約ヲ為サスシテ経過スルコト実際能ハサルモノトス而シテ其契約ヲ自由ニ為スコトヲ得テ自己ノ営業ノ旺盛ヲ期スルニハ信用ヲ旨トシ事毎ニ誠実ヲ以テ履行セサルヘカラサルナリ一朝同業者間ニ其信ヲ欠クコトアレハ其業ヲ継続スルコト殆ント難シ是ヲ以テ商業人ハ自他ヲ分タス営業ノ利益上ヨリ信ヲ失スルコトヲ為ササルヘシ故ニ人証ヲ以テ不正ノ利益ヲ得ント試ムルカ如キ無分別ノ者希レナルヤ必セリ何トナレハ其一事件ヲ制スルモ他ニ失フ所大ナレハナリ之ニ反シテ商業人タラサル者ハ衣食住ニ必要ノ物件ヲ除クノ外必ス他人ト契約スルノ必要ヲ日日有スルモノニアラス会会契約スルコトアルモ数月若クハ数年ノ間ニ一二回ニ止ルヘクシテ之ヲ商業者ノ如ク日日取引セサレハ生活スルヲ得サル者ニ比スレハ其信ヲ守ラサルヘカラサル事実ノ検束力

微弱ナルコト万々ナリ是ヲ以テ民事上ノ事項ニ於テハ人証ヲ購求スルノ恐レヲ予防スヘキ必要アルモノトス加之商業人ハ自ラ記載シタル帳簿ニ拠リ自己ノ権利ヲ証明スルコトヲ許容スルモノニアラスヤ何ソヤ曰ク商業人ハ前陳ノ如ク自己ノ営業ノ利益上ヨリ信ヲ守ルノ必要アルヲ以テ法律ハ商業人ノ帳簿ニ詐リアラサルモノト推測シタルカ故ナリ若シ新論者ノ如ク商業ニ人証ヲ許ス以上ハ民事ニモ均シク人証ヲ許スヘキモノト主張スルトキハ同シク商業人ノ自書シタル帳簿ヲ以テ自己ノ権利ヲ証明スルコトヲ許ス以上ハ民事ニ於テモ亦各人自書ノ証書ヲ以テ自己ノ権利ヲ証明スルコトヲ許サヽルヘカラスト云フヲ要スルニ至ルヘシ何トナレハ是レ論理ノ当然ナレハナリ然レトモ新論者ハ其新奇ヲ旨トスル論理ヲ此極ニ及ホスコトヲ肯ンセサルモノナラン然ルトキハ新論者モ亦商法ト民法ト証拠方法ヲ異ニスヘキ理由アルコトヲ感スルモノト謂ハサルヘカラス故ニ仮令商業ニ就キテハ人証ヲ許容スルヲ以テ通則トスルモ民法ニ於テハ之ニ制限ヲ設ケサル可カラサル理由万々アルモノト思考仕候

右ノ理由ナルヲ以テ小官ハ人証許容ノ如何ニ就キテハ其大体ヲ仏国民法ニ倣ヒ以テ細則ニシテ実際ト学説トニ於テ不当ト看做ス場合ノミヲ今回幸ニ修正アリテ然ルモノト愚考仕候也

明治二十一年一月十八日

法律取調報告委員　　磯　部　四　郎　謹白

「羅馬国民の性質」（一）

（『明法雑誌』第五一号、明治二一年一月五日発行）

羅馬法律は宇内文明諸国法律の基礎たり今其国民の性質を論述するハ我か学術上徒労にあらさるへきを信するなり

先哲言ふあり曰く国土異なる元素の混淆より組成したる民族ハ其気か剛強なりと此言ハ羅馬国民の真を写し得たるものと謂ふへく又英国民の為めにも同しく然りとす実に近世諸国の中往古の羅馬国民に類似するもの英国民を措きて他にあらさるなり蓋し其然る所以ハ是等の国民の成立に方りてハ非常に艱苦したるものにして夫の国民たるの分限の如きハ宇内一般の国民ハ単に其邦土に永住するに由り獲得したりと雖とも羅馬及英国民ハ難に耐へ険を冒し力を極めて以て人種の相異なるより生せし気質慣習法律等の異同を破砕し調和して後始めて之を獲得したり抑々各種の民族合同して一国を組成するに際してハ其怯懦なるものハ敗れて剛強なるものハ勝つ譬へは火の燃るか如し夫れ火ハ決して金属を焼失せすと雖とも木材の如きハ之を滅燼するなり社会の変動何そ之に異ならんや凡て各種風俗の社会変動の火勢に抵抗する能はさるものハ悉く消滅し而して其遺存したるものハ当時堅忍不撓動かすへからさる抵抗力を有せしものなり即ち其消滅せしものハ木材なり其遺存せしものハ金属なり是故に種々の元素を組織したる国民ハ必す其変動に因りて簡易淡白穏和の風習を失ひ厳正剛強不撓の気象を得るものとす而して斯の如き国民ハ美術想像力に乏しと雖とも其熟慮果断の気質ハ法律の耕作に最も優等の元原《（ママ）》を含有するものなり

是故に羅馬国民原態の歴史ハ法律上重要なる関係を有す羅馬法律史の第一期ハ羅甸薩毘那及「エトリウスク」の三人種か各其身体と与に持ち来りたる固有の構成方法及法律主義の競争に始まり羅馬国民となりて其れ等を一定

したるに終るものなるへし羅馬法組織以前の状況今明かに知るへからすと雖とも其習俗相異なる三人種か一政府を組成する為め集合し各種の異状を認知すること能はさる唯一の法律を存する結果を見れハ彼是抵触する元素を拋棄して其対抗点を悉く打砕したるものと断言するを得へし且此鉄磈の分析即ち純鉄のみを存する為め鉄屎を除去したる事業ハ暴行手段の実行を要せさりしものならん何となれハ社会交際の自由なる競争に於て強弱相接するときハ強者は内感力の優等に因りて外感力の所為を須ゐす勝利を占むるハ自然の勢なるを以てなり

羅馬に於て政府及法律の主義とする所は人種異別の主義を破却して建国の勝利を国民各個の功と為したるにあるものと謂ふへし故に予ハ羅馬建国の始めに於て宇宙間の沿革上重要の地位及特別の任務を包ぬるの主義存せしを発見するなり寔に羅馬国に於けるか如く国民特有権の原則と政府及法律の無形原則即ち人類同胞主義との間に存する競争主義若くハ（又同時に近世羅馬の宗教上より生する布教主義の関係如何を観察することを得るものとせハ）国民特有権の原則と万国々権共通の傾斜との間に存する対向主義を表示する邦国ハ決して他にあらさるなり蓋し羅馬国体に包有したる宗教上の本質ハ勢力甚盛んにして其国憲を組成する機関活動の気脈に浸潤するときハ啻に之を激動するのみならす尚ほ之を溶解したるものと謂ふへし羅馬国史ハ其国権を占めし時に始まり而して其高尚なる点に達し即ち当時諸邦の人民を征服し古代と近代との分離線に立ちたる施政社会を吾人に表示したり又斯の如く諸邦を統轄したる勢力地に堕ちて後諸邦の宗教を統轄する一帝国となり而して此宗教帝国は兵力を以て組成したる帝国よりも尚ほ一層の威勢を有し且又其国民の特権散逸後数世紀を経て其精神たる中央集権国是伸張の勢力再ひ発生したる如く万国の法律を総管する一大帝国となりたるものなり嚮に羅馬に於て国権特有の原則を放置したらんにハ已業に此原則消滅の兆を顕はしたるものと謂ふへきなり

（未完）

「羅馬国民の性質」（二）

（『明法雑誌』第五二号、明治二一年一月二〇日発行）

人若し羅馬建国以来其沿革上分離孤立の状態に居ることを欲せす却て連合一致体を設立し且此連合一致体ハ各人及各国民の独立自治体を破壊せさるハ勿論之ヲ貴重し之を艱成したることを記臆するときハ羅馬人ハ国権の亡滅鬼と謂ふへきものならすして却て国権特有の原則の狭隘少分なる邦国に反し即ち公権合有主義の代理者及保護者たることを認知するに至るへし然れとも羅馬ハ其初め外邦の国権を厳しく攻撃したるにあらされハ斯の如き業務を遂行し得さりしものなるや必せり夫の羅馬人ハ往古にありてハ刀刃を以て各国民をして負傷流血せしめたるものなるか近世にありてハ其刀尖を以て法律社会を痛苦せしむるものと謂ふへし然れとも此負傷此痛苦ハ頑陋世界の固疾を全治する最良療法となりしものなり

此点に就きて見れハ羅馬国民ハ光明赫奕として救済仁慈の功徳を四方に及ほしたるものと謂ふへし予今羅馬建国以来の沿革に就き其業務及其特別の性質に論及するの機会を得たり因て先つ其性質殊に法律の耕作に就き特別に有せし天賦の良能を論すへし

此天賦の良能を証明するが為めにハ其国民の品格即ち其性質及無形の妙処を深重に研究せさるへからす但し此良能ハ別に斯く々々と指定し得る原由あるにあらす又天賦其もの丶みとも為すへからす唯社会の変動沿革の勢力を以て自然羅馬人に法律を耕作するの任務を賦課したるものと謂ふの外なかるへし実に羅馬人の天稟法律の耕作に長したるハ斯く々々の性質を有せしか故なりと謂ふを得す即ち社会沿革の勢に従ひ法律耕作の任務之に帰し随て羅馬人其任務を遂行する内感の能力を有するに至りしか故なり而して細密に其能力を探求し且羅馬社会沿革の勢力如何して其国民の内感の性質内に侵入したるや如何して総て此任務の主眼に関する合格力度及構成を発育した

るやを証明するハ最も肝要なりとす
世人か一般に主張する夫の羅馬人は其先希臘人に出つると云ふこと及羅馬人と希臘人との間に於て血縁の連続を発見せんとすることに就きてハ予め一言せさるへからす余の思考する所に於てハ此両国人民の資質及志望ハ其間隔差違甚くして世人の主張するか如き関係を発見するに難きなり蓋し後世の羅馬人は自ら希臘人の遠裔たることを信し以て其言語宗教及法律の相類似する点を引証せり然れとも其類似するハ即ち印度日耳曼に出てたる総ての人民原始の連合体の遺物と此両国人民の交際より生したる結果とに成立したる者ならんか近世の言語学上に於て臘語を宗とすると云ふ説を容さゝれハ両国語の脈絡関係を解釈し得へからさるか如く見ゆるを以てなり然れとも此問題ハ一時決定すること能ハさりしものなり是れ羅甸語と希臘語とハ其源同一なるか如くにして羅甸語ハ希梵語即ち「サンスクリット」学に於てハ此意見の誤謬を顕示し且希臘語よりも一層純粋なる言語を証明することあり而して此両国語の関係ハ両国人民の関係を発見せしむるものにして取りも直さす此両国人民は曾て他の印度日耳曼人民と同一の邦土に生息し其の四方に離散するときに方り各言語習俗宗教等を持ち去りたる兄弟国民たるへし然して分離以後其れ等のもの自然に差違を生せしこと果して幾許なるや殆んと其程を知ること能ハさるなり抑々印度日耳曼に出てたる人種を以て成立したる諸国の言語は法律に係る主義を表明する為め過半ハ異別の語字を有し其の意義も亦同しからす且又希臘語と羅馬語との間に其発音其意義を同ふする語字数多なりと雖とも両国の法律語に至りてハ全く相異りて各固有の原則ヲ発起して之を製作したるものなり故に羅馬人か希臘人に対し全く独立して其性質格別なるを識るハ法律構成上に最も明白なりとす
羅馬国ハ四海同胞主義を執れりと論するハ目なき者なり少く其国史を窺ひたる者ハ必す知らん羅馬人民ハ堅強不抜なる国権特有主義を固執して動かさりしことを蓋し羅馬人民ハ此国権特有主義を維持するか為め自ら外国と隔離し或ハ外国固有の元素を拒絶するの必要を感せすして却て此主義ハ外国人民をして己れに習ふの意思を発起せしめたり又己れに有せさる外国の元素を収取したるものも亦尠からす而して其外国の元素か羅馬国内に入り何等

の勢力をも行ハさる間に自国の元素速かに之を打破溶解調和して自己固有のものとなせり実に羅馬国旺盛時代に於て其確乎たる国権ハ北辰にして世界の国民は衆星なりき羅馬国権特有の原則に基礎して起りたる世界合併主義ハ我慾を擅まゝにし飽くを知らさるものなりし実に国権を伸張して其極自己固有のものハ一髪も他に譲ることなく而して世界の万物ハ悉く我か有と為さん目的なりしこと史乗に徴して明かなり故に余ハ曰はんとす羅馬の能く強大を致したるは此我慾主義なりと蓋し我慾主義に二種あり其一ハ見る所近小にして只一時の利益に満足するものなり其二ハ企図する所遠大にして事に臨みて果断百折不撓のものなり此第二種の我慾ハ社会の大事大業盛徳の原由にして羅馬の我慾ハ即ち是なり蓋し交際の頻繁なるに随ひ各人の目的愈々大にして我慾の形状高尚なる性質を帯ひ遂に羅馬の盛時に及ひてハ我慾変して国是となり夫の各人の私慾ハ抛棄して顧みさるに至れり

蓋し羅馬人民固有なる尊大の心愛国の情法式を厳守し法律を尊敬する風俗の如きハ我慾心と適合するの性質を有せさるのみならす却て我慾心の成立を防止する徳義なるに其徳義の根本ハ我慾心にあるものと論述するハ甚しき奇怪説の如しと雖とも其国民の精神に出てたる事業の大本を観察するときハ其真に然る所以を悟り得へし夫れ一国人民にして完全なる一主義を有するものハ其全体の動作一として其主義に由らさるものなく而して其性質ハ自然此主義に由りて組織鞏成するものなり故に其国に於て最も拡張進歩する徳義及勢力ハ固有の主義に適合せさるものハ決して之れあらさるなり其れ然り余の説明し来りたる我慾主義ハ決意果断不撓及識見の大即ち吾人か羅馬人の心裡に発見したる総ての資格を生育したるものとす羅馬人ハ其事業に己れ自ら手を下すの必要を感し百般の事物を自然に放任し置くことハ其最も嫌悪せし所とす余ハ羅馬建国以前の時代に於て既に此感動力の盛んに発生したるを知るなり余以為く此感動力ハ我慾主義を遂行する為め心意の全力を用ふることを旨とせし慣習及応用の結果にして是れ其第二の性質なりと蓋し羅馬人ハ偶然の事を為すこと能ハす凡そ事を為すにハ必す自ら其目的を詳かにして後ち之を果行せしものと謂ふへし希臘人ハ自ら欲するにあらす又自ら知るにあらすして美術を発見するの良能を有せると同しく羅馬人ハ心頭に懸けすして百般事物の目的を発見するの良能を有せり羅馬に於てハ一

箇の目的を有するものにあらされハ決して之を認知せす故に神霊と雖とも羅馬人の為め特定の任務を有するにあらされハ羅馬人之を目して懶惰不祥の神とせり即ち羅馬の各神霊ハ職務任所を有せり是を以て羅馬の宗教理学ハ事務分割の原則を抱腹絶倒に堪へさる末点にまて及ほして新事物を発見するに随ひ必す各箇に特別の守護神を創設したりしか羅馬人の想像力ハ新事物を発見するに無尽蔵たりしを以て神霊の数も亦自然無限なるに至れり他百般の事推して知るへきなり

羅馬人か厳正に法式を守るの性質ハ其自負せし所にして且世の賞賛せし所なるか其元素の発生ハ我慾主義と目的主義とにあるなり羅馬人の神霊を畏敬するハ其保護を受けんと欲するか故なり羅馬の宗教信仰ハ其人民の遭遇する事物の必要に応し神霊の助力を求むる度に応したるものとす羅馬人ハ幸福なる地位に在るときと雖とも敬んて神霊に事へしは勿論にして之に奉供すへきものハ決して欠かさりしなり而して引続き応分の保護を受くる為めには其保護料を払ふことを怠らす且減価を請求することもなし然れとも是れ只尋常普通の保護たるに過きさるを以て一旦事ありて特別の保護助力を祈願するの必要あるに方りてハ之か為め更に相当の保護料を奉供せさるへからす即ち羅馬の神霊ハ何等の報酬をも受けすして保護助力を与へす保護助力なけれハ報酬も亦なかりしなり「ブホトシム」（神霊ニ約束すること）ハ神霊に保護を求むるときの通常法式なり神霊に於て先其求められたる助力を与へたる後にあらされハ人其約束を果すに及ハさりしものなるを以て此法式ハ祈願者の為め最も確実なる方法なりしなり此「ブホトシム」ハ神霊に対して総て民間相互の約束に於ける義務と等き法律の原則を適用したるものにして即ち此語ハ法律語となりて存したる所以なり

（未完）

「羅馬国民の性質」（三）

（『明法雑誌』第五三号、明治二一年二月五日発行）

蓋し宗教の構成ハ羅馬政府の掌握にある施政の機器たるに過きすとの意見を維持する為め前陳の情状即ち神霊を信するも必す其目的に因る主義を以て唯一の基礎とするハ一方に於て誤る所あるへし然れとも他の一方に就きて宗教の構成ハ現に政府の為め最も重要なる助力を与へたるものなることハ確実にして争ふへからさるなり其理由ハ他なし総て羅馬社会に現出したるものハ仮令其根源は全く実益主義に関せさるものなりと雖とも必す之に現在の応用を与ふるは羅馬固有の精神なるを以てなり

之を要するに羅馬社会に於てハ一切の事物実益主義にあらされハ成立せさりしものと知るへし

凡そ遠大を慮らす眼前の小利を貪る我慾主義ハ各人各箇の私益を目途とするものにして斯の如きは社会の大害を醸すに至る之に反して羅馬人の我慾は社会全体の幸福を以て各人各箇の幸福とし近小の為め遠大を忘れす夫の名誉を棄て恥辱を甘んし私利を苟もする等のことハ夢にたも想ハさる所なり故に能く国家の為めには一身を顧慮せす公の為めにハ私を拋棄し永久の為めにハ一時の枉屈を忍耐せり蓋し此原則ハ実益主義の結果にして国民の思想上之を本分と為せしなり寔に我慾主義の規律正しきものと謂ふへし

羅馬社会に於て最も著きものハ法律の構成なり故に其国民の精神性質を知らんと欲する者ハ歴史を研究するよりも法律の構成を窺ふを以て勝れりとす余ハ今其法律の耕作（ママ）に於ける天賦の良能に就き略言せんとす

前に論述したる如く羅馬の我慾主義ハ大事の為めにハ小事を犠牲とし公益の為めにハ私利を拋棄したるなり是れ其旺盛富強を致したる原基にして亦是れ訴訟争論に於て一定なる規則を創設するを得以て社会の交際上必要なる偏頗なき標準を与へたるものなり然れとも実際に徴して之を見るに容易に此主義を遂行成就したるものにあらさ

るや必せり各人各箇の利害得失を相争ふ感覚ハ右の主義の成就を妨けたるものなるか故に此反動の勢力に抵抗する為めにハ堅固不撓の果断を以て定則の利益に不偏の処置を為すことを要せしなり蓋し此主義は羅馬人に取り夫の兵制軍律の厳正にして確守すへきものと其度を同ふしたるものなり

羅馬の我慾主義ハ法律の進歩上重大の利益を有したるものなり何となれハ法律ハ条規秩序の範囲を超過することを許さゝる我慾主義中に於て最も高尚なる地位を占めたるものなれハなり故に羅馬人か全体の思想を法律に傾けたるものは自然の勢と謂ふへし

羅馬人か法律及政体を貴重せしことハ希伯来人の宗教に於けるか如く希臘人の美術に於けるか如く外国人民に対して自負せし所の一宝物にして之を他に比すれハ優等なること固より争ふへからす加之羅馬人の飽くことを知らさる情慾と気力とを以て充分之を愛護したり夫の希伯来人ハ神祇の宣託を畏敬し希臘人ハ美術家哲学者詩人を貴重せしと均く羅馬人ハ政事家法律家に対して重大の名誉を与へたるものなり蓋し国民の挙て賞誉する学術技芸ハ即ち其国に於て其学術技芸を貴重する最も正確なる徴憑なり羅馬に於てハ概して美術家を擯斥せり又僧侶の如きも特別の名誉を有したるものにあらさるなり之に反して何れの邦土に於てハ羅馬国に於けるか如く法律家の貴重せられたる所あらさるなり

当時羅馬国は適正の法律を有し随て法律上の智識最も進歩し其構成実験に富めり是れ他なし羅馬国に於てハ法律を貴重し且之を厳守すへきものたりしか故なり抑々羅馬人民の剛気果断を指揮発作したるものハ百般の事物尽く法律に基くの感覚にありたるや知るへきなり

羅馬国民の精神を指揮したる法律の勢力ハ外国民との交際上に於ても亦同様なりしなり羅馬政府ハ外国政府に対し名を法律に仮りて其政略を施すの術に巧なりしと雖とも常に其法律の原則に拠るへきことを懐ひ公然其原則を侮蔑するか如き振舞をなさす外国に対して効用したる国際法の原則ハ自国に於ても亦厳格に之を遵守したり斯の如き国民なるか故に率先して国際私法を構成するの必要を感するに至りたるハ偶然にあらすと謂ふへし

羅馬国民の精神挙けて法律主義に傾斜したるハ如何なる理由に出てたることハ前数項の説述に於て瞭然たるへし是より此主義を成就するに如何なる手段を以てしたるやを研究せさるへからす世人ハ概して此問題に答ふるに羅馬人ハ天性精神敏捷智能深遠判断神速なるを以てせり是等は法律を完成するに与りて力あること固より論を俟たす然れとも余の思考する所に於ては特に其国民の意欲堅固にして万端の事一旦決定したる以上ハ必す断行するの性質に出てたるものとす夫れ成文律ハ心意の決行力に成るものなり法律の元素たる実力を与ふるものは心意にあらすして何そや之を設け之を行ふの権力を有するものハ特り心意の欲望なり茲に一国民あり其智力如何程優等に居ると雖とも元気薄弱にして心意の欲望を貫徹するの耐忍力に乏きときハ其法律ハ決して正確に至らさるへきなり斯の如き国民の法律ハ無気力人か時に臨みて発する浅薄なる意見に過きすして永遠の実行力を有せす時去れハ其蹟湮滅に帰するや必せり蓋し法律規則の構成は百難に当りて屈撓せさる心意の欲望に基きて設定したるものにあらされハ堅固ならす堅固ならさる法律ハ是れ完成のものにあらさるなり只其堅固完成のものにして始めて真の法律と謂ふへし夫れ形勢の遷移常ならさる社会に潜伏する始終一定不動の法理ハ事物に触れて動揺する智能のみを以て発見すること能ハさるは勿論なり好し之を発見するを得るものと仮定するも他の障碍あるに方り之れを保持するの気力を有せさるときハ如何そ永遠に伝ふるを得んや斯の如くなれハ偶々不世出の法律家ありて法律起案の任に当るも只論理を発揮するに止まりて其実行ハ望む能はさるなり是故に最も智能に富める国民と雖とも意欲の断行力薄弱なるときハ時勢の変動に迷朦し百事半途に倦怠して之れを放棄するに至るハ世上往々見聞する所なり斯の如き邦土に於てハ法論の一時行ハるゝに至ることあるへしと雖とも実理完全なる法律を制定するの気力ハ決してあらさるへきなり故に曰く意欲の断行力に富める国民にあらされハ決して法律の進歩を致すこと能ハさるなりと

此断行力を以て法律を制定し之を愛護し之に服従するにあらされハ法律あるも長物なり而して其基礎堅固ならされは国民之を愛護し之に服従せさるへきハ覩易き理なり又其基礎堅固なると否やとは国民の精神気力に由るへき

ハ勿論なりとす抑々羅馬国民の意欲は法律上に如何なる勢力を有したるやを知るには其古法を研究するに若くハなし余茲に古法の進歩を助成したる意欲の元素如何と云ふ点及法律の完成は国民の精神気力に関係すると云ふ点を一言すへし

羅馬法律の沿革上に絶へす光輝を発揚せしものハ其国民の二性質なり其二性質ハ共に堅固にして剛毅なる意欲の結果及標徴と謂ふへし而して其一ハ万端の事物を厳正なる推理法に由りて処するの性質なり其二ハ既成の事物は軽忽に変易することを好ます断乎として之を保有するの性質なり蓋し羅馬人ハ一事を為すに当りてハ必す其全成して且永久継続することを期せしなり

抑々智能ハ事理を弁し結果を推量することを司とるものなり然れとも事を決行するの働きハ全く意欲の任務なり羅馬法律ハ始終厳正なる条理を貫徹したるもにして何れの国の法律と雖とも羅馬法と併立するものあらすと云ふハ世人の許す所なり今其功績を羅馬国民の智能に帰せんか将た其意欲に帰せんか蓋し二つの者与りて力あることハ争ふへからすと雖とも余ハ其功績を以て条理を識別したる智能に帰せんより寧ろ条理を決行して之を厳守したる意欲に帰せんと欲するなり何となれハ羅馬国民か条理の勢力に服従したる厳守力ハ予め条理を識別したる智能より一層賞歎すへものなれはなり或る他の邦国の人民ハ宗教の真意を知るに苦心したりと雖とも羅馬国民は法理の蘊奥を探るに苦心したるものなり故に羅馬法律を学ふ者其法律中意味簡単にして条理に適合したる一箇の法理を発見することあらは必す往古時代の羅馬国民の賜と思考せさるへからす実に羅馬国民は天賦の自由精神を有せしに拘らす数世紀の間厳法の下にありて具さに艱苦を嘗め始めて其高尚の度に達したるものなり

（未完）

「羅馬国民の性質」（四完）

（『明法雑誌』第五四号、明治二一年二月二〇日発行）

羅馬人ハ権利仮定若くハ其他種々の手段を以て条理と実用とを調和するの巧妙を極めたるものなり蓋し羅馬人は一旦社会の認知したる原則に違犯するを嫌忌すること甚き性情あるに由り其違犯なからんことを欲して条理と実用とを調和するの方法を発見する為め智能を伸張したるものなり古語に曰く必要ハ発明の母なりと其れ之を謂ふなり然れとも当時羅馬人か実際の必要より発明したる法理ハ時として甚た奇怪なるものあるを以て羅馬法の何物たるを理会せさる者ハ其最も注目すへき点を研究するを知らすして只其奇怪なるものを見て冷笑するに至る是れ却て冷笑を免れさるなり夫れ厳正の条理と実際の必要との間に存する是彼の撞着点ハ大に羅馬人の法理の発明を助成し以て法律を完備するに就き与へたる利益尠少ならさるハ固より争ふへからさるなり抑々羅馬人の如く剛毅果断ならさる国民ハ決して羅馬人の如き必要を感するに至らさるへく又随て羅馬人の如く法律の完備を致すを得さるへきなり何となれハ気力の薄弱なる人民ハ法律の適用上に実際困難あることを発見するに当り其適用と困難とを調和することを力めすして直ちに之を抛棄して顧みさるに至るものなるを以てなり

羅馬国民の第二の性質即ち既成の事物を保持することハ該国民の長所たる剛毅と全く同一の勢力を以て法理の発明を助成したるものなり実に現在の必要と従来の慣習とを調和し以て法律の関係を規定し之か進歩を正当の途に誘導したり斯の如きハ数世紀の間に法理学術の為め羅馬国に於て遂行したる貴重にして且大功を奏せし任務なりし而して此任務ハ之を履行するの際に遭遇したる困難の重大なるに随ひ愈々熱心決行の力を増加したるものと謂ハさるへからす

何人にても羅馬法律を一見せハ其完全なる改革を行ひしことを知るなり然して此改革ハ一時に動揺して一時に鎮

定するか如き過激の所為に成りたるにあらす不和不識漸々に行はれたるものとす今其成り行きを略言せハ新主義新趣向ハ先つ隠微中に潜在し而して後一歩より一歩を進めて其範囲を拡張したるものなり何となれは従来存在したる主義は常に新主義に甚く抗抵したるを以て実に其正理の動すへからさる優等力を公衆に認知せしむるにあらされハ旧主義を捨て新主義を取ること能はさりしを以てなり斯の如く艱に堪へ難を冒して発達したる主義ハ一旦其地位を得たる以上ハ其根拠堅固にして容易に動かすこと能はさるハ自然の勢なり

斯の如く羅馬国民ハ其性質旧事を厳守して容易に之を動かすことを欲せす然れとも新事の正当を詳かにしたる以上ハ曾て之に抗抵したる全力を以て保持するを常とせり此勢力の最も明瞭にして且最も確実なる証拠ハ羅馬国沿革上重大なる両主義の対立及其結局なりと思考するなり而して両主義の対立せしこと都て三回とす即ち其第一は建国の時に於て羅甸薩毘那及「エトリウスク」三人種の対立是れなり又第二ハ貴族と平民との対立にして第三ハ国民法（ジウース、シビレー）と外人法（ジウース、ジヤンシオーム）との対立とす

而して又其貴族と平民との間に引続きたる戦門ハ該国民の勇剛を表するものなり若し他の国ならんには斯の如き戦門に由り如何なる不幸を来たし如何なる衰弱を招きたるや知るへからすと雖とも羅馬国に於てハ此戦門ハ啻に国力を衰弱せしめさるのみならす却て其勇剛の元素を充実したり是を以て貴族の維持したる保守主義と平民の主張したる改進主義との抗抵紛争は啻に法律の進歩を害せさるのみならす却て其一致体を成立したるものなり第三回両主義の対立ハ平和に経過するを得たり其法律の全体に国権特有主義と四海同胞主義とを併立せしめて恬として疑ハさりしなり亦以て該国民の豪毅なるを証すへし

今又羅馬法の拡張は殊に心意の無形なる原則を根拠としたるものなることを略説すへし彼の親族構成の原則の如きハ心意の無形なる原則と全く背反せるものなるか故に後世の法律に於て益々其勢力を失ひしなり是れ他なし親族構成の大本ハ建国の際一時の利益に出てたるものなるを以て其国歩既に定まりたる以上ハ随て其構成の任務満ちたるか故なり仮令「ジヤンテース」種族ハ往昔と全く異なる身分を以て尚ほ数世紀の間存在したれハとて夫の

宗教上の状態に外ならす即ち往昔の外形を保有して其内実ハ空虚たるに過きさるものとす此点に就きてハ平民の功績を賞賛せさるへからす其功績とハ他なし公私の権利を国民一般に有せしむるに至りたること即ち平民の貴族に対する全勝を云ふなり是れ平民ハ貴族の施政連合権を破却して親族構成の関係に随従せさる公権及私権の独立体を創設したるものとす故に羅馬法中純粋なる私法詳言すれハ親族構成の原則に拠らさる羅馬民法の最終の条則は平民の力になりたるものと謂ハさるへからさるなり

又政事社会に関してハ平民ハ門閥の特権を破却して各人独立自治の力を発起し「ジヤンテース」の連合を毀滅して一身不羈の自由体を創設し及往昔の法律を除去して正当の法律を頒布したるものと謂ふへきなり殊に兵制の構成ハ平民より貴族を攻撃したる第一着点なりとす何となれハ兵制の利益は実際強壮の人を以て組成するに在るか故に其合格者ハ門閥に出つること稀れにして多くハ平民より出つるなり是れ其門閥の妨碍を意とせさりしものなれはなり又羅馬国王「ピユース」の憲法に於てハ貴族と平民とを同一の軍隊に合併し且兵役に服するの義務と国民会議の投票権とを制限するに族籍の貴賤に因らす各人の資産を以て根拠としたり然るに人の資産ハ其実力に外ならす且常に変動あるものにして或は之を増加し或は之を亡失するものなるか族籍は常に同態にして動かさるものなり故に資力と族籍とハ一種の対立主義を表示す是を以て施政の権利及義務の根拠を人民の資力に取りたるに貴族の連合施政体の基礎に於て最も有害なりしものとす

羅馬の兵制原則より生したる利益の最も重要なる点ハ兵制其もの丶中にあらすして無形なる政事上にありたるなり何となれハ兵制の原則ハ軍兵か役に服する時の如き厳格なる方法を以て法律規則を厳守する慣習を養成したるを以てなり然れとも是れ一時のことたるを免れさりし抑々羅馬人の法律を厳守する性質ハ其初め兵制に出てたることは疑ふへきにあらすと雖とも其性質を養成するの手段は目的を達したるとき主要既に尽きたるものなり蓋し羅馬建国以前の人民は浮浪の群集にして素と法律規則の検束を受けたるものにあらさるを以て建国の際法律を設けて之に服従せしむるか為めには兵制の厳重なる規則を定むるの必要ありたるハ論を竢たさるなり而して父の習

熟したるものハ子に伝へ子又孫に伝ふるものなるにより遂に法律規則を厳守する風国民一般に波及したるなり已に此時期に到達したる以上ハ兵制は乃ち兵制其ものにして政事上と分立したるものなり

斯の如く兵制の原則も羅馬建国の第二期に至りてハ夫の宗教及親族構成の原則の如く原始の要用的を減少したるものと謂ふへし然れとも兵制に就きての実力去りて後其外部の構成及法式は永存したること明かなり夫の裁判官か数代の国王を放逐したるに拘らす其権力ハ国王の権力に等しかりしも亦其事蹟の一なりとす

（完）

中止未遂に関する討論筆記

（刑事問題「人ヲ謀殺セントシ既ニ其事ニ着手スト雖トモ自ラ其所為ヲ中止シ遂ケサル者ノ処分如何」）

（『五大法律学校聯合討論筆記』第一回・明治二一年三月発行、『明法雑誌』第五七号・同年四月五日発行）

私は此問題に付き直に論決を与ふるときは他に何も云ふに及ばんのだが全体此問題はドウ云ふことかと考ふるに謀殺に着手して自己の意思より是を止まつた者の処分方であります私は此れは唯生じたる害だけを罰するより外に仕方ハありますまいと考へます併し之を日本刑法の法文にはドウ成つて居るかと穿索すれば予備の所為は一切罰しないと云ふことである之は実際罰する事が出来ん固より彼の未遂犯の如きは犯罪の途中他に妨が出来止むこと得す止まるもの故是は既遂犯の本刑より一等又は二等を減ずることとなしあるなり然るに茲に腕を半分斬り付けたか又は毒を半分飲ませた処で善心が起て止めたと云ふ場合は法律上に予定が無い夫等の点から此問題も多分論が起つたと思ひます

偖て此問題に付て与へたる論決の理由を述べんには人間の責任論を一つ述べなければならんと思ひます今日本法律の部分を離れ法理に就て少しく述べませうが人間の責任に区別を立つれば先づ三ツとせねばならぬと思ひます第一は人が己れ自からに対する責任ドウ云ふ責任を人間たる者は己れ自からに対して有するかと云ふに即ち良心上の責任なるものを有して居ります第二の責任は社会に対するの責任にして社会と云へば己れから外に出たものであります又モウ一つの責任は社会全般ではないが或る所為に付て特別に害を受けたと云ふ場合即ち刑法で云へば被害者に対する責任と云ふのです凡て人には此三ツの責任がある是は茲に私が喋々述べずとも皆さんが御存じでせうが自分自からに対する責任とは何処から起り何の辺までに存するものなるや第二の責任ハ何の点まて進ん

で始めて起るものか社会に対する責任がきまれば始めて社会で罰することも出来るが若し社会に対する責任がきまらなければ罰せらるゝ理由も随て無いのです第三の責任は即ち特別の人に対する責任にて通常社会に対する責任はあつても直接の被害者が無いときには罰することが出来ない最も国事犯の如きは社会の秩序を乱した計りで特別に被害者が無くても罰する事もあれど一般の場合では公の秩序を乱した外に特別の被害者無くてはならんのですシテ見れば之を説かなくては此問題が解けないと思ひますデ私の良心の責任と云ふは何処までも行くかと云ふに第一良心に対する責任ハあるやなきや固より是れはあるに相違ない何も私が之れを発明したのでもない昔から立派な学者達が説て置た事であります

人と云ふものは其発起心には責任がない眠てはならんと思ふても眠いことがあればツイ眠りもする私なぞは講義最中さへ眠むることがある良心では眠むる気がないが自ら抑制することが出来ない場合がある之を原語で云へばイデーと云ふ日本では思想とか考とか云ふことに当るが別段思想でも考でもないやうです親に孝行を尽さうと思ふても内に帰て顔色が気に食はないと辞返しをするやうな事も起る毎朝早く起きやうと云ふ考はあつてもソウ了簡通りには行かん「イデー」と云ふは箇様の出来心であります良心に対する責任は人にして抑制し得べきものを抑制しなかつたときに始めて起るのでプップと出るのは抑制するとも何も出来ん是に付ては良心に対する責任も何もない之を支那の言語で喜怒哀楽愛悪欲と云ふ様なもので所謂情の発動でありませう斯く学者が既に論決してあるのですシテ今云ふ通り支那で云へば七情仏蘭西で云へば「イデー」だが夫れには何等の責任も無ひナゼならば其発生するは自分の心を以て抑制し得べきものでない故に責任論は立たないものですさて是より一歩進めばドウシテ欺てやらうとか又はドウシテ物を盗まふとか云ふ考を養ふて来る之を原語で「デジール」「プロゼー」とも云ひ又「ダクシヨン」「アンタンシヨン」とも云ふ之に付ては責任があるです悪いと思ふても抑ることが出来るに之を抑制しなかつたと云ふ場合だから最早是には己れに対する責任はドコまでもあるですされど此「プロゼー」とか「アンタンシヨン」とか云ふものは社会に対し如何なる関係ありやと云ふに其了簡はドンナ考を持て居ると

も見ることが出来ず随て社会は何等の害も受ることがないから社会に対する責任と云ふものはないです是れが又進んで原語で所謂「レゾリユシヨン」即ち決心と云ふことになれば是れ良心上に制止し得べきものを制さずに最悪いものを養たもの故良心上に付ては十分の責任があるされど未だ社会には何も現はれないから聊か責任も無い併しながら刑法の中に此決心にて責任を構成する様に説く者がある能くも覚へませんが百二十七条か百二十八条かに決意は是れに由て罰すると云ふ明文がある元来是れは立法官が誤て記したに相違ない純粋の決意のみにてハ外に現ハるゝ者がないから証拠の見るべきものハない然るに若しも是れにまで法律が立入つた日にハお気の毒だが人相を見て縛て殴なければならんと云ふ様なことが起ります是も日本の刑法の中でタツタ一ケ条だが是ハ全く決意と予備と云ふことと違て居るので演説なり文章なり其外で教唆の語などを用ひたるときにハ決意したのであらうとか何とか云ふ断定が付て仮りにも斯く外形の事実がない以上にハ罰することか出来ぬ筈です良心上の事ハ是だけで是より一歩進めば社会に責任なるものが出来る良心の責任ハ決意だけです其れから予備と云ふ所になると其用方によりてハ大変危ふき場合も起るもので罰すべき理由ハ十分あるされど法文で罰せざることもある是ハ一にハ政略上の方便で二にハ裁判の錯誤を避けんが為めに罰せざることもあるです毒薬があつたから毒薬であるか知らんと思つて調ぶれば「モルヒネ」又ハ「アルセニツク」の如き如何にも毒物であれど或ハ病人を助くる為めに持て居たと云ふ様な事も有るかも知らんソレダから之を罰すると云ふことが出来ない罰することになれば裁判の錯誤ハ大変です夫れで大変に証拠の明瞭のものでシカモ刑法上一種の罪を組成する時でなければ罰しないことになつて居ります実に立法官の処置ハ至れり尽せりと云ふても宜しいかと思ふ次に予備の仕業が少し進むときにハ愈々行ふか行ハざるか兎に角犯罪ハ四ツの結果を起します其四とハ第一犯す覚悟で手を下せしも直に抱き止められたと云ふ純粋の未遂犯其次ハ弥々モウ斬つて仕まつたと思つたら人間を斬らずして甘く脱けられた跡の夜具をバ斬つたと云ふ様なことで是ハ欠効《(ママ)》犯と云ふものです其次ハ犯人を諌めても聴かないから鉄砲の丸を抜て有たとか毒薬でハ困ると思つて牛乳を代りに盛つて有つたから被害者ハ以前より却て達者に為つたとか云ふ様なこ

とがある是ハ不能犯と云ふのです真の犯罪ハ此三段の結果を生じなくして立派に目的通りに運ひたる時です然るに此外に若しも鉄砲の丸を抜たでもなく毒薬を牛の乳とした訳でもなく自分で刀を下しながら目を白黒するを見て急に気の毒と云ふ処から介抱すると云ふ様な時ハドウ罰するかと云ふのだが是に於て私の論決ハ生じた害より外に罰する事ハ出来ないと云ふことですドウしてかと云ふに条理上より起ることですオルトラン先生ハ中々の学者だが併し彼人でも時としてハ議論に間違の無いことはない私の考へてハドウしても実際生じた害より外ハ罰することハ出来ない理由があるオルトランの説にてハ是れハ立法官が罰する権利の無いでハないが罪を犯すに垂んとしても犯罪人ハ之を止めることを奨励しなければならないモウモウ八分通り罪を犯しても刑ハ科さないことを示し罪を犯しても止まれるだけハ止まらしむれハ社会の為めに大きに幸福の者であるから精々止まることを奨励し罰してハならないと云ふ政略上の処置と断定しましたが私の考ハ夫れとハ違ひます良心の責任の事を先程から論じた通り如何なる考が有つてもドンナ悪だくみをさしても社会に何等の事も及ぼさなければ社会ハ之れに立入ることが出来ん犯罪人を奨励する為めに立法官が罰する権利の有るのを容赦したのでハない社会ハ現に生した害しか罰することの出来ぬもので其知れない所へ立入ることハ出来ないナゼなれバ社会に種々の権利があるが此社会ハ秩序安寧を保つ為め刑罰権を有すれども其秩序を乱さず安寧を害せざる以上ハ法律を以て思想に干渉するの権利ハ無い然して見れハ実際に生じた事ハヨシンバ人殺でも其人が最早殺す意思がなくなれば現実生じた害に付て罰することが出来るだけで夫より外ハ社会ハ立入ることの出来ぬものであります

「法律の厳制法式主義の利害」（一）

（『明法雑誌』第五八号、明治二一年四月二〇日発行）

予ハ先つ法式主義の利益を説き次にハ其不利益後にハ是等の関係に論及すへし
法式主義の利益を分ちて二種とす其一を普通の利益と云ふ即ち法式其のものに密着して離れす総て法式を要する所為上に現出する所のものなり其二を特別の利益と云ふ即ち各法式形容の元素上に存し固有のものなり
夫れ訴訟を判決するハ無形の法律を有形の事実に適用するなり蓋し訴訟ハ其有形事実の明かならさるか為め之に適用する法律の何たるを知ること難き理由より起ることあるへし此場合に於てハ法式ハ何等の助力をも与へさるものと謂ふへし然れども訴訟ハ有形事実の果して成立するや否や明かならさるより起ること往々にして即ち是れ証拠の問題に属する訴訟なりとす此場合に於てハ法式の助力を与ふること重大にして彼の普通の利益ハ此証拠の問題より起る訴訟に就き顕著なるものなり何となれハ其法式を履行したると否らさるとに因りて証拠の有無明瞭なるを以てなり而して又有形事実成立の有無に関する問題に就きてハ法式ハ既往を助けすと雖ども将来を護り是に由りて他日の証拠を確保するものとす仮令ハ斯々の所為を約するに方りてハ公証人又ハ立会証人の面前に於て為すへしと云ふか如き法式ハ正しく将来に其契約成立の証拠を確保するの主意に出てたるものなるを以て此利益ハ特別の部分に属するものとす
凡そ有形所為の判明ならさるより訴訟の生するときハ其過半の場合ハ訴訟人最初結約の際不注意に出てたる自業自得なりとす其約定書を見れハ或ハ一語にして二義に渉るものあり或ハ徹頭徹尾曖昧にして旨趣のある所を知る能ハさるハ結約者其人の語辞の明白ならさるのみならす思想意欲も判然定まらさりしに出つること屢々なり仮令ハ甲某乙某に対し地役の使用の許すことを欲せしものなるか将た地役其ものをも与ふることを肯んせしものなる

か不確実に陳述せしことあるへく或ハ又甲者地役の使用と地役其ものとハ法律上大に区別あることを知らすして其一方に決すへき必要を感せす之を約することもあるへし畢竟是等の場合に於てハ甲者の意欲明白ならさるなり抑々法律ハ契約者其人の蒙を医治する勢力を有せす然れども種々の手段を以て其不都合を減少することを得へし仮令ハ一定の方法を履行することを要し若くハ法律を知る者をして其契約に参与せしむることを要するか如き是れなり彼の法式なるものハ此手段に外ならさるなり

故に法式ハ法律の支配する所為上に於てハ貨幣の記号に等しと謂ふへし貨幣ハ金属の性質と重量とを吟味し以て一々其価額を定むるに由り之を取扱ふ者をして種々錯雑なる試験を為すの労を免れしむるなり若し貨幣の制なく取引上金属の現品を以て受授するときハ其都度々々種々錯雑なる試験必要なるへし夫の法式ハ裁判官をして二箇の困難なる調査を為す労を免ん《(ママ)》しむるものとす即ち他なし其一ハ訴訟関係人に於て初めより法律の支配を受くへき所為を決することを欲したるものなるや否やを探求すること又其二ハ斯々の所為にハ斯々の法式を履行すへしと制定したる場合に於てハ右関係人ハ此の所為を決定したるものなるや将た彼の所為を決定したるものなるやを探求すること是れなり蓋し法律を以て何等の法式も規定しあらさるときハ此二個の問題ハ実際に於て最も重大なる困難を生するものと謂ふへし第一の問題に属する一事例を示さんに、予は汝に遺嘱せんと欲す、汝に売却せんと欲す、汝に贈与せんと欲す、と云ふか如き語辞ハ三箇の意味に解釈することを得へし即ち其一ハ、予は汝に遺嘱す、汝に売却す、汝に贈与す、との意味其二ハ、予ハ或る時期に至りて遺嘱することを約す、汝に売却することを約す、汝に贈与することを約す、との意味又其三ハ、予ハ汝に遺嘱する等の意思を有すと雖ども尚ほ其事に就きてハ他日決定の上通知すへし若し其間に意思の変することあれハ是れ亦通知すへし然れども予ハ今日より義務を負ふことを欲せさるなりとの意味に解釈することを得へくして只遺嘱せんと欲す、売却せんと欲す、贈与せんと欲す、と述へたる者の心意ハ右三箇の解釈中何れのものに相当すへきや茲に法律上要する法式あらさるときハ之を決すること其困難なるのミならす尚ほ裁判官ハ百方苦慮して推測に推測を加へ心証に従ひ一に決定すへきも其決定ハ果して本人の心意に適合するものなるや否や決して知るへからさるなり斯の如く法律の実行を曖昧模糊の中に委ね置くハ無法式主義の致す所と謂ふへきなり之に反して法式主義を執る邦土に於てハ単に欲するの意思を発表するに止まる場合ハ毫も右等の危険の提出せさるものとす何となれハ単に欲するの意思ハ所決の意思と同視するに至るの恐れあらされハなり是を以て法式ハ所決の意思を表示するの記号と謂ふへし

且又法式主義ハ既決のものと未決のものとを区別すると等く其既決のもの丶中に於ても亦彼此の間に相異なる事件の性質を区別することを得るものとす是に於て予ハ前に引証したる地役の事例を取りて以て其区別を明瞭にすへし茲に一個の裁判官あり地役の設定有無に関し甲乙二名の間に生せし訴訟を決すへきことを司りたりとせんに其邦土ハ法式主義の行ハれさる所とするときハ右裁判官ハ此訴訟を決するに際し四箇の事実を想像して其中何れに決すへきを疑ふに至るへし即ち其一ハ真に地役を設定したるものなるや（物上権有無の問題）其二ハ単に他日地役を設定することを自ら約したるものなるや（対人権有無の問題）其三ハ甲者より乙者の為め法律上地役を設定するにあらす只一時地役に等しき所為を行ふことを事実上許容したるものなるや（仮定の問題）又其四ハ甲者に於て後日に至り地役を認許することもあるへき意思を発表したるに過きさるや（未決の問題）是れなり法式主義を執る邦土に於てハ《(ママ)》んと斯の如き困難に遭遇せさるものと謂ふへし何となれハ右第一の場合即ち真に地役を設定したる場合に於てハ裁判上の譲り渡し手続を履行することを要し又第二の場合即ち他日地役を設定すへきことを自ら約せし場合に於てハ契約に関する法式の履行を要するを以て若し是等の手続を履行したることあらさるに於てハ他に如何なる事跡ありと雖とも其事跡ハ尽く第三若くハ第四の場合に属すへきものなること無論なるを以てなり而して此第三及第四の場合に於てハ其事跡の明白なる表兆外部に顕ハる丶と否らさるとハ法律上区別するの要毫もあらさるものとす是れ他なし茲にありてハ一切の事甲者の意思如何に放任するものにして乙者之に対して何等の訴権も有せす故に裁判官ハ其訴を却くへき義務を負ふものなれハなり

右の如く事実を認知するの容易にして且正確なることハ即ち法式主義の重大なる利益とす蓋し一見する所に於て

ハ此利益ハ特り裁判官に属するに過きさるものゝ如し然れども其実此利益ハ結約者双方及法律全体の関係上に於ても亦決して尠少ならさるものなり夫れ医師か病症を診断するの困難減少するに至るときハ其利益ハ豈特り医師に属するに止まらんや必すや患者も亦之を幸とすること医師に譲らさるへし即ち法律の支配する事実を認知するの困難裁判官の為めに減するときも亦医師診断の困難減するときと同一にして其関係人の為めに利益する所裁判官に譲らさるなり

其れ然り然れども斯の如き利益を裁判官に有せしめんか為めにハ法律の支配する関係の自由を幾分か犠牲と為すにあらされハ能ハさること自然の条理にして即ち裁判官の苦労ハ結約者の苦労と対立するものなり故に一方の苦労を減せんと欲せハ必す他の一方の苦労に重きを加へされハ能ハさるなり即ち彼の法式主義ハ結約者の注意を一層重くし裁判官の任務を容易にするものとす之に反して法律上毫も法式を規定せす結約者をして随意に其決する所を発表するを得せしむるに於てハ是れ結約の方法を容易にするものなるか故に自然裁判官をして其結約事実の何たるを認知するに苦心せしむるに至るや必せり

（未完）

「法律の厳制法式主義の利害」（二）

（『明法雑誌』第五九号、明治二一年五月五日発行）

法式主義の特別の利益ハ各法式固有の形容上に存するものにして仮設ハ契約書類の記載方法又ハ公示方法の如し就中立法手段を以て設けたる法式ハ此利益を有するものなり即ち是れ立法官の其法式を制定する理由なり目的なり予ハ此点に就き最も行ハるへき法式を調査して後其間彼是の比較を為さんと欲す

抑々法律の関係する事件を書面にて決すへき法式ハ口頭にて決すへき法式に優る理由ハ何そや他なし書面にて決すへき法式ハ其事件の成立を確保すへき証拠を将来に存するにあるなり彼の立会証人を要する法式も亦之と同一の利益を有するものとす実に曽て決定したる事件の記臆ハ書面に於けるか如く正確ならさるものにして記臆ハ通常其大要を遺忘せさるに過きす其細目に至りてハ時間の経過するに随ひ自然消散するものとす然るに其細目も時としてハ重要の関係を有することあるへし書記したるものなくんハ如何そ之を証明することを得んや加之其大要の記臆も亦永く存するものにあらさるなり何となれハ是れ全く決定者若くハ証人生命限りのものなれハなり

又此二箇の法式の間に一他の差異あり即ち書面を要する法式ハ其事件の秘密を結約者双方の間に確く封し置くことを得ると雖とも口頭を以てする法式ハ証人をして其事を関り知らしめさるへからさること是れなり然れとも此差違ハ利益の大小何れにあるや容易く断言すへからす其関係する事件の性質に随ひ自然趣を異にするものと謂ふへし何となれハ書面を要する法式に於てハ結約者双方間の関係を秘密に置き他人をして之を知らしめさるの利益ありと雖とも証人の立会を要する法式ハ第三者を利益すること少からすして且民間約定事件の一般の利益に適当するものなれハなり

蓋し右二箇の法式を一所為に併用することを得へし即ち現今行ハるゝ公正証書に於けるか如し而して公正証書ハ

書面を要する法式の最も完全なる形容と謂ふへし又立会証人を要する法式ハ公けの証認方法に成立したるものなり要之法式主義の普通の利益ハ結約者及裁判官の如く直接に其事件に参与するものに限り受くると雖とも特別の利益ハ之か効力を其以外の人に及ほすものとす

以上法式主義の利益に就き概略を述へたり是より其不利益の点を説かん

法式主義の不利益ハ其危険と不便となり凡て法式ハ人皆之を知るを要するものなるを以て偶々之を知らす或ハ注意せす或ハ軽忽に為す者あれハ法律直ちに其者を罰し厳重に人民を束縛するなり夫の法式を須ゐさる契約に於てハ仮令其契約を支配する法律の原則を知らさるか為め其法文の旨意を誤りて契約することありと雖とも其契約者ハ斯の如き誤解に陥らさる者よりも一層厚き法律と裁判官の保護を受くるものなり之に反して一定の法式に従ひて為すへき契約にありてハ其法式を知りて且之を実行するを諳したる者にあらさるよりハ決して其契約を為すこと能ハす若し其法式に欠けたることあるときハ如何なる事情ありと雖とも決して其瑕疵を補ふこと能ハさるなり是を以て法式主義の行ハるゝ邦土に於てハ夫の不知者不注意者等ハ該主義の行ハれさる他国に比して見るときハ法律の保護を受くること甚薄き訳合なり加之世間狡猾なる者の多き其不知其不注意を奇貨とし射利の手段を檀々にするに際してハ不都合言ふへからさるに至る実に斯の如き場合に於てハ其事に慣れさる者ハ狡猾なる対手人の欲する所の儘に左右せらるへし何となれハ狡猾者ハ法式を以て不経験者を縛る縄と為すを得るものなれハなり

抑々法式主義の危険ハ種々の元素より成る而して其幾分ハ法式其ものに就き他の幾分ハ法式の外に於て探求せさるへからす予ハ今法式其ものに固有の元素を研究し而して法式外のものハ之を他日に譲るへし

法式其ものに固有の元素ハ三箇あり其一ハ法式の数量の元素其二ハ法式の形容の元素其三ハ法式の原則の元素と称すへきなり実に法式に就きてハ其数量其形容及其之を創設するに至らしめたる原則を探求せさるへからさるなり

法式の数量ハ可成的之を減少し其大要に係るものゝミを包括するに至れハ法式の了解及適用を容易ならしめて随

て其危険も亦僅少なるへきなり
法式の形容の元素とハ其外形其結構其区別を云ふなり其元素ハ或ハ簡単なるか将た錯雑なるか或ハ容易なるか将た困難なるか或ハ便利なるか将た否らさるかを知るときハ其法式の如何ハ明瞭なるへし左に一二の事例を挙て之を証すへし
羅馬国の遺嘱の法式と契約の法式とを比較すれハ遺嘱の法式ハ契約の法式より一層雑駁なるを以て屢々誤りを致したるものなり故に法式の危険ハ其錯雑より直ちに生するものと謂ハさるへからす契約に関する法式ハ権利者たるへき者より義務者たるへき者に対して為す所の問題を以て基本とするに過きす故に権利者か「汝斯々の事を約すや」と云ふ問題に義務者答へて「予斯々の事を約すと」述ふるか如く其問題を復言するか或ハ単ニ「之を約す」と云ふを以て充分なれハ実際上毫も困難を提出せさりなりし之に反して遺嘱書に関する法式ハ種々雑多の手続を要し其中一の条件を欠くことあるも全体を無効に帰せしものとす殊に其手続中能力者たる立会人七名を要すと云ふ条件の如きハ危険の最も甚しきものにして不幸にも其中一名無能力者たりしときハ之か為め遺嘱書の全体を水泡に属せしなり
又羅馬古法の訴訟手続ハ新法の訴訟手続よりも危険にして古法の訴訟手続を廃滅したるハ其危険の大なるに由てなり蓋し新法の訴訟手続に於ても亦法式の錯誤ハ多少其者に害を致したること固よりなりと雖とも古法に比すれハ寔に僅少なりとす実に古法の訴訟に関する法式ハ口頭を以てしたるか新法に於てハ之を書札に筆せしものなり其口頭を以てするハ書札を以てするより誤り易きハ勿論にして且古代にありてハ訴訟人自ら式文を陳へしか新法時代にハ法官之を筆したるなり新古の間斯の如き差違ありて訴訟人に及ほす利害得失の原由ハ予の喋々を俟たすして明瞭なり右の外古法の法式ハ瑣末なる例辞に至るまて一定不動にして一言を失し一語を変するも為めに法式履行の瑕瑾を致し訴訟不受理のものとなれり之に反して新法にありてハ訴訟の基本に係る語辞にあらされハ場合に随ひ変更増減するも決して不可なかりしなり

又法式の原則より来たる第三の元素に就きてハ一例を近世の法律に取り其勢力の如何を証明すへし即ち或る合意ハ必す書面に認むへしと定めたる孛漏生国「ランドレッチ」の条則ハ斯る法式の其不用なる理由を顕然たらしむる適例と謂ふへし右条則に拠れハ総べて義務の目的五十「タール」を超《（ママ）》するときハ必す之を証書に認むることを要するを以て普通の規則を為すなり然れとも此普通規則に属する二箇の例外規定を認定したり即ち一方に就きてハ法律上全く此法式を免除する五箇の場合ありて金額の多少に拘らす書面を須ゐすして合意することを得るなり又他の一方に就きてハ其目的五十「タール」に達せさるときと雖とも之を約するにハ必す書面を要する十二箇の場合ありとす是れ二箇の例外なり而して此例外規則も亦更に種々の細別制限ありて雑駁なると言ふへからさるなり実に是等の条則を記憶に存し置くのみにても容易の事にあらす特り法律家の能くし得へき所なりとす然るに普通の人民皆此法律自ら例外を以て原則を混乱する条則を尊奉すへきものとするハ豈識者の肯んする所ならんや

（未完）

「法律の厳制法式主義の利害」（三完）

（『明法雑誌』第六〇号、明治二一年五月二〇日発行）

其れ斯の如き条則を実施するに由りて生する困難ハ実に甚しきものとす仮設ハ契約ハ必すしも金員を以て其目的とするものにあらす実際上其他の物件を以て目的とすること多し故に金員外の物件を以て契約の目的とするに方りてハ先つ其物件の価格ハ五十「タール」以上なるか或ハ其以下なるかを査定せさるへからす而して次にハ此契約ハ普通規則の支配する所なるか将た例外規則の関係する所なるかを知らさるへからさるなり斯の如き繁雑なる法式ハ普通人民の能く為すを得へきものにあらさるや明かなりとす

法式主義の第二の不利益ハ之に服従すへき者の不便を感すること著しきにあるなり法式主義ハ各人の意思を発表するに方り其欲する方法に従ふことを許さす必す一定の法式に依準せしむるなり加之法式ハ民間互の取引を確かにせん為め設けたるものなりと雖とも其法式を要する法律と社会交際の状態と相抵触すること往々にして交際の状態ハ法式の適用を愈々困難ならしむるものなり実に社会交際の状態ハ屢々法律の要求する所を排斥するものにあらすや果して然るときハ其交際を円滑にせんと欲せハ誰か日々為す所の瑣細なる契約に至るまで法律の要する法式を履行し一々書面に記載する等のことを欲する者あらんや若し一々是等の事を他人に対し要むる者あらハ其者ハ社会交際の適度と慣習とを破るものにして即ち他人を信せさるの証拠となり各般の場合に於て他人に対する不敬所為と見做さるゝに至るへし斯の如く観察するときハ法式ハ民間各自の取引を確保することを目的として設けたるものなるに全く其目的に背馳し契約決定を確保せす却て之を破壊するものと謂ふへきなり

右の理由よりして実際止むを得さる場合にハ法式に反する契約を為すに至る斯の如き契約ハ法律上固より無効となす所なるを以て其効果の如何ハ一に義務者良心の決する所にあるなり加之実際上法式の不便を感するに随ひ

愈々反法の契約社会に行ハれ遂にハ法式を遵守せさること一般の慣習となるものなり

以上の危険と不便とを以て法式主義を非難するハ多少其理由あるものなり然れとも茲に他の非難説あり是れ取るに足らす雖《（ママ）》とも姑く左に附記すへし

其説に曰く結約者か瑣細なる法式に違ひたる廉を以て法律上之を無効とするハ是れ法律ハ道徳の感覚を認知せさるなり実に他人の不経験を僥倖として背信所為を擅々にする者ありと雖とも其外形法式に背かされハ之を責罰せさるのみならす尚ホ裁判官をして之か実行を助力せしむるに至る是れ法律ハ法式を以て背信主義を社会に養成するの具となすものと謂ハさるへからすして此不体裁なる事実ハ遂に国民の道徳心を破壊するに至る故に外部の法式ハ社会交際の基本たる正実の感覚を衰頽せしむるものなりと

右の非難説ハ法律の任務と道徳の任務とを混雑して共に之を理会せさるものなれハ敢て之を弁明するの要なし法律ハ其義務の範囲内に道徳上の義務を包括するを得へからす道徳心ハ道徳其ものゝ支配に放任し置くにあらされハ活発に発動せさるなり

以上陳述したる法式主義の利益及不利益を回想すれハ粗々其価値を知るを得へし然れとも其利益果して不利益を償ふに足るものなるや否やを調査せされハ之を論決すること能ハさるなり

夫れ物件売買の損益ハ只其物件の価値に就きて之を算定するを得へからす必すや其利益と費用とを比較して後始めて明白なりとす社会上一種の構成に於けるも亦之と同様にして其一方の有益なる効力ハ実際の価値の程度を表示するものにあらす即ち之を設定するに方り社会人民の負担したる労苦を計りて対照するにあらされハ決して其利害得失を論決すること能ハざるなり社会人民の負担したる労苦とハ何そや他なし其設定したる構成物即ち法律の利益を得んか為め随て生すへき不利益の結果を甘受することと是れなり而して法律ハ売買物件と異なり其関係する所一人若くハ数人の損益に止まらす公衆一般の利害得失に及ふものなるを以て同一の法律にして公衆一般に対し同一の価値を有するものにあらす一部の人民見て必要となすと雖とも他の一部に於てハ反対の意見を持するこ

とあるへし是を以て法律構成の実際に存する価値の程度ハ其関係する所に随ひて異なり且其他種々の状情あるものと謂ふへし

抑々一国の法律中法式主義を執るものと執らさるものとあるなり仮令ハ普通の契約ハ此主義に拠りて管理せすと雖とも交換の契約ハ厳重なる法式を以て支配するか如し由是観之法式主義の利益と不利益とハ其事類に随ひ相異なるものと論決せさるへからす彼の交換の契約に於てハ法式より生する不利益と其確保する利益と相償ふのミならす利益の勝る所あるなり之に反して普通の契約に於てハ其利害相平均すること能ハさるものと謂ふへし又遺嘱証書所有権の転移不動産の抵当及地役等に関してハ普通の契約に於けるよりも法式を設くること最も重要のものとす蓋し普通の契約ハ其効力を直接に関係する人に及ほすに過きすして且速かに終りを告くるものなり之に反して遺嘱証書所有権の転移等数者の如きハ其成立する時間に就きて見るも又之に関係する人に就きて見るも其効力を広く及ほすものとす夫の実行契約及結社契約を除くの外総て唯諾契約の如く迅速に決行すへき性質のものハ概して重大の予備所為なくして締結する慣習とするのみならす若し是等のものに就きても錯雑なる法式を設け以て其締結を遅延せしむるに至るときハ之か決行を妨くること少なからさるへし之に反して遺嘱証書数者に就きてハ斯の如き防害《マヽ》あらさるなり実に是等の件々ハ元来至急を要するものにあらすして通常之を決行するに先ち種々評議談判を為す等予備の所為に数日を費すものなるを以て法律の要する法式ハ其決行上毫も遅延を致すの患なしとす加之是等の件々常に頻繁なるものにあらす仮令ハ普通の契約を千百回なすことあるも其間遺嘱証書を認むることハ恐くハ一回あるや或ハ全くなかるへし又動産物件の所有権を転移すること千百回に及ふも其間不動産物件の所有権を転移すること亦極めて稀れなるへし是れ羅馬法に於ても不動産所有権の転移に関する法式ハ普通契約に要せし法式に比すれハ頗る煩雑なりし所以なり

是故に法式主義の利益と不利益との差異を顕すものハ法律の支配する事件の性質にありとす斯々の法式ハ斯々の事件に適当すと雖とも之を他の事件に適用するときハ全く不都合なることあるへし而して社会沿革の事跡も亦法

式の利害の差異上に重大の勢力を有すること固より論を俟たす蓋し法式ハ羅馬人民に取りてハ普通の原則たりしと雖とも吾人に取りてハ全く例外の規則たるに過きさるなり若し羅馬の法式主義現今吾人の意思に適合せさるか如く其人民を煩ハしたるものならんに速かに之を除去したるや必せり然るに僅かに二三の事件に限りて之を廃止したりと雖とも大体の原則ハ確乎として遵奉したるを見れハ其人民ハ吾人の如く其困難不便を以て自由を閉塞せらるゝの想ひを為さす却て此主義ハ自然の条理に基きたるものとして甘受したりと謂ふへきなり

（完）

登記に関する討論筆記

（民事問題「甲者其家屋ヲ乙ニ売渡シタリ然ルニ乙未タ登記セサルニ先チ丙其事実ヲ知リツ、甲者　ヨリ之ヲ買受ケ登記シタルトキハ其所有権何レニ属スルヤ」）

（『五大法律学校聯合討論筆記』第二回、明治二一年五月発行）

私は磯部四郎で御坐ります私は只今参りまして深くは知りませんが略々聞て見まするに中には斯んな問題は討論の問題に成らぬと云ふ人もある様ですが一寸見ると疑ひは無い様にも見へるが此問題は仏国でも随分議論のある問題ですから只之を見て一言の下に問題にならぬものだとは云はぬ方が宜かろう却て自分の無識を顕はす様な事に成りはせまいかと思ひます

抑も私が弁ずるに附ては此問題は法理一片では論ずる事は出来ません法律は法理上のものと人定上のものとの二つになる登記法と云ふものは全く双方の意思のみならず第三者を保護するもので法理一片のものでは無いと考へます少しく人定法の定めに依るものと考へますから無暗に理屈から計り言ふでなく沿革に附ても一言せんければなりません多くは知りませんが白耳義の民法草案や伊太利の民法は仏蘭西民法を本としたものでありますが仏蘭西の学者間に論のあるのは千八百五十五年三月廿三日に定まりました登記法の第三条にあります夫れはドー云ふ事かと尋ねて見ると登記するに至るまでは所有権を第三者に対抗する事が出来ないと云ふ意味の事であります其れからモー一つ本問題に附き丙者の方で論拠とすることを得べき条文は民法の千七十一条です此ゝにはドー云ふ事が書いてあるかと云へば登記法の儀式を充たさないときは債権者及び第三者に於て所有権転移の事実を知りたりと雖も之を以て登記の欠缺を補則することを得るものにあらずと云ふ意味の法文でありますこゝからして法律家の間に議論がある此贈与に附ての登記に附ては民法の立て初めから斯く規定してありました故へ別に議論もあ

りませんなんだが一般の登記法は千八百五十五年に定まつて翌五十六年の一月から実行しました茲に於て民法第千七十一条の規定は千八百五十五年の法律にも適用す可きものなるや否やと即ち本日茲に論ずるものと同一の問題が学者間に起りました是れ則ち本問題の法学者間に存する由来で御座ります而して又伊太利の法律には千八百四十二条に此登記の事を規定して居りますが茲に於ても矢張登記せざるものハ第三者にして仮令後に権利を得たりと雖も先に登記せし者に自己の権利を対抗することを許さずと定めてある又白耳義には特別の法律がある千八百五十一年十二月十六日の法律で御座ります是れには第一条にはドー云ふ事を書てあるかと云へば登記の欠けたる事を以て利益する事を得る第三者は自から他人へ其財産の所有権の移た事を知らざる場合に非ざれば自分の権利を得るの証とする事を得ずと定めてあります茲に於て白耳義は仏蘭西の法律を全く行ふて居る国であるけれども全く善意なる第三者に対するに非ざれば先獲得者の登記の欠缺を自己の為め利用することを得ざる事に一定しました仏蘭西では今云ふ通り民法に依て善意と悪意とを問はず凡て第三者に効なしと云ふ学説が存在して居る而して其反対に来たる学説は其れは大変な間違ひである第三者の意思の善悪を区別せざる場合は特り贈与の登記有無に関する事にて千八百五十五年の法律にハそんな事は書てない書てない以上ハ贈与の所に存する特別の規則を普通の登記に適用することは出来ぬ普通は第三者ハ善意でなければ登記の先後を以て権利の所在を定む可きものとの主張ハ出来ぬと云ふにあります是れ今日御同様に討論する所の発端であります蓋し民法の第千七十一条は特別法であることは私も疑ひません何ぜなれば特別法であるから態々悪意に拘はらざることを明記したものと思ひます普通に従はない証拠でありますす態々悪意の第三者でも権利を獲得した事を証する事が出来ると定めたものである又一つ仏国に於ての格言に凡ての詐欺は凡ての原則を濁らかすと云ふ事がありますす濁らかすと云ふのハ無くして仕舞ふと云ふ事です無くして仕舞と云ふのは登記せざる獲得者は第三者に自己の権利を対抗するを得ずと云ふ規則も善意者と善意者との争そふ時に存すれども悪意者即ち詐欺者の茲に現ハるゝときハ全く無くなりて仕舞ひ則ち登記法の存しないものとして善意者と悪意者との争を如何に決定して可なるやと云ふの格言で御座ります

是れは羅馬から来て行はれて居りますが此格言は貫いて居るかドーかと云ふ事を見なければなりません又私の考へる所のみならず凡ての所に目を注いで見ますれば善意と悪意とは法律上如何なる区別があるかも知らなくばなりません仏蘭西民法中に善意と悪意とを問はない所はタツタ一つしか私は知りません其一つとは何条であるかと云へば民法の二千二百六十二条で御坐ります是れは三十年の期満所得の場合で御坐ります（期満所得は期満効と云ふても翻訳は何でも宜しひ）此場合は三十年間占有して居る事を証明する以上は何時でも其れに依て所有権を獲得するのが三十年の期満所得でありますが是れには善意悪意を問はずと云ふ明文が有て充分所有権のあるものと見ますが此外には何れの場合と雖も玉石混交する所は一つもありません例へば占有の事件に附て善意なれば果実を有する事が出来る悪意の時は収取したる果実は返す事を要するのみならず尚ほ収取する事を怠たつたもの迄も返さなくばならぬ又他人の土地内に建築した場合にも善意なればコーする悪意なればドーすると云ふ矢張善意悪意の区別がある今一つは御承知で御座りませうが羅馬以来有名なる夫の「アクシヨンポーリアンヌ」と云ふ訴権は千百六十七条に明文がありますが即ち義務者が債主を害する意思を以て他人にコカシタ時に私は之を買へば債主を害する債主を満足せしむる事が出来ぬと云ふ事を知らずして全く善意で買ふた時は其債主は千百六十七条の訴権を行なふ事が出来ない之れに反して買主共謀して売主の債主を迷惑せしむるの意思が有たならば債主は直に其物件の買主に係て取戻す事が出来る又茲に甚しい区別のある場合がある即ち二千二百七十九条の動産の占有は権原に均しき効ありと云ふ時にも善意で無ければ此法律の利益を受くる事は出来ない他人に売たのを知りつゝ買ふた第三者は法律の利益を受けぬものであるから此者に対して取戻しが出来る動産に附ても斯の如き区別がありますマダ挙ればあるけれども今心に浮んだ所が是丈ある皆善意のものは善く扱はれ悪意のものは悪く扱はれてあります然らば此登記法律の第三者も善意か悪意かを分けて保護すると云ふのが適当でアローと思ひます成程登記せぬものは解怠の罪は免れませんが此解怠は売主を信ずるから起る事で所謂お人よしであるのです之を宥恕せずして他人に売買した事を知りながら買ふた悪意の者が先きへ廻て登記したからと云て之を保護するの法理はあり

ません是れに由て見れは獲得の先後に拘はらず又善意悪意を問はず先きに登記したる者は権利を得ると云ふには千七十一条の如き明文を要するものである然るに登記法にはソー云ふ明文は書て無い如斯論じ来れば反対論者は云ハれるでショー之を区別する事とすれば登記を怠る時は登記はしてないが彼れは悪意で買ふたものだと云ふ事を何時でも云ふ様に成て甚だ面倒になるダローと云ふ説が出るかも知れんけれども善意悪意に拘はらず権利を得るとすればバ法律上の便利である訴訟の原因を絶つと云ふのハ口癖であるが其れ程面倒が厭やなれば私ハ裁判所も何も潰して仕舞たら宜かローと思ひます然るに此等のものゝ立てある以上は其れ丈の面倒は見なくてはなりません縦し百歩を譲て善意悪意は構はぬとしても僅か登記一片の問題ではありませんか民法中には七八ケ所も善意悪意の区別が起るのに此場合のミ見悪き訴訟を絶つの考を以て善意悪意を廃しても民法中の事項に沢山ある又悉く之を廃したならば愈々日本には善意は馬鹿馬鹿しいと云ふ事になる是れは私の一己の量見ではありません日本の草案に於ても規定のある事です其三百七十条を御覧なさると善意の第三者で無ければ登記の欠缺に利益を持たぬと云ふ明文があります此明文が無いとすれば登記法ハ如何に決するかと云ふに深くハ知りませんけれども日本にハ善意悪意といふ事ハ無いかも知れぬ無くとも刑法にある日本の其第三百九十三条を御覧被成るとよい三百九十三条を御覧になると此条ハ日本特別のもので仏蘭西にはありませんが不動産を他人に売り又は抵当に入れたものを我物顔に又売りすれば詐欺取財を以て論ずと云ふ事に成て居る已に他人に売たものを抵当典物としたり売たりしたものハ詐欺取財の軽罪である軽罪になれば正犯のみならず従犯も罰する従犯ハどんなものか刑法の第百九条と云ふものに依て見ると正犯を助けて犯罪を容易ならしめたるものとある然らば他人に売渡した事を知りつゝ其物を買ふのは詐欺取財を助ける従犯である已に刑法に於て従犯者となるものを民法に於て之を保護すると云ふ筈は無い故に私は此問題に附て登記せずとも善意者は格別なれども悪意に依て先きに登記したものに対しては所有権の対抗が出来ると考へます（ノーノー）私の説は御服しなさいと云ふのではありません其れは諸君の自由でありますから只ノーノーなればドーゾ其御新案を私に承はらして下さるならば難有い事

と考へます

「刑法第四十三条之解（没収論）」（一）

（『明法雑誌』第六三号、明治二一年七月五日発行）

本条に付き余の特に解説を試むるものハ他なし現今世上に存する刑法論著少からすと雖も没収の事に至りてハ一も余をして満足せしむるものなく是れ恐らくハ法文の明確ならさるに由るものなるべしと雖も苟くも法律の解釈を以て任とする者ハ法文明確ならさるに酔ふて自から迷誤すべきにあらす宜しく法理の在る所を探求して其幽を開き其微を顕ハし以て後進の就学に倦まさることを勉めさるべからす然らすんバ解釈の要何れに在るや是れ余か爰に本条の解説を試むる所以なり

蓋し本条の各項に付き説明を下すの前抑も法律上此没収例を設定するに至りたる理由を明示するハ敢て無用たらざるものと思考す故に此理由を一言し然る後ち本条に包含する数個の問題に論及すべし

第一　没収例の存する理由

凡そ人の情欲ハ外物の耳目に触るゝに従ひ無慮の感動を起す性質のものにして之を略言せバ人の情欲ハ外物の奴隷と云ふも亦敢て過言ならざるべし実に今日外物の為めに吾人の心意を動かすに至ることハ殆んと枚挙するに暇あらさるものゝ如く然るなり例令へハ一定の織物を他人より贈与せられたりと仮想せよ嘗つて着服を製するの意思ありしに非らすと雖ども此贈与を受けたるか為め茲に衣服新調の念を発動し之れか為め其新調に附随すべき裏地の如きものを買得し知らす識らす冗費を抛つに至るハ人の常情なるべし然りと雖ども是等ハ敢て犯罪を構造するに至るものに非らされハ之れを其人の自由に放任し置きて可なり之れに反して往昔世に武士なるものありて偶々伝へて名作と称する刀剣を購ひ得たるか為め始めより期せさりし所の試斬を為さんと欲するの念慮を惹起するに至るものゝ如きハ其危険亦言ふべからさるなり然れども此人たるや未た其事に及ハさるの間ハ社会之れを如

何ともすること能ハず或ハ常人をして兵器を携帯せしむることを禁止するの法度存するものハ此危険を予防するの旨意に出たること疑を容れさるべし然る時ハ社会も亦人情ハ外物の奴隷たる理由を認知したるものと謂ふを得可し而して社会の設定したる将来の危険予防方法にして悉く実行を奏するものとせハ特に没収のみならす一切の刑法ハ無用の長物となるべし何となれハ予防其効を奏すとハ犯罪に至らすして事止むの場合を云ふものなれバなり然るに予防其効を奏せす或ハ警察の目を窃ミ或ハ法禁の裏を亘り以て続々犯罪に至るもの少からす是に於てか刑法の必要を感すること益々急なる所以なり彼の没収例も亦然り已に社会に於て人情ハ外物の奴隷たる理由を認知して精々危険を予防することを勉めたりと雖ども或ハ其間に種々の物件を仮りて犯罪に至るもの往々にして止ます是等の者ハ已に外物の奴隷となりて其情欲に支配せられ或ハ社会の安寧を妨害し或ハ各人に損害を及ほしたるものなり豈是等の者をして其已に情欲を動かしたる物件を所持せしむることを得んや社会之れを等閑に付するときハ世俗の所謂る猫に与ふるに鰹節を以てすると一般なり是れ我刑法中没収例の存する理由の大要とす而して余の之れを以て唯一無二の理由と為さす其大要と云ふものハ他なし此理由ハ本条第一及ひ第二の場合に適用することを得べしと雖ども第三の場合に之れを適用すること能ハす即ち第三の場合ハ一他の原則に基くものなれバなり何をか一他の原則と云ふや曰く人として不正の所為に由り利得すること能ハさるの原則是れなり尚ほ此事に付てハ後ちに論する所あるべし

第二　本条の没収例ハ広く理解すへきや将た狭く理解すへきや如何

抑も没収例の法律上に存する理由ハ一ハ外物の為め情欲を発動せらるゝの危険を予防し一ハ不義の富ミを得せしむることを禁するに在ることハ前陳に於て知るを得たり而して此理由を玩味熟慮せハ自然本問題の論決を喚起することを得べし而して其論決ハ如何と問ふに将来の危険なきものハ之を没収すべからす不義の富みにあらさるものも亦均しく之れを没収すべからすと是れなり何となれハ没収例ハ将来の危険を予防すべき事情止むを得さるの理由と不義の富ミを得せしむへからさるの原則とに出つるものにして犯罪人の財産を奪ふて国庫を富ますの主義

に出つるものにあらされハなり是を以て法文上其明を欠くの嫌ひありと雖ども其精神に於てハ実際已むを得さるの物件に非らされハ没収すべからさるの旨意を包含するものと余ハ断言するものなり故に本条の禁制物供犯物及ひ因罪所得物の三種ハ精々狭き意味に理解するを以て其当を得たるものと謂ふべし

人或ハ曰ハん足下の言然るもの丶如しと雖ども之れを法文に徴せハ単に禁制物供犯物及ひ因罪所得物とのみありて別段之れを制限したるの理由あるを見ず然るに足下ハ濫りに之れを制限せさるべからすと口を鼓するハ果して何ぞや前陳の如き危険予防云々の論理ハ未た以て満足せしむるものにあらす乞ふ一層其理由を明示せよと

抑も没収例ハ国庫を富ますの主義にあらす犯者将来の危険を予防するに在り故に其危険を帮助するの物具を没収するに限らさるへからさるものと余の主張するものハ敢て故なきにあらす而して其故とする所ハ古来没収例の沿革如何に在りとす暫く往時に溯り我国ハ勿論泰西諸国に於て行ハれたる没収の何物たるを見るに今を距ること僅々一世紀前に在りてハ欧洲各国に於ても包括財産の没収例なるものありて或る犯罪人就中重大なる国事犯者の家産ハ悉く之れを没収せり此の如きハ刑ハ犯人の一身に止まるの原則に背反すること甚たし実に犯人の家産ハ犯人の一身のみを養ふものにあらす其妻子眷族をも之れに由りて生活すること世間往々ならすや然るに若し悉く之れを没収するあらんか犯者其人ハ獄中に繋かれて公費に衣食するを得べしと雖ども無罪潔白の妻子眷族ハ啻たに其帰依する所の夫に別れ親に離る丶の不幸に遭遇するのみならす其頼りて以て生活すべき財産をも共に失ふに至るにあらすや然るときハ其没収例より来たす結果ハ犯者の身に及ぶよりも却つて其妻子眷族に及ぶものとす没収の極茲に至るときハ無罪潔白の者為めに饑渇凍死の不幸に陥るに至ること其常態なるべし果して然らハ此の如き没収ハ刑ハ犯人の一身に止まるの原則に背反するの著しきこと余の喋々を待たすして明瞭なるにあらすや是れ我国に於ても亦泰西諸国に於けるか如く没収例を制限せさるべからざる真理を認知するに至りたる原因にして且つ今日苟くも法度備ハるの国土に於てハ包括財産の没収例全廃するに至りたる所以なり由是観之没収例の施す所益々減すれハ益々刑ハ犯人に止まるの原則を全ふするに至るものにあらすや而して或者も亦刑ハ犯人に止まるの

原則に精々接近するを以て一切の刑法其宜しきを得るものと認知する者ならん加之我立法官も亦現行刑法を制定するに当りてハ固より此原則を奉体せしものなることハ現刑法の全体に付て見るを得べきなり然るときハ特り没収にして此原則に背反し広く之れを理解して没収の必要を感せさる物件にまて之れを及ほすの理あらんや是れ没収例ハ精々狭く理解せさるへか（ママ）らものと余の断言する所以なり而して刑ハ犯者の一身に止まるの真理を世に顕ハし其適用を各般の事項に及ほし従つて包括財産の没収例を今日刑法上に見さるの効績ハ独り学者の舌頭筆端に在りとす学者も亦軽ずべからざるなり

第三　法律に於て禁制したる物件とハ何ぞや

此問題に付きてハ敢て余の喋々するを要せさるものゝ如し一読以て法意を知るを得へけれハなり故に余ハ二三の事例を指示するに止まるべし即ち兵器弾薬其他、事猥褻に渉る図書等の如きハ此類の物件なり蓋し此等ハ一ハ犯罪の用に供するの危険あり一ハ風俗を乱るの媒妁にして其物たるや之れなきも人生の需用に欠を感するものにあらす是れ之を常人の有に置きて其弊害を見るより寧ろ之を没収して其危険を予防するに若かさるの理由より本条の如く規定し且つ此等の物件ハ何人の有を問ハす没収すべきものと次条に明言したる所以なり

第四　犯罪の用に供したる物件とハ何ぞや

本問題に付きてハ読者の最も注意あらんことを希望す他なし余の没収例を茲に解説せんことの念慮を発生したるものハ専ら本問題に基因せしものにして且つ世上に存する刑法説明書も没収例中他ハ敢て大に咎むべきものなしと雖ども本問題の説明に至りてハ一として錯雑を極めさるものあらされハなり

抑も供犯物の何たるハ一見する所に於て理解するに難からさるの外形を表示すと雖ども其実最も困難なる問題を包含するものとす蓋し法文に拘泥して之れを解釈するときハ苟くも犯罪の用に供したる物件ならんにハ如何なる場合たるを問ハす凡て之れを没収すへきものゝ如し然りと雖ども若し此の如く解釈するときハ例令へバ馬車止の道路あらんに馬車に鞭つて此を通過したる者に対してハ其馬車を没収すべく又阿片煙を汽船に積んて輸入したる

者に対してハ其汽船を没収せさるべからす其他鉄道馬車誤りて人を殺傷したるときハ其「レール」并に馬車を没収せさるべからす或ハ無印紙煙草を蔵匿したる倉庫も亦之れを没収せさるべからす家内に於て博奕を為せしときハ其家屋も亦没収せさるへからさるなり然れども是等のものハ決して没収すべきものにあらす而して又未た之れを没収したるの実例を見さるなり若し此等の物件も亦没収すへきものと解釈するときハ刑ハ犯人の一身に止まるの原則に背馳して特別の没収例も包括財産の没収例と殆んと異ならさるの結果を見るに至らんとす亦危からすや然らハ即ち其没収すべきものと否らさるものとの限界ハ果して如何と顧るに第一有意犯と無犯意《ママ》とに由りて其区別を為さゝるべからす即ち罪を犯すの意思ありて始めて罪となる可き所為の場合にハ本条二項を適用して其犯罪の用に供したる物件を没収すべく之れに反して不注意若くて《ママ》懈怠に出たる犯罪にハ此二項の没収例を適用すへきものにあらさるべし何となれハ犯罪の用に供するとハ自然罪を犯すの意思を以て其之れを犯すに態と使用したる物件と云ふの意味なるべくして偶然事物の他物に触れて一種の犯罪を構造するに至りたる場合を包含するものにあらさるべし加之意思の有無ハ犯罪の構成に影響なき場合にも亦本項を適用するを得さるべし他なし犯罪の構成原素中に意思の有無を包含せさる場合ハ仮令ひ意ありて之れを犯すも意なき時と同視す即ち不注意若くハ懈怠に基く犯罪と法律上彼是を区別せさるものなれハなり故に没収すへき物件と否らさる物件との限界ハ有意犯と無意犯との区別を以て第一の標準と為すべし果して然らハ苟くも有意犯たらんにハ如何なる場合たるを問ハす犯罪の用に供したる物件ハ悉く之れを没収すべきものなるや如何若し悉く没収すへきものとせハ阿片烟を汽船に積んて輸入したる場合にハ其船舶を没収せさるべからす又家内に於て博奕を為したる場合にハ其家屋を没収せさるを得さるべし然れども是れ決して然るにあらす右の如く有意犯と無意犯との区別ハ没収例の一限界たるに過きすして尚ほ一他の制限ありとす而して其制限とハ他なし即ち犯罪を構成するに是非欠く可らさる物件と否らさる物件とに由りて没収すべき物と否らさるとの区別を立つること是れなり何を以て然るや前陳没収例の原則に於て指示したる如く没収ハ事情已むを得さる物件に限るべきを以てなり夫れ然り然りと雖ども犯罪を構成するに是非欠くべ

からさる物件とハ果して何ぞや其事例最も多くして殆んと枚挙するに遑あらすと雖ども茲に前陳の事例に依りて其区別を明示せんに阿片煙輸入罪の阿片煙其物に於けるか如き或ハ第二百六十一条の末項に明示せる賭博の器具財物の如きものにして其阿片煙を積みたる汽船若くハ賭場に供したる家屋ハ決して犯罪の構造に欠くべからさる物件にあらす何となれハ阿片煙なく若くハ賭博の器具財物なくして其罪を犯すこと能ハすと雖ども其汽船其家屋なきも唯之れを犯すの不便を感するのみにして之れなくハ以て其罪を犯すこと能ハすと云ふにあらされハなり其他銃礮弾薬私造罪の銃礮弾薬に於けるか如き又ハ第百五十七条に記載したる物品の製造に供したる器械の如き皆此類なり之れを要するに此等の物件ハ一ハ犯罪の用に供し二ハ罪体其物を組成するを以て之れを没収するものとす而して刑法中に於ても特別の条文を以て其没収す可き物件と否らさる物件とを区別したるの点を熟察せハ愈々以て犯罪に欠く可らさる物件にあらされハ没収すべからさる理由を解得するを得べし他なし其各本条を見るに多くハ第四十三条二項の適用を広きに及ホすの危険を予防するを以て目的としたるものなれバなり尚ほ此点に付てハ第百六十一条及ひ第二百六十一条を熟読して余の敢て法理を誣ひさることを知るべし

是を以て茲に一個の犯罪ありて其用に供せし物件と見做すことを得べきもの数個あるに際し其一切の物件を没収すべきや否やの点に付き疑を抱くことあるときハ其物件中犯罪に欠くへからさる物を没収して他を省くに於て茲に以て法理に適合したる裁決を与へたるものと謂ふことを得べきなり

（未完）

「刑法第四十三条之解（没収論）」（二完）

（『明法雑誌』第六四号、明治二一年七月二〇日発行）

上来説きたる所ハ余の認めて以て本項の正解を得たるものと信す然りと雖とも立法論に入りて本条の規定果して当を得たるや否やの一点に至りてハ余ハ常に本条の旨意糢糊として明かならさるを惜まさるなし而して此感あるハ蓋し余一人に止まらす世の学者も亦皆然るものゝ如し是に於てか其解釈に苦む所より仏国法律に坌涌したる没収論中の或る旨意を其儘引き来りて本条の解釈に附会するもの比々皆是れなり而して就中余の親愛する宮城［浩蔵］氏にして尚ほ此譏りを免れさるか如き説明を与へたるの点に至りてハ余の大に驚く所なり今試に同氏の刑法講義に就き聊か批評する所あらんとす是れ一にハ読者の注意を喚起せんか為めなり何となれハ該刑法講義ハ同氏自から完全の書とハ許さゝるべくして余も亦完璧瑕なしとハ信せすと雖とも而かも世に最も尊信せらるゝ所なれバなり又二ハ宮城氏と余ハ親友なるを以て知りて言ハさるハ不忠なりとの意を服膺するか故なり余豈徒らに弁を好む者ならんや

同氏刑法講義に曰く（前略）犯罪の用に供したる物件と言ひ得るにハ第一に罪を犯す為め直接に使用したる物なることを要し第二に犯罪の体以外の物なることを要す（同書三百五十二頁参看）と此所謂る第一に云々ハ別に評すへき所なしと雖とも第二に犯罪の体以外の物なることを要すと云ふに至りてハ一言を費さゞるを得す蓋し同氏に於て罪体を没収するを得すと論決したるものハ罪体とハ罪其物にして犯罪の用に供したる物にあらす又仏国刑法第十一条に罪体を没収すべしとありて我刑法第四十三条に罪体を没収す可きの明文あらさるの理由に出てたるものならんか果して然らハ同氏ハ本条第二項の由来を詳かにせさる者と謂ふ可し抑も罪体なる語ハ仏国刑法に存して其何物たることに付てハ仏国の刑法家間に於て論議区々に亘り今に一定の決を得さるの問題にあらすや然る

に氏独り之れを解したるか如く犯罪に欠く可らさる物件ハ罪体を組成す故に之れを没収するを得すと断言せしハ氏の平日注意深き性質に似さるものと思考す

余を以て之を見れハ今日我刑法に於てハ罪体物と供犯物とを区別するの要なく又区別せしめさる為め故らに罪体の文字を本条中に載せさりしものと思考す故に我刑法に従へハ苟くも罪を犯すに欠くへからさる物件ならんか氏の認めて以て罪体と為すものも亦没収せさるべ（ママ）らさるなり若し夫れ然らすして氏の論決を以て本項の解釈其当を得たるものとせバ其結果ハ往々にして我刑法中の条項の旨意と相抵触するに至るべし氏曰く「打網を禁したる場処に於て網を打ち魚を捕へたる時ハ犯罪の体ハ即ち網なり故に之を没収するを得す又此池沼に船を浮べ網を打ちたる時ハ網ハ罪体にして船ハ犯罪に用ひたる物即ち罪体を生する為めの物件なるを以て之を没収す」（同書三百二十三頁参看）と

若し果して氏の言の如くんハ貨幣偽造罪に付きてハ其貨幣ハ罪体なるを以て之れを没収するを得さるべし又偽造の官印、印紙、詔書、文書、其他毒殺の毒物及ひ持兇器強盗の兇器等ハ何れも皆没収するを得さるべし何となれハ是等の如きハ宮城氏の解説に依る罪体を組成するものなれハなり我立法官の真意ハ果して此等の物件を没収せさる主義に在りたるものと謂ふを得るや余疑なきを得さるなり而して又立法官も或ハ宮城氏と意を同ふるものとせハ余ハ更らに立法官に問ハんとす其認めて罪体と為すものハ主なり供犯物ハ従なり其主たる物を没収せすして特り従たる物を没収するに果して何ぞやと立法官ハ決して氏と意を同ふせざるべし氏以て如何と為す

然りと雖とも本項ハ結局不明の譏りを免れず諸家の説其穏当を欠くものも亦恕せさるを得さるなり

第五　犯罪に因て得たる物件とハ何ぞや

此問題も亦禁制物と均しく別段説明を要せさるものゝ如し余茲に一言するものハ本条全体の説明を尽さんと欲するの外ならさるなり即ち銃猟規則を犯して得たる獲物或ハ贋造貨幣に因て買得し若しハ（ママ）交換したる財物或ハ官吏の収受したる賄賂等ハ皆犯罪に因て得たる物件に属するものとす此類の物件を没収する所以ハ犯人をして不義の

富みを得せしむべからす苟くも人の財産を得るハ法律の認許する原由に基かさるへからさるの理由に出てたるに過きすして別に喋々の弁を要せざるべし

第六　没収例ハ純粋無形の法理上より真の附加刑を組成するものなるや如何

余思らく没収例ハ真の附加刑と為さす唯犯罪の事実に附着する処分方法と為すを以て其当を得るものならんか他なし此没収を以て真の附加刑なりとするときハ実際主刑を科せさるの場合に於て本条に規定せる三種の物件存在するも之れを没収すること能ハざるの結果を生す可し何となれバ主刑なくして特り附加刑のあるべき理由あらされバなり今之れを例せバ主刑ハ期満免除となりたるも現に犯罪の用に供したる器具の存する場合又ハ犯人の幼年者或ハ白痴瘋癲なる場合其他刑法第七十五条以下に規定したる種々の場合に於てハ或ハ不論罪或ハ無罪の原由ありて犯罪の事蹟其物ハ存すと雖とも之れに主刑を科せさること間々ある可し是に於て其犯罪の用に供したる物件現存するも若し本条の没収例を以て真の附加刑とせハ一も其物件を没収すること能ハさるに至るべし彼の監視の刑ハ附加刑なり而して主刑を免して単に監視のみを科することなきにあらすと雖とも此の如き場合ハ各本条に於て明記しあるが故に実際の適用上敢て差支なしと雖とも没収に至りてハ主刑なくして之れを科することを得べきの明文あるを見す然るときハ之れ真の附加刑と見做せバ主刑なきに没収のみを科する能ハさ（ママ）るや喋々を要せさるなり

仏国に於ても亦没収を以て附加刑と規定したる不都合を感したるものゝ如し何となれハ同国に於て或る罪状に関し無罪の裁判を為すも没収を宣告することを得べき二三の特別法を設定するに至りたるを以てなり（千八百四十四年七月五日の法律第四十九条千八百五十七年六月二十三日の法律第十四条参看）故に余ハ此没収例を真の附加刑と為さゝるを以て優れるものと思考す然るに我立法官ハ刑法第十条に於て没収を附加刑の一に列したるハ蓋し没収ハ概して主刑に附随するの故なるべしと雖とも前に説きたるか如く実際主刑なくして没収を行ハさるべからさる場合に遭遇することも亦少からさるべきを以て我刑法の制定ハ没収に付き少しく円猾ならさる所あるに似た

り

今日実際の判決例に於てハ時として主刑の有無に関せす没収例を行ふもの〻如し蓋し此の如くせされハ実際上往々不都合あるを以て已むを得さるに出てたる者なるべしと雖とも職権分割の原則より論するときハ法官にして成法の不備を補足するハ失当と謂ハさるを得す他なし法官ハ成法を実施するの任にして立法官たらされバなり故に法律の正面より観察するときハ主刑なくして没収を行ふの処分ハ其宜しきを得さるものに似たり其処分たるや学理と実際とに適切なるも之れを法律の正文に照らして論するときハ非難を免れさるものとす然れとも其茲に至るものハ必竟法律の制定完備ならさる所あるが故なり是を以て余ハ此没収に関する条文ハ早晩修正を要すべきものならんと信す

明治二十一年六月二十八日

「天然義務ニ関スル我カ民法草案ノ条項当否如何ノ卑見」（明治二一年八月一日）

（「民法編纂ニ関スル諸意見竝ニ雑書一」『日本近代立法資料叢書』第一〇巻）

本問題ニ付キ委員長［山田顕義］ヨリ下附セラレタル諸論其宜キヲ得ルヤ否ヤヲ過日来専ラ研究シ以テ千思万考セシ処遂ニ得タル結果左ノ如シ

抑々本問起論者ノ意思ハ果シテ何レニ在ルヤ適切ニ知ル事ヲ得サルハ小官ノ遺憾トスル所ナリト雖トモ要スルニ諸他国ノ法条及ヒ其理由説明書ヲ引証シタルト本問紫色書ノ末項トニ由リテ推考スレハ一ハ我カ草案ノ条項ニ多少ノ変更ヲ加ヘ二ハ附録ノ名目ヲ改正セン事ヲ望ムニアルヘシ而シテ附録ノ名目ヲ改正セン事ヲ欲スル起論者ノ意思ハ明瞭ナリ何トナレハ其改正ヲ欲スル理由判然セスト雖トモ「編纂ノ体裁ニ於テ附録ノ侭ニ存スル事ヲ得ス」ト命令主義ニ一決シタルヲ以テナリ之ニ反シテ各条項ニ就キテハ起論者ハ如何ナル主義ニ其変更ヲ望ムモノナルヤ毫モ知ル事能ハス蓋シ局中全体ノ意見ヲ集合シテ然ル後事ヲ決スルノ趣旨ナランカ然レトモ亦諸他国ノ法条及ヒ其理由書ヲ引証シタル所ニ由リテ起論者ノ意思ヲ探求セハ其諸法中心竊カニ慕フ所アリテ我カ草案ノ条項ヲ其主義ニ倣ハシメン事ヲ欲スルモノニ似タリ畢竟其心中ニ蔵ムルモノハ金カ鉄カ将タ鉛カ未タ之ヲ確知セスト雖トモ何ソ採掘ニ困難ナルヤ仰キ願クハ将来起論者其意思ヲ明示シ以テ下問ノ光栄ヲ辱フスル者ヲシテ斯クノ如キ困難ニ遭遇スルノ徒労ヲ免レシメラレン事ヲ他ナシ然ルトキハ奉答其標準ヲ得テ起論者ノ意思ヲ誤解スルノ恐レナキヲ以テナリ

小官ハ前段ノ如ク起論者ノ意思ヲ推測シテ本問ニ奉答セント欲ス其間或ハ誤解ノ恐レナキヲ保タスト雖トモ其責ハ起論者ニ在リテ小官ニ在ラサル可シ

本問ニ奉答スルノ前先ツ起論者ノ引証シタル諸法律ニ就キ当否ヲ論スルハ最モ肝要トス何トナレハ若シ其諸法律

中完全無疵ノモノアル事ヲ確知スルニ至レハ我カ草案モ亦之ニ倣フヲ可ナリ毫モ我カ非ヲ苟モスルノ理由ナク若シ又之ニ反シテ皆取ルニ足ラサル事ヲ認定スルニ至レハ爰ニ始メテ我カ草案ノ規定ニ就キ当否如何ヲ研究ス可キノ必要ニ遭遇スルモノナレハナリ故ニ小官ハ本問引証ノ順ヲ遂フテ左ニ其当否ヲ論セント欲ス

第一　仏伊和蘭三国ノ民法ハ皆天然義務ノ存在ヲ認知シテ其何タル定義ヲ与ヘス為メニ学説ト実際ノ適用トヲ困ムルモノニシテ其簡単ニ失スル事疑ヲ容レス故ニ我カ民法新設ノ際天然義務ニ関シ案ヲ此三国ノ法律ニ採ル事能ハサルハ勿論ニシテ小官ノ喋々ヲ竢チテ後知ル可キニ非ルナリ

第二　白耳義国ノ改正案ハ要スルニ天然ノ二字ヲ廃シテ之ニ代フルニ良心ノ二字ヲ以テシタルニ止マリ而シテ其理由ヲ見ルニ民事上ノ義務ト道徳上ノ義務トノ間ニ位スル天然義務ナルモノノアル可キニ非ス然ルニ世ノ学者ハ其間ニ天然義務ナルモノアリト主張スルハ誤謬ナリ従来ノ学説ニ於テ天然義務ノ執行ト証スルモノハ皆民事義務ノ履行ナリト云フニ過キス

本案起草者ノ理由トスル所果シテ至当ナルヤ否ヤヲ知ラント欲セハ先ツ民事義務ノ何タルヲ知ラサルヘカラス即チ民事義務トハ其原因一ナラスト雖トモ強テ義務者ニ其履行ヲ促ス事ヲ得ル訴権ノ権利者ニ在ルモノニ限ルヘシ其訴権ナキ者ハ名ケテ民事義務ト云フ事ヲ得ス権利者ハ無能力者ニ強テ其履行ヲ促スノ訴権ヲ有スルヤ敗訴者ハ勝訴者ニ強テ其裁判ノ抛棄ヲ求ムルノ訴権ヲ有スルヤ自証宣誓其他ノ推測ニ由リ義務ヲ免レタル者ニ強テ其利益ヲ抛棄セシムルノ訴権ヲ有スルヤ決シテ此訴権アラサルナリ然ルトキハ其無能力者其勝訴者等ノ随意ニ履行シ又ハ抛棄スル者ハ普通ノ民事義務アルニ原因スルモノニアラス一種特別ノ義務アルニ原因スルコト明瞭ナリ即チ仏国民法及之ニ倣ヒタル諸他国ノ法律ニ於テ天然義務ト称スルモノ是レナリ蓋シ其名称ノ何タルヲ問ハス或ハ無訴権ノ民事義務ト云フカ如キ名称ヲ之ニ付スルモ亦可ナリ小官敢テ其名称ヲ撰ハス然リト雖トモ白耳義国改正案ノ如ク純然タル民事上ノ義務ト道徳上ノ義務トノ間ニ一種特別ノ義務存セスト云フニ至リテハ小官ノ決シテ服セサル所ナリ何トナレハ同案起草者ノ認メテ以テ民事義務ト為スモノハ之ヲ随意ニ履行セサル

ノ時ニ在リテハ対手人ニ其履行ヲ促スノ訴権ナキ点ニ就キ全ク普通ノ民事義務ト異ル事明瞭ナレハナリ若シ又同案起草者ハ其之ヲ履行セサルノ時ニ在リテハ之ヲ履行スルト否トハ其人ノ良心ニ委ネタル道徳上ノ義務アルモノト云フノ意思ヲ懐シモノトセハ其改正案ハ従来仏国民法ニ存スル学説ト実際トノ困難ヲ毫モ滌除シタルモノニ非ス何トナレハ斯如キハ天然義務ノ何タルヲ知ルノ困難ヲ更ニ良心ノ義務ノ何タルヲ知ルニ存セシムルモノナルヲ以テナリ起草者ノ意思ハ決テ斯如クナラサルヘシ要スルニ起草者ハ天然義務ノ何タルヲ未タ詳ニセサル所ヨリ仏国民法ノ既ニ曖昧ナル者ニ一層ノ曖昧ヲ加タル案ヲ起スニ至リタルモノト想像スルノ外ナキナリ而シテ小官ノ斯ク起草者ヲ非難スルハ他ナシ天然義務ノ問題ハ起草者ノ理由書ニ掲載シタル場合ニ発生スルモノニ非ス無能力者其無能力ヲ中立テスシテ義務ヲ履行シ勝訴者裁判ノ利益ヲ抛棄シタル等ノ効果ハ民事上ノ義務履行ノ効果ト毫モ異ラサルノ点ニ就テハ曾テ争フ者ナク学説実際共ニ一致スル所ナリ然レトモ其無能力ヲ申立テス之ヲ履行シ若クハ勝訴ノ利益ヲ抛棄シタル場合ニ於テハ如何ナル原因アリテ民事義務ノ履行ト同一ノ効力ヲ生スルヤト云フノ点ニ始メテ天然義務ノ成立ヲ認知セサレハ他ニ其原由ヲ説明スル事能ハサルノ結果ヲ見ルモノトス然ルニ起草者ノ如ク其原由ニ入リテ問題ヲ論スル事ヲ為サス只其義務ヲ履行シ其裁判ヲ抛棄シタル後ノ効果ニ就キ是レ民事上ノ義務ナリト断言セシヲ以テナリ

右ノ外起草者ハ遺言書ノ方式ニ違ヒタルモノヲ相続人ノ随意ニ履行シ及或ル親族間ノ養料義務ニ就キ天然義務ノ有無ヲ論セシト雖トモ是レ皆其義務ノ有無ニ関スル問題ヲ一決シテ自然其決定ノ如何ヨリ生スル所ノ結果タルニ過キサレハ所謂枝葉ノ問題トス而シテ小官ハ起草者ノ自然義務ニ関スル改正案ノ全体ヲ取ラサルモノナルカ故ニ其枝葉ニ就キ別段論スルノ必要ナキモノト思考ス因テ之ヲ略ス

第三　日耳曼国新民法案中天然義務ノ法文ヲ置カスシテ其理由トスル所ヲ見レハ該民法ニ於テハ普通ノ民事義務ト不完全ノ民事義務トノ二種ヲ置キ而シテ其不完全ノ民事義務ト称スルモノハ強テ履行ヲ求ムルノ訴権ナキモノヲ云ヒ且其訴権ナキ義務ヲ二三ノ事項ニ限リタルニ過キス之ヲ要スルニ該国ノ民法案ハ天然義務ノ名称ヲ不

完全義務ト改正シ且其義務ノ範囲ヲ制限シタルモノニ止マルモノト謂フヘシ只其中驚クヘキハ賭事博奕ニ原因スル義務ノ救済ヲ他国ニ於テ天然義務ト為スモノト同一視シタルノ点是レナリ蓋シ賭事博奕ニ原因スル義務ハ決シテ天然義務ト同一視スヘキニアラス其之ヲ履行シタル後ノ効果ハ天然義務ヲ履行シタル後ノ効果ト相異ル事ナシト雖トモ其原因決シテ一ナラス其理由ヲ知ラント欲セハ我カ草案第八百十一条第二項ノ理由説明ヲ一読スヘシ（但和文ノ第千三百十一条第二項ニ相当ス）

兎ニ角日耳曼国ノ新民法ノ民事上ノ義務ト純粋ナル道徳上ノ義務トノ間ニ一種特別ノ義務アル事ヲ認知シタルモノナル点ハ疑ヲ容レス然ルトキハ該民法ニ就キテハ其義務ノ種類ヲ制限シタルヲ以テ至当トスヘキヤ否ヤヲ研究スルヲ以テ足レリトス而シテ小官ハ斯クノ如ク其範囲ヲ制限スルハ決シテ当ヲ得サルモノト思考ス何トナレハ一方ニ履行ヲ求ムルノ訴権ナクシテ他ノ一方ノ随意ニ履行スル事ヲ得ヘキ不完全ノ義務ハ其制限シタル場合ノ外ニ存セサルモノト想像スルヲ得サルヲ以テナリ加之普通ノ民事義務ト雖トモ其存スヘキ場合ヲ一々制限スル事ヲ得ヘキモノニアラス法律ハ只其成立及有効ニ必要ノ条件ヲ規定スル事ヲ得ルニ止マルモノニアラスヤ有形ノ事実ヲ以テ其成立ヲ認知スル事ヲ得ヘキ普通ノ民事義務ニシテ尚ホ且然リ況ヤ有形ノ事実ニ由リ其義務ノ成立ヲ知ル事能ハサル所ヨリ義務者ノ随意ナル執行ニ委ネタル天然義務即チ不完全義務ニ於テヲヤ如何ソ之ヲ制限スル事ヲ得ンヤ故ニ此法案モ亦果断ニ決シタルモノト謂ハサルヘカラサルナリ

○斯ノ如ク論シ来レハ本文ニ引証シタル諸他国ノ法律ハ一モ我カ草案修正ノ材料ト為ルモノニアラス故ニ是レヨリ専ラ我カ草案ノ大体ニ就キ卑見ヲ呈スヘシ

我カ草案ニ於テ自然義務ノ成立ヲ認知シタル点ニ就キテハ一喙ヲ容ルルノ余地ナキ事ハ前段ノ説明ニ由リテ知ルヲ得ヘシ如何トナレハ天然義務ト云フモ不完全義務ト云フモ其名称ハ措キテ論セス民事義務道徳義務トノ間ニ一種特別ノ義務アル事ハ拚フヘカラサルノ事実ニシテ且白耳義国ノ改正案ヲ除クノ外諸他国ノ法律悉ク小官ノ意見ト一致スルモノナレハナリ

然ルトキハ草案ニ天然義務ノ為メ拾有余ノ条数ヲ設ケ其由リテ生スル原由効果等明細ニ規定シタルノ点ニ就キ当否ヲ論スヘキ必要アルモノノ如クニ過キス而シテ此点ニ就キテハ予ハ曽テ謂ラク細密ニ失スルノ弊アルヘシト然レトモ今日之ヲ熟考スルニ其曽テ思考セシハ一時ノ軽忽ニシテ草案ノ条数決シテ多カラサルヲ発見セリ他ナシ今日学説ト実際トニ於テ斯々ノ場合ニ天然義務アルヤ否ヤニ就キ困難ヲ感スル者ハ畢竟従来ノ法文簡単ニ失スルヲ致ス所ナラスヤ然ルトキハ今日民法ヲ制定スルニ方リ其義務ノ原因効果等細密ニ規定シ且示スニ其数多ノ事例ヲ挙ケ以テ従来存セシ困難ヲ滌除スヘキハ固ヨリ立法者ノ責任ニシテ我カ草案ハ此外ニ出テサリシモノナレハナリ又最終ノ問題ハ天然義務ノ条項ニ弁スルニ附録ノ題目ヲ以テシタルハ妥当ヲ缺クト云フニ過キス是レ迚モ第二部附録ト修正セハ敢テ不都合ト云フニアラサルヘシ然レトモ尚ホ附録ノ字ヲ避ケント欲セハ之ヲ除キテ他ニ只天然義務ト云フカ如キ単一ナル題号ヲ置クモ亦可ナリ総テ題目ハ事項ノ探求ヲ便ニスル目印ニ過キスシテ毫モ法律ノ実ヲ害スルモノニアラサレハ是等ノ問題ニ就キテハ小官敢テ其是非ヲ弁スルノ労ヲ執ルノ必要ナキモノト思考ス右命ニ因リテ奉答ス若シ紙筆ノ尽ササル所アリテ解シ難キノ点アラハ幸ニ下問ノ栄ヲ賜ヒ

法律取調報告委員　磯部四郎　謹白

明治二十一年八月一日

法律取調委員長伯爵　山田顕義殿

「隠居相続論」（一）

（『明法雑誌』第七八号、明治二二年二月二〇日発行）

抑も我が国に従来存する隠居相続の名称ハ其由来を詳にせずと雖も恐くハ一戸主に於て家外の関係を辞し退て家に居り其家外の関係ハ自己に代るべき相続人に放任したるに出たるものなるべくして其家産を譲るの所為ハ之に附随の結果たる可し故に其初めハ必らず十分にして其君主に勤仕するの労務を辞し之を其相続人に譲りたる場合にのみ用ひたるものなるへきが故に遂に平民にして戸主たるの身分を退く場合にても亦広く隠居相続の語を用ふるに至りたるものと思考す由是観之ば隠居の語ハ戸主家外の関係を辞するを主とする時代に在りてハ其当を得たりと雖も現今の如く隠居を為すハ其家産を辞するを以て主とし外事に至りてハ隠居たると戸主たると又子弟たるとを問ハす終身辞すること能ハさる国民の権利なり義務なる時代に在りてハ最も穏当を欠くものと謂ハさる可からさるなり蓋し新民法を以て隠居相続の制度を保持するに至れハ必らず名称を変更するに至るべし名称の当否ハ暫く措き立法上隠居相続ハ保持す可きものなりや将た廃止す可きものなりや如何の問題を少しく研究せんと欲す

新法の設定上我か国従来の慣習を専ハら保持せんことを之れ貴ふの論者ハ必らす言はん隠居相続ハ我か国に久しく存する慣習なり故に廃止す可からすと又外法に拘泥する学士ハ断乎として説を為さん隠居相続の制度ハ欧米各国に其例あるを見ず今日新法の基礎を欧米各国の法律に採るに際しては宜しく廃止す可しと

余ハ物に偏するを好まず慣習の如何に久しきものと雖も保持す可きの条理なきものハ之を廃止して可なり他なし慣習の久きハ条理の久しきに如かざるを以てなり又た我が国従来の制度にして欧米各国の法律に其例を見さるものと雖も我が社会に必要なるものハ之れを保持して可なり欧米各国の法律ハ我が社会の必要を補充する為めに之

れを採る可しと雖も欧米の法律を以て我が社会の必要を破壊す可きに非ざれハなり

隠居相続は果して如何曰く慣習の久しきと且つ其慣習たるや条理に照して正当視し得べきとに由り新法上保持して可なるものと思考す蓋し隠居相続ハ概して戸主躬ら家産を治むるの労に堪へす強て之れを勉れハ或ハ其身に疾を廃し或ハ諸事等閑に付し為めに相続の産を破るの危険あるを恐れて強壮其労に堪える者を撰み之れをして自己に代らしめ以て将来自家の繁栄を望むの意思に出つものなれハなり其所為ハ一家の利益にして其意思ハ決して不正たらず両ながら至極貴重す可きものとす既に其所為其意思の至極貴重す可きものなる以上ハ豈に欧米の法律に其例を見さるを名として我が新法を以て之を廃止す可きの理あらんや欧米に其例を見さるハ未た此の貴重なる制度の覚知せざるの致す所と謂ふの外なきなり

然とも隠居相続の制度ハ他の一方に就き弊害なきにあらず或ハ戸主其意なきに他より強て隠居せしめ或ハ戸主の隠居するハ幼稚者を戸主とし之に自己の負債を担当せしめ以て間接に債権者を害するの手段に出る等是れ皆従来の隠居相続の存する弊害なり実に他より強て之を隠居せしむるハ所有権の侵す可らさる原則を害す何となれハ家産の所有者たる戸主の意なきに他より強て之を隠居せしめ以て其家産の所有権を相続人に移転するハ之を其所有権を奪ふものなれはなり又戸主隠居して幼稚者に自己の負債を担当せしむるハ対人権の債務者其人を信するに成る性質に反す何となれハ各人交際の信用ハ唯に資産に基くものに非す又其人の才智技能を目的とすること少しとせす然るに其人隠居して之に代ふるに此無形財産に全く乏しき幼稚者を以てするときハ之れ債権者を欺くものなれバなり故に法律の力を以て是等の弊害を予防することを得る以上ハ他に此制度を禁止す可き理由なかる可し啻に其理由なきのみならず之を保持して其利益を一家の理財より推して社会の理財に及はすこと莫大のものと謂はさる可からさるなり其れ然り然りと雖も法律の力を以て前陳の弊害を果して予防することを得るや如何之れ本編に関する一大の要点とす何となれハ若し法律の力を以て此弊害を予防すること能ハさるものとせハ隠居相続の利益は之より生する弊害を償ふに足らさるを以て万言徒労に属すれハなり而して予不肖と雖も本編を提出し以て隠

居相続ハ新法上尚ほ保持す可きものと断言したるハ法律の力ハ能く利益を存して弊害を絶つことを得へきものと思考せしが故なり請ふ是より其方法を略陳す可し

（未完）

「隠居相続論」（二完）

（『明法雑誌』第七九号、明治二二年三月五日発行）

第一　隠居相続ハ法律を以て其允許す可き条件を規定し其規定したる条件に従ふに非されは之を為すこと能ハさるものとするを要す何となれば従来隠居相続に存せし弊害ハ一定の制度なく各人の自恣勝手に之を為すことを得たるに基くものなれハなり

第二　隠居相続ハ裁判所の許可を得たるに非されハ為すこと能ハさるものとするを要す何となれハ既に法律上斯々の条件に従ふに非されハ隠居相続を為すこと能ハさるものと規定したる以上ハ実際其の隠居相続ハ果して其条件に従ひたるや如何を調査し以て其条件に背くものハ之を許さず其条件に従ひたるものゝみを許すことに為さゞれハ折角の条規も水泡に属す可きを以てなり

第三　隠居相続ハ其隠居を為さんと欲する者若し其当時に死亡するに於てハ之か相続人と為る可き者の利益に於けるに非されハ之を許す可からさるものと為すを要す何となれハ畢竟隠居相続ハ隠居せんことを望む者に治産の労を辞するの能力を附与するに過きすして其相続人と為る可き者の相続権を剥奪するの権利を之に付与したるものに非ざれバなり

第四　隠居相続ハ隠居と為る可き人の意思に出ることを要す蓋し法律上此相続の許否如何に就き設定す可き条件種々ある可しと雖も就中茲に載する条件を設定すること肝要の者と思考す従来我か国に於て種々の口実を以て戸主の意なきに拘ハらず強て之をして隠居せしむるの風あり斯の如きことハ各人所有権の自由を害すること甚しきものにして各人の権利平等を旨とする今日の社会に在りてハ決して看過し置く可きものに非ざるなり人或ハ難して曰ハん如何なる場合に於ても戸主其人の意思に出るに非ざれば隠居を為すこと能ハす他より決して強ゆること

能ハさる者とせば戸主の放蕩無頼又ハ白痴瘋癲にして産を保つの望なき部をも如何ともすること能ハさるに至るの結果を生ず可し故に濫に他より隠居す可しと強ゆるか如きことハ之を禁止せさる可からすと雖も正当の理由あるに於てハ之を強ゆるも謂れあるのミならず家産の保護上益あるものにあらずやと蓋し此論旨ハ従来隠居相続を他より強て為さしむることを得ざる原由たる可し而して又従来の家政に関する慣習に於てハ此論旨或ハ其当を得たるものと謂ふ可し何となれハ其習慣に於てハ戸主にして家産を保つの能力を有せざる者あるときハ之をして隠居せしむるの外殆んと其産を保つの方法他にあらさりしを以てなり

然れども若し新民法の制度其模範を欧洲各国の法律に採らるゝに至れハ放蕩無頼若くハ白痴瘋癲にして自から産を保つの望みなき者の如きハ独り幼年者に於けるか如く産を治むることを禁し以て其財産補佐人又ハ後見人をして管理せしむることを得て之か為め確定に隠居せしむるの必要あらざる可し故に右の論旨ハ新法の時代に至れハ毫も有用視す可きの理由あらさるなり

第五　隠居相続ハ戸主廃疾又ハ老年にして（仮令ハ六十歳以上の年齢）自から産を治むるの労に堪へさるの情状あるに非されハ自意に出ると雖も之を為すことを許さゝるを要す何となれハ畢竟隠居相続を許すハ戸主其産を治むるの労苦に堪へさる者をして強て之を治めしむるときハ家産の保存改良に害ありて益なきの理由に基くものにして決して濫に之を許し以て社会に坐食逸遊の者を多からしむ可きに非ざれバなり

第六　隠居相続ハ其相続人と為るべき成年者の自由なる承諾あるに非ざれバ之を許さゝるを要す其承諾を要するハ他なし総て相続ハ相続人の為め利益あるものと限らず時として相続人に莫大の負債を引受けしむるの実例少なからず然るときハ今日の開明社会に於て相続を承諾せざる者に法律上相続の負債を引受しむる条理あらされハなり又其成年者たるを要するハ他なし相続するの利害得失を判断する能力なき者の承諾ハ承諾なきに均しきと家産を治むるの労苦に堪へさる者の為め隠居を許して之に代ふるに亦其能力を有せさる者を以てするときハ更に隠居相続の目的を達すること能ハされハなり

第七　隠居相続ハ多少の時間其旨を公けの場所に掲示して其間に他より何等の故障を申出さるときに非されハ之を許さゝるを要す他なし従来戸主窃に隠居して債権者に不意の損害を及ほすの弊風あるを以て其弊風を防止するは公示方法に優るものあらさる可きを以てなり
右七ケ条件ハ隠居相続の弊害を除去して利益を保つに欠く可からざるの方法と思考す此他尚ほ種々条件を設定するを要すと雖も枝葉に属するを以て之を略す

（完）

「民法草案中検事ニ関スル条項」（明治二二年三月一一日）

（「民法編纂ニ関スル意見書」『日本近代立法資料叢書』第一二巻）

相続編
　第千五百八十九条
　第千六百三十四条
　第千六百四十四条
右之外検事ノ立会ヲ要スル訴訟種類
民法財産編ニテ
一　公ケノ無形人ニ係ル訴訟又ハ其無形人ヨリ為ス訴訟（第二十二条以下）（因ニ曰ク議院法第六十六条「無形人」ヲ「法人」ト定メアルヲ以テ草案中総テ「無形人」ノ字ヲ「法人」ト改ムルヲ要スルモノナランカ）
二　悪意ノ占有訴訟但シ刑事ニ触ルル事実ノ存スル事アルヘキヲ以テナリ（第百九十六条以下）
三　犯罪ニ基ク所有権取戻シ訴訟或ハ賠償要求訴訟（人権部不正ノ損害）（第二百九十五条第三、第三百七十条乃至第三百七十九条）理由ハ二ニ同シ
四　強暴詐欺ヲ原由トスル契約銷除ノ訴訟、理由ハ二ニ同シ（第五百四十三条）
民法取得編ニテ
五　急迫寄託及ヒ旅店寄託ニ関スル訴訟、理由ハ二ニ同シ（第二百二十六条第二百二十七条）
民法債権担保編ニテ
六　登記官吏ノ責任ニ関スル訴訟（第三百三条以下）

民法証拠編ニテ

七　証書験真ノ訴訟、理由ハ二ニ同シ（第二十）

八　公正証書偽造ノ訴訟、理由ハ二ニ同シ（五十二条）

（注目）相続分派有名契約担保契約等ニ関シ総テ詐欺強暴ノ原由ニ基キ其効力ノ有無ヲ争フ訴訟ハ四ノ適用ニ因リ検事ノ立会ヲ要スルニ至ルヘキヤヲ以テ逐一掲載セス又其外無能力者及ヒ有夫ノ婦ニ関スル訴訟ニ就キテハ他報告委員ノ報告ニ譲リタルヲ以テ之ヲ略ス

報告委員　磯　部　四　郎

「官吏に対する侮辱罪の解」

（『求友弌聲』第一号、明治二二年四月五日発行）

刑法第百四十一条中官吏の職務に対する侮辱とあるハ如何なる意味に理解す可きや官吏其職務を相当に履行するに際し侮辱を為したるときに非れハ本条の罪を組成せさるものなるや将た其官吏の悪意あるに非す不識不知少しく権限を越して事を執るに際し侮辱を為したるときも亦本条の罪を組成するものなるや例へは演説討論若くハ其他公衆の相会する場所に臨む警官少しく其職務外に渉り当場の静寧を得る為めの行為を執りたるに際し他より其行為の当否を論するのみならず罵詈の言を以てせしか如きハ本条の罪を組成するものに非すや

余以為く本条に予定したる罪を組成するの原素ハ一に侮辱者の意思如何に基くものならん官吏其人の私行を汚穢するの意思に出たるものならんか其形容其言語を発表したるハ官吏の職務執行の時にありたりと雖とも之か為め本条の罪を組成す可きにあらす之に反して官吏の職務を蔑視するの意思に出たるものならんか其形容其言語を発表したるハ官吏其職務の範囲を離れて事を執るに際せしときと雖とも本条の罪を組成すへし他なし畢竟本条を設定したる立法官の主眼ハ公衆人民をして公権の執行を貴重せしむることを希望したるものなるに其執行者の挙動に就き直接と間接とを問はす罵詈侮辱して公権の威厳を失せしむるも法律の之を問ふこと能はさるに至るときハ本条規定の主眼相ひ立たさるを以てなり

茲に人あり某ハ其公務を執るに堪ふるの能力を有せす其身斯々の職にありと雖も平常其職務の何たるを弁せす斯々の時に在りてハ斯々の挙動を為せしことあり之れ其人の職務にあらす速かに彼をして其職務を退かしめさる可からす我輩人民にして斯の如き無能なる官吏の権下に服従すへきの理あらんや云々と謂か如き言語を発表したる者ありとせんに是等の言語ハ直接に其職務に対する侮辱と謂を得す何となれハ毫も職務其ものを攻撃したるに

あらされハなり然れとも斯の如き言語を発表したる者の意思を問ふときハ陽に他事を攻撃して陰に其人の公権執行を侮辱し以て之を妨害するに在りたること明瞭なり夫れ犯罪ハ啻に外形の事実を以て成立せす尚ほ犯者の意思如何を探求するを要す他事を攻撃して暗々裏に職務の執行を侮辱したるの事実と其意志と備ハる以上ハ本条の罪を組成するものと断定するに毫も狐疑する所あらすと思考す

「普及選挙及ヒ限定選挙」

（『明法雑誌』第八六号、明治二二年六月二五日発行）

衆議院議員は国民の代表者なり其選挙の方法ハ最も公平ならさるへからす苟も其選挙にして偏頗の嫌疑あらん乎然るときは是れ衆議員ハ国民全体の代表者を以て視る能ハすして既に其名実齟齬するものとす選挙方法講せさるへからさるなり

凡そ議員選挙の方法に二種あり普及選挙及ひ限定選挙是れなり其普及選挙とハ総ての人民或る年齢に達し公権を有する者ハ彼是の差別なく均しく行ふ選挙を云ひ其限定選挙とハ或る年齢に達し公権を有する者と雖とも一般に之を行ふことを許さす中に就き特権の条件を具備する者をして行ハしむる選挙を云ふなり

此二種の選挙方法中孰れか是にして孰れか非なるや今之に就き甲乙論者の主張する所を略述し而して後予の軍配を揮り定むへし

甲論者は曰く総て人民ハ其国家の為めに尽力せさるへからす而して全国人民の智識を集合し協力同心以て国事に当るは其国家の利益たること誰か之を疑ふ者あらんや夫れ衆議院は吾人を代表する者なり然るか故に吾人の代表者を出すには普及選挙ならさるへからす夫の限定選挙ハ一部少数人民の代表者を出すに過きす豈一部少数人民の代表者か規定したる法律を以て汎く吾人人民を支配することを得んや一部少数人民に斯の如き権利決してあらさるなり汝等の規定したる法律ハ汝等を支配すること勝手なるへし雖（ママ）ども如何なる名義ありて汎く吾人を其下に置かんとするや抑々一国の法律ハ一国人民を支配す是を以て其法律は一国人民の与り知る所のものならさるへからす若し之に相違して汝等一部少数人民のみ与り知る法律を以て曾て与り知らさる吾人人民まで一般に支配するに至るときは是れ汝等が勝手に定めたる似而非法律を担き出して吾人を其下に屈服せしむるものにあらすや吾等は

懐中暖ならす故に吾等ハ代表者を選挙するを得す汝等は唯財産に富めり故に汝等ハ代表者を出して国事を議せしむるを得と云ふ論理は文明社会に不釣合なりとす去れハ汝等の選出したる代表者の規定したる法律ハ宜しく汝等の金科玉条と為すへし吾聊か関せす焉若し之を以て吾人を支配せんとならハ吾人決して之を許すを得す汝等も亦以て抗弁すへき口実万々なかるへし必す其法律を以て汎く吾人を支配せんことを欲せハ亦必す其代表者選挙に関与せしめさるへからさるなり人或は曰ハん賢者一個の思想ハ不肖者千万個の思想に勝ると此言意味なきにあらすと雖も賢愚の千慮一失一得又時としては愚不肖と称ハる者の既に明知する所にして彼れ智者賢者の未た注目せさる事なきにあらす故に広く問ふは之を問ハさるに勝ること固より論を竢たさる者とす且夫れ賢者一個の思想ハ不肖者千万個の思想に勝ると云ふなる言を以て始終其当を得るものと仮定すると雖も未た以て限定選挙権を正当視すること能はす限定選挙は如何なる標準を定めて智愚賢不肖を分別し是に限り此権を有せしめ彼のみを除去するものと判断することを得るや財産を有せさる者は果して愚不肖者なるや多く財産を有する者は果して智者賢者なるや否否決して然らす之を実際に徴せん乎却て反対の証左を得るに至ることなしとせす元来富者に選挙権を与ふるの理由あれは貧者にも亦之を奪ふの理由あることなし既に彼に与へて是に奪ふの理由なき以上ハ其権を普く及ほして国家の幸福ハ国人全体の協力に起り国家の責任も亦国人全体の負担に帰するものと為し総ての人民をして其国家の利害を頒つの心を有せしむに如かすと是れ普及選挙を主張する者の論拠なり

乙論者ハ曰く一国は猶ほ一会社の如し事物に大小の差異あるのみ今夫れ会社の事務を執るに方りて最も注意する者は果して如何なる人そや必す其会社の利害は自己の利害に直接の関係を有する者なるへし若し然らすして其会社の利害は自己の利害に余り頓着なく痛痒感薄き者をして社務に当らしめん乎烏そ危険を冒して軽忽に事を執るの弊なきを保すへけんや是れ何れの邦土と雖とも会社法の稍々備はる処に於ては其会社の利害ハ一身の利害に直接の関係を有する者にあらさるよりハ社務に当らしめさるの制限存する所以なり抑々一国の人民ハ尽く一会社の社員に均しふして一国の利害は人民個々の利害に多少関係あらさることなし然りと雖とも貧富の差等に因りて其

利害の及ふ所亦異なるものなり実に一国の人民は貧富の別なく平等に国費を負担するものと論定することを得るや如何其保護即ち国益の利潤を受くるに至りてハ殆と貧富の別なきが如しと雖とも国費の負担に至りてハ啻に大差等あるのみならす貧者は殆と其負担を免るゝものと云ふも決して過言ならさるにあらすや由是観之国事を憂ふるの念慮富者に厚かるへくして貧者に薄かるへきは情勢の然らしむる所にあらすや貧者にも亦決して大賢大智なきにしもあらす富者にも亦大愚大不肖少からさるへし然りと雖ども一国の経済を以て一身の経済と為すの念慮に至りてハ概ね富者に深くして貧者に浅きの道理なり其念慮浅薄なる者をして国事に当らしむれハ智者も危険を冒すの弊なきにあらすして愚者は固より恃むに足らさるなり之に反して其念慮深厚なる者をして国事に当らしむれは賢者ハ益々幸福を謀り不肖者も亦守るに慎むの益あるへし是れ財産に拠りて選挙権を制限するは普く之を及ほすに優るの理由なりとす蓋し其例外なきにあらすと雖ども一国の法律は例外を以て原則と為すを得す普通を以て基本とせさるへからさるなりと是れ貧富の別に由りて選挙権を制限するを是認する者の論拠なり

元来予は此問題に就き真理を発見したりと唱道する者にあらす只持論を衆に質して自ら得る所あらんことを希ふのみ人あり予に普及選挙を是認するや将た限定選挙を是認するやと問ハ、予は先つ普及選挙は果して実際に行ふことを得へきものなるや又古来普及選挙の真に行はれたる邦土あるや否やを疑はすんはあらす啻に之を疑ふのみならす普及選挙ハ真に実際に行ひ難くして又未た曾て普及選挙の真に行ハれたる邦土あらさるものと断言すへし方今仏朗西国は普及選挙を行ふものゝ如しと雖も是れ只其主義に接近するのみにして決して真の普及選挙たらざるなり而して其主義を益々拡張するに至らさるハ諸国民の為めに賀せさるを得ず何となれば真に普及選挙を行ふに至るときハ其国の衰亡日を期して待つへけれハなり

仏朗西国に於ても其名ハ普及選挙なりと雖も決して婦女子に選挙権を与へさるにあらすや又男子たりと雖も年齢に制限あるにあらすや又其年齢に達したる者と雖も或る刑罰に処せられたる者は此選挙権を奪はるゝにあらすや抑々何か故に女子幼者及ひ刑余の輩には選挙権を許さゝるやと問ハ、立法者ハ必す之に対て是等の者をして貴重

の選挙権を行はしむるときは国家の為めに小利なくして大害ありと曰ハん然りと雖も是れ只立法者の思想のみ当時の意見のみ夫の純粋の条理に於て果して此制限を設くることを至当と為すや如何ハ未た人智の発見せさる問題なりと云ふも誣妄ならさるへし然るときは当時の立法者（立法権を行ふの任に当る者を称ふ故に公衆に立法権あれは公衆は即ち立法者なり）の許す所を以て先つ社会施政の術に適合する条理なりと認定せさるを得す既に普及選挙を行ふの名なる邦土に於ても亦一国の利益の為めにすると見做して右の如く其制限を設くるにあらすや一国利益の必要上に制限を望むとならハ其制限を以て正当と決定せさるへからさるなり

（未完）

「可決相続法草案ニ対スル卑見」（明治二二年六月二四日）

（「民法編纂ニ関スル諸意見並ニ雑書二」『日本近代立法資料叢書』第一〇巻、および「法律取調委員会　民法ニ関スル諸意見綴込」『同叢書』第一六巻）

法律取調局ノ可決ニ係ル相続法草案ニ就キ尚ホ管見ヲ吐露シテ本局ノ再考ヲ煩サン事ヲ希フ理由左ノ如シ

本論ニ渉ルノ前委員長閣下ノ注意ヲ偏ニ希フノ点アリ即チ他ナシ小官等ノ以下ニ申述スル所ハ先ニ原案ヲ排斥セラレ後ニ新案ヲ可決セラレタルカ為メ聊カ不満ヲ感スルノ卑屈心ニ出ツルニアラス小官等ニ於テハ斯ノ如キ不満ヲ懐クノ理由絶テアラス原案モ委員長ノ命令ヲ奉シテ小官等ノ起草セシ所ニシテ新案モ亦委員ノ信任ヲ辱フシテ小官等ノ起草セシ所ナレハ其取ラルル案ノ孰レタルヲ問ハス小官等ノ名誉ニ於テ毫モ毀損セラルル所アラス是ヲ取リテ彼ヲ捨ツルモ小官等ノ一身ニ於テハ譏誉ヲ異ニセサルナリ然ルニ小官等ノ尚ホ本局ニ望ムニ再考ヲ煩サン事ヲ以テスルハ全ク虚心平気只新法ノ頒布ハ国家ノ大事ナレハ其起案上入念ニ入念ヲ要スヘキモノト思考スルノ情切ナルニ出ツルヲ洞察アラン事是ナリ

今回本局ノ可決ヲ得タル相続法案ニ就キ最モ穏当ヲ缺クモノト小官等ノ思考スル点要スルニ四箇トス即チ左ノ如シ

第一　家督相続人ハ其相続シタル財産ノ多寡ニ基カス自己ノ現有財産ヲ併セテ遺族ノ為メニ資産ヲ分与スヘキノ義務ヲ負フ事

第二　婦ノ遺産ハ常ニ夫ニ属シテ自身ノ卑属親内外ニアルモ之ニ何等ノ遺産ヲ継カシメサル事

第三　相続ノ未タ発開セサルニ廃嫡スル事

第四　離縁譲産相続ノ事

是レヨリ号ヲ逐フテ管見ヲ吐露スヘシ

第一　何ヲ以テ家督相続人ハ死者ノ遺族ニ資産ヲ分与スルノ義務ヲ負フヤト問ヘハ愚夫愚婦モ必ス之ニ答テ曰ン死者ノ遺産ヲ継クカ為メナリト然ルトキハ理ニ於テ其資産ヲ分与スルノ義務ハ死者ノ遺産ノ限度ヲ超過スヘキノ謂レナシ然ルニ新案ノ規定ニ従ヘハ遺産ノ有無ニ拘ラス家督相続人ノ労働ニ因リ取得シタル財産モ亦之ヲ遺族ニ分与セサルヲ得ス斯ノ如キハ人間固有ノ道徳心ノ指揮スル所ニ放任スレハ可ナリ成文法ノ強制力ヲ以テ家督相続人ニ之ヲ分与スルノ義務アリ遺族ニ之ヲ請求スルノ権利アリト為スハ法理ノ範囲ヲ脱スル事甚シ然ラハ資産分与ノ事ニ付キ法律上其義務其権利ヲ認知セス寧之ヲ道徳ノ支配ニ委ネンカ我カ国従来ノ如ク人事ニ関シテ一定ノ法律ヲ頒布セサルノ時ニ在リテハ其レニテ事足ルヘシ他ナシ然ルトキハ良心ノ抑制或ハ世評ノ排斥ニ愧ツル所アリテ其道徳ノ義務モ一種ノ慣習法ヲ組成スレハナリ然レトモ一旦成文法ヲ頒布スルトキハ法律ノ認知セサル義務権利ハ殆ト実力ヲ失ヒ偶々道徳ヲ奉シテ之ヲ履行スル者アレハ固ヨリ公衆ノ称賛ヲ受クヘシト雖トモ之ヲ履行セサルモ亦敢テ世評ノ排斥スル所トナラス動モスレハ其人ノ良心ニ於テモ憚ル事ナク法律外ニ義務権利ノ存セサルモノノ如キ感情ヲ養成スルニ至ルハ普通ノ人心ナリ故ニ一定ノ民法ヲ施クニ方リテハ家督相続人ヨリ資産ヲ遺族ニ分与スヘキ義務ヲ法律上認知スヘキハ条理ノ止ムヘカラサル必要トス然ルト雖トモ其必要ヲ口実トシテ可決案ノ如ク遺産ヲ分与スルヲ以テ其義務ノ基本トセス家督相続人ノ特有財産ヲ併セテ其基本ト為ストキハ啻ニ法理ノ範囲ヲ脱スルノ瑕瑾アルノミナラス実際上言フヘカラサルノ弊害ヲ生スヘシ何ソヤ曰ク可決案ニ従ヘハ死者ノ遺族ニ限リ家督相続人ニ対シ資産ノ分与ヲ請求スルノ権利アリテ家督相続人ノ卑属親ハ此権利ヲ有セサルモノト規定セリ此規定其モノハ非理ト謂フニアラス何トナレハ若シ卑属親ニシテ他ノ遺族ト均シキ権利ヲ有スルニ至ルトキハ子孫其父祖ヲ訴ヘテ資産ノ分与ヲ請求スルカ如キ醜体ヲ現出シ特リ我カ国固有ノ美風ヲ破ルノミナラス欧米各国ニ於テモ斯ノ如キ権利ヲ認知セサル所ナレハナリ然リト雖トモ死者ノ遺族ニ資産ノ分与ヲ請求スルノ権利アリテ家督相続人ノ卑属親ニ此権利ナキカ為メ実際ニ生スル結果ハ

殆ト言フニ堪ヘサルモノアリ何ソヤ概シテ死者ノ遺族ハ年長ニシテ家督人ノ卑属親ハ幼齢ナルヘキヲ以テ家督相続人其死者ノ遺族ニ対スル資産分与ノ義務ヲ先ニ履行スヘキノ必要ニ遭遇スヘシ而シテ其分与スヘキ資産ノ多寡ハ前陳ノ如ク死者ノ遺産ヲ本トセス家督相続人ノ特有財産ヲ併セテ本トスルモノナルヲ以テ死者ノ遺族ニ対シ資産分与ノ義務ヲ履行シアルニ至ルマテ自己ノ労働ニ因リ得ル所ノ財産ハ一身ノ快楽若クハ其子孫ノ利益ニ計ル所トナラス死者遺族ノ多少利スル所ト為ルノ結果ヲ生ス蓋シ家督相続人ハ死者ノ遺族ニ対シ多少ノ愛情ヲ有セサルニアラサルヘシト雖トモ之ヲ自身又ハ自身ノ卑属親ニ比スレハ自ラ亦厚薄ノ差アリ然ルニ其労働ニ因リテ得タル財産ヲ愛情ノ厚キ者ノ為メニスルニ先タチテ其薄キ者ノ為メニスヘシト成文法ヲ以テ命令スルハ人情ヲ解セサルノ甚シキモノニアラスヤ然リト雖トモ斯ノ如キハ今回可決案ノ決定シタル所トス

蓋シ事物皆原因アリ右ノ決定ヲ取ルニ至リタル原因ヲ探求スレハ寔ニ簡単ナリ即チ人死シテ其遺産ヲ調査スルノ手続ハ我カ国従来ノ慣習ニ存セス故ニ其手続ヲ為サスシテ従来ノ如ク相続セシメ且家督相続人ヲシテ相当ノ資産ヲ死者ノ遺族ニ分与セシムルヲ要スト云フノ多数決是レナリ遺産ヲ調査セサレハ其多寡ヲ知ル事能ハス其多寡ヲ知ル事能ハサレハ遺産ヲ本トシテ資産分与ノ額量ヲ定ムル事能ハス是ニ於テ乎遺産ト家督相続人ノ特有財産トヲ併セテ其基本ト為ス事ヲ要スルノ結果ヲ生セリ原因小ニシテ結果ノ及フ所其レ斯ノ如ク大ナリ立法ノ任ニ当ル者注意セサルヘカラサルナリ実ニ財産調査ノ労ヲ厭フテ人情ノ許ササル法律ヲ設クルハ其害ノ大小果シテ如何ソヤ

人或ハ曰ン調査ノ労ヲ省クハ小事ニシテ其及ホス法定ノ害ハ大事ナリトス小官等ノ管見ニ過キス本局ハ其意見ヲ異ニスト斯ノ如キ言ハ決シテ本局ノ輿論タラサルヘキハ小官等ノ信シテ疑ハサル所ナリト雖トモ仮ニ之ヲ以テ本局ノ輿論ト定ムルモ今回ノ可決案ヲ以テ遺産調査ノ労ヲ悉ク省ク事能ハス或ハ死者遺言ヲ以テ其遺産ヲ分与シ或ハ死者ニ幾許ノ債務アリシトキハ其受贈遺者又ハ其債権者ヨリ必ス遺産ノ調査ヲ請求スルニ至ルヘシ然ルトキハ可決案ノ適用ヲ実際ニ受クル場合ハ死者遺言シタルニアラス及債務ヲ遺シタルニアラサルトキニ限ル

ヘシ而シテ相続法ハ旧慣ヲ貴ミ社会ノ人心ハ将来益々平等主義ニ趨クヘキヲ以テ遺言ニ因リ相続法ノ不平等ヲ補フノ風行ハレ又社会民間ノ権利行為モ益々増進シ人死シテ遺言ヲ為サス又債務者アラサルノ相続ハ殆ト実際ニ現出スル事希レナルニ至ルヘシ然ルトキハ財産ノ調査ヲ要セサル相続ハ希レニシテ之ヲ要スルハ普通ノ状態トナリテ折角其労ヲ省クノ趣意ヲ以テ今回可決シタル法律ハ実用ヲ有セサル徒法ニ属シ只後世ニ遺ルモノハ人情ニ反スル法文ノ瑕瑾ノミ蓋シ社会ノ必要上法理ヲ少シク枉クルノ法律ヲ制定スルハ其理ナキニアラス然リト雖トモ斯ノ如キ手段ヲ取ルカ為メニハ其必要ノ最モ重大ナルヲ要ス今回ノ可決案ハ果シテ斯ノ如キ重大ノ必要ニ基キタルモノト謂フ事ヲ得ルモ其必要ノアラサル事ハ前陳ノ如ク然ルナリ

右ノ理由ナルヲ以テ財産調査ノ労ヲ厭ハス家督相続人ヨリ死者ノ遺族ニ分与スヘキ資産ノ多寡ハ死者ノ遺産ヲ以テ基本ト為スノ趣意ニ法案ヲ可決セラレン事ヲ偏ニ希望ス

第二　婦ノ遺産ヲ以テ夫ニ属スルモノト本局ノ可決シタルハ蓋シ我カ国従来ノ慣習ニ基ケリト然レトモ小官等ノ思考スル所ニ於テハ決シテ之ヲ以テ絶対ノ慣習ト為サス小官等未タ老境ニ至ラスト雖トモ是マテ既ニ婦ノ遺産ヲ実家ニ還付セシ実例ヲ目撃シタル事数十ヲ以テ算フ或ハ夫其亡妻ノ遺産ヲ受クルノ慣習ハ結婚以来年月ヲ経過シ殆ト其遺産ト夫ノ財産ト混淆シ自他ヲ区別スル事能ハサルカ又ハ偶々区別スル事ヲ得ルモ多クハ夫ノ給与セシ衣類ノ如キモノニ係ル場合ニ限ルヘクシテ結婚以来多ク時ヲ経サルニ妻ノ死亡シテ別ニ子孫ヲ遺シタルニアラス且実家ヨリ携帯シ来リタル嫁資ノ分別判然タルニ拘ラス夫其遺産ヲ受クルハ旧来ノ慣習ト思考スル事万能ハサルナリ

然リト雖トモ一方ニ之ヲ慣習ト云ヒ他ノ一方ニ然ラスト争フモ畢竟双方ニ其確証ナキモノナレハ先ツ本局ノ多数決ヲ以テ事実ノ真正ニ適シタルモノト看做シ亡妻ノ遺産ハ夫ニ属スルヲ以テ我カ国絶対ノ慣習ト仮定スルモ此慣習ヲ以テ新法ノ制度ト為ス事能ハサルノ理由アリテ存ス

従来ノ慣習ニ於テハ婦ノ携帯スル嫁資ノ分量貧富貴賤ノ別ニ従ヒ自ラ差アリト雖トモ要スルニ一旦嫁シタル後

ハ自己ノ需用ハ万事夫家ノ給与ニ基キテ之ヲ足スハ一般ノ風ニシテ是レ即チ男尊クシテ女卑シキノ俗ヲ組織シタル原因ノ一ニ居ルモノナラン将来斯ノ如キ風ヲ保持セント欲スルモ能ハサルヘシ又決シテ之ヲ保持スルノ必要アラサルナリ殊ニ新法ヲ以テ夫婦財産契約ノ制度ヲ設クルニ至レハ自ラ夫モ婦ノ需用ヲ一々給与スルノ義務ヲ負フ事従来ノ如クナラス婦モ亦之ヲ要求スル事従来ノ如クナラス其心ニ愧チテ之ヲ肯セサルノ風ヲ生スヘクシテ財産ノ別モ亦自然明カナルニ至ルヤ必セリ斯ノ如ク新法ノ規定一方ニ於テハ新ナル面目ヲ顕ハスニ拘ラス他ノ一方ニ於テハ夫ノ婦ヲ視ル事下婢ノ如ク婦モ亦其地位ニ安シテ一身ノ需用ハ一々之ヲ夫ニ仰キ年月ヲ経過スルニ随ヒ実家ヨリ携帯シタル財産ヲ消費シ尽シテ全ク夫ノ力ニ依リテ生活スルヲ得ルノ今日ニ行ハルル婦ノ遺産処分法ヲ其侭新法ニ移サントスルハ論理ノ貫徹セサル事甚シキニアラスヤ而シテ茲ニ論スル所ハ其婦ニ夫家ニ於テモ亦他家ニ於テモ未タ卑属親ノアラサル場合ニ関ス此場合ニシテモ其遺産ヲ夫ニ受ケシムルハ条理ニ戻ル事前陳ノ如ク然リ況ンヤ内外ニ卑属親ノアル場合ニ於テヲヤ

然リト雖モ今回ノ可決案ニ因レハシテ妻ニ卑属親ノ有無ヲ問ハス其遺産ハ常ニ夫ニ属スルモノトセリ蓋シ各国立法ノ必要ヲ感スルハ啻ニ従来ノ慣習ヲ認知スルカ為メノミナラス又慣習ノ弊ヲ矯メ強弱能不能ノ別ナク平等ノ地位ニ立タシムル事ヲ期スルカ為メナリ而シテ立法ノ趣意ハ概シテ弱者不能者ヲ保護スルニ傾クハ強者能者ヲ排斥スルニアラス強者能者ハ特別ノ保護ヲ頼マスシテ平等ノ地位ニ立ツヲ得ヘシト雖トモ弱者不能者ハ其保護ヲ仰カサレハ決シテ其地位ニ立ツ事能ハサルカ故ナリ

此理由ハ我カ立法ノ趣意ニ於テモ亦除斥スル事能ハス之ヲ除斥スルハ法ナキニ如カサルナリ従来ノ慣習ニ於テ一婦嫁シテ子アルモ其家ヲ去ルヤ殆ト母子ノ関係ヲ絶チ母其子ヲ顧ス子モ亦之ヲ母トシ視サルノ風ヲ成セシハ之ヲ道徳ニ適フモノト謂フヲ得ルヤ従来我カ国ニ継父母嫡母ノ制度アリテ父ニシテ妻ヲ娶レハ其子之ヲ仰テ母トシ又母ニシテ夫ヲ入レハ其子之ヲ仰テ父トシ又妾ノ子ハ其父ノ妻ヲ仰テ母トシ且是等ノ人ニ事フルニモ亦実親子ノ間ニ於ケル義務ヲ以テスルハ人情ニ戻ル所ナキニアラスト雖トモ一家ノ親睦ヲ維持スルニ於テ必要ノモ

ノナレハ一種ノ美風ト云フノ外ナシ此美風ト家ヲ去ルニ因リテ殆ト親子ノ関係ヲ絶ツカ如キ不道徳ナル慣習トハ其権衡ノ不平均ナル事実ニ著シ今日新法ヲ以テ継父母嫡母ノ制度ヲ維持スルハ格別家ヲ去ルニ因リテ母子関係ヲ絶ツノ弊風ハ之ヲ矯正セサルヘカラス実ニ風俗ノ道徳ヲ貴フヲ以テ無比ノ国体トスル我カ国ニシテ万国ニ殆ト其例ヲ見サル右ノ如キ醜体ヲ見ルハ小官等ノ曾テ会得スル事能ハサル点トス今日幸ニ新法ヲ施クニ際シ此醜体ヲ洗除スル事ヲ力メサレハ亦何ヲカ為サンヤ然ルニ是モ亦従来ノ慣習ナリ故ニ新法ヲ以テ之ヲ認知シ其母死スルモ尚ホ他家ニ在ル卑属親ハ他人視シテ之ニ遺産ヲ分与スルヲ要セス其遺産ハ尽ク死亡ノ時ニ於ケル夫ノ有ト為ルヘシトノ多数決ヲ貴重ナル我カ法律取調局ニ見ルニ至ルハ案外千万ノ事共ナリ

蓋シ母トシテ夫家ヲ去ルカ為メ其家ニ遺セシ子ヲ子トシ視サルハ情ニ於テ然ルニアラス恐ラクハ慣習ノ久シキト男権濫用ノ甚シキトニ強ヰラルルノ止ムヲ得サルニ出ツルモノナルヘシ新法ノ保護ヲ以テ此母子ノ情ヲ酌マサルトキハ弱者不能者ヲ救助スヘキ法律ノ趣意モ亦湮滅スヘシ婦ノ遺産ハ他家ニ在ル子ニモ亦之ヲ分与スルノ制度ヲ設ケサルヘカラス実ニ子ニシテ其母ニ離ルルノ一事ハ以テ不幸ノ頂上ニ居ルモノト謂フヘシ何ソ法律ヲ以テ加フルニ天然ノ愛情ヲ絶チ之ニ遺産ヲモ奪フ事ヲ為スヤ

他家ニ在ル卑属親ハ姑ク置キ婦ノ死亡シタル家ノ卑属親ニ就キテハ其遺産ヲ分与スヘキ必要ハ他家ニ在ル卑属親ニ於ケルカ如ク切迫ナルニアラス何トナレハ概シテ其卑属親ハ同シク夫ノ卑属親タルヘキヲ以テ一旦其遺産夫ニ属スルモ遂ニハ其卑属親ノ利スル所ト為ルヘキヲ以テナリ然リト雖トモ我カ国ニ継父ノ制度アルヲ以テ一様ニ論スル事能ハサルモノトス

加之好シヤ其制度ヲ論外ノモノトスルモ他家ニ在ル卑属親ハ母ノ遺産ヲ継キテ自家ノ卑属親ハ之ヲ継カスト為スヘキノ謂レナシ故ニ家ノ内外ヲ分タス卑属親ハ母ノ遺産ヲ継クモノトシ併セテ従来ノ弊風ヲ矯正シ以テ立法ノ主義公平ニ出ツル事ヲ力メサルヘカラサルナリ［加之好シヤ其制度ヲ論外ノモノトスルモ他家ニ在ル卑属親ハ母ノ遺産ヲ継キテ自家ノ卑属親ハ之ヲ継カスト為スヘキノ謂レナシ故ニ家ノ内外ヲ分タス卑属親ハ母ノ遺産

ヲ継クモノトシ併セテ従来ノ弊風ヲ矯正シ以テ立法ノ主義公平ニ出ツルコトヲ力メサルヘカラサルナリ……
第16巻のみ〕又正妻ト権妻トノ関係ニ於テモ身体其財産ノ取扱上　自ラ優劣ノ差ナカルヘカラス我カ従来ノ慣習ニ於テモ身体ノ取扱ハ正妻ニ優ニシテ権妻ニ劣ナルハ争フヘカラサルノ事実トス財産上ニ於テモ然リ何トナレハ正妻ハ夫ニ相続スルノ権利ヲ有セシノミナラス夫婦ノ間ハ殆ト其財産ニ自他ノ区別アラサリシモノノ如シト雖トモ権妻ハ決シテ其夫ニ相続スルノ権利ヲ有セス又其間ノ財産モ自ラ区別アリタルヲ以テナリ然ルニ今回ノ可決案ニ拠レハ亡妻ノ財産ハ尽ク夫ニ属シテ其子孫ニ之ヲ伝フルヲ得ス之ニ反シテ権妻ハ死亡スルモ決シテ其遺産ハ夫ノ有ト為ラス子孫アレハ之ニ伝ヘ然ラサレハ之ヲ実家ニ帰ス由是観之可決案ハ正妻ニ対シ財産ノ取扱上権妻ニ劣ルノ地位ヲ有セシムルニ至リタルモノトス是モ亦従来ノ慣習ヲ遵奉シタルモノト謂フ事ヲ得ルヤ夫ニ正妻ノ遺産ヲ有セシムルノ制度ハ夫婦間ノ財産ニ就キ殆ト自他ノ区別ヲ為ササルトキニ在リテハ之ヲ行フテ害ナシト雖トモ夫婦財産契約ヲ固クスル事ヲ認知シタル新法ノ下ニ在リテ之ヲ行フトキハ外面ハ慣習ヲ取リタルモノニ似テ其実ハ大ニ慣習ヲ悪キニ破リタルモノトス
因テ亡妻ノ遺産ハ夫ニ属スルノ案ヲ更ニ改正シテ内外ノ卑属親ニ之ヲ分与シ其卑属親ナキトキハ之ヲ実家ニ還付スルヲ以テ通則トセラレン事ヲ希望ス

第三　相続未タ発開セサルニ廃嫡スルハ我カ国従来ノ慣習ニ基ク事争フヘカラサル事実ナリ故ニ新法ヲ以テ此慣習ヲ廃滅セサルヘカラサル理由アルヤ否ヤヲ論究スルヲ以テ足レリトス而シテ小官等ハ偏ニ之ヲ廃滅セサルヘカラサル理由アルモノト思考ス而シテ其理由ハ一ハ親子ノ関係ニ存シ二ハ嫡孫承祖ノ事項ニ存ス而シテ小官等ハ此問題ニ就キ泰西ノ法理トシテ争ハサル夫ノ相続権ハ未タ発開セサルニ存スルモノニアラス父ハ必スシモ子ニ先チテ死亡スルモノニアラス子先ニ死スルトキハ父ノ相続ニ関スル問題ハ其子ニ対シテ毫モ目的ヲ有セサルニ至ルヘシ又未発ノ相続ニ関スル事項ハ如何ニ之ヲ規定スルモ毫モ確定ノ性質ヲ有セス今日ノ富裕者ハ死亡スルノ時ニ如何ナル貧困ニ陥ヰルヤモ知ルヘカラス又今日ノ貧困者ハ死亡スルノ時ニ至ルマテ其地位ヲ改メサル

モノト期スルヲ得サレハナリト云フカ如キ学説ハ尽ク之ヲ省クヘシ他ナシ是等ノ点ハ小官等ノ屢々議席ニ於テ弁シタルニ拘ラス今回ノ可決案ヲ見ルニ至リタルモノナレハ尚ホ此学説ノ為メ万言ヲ費スモ徒ラニ本局ノ倦怠ヲ招クノ害アリテ新案ノ決定ヲ動カスノ力ナキモノト思考スレハナリ

先ツ親子ノ関係ニ於テ未発相続ノ廃嫡ヲ禁セサルヘカラサル理由ヨリ説キテ次ニ嫡孫承祖ノ事項ニ於テモ亦均シク之ヲ禁セサルヘカラサル理由ニ論及スヘシ

可決案ニ拠ルニ長子ノ失踪又ハ喪心又ハ種々ノ犯罪ヲ以テ廃嫡ノ原由トセリ蓋シ失踪者ハ実際家政ヲ執ル事能ハス喪心者ハ其能力ヲ有セス又犯罪者ハ家ノ光栄ヲ汚スノ原由ニ基クモノトス一見スル所ニ於テハ皆正当視スルノ外アラサルモノノ如シ然リト雖トモ更ニ熟考スレハ相続ノ未タ発開セサルニ是等ノ原由ノ一アルヲ以テ長子ノ特権ヲ奪フハ不正タルヲ免レス

抑々失踪シタル者ハ再ヒ帰ラサルニアラス而シテ失踪ノ原由不正ニ基ク場合ハ姑ク置キ或ハ戦争或ハ其他ノ事変ニ際シ生死ノ判明ナラサルカ為メ失踪者ト宣言セラレタルトキノ如キハ法律ノ全力ヲ以テ失踪者ノ権利ヲ保護スヘキ理由万アルヘシト雖トモ却テ失踪ヲ名トシテ之ヲ廃嫡シ後再ヒ家ニ帰ルモ長子ノ地位ヲ占ムル事能ハサルノ運命ニ遭遇セシムルハ苛刻ナルニアラスヤ若シ法律ノ規定是ニ出ツルトキハ慈父ヲシテ軽忽ノ廃嫡ヲ後悔セシメ失踪者ヲシテ父祖ヲ怨望セシメ随テ兄弟相容レス法律ノ規定ヲ以テ一族ノ葛藤ヲ養成スルニ至ルヘシ又一旦喪心シタル者ハ終身治セサルモノト期スルヲ得ス而シテ自ラ好テ喪心スル者アラス然ルトキハ法律ノ之ヲ保護スヘキ必要ハ正当ノ原因ニ基ク失踪者ニ於ケルト一般ナリ故ニ之ヲ以テ廃嫡ノ原由トスルハ由リテ生スル結果モ亦失踪ヲ以テ其原由トスルト一般ナルヘケレハ更ニ贅言ヲ費ササルナリ

或ル犯罪ヲ以テ相続ノ未発中ニ廃嫡ヲ為スノ原由トスルハ失踪及ヒ喪心ニ比スレハ理アルニ似テ却テ非ナルモノナリ抑々犯罪者ハ既ニ其終身履ムヘキ線路ヲ外レタルモノニシテ之ヲ正路ニ復スルハ父祖ノ慈愛ニシテ且義務ナリ之ヲシテ其正路ニ復セシムルノ手段ハ種々アルヘシト雖トモ就中其人ノ希望心ヲ断タサルヲ以テ第一ト

ス蓋シ我カ刑法ニ於テモ死刑ヲ除クノ外仮出獄若クハ特赦若クハ復権等ノ制度ヲ設ケテ如何ナル重罪者モ将来ノ行跡ニ因リテ更ニ自由ノ民トナル事ヲ得ルノ方法ヲ設ケタルモノハ其レ是カ為メナリ社会ノ刑法ニシテ尚ホ且然リ況ヤ家父ノ其長子ニ対スル責罰ニ於テヲヤ若シ其犯罪ヲ名トシテ一朝之ヲ廃嫡スルトキハ終身其家ニ在リテ殆ト希望スル所ナキニ至ルヲ以テ毫モ懲戒ノ効ヲ奏セサルノミナラス益々悪ニ増長スルノ結果ヲ来タスヘシ斯ノ如キハ其犯罪者ハ固ヨリ悪ムヘシト雖トモ家父モ亦父祖ノ子ニ対スル責任ヲ尽サヽルノ譏ヲ免レサルナリ宜ク正路ニ復シテ長子ノ地位ヲ全フスルノ希望心ヲ養ヒ徐々ニ懲戒シテ正路ニ復スル事ヲ力メ其実効顕ルレハ之ニ家督ヲ譲リテ可ナリ否サレハ遺言ヲ以テ廃嫡スルモ遅キニアラス他ナシ譲産ノ場合ヲ除クノ外相続ノ問題ハ戸主ノ死亡ニ至ルマテ実用ヲ現出セサルモノナレハナリ是レ親子ノ関係ニ於テ相続ノ未発中廃嫡スル事ヲ禁セサルヘカラサル理由トス

又嫡孫承祖ノ事項ニ於テ相続未発中ノ廃嫡ヲ禁セサルヘカラサル理由ハ前段ニ比スレハ尚ホ一層ノ勢力ヲ有スルモノト思考ス

今回ノ可決案ニ拠ルニ廃嫡ノ当時ニ存スル卑属親ハ法定家督相続人ノ順位ニ従ヒ嫡孫承祖ニ因リ家督相続スルモノト決定セリ故ニ今日長子ヲ廃嫡シテ其当時ニ長子ニ子アレハ嫡孫承祖ニ因リ相続シ廃嫡ノ後ニ出生シタル者ハ毫モ其相続権ヲ有セス親子共ニ其家ノ厄介ト為リテ身ヲ終ラサルヘカラサル結果ニ遭遇セシムルモノトス蓋シ親ニハ廃嫡セラルヘキ原由アリタルカ為メナレハ尚ホ甘受スヘシト雖トモ同ク廃嫡子ノ子ニシテ一ハ嫡孫承祖ノ特権ヲ有シ二ハ家ノ厄介ト為リテ終身ヲ送ラサルヘカラサル運命ニ遭遇セシムルハ果シテ如何ナル原由ニ基クヤト問ヘハ出生ノ時期ニ先後ノ差アルノミ既ニ嫡孫承祖ノ制ヲ設クル以上ハ出生ノ先後ニ由リテ其権利ノ所在ヲ異ニスル主義ノ貫徹セサル事著シ而シテ斯ノ如キ不公平ノ結果ヲ来タスニ至リタル原因ヲ尋ヌレハ条理ニ戻リタル従来ノ慣習ヲ沿襲スルニ失シテ相続ノ未発中ヨリ曾テ実用ノナキ廃嫡ヲ許サン事ヲ望ミタルカ為メナリ

抑々相続ノ発開ヲ待タス予メ廃嫡ヲ許スノ制度ヲ取ルヘキノ多数決ヲ貴重ナル法律取調局ヲ見ルニ至リタルハ亦是レ慣習ノ勢力ヲ以テ大体ノ原因ヲ組成シタルモノナルヘシト雖トモ或ハ戸主ノ死後ニ効力ヲ発生スル遺言ノ頼ムニ足ラサルモノトノ疑心モ亦多少其原因ヲ補助シタルモノナルヘシ蓋シ従来遺言ハ我国ニ多ク行ハレサルノミナラス従来ノ慣習ニ於テハ遺言ノ効力ヲ確保スルノ規定殆トアラサリシヲ以テ斯ノ如キ疑心ヲ懐クハ其理由ナキニアラス然レトモ従来ノ慣習ヲ以テ将来ヲトスヘカラス民法上遺言ニ関スル規定ヲ置キ加フルニ公証人ノ制度行ハレ其他後見ノ制度備ハリ且遺産調査ノ方法モ亦概シテ行ハルルニ至ルヘキヲ以テ遺言ハ決シテ死後ニ効力ヲ失フノ危険アラサルヘシ是ヲ以テ従来ノ慣習ニ於テハ戸主ノ存生中ヨリ廃嫡スヘキノ必要多少存セシト雖トモ将来ニ於テハ決シテ然ラス然ルトキハ尚ホ其不必要ノ慣習ヲ存シテ人情ニ反シ条理ニ背クノ制度ヲ置クハ立法ノ得策ニアラサルナリ

因テ相続ノ未発中ニ廃嫡スルノ案ヲ廃シテ廃嫡ハ遺言ヲ以テ之ヲ為スモノトシ而シテ其相続ノ発開スルニ至ルノ前長子ニ出生シタル子ハ嫡孫承祖ノ特権ヲ有スルモノト規定セラレン事ヲ希望ス

第四　離縁譲産相続ハ我カ民法草案ノ財産編ニ於テ認知シタル所有権ノ原則ニ背反ス抑々所有権ハ特ニ公共ノ利益ニ於ケルニアラサレハ決シテ之ヲ奪フヘカラサルヲ以テ万国普通ノ定論トス然ルニ養子ニシテ正当ノ原由ニ因リ養家ヲ相続シ戸主ト為リテ其家産ヲ所有スル者ニ対シ他ノ原由ヨリシテ養子タル身分ヲ奪フカ為メ其正当ニ相続シタル所有権ヲ強テ養家ニ還付セシメ以テ之ヲ相続人ニ譲ラシムルハ是レ公共ノ利益ノ為メニアラス一家ノ都合ヲ以テ所有権ノ原則ヲ大ニ傷害スルモノトス戸主ニ罪アレハ之ヲ刑法ニ問ヒ且其犯罪ノ為メ害ヲ被ムリタル者ハ民法ニ従ヒ其賠償ヲ求メテ可ナリ何ノ名義アリテ其正当ニ取得シタル所有権ヲ奪フ事ヲ為サンヤ昔者刑法ヲ以テ犯罪人ノ資産全部ヲ没収スルノ制度各国ニ存セリ我カ旧法ニ於テモ亦然ルモノノ如シ而シテ今日斯ノ如キ刑罰ヲ各国挙ケテ廃棄スルニ至リタルハ何ソヤ刑ハ其人ヲ懲スカ為メニシテ国庫ヲ利スルカ為メナラサルト財産全部ノ没収ハ刑ハ犯罪者ノ一身ニ止マルヘキノ原則ニ背反スル事著シキトニ因ルナリ然ルニ社会

モ抛棄シタル刑罰方法ヲ今日新法ヲ以テ一家内ニ置カントスルハ遠慮ナキノ甚シキモノニアラスヤ若シ養子ハ戸主タルニ拘ハラス離縁セサルヲ得サルモノトセハ其正当ニ相続シタル財産ヲ奪フ事ヲ為サスシテ離縁ヲ行フハ格別之カ為メ財産ヲ奪フ事ハ決シテ為スヘカラス然リト雖トモ離縁セラレタル養子ハ其身体ト共ニ自己ノ相続シタル一切ノ財産ヲ持去ルト云フカ如キ制度ヲ採用セラルル事ハ思ヒ寄ラス止ム事ヲ得サレハ養子ノ離縁ハ未タ戸主ト為ラサル間ニ限ルモノトシテ戸主ト為リテ後ハ普通ノ刑法及ヒ民法ト裁制ニ万事ヲ放任セサルヘカラサルナリ

因テ今回ノ可決案中離縁譲産ノ条規ハ悉ク削除アラン事ヲ希望ス

右ノ如ク論シテ来レハ其問題ハ四箇ニ止マルト雖トモ要スルニ此四箇ノ問題ハ今回ノ可決案ノ全体ニ関係ヲ有スルヲ以テ若シ幸ニ茲ニ陳述シタル小官等ノ管見ヲ採用セラルルニ至ルトキハ更ニ相続法ノ全体ニ就キ新案ヲ起スヲ要シテ一二条ヲ修正スルヲ以テ足レリトセサルヘシ故ニ新案ヲ起スノ必要アルヤ否ヤニ就キ小官等ハ謹ンテ本局ノ命ヲ待ツモノナリ尚ホ相続権ノ配置ハ精々天然ノ条理ニ基キ今日ヨリ之ヲ確定シ置カサルヘカラサルノ必要アリテ存ス若シ其条理ヲ侮辱シ人定法ノ力ヲ以テ随意ニ之ヲ取捨スル事ヲ得ルモノト為スハ其実慣習ヲ貴ニ似テ後世所有権ノ原則ヲ破壊スル財産平均論者ニ一大勢力ヲ有セシムルノ原因ヲ今日ヨリ醸生スルニ至ルヘシ他ナシ若シ今回ノ可決案ニ於ケルカ如ク一方ニハ長子ニ相続権ヲ尽ク有セシムルト思ヘハ他ノ一方ニハ自己ノ労働ニ因リテ取得シタル財産ヲ死者ノ遺族ニ分与スルノ義務ヲ負ハシメ又一方ニハ夫婦財産契約ヲ固クシテ夫婦間ノ財産ノ区別ヲ明カニスト思ヘハ他ノ一方ニハ婦ノ卑属親アルニ拘ラス其遺産ハ尽ク夫ニ属スルモノトシ又一方ニハ戸主ニ著シキ権力ヲ有セシムルト思ヘハ他ノ一方ニハ戸主タラサル者ニ養子タル戸主ヲ離縁スルノ権力ヲ有セシムルノミナラス万国ノ認メテ争ハサル所有権ノ原則ヲ侮辱シテ其戸主ノ正当ニ取得シタル所有権ヲ奪フノ権力ヲ有セシムル等是レ皆所有権ノ基本如何ヲ認知セス又定法ノ勝手ヲ以テ其所在ヲ自由ニ取捨スル事ヲ得ヘキモノタリ趣意ヲ今日ヨリ播種スルモノナレハ若シ斯ノ如キ前後不釣合ノ決定ヲ改メサルトキハ千載ノ後社会論党ノ跋扈ス

ルニ至ルトキハ之ヲ制スルニ辞ナカルヘシ何トナレハ今回ノ可決案ハ其結果ヲ異ニスト雖トモ所有権ノ基本ヲ認知セサルノ点ニ至リテハ共ニ一般ナレハナリ

書辞意ヲ尽サス不明ノ点ハ下問ノ栄ヲ賜ラハ幸甚

明治二十二年六月二十四日

報告委員　磯　部　四　郎　謹白

法律取調局御中

【編者注】原則として『日本近代立法資料叢書』第一〇巻所載の意見書に拠ったが、第一六巻所載の意見書と字句が異なる場合には、文脈上より適当と思われる方を採った。また、後者にのみ見られる部分については、その旨を注記し、［　］で囲った。

「磯部報告委員ノ意見（国家の責任）」（明治二二年九月一〇日）

（「法律取調委員会　民法草案財産篇第三七三条ニ関スル意見」『日本近代立法資料叢書』第一六巻）

今回御回付ニ相成リタル国家ノ責任ニ関スル意見書ヲ熟読スルニ其大要左ノ如シ

第一　国家其モノハ常ニ加害者ニアラス加害者ハ国家ノ事ヲ行フ者ナリ国家ノ事ヲ行フ者ハ果シテ加害ノ責ニ任スルヤ如何

国家ノ事ヲ行フ者ハ立法官行法官及ヒ司法官是レナリ此中立法官ニ責任ナシ而シテ行法官ノ職務ヲ二種ニ区別シテ立法部行政部ト為シ立法部ノ職務ニ就キテハ立法官ト同視シ又行政部ニ就キテハ有責任トシ而シテ又司法官ハ悪意ノ場合ヲ除キ無責任ヲ以テ原則ト為セリ立論ノ順序及ヒ理由ハ至極明瞭ニシテ逐一感服スルノ外ナキナリ然レトモ本意見者ノ主要ナル問題ハ是等ノ点ニアラスシテ其明示セル如ク国家ノ事ヲ行フ者自ラ其責ニ任スヘキ場合ニ於テ国家ハ間接ニ民事担当人ノ地位ニ立ツヘキモノナルヤ否ヤヲ研究スルニ在ルナリ而シテ意見書ハ国家ノ有責任ヲ原則トシ無責任ヲ例外トセリ

抑モ此問題ヲ惹起シタルハ民法案財産編第三百七十三条ニ公ノ事務所ハ其属員カ受任ノ職務ヲ行フ為メ又ハ之ヲ行フニ際シテ加ヘタル損害ニ就キ其責ニ任ストアルニ原因セシコト疑ヲ容レス蓋シ法文ノ意味広キニ失スルノ弊アルカ為メナリ実ニ此法文ニ拠ルトキハ如何ナル官吏如何ナル事ヲ行フニ因リ損害ヲ加ヘタル場合ニ関スルヤ制限ナシ

此問題ハ重大ノモノニシテ其純理ノ果シテ何レニ在ルヤハ小官未タ之ヲ覚知セサルナリ

然レトモ目下ノ卑見ヲ述ヘンニ国家ハ直接間接ヲ問ハス総テ無責任ヲ原則トシ有責任ヲ例外トセサルヘカラサルモノトス他ナシ国家ハ無形ニシテ法人ナリ原意見者ノ述フル如ク国家ハ悪ヲ為スコト能ハサレハ善ヲ為スコトモ

亦自ラ能フモノニアラス国家ハ善悪邪正ヲ識別スル智能ヲ有スルモノニアラス国家其モノハ之ヲ無能力者ト同視シ国家ノ事ヲ行フ者ハ之ヲ無能力者ノ後見人ト同視シテ其当ヲ得ヘシト雖トモ国家ヲ普通人ト同視シ又其属員ヲ普通人ノ使用人職工ノ如キ者ト同視スルコト能ハサルヘシ

国家ハ智能ヲ有セス智能ヲ有セサレハ人ヲ選定スルノ識別力モ亦国家ニアラサルナリ然ルニ国事ヲ託セラレタル者人民ニ害ヲ加フルニ際シ国家其選定ヲ誤リタルカ為メナリ故ニ民事上其損害ヲ賠償スルノ責任アリト論スルハ後見人幼者ノ財産管理上職権ヲ濫用シテ第三者ヲ害スルニ方リ幼者ヲシテ其責ニ任セシムルト一般ナリ是レ能ハサルヲ国家ニ望ムモノト謂ハサルヘカラス

斯ノ如ク論シ来レハ国家ハ常ニ無責任ニシテ有責任ノ例外アラサルモノノ如シ然レトモ時トシテハ人民ノ権利ヲ害シテ国家利得スルコトナキニアラス例ヘハ不当ノ租税ヲ国庫ニ納メシメタル場合ノ如シ国家ハ不当ノ利得ヲ得ヘキモノニアラス即チ其例外法ハ是等ノ場合ニ設ケサルヘカラサルナリ

加之一転シテ国家ノ事ヲ行フ者社会ニ善事ヲ為シタルトキハ其功績ハ論理ヨリ見レハ国家ニ帰スルモノノ如シト雖モ実際ニ徴スレハ其人ニ帰スルコト多シ善事ノ功績ハ人ニ帰シ悪事ノ責任ハ国家ニ帰スルハ不都合ノ至リナラスヤ是レモ亦国家無責任ノ一論拠ヲ組成スルモノトス其レ然リ然レトモ国家有責任ハ概シテ各国ノ許シテ学説裁判例ノ稍々一致スル所ナリ是レ小官ノ未タ一決スルコトヲ肯セサル所以ナリ或ハ其国ノ従来施行シ来リタル法律又ハ慣習ヲ維持スルヲ以テ得策ト為スモノナランカ

我国従来ノ法律ニ於テハ猶ホ仏国等ニ於ケルカ如ク国家ノ有責任ヲ原則トシ無責任ヲ例外トセリ何ヲ以テ之ヲ識ルヤ法律ヲ以テ無責任ヲ布告セサリシ場合ニ於テ人民ヨリ行政官ヲ訴ヘ官モ亦之ニ応シタル実例尠カラス而シテ会々無責任ノ場合アレハ特別法ヲ設ケテ之ヲ予告スルコトヲ怠ラサリシモノナレハナリ例ヘハ郵便規則ノ如キ是レナリ因テ原意見者ノ修正説ヲ採用セラレテ大過ナキモノト思考ス蓋シ修正説ハ法案第三百七十三条ニ優ルコト疑ヲ容レサルナリ

明治二十二年九月十日

「法理精華ヲ読ム」（一）

（『法政誌叢』第九九号、明治二三年一月一〇日発行）

余常ニ以為ラク社会ノ法律ヲ以テ罰スルコトヲ得ル所為ヲ犯ス者ハ其心意悪ムヘキハ固ヨリ悪ムヘシト雖トモ自ラ刑罰ノ責ニ任スルノ危険ヲ冒シテ犯罪ニ至ルモノナルヲ以テ自然恕スヘキノ理由モ亦ナキニアラス他ナシ刑罰ヲ身ニ甘スルノ勇気アリテ且社会法律ノ目シテ以テ公然犯罪人ト呼ハル者ハ他者ノ善心ヲ害スルコト少ケレハナリ社会ノ為メ此犯罪人ヨリ一掃悪ムヘクシテ恕スヘカラサル者アリ何ソヤ曰ク自称政治家若クハ自称学者是レナリ他ナシ是等ノ人ハ屢々其書スル所其述フル所理ニ当ラサルコト多ク亦素ヨリ無識ニシテ只人ニ驕ルヲ以テ得意ト為スノ輩ニ限ルモノナレバ其当否ニ頓着セサルハ当然ナルヘシト雖トモ之ニ由リテ以テ他者ノ智能ヲ瞑朦シ為メニ一己ノ誤リヲ幾数十人ニ伝ヘテ其将来ヲ害スルモ法律之ヲ罰スルコト能ハサレハナリ而シテ是等ノ輩ノ尚ホ悪ムヘキハ法律ノ罰セサルヲ奇貨トシテ放言高慢至ラサル所ナキカ如キニ在ルナリ其挙動タルヤ卑怯ノ極ト謂ハスシテ何ソヤ

人トシテ事物ヲ誤解スルハ亦止ムヲ得サルノ出来事ニシテ之ヲ避クルニ汲々タルモ時ニ或ハ此失ナキ能ハス然レトモ其誤リヲ他者ニ伝ヘサル限リハ其人一身ノ不幸ニシテ社会ニ害ナシ苟モ公衆ニ対シ何事ニ依ラス論理ヲ述フル者ハ一身ノ誤リハ公衆ノ誤リト為ルコトヲ考ヘ精ニ精ヲ加ヘ自覚セサルノ点ハ勿論自覚シタモノト思考スルモ尚ホ汎ク問フテ其理ヲ極メテ後口ヲ開クヲ以テ本分ト為サヽルヘカラス軽忽ニ口ヲ開キ他人ノ笑ヲ買フハ自業自得ノ致ス所ニシテ固ヨリ歯牙ニ懸クルニ及ハスト雖トモ之カ為メ他者ヲ誤ラシムルニ至リテハ実ニ恕スヘカラサルナリ

頃日少シク閑ヲ得法理精華ト称スル雑誌第十九号ヲ開キ之ヲ見ルニ曾テ面識アル江木衷殿カ民法艸案財産編ニ就

キ為シタル批評ヲ載セリ余之ヲ読過スルニ一句トシテ殿ノ為メニ気ノ毒ナル思ヒヲ惹キ起サヾリシモノナシ承レハ江木衷殿ハ明治十六年ノ比大学ノ法科ヲ卒業セラレ法学士ノ称号ヲ得ラレタル人ナリト左スレハ卒業ノ日尚ホ浅クシテ未タ書生輩ノ無分別ナル臭味ヲ脱セサルコト其言上ニ顕ハレテ幾分歟可憐ノ少年態ヲ存スルハ当然ノ事ニシテ之ヲ尤ムルハ却テ大人気ナキニ似タリト雖トモ現今殿ハ東京法学院及ヒ東京専門学校ノ講師タル由シ或ハ其誤リヲ他者ニ伝ヘテ所謂一犬虚ニ吠テ万犬実ヲ伝フルノ諺ニ類スル害ヲ少壮ノ法学生ニ及ホスノ恐レナキ能ハス即チ余ノ茲ニ一言スルハ此少壮輩ノ為メニシテ敢テ江木殿ニ対シ弁駁ヲ試ムルニアラス余不肖ト雖トモ江木殿ヲ以テ好敵手トモ思ハサルナリ

江木殿曰ク評判高キ新法典艸案ハ民法商法ノミニテ大約五千条ニ下ラサル大部モノ是カ一時ニ発布セラレタラ法学社会ノ大騒動ナルヘシサレハニヤ近頃諸方ノ学校テモ取越苦労ニモ其講義ヲ始メテ他日ノ準備ニ抜目ナシ云々此一句ニ拠リテモ殿ハ民法商法ノ艸案ハ如何ニ存在スルヤヲモ知ラスシテ徒ラニ放言シタルコトハ其挙ケタル条数ニ殆ト千五百条ノ差アルノミニ因リテモ亦見ルヘキナリ而シテ他ノ学校ニテ其講義ヲ始メタルモノハ殿ノ配慮セラル丶法学社会ノ大騒動ヲ予防スルカ為メナレハ之ヲ以テ誉ムヘキモ譏ルヘキノ謂レナキニアラスヤ然ルニ殿ハ語ヲ継キテ是程無用ノ閑潰シノ事業ハ他ニ容易ニ見当ラヌ云々ト云ハル丶ハ或ハ自ラ知ラサルノ法案ヲ講義スルコト能ハサル妬心ヨリ出テタル自己ノ短ヲ掩フノ遁辞ナラン乎若シ果シテ然ラハ其情憫ムヘシ

蓋シ人トシテ学ハサレハ知ルコト能ハサルハ勿論ナリ余モ亦法学社会ノ端ニ列スル者ナリト雖トモ自ラ知ラサルノ法律ハ尠カラス現ニ英法ノ如ク数世紀ノ判例ニ成ル慣習法ハ余ノ尤モ深ク知ラサル所トス故ニ閑ヲ得ル毎ニ之ヲ研究スルコトヲ怠ラス江木殿モ自己ノ不得手ヲ包マス他ノ学校ニ通学ナリ致サレテハ如何否ラサレハ寧ロ知ラサルコトニ口出シハ御無用ニ成サル丶方然ルヘクト存スルナリ

江木殿又曰ク元来法律ノ艸案ト云フ者ハドコノ国ノ法律デモナシ一文半銭ノ価値モアルヘカラス英国ノ法律ダノ仏蘭西民法ダノヲ日本デ研究スルハ無益ノ様ナレド英法モ仏法モ各古来其国ニ行ハレ来リタルモノナレハ兎ニ角

経歴ノアル法律ナリ充分研究ノ価値ハアルコトナリ云々
法律ノ艸案ハ法律タラサルコトハ云ハストモ知レタルコトナリ之ヲ吹聴スルハ及ハサルヘシ然レトモ一文半銭ノ価値モアルヘカラストハ何ノ謂ヒソヤ固ヨリ価値ヲ形容スルニ一文半銭ノ文字ヲ以テシタルハ估計価値ヲ指シタルモノニアラサルヘシ何トナレハ法律ハ現行ノモノト未発ノモノトヲ問ハス売買スヘキモノニアラサレハナリ江木殿モ是程ノ事ハ御承知ナルヘシ然ルトキハ無形即チ法理上ノ価値ナシトノ意味ヲ表センガ為メ一文半銭ノ文字ヲ価値ノ字ニ冠ラシタルコト知ルヲ得ヘシ果シテ然ラハ同氏ハ艸案ノ編成ニ至リタル仕事ノ方法ヲモ知ラスシテ斯ク長舌ニ喋々セラレタルコトナルヘクシテ却テ殿ノ発言ハ一文半銭ノ価値モアルヘカラサルナリ
江木殿又曰ク法律デモナク経験デモナキ艸案ヲ講義シタレハトテ何ノ利益アルヘキヤ其講義ヲ聴クモ未タ判決例モナキニ諸君ハ何ニ憑リテ其応用ノ妙処ヲ探ルコトヲ得ヘキヤ艸案ノ講義ナドトハ驚入リタル次第ナリ法律ヲ素読シタル計ノ生学者ニアラサレハ斯ル考ノ起ルヘキ理由ハナキ筈ナリ云々
此一言タルヤ江木殿ハ己ノ鈍刀ヲ以テ割腹シタルモノ、如シ若シ果シテ経験ナキ艸案ヲ講義スルモ其利益ナク到底応用ノ妙処ヲ探ルコト能ハサルモノトセハ其艸案ノ失点モ亦予メ探ルコト能ハサルハ理ノ当然ナリ斯ノ如キ簡易ナル論理ヲモ弁ヘスシテ物知リ顔ニ艸案ヲ講義スルハ驚入リタル次第ナリナド、放言スルコトヲ肯スルハ実ニ生学者タル真面目ヲ法理精華ノ紙上ニ顕ハシタルモノト謂フヘシ

（未完）

「法理精華ヲ読ム」（二）

（『法政誌叢』第一〇〇号、明治二三年一月二五日発行）

江木殿又曰ク拙者ノ見ヲ以テスレハ民法草案ハ其体裁コソ教科書然タルモ法理ヲ研究スルニ至テハ毫末モ利益ナキノミナラス艸案ニ採用シタル法理ハ実ニ数十年前ニ行ハレタル陳腐説ニシテ近世学者ノ決シテ顧ル所ナキモノタルヲ以テ草案研究ハ却テ学術上ノ思想ヲ養成スルニ害アリト謂ハサルヲ得ス云々

草案ニ採用シタル法理ハ陳腐説ナリトハ成ル程江木殿ノ見ニ於テ左モアルヘシ蓋シ近世学者ノ顧ル所ナキ云々モ其学者トハ江木殿己レヲ指シテ言ナラン乎元来民事ニ関スル法律ハ概シテ時ノ古今ヲ問ハス国ノ東西ヲ分タス唯一ノ法理ヲ以テ成ルモノ多シ此法理ト他ノ器械的ノ学術トハ其趣ヲ異ニス百年前ノ法理ト現時ノ法理ト毫末ノ異ナルナキハ法学者ヲ竢チテ後知ルヘキニアラス夫ノ二ト二ヲ合シテ四ノ数ヲ成ス数理ニ於ケルカ如ク一般ナリ然ルニ此草案ヲ指シテ徒ラニ陳腐説ナリ云々ト陳フルハ是モ亦自ラ知ラスト云フヲ肯セサル所ヨリ相変ラス痩我慢ヲ以テ肘ヲ張ランコトヲ試ミタルニ過キサルヘシ唯同氏ノ為メニ恐ル痩我慢ノ力尽キテ日ナラス其ノ肘ノ疲労センコトヲ

江木殿又曰ク艸案ノ講義ニ任スルカ如キハ固ヨリ欲セサル所ナレトモ世ノ中ノ風潮ハ幾分歟本校ノ当事者ニ波及シタルカ為メ多少ニ拘ラス是非トモ民法艸案ノ批評ヲセヨトテ強イラレタリ好マシカラヌ事ナカラ我カ最愛ナル親友ノ意ニ任セ其財産編ニ就キ法理的批評ヲ下スヘシ云々

此一言ニ拠リ益々江木殿ノ迷惑思ヒヤラル、ナリ是迄一見モナキ法律案ヲ講スルコトヲ校長ヨリ命セラレタルカ為メ否ムニ言ナク殊ニ何事モ知ラスト云フコトヲ肯セサル殿ナレハ今更之ヲ断ルニ由ナク去リトテ講スヘキノ法理ハ御存シナキ処ヨリ漫ニ一場ノ放言ヲ以テ其責メヲ塞クノ策ヲ取ラレタルモノナルヘシ故ニ殿ノ御迷惑ヲ観察

スレハ此放言モ幾分歟情状ヲ酌量セサルヲ得ス只々之ヲ聴聞シタル少壮輩ニ対シテ気ノ毒千万ニ存スルナリ

江木殿又其不知ヲ自首シテ曰ク格別名論モナク又至急ノ事トテ充分ノ調査モ為サ、レハ諸君ヲ満足セシムルコトハ叶ハシト覚悟シタリ諸君ハ勿論拙者ニ於テモ自ラ面白カラスト思ヒタラハ何時ニテモ中止ノ建言ヲ為シ又諸君ノ建言ヲ容ル、コト拙者ノ本望ナリ

此言ヲ以テ殿ノ不知ノ自首ト為スモノハ他ナシ中止ヲ予約シタルハ言窮シテ弁下ラサルニ際スルコトアルニ備ヘタル逃ケ路ヲ開キ置キタルモノナルコト疑ヲ容レサレハナリ蓋シ東京法学院ハ知ラス他ノ学校ニ入学スル者ハドレモコレモ法律ノ一部分宛学フカ為メナルヘクシテ民法ト云ヒ商法ト云ヒ其ノ全体ノ法理ニ通暁スルカ為メナルヘシ然ルニ殿ノ批評中横道ヘ突然身ヲ潜メラル、ニ至ルコトアリテハ生徒ノ失望想ヒ見ルヘキナリ併シナカラ余ノ斯ク云フモノハ講師ノ説ク所其当ヲ得タルモノヲ想像シタルニ外ナラス霧鉄砲ノ講義ナレハ初メヨリ曾テ為サ、ルヲ以テ上策トス故ニ殿ノ批評ノ如キハ早ク中止シテ殿ノ本望ヲ速ニ遂ケシムルノ勝レルニ如カサルヘシ

是レヨリ艸案ノ財産編中各条ニ就キ殿ノ下サレタル批評ヲ批評セン

殿ハ第一条ノ財産ノ定義中ニ在ル資産ノ文字ヲ批評シテ第一ニ資産トハ如何ナルモノヲ指示スルヤ些ト曖昧ニシテ取止メノ付カヌ心地セラルト云ハレタリ是レ法条ノ悪シキニアラス同氏ハ資産ト云フ支那文字ノ意味ヲ御承知ナキ処ヨリ此感覚ヲ懐カレタルモノナルヘシ今少シク漢字ヲ御学ヒ為サレテハ如何左スレハ斯ノ如キ御不自由ハ之レナキモノト存スルナリ

江木殿又曰ク民法ニ於テ人ト云ヘハ法人モ自然人モ共ニ包含セラルヘキモノナルニ殊更ニ各人又ハ公私ノ無形人ト明言シ艸案ノ他ノ部分ニ於テ単ニ人ト明記シタルトキハ有形人ノミヲ指スカノ如キ疑ヒアラシメタルハ立派ナル手際ト云フコト能ハサルノミナラス民法艸案ノ所謂無形人ナル訳語ハ現行ノ市町村制ニ於テ法人ト訳シタルニ拘ラス其訳例ニ頓着ナキハ少々不都合ナラン云々

曾テ聞ク英国ノ印度領ニ頒布シタル民法中人トハ男女ヲ包含スト云フノ法文アリト斯ノ如キ法律ニ慣レタル殿ニ

シテ財産ノ定義中ニ各人ト無形人トノ区別ヲ指示シタルヲ悪シサマニ言ヒ做スハ寔ニ苦々シキ次第也人ト云ヘハ各人ト法人トノ二種ヲ包含スルト云フコトハ一応法律ヲ弁ヘタル者ニアラサレハ知ラサルヘシ而シテ或ル法学派ハ普通人ノ知ルニ難キ法律ヲ頒布スルハ国是ニアラスト喋々苦説キ廻リテ徒ラニ現今ノ法案ハ高尚ニ失シテ人民之ヲ知ルニ難シト云フヲ以テ其苦説キノ金城鉄壁ト為スニアラスヤ殿ハ此蒙説ノ一派ニ立タル、人ト思考ス然ラハ人ニ各人ト法人トノ差アルコトヲ示シタル法文ノ如キハ之ヲ知ルニ易キノ法文ナルヲ以テ殿ノ持論ヨリ推ストキハ此点ニマテ攻撃ヲ試ミラル、ノ謂レナキ筈ナルニ尚ホ之ヲモ気ニ食ハヌト曰ハル、ハ知ルヘシ殿ノ定説ナキコトヲ而シテ市町村制ニ法人トアリテ艸案ニ無形人トアルハ訳例ニ頓着ナキモノト強ク御尤《(マヽ)》メアリシハ殿ノ軽忽甚シ殿知ラレスヤ現今ノ艸案ハ明治十三年ヨリ着々之ヲ起シタルモノニシテ今日ニ至ルマテ幾回ノ修正ヲ加ヘラレタルヤ殆ト其数ヲ知ラス而シテ先前ノ艸案中ニ存セシ無形人ノ語ハ現今ニ至リ尽ク法人ト改メラレタリ蓋シ殿ハ現今反古ニ属スル旧キ法案ヲ見テ斯ク曰ハレタルモノナラン果シテ然ルトキハ特リ無形人ノ文字ノミナラス権利義務ノ基本ニ関スル規定モ追々修正ヲ加ヘタルモノ少カラサルヲ以テ其レ等ヲ調査シテ後批評ヲ下サレンコトヲ余ハ殿ニ対シテ熱望ス然ラサレハ他者ニ誤リヲ伝ヘラル、コト愈々多カルヘキヲ以テナリ而シテ又殿ハ訳語ノミニ就キ是非ヲ論スルハ面白カラスト思考セラレタルモノ歟其議論ヲ一転シテ曰ク法人ト無形人トハ原語ノ上ニ於テ学術的に異ナリタル理論アルコトナリ法人トハ英語テ何々ト云フト大業ニモ横文ヲ載セテ三種ノ文字ヲ指示セリ

（未完）

「法理精華ヲ読ム」(三)

(『法政誌叢』第一〇二号、明治二三年二月二五日発行)

是等ハ敢テ尤ムルニ足ラスト雖トモ法人ト無形人トハ原語ノ上ニ於テ学術的ニ異ナリタル理論アルコトナリ云々トハ抱腹絶倒ニ堪ヘス法人ト云ヒ無形人ト云ヒ若クハ想像人ト云ヒ畢竟スルニ皆一物異名ノモノニシテ学術的ニ異ナリタル理論アルトハ如何ナル理論アルヤ拝聴仕度存スルナリ或ハ法律ヲ以テ認知シタルモノニアラサレハ如何ナル団体ト雖トモ権利ヲ得義務ヲ負フノ資格ヲ有スル人ト見做サス故ニ是レ法定ノ人ナリ是レ所謂法人ナリ無形人想像人等ノ語ハ其趣意ヲ表示セスト云フカ如キ水虎ノ屁ニ類スル御法理ナレハ拝聴モ亦真平御免ヲ蒙ルヘシ

江木殿又曰ク財産権ノ何モノタルヲ知ラント欲スルニハ艸案ノ定義ノミデハ兎角不充分ノ憾ナキ能ハサレハ拙者ハ是レヨリ一般ニ権利ノ類別法ヲ論シ次ニ財産権ノ何モノタルニ及ハサルヲ得ス抑々財産権ハ人身権ト相対スルノ権利ナレトモ本来一般ノ権利ハ之ヲ財産権人身権ノ二種ニ区分スルヨリモ其性質上ニ於テハ之ヲ人身権物上権及債権ノ三種ニ区分スルコト適当ナリ云々

殿ノ此一言ニ至リテハ先前ヨリノ放言ノ末少シク精神ノ静寧ヲ失ハレタルモノ歟トモ疑ハル丶ナリ殿ノ批評ヲ試ミラル丶草案ノ条項ハ財産ノ事ニ関スル部分ナルコトハ御承知アリタシ其定義ヲ不充分ナリトテ財産ニ毫モ関係ナキ人身権ヲ御引合ヒニ取ラレタルハ何事ナルソ若シ人ノ有シ得ヘキ一般ノ権利ヲ定義スルノ条項ニ於テ特リ財産権ヲノミ定義シタルモノナレハ財産権外ノ権利ヲ御引合ヒニ取ラル丶モ可ナリ財産ノ事ノミニ関スル条項ニ就キ其以外ノ権利ヲ担キ出ザル丶ハ狂気ノ沙汰ト思フヨリ外ナキナリ

殿又曰ク艸案ニ於テ財産ヲ二種ニ区分シ一ヲ物権トシ一ヲ人権トセルハ不都合ナシト雖トモ更ニ物権ト人権トノ区別ヲ指示シタルノ事ニ至リテハ大ニ近世ノ法理ニ反対シ且法律ノ明文ヲ以テ定ムルニモ及ハサルコトヲ定メタ

ルモノト謂ハサルヲ得ス云々
殿ハ斯ク放言シ其理由トシテ以下ニ説明セラレタル件々ハ単ニ艸案第二条ノ物権ノ定義中物権ハ総テノ人ニ対抗スルコトヲ得ヘキモノヲ云フトアルハ物権ノ効果ナリ其効果ヲ以テ其物自身ノ区別ヲ為サントスルハ本末ヲ転倒シタルモノト謂フヘシト論決セラレタリ
此御一言ニ由リテ見レハ殿ハ定義ノ何タルコトヲ曾テ御弁ヘナキ方ナルヘシ何事ニ依ラス一定義中其性質其効果ヲ示サ、ルモノアルヤ殿ノ御採用ニ成リタル物権ハ直ニ物ノ上ニ行ハント云フノ定義文モ同シク物権ノ効果ヲ示シタルモノニアラスヤ元来権利ハ総テ無体物ナリ之ヲ定義スルニ其効果ノ及フ所ヲ示サ、レハ亦何ヲカ示スモノアランヤ殿ノ採用セラレタル所モ効果ナリ擯斥セラレタル所モ効果ナリ両者相待チテ物権ノ性質ヲ明カニス然ルニ是レハ近世ノ法理ニ反対スト高言シナカラ然ラハ如何ナル定義カ果シテ適当ナルヤニ就キ一言セサルハ所謂闇ニ鉄鉋豆腐ニ鏤釘ト一般取リ止メノ付カヌ愚痴ナリ
殿又曰ク一歩ヲ譲リ艸案第一条及第三条ニ於テ物権ハ衆人ニ対抗シ人権ハ定マリタル人ニ対抗スルモノトセルハ単ニ物権人権ノ効果ヲ明言シタルマテニシテ二者ノ区別ノ標準トシタルモノニアラスト解スルモ亦矢張リ誤謬ノ見タルヲ免レス云々
殿ハ右ノ如ク論シテ殿ノ以テ誤謬ト思考セラル、証拠トシテ示サレタル一二ノ例ヲ読過スルニ殿ハ却テ法律ノホノ字モ御承知ナキ証拠ヲ御示シ成サレタルモノニシテ殿ノ為メニ深ク惜ムナリ元来殿ハ磊落不羈天下有為ノ人ト世評ノ許ス所ナリ願クハ殿モ万事ニ注意シ世評ヲシテ誤マラシムルコトナカランヲ
予ハ殿ノ為メ其示サレタル一二ノ例ニ就キ誤解ヲ正スコトヲ殆ト肯ンセスト雖トモ是レニテ筆ヲ止ムルトキハ或ハ予モ亦殿ニ傚ヒ根拠ナキ放言ヲ試ムル者ト誹ルノ徒モナシトスヘカラス予ハ殿ヲ毀クルノ意思ハ毫釐ナシト雖トモ殿ノ為メ他人ノ誹リヲ甘スルコトハ却テ肯ンセサルナリ是ニ於テ乎殿ノ誤謬ヲ左ニ正サントス冀クハ思ヒ邪ナカランコトヲ

殿曰ク茲ニ或ル家屋ヲ数人ニ抵当ト為シタルモノアリト仮定セヨ第二以下ノ抵当取主ヨリ第一ノ抵当取主ニ対シ又ハ第三以下ノ抵当取主ヨリ第二以上ノ抵当取主ニ対シ其抵当権ヲ主張スルコトヲ得ヘキヤ如何ナル法律家モ然リト答フルコト能ハサルヘシ而シテ抵当権ノ物権タルコトハ民法第二条ノ規定スル所ナリ然ラハ則チ物権ト雖トモ総テノ人ニ対抗スルコトヲ得ヘキモノト謂フヘカラス云々

嗚呼是レ何ノ言ソヤ総テノ人ニ対抗スルノ法文ハ各人ノ有スル物権ノ範囲内ニ於テ衆人ニ対抗スルコトヲ得ルト云フノ意味ナルコトヲ殿ハ御承知ナクシテ是迄対抗ノ文字ヲ解シ来タリタルモノナルヤ第一ノ抵当取主ハ第二以下ノ抵当取主ニ先シテ自己ノ先取権ヲ行フハ是レ其権利ノ範囲ヲ脱セサルモノニシテ其間ハ第二以下ノ抵当取主ハ第一ノ抵当取主ニ対シ何ヲカ主張スヘキヤ抑々対抗ノ文字ハ自己ノ権利ヲ害セラレ若クハ害セラレントスルニ際シテ始メテ活用ヲ有スルモノトス何人モ自己ノ権利ヲ害セラル丶ニ至ラサル間ハ対抗スルノ必要曾テアラス若シ第一ノ抵当取主ト雖モ其抵当権外ニ先取シテ第二以下ノ抵当取主ノ権利ヲ害スルニ至ルトキハ第二以下ノ抵当取主ハ第一ノ抵当取主ニ対シテ自己ノ抵当権ヲ主張シ即チ対抗シ得ルコトハ勿論ナリ是等ノ理由モ弁ヘスシテ物権ハ衆人ニ対抗スルコトヲ得ルトハ近世学者ノ取ラサル所ナリ杯トハ驚キ入リタル次第ナリ要スルニ第二以下ノ抵当取主ヨリ第一ノ抵当取主ニ対シ其抵当権ヲ主張スルコトヲ得ヘキヤ如何ナル法律家モ然リト答フルコト能ハサルヘシトノ殿ノ御一言ハ権外ノ事ヲ他人ニ対シテ主張スルコトヲ得サルヲ以テ物権ハ総テノ人ニ対抗スルコトヲ得ルトハ誤リナリトノ論決ニ過キス其誤リハ果シテ法文ニ在ルヤ将タ殿ノ見解ニ在ルヤ此判断ハ公平無私ナル読者ニ一任ス

殿ノ第二ノ例ニ曰ク茲ニ甲者アリ強迫ヲ用イテ乙者ヨリ物品ヲ譲渡サシ《（ママ）》メタリト仮定セヨ此場合ニ於テ乙者ハ甲者ニ対シ其物品ノ返還ヲ請求スルコトヲ得ヘシト雖トモ仮令強迫ニ出ツルニモセヨ強迫ハ一ノ瑕瑾ナレハ其物品ノ所有権ハ既ニ甲者ニ帰シタルヲ以テ甲乙ノ間ニハ単ニ一ノ義務ヲ生シ乙者ハ人権ヲ以テ甲者ニ物品ヲ請求スルコトヲ得ルニ過キス而シテ甲者若シ之ヲ丙者ニ売渡シ丙者之ヲ丁者ニ売渡シ以下輾転シテ数人ノ手ニ帰スルモ何

レモ甲者ノ有セル権利ヲ相続シタルモノナルヲ以テ更ニ丙者ハ甲者ニ対シ丁者ハ丙者ニ対シ其物品ヲ返還スルノ義務ヲ負フヘシ是レ羅馬法ハ勿論仏独ノ法律ニ於テモ亦明カニ認ムル所ナリ故ニ此場合ニ於テハ義務(即チ人権)ト雖トモ凡テ其物品ノ所在ニ従テ輾転シ何人ニモ対抗スルコトヲ得ヘキモノト謂ハサルヲ得ス然ラハ則チ人権ハ只定マリタル人ノミニ対抗スルヲ得ヘキモノトスルハ其理論ヲ誤リタルモノニアラサルナキヲ得ンヤ云々

殿ノ法理ハ大抵知レルタ《ママ》モノトハ予テ想像シ居リタレトモ右ノ如ク誤リニ誤リヲ重ネラレタルハ誠ニ予想外ナリ是レヨリ其誤リヲ着々正スヘシ

（未完）

「法理精華ヲ読ム」（四完）【未見】

（『法政誌叢』第一〇四号、明治二三年三月発行）

「刑法上古代復讐主義ヲ脱セサルモノアリ宜シク改正スベシ」

（『東京五大法律学校聯合討論筆記』第二編、明治二三年一月三〇日発行）

私ノ今日茲デ弁シマスル題ハ両三年前カラ考ヘテ居タ事デアリマスガ復讐主義ハ取ルニ足ラヌト云フコトデアリマス、然ルニ其事ガ従来刑法中ニ痕跡ヲ存シテ居ルカラ其レヲ除カナケレバナラント思ヒマス、ソコデ法律ノ警察権ヤ何カノ事ニ付テハ一々述ヘマセンデモ之ヲ知ラヌ御方ハ爰ニ居ラレヌト思ヒマスカラ、其事ハ一切休シテ其復讐ノ痕跡ヲ存シテ居ルト云フ議論ノ綱領ノミヲ陳ヘマス。今日ノ刑法ノ大体ハ犯罪ノ意思ト云フコトヲ以テ成立シテ居リマス然ル処古ヘヨリシテ多ク被害者即チ害ヲ蒙ツタ者ノ感覚如何ニ依テ刑ヲ異ニシテ犯罪ヲ処分シマス、仮令ハ現行犯ト称スル者ノ如キハ今日ニ於テハ治罪ノ手続ヲ異ニスル丈ケデ、非現行犯ニ付テ或ハ予審判事ハ之ヲ拘引スルコトガ出来ヌトカ現行犯罪人ハ何人ニ拘ハラズ之ヲ拘引スルコトヲ許ストカ云フノデアリマスガ、併シ刑罰ヲ適用スルノ一点ハ非現行犯、現行犯ノ別ハ無イノデアリマス、去リナカラ面前ニ我ヲ罵詈スル者ガ有レハ是ハ誰モ立腹スルト云フハ人情デアリマスカラ平生智識ヲ備ヘテ居テ充分ニ尊フベキ人デモ其罵詈讒謗ニ対シテハ随分人ノ道ニ缺ケタ挙動ヲ為スニ至ルカモ知レマセン、又新聞紙上デ罵詈サレタノハ今我カ面前ニ於テ罵詈サレタトハ自カラ差ガアリマス、面前デ罵詈サレタトキニハ如何ナル事ヲ以テ其仇返シヲ為スカ知レンガ、蔭デ罵詈サレタルコトニ就テハ其程迄ニハ及ハナイト常ニ信シテ居リマス、然ラハ其被害者ノ感覚上ニ現行犯ト非現行犯トハ相違ガアリマス。古ヘヨリ被害者ノ感覚ヲ弛メ様ト云フ所カラ現行犯ト非現行犯ト刑ガ、余程異ナツテ居リマス羅馬法ノ古イノハ現行犯ノ竊盗罪ハ死刑ヲ以テ処分シマスガ非現行犯ハ損害四倍ノ賠償ヲ為スニ止マツテ居リマス、斯ノ如ク其所為ニ依テ差ガアリマスノハ如何ナル原因カト云フニ即チ刑法ハ全ク犯罪人ノ意思ニ依ラス被害者ノ感覚如何ニ依テ処分スルカラデアリマス。羅馬法ハ暫ク措テ日本徳川時代ノ刑法ニ於テモ多クハ犯罪者ノ所為ニ依ラスシテ被害者ノ受ケタル害ノ軽重ニ依テ刑ヲ適用シマス、現ニ十円以上ノ強盗ハ死刑、十円以下ハ流罪ト云フ様ナ掟ガ残テ居リマス其金円ノ多少ニ依テ一ハ性命《（ママ）》ヲ失ヒ他ハ一生其性命ヲ全フスルコトガ出来マス、今一ツ下テ何時デモ願下ガ出来ルト云フコトガアリマス例ヘハ一旦公訴ノ起ツタ者デモ未タ判決前ナレハ被害者ノ願下ニ依テ刑ヲ免レルコトガ出来マシタ、是等ハ要スルニ問題外ノ事デアリマスガ私ノ憤懣スル所ノ点ヲ確メル為メデアリマス。偖復讐主義ト云フコトガ分テ事実上争フベカラサル点デアリマス少シ御耳ニ障ハルカ知レマセンガ習慣ヲ尊フ法律家ハ世間ノ法律ハ慣習カラ来テ居ルト云フノデアリマスガ世界ガ立チ初マツテ刑法ト云フ者ガ世ニ知レ渡テ以来今日迄何レモ是丈ケ社会一般ノ考ヘカラシテ許シ来テ居レハ此習慣ヲ破ラストモ之ヲ刑罰権ニ与ヘテ差支ナイト思フテ居ル者モアリマシヨウ、今少シ進歩セシ所ノ世界ガアル其レハ何ウカナレハ全体復讐ハ其者カラ直チニ之ヲ為ス者デアレハ被害者ノ念ヲ霽ス迄デアルガ、社会ガ之ニ代テ為ストキハ実ニ一社会ノ復讐ヲ行ハネバナラン然シテ社会ガ之ヲ行ヘハ被害者モ満足スルコトガ出来ル是程結構ナ事ハナイデハナイカ誠ニ社会ノ為メニ有益ナル結果カ顕ハレルデハナイカ有益ナル結果カ顕ルレハ其有益ナル結果ヲ以テ社会ヲ維持シテ宜カラウト思フ者モアリマシヨウガ、復讐ノ念慮ハ土台宜シクナイ者デアルガ、縦シ復讐主義ヲ採ルトスルモ第一社会ニ復讐ト云フコトノ出来ナイコトガアル、公ケノ或ル無形人ニ対スル者ハ何ヲ以テ出来ルカ、復讐主義ハ悪イ者デ採ルコトハ出来ヌ、果シテ復讐主義ハ宜シクナイト云フコトニ一定スル以上ハ之ヲ除イテ仕舞ハネハナランガ、現今行ハレテ居ル刑罰ニ果シテ是ガ存在シテ居ルカ否ヤト云フニ、私ノ考ヘデハ大層在ルト思ヒマス然シテ之ヲ改正セネハナラント云フコトニ論決シナケレバナラン、併シナカラ如何ナル者ガ復讐主義ヲ含ンテ居ルカト云フニ今日其話ヲ一々致スコトハ出来マセンガ、要スルニ犯罪人ノ意思ヲ以テ之ヲ罰スルノハ悉ク復讐主義ヲ持テ居ルト考ヘル、其事ニ付テ如何ナル者ガ刑法犯罪者ノ意思ト云フモノガ顕ハレテ被害者ノ感シ得タル所ノ多少ニ依テ其刑ヲ異ニスル事実ニ付テ言ヒマス其事実上ノ第一番ニ眼ニ触レタルモノハ殴打創傷デアリマス（ヒヤ〳〵）此ノ殴打創傷ハ如何ナル時ニ刑ガ定マルカト云フニ犯罪人ノ刑ノ軽重ヲ定ムルハ被害者ノ身ニ受ケタル苦痛時間ノ長短ニ拠テ之ヲ定メマス、其中デ殴打致死ハ最モ重イ刑デアリマスガ二十日以上営業ノ出来ヌ様ニ致シタラハ一年以上三年以下ノ重禁錮、二十日以内ハ一月以上一年以下ノ重禁錮ニ処スルト云フ明文デアリマス、而シテ其犯罪処分方法ヨリ云ヘハ犯罪ノ後其被害者ガ身体ニ些細ナ疵ヲ受ケテモ全ク何十日間営業ヲ停止セネハナラン様ニナレハ相当ノ刑ニ処シマス、又受ケタル創傷カ大ナルモ被害者ハ其日カラ業ヲ営ンデ居ル様デアレハ其刑ハ軽キモノデアリマス、斯様ニ其被害者ノ健全不健全或ハ弱イトカ強イトカ云フニ依テ其刑ノ軽重ヲ為シマスノハ甚タ不都合テハアリマセンカ学者ノ説ク所ニ依レハ其所為ニ付テ刑ノ軽重ヲ為スハ実際ニ生シタ事柄ヲ以テ其軽重ヲ計ラナケレハナラン何トナレハ社会ノ害ガ多イカラト云フコトヲ申シマス或ハ又復讐主義ニ出テ居ルト云フコトヲ看破シテ従来ノ通リニシテ居ルモノガ多イ様ニ思ハレマス、果シテ実際ニ生シタ者ガ重イト云フコトニ依テ罪スルトナレハ、彼ノ財産ニ対スル罪ノ如キハ如何ナルモノデアルカ、一銭ヲ竊ンダ者モ壹万円ヲ竊ンダ者モ決シテ其多少ニ依テ刑ヲ異ニセサルコトニナツテ居リマス、然ルニ殴打創傷ハ日ヲ経テ後ニ被害者ノ感覚如何ニ依テ刑ヲ異ニシマスカラ其間ニ復讐主義ヲ帯ヒテ居リマス。然ラハ之ヲ如何シテ可ナランカト云フニ余輩以為ラク実際其犯跡サヘ備ハツテ居レハ之ニ適スル刑ヲ施ス様ニ致シ、例ヘハ人ヲ殺スニ足ル可キ殴打ハ斯々、其他ハ斯々ト犯罪人ノ其時ノ意思又ハ其実際ノ犯跡ニ付テ直チニ刑ヲ科スル様ニシナケレハナラン、現行刑法ノ如クニテハ茲ニ被害者ノ苦痛ノ癒ユル癒エサルヲ待タネハ裁断スルコトガ出来ナイ、現ニ罪ヲ犯シタル者ハ在テモ其罪人ヲ直チニ処罰スルコトガ出来ナイ、其被害者ノ癒ユル迄天日ヲ見サル牢中ニ入レテ未決拘留ヲ為シ置カネハナラン故ニ殴打創傷ハ復讐主義ヲ以テ処分スルモノデ刑法中ニ古代主義ノ事蹟ヲ存シテ居ルハ全ク免レサル事実デアル、私ハ爰ニ自漫（ママ）ラシク申スデハナイ満場ノ諸君カ私ニ言フ丈ケ言ハセテ其説ノ悪シキ所ハ諸君ノ御議論ヲ伺フ積リデアリマス真ニ聯合討論会ニ出テ各位ニ質問スル積リデ参リマシタ（謹聴々々）

第二ハ刑法ハ社会ノ一個人ノ利害得失ニ関係セヌモノデ一個人ハ民法ニ属スルモノデアルト云フコトハ大体ノ理屈デアルガ其刑罰ニ付テハ告訴ヲ竢タスシテ直チニ審判スルト云フハ社会ノ利益ヲ先キニスルモノデアリマス、

然ルニ乱暴ナ事ヲサレタトカ又ハ強姦サレタトカ姦通サレタトカ公ケノ名誉ヲ傷ハレテ実ニ憤懣ニ堪ヘナイ場合ニハお前ガ憤懣ニ堪ヘナイデ其事ニ付テ公然審判ヲ望ムナラ告訴スルカ良イ然ル後公訴ヲ起ソウト法律ニ規定シテアリマスガ、併シナガラ於前ノ告訴ヲ竢テ公訴ヲ起ソウト云ツテ被害者ガ告訴シタ上デ審判スルト云フハ私ハ前カラ感服シマセン、今日ノ如クニ致シテ置ケハ将来ヲ誤ル様ナ事ガアルト思ヒマス、今日迄ハ斯ウ致シテ参リマシタガ是程間違ツタ事ハ無イト考ヘマス、詰リ是ハ復讐主義カラ出テ被害者ガ許スヘカラサルモノトスレハ公訴ヲ起シ若シ被害者カ忍耐シテ可ナリトスレハ其侭ニシテ公訴ヲ起シマセン何ウシテモ被害者ノ甘諾ヲ竢テ為スモノデアリマス、又是迄学者ノ説ク如ク告訴ヲ俟方ガ被害者ニ利益ガ在ルト云フ主義モ含ンテ居リマシテ総ヘテ国事犯ニ関係セヌモノハ悉クソウシテ宜イト云フノデアリマス、処デ彼ノ強姦サレタトカ云フ場合ニ其強姦サレタモノハ処女デ其事ガ世ニ明カニナレハ此処女ハ其レガ為メニ潔白ヲ傷フテ婚姻ノ時期ヲ失フト云フ事モアリマス、成程是ハ幾分カ其関係モ有リマセウガ社会ハ之カ為メニ忍ハネハナラヌト云フコトニナルト、ドン〳〵罪ヲ犯ス者ガ出来ル、純然タル道理ニ拠テ社会ヲ維持スルニハ決シテ一個人ニ利益カアルカラト云テ其告訴ヲ竢チ刑罰ヲ施スト云フコトハナイ、尤モ何レノ国モ是等ノ法律ガ立テ居テ学者ガ何トカ屁理屈ヲ附ケテ居リマスガ、社会ノ権利ヲ維持スルニ被害者ノ告訴ヲ竢テ罰スヘキモノトスレハ実ニ卑屈極マツタ訳デアルカラ古ヘヨリ存在シテ居ル旧主義ハ之ヲ改メネハナラン、斯様ニ被害人ノ告訴ヲ竢テ罰スル者トスルトキハ殆ント是等ノ公訴ハ起ラヌコトニナル、元来現行刑法ハ外ノ事ニ付テハ悉ク告訴ヲ竢タスシテ公訴ヲ起スコトニナツテ居リマスカラ其原則ト云フ者ハ決シテ一個人ノ為メニ刑罰ヲ適用スル訳デハナイ、犯罪者ガアレハ何処〳〵迄モ罰シテ可ナルモノデアル、然ルニ之ヲ一個人ノ問題ト為スニ於テハ復讐主義ヲ充分ニ帯ヒテ居ルト云ハナケレハナリマセン。今一ツハ死刑デアリマス死刑ハ果シテ如何ナル場合ニ施スカト云フニ謀殺、毒殺、又ハ人ノ住居スル所ノ家屋ニ放火シタル事件及ヒ人ノ住居ニ水ヲ流シ込ンダト云フ場合デス詰マリ何レノ場合ニ於テモ人命ニ危険ガアレハ（国事犯モアル）マア待テ下サイ、ソウ言ハヌ先キカラ言ハレテハ困リマス、水モ火モ大抵同ジデ一方ハ熱イノト一方ハ冷イトヲ以テ人命ヲ危険ニスルノデアリマス是ガ常事犯ノ場合デアリマス、次ニ国事犯ニ付テ死刑ハ無用デアルト云フノハ私ハ尤モノ説ト思ヒマス是ハ怯ズ臆セズ論シマスガ何ウシテモ人ヲ殺ストカ死ニ当テルトカ云フ権利ハ無イ何ウ考ヘテモ是ハ復讐主義ノ痕跡ヲ存シテ居ルト云フコトニ認定センケレバナラン、何ウ云フ訳カト云フニ社会ハ人ノ性命ヲ絶ツノ権ヲ持テ居ルカト云フ疑問ニナリマス、併シナガラ社会ノ平和ヲ維持スルニハ左様ニ皆生カシテ置クト監獄費ガ入ツテカナハン、此監獄費ハ今日殆ント海陸軍ノ費用ト同シデアル、何ンデモドン〈〵殺シテ仕舞ハナケレハナラント云フ説ガアリマス、日本モ道徳ガ地ニ墜チタト云ツテモ一ケ年ノ死刑数ハ何程位カト云フニ決シテ他ノ処刑ノ百分ノ一ニモ当ラナイ、若シ監獄費ガ入ルカラト云フナラ一旦(ママ)罪人ニナツタ奴ハ悉ク殺シタ方ガ宜イト云フ考ヘデ少シ法律ニ触レル者ハ片端カラ殺シテ仕舞フト云ナラ或ハ賛成スルカモ知レマセンガ、是ハ万止ヲ得ヌ訳デ罪人ノ如キモ尊フヘキ者デアルト云フナラ死刑ヲ用イナイガ宜イ、ソコデ私ノ考ヘハ決シテ社会ヲ害スル者デアルカラ之ヲ殺スト云デハナイ即チ害ヲ為スカラト云フナラ、ドンナ事ヲ為シタカラトテ社会ノ防禦権ノ必要カラスルト云フナラハ死刑ヲ行ハサルモ無期徒刑デ縛ツテ置クハ必要デアリマスガ是ハ決シテ謀殺故殺ノ被害者ガ其レデ満足スルコトヲ得ル為メノ旨意デハ御ザリマセン。最早諸君カ倦タ様子デ段々帰ラレル方モアリマスガ、私ハ空堂ニ向テ説明スルコトハ好ミマセンカラ（謹聴々々）是迄陳ヘマシタ所デ殴打創傷ノ罪ト死刑ノ罪ニハ充分ニ復讐主義ハ存在シテ居ルト致シテ、此問題ハ如何様ニ改正シテ宜イカト云フコトニ就テハ後日述フルコト、致シマス。

「贈与ノ減殺廃止説ニ対スル卑見」（明治二三年三月二八日）

（「民法編纂ニ関スル意見書」『日本近代立法資料叢書』第一二巻）

過日取調局ノ多数決ヲ以テ相続人ノ為メニ於ケル貯存財産ノ制度ハ死亡者ノ遺言ニ由リ処分シタル過量ノ遺贈ヲ減殺スルニ止メテ其存生中贈与ハ確定ノモノトシ後ヨリ之ヲ減殺スル等ノ繁雑ナル手続ハ尽ク削除シテ更ニ修正スヘキノ命ヲ辱フシ従来諸邦及ヒ諸家ノ法書ヲ繙キ反復丁寧之ヲ研究セシト雖供《ママ》貯存方法ノ制度ヲ取ル法律ニシテ其減殺ヲ遺贈ニ限リタル先例ヲ見ス殊ニ諸家ノ日ク無償処分ノ最モ制限スヘキハ贈与ニ在リテ遺贈ニアラスト蓋シ臨終フ意思中概シテ一時ノ情欲ノ支配スル所ニ出テサルカ故ナラン乎然ルニ今中我カ新法ニ於テ之ト全ク其趣旨ヲ反対シ贈与ハ確定ノモノトシ過量ノ遺贈ノミヲ減殺スト為スハ法理顛倒ノ理由ナキヲ保タス加之我カ新法ノ他ノ部分ニ於テ贈与ハ有式契約トシ其自由ヲ制限セラレ而シテ遺贈ハ其法式ニ二三箇ノ方法ヲ設ケ加フルニ特別ノ場合ニ於テ一層ノ便宜方法ヲ置カシメタルモノト諸邦及ヒ諸家ノ認ムル所ノ法理ト其趣旨一致シタルニ由ル事疑ヲ容レス斯ノ如ク一方ニ於テハ贈与ハ制限スヘク遺贈ハ自由ヲ貴フノ原則ヲ認知セラレナカラ他ノ一方即チ貯存財産ノ制度ニ関シテ全ク其主義ノ表裏シタルモノヲ見ルニ至ルハ奇怪ノ思ヒナキ能ハス其レ然リ本局ニ於テ減殺ヲ遺贈ニ限ルヘキノ議多数ヲ占ムルニ至リタルモノモ亦其理由ナキニアラス一旦贈与シタルモノヲ後ヨリ減殺スルハ其手数ノ面倒ナルノミナラス受贈者ノ迷惑一方ナラサルニ在ルナリ蓋シ其手数ノ面倒ナルト受贈者ノ迷惑一方ナラサルトハ固ヨリ掩フヘカラサルノ事実ナリ然レ供此事実ハ果シテ贈与ノ減殺ヲ廃スルノ価値アルヤ如何今日再ヒ此問題ヲ提出スルハ本局ノ議決ヲ奉体セサルノ罪ヲ免ン《ママ》スト雖供事重要ニ渉ルヲ以テ黙止スル能ハス敢テ左ニ一言ス

抑々今日ノ贈与ヲ後日ニ取戻スヲ以テ不都合ノ感覚ヲ来タスハ従来我国ニ贈与ノ方式定マラス殊ニ其実例モ稀レ

ニシテ僅ニ実例ハ親族知友ノ間ニ為ス時々ノ贈所謂草按ノ慣習ノ贈与ト称スルモノニ止マレリ是ヲ以テ従来ノ贈与ハ確定ノ性質ヲ有セシモ亦宜ナリ草按ト雖供是等ノ贈与ハ減殺スルノ限リニアラス

又今日ノ贈与ヲ後日取戻スハ受贈者ノ迷惑ナル事論ヲ待タスト雖供特リ受贈者ニ止マラス他ノ所為ニ由リ今日所有権又ハ其他ノ権利ヲ取得シテ他日種々ノ原因ニ基キ取戻サルルニ至ルモノハ尽ク受贈者ノ減殺ニ遭フモノト同一ノ迷惑ヲ感スヘシ茲ニ其一例ヲ挙クレハ解除ノ未必条件成就シタルカ為メ曾テ得タル所ノ権利ヲ取戻サルル者又ハ債権者ヲ詐害スル意思ニ出テタル事実ヲ知ラスシテ債務者ヨリ贈与ヲ受ケタル受贈者カ債権者ニ取戻サルル場合或ハ所有者タラサル者ヨリ物件ヲ取得シタル者カ所有者ヨリ取戻サルル場合其他総テ契約ノ廃罷無効及ヒ銷除等ニ原因シテ曾テ得タル物件ヲ取戻サルル場合ハ議定ノ法案中殆ト枚挙ニ遑アラス斯ノ如ク他ノ場合ニ於テハ其取戻ヲ受クル者ノ迷惑ニ拘ハラス法案ヲ可決セラレタルニ特リ贈与ノ減殺ニ於テ受贈者ヲ保護セラルルニ厚クシテ相続人ノ為メニ於ケル貯存財産ノ制度ノ根拠ヲ弱ムル事ヲ肯セラルルハ小官ノ怪ム所ナリ

或ハ曰ク他ノ場合ハ契約ノ瑕瑾若クハ契約以後ノ特別ノ原由ニ基クモノナリ贈与ハ然ラス贈与ノ時正当ノモノモ将来贈与者ノ身代ノ増減如何ニ由リテ減殺スルハ受贈者ノ曾テ与リ知ラサル原因ニ基クモノナリ是レ減殺ヲ許ササルハ却テ至当ナリト曰ク然ラス元来受贈者ハ贈与者ノ死亡ノ時ニ於ケル財産ヲ通算シテ其幾分ニ当ル価額ノ分量ニアラサレハ贈与トシテ領収スル事ヲ得サル性質ノモノナリ故ニ贈与者ノ死亡ニ先タチテ受クル贈与ハ法律ノ見ル所ニ於テ一種ノ未必条件即チ他日ノ通算上其分量相当ナレハ有効過当ナレハ減殺スヘキ条件ヲ帯ヒタルモノトス然シテ法律上斯ク規定シ之ヲ頒布スル以上ハ将来ノ受贈者ハ必ス其条件付キノ性質ヲ了知シテ贈与ヲ受クルニ至ルヘシ然ルトキハ今日得タル権利ヲ契約ニ基キ他日之ヲ解除スルモノト何ソ択ハン既ニ他ノ部分ニ於テハ今日生セシ効果ヲ他日無ニ帰スルノ場合ヲ数箇採用セラレタル以上ハ贈与ノ減殺ニ限リ之ヲ排斥セラルル理由ハ万ナキモノト思考シテ止マス願クハ再議ノ栄ヲ賜ハラン事ヲ

明治二十三年三月二十八日

贈与ノ減殺廃止説ニ対スル卑見

法律取調局御中

報告委員　磯部四郎

国際法に関する討論筆記

（国際法問題「一国ノ改正憲法ニ抵触スヘキ外国条約ノ項目ハ廃棄シ得ルヤ」）

（『東京五大法律学校聯合討論筆記』第三編、明治二三年四月三日発行）

全体私ハ此問題ニ就テ別段考ヘモ無イガ（聴衆曰分ラナイ）（演者曰段々声カ大キクナリマス）此問題ヲ見テ実ニ案外ノ事ニ思ツテ幹事ニ向テ此事ヲ一言シテ宜シカト聞キマシタラ幸ヒ此問題ニ付テ述ヘル者ガ少イカラ弁論セヨト云フ許シテ受ケマシタカラ鳥渡一言シマス（姓名カ分ラヌ名乗ルベシ）斯ノ演壇ニ即ク時ニ幹事ヨリ満場諸君ニ紹介セラレテ磯部四郎ト云ハレマシタ「シヤップ」ヲ首ツキリ冠ツテ居テハ聞ヘマセンカラ「シヤップ」ヲ脱イテ耳ヲ洗ツテ御聴ナサイ私ニ反対ノ論者ガアルナラ私ガ言フ丈ケノ事ヲ聴キ畢ツタ上デ斯ノ演壇ニ上ツテ駁撃シタ方ガ宜イマダ言ハヌ先キカラ彼レ是レ云ツテ胡魔化ソウ杯トスルハ宜クナイ此問題タルヤ一国ノ憲法ヲ改正シタナラ之ニ抵触スル外国ノ条約ハ廃棄スルコトガ出来ルカト云フノデアルガ斯ノ如キ問題カラ喧シイ議論カ沸騰スルノデアル一国ハ大ナリト雖トモ一家ニ均シイモノデアル今甲乙相互ニ契約スルニ当リ長ク其契約ヲ履行シテ居ル其内ニ或ル一家カ其家ノ掟ヲ改正シタカラ其契約ヲ変シテ呉レト云フコトハ出来ナイ向フノ承諾ヲ経スシテ今日竝ヒ立テ御前ノ方ハ忍耐シテ呉レト云フ理屈ハ立タヌ果シテ然リトスレハ一国大ナリト雖モ一人一家ノ約束ト異ナラナイ一人一家ト雖モ一旦約束スル上ハ都合ガ悪イカラト云ツテ跡カラ改メル訳ニハ往カヌ一国ノ憲法ヲ改正シタカラ其抵触スル点ヲ省イテ呉レト云フコトハ出来ナイ其レガ出来ナイ以上ハ決シテ之カ言ヲ発スヘキモノデナイ是丈ケノ事ヲ申シマス其レニ唯今決議ノ仕方ガ不公平ダトカ書生ノ外ニハ公平ハ無イ様ニ云ハレタガ公平ハ独リ書生ノ占有物デモナク校友諸君ニモ其外ニモアル私ハ書生デハナイガ左様認メマス本問ニ対シテハ別ニ論スヘキ所モアリマスカ斯ハ他ノ同論者ニ譲リマショー（大喝采）

「新法発布の理由」

(『東京五大法律学校聯合討論筆記』第四編、明治二三年六月一日発行)

私ガ今日此会ニ於テ申マスルノハ、即チ此処ニ掲ケテアル新法発布ノ理由ト云事ヲ御話シ申シマスル積リデ、少シ考ヘモ有マスガ、余程時間モ遅レマシタカラ、簡単ニ弁ジマス、先ヅ今日日本ノ法律社会ノ有様ヲ見マスルト云フト、大学ニ於テハ或ル国ノ法律ヲ最モ盛ニ教ヘテ居ラレル、或ヒハ又私立学校ノ内何々学校ニ於テハ何国ノ法律ト云者ヲ最モ盛ニ教ヘルシ、ソレカラ裁判官ハ何ウデアルカト云フニ、今日裁判官ノ多数ハ、始メニ自分ガ実際ニ於テ年来ノ慣習ト云者ヲ以テ前ノ法律ヲ適用サル、傾キガアルカラ、甲ノ裁判デハ英法ヲ執ル事モアルシ、乙ノ裁判デハ仏法ニ頼ル処モアリテ一定シタ処ガナイ、大学デハ大学デ別々ニ法律ヲ教ヘテ居ルシ、他ノ学校ニ於テモ又同様別々ニ教ヘテ居ルカラ、是ヲ学ブ人ニ於テモ矢張リ英法ヲ学ンダ人ト、仏法ヲ学ンダ人トハ各々意見ガ異ナツテ、法律ノ統一ト云フ事ガ出来ナイヤウニ成テ来マシタ、(喝采)実トニ人間ト云者ハ、依リ処ガナイヤウニ成テ仕舞マス、尤モ他ニハ然云フ法ガアルカ知リマセヌケレ共、私ノ考ヘデハ如斯有様ニ遺(ママ)ツテ行ツタナラバ、社会ヲ平均シテ行ク事ハ出来ナイダラウト思ヒマス、(拍手喝采)苟モ法律ト云者ハ確定シナケレバナラヌ、法律ト云者ハ一定シテ行カナケレバナラヌ者デアル、是ガ即チ新法発布ノ理由デアルト斯ウ述ベラル、方モアルガ、私ノ考ヘデハ之ニハ反対ノ御方ガ有マスカ知ラヌケレ共、実トニ各法律学校ト云者ハ、皆一定シテ居ラヌヤウニ思フ、元ト此日本ノ法律ト云フ者ハ、何レノ国カラ来タ者デアルカト考ヘテ見ルト、始メハ支那カラ来タニ違ヒナイ、処ガ、支那ハ法律ト云フ者ハ、所謂条理ヨリ処分スル法ト云フ者ヲ定メタ者デアルカナイカト云事ヲ考ヘテ見マスルト云フト、或ハ政略ト云事ヲ正当トシテ法律ト云者ヲ作ツテ、清律トカ明律トカ云者ヲ日本デモ旧幕時代ニハ用ヰテ居ツタガ、多クハ漠トシテ分ラズニ、今日マド(ママ)来タツタノデ有マス、併シ然云フ者ハ何処カラ来タカト云ト支那ノ法律ト云者ハ法理ト云事ヲ探求セスシテ、所謂政略上ノ道具デ有マスカト思ヒマス、此間或ル学者ニ聞キマシタガ、支那デハ制シテ之ヲ定ムルヲ法ト云フ定義ガ易トカヘマスル書物ノ中ニ出テ居ルソウデ御座リマス、私シハ委シイ事ハ知リマセヌデ御座リマスルガ、制シテ之ヲ定ムルヲ法ト云フトアレハ、此制スルト云ハ主権者ガ制スルノデ、治国平天下ノ一策ト云訳デ、条理ニ依テ制スルノデハナク、主権者ガ強テ是ニ拠ラシムルト云ヤウナ工合ニ拵ラヘタ者デアリマス、又欧米各国ノ法律ハドウデアルカト云フト、其元ハ羅馬ニアルカラ、先ヅ羅馬法ノ原則ト云フ者ヲ最初ニ話サナケレバナラナイト思ヒマス、羅馬法ト申マスル者ハ、始メハ何ウデアルカト云フト、羅馬国デ此法律ノ制定ヲ遣ツタノハ、羅馬国ノ開ケタ後ノ話シデ、始メハ羅馬ノ国民ダケニ行ナハレタ法律デ、其法律ハ詰リ羅馬国ダケニ止マツテ居ツタノデ御座リマシタケレ共、併シ羅馬ノ兵力ガ盛ニ国カ強大ニ成ツテ欧米各国ノ過半数ガ羅馬ニ服従シテ、外国トノ交際ト云者モ大変頻繁ニ成ツテ来マシタカラ、此時ニ当ツテ外国人ニ適スル法律ヲ設ケナケレバナラナイ、乍併一般然云フ法律ニスレバ、自国人民ニハ決シテ適用シ得ベカラザル偏頗ナ法律ト云者ニ成ツテ仕マウ、羅馬ノ法律ハ前ニモ述ベマシタ通リ、羅馬固有ノ人民ニ適用スルヤウニ作ツタ法律デ有マスガ、是ニ反シテどろあでじやんト云フ法律ヲ設ケナケレハナラナイト云リ《(ママ)》ノハ、即チ羅馬固有ノ人民デナイ、外国人タル近頃羅馬ヘ降服シテ来タル奴隷、或ハ羅馬ノ範囲内ニ属スル処ノ人民ト云フ者ニハどろあでじやんト云フ法律ヲ設ケタノデ有マス、是ヲ後世訳シテ万国公法ト申マス、(喝采)

而シテどろあでじやんトハ、人ニ普通ノ法ト云ヤウナ者デ元々羅馬ノ習慣ニ依ツタ者デナク又羅馬ノ風俗ニ依ツタ者デモナイノデ詰リ条理ト云フノニ拠ツテ是ヲ拵ラヘタ者デ有マス、此条理ト云フ者ハ何レノ国ノ人ニテモ適スルヤウナ勢ヒニ成ツテ居ル、羅馬ノ法律ガ各国ノ法律ノ原因ト成ツタト云フ者ハ詰リ、此羅馬固有ノ法デナクシテ、どろあでじやん其レガ各国法律ノ重ナル原因ト成ツテ居ルノデ御座リマス、(喝采)

独乙ニモ、仏蘭西ニモ、伊太利ニモ法律ガアルガ、其元ハ皆羅馬ノ所謂どろあでじやんデ御座リマス、シテ見マスルト、英吉利ノ法律モ、独乙ノ法律モ、ソレカラ伊太利ノ法律、其他各国ノ法律モ、元ハ皆羅馬カラ起ツタ者デアリマス、併乍英吉利デ学ンダ人ト、仏蘭西デ学ンダ人ト、伊太利デ学ンダ人トハ解釈ノ方法等ハ異ナル点モ有マスケレ共、其法理ニ至ツテハ、西カラ来ル法律モ、東カラ来ル法律モ、能々調ブレバ其原理ハ勢ヒ自カラ一定ニ帰スル事ノアルノハ、屡々見受ル処デアル、是ガ私ノ法律ヲ拵ラヘナケレバナラント云フノ根底デ有マス、然ラバ成文ノ法律ヲ発布スルガヨイカ、或ハ日本固有ノ法律即チ習慣カラ起ツテ居ル処ノ法律ト云者カ日本ニアルガ、夫レヲ適用スルガヨイカト云フ問題ガ起ラナケレバナラント思ヒマス、法律ハ社会ノ事物ノ進歩スルト同時ニ矢張リ進歩スルモノデアル、社会ト云フ者ハ始メハ野蛮ナ処カラ段々ト開明ノ方ニ成ツテ来ルノデアル、ソレデ私ハ日本ノ有様ハ何ウデアルカト云コトヲ見マスルニ其昔シハ精シク知リマセヌカ徳川氏ノ時分ニハ百ケ条ヲ以テ治メルトカ云フ事ガ(ママ)出来マシタガ、併シ世ノ中ガ段々開ケテ来タノテ、日本デモ新律綱領杯、是ハ総テ明清ノ法律ニ依ツタ者デ御坐リマスル、然ルニ其法モ段々刑法ノ論理ニ合ハナクテ、夫レガ為ニ又其法律ノ効力モ社会ノ進歩ニ伴ナハナク成ツテ来タカラ、明治初年ニ至ツテ改定律令ト云モノヲ拵ラヘタガ是モ矢張明清ノ律ヲ参酌シタニ止マル、ソレガ又段々イケナクナツタカラ、ソレデ明治十四年頃我ガ刑法即チ今ノ刑法治罪法ヲ拵ラヘタノデアル、総テ社会ガ進ムニ従ツテ、法律ト云者ハ改正シナケレバナラヌ、今度ノ新法杯ハ条理ニ依テ成立ツタ法律デアル、苟モ条理ヲ基本トシテ成立タ法律ヲ学ンタ人デアル以上ハ、英米仏独ヲ問ハズ、充分ニ理解シ得ラル、モノナリ、故ニ新法発布ハ為メニ従来ノ法律学ノ方向ヲ毫モ変スルニ及バザル者ト思ヒマス諸君御安心アリテ然ルベシ

「新法ノ改正説ハ時ノ必需ニ応セス」

（『法政誌叢』第一一九号、明治二四年一月一〇日発行）

余ハ曩者裁判所構成法ノ改正ヲ主唱スル者アリト聞キ唯一時ノ流言ニ過キスト思ヒ居タルニ頃来図ラサリキ衆議院ノ議案ニ上ルニ至ラントハ今其改正ノ理由トスル所ヲ聞クニ曰ク裁判所構成法ハ其実施上巨額ノ金円ヲ要ス之ヲ改正シテ経費ヲ節減セサルヘカラスト曰ク合議裁判法ハ裁判官ノ責任ヲ薄フスルモノナリト曰ク合議裁判法ハ裁判事務ノ延滞ヲ来タスモノナリト而シテ其改正ノ結果トシテ区裁判所及ビ地方裁判所ハ単独判事ヲ以テ裁判ヲ為サシメ控訴院及ヒ大審院ハ三人乃至五人ノ判事ヲ以テ合議審判セシムル所ト為サントスルニ在リ思フニ之レヲ主唱スル者ハ判事ノ責任事務ノ渋滞ニ其理由ヲ資ルト雖トモ職トシテ経費節減ノ点ニ在ラスンバアラス何トナレバ若シ合議裁判法ハ全ク判事ノ責任ヲ薄ラケ事務ノ渋滞ヲ醸スノ弊アリトセハ其弊ハ特リ地方裁判所ニ止マラスシテ控訴院又ハ大審院ニ於テモ亦是レアルヘキハ必然ノ理ナルヘキニ改正論者ハ控訴院大審院ニ限リ合議裁判法ヲ存スルノ利益ヲ認ムレハナリ余ハ合議裁判法其物カ控訴院大審院ニ於テ利益アリトシ乍ラ何故地方裁判所ニ於テモ亦其利益ナキ乎理由ヲ見ル能ハサルナリ果シテ然ラハ改正論者ノ理由トスル所全ク経費ノ一点ニ在リト云フモ決シテ不可ナキナリ然レトモ経費節減ハ果シテ改正ノ理由ト為スニ足ルヤ否ヤ是レ須ラク講究ス可キ問題ナリトス請フ試ミニ之ヲ論セン

裁判所構成法ノ実施ニ伴ヒ幾分カ経費ノ増加ヲ要スルハ余モ亦之ヲ認メサルニ非ス然レトモ余ハ是ヲ以テ満足ナル裁判ヲ買フニ必須ノ代価トシテ毫モ怪マサルノミナラス却テ国民ノ為メ是レヲ賀セント欲スルナリ見ヨ改正論者ト雖トモ市場ニ於テ貴重ノ宝品ヲ購フニ万家ノ資ヲ投スルヲ惜マサルニ非スヤ国家独立ノ大計ヲ立ツルカ為メニハ毎年歳入ノ四分ノ一ヲ陸海軍費ニ投シテ尚ホ慊然タルニ非スヤ其他教育ノ為メ殖産ノ為メ幾分ノ費用ヲ投シ

テ尚ホ欣然タルニ非ス乎他ナシ物件ヲ購フニ相応ノ価値ヲ要スルヲ知レハナリ然ルニ特リ完全ナル裁判法ヲ購フカ為メニ躊躇逡巡スルニ至リテハ是レ豈ニ自由ヲ貴ヒ権利ヲ重ンスル者ノ為ス所ナラン乎余ハ徒ラニ目前ノ小利ニ安ンシテ裁判其公ヲ欠キ法律其用ヲ失フヲ慮ラサル近眼者流ノ説ニ与スルヲ欲セサルナリ

以上ノ如ク云ハ、論者必ス云ハン合議裁判法ハ其要スル費用ニ準スル価値ナキヲ如何セント果シテ然ラハ何故ニ控訴院大審院ニ限リ合議裁判法ヲ存置シタル乎合議法其物ノ無益ナルナランニハ凡テノ裁判所ニ通シテ無益ナル可キナリ何ソ独リ彼レニ有益ニシテ此レニ無益ナルコトアラン乎若シ夫レ控訴又ハ上告裁判所ハ上階ノ裁判所ニシテ確定判決ヲ為シ若クハ確定ニ近キ判決ヲ為スモノナルカ故ナリト云ハン歟地方裁判所ノ判決ト雖トモ上訴ノ期間ヲ経過スルニ於テハ確定判決ト為ルモノナレハ彼ニ丁重ナル裁判法ヲ要スレハ此レニモ亦之ヲ要スルハ言ヲ待タス況ンヤ地方裁判所ハ彼ノ刑罰中ノ極刑タル死刑ヲ宣告スルコトアルニ之レヲ単独判事ノ裁判ニ一任スルハ極メテ危且険ナルモノアルニ於テオヤ余ハ何故斯ノ如キ重大ナル事件ヲ裁判スル地方裁判所ニ限リ合議裁判法ヲ要セストスル乎ノ理由ヲ尋ヌルニ苦ム故ニ改正論者ノ理由トスル所全ク経費節減ノ一点ニ帰スルヲ信シテ疑ハサルナリ若シ夫レ論者ノ云フカ如ク合議裁判ハ判事ヲシテ各々其責任ニ重キヲ置カシメス且ツ事務ノ渋滞ヲ来スモノナランニハ何故之ヲ控訴院及ヒ大審院ニノミ存セシメントスル歟

合議裁判所ハ判事ヲシテ責任ヲ薄フセシメ且ツ事務ノ渋滞ヲ来タスモノナリトハ前屡々述フルカ如ク改正論者ノ主トシテ主張スル所ノ理由ナリト雖トモ余ハ飽クマデ其理由トスル所ニ非サルヲ信スルノミナラス仮リニ其理由ナリトスルモ大ヒニ誤マレルヲ知ルナリ合議法ハ判事ヲシテ其責任ヲ免レシムルモノナリトセハ二人以上ノ協議ハ凡テ各々ヲシテ責任ヲ免レシムルモノナリト云フノ論結ニ至ルヘシ果シテ然ルトキハ一国ノ立法権モ之ヲ議会ニ委ヌルヨリハ寧ロ単独ノ立法者ニ托スルニ如カスト言ハサルヲ得サル可シ何トナレハ数人ノ判事合議シテ一個ノ判決ノ結果ニ達スルトキハ其責数人ニ分配セラル、カ故ニ各個ノ責任ヲ薄フスルモノナリト云ハ、数十人又ハ数百人ノ会合ニ因リテ得タル一箇ノ議決ハ数百人ニ其責任ヲ分配スルカ故ニ各員ノ責任ヲ薄フスルモノナリト云

フニ異ナラサレハナリ此理ヲ推ストキハ特リ立法権ノミナラス一国ノ政体モ代議政体ヨリモ寡人政体ハ完全ニシテ寡人政体ヨリモ独裁政体ハ善良ナリト云ハサルヲ得サルニ至ル然レトモ数十人又ハ数百人ノ会合ニ因リテ為シタル議決ハ其公正ヲ保スルニ於テ利益アリト云ハ、数人ノ合議裁判ハ何故之ヲ保スルノ利益アラサル歟余ハ欧米各国法律歴史ニ徴シテ単独判事請託苞苴ヲ受ケ裁判ヲ誤リタルノ例ヲ知ルモ其合議法ナルカ故ニ請託苞苴行ハレタル実迹ヲ聞カス惟フニ裁判権ヲ終審官タル単独判事ニ依頼スルノ安全ニシテ数人ノ合議ニ依頼スルノ不安全ナリト云フハ余未タ其理由ヲ知ラサルナリ又合議裁判法ハ事務ノ渋滞ヲ来タスト云フハ是レ未ダ法律全体ヲ通読セサルノ結果ナリ論者若シ民刑訴訟法ニ照シテ当局者ハ何故ニ刑事ニ於テモ民事ニ於テモ受命判事ノ規定ヲ設ケタルカヲ悟ラハ論者ノ憂ハ実ニ杞憂タルヲ免レサルヲ知ル可シ蓋シ受命判事ハ主任判事ノ如ク自ラ事件ノ取調ニ任スル者ナレハナリ是ヲ以テ事務ノ渋滞ナキ而已ナラス却テ之ヲ迅速ナラシムルモノトス惟フニ論者ノ如キハ啻ニ旧ヲ以テ新ヲ占ヒ既往ヲ以テ将来ヲトセントスルモノニシテ其間ニ大ナル徑庭明亮ナル差異ノ存スルアルヲ知ラサルモノト云フモ決シテ過言ニ非サルナリ

蓋シ法律ハ素ヨリ人造ノモノナレハ猶ホ諸他ノ人造物ニ於ケルカ如ク万弊ナキヲ保タサルハ喋々ノ弁ヲ竢チテ後チ知ル可キニアラス然レトモ新法ハ総テ既生ノ弊害ヲ矯正スルノ精神ヲ以テ之ヲ制定スルモノナレハ既生ノ弊害ハ仍テ矯正スルコトヲ得ルノ価値アルモノト信シテ可ナリ新法ノ将来ニ生ス可キ弊害如何ハ数年ノ実験ヲ経テ確答スルヲ得ヘシ今日之ヲ論スルハ一個ノ管見臆測ノミ又以テ軽忽ノ譏ヲ免カレス

我カ政府ハ民事商事訴訟及ヒ裁判構成ニ関シ数年ノ経迹ヲ按シ既生ノ弊ヲ去リ将来ノ安ヲ保タンコトヲ期シ時ノ国法ヲ遵奉シテ其新法ヲ施クヤ未タ一日ノ実験ヲ経サルニ昨冬既ニ商法ノ実験ヲ停止シ今又裁判所構成法ノ改正説国会議場ニ起ラントス斯ノ如ク法律ノ基礎ヲ弱ムルハ果シテ何ノ為メソヤ其実施ヲ停止シ其改正ヲ求ムルハ我カ商事我カ裁判構成ハ将来モ猶ホ既往ノ如クニテ完全無疵ノモノト思考スルニ出テタル乎将タ論者ハ新法ノ施行上未来必生ノ弊害ヲ看破シタリト為スニ由ル乎両ツナカラ余之ヲ取ラス何トナレハ一ハ事情ニ汗濶ニシテ二ハ人

力ヲ越ユルノ放言ニ過キサレハナリ
余ノ新法ヲ維持スル理由ハ要スルニ左ノ一言ニ在リトス
新法ハ既生ノ弊害ヲ将来ニ矯正スルノ価値アリ此価値以テ経費ノ増加ヲ償フニ余リアリ其更ニ生ス可キ弊害ノ如何ハ若シ改正説ノ行ハル、ニ至リテ之ヨリ生ス可キ弊害ノ如何ト同シク予知ス可キニアラス今日之ヲ論スルハ事ナキニ事ヲ求ムルモノニシテ時ノ必要ニ応セス所謂ル立法ノ原理ニ反ス蓋シ新法ノ実験ヲ未タ経サルニ其改正ヲ唱フルカ如キハ青年書生ノ口ヨリ出ツルモノナラン豈ニ国家ノ大任ヲ身ニ帯フ国会議員ニシテ是等ノ遠慮ナキコトアランヤ

「新法制定ノ沿革ヲ述ブ」（一）（七月廿六日厚生舘における法治協会演説会筆記）

（『法治協会雑誌』第二号、明治二四年八月一二日発行）

私ハ法律ノ講釈ハ常ニ遣ツテ居リマスカラ其方ニハ少シク馴レテ居リマスガ一体演説何ンカト云フコトハ至ツテ不得手デアルカラ余程御聞苦シイ所ガアルト考ヘマス加之今日ノ演題ハ掲示ノ通リ新法制定ノ沿革ヲ述ベルト云フノデアリマスカラ別ニ力ヲ入レテ述ベル所ハアリマセン只是迄法律ノ制定ニナリマシタ其順序ヲズツト諸君ニ開陳スレバ夫レデ済ム訳ケデ御座リマス然カシナガラ只夫レダケノ事ヲ述ベマシタノミデハ何ノ為メニ此処ニ上ツタノデアルカ一向効ノナイ理由ノ無イヤウナ演説ニ為ツテ仕舞フト考ヘマスカラ自然論理ニ渉ル点モアルモノト思召サレンコトヲ願ヒマス

抑モ私ガ此処ヘ出テ新法制定ノ沿革ヲ述ベンケレバナラヌ所謂必要即チ自分等ノ身ニ取ツテ重イ責任ガアルト考ヘマスト申シマスルノハ此新法ハ如何ナル所カラ成立ツテ如何ナル所カラ生ミ出シタルモノデアルカト問ヒマスニ此新法制定ノ必要ハ司法部内ガ最モ感ジタノニ相違ナイ故ニ司法部内ノ人ハドウ云フ所カラ新法制定ノ必要ヲ感ジタト云フコトヲ何処々々マデモ示シテ徒ラニ必要ガナイノニ是レダケノモノヲ拵ヘタノデハナイト云フコトヲ世ノ中ニ証明スルノ責任アルモノト考ヘマス然ルニ是レカラ先キハ勝手次第ニ遣ルガ宜イ司法省ガ無用ナ事ヲシテ居ツタノデアルト云ハンバカリニ新法ノ成立ガドウナルトモ夫レハ世間ノ自由勝手ノ攻撃ニ任セテ置ク様ナコトデハ余リ不親切デアルカト考ヘマス而シテ私ガ此処ニ上ツテ沿革ヲ述ベヤウト云フコトヲ諾シタ原因ハ私ハ誠ニ何ンニモナラヌ人間デゴザイマスガ司法部内ノ人間デアリマスカラ此法律ハ何処々々マデモ世ノ中ニ長ク行ハレテ往ツテ且司法部内デ果シテ無用ノ法律ヲ拵エナカツタト云フコトヲ示シテ見タイト云フ考ヘデ不肖乍ラ……之ヲ製造シテ実施スルトセサルトニ拘ハラズ……或ハ文字ガ六ケシイトカ或ハ慣習ニ違フトカ或ハ之ハ欧洲

ノ焼直シデアルト云フノ攻撃ヲ受ケテ之ヲ黙シテ居ルノハ固ヨリ快シトハ致シマセヌドウ云フ必要ガアツテ之ヲ製造シタモノデアルカ司法省ガ之ヲ制定シタノハ偶然ニ遣ツテ見ヤウト云フコトデシタノデハナイコトヲ諸君ニ向ツテ吐露セント欲スル私ノ考ヘデゴザリマス即チ私ガ斯ウ云フ演題ヲ掲ゲマシタ原因デゴザリマス元来私ハ演説ナンカニハ慣レンモノデアリマスカラ諸君ニ向ツテ言フ所ニ味ノナイ所ガ往々デ御坐リマシヨウガ夫レガ為メニノウ〳〵トカヒヤ〳〵トカ云ハレルト私ハ脳乱シテ（聴衆笑フ）演説ガ出来ンカモ知レマセンカラ成ルベク静カニシテ聞イテ遣ラウト云フ思召デドウゾ演説ノ畢ルマデ黙ツテ貰ヒタイ（拍手喝来）

先程カラ諸君モ出ラレテ段々述ベラレタ通リ新法ハ往ケルトカ往ケヌトカ日本ノ慣習ニ違フトカ或ハ文字ガ六ケシイトカ此二ツノ点ヲ修正センケレバナラヌ或ハ之ヲ作リ直シテ行フヤウニシナケレバナラヌト云フ是レヨリ外ニハ何ニモナイ若シ夫レヨリ外ニアレバ焼餅カラ起ツタコトデアルカラ之ヲ此処デ喋々駁スルノ必要ハナイ是レニ対シマシテ慣習ト云フモノニ依ツテ法律ヲ拵エナケレバナラヌト云フ必要ハ何処々々マデモ認メテ居リマス併シ乍ラ慣習ト云フモノハ我国ニ果シテ備ハレルヤ否ヤノ問題ハ暫ラク措キ多少慣習ノ備ハレルモノトシタ所デ其慣習ト云フモノハ一度定マツテ夫レガ何時マデモ遵奉シテ往ケルモノデ有ルカ無イカト云フコトヲ究ハメテ見ネバナラン単ニ慣習ニ違フ法律ハ不都合デアルト云フテ之ヲ批難スルコトハ出来ンコトト考ヘル其理由ヲ究ムレバ日本ノ慣習ハドウ云フ慣習デアルカ所謂慣習ニ違フ法律ト云フテ論ズル人ニ能ク之ヲ確メテ貰ヒタイ慣習法ガナケレバ二千五百年間治メテ来ラレル気遣ヒハナイカラ慣習法ガアツタニ相違ナイ去リ乍ラ其慣習法ハ将来ノ日本ヲ支配シテ往クコトガ出来ルモノデ有ルカ無イカヲ能ク分析シテ貰ヒタイモ一従来ノ慣習法ヲ以テ日本ノ将来ヲ充分ニ支配シテ往クコトガ出来ルモノナラバ即チ財産ノ保護モ出来権利ノ伸張モ出来義務ヲ確実ニ履行セシムルコトモ出来ルト云フコトヲ証拠立テルコトガ出来ナケレハナラヌ其レガ出来レハ其時ハ即チ新法ハ無用ノモノナリト云フコトニナルカモ知レヌ而シテ日本ノ慣習ハ何ガ慣習カト云フト日本ノ慣習法トシテ論ズルコトノ出来ルモノハ御維新ノ始マリ頃マデノ慣習ガ慣習法ト言ハレルカト存ジマス御維新後ハ着々其歩ヲ進メテ来タモノハ

色々アリマスガ法律論モ其一デアル而シテ其中公ケノ権利ニ関スル法典ニハ少シモ慣習論ガ起ラスシテ稍々大成ニ至リマシタ形デアリマスガ之レ誠ニ結構ナコトデ御座リマスガ私権ノミニ慣習論ノヤカマシイノハ変デアリマス実ニ王政復古ニ為ツテ御維新後ノ専政ヲ敗リ郡県ノ制ヲ御編制ニ為リ其外カ舶来シタモノハ色々アルガ皆ナ静穏ニ行ハレマシタ今夫等ヲ分析スベキ場合デハナイ夫レハ業ニ已ニ政治家ト自ラ許シテ居ル方々ガ盛ンニ論ジラル、所デアロフカラ夫等ニハ深ク立入リマセンガ公ケノ権力即チ行政部内若クハ立法部内ニ属スルモノデ即チ行政権立法権概括スレハ公法ト云フモノニ付テハ慣習法ヲ維持セント論セラル、方ハ御座リマセナンダ所カラ我カ将来ノ幸カ不幸カハ鳥渡分リマセンガ兎ニ角充分ニ其基本ガ備ツテ来マシタ故ニ最早慣習法ヲ以テ公法ノ部類ヲ詮議スル訳ケニ参リマセヌ実ニ今日ニ至リ自由主義ハイケナヘ《（ママ）》カラ自由主義カラ成立ツテ居ル法律ヲ去ツテ古ノ封建制度ヲ行ハナケレバナラヌト云フコトハ出来マスマイデアルカラ御維新マデノ慣習法ヲ以テ公法部内ヲ修正シ自由主義ヲ止メテ仕舞フト云フコトハ到底出来ナイ夫レダカラ公法部内ニ於テ慣習法ノ得失ヲ論スルコトハ去ツテ仕舞ハネバナラヌ

然ラハ習慣法ハ何ノ部類ニ這入ツテ其得失ヲ論スルコトガ出来ルカ詰マリ私法部内即チ昨年以来御頒布ニナリマシタ新法ニ関係スルモノデ民間各自ノ権利義務ニ関係スル点ニ付テ従来ノ慣習ヲ以テ将来ヲ支配スルコトガ出来ルカ従来ノ慣習ハ甚ダ用ニ立タヌカラ将来新法実施ノ必要ガ有ルカ無イカト云フコトヲ明カニスルノハ今日私ノ述ブル所デ私モ多少預ツテ居ル事柄デゴザルニ依ツテ夫レダケノ弁解ヲスル責任ガアラウト思ヒマスカラ此処デ述ベマス

日本ノ旧来ノ慣習ハ錯雑シテ分ラナイト云フガ一番確カデアル夫レハドウ云フ訳デアルカト云フニ日本ノ需要ガ悉ク変ツテ来タ夫レデアルカラ今日法律ヲ制定スル必要ハナイ必ズ日本ノ慣習ヲ以テ支配セネバナラヌト云フ論ヲ起シマスルト御維新マデノ慣習法ト云フモノハ今ノ権利義務ヲ確ニ保護スルト云フコトガ出来ルデアラウカ之ヲ証明スルコトガ出来ヤウカ出来マイカ私ハ決シテ出来ヌト思ヒマスナゼ出来ナイカ演題ハ違フガ私ハ曾テ鷗遊

舘ニ於テ此論ヲ提出シテ議論ヲシタコトガゴザリマスガ御維新迄ノ財産上ノ取引ハ如何ナル有様ニ為ツテ居ツタカ斯ウ云フコトヲ考ヘテ貰ハネバナラン即チ其時分ト云フモノハ日本全国ニ於テ商業上取引ノ有様ハ日本全国ガ二百六十個ニ分レテ居ツタト思ヒマスサウシテ各大名ト称スル所ノ領主ガ各己レノ領分内ニ於テ一種ノ裁判権ヲ以テ人民ノ権利義務ニ関係スル所ノ多少ノ裁判ヲ与ヘテ来タ夫レデ有ルカラ御維新前ノ慣習法ト云フモノ、大体ヲ区別シテ見レバ日本全国ガ二百六十ノ慣習デ以テ其国ヲ支配シタト云フコトガ言ハレルデアラウト思フ而シテ其時分ノ取引ハドウ云フコトデアツタカト云フニ僅カノ自分ノ領内ニアツテ取引スル位ナコトデアツテ国々トノ間ニハ所謂関所ガアツテ他国ト取引ヲスルニハ其関所ヲ通ラナケレバナラヌ又商業ノ如キモ二百六十ニ小サク岐レテ居ツタ夫レデ有ルカラ商業ノ取引デモ財産ノ取引デモ其国内デ遣ツテ居ルノデアルカラ取引ガ甚ダ狭カツタ従ツテ交際ガ狭イ狭イカラ余リ間違ヒガ出テ来ナカツタ是ニ於テ裁判ト云フモノガ誠ニ僅カデアツタ決シテ今日ノ如ク交際ノ頻繁ニシテ往来ノ激シイコトハ此時分ニ見ルコトハ出来ナカツタ位デアル其狭イ小サイ慣習裁判ト云フモノハ例ヘバ僅ニ家主五人組ト云フヤウナモノデアルトカ或ハ庄屋様ノ玄関デアルトカ云フ所デ借リタ者ハ金ガ無イノダ有ル金ヲ無イ者ニ貸シタノデ有ルカラ百ケ年賦ニシテ遣レト云フノデドチラモ恐入リマシタト服スルノガ是レガ昔ノ慣習法デ是等ニ感服シテ居ツタノデアル（大笑）所ガ廃藩置県ノ時カラ日本全国ヲ通ジテ取引ガ広マツテ来タ且亦日本人民ノ交際ガ広マツテ来タカラ昔ノヤウニ狭イ交際デナイ商ヒヲスルニ一向其人ヲ知ラナクトモ数千里ノ先キノ人ト郵便ヤ電信ノ力ヲ以テ百万円掛ケノ取引ヲスルコトノ出来ル今日ト為ツテ是レヲ元ノ通リ其区域ヲ小部分ニ狭メテ仕舞ツテ鎖港論カ何ニカノ外交ノ問題ハ悉ク去ツテ仕舞フトシタ所ガ古ヨリマダ交際ガ広ク為ツテ居ル今日デアルカラ御維新以前ノ慣習ヲ以テ日本人民ノ将来ヲ支配シテ往クコトハ当然出来ナイ訳デアル今日ノ新法モ維新以来ノ傾キヲ悉ク破ツテ仕舞ツテ外交ヲ止メテ惟リ外国而巳ナラズ我内国ヲ二百六十カ三百ノ小部分ニ分ツテ人間ノ需用モ只足ラザル所ヲ補ヒ余レル所ヲ出シテサウシテ物産ノ運転ヲ致シ喰フモノヲ喰ヒ藁靴デモ履イテ一生ヲ終ルト云フ風ニ人智ヲ退ケシムル方ノ方針デ遣ツテ往クト云フコトガ出来ルナラバ或ハ従来ノ慣習法ヲ以テ将来ノ人民ヲ支配シテ往クコトガ出来ルカモ知レンケレドモ夫レハ到底行ハレナイ学術ガ進歩スルニ従ツテ人々ガ奢リニ長ジ贅沢物ガ跋扈シテ必要ナモノノミニ満足シテ往クコトガ出来ナク為ツテ来ル世ノ中ハ進歩セズ寧ロ段々退歩シテ仕舞ツテ人間ハ何ンノ為メニ生キテ居ルカ知レヌガ生キテ居ル間ハ何トナク只働イテ暑カラズ寒カラズ動ヒテ居ル丈ケノモノト云フ無智世界ニ退ケバ夫レデ宜シイ結局其ノ方ガ宜イノカモ知レマセンガ（大笑）

今日ハサウ云フ訳ニハ往カヌ益々先キニ進ンデ往カナケレバナラヌ然レバ相識ルモノ、外ハ取引ハ出来ヌ狭イ領内ノ外取引ヲセヌト云フ慣習法ヲ以テ将来ノ人民ヲ支配シテ往クコトガ出来ルカト云フニ詰マリ出来ヌト云フコトハ明カナ話シデアル然ラバ御維新前ノ慣習ヲ以テ将来ノ日本人民ヲ支配シテ往クト云フコトノ出来ンノハ明カデアルカラシテ御維新後二十五年ノ間ニ成立ツタ所ノ慣習ヲ以テ日本ノ将来ヲ支配シテ往クコトガ出来ルカト云フニ若シ充分デアルナラバ別ニ新法ヲ編纂スルニモ及ブマイ金ヲ掛ケテ人ヲ遣ヒ人ニイヤガラレルモノヲ強ヒテ拵ヘ又私モ此暑サヲ耐ヘテ演説スルノ必要ハナイシテ見ルト其点ヲ余程論究シナケレバナラヌ

（未完）

「新法制定ノ沿革ヲ述ブ」（二完）

（『法治協会雑誌』第三号、明治二四年九月一五日発行）

然ラバ御維新後ニ至ツテ人民ノ権利義務ト云フコトニ付テ如何ナル慣習ガゴザリマシタラウカ詰マリ廃藩置県ニ為ツテカラ夫レカラ何ンデモ旧弊ヲ淘汰スルト云フコトガ政府ノ義務ノヤウニ為ツテ何ンデモ旧弊ヲ沙汰スルノガ日本ノ国是ニ取ツテ必要デアルト各藩ノ英雄豪傑ガサウ考ヘラレタノデアル片ツ端カラ旧書類ハ焼イテ仕舞ツテ何ンデモ新シイモノヲ遣ツテ往カナケレバナラヌ其新シイコト、云フノハドウ云フコトヲ考ヘラレタカト云フト福澤先生ノ著シタ西洋事情位ノモノヲ基トシタ之ガ大変流行シテ日本全国ノ英雄豪傑ノ頭ヲ支配シタ（大笑）其英雄ノ頭ノ材料ト為ツタヤウニ考ヘル何ゼナレバ私ハ其時分ハ気楽ニ書生ヲシテ居ツタガ其時ノ公議人デアルトカ公用人デアルトカ云フ立派ナ方々ノ所ヘ往ツテ見レバ其坐右ニハ必ズ西洋事情ガアツタ其西洋事情デ以テ日本従来ノ旧弊ヲ淘汰シテ日本ノ将来ヲ改正シテ往カネバナラヌト云フコトヲ考ヘテ居ラレタモノト見エル（大笑）ケレドモ如何セン彼ノ西洋事情ハ大荒目ノ所ダケハ書イテ有ルニ違ヒナイケレドモ其大荒目ノ仕事ヲスルニハ根本カラ革マツテ来ナケレバナラナイ夫レデ有ルノニ根本ヲバ研究セズニ出来ルダケハ遣ラナケレバナラヌト云フノデ何ンデモ土地ヲ拓イテ産業ヲ盛ンニシナケレバナラヌト云フ様ナ考デ補助金ヲズンズント遣ルヤラ其補助金ヲ貰ツタ自称先覚者輩ハ其土地ヲ開墾スルダケノ学術モナケレハ何ンニモナイ人デ有ツタカドウデ有ツタカ知ラナイガ是ヨリシテ色々ト関係ガ広マツテ来タ是レガ即チ御維新ノ功臣方ガナサレタ所ノ仕事ノ一デアル（喝采）左リ乍ラ夫レガ広マツタコトハ広マツタケレドモ結局ガ附カヌヤウナ始末ニ為ツタ夫レガ為メニ裁判沙汰ガ誠ニ熾ンニ為ツテ来タ其処デ裁判スル人ハドウ云フ先生カト云フニ此時分ノ政府ノ方針デ以テ土地ノ人々ガ其裁判ヲスルト兎角ニ旧風ヲ守ツテ能クナイ故ニ西ノハテカラ東ノハテヘ人ヲ遣ツテ東カラ西ヘ遣リ南ノ人ハ北ヘ遣リ北ノ人ハ南ヘ遣ツテサウシテ其人々ガ裁判事務ナリ又ハ行政事務ナリヲ以テ遣ツテ居ツタニ相違ナイ（喝采）其処デ其人達ノ裁判スル実際ノ有様ハドウ云フ風ニ遣ツテ来タカト云フニ東ノ人ガ南ヘ往ツテ裁判ヲスルカラ南ノ慣習ハ固ヨリ何ニモ知ラナイ南ノ人ハ又東ノ方ノ慣習ヲ知ラナイソンナラ此人々ハ何ヲ以テ裁判スルカト云フニ条理ヲ以テ裁判シテ居ル条理ト云フモノハ如何ニモ結構ナモノデアルガ此条理ト云フヤツハ其人名《（ママ）》々ノ見ル所ニ依ツテ違フ故ニ私ガ条理ト思フ所ハ反対論者ハ磯部ハ妙ナコトヲ言フ奴ダ間違ツタ条理ヲ言ツテ居ルト云フテ詰マリ己レノ智識ノ及ブ限リ其上ニ条理ト云フモノハ無イカラ条理ガ常ニ相闘フテ居ル況ヤ法律ノ条理ト云フモノハ特別ノ条理デアツテ彼ノ錚々タル代言人ノ間ニモ条理ニ黒白ノ差ガ有ルヤウナモノデアル夫レガ為メニ議論ガ錯雑ニ流レテ名々ノ条理ヲ以テ論ズルカラ終ニハ人情ニ違フ所ノ裁判ト云フモノガ出テ来ル稍トモスルト証文ニ実印ガナケレバ其効力ガ無イト云フコトノ御布告ニナレバ大丸デアルトカ越後屋デアルトカ其見世ノ仕切判ヲ押シタル証書ニモ本人ノ実印ガナケレバイケヌト云フヤウナ裁判例ガ出来タノデアル（大笑）ソコデ以テ仕方ガ無イカラ何ントカシテ一定ノ標準ヲ与ヘテ呉レネバナラヌ其標準ハドウシテ立テルカト云フ一ツノ問題ガ起ツテ来タノデアル詰マリ法律トスルニ従来ノ慣習ヲ取ルコトガ出来ントスレバ今日ノ慣習ハドウデアルカト云フニ何ンニモナイ是レカラ先キ人民ガ到底安ンジテ取引ノ出来ンコトニナルデアルカラ何ンデモカンデモ法律ヲ制定スルノ必要ガ生ジテ来タノデアル又其必要ガアリマセウ夫レハ今日カラ思ヒ遣ラレルコトデアル夫レカラ此法律ヲドウシテ作ルカト言ヒマスト日本ニハ前ニモ申ス如ク慣習トスベキモノモナク日本ノ法律学ハ専門学トシテ成立ツテハ居ラナカツタカラ日本人民ガ一般ニ法律ノ思想ニ富ンデ居ラヌ斯様ナ有様デ法律ヲ作ラネバナラヌ必要ガ起ツタトキニドンナ法律ヲ作ルカト言ヘバ斯ウ云フ法律ヲ作リマセウト云フモノハ壹人モナカツタ何ゼナラバサウ云フ法律家ガアレバ勿論法律ヲ制定スルト云フ議論モ起ラナカツタニ相違ナイサウ為ツテ見レバ日本固有ノ法律ヲ作ルコトハ到底出来ナイカラ寧ロ欧米各国ノ法律ヲ土台ニシテ日本帝国ニ当篏メルヤウナ法律ヲ本トシテ日本古来ノ慣習ヲ取ツテ条理ト認メタダケハ之ヲ法律ト定メテ我国ノ法律ヲ拵ヘタガ宜カラウト云フ当局者ノ意見

デ有ツタ夫レデ此等ノ人間ハ余程今日カラ較ブレバ公平ノ人間デアツタヤウニ考ヘル今ノヤウニ仏法デハイケナイ英法デナケレバナランナドト誠ニ卑劣ナ嫉妬心ヲ以テ女ノ如キ愚痴ナ考ヘヲ以テ居ルモノハナカツタ夫レハ凡テ創業ノ際ハ何事デモ公平ニハ違ヒナイ然ルニ段々贅沢ニ為ツテ来ルト妙ニ焼餅嫉妬心ヲ起シ女ノ様ナ愚痴ニ流レテヤレ仏法ダノヤレ英法デナケレバナラヌト云フヤウナコトニナルケレドモ其当時ハ極ク公平デアツタ夫レハ何ゼ公平カト言ヘバ英国デモ伊太利デモ独逸デモ法律ハ定マツテ居ル日本ノ如ク定マツテ居ラヌト云フ国ハナイ併シ其定マツテ居ル法律ノ内デ何処ノ法律ガ最モ早ク知レ易イカト云フニ仏蘭西ダ其処デ始メテ仏蘭西ヲ取ツタノデアル是レカ仏蘭西ヲ取ツタ原因デアル今日マデ日本人民ニハトント法律思想ト云フモノガナカツタ其無イモノガ早ク取附イテ知ルコトヲ得ラレルヤウニナルニハ何処ノ法律ガ宜シイカト云フ問題ガ起ツテ見ルト夫レニハ刑法ハ何百条民法ハ何千条商法ハ何百条訴訟法ハ何百条ト条数ヲ極メテ人民ノ権利ニ関係スル部分ヲ明示シテ凡テノコトヲ決定シテアルノガ仏蘭西ノ法典デアル全ク夫レニ相違ナイノデ事実ガ其通リデアル其処デ英法ヲ撰ブノ心モナケレバ仏法ヲ取ルノ心モナイガ只草創ノ際デアルカラシテ早ク知ラレ得ルダケノ法律ヲ以テ模範トシテ古来ノ慣習法ニモ戻ラズシテ往タノガ即チ仏法ヲ取ツタ原因デアル而シテ仏法ハ多ク模範ト為ツテ制定サレタ所以ノモノデアルノニ彼是言フノハ実ニ分ラナイ話シデアルサウ云フ人ハ決シテ天下ノ法律家トナレナイ所ノモノト私ハ考ヘル（大喝采）

夫レデ私ガ只今申シマシタノハ仏法ヲ取ツタ始マリヲ申シタノデ斯ウシマスルト日本ノ慣習ニ依ツテ日本ノ法律ガ出来ナイト云フノガ明カデアルカラ新法ヲ制定スル必要ガ出来タノデアル其処デ私ガ此演題ニ新法制定ノ沿革ト申スト諸君ハ或ハ新法制定ノ順序ハドウデアツタトカ明治何年ニハタレソレガ役人デ何々ノ箇条ヲ拵ヘタト云フコトヲ言フト御感ジデゴザリマスルカ知レマセンガ夫レハ私ノ言フ積リデハナイ寧ロ夫レヲ知リタイナラバ官報デモ御覧ナサツタ方ガ分リ易ク且詳シカラウト思ヒマス其点ニ向ツテハ固ヨリ弁明ヲ致シマセン

是レカラモ一ツ申スノハ今日ノ法典ハ或ハ不完全デアルトカ或ハ文字ガ六ケシイカラ修正シテ貰ヒタイト云フ

点ガ反対論者ノ言フ所デアルガ是レモ間違ツテ居ルト云フコトヲ説明シナケレバナラヌ夫レハドウ云フコトデ有ルカト言ヘバ凡テ新法ト云フモノハ既往ノ弊害ヲ除クニ足ルナラバ夫レデ満足シナケレハナラヌモノナリ将来ニ生ズル所ノ弊害ハ如何ナルモノデアルカ実際ニ徴シテ見ナケレバ分ラナイ今日制定ニ為ツタ法典ハ完全ナモノデアルカドウカト云フニ固ヨリ人間ノ拵ヘタモノデアルカラ完全デ無イニハ違ヒナイ然ルニ新法ノ弊害ガ未ダ実施セザルニ先立ツテ有ルデアラウト推測シテ果シテ弊害ガ有ルデアラウト云フコトハ固ヨリ言ヘタ話シデハナイ実施モシナイノニ弊害ガ有ルト云フコトハ人間業デ分ツタモノデハナイ而シテ又修正論者ガ人智ノ限度ヲ考ヘスシテ完全ナモノヲ拵ヘルコトガ出来ルト思フテ居ルカ若シ完全ナモノガ出来ルト思フナラバ其人ハ馬鹿ナ奴ニ違ヒナイ（大笑）

然ラバ新法ハ従来ノ弊害ト云フモノヲ矯正スルニ足ルダケノ価値ガアルカ無イカト云フ点ヲ研究スルニ止マラサル可カラス是レカラサキ新法ガ成立ツテ弊害ガ有ツタナラバ固ヨリ之ヲ修正シテ宜シイ然ルニ従来ノ弊害ヲ防ギ得ル法律デアルカナイカト云フコトノ直打ヲ極メズシテ只無暗ニ修正シヤウト云フ人モ分ラナイガ成程ト云フ人モ分ラナイノデアル新法ハ従来ノ弊害ヲ防グニ足レバ夫レデ充分デアル将来ノコトハ将来ニ至ツテドウニモナルモノデアル法律ト云フモノハ一ト度定ツテ動カスベカラズト云フモノデハナイ年々歳々変ヘテ往クコトガ出来ルモノデアル以上ハ将来如何ナル弊ガアラウガ夫レハ二三年或ハ数十年数百年ノ間ニ実際ノ経験ニ徴シテ是レヲ改メテ往クト云フコトハ勿論ノコトデアル然ルニ是レハ日本ノ慣習ニ違フトカ文字ガ六ケシイトカ不完全デアルトカ言フテ種々ノ修正論ヲ出スノハ期スル所焼餅論カラ起ツタニ違ヒナイ

モ一ツ文字ガ六ケイ《マヽ》シカラ分ルヤウニシテ呉レト云フ御注文デアル是レモ又大変ニ間違ツテ居ル文字ガ分ランノニオレニハ分ランカラドウ我輩ノ財産ヲ保護シテ往ツテ宜シカ分ラン夫レデ有ルカラ分ルヤウニシテ置イテ呉レト云フノデ誠ニ御尤ノコトデアルガ我々人間ハ財産ヨリモソツト大切ナモノガアルニ相違ナイ夫レハ何ンデアルカ即チ生命デアル其生命ヲ夢中デ他人ニ任セテ居ル夫レハ又何ンカト云フニ人間ハ健康デナケレバナラヌ若シ

今ノ論者ノ如ク言フ時ニハ是非共身体ノ弱イヤツハ一々医者ヲヤツテ自分デ自分ノ体ヲ療治シテ往カネバナラヌノデアルノニドウシテ一般ノ人ハ療治ヲシテ居ルカト云フニ各大切ナル生命ヲ御医者様ト云フ専門家ニ任セテ居ルデハゴサリマセンカ若シ法律ガ分ラヌ分ラヌカラ心配デナラヌニ依ツテ分ルヤウニシテ呉レト云フナレバ万事万端皆独リテ遣ツテ往カナケレバナラヌ有様トナル食物モ拵ヘレバ西洋服モ拵ヘシヤツポモ拵ヘテ往カナケレバナラヌ（笑）自分デ万事ヤツテ居ラルレバ宜シイガサウハイケナイ人間ハ分業ヲ以テ立タナケレバナランモノデアル夫レガ即チ社会ノ本トナルノデアル元々人間ガ自分壹人デハ出来ンカラ人民ガ相互ニ交際シテ自分ノ余レルヲ人ニ遣リ自分ノ足ラナイ所ハ人カラ取ツテサウシテ生活シテ往クノデアル是ニ於テ色々ト専門家モ出来レバ商人モ出来百姓モ出来テ来ル所以デアル即チ自分ニ行届カザル点ハ其専門家ニ就テ質問シニユケバズン〳〵ト分ル医者ノコトガ分ラヌモノハ医者ニ聞ケバ宜シイ財産ガ危ウケレバ財産ノ危クナラヌヤウニ法律専門家ニ治療ヲ頼ムガ宜イ若亦人民ガ法律ノ専門家ヲ要セズ自分デ法律カ分ツタナラバ世ノ中ニ法律家ハ無イ訳デアル是レハ独リ日本許リデハナイ彼ノ慣習法ヲ以テ遣ツテ居ルカラ日本ノ法律モ矢張慣習法ヲ以テ遣ラナケレバナラント云フ学派ガアル其学派ノ本城トスル所ハ何処デアルカト云フニ或ハ英国デアルカ何レデアルカ分リマセンガ（喝采）此ノ国デハ慣習法ヲ以テ遣ツテ居ルカラ法律家ガナイカト云フニ右ノ論ヲ維持スル先生方ハ皆此国へ往ツテ状師トカ学士トカ云フ学位ヲ持ツテ来ラレル所ヲ以テ見レバ矢張其国ニモ法律ノ専門家ガアルニ違イナイ之ガ証拠デアルシテ見レバ其国ノ普通ノ人民ハ法律ヲ知ツテ居ラヌト云フコトハ明カデアル若亦人民ガ法律ヲ残ラズ知ツテ居ルモノナラバ法律ノ専門家ハナイノデアル夫レデアルカラシテ人民ガ法律ノ分ラヌコトハ法律家ニ御尋ネニナレバ充分ニ分ル話シデアル然ルニ是レヲ残ラズノ人民ニ知リ得ラレルヤウニスルニハ何百年立ツタカラトテ知リ得ラレル気遣ヒハゴザラヌ

サテ之ヲ分リ易イヤウニシヤウト云フコトニ付テハ今日始メテ修正論者ニ其考ヘガ起ツタカ知ランガ我々ハ明治十三年カラ其考ヲ持ツテ来タ嘘ト思召スナラバ折角取調ベタ材料ヲ御覧ニ入レマセウ手ノ有リタケ尽シテ成ルベ

ク分リ易イヤウニシヤウト云フ考ヘヲ持ツテ遣ツテ来タカラ今日アレダケノ法律ガ成上ツタノデアル且専門ノ法律家ト云フモノガアルカラ分ラヌ所ハ其分ル人ニ就テ御尋ネナサレタナラバ分ルダラウ夫レデ満足ナサルガ宜シイシテ見レバ修正説ハ其当ヲ得ナイモノデ従来ノ慣習ヲ以テ将来ヲ支配セント云フコトハ出来ヌ而シテ民法ノ如キハ仏法ヲ以テ基ヒトシテ制定シタ理由モ前陳ノ如ク其当ヲ得テ居ルカラ先ヅ暫ク経験シテ見テ数年間実行上ニ照シテ悪イ所ハ修正シテ差支ナカラウト思ヒマス是レヲ以テ私ハ今日ノ演説ヲ畢リマス（拍手大喝采）

「法典実施ノ必要」（三月二七日粕壁町自助舘における法治協会演説会筆記）

（『法治協会雑誌』第一〇号、明治二五年四月一五日発行）

満場ノ聴衆諸君世ニ恐ルヘキモノ少カラスト雖トモ法律不備ノ弊害ヨリ甚シキハ莫カルヘシ試ニ思ヘ戸主幼稚ナルカ為メニ親属ヲシテ之レカ後見ヲナサシムルモノアリ後或ル事情ニ依リテ後見職ヲ解除セントスレハ則チ峻拒シテ応セス種々ノ辞柄ヲ設ケテ相争フニ至ルモノ滔々皆是ナリ夫レ後見ノ職タル一箇ノ義務ニシテ且ツ頗ル煩労ニ堪ヘサルモノナリ故ニ若シ之レヲ解除セントスルトキハ則チ重荷ヲ卸シ得タリトシテ欣然其印綬ヲ返サヽルヘカラス然ルニ事此ニ出テス却テ此煩雑ナル義務ニ服スルコトヲ甘ゼントスルモノハ何ソヤ幼者ノ財産ヲ私シテ不義ノ利ヲ計ラントスルカ為メニアラスヤ後見職解除ノ拒否亦危険ナリト謂フ可シ

他ノ最愛ノ女ヲ娶リテ珍重置カサルハ期年ノ間ノミ齢漸ク老フルニ至レハ則チ子ナシト云フカ如キ若クハ家風ニ合ハスト云フカ如キ茫漠タル口実ヲ藉トシテ之レヲ里方ニ逐返スモノ世其例証ニ乏シカラス女子ヲ有スル者亦迷惑至極ナリト謂フ可シ

養子トナリテ他家ノ相続ヲナスモノアリ一意家産ヲ掃蕩シ其稍々尽クルヲ見テ倉皇実家ニ逃帰ルモノ鮮少ナリトセス養家ノ難義亦想ヒ見ル可シ

凡ソ此数者ハ単ニ人事ノ一端ヲ把テ其弊害ヲ示シタルニ過キス若シ之ヲ以テ他ヲ類推スルトキハ其病其失一々縷挙スルニ遑アラサラントス是レ将タ孰ノ罪ゾ法律不備ノ結果此ニ至ルノミ

余輩ハ翻テ非法典論者ニ問ハン維新以還封建ヲ廃シテ府県ヲ置キ町村会府県会ヲ開設シ尋テ市町村制ノ公布アリテ自治体ノ組織成リ千古不磨ノ大典タル帝国憲法モ亦既ニ実施セラレテ此ニ帝国議会ノ開設ヲ見ル是等ノ事古来曾テ慣例ノ徴スヘキアル乎我邦ノ古習ニ違背セサルナキ乎余輩ノ見ル所ヲ以テスレハ古来多少之レニ類似セル制

度ナキニシモアラストスルモ歴史アリテヨリ以降未タ曾テ有ラサルノ現象ナリト謂ハサル可ラス然ルニ独リ一人ノ異論者ナキノミナラス却テ憲法ノ制定国会ノ開設ヲ促シタルモノ少カラサリシハ是レ実ニ吾人ノ権利ヲ確保スルモノタルニ由ラズンハアラサルナリ

諸君ハ国会ノ開設ニ遇フテ果シテ如何ナル利益ヲ享受シタルヤ第一期帝国議会ニ於テ歳出六百五十余万円ヲ削減シタリト云フト雖トモ此六百五十余万円ハ殆ント二年間ノ久シキ国庫中ニ眠リテ些ノ効用ヲモ顕ハサヽルニアラスヤ即チ無利息ノ金円ヲ積ミ置キタルニ過キスシテ国家ノ不経済之レヨリ大ナルハ莫シ殊ニ曩キニハ臨時総選挙ノ事アリ東奔西走貨財ヲ投シテ斡旋セシ者多カラスト為サス而シテ其得タル所ハ唯懇親会上ニ列席シテ一杯ノ酒ヲ傾ケシコトアルニ止マルナラン而モ尚ホ異議ヲ是等制度ニ挟マサルハ畢竟吾人ノ権利ヲ確保スルモノタルカ故ニアラサランヤ嗚呼権利ノ確保ホド大切ナルモノハアラジ

刑法ノ如キ刑事訴訟法ノ如キ将タ民事訴訟法ノ如キ亦皆吾人ノ権利ヲ確保スル所以ノ具ニアラサルハ莫ク未タ曾テ是等法律ニ向テ異議ヲ挟ミタルモノアルヲ聞カス然ルニ独リ私法タル民法商法ニ向テノミ民度風俗ニ悖戻セリトカ独仏法律ニ憑拠シタルハ不可ナリトカ種々雑多ノ難癖ヲ附ケテ之レヲ排斥セント試ムル一派ノ論者アルハ何ソヤ余輩ノ解スル能ハサル所ナリ

論者請フ現今我国法界ノ有様如何ヲ観察セヨ原被両造権利ヲ訟廷ニ争フニ当テヤ甲ハ曰ク英吉利ノ法律ハ実ニ此ノ如シト乙ハ曰ク独逸ノ法律ハ誠ニ彼ノ如シト丙ハ曰ク英吉利ノ法律独逸ノ法律我皆之レヲ知ラス独リ伊太利法律ニ斯ル規定アルヲ知ルト其状宛モ外国人カ訴訟ヲ為スニ異ナラス裁判官ハ烟ニ巻カレテ断スル所ヲ知ラス唯其学ヒタル外国法律ニ依テ裁決スルノ外アルコトナシ

夫レ然リ一裁一断権利ノ消長財産ノ得喪得テ予想スヘカラス而シテ社会ハ能ク成立スヘキ乎余輩甚タ之レヲ惑フ或ハ曰ハン法律不備ナルトキハ社会為メニ成立スルコト能ハストセハ何カ故ニ二千五百有余年来我瑞穂国ヲ泰山ノ安キニ置クコトヲ得タル乎ト

之レニ対フル易々ノミ太古ハ措テ問ハス徳川氏三百年間東洋ノ孤嶋タル一蜻蜓洲之レヲ二百六十有余ニ分割シ纔ニ其領内ヲ越ユレハ輙チ関所ノ設ケアリテ容易ニ他領ト交通スルコトヲ得ス運輸ノ道亦頗ル不便ナリシヲ以テ其交際ノ区域ハ単ニ一郷一邑ノ間ニ止マリシナリ且ツ此時代ニ在テハ旧例古習ヲ重ンスルコト甚シク諸般ノ事大抵留帳ニ依テ支配シ来リタルモノナリ是ヲ以テ法律不備ナルモ尚ホ能ク社会ヲ維持スルコトヲ得タリト雖トモ明治昭代ノ今日ニ在リテハ又之レト同シカラス百事革新運輸交通ノ便大ニ開ケテ四海万国便チ比隣ノ如ク交際ノ区域一郷一邑ノ間ニ止マリタルハ既ニ昨夢ニ属セリ試ニ一身ノ需要ヲ問フモ尚ホ且ツ我邦産出ノ物品ノミヲ以テ充スコト能ハサルナリ是ノ時ニ当リテ夫ノ留帳ヲ以テ支配セントスルハ所謂柄鑿相容レサルノ譏ヲ免レサル可シ然ラハ則チ其支配ノ仕方ハ一ニ之レヲ当局者ニ委付スヘキカ余輩ハ二十余年来ノ経験ニ徴シテ其不可ナルヲ知ル政府カ封建ノ制度ヲ廃シテ府県ヲ置キ町村会府県会ヲ開設シ市町村制憲法議院法等ヲ発布シ帝国議会ヲ開会セシハ兎ニ角我政府ノ功績タルニ相違ナシ然レトモ一方ニ於テ功績アルト同時ニ又一方ニ於テハ失処アルコトヲ記憶セサルヘカラス是レ果シテ何カ為メゾ権力アリテ制限ナキニ坐セズンハアラサルナリ夫レ権力アリテ制限ナキトキハ一方ニ在テハ大ニ功績アルト同時ニ一方ニ在テハ甚シク失処ヲ醸スヘキハ蓋シ自然ノ情勢ナリ然ルニ若シ之レニ放任シテ顧ミサルトキハ其弊害ノ極マル所将ニ拾収スヘカラサルモノアラントス是レ世ノ所謂政治家有志者カ憲法ノ制定国会ノ開設ヲ促シテ止マサリシ所以ニシテ又其支配方ノ一ニ当局者ニ委付スヘカラサルヲ知ルニ足ラン

夫ノ会社カ一両年以来破綻百出倒産相襲キシモノハ何ソヤ是亦権力アリテ制限ナキノ致ス所ナラズンハアラス然ルニ独リ政府ノ権力ニ制限ヲ附スルコトヲ希望シナカラ各人間ノ交際上若クハ諸会社ノ関係上現出スル百般ノ権利ニ制限ヲ附シ義務ニ程度ヲ置キ以テ賢愚強弱老幼男女ノ別ナク平等ニ私権ノ利益ヲ享有スルコトヲ確保シタル民法及ヒ商法ノ実施ヲ之レ拒マントスル者アルハ余輩ノ返ヘス々々モ遺憾ニ堪ヘサル所ナリ

既ニ留帳ヲ以テ支配スルコトヲ得ス又其支配方ヲ当局者ニ一任スルコトヲ得ストセハ必スヤ法律ヲ制定シテ既往

及現時ノ弊害ヲ拯ハサルヘカラス而シテ我政府カ法典ヲ編纂スルニ際シテ仏蘭西法ヲ参照シタルハ決シテ他意アルニアラス唯成典アリテ一見知リ易キカ為メノミ然ルニ之レヲ発布スルヤ或ハ英法ナラサルヘカラスト云ヒ或ハ米律ナラサルヘカラスト云ヒ詭弁百端之レヲ排斥セントスルノ一派ヲ生シタルハ是レ豈嫉妬的議論ニアラサルナキヲ得ンヤ

然レトモ法典ノ編纂亦固ヨリ人為ノ事業タリ始メヨリ完全無缺ナランコトハ到底望ムヘカラス要ハ唯既往及現時ノ弊害ヲ拯フニ足ルヤ否ヤヲ考究スルニ在リ将来ノ弊害ノ如キハ実施ノ後之レヲ事実ニ験シテ徐ロニ之レカ救済ノ策ヲ講スルモ未タ晩シトセス若シ夫レ修正ノ説ハ倉皇之レヲ今日ニ唱道スルヲ須イサルナリ而シテ我法典カ既往及現時ノ弊害ヲ拯フニ足ルヘキコトハ独リ余輩一家ノ私言ノミニアラス亦実ニ天下ノ公論ナリ論者其レ将タ何ヲ苦テカ之レカ実施ヲ妨害セントスルヤ

「駁東京日々新聞民法修正論」

（『法治協会雑誌』号外、明治二五年五月四日発行）

其一

余輩常に新法を論する者に告けて曰く宜しく先つ其大体に通暁すへしと蓋し妄りに之か非難を試むる者多きを以てなり余輩頃ろ東京日日新聞の民法修正論なるものを読めり測らさりき其第一第二第三編（四月廿二日乃至廿四日発刊）共に是れ識らずして云ふ夫の一派の論者無稽の套語ならんとは夫れ議論の材料主要の点に於て既に誤解あるときは滔々たる幾千万言も亦総て徒爾に属すること明かなり故に余輩は吾曹記者の為め及ひ其読者の為めに章を追ふて該社説の虚妄を弁駁せんと欲す

吾曹記者か民法に対して異議を唱道するは要するに其規定か当然の区域を超越して行政権にまて干渉し且つ自然の条理を重視したるより全く憲法の条項と撞着を致せりと確信したるに因るもの丶如し故に此大なる誤解をして釈然たらしめは其余は論破するに足らざるべし

夫れ世に自然の条理ありて終古不易なるは争ふべからす夫の公法に宜しく国是を主とすべく私法ハ宜しく民俗に適すべしと雖も凡そ法令にして人智の及ふ条理を顧ざるものは古今万国未た曾て之れあらざるなり唯国家統治の必要上純乎たる条理を以て主権の運用を妨くべきにあらず是れ吾人は固より天賦自由の権利を有すと雖も吾人は実に国家に対して服属の義務を負ふ以来国家主権の統裁に係る法律の認知し許与し保護する所の権利にあらざれば確実なること能はざる所以なり而して此国法の認許する権利は亦国法の明条に拠るにあらざれば決して侵害せらる丶ことなし

民法の規定は吾人相互の権利即ち私権の関係を確保するを目的とす而して是れ憲法の下に於ける一大要典総て民

事に関する法令の原則たりゆえに其規定は宜しく百般私権に就き広汎詳密なるべし凡そ此範囲内の事項にして公益に関せるものは敢て之を他の法令の規定に譲るべきにあらざるなり且つ夫れ私法は必らずしも政略権道と相待つの効用あるにあらざるを以て其規定は概ね自然の条理に基つくべきものとす只之が為め公法の権宜に触るべからざるのみ

其れ然り我か民法は憲法の下に於て条理を疏述したりと雖も条理を憲法の上に重視したるの条項何くにかある又我か民法は国権の私権に及ほす制限を公法の規定に譲りたりと雖も公法の区域を侵したるの条項何くにかある蓋し吾曹記者以為らく我か民法中「行政法」とあるは行政に関する法律の謂ひにして「行政法を以て定めたる規則」とは行政法律の委任に由り発する命令を指すものならんと斯の如きの見解ハ寔に誤謬を致せし根原なるへし夫の行政法とは行政に関する法律命令を併称し「行政を以て定めたる規則」とは右法令中の規則を指す而して「……は行政法を以て之を規定す」と云ふは当該民事の性質上宜く国権の関渉を受くべきか故に之を他の法令の規定に譲り即ち其規定に従ふべき旨を示したるに過ぎず豈是れ必らず行政法律を以て之を規定せよと命令したるものならんや彼等此れを之れ知らず宜なり憲法第九条の行政命令の存立を認めずと謂ふや又夫の規定は立法の拘束と為り行政の阻碍と為ると謂ふや（財産篇第三十一条乃至第三十五条第二百二十七条第二百二十九条第二百三十一条第二百三十二条第二百六十四条及び財産取得篇第三条等参看）

吾曹記者は頻りに独立命令独立命令と絶呼せり抑々独立命令と云ふは委任命令に対するの学語のみ行政命令は独立して法律の規定と其効力を争ふべからず固より行政命令は以て法律の範囲内に処分し又ハ公共の安寧秩序を保持し及ひ人民の幸福を増進する為めに法律の欠缺を補充するを得ると雖も決して法律を変更するを得ず又特に法律を要する事項を規定するを得ず若し法令支吾するときは命令は常に無効たるべきこと憲法第九条に照して明かなり然るに彼等は反て公法の施行に基づかざる独立命令を以て民法当然の範囲を侵さしめんと望むものゝ如し是れ蓋し国家権力の発動行用も亦法律の検束を受くべきは立憲の要義なることを知らざるに坐するのみ

我が民法は主ら羅馬法系に属する諸国の典章を模範として編纂されたること事実なりと雖も内外の慣習及び論理にして其採るべきものは皆之を採り別に一機軸を成せること固より争ふべからず然るに吾曹記者も亦夫の一派の論者に附加雷同して我が民法之編纂は拙速を尚ひたるものと曰ひ漫為妄作徒に翻訳を以て法を製したりと曰ひ編纂の方法論理陳腐の古式に泥み近発の学理に戻ると曰ひ日新の法理に通ずる識者を満足せしむる能はずと曰ひ太甚しきに至りては仏国憲法の施行法規たるべきも以て帝国憲法の施行法規たる能はずと曰へり是れ皆新法を講究せざる者が徒らに想像を逞ふして吐露する罵詈の妄言なり一々駁撃を加ふるの価値なし彼等の称して日新の学理となすものは果して如何ん後編の出つるを待ちて此是非を判断すへし

吾曹記者は民法と憲法との撞着に就き編を逐ふて詳論すべしと云へり余は其撞着の点決して之れ無きを知るが故に毎編必ず其虚妄を弁駁するを怠らざるべし

駁東京日々新聞民法修正論

其二

国家の行政機関は常に法律及び命令に従て運用せらるべし其専ら命令に依り自由の活動を為さんこと憲法決して之を許さず而して民法は其当然の範囲内に於ける一切法令の原則たり故に之を制限するを要せは宜しく他の法律を以てすべく敢て行政命令を以てするを得ず只其命令は法律の下に処分し及び法律の缺点を補足するに就き充分敏活の作用あるべきなり（憲法第九条）我か民法は総て私権の確保に関する事項を網羅するに昜昂めたりと雖ども勿論行政権の機宜に触るゝを避けたり然るに吾曹記者が民法は行政命令の存立を認めずと誤信し且為めに行政権は阻碍を受くると過慮したる以来種々なる妄想を惹起するに至れり今一々之を弁解せん（四月廿六日及廿七日発刊該新聞社説参照）

民法財産編第三十条に於て所有権は自由なるものにして之を制限するには有権者の意志を以てするの外特に法律を以てすべきことを規定したるは之れ実に憲法第二十七条所有権不可侵の大原則に基つきたるなり吾曹記者の法

理に疎き右の規定を一見して夫の兵器爆弾其他戦乱壊俗の具と為る物晶の使用をも警察権を以て充分に制限すること能はざるものと速了せり凡そ戦乱若くは壊俗の具となる物品は夙に法律を以て其処分を禁せられたる不融通物なるべし不融通物は私の所有権の目的と為るを得ず（財産編第二十六条）又仮令不融通物たらさるも斯る種類の物品使用処分の制限に関しては現に刑法及び行政法の備はるあり乃ち是等に対する警察権は法律の委任に由る区域に於て操縦の自由なること毫も疑ふべからず若し夫れ特別なる危険物の種類を発見したらん乎公共の安全を保持するか為め緊急命令を以て適宜之を制限せらるべし（憲法第八条）又非常の場合に際して特別なる物品の所持取引を禁止するの必要あらんか至尊の大権を以て臨機之を処理せらるべし（憲法第卅一条）蓋し新に公序風俗に触るゝの物品現出し従来是等に関する制限法規の一も存せざること実際殆んど罕れなりと謂ふべく且つ果して之れありとするも二三有司の意見を以て命令を発し其処分を禁止し若くは制限するか如きは頗る専断の所為にして明らかに憲法第二十七条に背戻するものなり畢竟するに民法財産編第三十条の規定は行政警察権の作用を萎死せしむると謂ふは妄想も亦太甚しとす

吾曹記者か民法人事編第五条の規定は法人の設定を阻碍すと主張するに至りては誰か喫驚せざらん彼れ蓋し法人其ものゝ何たること及び其効用をも了解せざるものゝ如し夫れ法人は公私の利益に於て法律に依り造成せらるゝ仮想の人体なり故に凡そ法人は法律の認可するにあらざれは決して成立するを得ざること事理の当然とす顧ふに吾曹記者と雖も公の法人即ち府県市町村の如きものが法律に依らざれば成立せざるを疑はざるべし乃ち行政命令を以ても亦法人の設立を認可すること便なりと謂ふは是れ特に私の法人に関して云ふものならん然れども法律の委任に基つかざる命令を以て輙すく法人の設立を認可するが如きは寧ろ公益を害するに至るの恐れなくんばあらず而して其実際の必要なきものとす何となれば契約を以て組合若くは民事会社を設立すること其目的の如何を問はず公法に触れざる限りは固より吾人の自由なればなり又法人を組成するに就きても敢て六ケ敷手数を要するものにあらず即ち収利事業に関する法人を設立せんと欲する者は宜しく民商会社の規則に従ふべく政治宗教文術等

に関する法人を組成せんと欲する者は亦各箇特別法の規則に従ふべきのみ之を要するに民事会社をして法人たらしめ（取得編第百十八条）又当然法人を成す商事会社（商法第七十三条）及ひ其他の法人（是れ実際甚た多からず而して最も社会の利害に関係するもの）を設立するに方り必す法律の規定に従ふに於て何かあらんや否な法人其もの丶性質上斯の如くならざるべからざるなり而して法人は各個人と同しく総ての私権を有するの要なく唯其目的を達するに欠くべからざる権利即ち財産を取得し所有し及ひ契約を為し訴訟を為すの権利を有すべきのみ故に法人は法律の規定に従て制限的に私権を享有すること亦其性質上当然とす説きて是に至れは凡そ法人なるものは特に法律に依りて生滅消長するの自由明白にして吾曹記者の迷夢も亦必ず一覚するを得ん

吾曹記者謂らく本邦は米作国なるに我か民法中用水に関する規則は粗笨なるを免かれすと然れども財産編第二百二十四条以下に於て水の疏通使用及び引入に関して明定したる事項の外尚ほ如何なる事項を規定するの必要ありや余は彼等の意見を叩かんと欲す

一般又は一地方の水利は之を行政権の監督に属せしむること特に本邦のみならす欧米諸国に於ても亦概ね然りとす故に民法か公の法人に属する水及ひ一種公共の水に関して財産編第二百二十九条乃至第二百三十二条を設定したるは寔に至当と謂ふ可し然るに吾曹記者謂らく財産編第二百三十一条は官制職権の編定委任に関する大権を萎死せしめ同第二百三十二条は水利行政の主任に居る内務大臣より当該事務に関して命令を発するの職権を奪ひたりと是れ何等の譫言そや余は実に呆然たらざるを得ず夫れ財産編第二百二十九条乃至二百三十一条に指示する水は公の法人に属する公有及ひ私有にあらず（財産編第廿二条及第二十三条）又各個人の所有にも属せす（同二百二十七条）即ち其床地は沿岸者に属すと雖も其水は一種の公共物にして（同第二十五条）沿岸一帯の使用に供するものなり斯る公共流水の取締に関し民法之を規定する何の不可かあらん乃ち其取締を地方庁に属せしめたるは立法者か民法当然の範囲内の一事項を地方庁に委任したるに過きす而して地方庁か該流水の疏通保持及ひ魚類の保育に付き必要の処分を命令するは受任権の執行方法なるのみ是れ豈地方官制に関係あらんや蓋し吾曹記者は公

共の水の何たることを曾て識らざりしものならん又財産編第二百三十二条ハ即ち公の法人に属する水の使用及び取締を全く公法の規定に譲ることを明示したるに止まるを以て吾曹記者に毫も異議するの筈なし只彼れ例の如く（行政法）の字面に拘束して其行政命令を包含することを解せざるが故に奇怪の推定を下したるに外ならず豈右等の条項が行政命令権を拘束すべきの謂はれあらんや（前編参看）

財産編第二百三十条の規定が行政裁判に関する法律に抵触して管轄の重複を生じ民事と行政事項との分界を淆乱す云々と明文するに至りては吾曹記者は法律に向ての無能力を自ら披露するものと謂はざるべからず何となれば行政庁の違法処分に由り権利を毀損せられたりとする者こそ水利事件に関しても亦た行政裁判所に出訴するを得ざるなれ（二十三年法律第百六号）単に財産編第二百廿九条第一項第二項の場合例へば上流沿岸者又は高地所有者が其水を濫用し若くは汚物を洗滌する等の事あり下流沿岸者又は低地所有者が苦情を鳴らして之を行政裁判所に持出すも受理せらるべきの道理万々之れなければなり而して彼れ「裁判所は地方の慣習と衛生の需用と農工業の利益とを斟酌して之を決す」とあるを見て「立法の政略より之を云ふも衛生の需用農工業の利益を取て司法裁判官の判断に一任するの不可なるは更に多言を俟たす」と評したるか如きは不可思議至極の珍言なりとす凡そ該正条を解し得る者は之を聴て能く抱腹絶倒せざらんや余は確信す吾曹記者は早晩社説正誤の必要を感すべきことを

水陸に自由に棲息する動物は無主物の重なるものなり故に吾人は山野に狩猟し河海に捕漁し其鳥獣魚介を先占するを得（財産編第二十四条及び取得編第二条）蓋し狩猟捕漁は吾人固有の権利にして自然のものと雖も鳥獣魚介の蕃殖を助け其他農作の妨害を防ぎ又は警察上危険を避くるが為めに季節、場所及方法に関して多少の制限を置くを要するは固より言を俟たず而して其制限の如きは地方に由り若くは場所に由りて実際の宜しきを異にすること往々なるべし是れ民法が斯る事項を特別法即ち民法以外の法令に譲りたる所なり（取得編第三条）又夫の飛禽走獣は用益地に於けるも無主物たるは明かなり只其地内の池沼に生産する魚亀は元来虚有者に属すと謂ふを得べし而して是等は果して天然の果実たるや否やに就き疑ひなき能はず然れども此等は啻に定期に生産するのみならず殆ど常に生産するが如きものなるを以て民法は之を天然の果実と看做して用益者に収益するの権利を与へたり(財産編第六十五条)乃ち吾人が狩猟捕漁して無主物を先占するは公益に触れざる限り自由なるべく殊に所有地内に於て漁猟を為すに危険なる機具を用ゐざる以上は国権之に干渉する事由なし然るに吾曹記者は是等覩易きの理をも弁せざるものゝ如く例の誤解よりして「財産取得編第三条は行政命令を湮晦するもの」と疑へり而して又「財産編第六十五条か効力を生ずるに及では職猟遊猟の制は廃せざるべからず警察上取締の為め与ふる鑑札料の外復た免許料を取立つるを得ず而して其訴訟は総て民事の裁判に属すべし（中略）民法の一条の為めに行政の組織は物質的敗壊を蒙らざるべからず」と云ふに至りては謬見妄想杞憂并具はり殆んと狂者の言語に均しきも以て之を弁解するは徒労に属すべき也

又財産編第三十五条を目して鉱業に関する行政の作用を拘束するものと認めたるは夫の譲りたるを以て却て侵せりと為し避けたるを以て却て触るゝと為すものなるが故に敢て復た贅せず

吾曹記者は「凡そ此類の失体を列挙すれは幾十日の本欄を填むも猶ほ尽きざるべし」と云ふからには其最も著しき失体のものと思意する事項を掲げて論述したる積りなるべきも上来打破したる如く一として事理に適する非難なく只々荒唐無稽の詭弁を試みたるのみ

尚ほ爰に一事の弁ずべきあり吾曹記者は民法は行政権を以て私権を阻碍するものとするの観念を基礎として構成せられ云々「民法一切ハ行政権を敵視す云々」と濫囀すれども余は斯る思想の何に由りて来りたるものなるやを推定するに苦むなり夫れ吾人の権利は立法権の下に於て無形に確保せられ行政権（司法権を包含す）の下に於て有形に確保せらるゝものにあらずや且つ私益は公益に譲るべきの道理よりして私権は往々制限を受くると雖も是れ亦立法行政の下に於て発表するの事柄たり然るに民法か其支配する私権の為めに主として公法に依り運用せらるゝ行政権を敵視し得すべきの謂れあらんや若し公私両々相容れさることあらん乎私権は当然雌服せざるべから

ず而して是れ同一立法権の下に於ける加減斟酌なるを以て其準率程度固より定まるあるなり其れ然り如何に国家主権の公力なりとも法律に従ふにあらされは吾人の私権に干渉するを得す即ち立憲の効果として行政大権も亦法律の拘束を受くるものなること曩に論述したる所の如し蓋し吾曹記者は行政命令権をして民法の規定を侵さしめんと熱望し民法に対して妄りに不満を懐くが故に彼れが如き妄想を為すに至りしものと推定するの外なかるべし而して余を以て視れば吾曹記者こそ真に行政命令の独立作用の為め民法当然の規定を敵視するものと謂ふべけれ之を要するに吾曹記者は新法に対して尚ほ無能力たるの譏りを免れず彼れ自ら料らず舞文羅織以て新法を攻撃せんと欲すと雖も未だ其大体にも通暁せず那何ぞ之を為すを得ん嗚呼余の極言して憚らざるものは他なし啻に吾曹記者のみならず世の識らずして妄言する一派反対者の猛省を促さんが為めのみ余豈弁を好まんや

其三

若し各人天賦の権利自由に関して断々乎不可侵的の勢力を認め仮令国家の主権運用の必要に由るも到底之を動かすべからずとせば是れ実に国家を無視し主権を無視するものなること吾曹記者の言を竢たず蓋し斯る法制の邦土は坤輿上未だ曾て之れあらざるべし然るに吾曹記者は我民法を取り敢て之に擬し「民法は天法を国法の上に認む」と謂ふ其れ我民法は大憲の下に於て至尊の裁定に成れるものなり豈復た国家の体系に副はざる斯の如きの条規あるべけんや

抑も各人の権利自由は国法に依るにあらざれば鞏固なること能はずと雖も其固より天賦に係るもの即ち生命身体財産を保持するの権利自由は凡そ人として無かるべからず国法は唯之を認知し之を確保し又公の利害に関する必要上之を制限するに外ならず故に帝国の法源は一に至尊匯集し衆庶の権利義務は皆此本源より流出すと謂ふと雖も宇内一般自ら条理（所謂天法）なる者の存在するは喋々を要せず只此無形の条理は国是を主とする公法の明条に対抗すべきにあらざるなり然れども公法にもあれ私法にもあれ其根源は条理なるのみ寔に我帝国憲法は祖宗の

宏謨遠猷を紹述せられたる不磨の大典なるが其所謂宏謨遠猷は大率条理に基つくと謂ふを得べし然らば則凡そ法令は国是と条理とに従ふて規定するの外なきこと明けし殊に民法は私法なり其規定は国是に触れさる限り条理を疏通せずして将た何をか為すべき我民法は憲法の下に於て当然に条理を認めたり彼れ反て「天法を国法の上に認めたり」と謂ふは謬見妄語も亦た甚しと謂ふへし

吾曹記者曰「天法天賦権なる者の存在を否認する近代進歩の私法学理云々私法の学理に於ても性法と云ひ天法と云ひ自然法と云ふは今や十八世紀の旧夢に帰せり云々自然法の存在を認むるに付ては近世の法理者皆之を取らず云々」と自然法、性法、天法等都て是れ条理の別名に過ぎず其条理の存在を否認する私法学を発明したるは果して何人なりや恐らくは仮想国の虚無民ならん抑々亦吾曹記者其人歟蓋し妄りに民法の修正を主張しつゝある吾曹記者と雖ども其自ら条理と信する所に拠り説述すること疑なし否ざれば畢竟無責任の言論のみ嗚呼是れ吾曹記者は条理の存在を認めながら自ら之を知らさるなり爰に吾曹記者に問はん現に我民事裁判所に於ては何に拠りて訴訟を審理するやと彼れ必ず条理及び一般の習慣に拠ると答ふるの外なかるべく新法又は外国法典若しくは其裁判例に拠ると答ふるを肯ぜざるべし要するに世間豈条理即ち自然法其もの及び之れに基づく権利義務を否認するの学理あらんや大法螺も事にこそ由れ注意すべし注意すべし

吾曹記者の識見既に斯の如きを以て財産篇第二百九十三条第二項に義務を定義し「……人定法又は自然法の覊絆なり」とあるを見て民法が天法を国法の上に認めたるの好証左となし「是れ自然法の義務を認むるものに非ずして何ぞ是れ臣民の義務を明示するは国法の外別に一種の法力を具ふるもの存在し国家主権の流動に依らす独立して効果を保つを認むるものにあらずして何そ是れ太陽系中両陽あるを認むるものにあらずして何そ」と疾呼するに至るを異します併し気の毒ながら該規定は天賦の権利に関係なきものとす何となれは該規定ハ人権に対する義務に法定の義務即ち債権者其履行を強要するを得るものと自然の義務即ち債務者の任意に履行するものとの区別あることを指導したるに外ならざればなり蓋し吾曹記者は自然の義務を以て天賦の権利に対するものと認めたる

が如しと雖も是れ大なる誤解たり余は爰に自然義務の何たるを説明するの遑なきも彼れの為め之を略説せんに自然義務ハ其成立に就きては大抵法定義務に於けると異ならずと雖も唯成立の証憑不充分にして民法上之を確認し難きを以て其関係をして自然法の覊絆に止まらしむるなり故に之れに対しては訴権を生せず其履行は債務者の良心に委ぬ此点より視れば純然たる道徳上の義務に均しと雖も道徳上の義務は自然別問題に属して法律は毫も之に干渉せず即ち其有無にも頓着せざるなり尚ほ民法上自然義務を認知するの必要の如きは法律学校の講義録にても繙きて知るべし敢て贅せず（財産編第五百六十二条以下）

又吾曹記者は財産編第三十条の規定の憲法第二十七条に基つくを知らずや之に関して「此一節は天賦の財産所有権か法律を待たずして已に具在するを認むるに非ずんば到底解すべからず」と評したり屡々云ふ如く所有権の如きは固より天賦のものなり法律之を確保するに外ならず実に所有権は法律の担保なければ鞏固ならずと雖ども吾人は法律ありて後始て所有権を享くるものにあらざること蒙昧の種族も尚ほ能く之を知らん彼等ハ自己の所有物を故なく他人より奪はるゝに方りて勢力の許す限りは必ず之に抵抗すべし斯の如きは他なし自ら所有権の天賦に出でゝ其正当なることを信ずればなり仮令生殺与奪の権か一首長に専属する社会に在りても亦実に然らん（以上四月廿八日発刊該社説参照）

其四

吾曹記者ハ其所謂民法修正論第七編（四月廿九日刊行）に於て「民法は立法を拘束す」と云ふ題目を掲け民法財産編第三十一条を引き来りて其四不可を主唱せり

曰く「公益に因由するに非されは所有権の譲渡を強要すへからさるは憲法の已に規定する所にして固より当然の立法拘束たりと雖も民法に於て更に之を特筆するは無用の空文と謂はさるへからす」と蓋し財産編第三十一条及ひ第三十二条は憲法第二十七条第二項に基つき公益上の必要よりして所有権を強制する数箇の場合に就き其強制

方法の大綱を示して之に関する法令は凡て斯の如くなるへきことを明にし以て憲法上の原則を演繹敷衍したるものとす

豈財産編所有権の章中に於て此規定を缺くを得へけんや又此条項中「公益に因由し」の文字を缺くを得へけんや吾曹記者は既に財産編第三十条に対して無益の攻撃を試みたり其謬見にして斯る妄言あるは固より異しむに足らさるなり

曰く「償金を予め払渡すを以て不動産公用徴収の条件と為すも亦立法の拘束たり其徴収の場合及ひ方法は千差万別なるへきか故に将来予め償金を払渡さすして徴収するの法律制定の必要に遭遇するも亦未た知るへからす云々」と余は吾曹記者か只管行政権の自由運用に関して杞憂を懐くを憐むなり平時に在りてハ（財産編第三十一条第一項第二項は非常の場合を想像せす）如何に公益上の必要に因ると雖も予め相当の償金を払渡さすして人民の所有財産を強要するを得へきものならんや（二十二年七月法律第十九号土地収用法第一条及ひ第十四条等参看）抑々先つ民有の財産を徴収して其損失補償を後にするか如きは事理に於て許さゝるのみならす其実際の必要も亦決して之れあらさるへし若し夫れ戦闘其他の事変に際しては固より憲法第三十一条の適用を妨けす且つや戒厳地境内に於て止むを得さる場合は民有の財産を破壊燬焼することあるへく而して其所有者ハ損失補償を得へからさるものとす（明治十五年八月布告第三十六号戒厳令第十四条第五号）畢竟するに通常の公用徴収を為すに方り予め償金を払渡すへきは一般の原則たり民法之を認知するに於て何の不可かあらん余は将来之に反する法令の設定なきを確信するものなり

曰く「徴発令に依るの徴発と凶災の時に行ふ徴求の外動産不動産の無償公収を必要とするの場合は猶ほ多かるへきも民法は単に此数者を指定したる云々」と吾曹記者か自ら法条を解するの能力なきを表白すること大率斯の如し夫れ財産編第三十一条は其第一第二項を以て動産不動産の強要に関する要件を概示するに止め之を他の法令に譲り而して第三項を以て公の法人に属する先買権の行使徴発令の適用及ひ凶災の時に於ける物の徴求に就きては

該条件に服する限りに在らさることを明かにしたるに外ならす即ち右条項は普通及ひ非常の公用徴収に関する法令を汎く認めたるを以て毫も其規定を阻格し若くは之と抵触すること莫かるへし豈復た憲法第三十一条を湮晦するに至るの謂れあらんや且つ騒乱凶荒其他非常の場合に於て民有財産を強要するに方りても徴発若くハ徴求に関する法令を適用して事足ること多かるへく此外殊更に大権の施行を必要とするは実際極めて稀れなるを想像すへし蓋し吾曹記者は徴発及ひ徴求の何たるを知らさるか如し彼れ肯て「徴発徴求の外動産不動産の無価公収」と云ふ是れ其確証なり戦乱に際して徴収を行ふも凶荒に方りて徴求を為すも決して無償に徴収するものにあらす夫の非常の公課又は租税と称するものとは自ら異なれり（財産編第八十九条及ひ明治十五年八月第四十三号布告徴発令第二十九条以下参看）

曰く「動産の主なるもの是を金銭とし公用徴収の主なるもの是を租税とす而して動産の公用徴収は毎回定むる特別法に依るを要すと云ふ是れ仏の如く白の如き毎年法律を以て定むる予算を以てするに非されハ租税を徴収する能はすとするの憲法条規を襲ふものにあらすや（中略）是れ我か憲法を紛更し一切の税法に対する拘束を設くるものに非らすして何そ是れ府県郡市町村制に於ける一切の収税条規を反故にするものに非すして何そ」と斯く激昂し席を敲きて人に迫る的の口気あるに至りては寔に滅法界なり是れ所謂沙汰の限りと云ふへし誰か喫驚仰天せさらん吾曹記者に宜しく気を下して財産編第三十一条を通読すへし該条項は毫も租税に関するの規定にあらす公用徴収の文字は決して租税を包含せさるなり然る以上ハ吾曹記者と雖も其動産の主なる金銭を公用徴収せられ溜るものにあらさることを合点すへし故に公用徴収に罹ることある動産は金銭以外のものなるや言を竢たす而して非常の場合に於て穀物獣類其他器具等を強要するの外動産の公用徴収を必要とするは実際極めて罕牢れなるものとす然れとも例へは文学美術上の公益に関して稀世の書籍図画等を徴収すへき場合の如きは其必要も亦之れなしとせらるへし要するに非常の場合に於ける徴発徴求の外動産の公用徴収に関する法令の如きは予め規定し置くを須ゐさるか故に其必要の都度之を規定して足るものと知れは可なり

由是観之吾曹記者か財産編第三十一条に向て加へたる四不可の非難は反て是れ四不可と批評せらるゝの外なかるへし江湖具眼の士以て如何と為すや

其五

余は已に吾曹記者か我か民法に対して国法上より観察したりと云ふ誣妄の言語を悉く打破したり是れより進て其私法上より観察したりと云ふ弁論の当否如何を視んと欲す（四月三十日発刊該新聞社説参照）

民法中人事編及ひ財産取得編第十三章以下（相続、贈遺及ひ夫婦財産契約）は専ら我か良慣習及ひ条理に基つき規定せられたるものにして外邦殊俗の元素は一として包含することなしと謂ふも決して謾言ならさるなり然るに吾曹記者か「人事編の認知する家は本邦固有の家にあらす耶蘇教俗の家のみ我か家制を破壊するもの」と云ふか如きは辞気の狼毒殆んと当るへからす蓋し吾曹記者は其最も著しきものと思意する点に於て既に大なる誤謬あるを以て右等の暴言も亦未た深く尤むるに足らさるへき乎

彼れ曰く「母の離婚せられて其家を去るや家に残る子に対して親族たるの干繫を失ふハ我家制の習俗なり（中略）去られたる母と家に居る子との間には猶ほ親族の干繫と養料互給の義務とを存せさるへからす是れ果して我か習俗と相容れて互に扞格なきの規定なる乎」と嗚呼吾曹記者は夫の「縁は切れても血は切れぬ」と云ふり俚諺を知らすや又服忌令に於て離別の母に対する忌服と雖も五十日十三ケ月なることを知らすや寔に母離別せらると雖も母子血親の依然たるを認めたること我か古来の風俗なるのみならす凡そ倫理の何たるを知る者は豈之に関して異議あるへけんや然るに吾曹記者の言前記の如し若し其言真面目に出でん乎彼れ蓋し蝦夷の種族たること疑ひなし

曰く「戸主独り家長権を行ひ若し幼弱なれは其名に於て他人之を行ふは我か家制の習俗なり」と（他人之を行ふとは後見を指したるならん）　寔に然り我か民法は明かに之を認む人事編第百六十一条以下同第二百四十三条以下及ひ財産取得編第二百九十四条等に就き知るへし曰く「民法は母権と父権とを平等に置き之を親権と称し母は

父と同しく当然未成年者に対して親権を行ふことと為し又未成年者の後見は父若くは母之を行ふと定めたるか故に云々」と我か民法は父権と母権とを平等視せす即ち親権は常に父之を行ふものと為し父死亡し又は親権を行ふ能はさる場合に於て母之を行ふものと為せり（人事編第百四十九条）又後見は未成年者の父母共に死亡するにあらざれは開始せさるを通例とす是れ他なし父又は母の尚ほ生存するときは親権を行ふを以て後見を開始するの必要なけれはなり但父母共に生存し又は其一人の生存するも親権を行ふ能は《ママ》るとき若くは母か子の財産の管理を辞するときは別段なりとす（同第百五十七条及ひ第百六十一条）畢竟父又は母か未成年なる子の身上及ひ財産の為めにする監督は是れ親権の行用にして後見にあらさること明かなり曰く「一家内数夫婦ありて各幼児孫あるときは一家内に数多の後見あるに至り戸主の家長権は為めに滅却すへし」と一家内に数夫婦あり且っ其児女あるときに夫若くは婦は各自其未成年なる子に対して親権を行ふへしと雖も家族挙て制を戸主に受くること当然なり（同第二百四十三条以下）若し家族中父母を喪ひたる未成年者あるときは成年の戸主之を後見す（同第百六十六条）而して一家に未成年者数人あるも後見人は一名たるへきなり（同第百六十二条）由是観之吾曹記者は家長権、親権及ひ後見の互ひに差別あることを知らす且つ法律の明条にも頓着なく妄りに喋々すること掩ふへからさるの事実なりとす

曰く「親族郷党相援ひ相助け互に道義を以て交る是れ我か社会の美風なりと」寔に然り此美風は国家の元気発作の要素なるか故に永く之を維持し之を奨励振興せさるへからすと雖も固より法律の勢力をして其強行の任に当らしむへきにあらす純然たる道義上の関係に至りては之を教育制度に専属せしむるの外なきこと識者を待て後に知らさるなり然らは則ち近親間養料互給の義務の如きは法律上之を認知するの必要なき乎又法律を以て多少之に干渉するは却て善良なる国民の感情を害するもの乎嗚呼是れ思はさるの太甚きなり抑々人事編第二十六条乃至第二十九条の規定ハ世の昧者不義者をして近親間養料互給の義務は実に倫理に基つき云はゝ血統上の債務なるを以て凡そ骨肉ある者は必らす之を履行せさるへからさることを知らしむる為め設けたるに外ならす譬へは猶ほ刑法上

皇室に対する罪父母に対する罪を規定したるか如し凡そ臣子として君父に対し不敬の振舞なき筈なり況んや不忠不孝の事おや然るに之か為め明条を置くの必要あるは天下小数の者を待つのみ民法中養料の義務を指示するも亦何そ之に異ならん即ち吾人は概ね親族故旧緩急相援助するを怠らすと雖も夫の昧者不義者に至りては該条項の適用を受け近親間養料の義務を強要せらるゝことも亦往々なるへし若し夫れ養料を受くるの権利を笠に被むるの愚物又は血を以て血を洗ふの争訟又は法文を楯とするの薄情疎族あらん乎是れ固より養ひ難く教へ難きの儕輩該条項の有無に由り増減せさるなり試に思へ養料の義務の近親間に缺くへからさることを明定したるか為めに自活の計を怠る者及ひ養料を給するに吝なる者を生するの弊ありとせは凡そ成文法を以て権義の関係を指示するときは世の争訟を慫慂するの害あるものと謂ふに異ならさるへし豈此理あらんや

又吾曹記者は例の謬見よりして「財産権に於ても亦民法の我か固有の美俗を頽堕せしむることを認めさるへからす云々」と謂ひ其主なる標本として財産編第三百二十三条及ひ第三百四十七条を非難せり曰く「権利の尊ふへきは必すしも之に伴ふ利益の存するか為めにあらす（中略）財産編第二十三条は金銭に見積るを得へき利益なき合意を無効とし権利を段損せらるゝも金銭上の損害なきものには救済を与ふることなし」と蓋し此言や法条の趣意を全く了解せさるに因るものなるを以て余は茲に説明の労を執らさるへからす

合意を承諾する直接の理由は即ち合意の原因にして此原因か真実且つ合法なるにあらされハ他の要件を具ふるも合意は成立せさるなり（財産篇第三百四条）今一合意に於て要約者の金銭に評定するを得へき利益を有せすして特り其合意の原因真実なることありや曰く否な要約者か承諾を与へたる直接の理由は必らす或る利益ならさるへからす且つ其利益は之を金銭に評定するを得へきものたらさるへからす夫れ諾約者にして敢て其義務を履行せさらん乎要約者は損害賠償を要求すること通例なり然るに本来要約者に希図したる利益なきに於ては諾約者の義務不履行に因り損害あるの謂れなし又仮令要約者に希図したる利益ありて之を失ひたるか為めに損害ありとするも該利益は実に金銭に評定するを得さるものなるときは何を標準として賠償を要求すへきや決して

賠償の額を定むること能はす是を以て要約者か金銭に評定するを得へき利益を有せさるときは合意の原因は竟に虚妄に帰するを免れさるなり而して又要約者か金銭に評定するを得へき利益を有するも其利益か不正当なるときは合意の原因成立せす何となれは其原因は真実なるも合法なること能はされはなり抑々法律か吾人の合意に関し制裁を加ふるは即ち吾人に利益する所あるを以てなり若し或る合意にして何等の利益なからん乎法律は

吾人の合意に干渉して之を強行せしむるの理由なし是れ利益なけれは随て訴権なしと云ふ法諺ある所以なり

吾曹記者か如何に法理に疎しと雖も右略説する所を通読せは金銭に見積るを得へき利益のあらさる合意ハ実際無効たるへき事由を会得するに難からさるへし

曰く「助法たる民事訴訟法は独逸法に淵源して金銭を目的とせさる訴権の強制執行方法を定めたるも肝腎の主法に其訴権を認めさるを以て両者相扞格す云々」と民事訴訟法第六編第三章は金銭の支払を目的とせさる債権に付ての強制執行方法を規定す而して婚姻、縁組及ひ禁治産事件に関する訴訟並に非訴《（ママ）》事件手続に関しては特別法の規定あり（明治二十三年法律第九十五号及ひ第百四号）蓋し吾曹記者ハ財産上の権利と人事上の権利との差別も知らす太甚しきは合意と訴権とを混同したるもの丶如し憫むへき哉

曰く「貸借の干繋之を相互の信認に基け互に他人をして知らしめす是れ我か固有の美風なり然して財産編第三百四十七条は債務者に向ひ告知書だに発するときは其債権を何人にも譲渡すを認めたり是れ親友間情誼上の貸借を転して直に高利貸の擁する非道の債権たらしむるもの云々」と成程親友間の貸借を秘密にして之を他人に知らしめさるは一箇の美風とも謂ふを得へく而して情誼上の貸借に就きては債権者か其証券を第三者に譲渡すの必要を感せさるへし然れとも仮令合意に因るも債権を断して譲渡すを得さるものとするは公序に関係するを以て法律之を許さす（財産編第二十七条及ひ第三百二十八条）蓋し債務者の総財産は其債権者の共同の担保なるか故に（債権担保編第一条）債権者は其債務者に属する権利を申立て及ひ其訴権を行ふを得るものなり（財産編第三百三十九条）然れは茲に債務者あり債権者に約するに二人間の権利関係を秘密にし且つ其債権を第三者に譲渡すことな

きを以てするも若し債権者の債権者より強要方法を行ふに方りては第三債務者之を拒むを得さるものとす（民事訴訟法第五百九十四条以下）由是観之権利の関係を他人に知らしめ之を譲渡さゝることは債権者の資財安全なる場合に於て行はるへしと雖も法律上記名証券の譲渡を認知せさるを得さるの理由明白なるへし

其六（結論）

謬見を以て妄想す何そ能く事物の真相を窺知するを得ん既に真相を窺知せす其整備を蕪雑と認め其詳明を煩冗と謂ふも亦宜なり吾曹記者の民法に対する異議爾来千万言一として事理に適応するものなきは余の駁論数篇に照較して復た寸毫の疑義なかるへし故に余は更に詳述するの要なく只簡短に自余の虚妄を弁解し以て本案を終結せんとす（五月一日及ひ三日発刊該新聞社説参照）

吾曹記者は我か民法中無用の条規多しと謂ひ財産編第三十一条以下数条を目して其適例と為し（第三十一条乃至第三十五条を指せしならん）以て此等の条項ハ単に立法官及ひ行政官の心得書に過きすと誹謗せり豈所有権の章中一般所有権に対する制限、公益に関する地役、土地所有権の力度に就き指示する所なくして可ならんや彼れ已に必要を以て無用と為す他は推して知るへきのみ

彼れ又民法中無用の釈義多しと謂ひ財産編の総則なる財産及ひ物の区別に関する規定其他主もなる権義、契約、行為方法等に与へたる定義を一切無用視したるか如し是亦甚た過てり世人は挙て法理に通するものにあらす譬へは吾曹記者の如く法理に疎き者に取り事物の定義は頗る重宝にして之に拠り大に発明する所あるへきなり而して日進の学理は成文法の能く検束すへきにあらさるか故に法律上事物の定義を掲くるも学理を化石たらしむるの憂ハ万々之れなきものとす

吾曹記者は独逸民法艸案を崇拝して其条章纔に我か法典の三分二に過きさるも能く一切の原則要規を網羅して殆と余蘊なしと称揚せり余も亦屢々独法を査閲したるか我か新法の繁簡詳略其要を得たるの点に於ては寧ろ彼れの

上にあらさるまても決して彼れの下に在らさることを確信するものなり蓋し斯る比較問題に就きては未た遽かに証言し易からす将来自ら公論の定まることあらん

一般又は一地方の公益に関する地役は即ち土地所有権に対する一制限なるを以て民法之を指示するの要ありと雖とも其規定を行政法に譲るは当然なり（財産編第三十三条）又従前間々之れある無期永久の賃貸借は物の融通を妨け公益に影響するか故に是れ亦行政処分を以て適当に制限するを良とす（同第百五十五条末項）而して財産編第百四十九条乃至第百五十一条に規定したる建物賃貸借の解約申入れより返却までの時間は元来貸主借主双方の便宜を想像したるに過きさるを以て之を確定不変のものと為すを要せす故に地方の慣習之に異なるあらは其慣習に従ふこと尤も双方の便宜なるへし（同第百五十二条）又貸借人か其賃借権を譲渡し若くは其賃借物を転貸するを得るを本則と為せとも反対の慣習又は合意あるときは之を例外とすること寔に至当と謂ふの外なし（同第百三十四条）又財産編第二百六十一条及ひ第二百六十二条の規定は相隣互ひの妨害と為るへき工作又は栽植を為すことを予防し善隣の交誼を全ふせしめんか為め設けたる地役なりと雖とも隣地の崩壊滲漏又は陰蔽の妨害は法定の距離を存せされは必す生すへきものにもあらす又土地の形勢に由りては法定の距離を存するを以て右の妨害を防遏するに足れりとせさる場合も亦なきにあらさるへし而して其地方従来の慣習に於て定まる所あらは其距離は実際適当にして相互ひに妨害を防くに充分のものと想像するを得故に慣習か法定に異なるときは寧ろ其慣習を遵守すへきものとす（同第二百六十三条）斯く説き来れは該条項は当に民法を以て規定すへき事物を他の法令に譲りたるにあらす又必要の規定を欠如して之を慣習に一任したるにあらさること炳々乎火を観るよりも明かなり然るに吾曹記者は法条の正解を得すして濫りに云々す彼れ果して何の心そや

我民法は主として仏、伊、伯等の成典を模範として編纂されたりと雖も内外の慣習及ひ一定の学説の採るへきは皆之を採りたること争ふ可らさるの事実なるに拘はらす吾曹記者も亦彼一派の反対論者と同しく厭ふへきの観念を懐けり曰く「仏国民法の成典ありて以来欧洲法学の進歩英に独に皆顕著なるものあり而して本邦国《(ママ)》有の法理方に其発達を促さんとするに於て已に腐旧に傾ける仏国成典の法理を襲用し云々」と是れ彼等の一大病根なるを以て之を芟除するか為め重ねて弁解する所なかるへからす夫れ仏国の成典ありて以来凡そ一百年其間欧洲法学の進歩は固より顕著なるものあり然れとも特り英及ひ独に於て顕著なりと謂ふは決して公論にあらす仏、伊、伯、瑞、蘭（独と共に皆羅馬法系に属す）等に於ても亦法理の発達したるは毫も疑を容れす中に就きて法理の淵藪、斯学の中心ハ何れと問はゝ特り仏を指すへからす英を指すへからす又独を指すへからす三者は相鼎立して互に甲乙なしと答ふるの外なかるへし然らは我か民法は何を以て仏の法典を模範とし英若くは独に及はさりしやと云ふに唯是れ英には印度法の外成文の民法なく独の草案は実に仏型より出て彼此の間格段差異なきことを認めたりしか故のみ蓋し羅系にまれ英系にまれ其他の法系にまれ法理は必す一に帰着すと云ふと雖も其実論法を異にするものあるか故に数箇の法系の長を採り其理論を折衷し互ひに支吾なきを期するハ既に容易の業にあらす而して之を敢てするも為めに著しき効益あるを見さるへし何となれは目的ハ唯一にして只之を達する数箇の方法を力めて折衷斟酌するに過きされはなり是れ我民法は羅馬法系に属する数国の成典を模範として内外の慣習及ひ一定の理論を取捨して編纂せられたる所以なり豈他に六ケ敷魂胆あらんや然るに仏国腐旧の法理を襲踏したりと云ひ（試みに我か民法と仏民法とを較視せよ其軌轍の相異なる我か民事訴訟法と独乙訴訟法と酷類するものゝ匹儔にあらさることを発見するを得ん）本邦の法学を固結停滞せしむと云ひ太甚しきハ固有の国風を埋没して羅馬法族の附庸と為すと云ふか如き皆是れ一種の妬心若くは妄想、過慮に起因するの譫言なりとす

以上累編説述したる所に拠れは吾曹記者の我か民法に対して主張したる非難は徹頭徹尾無根拠なるを知るを得へし従来反対者は擾々として新法の延期若くは修正を唱ふるも新法中其不当と認定する条章を明々地に指摘論議する者極めて稀れなり而して適々之を敢てする者あれは何れも法条の趣旨前後の関係を了解せすして妄言するに過きさりき吾曹記者も亦其謬見、妄想、過慮よりして自ら瓦釜の質を顧みす敢て雷鳴を試みたるの指笑を免かれすと雖とも兎に角数多の条章を援き来りて十日の論弁数万言を費したり是れ恐らくは英法学者十一人の法典実施延

期意見書（之に対する駁論は余之を公にするの期近きに在らん）に次けるの出来事なるへし故に余は吾曹記者の勇気を壮とし数日の間を偸て駁論六篇を艸せり而して之を公にするは他なし新法に対し非難を試むる者の意見と云ふは大率此類なることを江湖に表白せん為めなり

余は吾曹記者其他の反対者に望む一事あり即ち其平生不当と認定したる主眼の諸点に就き反て其一々適理のものなるを覚り来らは必す灑然として前過を改悛するに吝ならさること是れなり蓋し本問題に関して徒らに確執するの弊害は実に国家の為め学問の為め最も恐るへきものあるか故に斯く云ふ

尚ほ一言を添へんに我か新法も亦完全円満を以て期待すへからさるは固より論なし唯其遽かに修正を要する瑕疵あるを見す然るに夫の誣妄の太甚しき瑕疵百出完膚なしと云ひ欠典枚挙に遑あらすと云ふ者の如きは寔に法理に通せさる歟若くは他の意志ありて然ること余は爾来の経験に因りて之を断言するを憚らす若し世間新法中孰れの条章如何なる関係に就きても其可否を明かに指摘して論述する者あらは余は識力の及ふ限り之に応答するを厭はさるへし方今余輩は法学社会の一人として自ら此責務あるを確信するもの也

「重駁東京日々新聞民法論」

（『法治協会雑誌』号外、明治二五年六月八日発行）

重駁日報社説

第一　吾曹記者は天賦権の何者たるを解せす

余曩には東京日日新聞「民法修正論」の荒唐無稽なるを認め其或は世間多少の耳目を欺瞞隔するに至るを恐れ駁論六編を艸して之を公にせり蓋し日報社説の頗る誣妄にして歯牙に介くるに足らさることは識者の固より看破したる所と雖とも亦余の駁論を竢ちて愈々其大誣大妄を明白にするを得たり然るに執拗なる吾曹記者は尚ほ自ら揣らす更に蟷斧を揮ふて車輪に当らんと擬し去る十七日以来の紙上「読磯部学士民法弁護論」と題する捏作偽構の文字を連載せり夫れ前の日報社説は一派私偏の学者十有一名の「法典実施延期意見」なるもの丶乖謬齒奔を踏襲したるに過きさりき（之に関する証言は門生の筆記して公にせるものあり）而して彼れ迷信未た除き得す重ねて詐罔誷瞞是れ力む余をして忌憚なく云はしめは吾曹記者こそ直に彼等十一名の弁護者なれ余輩は新法の実施断行を必期し居る者、該駁論を民法弁護論と称せらる丶も亦悪からす即ち一派の虚妄を弁駁打破して我か大法典を擁護維持する公論定説なれはなり

後の日報社説も亦例の謬見、妄想、過慮に基つき更に羞愧、憤激、確執の三元素を化合せる一種不可思議的の言語のみ是れ寔に弁駁を費すの価値なしと雖とも之を措かん乎彼等の竟に迷執剛愎なるへきを奈何せんや故に復た鼎力を煩はして腐朽を挫砕することとはなれり

吾曹記者は先つ「帝国憲法の精神を紊り百般の公法を毀け国家人民の風俗習致を蔑視するの民法を強施せんとするに至りては吾曹は筆禿し舌爛するまでも争ふて止まざらんとす吾曹は素より熱心なる民法論者なり然れとも彼

か如き破綻百端身体に不相当なる衣服を強被せんとするには大反対なり」と呻き出せり余以為らく是れ猶ほ教ゆへしと何となれは吾曹は素より熱心なる民法論者と明言する以来只美衣炫服の異彩に眩惑し却て是れ龜毳襤褸被るに堪へすと誤認するものなれはなり（此事往々野蠻に入れる探験者の紀行に見ゆ）夫れ我か民法は帝国憲法其他公法と共に同一なる立法大権の下に成る焉んそ両々突衝精神を紊り形骸を傷くることあらんや又焉んそ風俗習致を顧さることあらんや是等は既に前編に於て粗々説明せり然るに吾曹記者の頑冥不霊なる仍ほ一事の感する所なきか如くなるは何そや豈別様の情実遽かに降旗を樹つるを慚ちて然るや嗟矣汝吾曹記者知らさるをば知らすと為し其識る所に向て筆を禿し舌を爛しては如何是れ余の婆心一片の忠告なり尚ほ其疑惑に原つき反撃を憚からさる諸点に就きては一々弁解を与ふること左の如し

曰く「何に依て吾人に天賦自由の権利あるを断言するや吾人の歴史は一に吾人の祖先以来至尊の統治権の下に於て生命を保ち権利を有し統治権の許す所は即ち自由なり統治権の与ふる所は即ち権利なるも統治権を離れて権利なく又自由なく今日に至れるを証明せり列聖か衆庶の身命財産を重し賜ふハ民力を撫養し其協翼に依て国家を天壌の久しきに維持せんか為めにして天賦の自由を重すへきか故にあらす乃ち日本の君主か其統治権を保有するは自然の条理にして日本には天賦人権なきも天賦君権ハ歴史あるの前よりして確然動かず是れ本邦君民の干繫、事実にして理論にあらす故に天賦自由論の哲理上に於て立つと否とに関らす本邦に於ける此干繫は為めに動かさるゝことなし」と吾曹記者は余の駁論を反覆熟読したりと自ら云へとも未た之に遑あらさりしならん駁論第一編第三項（第二頁）は宇内一般の理論に従ひ条理及ひ天賦権の何たるを略述したるに過きす其第三編に於ても亦之に関して指示したる所あり（第十九頁二十頁二十三頁）然るに説明彼れか如くにして未た足らす我か国体と天賦権との関係に就き端なく吾曹記者の大疑を惹き起したるものなるを以て爰に語を換え辞を更めて少しく論述すへし吾曹記者の無智なる「何に依て吾人に天賦自由の権利あるを断言するや」を大問題と認めて提出したれとも之に答ふるに易々のみ我か日本臣民は最も確実に天賦権を保有することは上に掛巻くも綾に畏き　天皇の御在すに依りて最も明白の事実なり夫れ聖尊は千早振る天ツ神の御子孫にましまし万世一系の列聖常久に天を代表して億兆に君臨し賜ふか故に　天皇と尊号し奉り天つ日嗣きと敬称し奉る而して特り吾人人類に限らす凡そ活物は生命なけれは活くる能はす身体なけれは生命の寄る処なし且つや飲食なけれは身体を全ふする能はす随て生命保たれず是故に吾人か生命、身体、財産を保持するの権利自由は真成に天の賦与に係るものなり迷執なる反対論者如何に強弁すと雖とも活物か其生命、身体を覆載の間に享くるは造化の支配即ち天の直轄なること復た争ひ得さるへし既に吾人の生命、身体之を天より享くる以上は豈特り之を保つの権利自由は天賦ならすと謂ふを得んや然らは則ち衆庶天賦の権利自由は天を代表し賜ふ至尊大権の下に保護せらるゝものなり是れ我か神州の臣民大御宝〔古代国民ノ称〕か天賦の権利自由を確有するの明証にあらすして何そや若し論者か吾人の権利自由果して天賦に依らは国家の之に制限を置くは何故ぞと反問せは余は対て至尊は天に代はるの権を以て皇祖皇宗の国家を治食し賜ふの必要上吾人衆庶の権利自由に適当の制限を加ひ賜ひ吾人衆庶も亦我か国家の為めに素より之を仰望するに外ならす是れ即ち衆庶天賦の権利自由も亦至尊大権の統裁に係る国法の担保に依るにあらされは鞏固なること能はすと云ふ所以なりと曰はんのみ要するに私法上に於ける吾人臣民の権利自由は大率天賦に係り而して天の下治食す　天皇は天に代はるの大権を以て之を認知し之を保護し又公の利害に関して間々之を制限し賜ふものとす然るに論者は輒轍ち統治権の与ふる所は権利にして統治権の許す所は自由なり統治権を離れて権利なく又自由なしと謂ふ是れ只末を知りて未た其本を知らす且つ権利に公私の別あるを解せさるか故なり蓋し衆庶か統治権の下に於て始めて享有するの権利自由も亦決して尠なからすと雖も例へは国家の政務に参与するの権利、著作、印行、集会、結社の自由の如きものにして概ね公法の範囲に属せり

由是観之我か列聖か衆庶の身命財産を重し賜ふは即ち其天賦の自由権利を保護し賜ふ所以。にして衆庶の権利自由を保護し其身命財産を安全ならしめ賜ふは即ち大御宝を撫養し其協賛に頼りて国家を天壌無窮に維持し賜はん大御心に出つるや明々白々寸毫の疑義あること無し而して此神州古来上下の関係は啻に事実に止まらす理論に照

すも亦当に斯の如くならさるへからさるなり
余は曩に民法中「行政法」とあるは行政に関する法律命令を併称し「行政を以て定めたる規則」とは右法令中の規則を指し又「…は行政法を以て之を規定す」と云ふは当該民事の性質上宜しく国権の干渉を受くへきか故に之を行政に関する法令の規定に譲りたるものなることを説明せり（駁論第一編第三頁）然るに是れ猶ほ吾曹記者の惑を解くに足らさりしは案外なり彼れ曰く「法の一字果して命令を含むとせは何か故に法典の全部を通して一律の用語を守らさるや財産編第八十九条の如きは殊更に法令と云ひ刑法に於ては法律規則と云ひ民刑訴訟法に於ても法律命令を併称する場合は法則と云ふは何を以て然るや民法中一箇条たりとも法令と書したるものあるに法又は法律と云へるものも亦同しく法令の義なりと解するは日常茶話の用語に於ては或は可ならん云々」と余は最初に吾曹記者の断程わからぬ人物なることを知りせは一層懇に解くへかりしなり、いざ正条を引きて御話仕らん例へは

財産編第三十三条　物料の採掘…公益の為め設けたる地役は行政法を以て之を規定す

同第三十四条　土地の所有者は其地上に一切の築造…又其地下に一切の開鑿…

右孰れの場合に於ても公益の為め行政法を以て定めたる規則及ひ制限に従ふことを要すの如き「行政法」の法は条中の字眼にあらさるなり而して其意義たる掟を指すに過きす乃ち行政法とは行政上の掟を謂ふ譬へは猶ほ国法若くは公法の法の字に於けるか如し其法必すしも法律のみを指さゝるなり吾曹記者よ前記の条文を二三読過せよ行政法の三字必すしも行政法律を意味せす前者は公益に関する地役の規定を行政上の掟に譲り後者は築造、開鑿等に関して行政上の掟に触るへからさるを指示せるに外ならさること自然明白ならん蓋し当該事項に就き法律の規定を要するものあり又命令を以て足るものあるへきか故に「行政法」の三字を「行政法令」と改むるも亦敢て悪からさるへしと雖とも唯是れ吾曹社中を喜はしむるの利益あるに過きすして特に其要を見さるなり

又例へは
財産編第八十九条第三項第二号　増税又ハ新税但其臨時又は非常の性質か法令に明示あるとき…
刑法第五条第一項　此刑法に正条なくして他の法律規則に刑名ある者は各其法律規則に従ふ
刑事訴訟法第二百六十八条第二項　法則を適用せす又は不当に適用したるときは法律に違背したるものとす
の如き爰に法令若くは法律規則若くは法則は共に字眼なり法の一字若くは法律の二字を以て之に換ふへからさること多言を竢たさるへし
故に民法中「行政法」とあるは行政に関する掟即ち其法律命令を指し又「特別法」とあるは民法以外の法令を指すものと知るへし而して単に法又は法律と書して命令をも包含せしめたる条項は大典中唯の一箇も無きを以て之に関する吾曹記者の妄想は近頃御劬労と申すの外なし
吾曹記者は其身封建制度の下に在る者の如く動もすれは独立命令独立命令と絶叫したるか故に余之に諭して「独立命令と云ふは委任命令に対するの学語のみ（憲法中独立命令の熟語なきは読者の能く知る所）行政命令は独立して法律の規定と其効力を争ふへからす…若し法令相支吾するときは命令は常に無効たるへきこと憲法第九条に照して明かなり然るに彼等は反て行政命令を以て民法当然の範囲を侵さしめんと望むものゝ如し是れ蓋し国家権力の発動行用も亦法律の検束を受くへきは立憲の要義なることを知らさるに坐するのみ」と云へり（駁論第一編第四頁）然るに吾曹記者は之に関して二箇の反問を為せり
一に曰く「民法当然の範囲とは果して何を指す乎」と吾曹記者は宜しく此疑問あるへからす何となれは余は駁論第一編第四項（第二頁）を以て之を説述せり然るに吾曹子は当該事項に向て一言せす今他の事項に移り来りて徒らに複説せしむるは討論の礼に適はされはなり然れとも余為めに一言せん公益に触れさる限り私権の関係を確保するは民法の目的にして又其規定当然の範囲なりとす而して我か民法は固より其当然の範囲を超えす且つ此範囲外の事項は妄りに之を他の法令に譲りしもの無し

二に曰く「国家権力の発動行用も亦法律の検束を受くへきは立憲の要義なりとは果して何に依り之を断言するや」と余は憲法第九条に拠りて断言したり我か憲法は吾曹記者の所謂独立命令なるものを認めす特り緩急変局に当り大権の運用自在なるのみ（憲法第八条及ひ第三十一条）嗟矣吾曹記者仍ほ之を強弁する歟（五月十七日発刊日報社説参照）

第二　吾曹記者は大憲の明条を顧みすして警察権の自在運用に熱中す

吾曹記者は余の駁論に対する反駁の第二に於て茲には無用なる警察権種別論而も巡査教習所の講義然たるものを担き出し反て肝腎なる余の所説をは故らに枉けて解釈し、さすがに支体の顫動を堅忍しつゝ謾罵一番を試みたり嘻々憫察すへき吾曹記者よ汝は熱心に行政警察権の無制限なる自在運用を望むも大憲の明条決して之を許さゝるを奈何せん且つや警察権は確乎たる法規の下に在ても亦動もすれは濫用に至るの弊害なしとせす蓋し彼れ未た之を察するに遑あらすして嗷々する者のみ

吾曹記者重ねて曰く「凡そ行政の運用は殆んと警察に聚中し一切の除害的施用は皆此逕路より進行し皆此溝渠を経由せさるもの無し」と此言や已に誇大と雖とも尚ほ可なり又曰く警察の事務を二分して司法警察及ひ行政警察とし行政警察を三分して高等警察、普通警察及ひ各科行政警察とす…其規定は憲法第九条に「公共の安寧秩序を保持し及ひ臣民の幸福を増進云々」とあるに基つき本来命令権に属するを原則とし而して憲法の他の条規又は或る法律の結果に依るの外は法律又は法律の委任に依るを要せす…知るへし警察事務は決して秩序及ヒ風俗に関するものゝみに止まらさるを而して論者の之を知らさるは即ち其行政法の楷梯にも通せさるの致す所にあらさる乎」と爰に論者とあるは果して余を指すものとせは余は先つ吾曹子を詰責せさるへからす何となれは余は曾て決して苟も「警察事務は秩序風俗に関するものに止まる」杯との譫言を吐露せしことなけれはなり曩に吾曹記者か其所謂民法修正論第四に於て「有害の結果を生せさるの前に於て予め規定を設け兵器爆裂物其他煽乱壊俗の原因

となり機械となるへき物品の使用を制限するは実に警察権の運用に属せさるへからす…故に其範囲目的の大小軽重により大臣以下之を分掌せさるなく而して皆憲法第九条の規定に拠り警察命令を発するの職権を委ねられたり…然るに財産編第三十条の規定に依りて我か警察権の行用は縮小せられ法律の委任に依ると違警罪制裁の範囲に於てするの外一も敏活の作用を為す能はさるものと為らんとす」との妄言を布きたるか故に余は彼れの挙けたる事例に基つき「吾曹記者は財産編第三十条の規定を一見して兵器爆弾其他煽乱壊俗の具と為る物品の使用をも警察権を以て充分に制限すること能はさるものと速了せり云々」と陳へ尚ほ例証を確実にし以て彼等の惑を解かんと欲したるのみ（駁論第七項）然るに毫も根拠なきの謾罵前記の如し加之彼れ有意歟無意歟迷謬依然前説を確執するもの也夫れ憲法第九条は行政命令の大権を掲く此命令発布の目的二あり第一法律を執行する為めの処分第二公共の安寧秩序を保持し、衆庶の幸福を増進する為めの処分是なり共に其必要の度に於て至尊親ら発布し賜ひ又は有司をして発布せしめらる蓋し此法律を以て此命令を変更するを得ると雖も命令を以て法律を変更するを得さるものとす今法律を執行する為めの命令は之を措き安寧秩序を保持し、幸福を増進する為めの規程は本来命令権に属するを原則とするやと云ふに（吾曹子の謂ふ如く）敢て然らす例へは吾人の言論、著作、印行、集会、結社の如き其目的の如何に由りては公共の安寧秩序に関係すること著し而して憲法第二十九条は是等の自由を法律の範囲内に於て吾人に許せり又所有権及ひ居住移転の自由の如きは衆庶の幸福増進に最も影響あり而して憲法第二十七条は吾人の所有権を確保し公益上の必要に因る其制限を法律の規定に譲り憲法第二十二条は居住移転の自由を法律の範囲内に於て吾人に許せり是れ公序幸福の為めにする規程か命令権に専属せさるの確証にあらすや吾曹記者も亦粗々之を覚れる如し然るに仍ほ是等の規程は本来命令権に属するを原則とすと強弁するは何そや畢竟するに行政命令は法律の下に処分し及ひ法律の欠缺を補足するを本旨とし若し法令相矛盾するときは命令は其効力を失ふへきものなるか故に之を独立命令と呼ふは実際其当を得す乃ち独立命令と云ふは執行命令若くは委任命令に対するの学語に過きさること曾て陳述したる所の如し説きて是に至れは吾曹記者は復た「公共の安寧秩序云々

の一句は実に独立命令権の本源たりと」謂ふを得さるへし日中の燃燈、霜余の噪蝉とは蓋し吾曹子社中の陋に譬ふへきなり

彼れ又曰く日本国に於ては憲法第二十七条を以て臣民所有権の不可侵を認めたりと雖とも同し憲法第九条に於て行政の為めに独立命令権を認めたり故に苟も行政権と所有権との交渉する場合は一方のみを徹底して一方のみを滅尽することを得す云々」と此言や吾曹記者は啻に民法に対しての無能力を自白するに止まらす併せて憲法に対しての無能力を自白したるものとす何を以て之を云ふ曰く他なし憲法第九条末文に「但し命令を以て法律を変更するを得す」とあり又其第二十七条に「日本臣民は其所有権を侵さるゝことなし、公益の為め必要なる処分は法律の定むる所に依る」とある以来法律の委任に基かさる行政命令を以て所有権を制限するときは取りも直さす命令を以て法律を変更するものにして其憲法違犯の所為なること一大電燈を観るよりも尚ほ明かなり故に若し憲法第二十七条所有権不可侵の原則に基きて規定されたる財産編第三十条第二項を「此権利は法律又は命令又は合意又は遺言を以てするに非されは之を制限することを得す」と改めん乎（吾子曹の望む如く）是れ即ち民法は憲法の条規を紊りて吾人の所有権を薄弱ならしむるものなり我か立憲国の立法官焉んそ能く之を肯てせんや然るに無学無識且つ無礼の吾曹記者か「所有権成分の一たる使用権に就き命令を以て警察上必要の制限を立つるの路を存するを当然なりとせさるへからす其の茲に出てさりしは編纂者国法を知らさるに坐するのみ」と濫吠するに至りては其妄言も亦極まるものとす彼若し余と対坐して之を曰ひたらんには余は一拳撃の下に彼を懲すを憚からさりしなり

又曰く「論者は曰く凡そ煽乱若くは壊乱の具と為る物品は夙に法律を以て其処分を禁せられたる不融通物なるへし不融通物は私の所有物の目的と為るを得す又仮令不融通物たらさるも斯る種類の物品使用処分の制限に関しては現に刑法及ひ行政法の備はるあり乃ち是等に対する警察権は法律の委任に由る区域に於て操縦の自在なること毫も疑ふへからす（吾曹か余の所説を約言したるものは本旨と晦蒙したるか故に原文に就きて之を正せり、駁論

第八頁）と然れとも財産編第三十条は法律を以てするに非されはと謂ひ法律に依るに非されはと謂はさるか故に委任の路は全く断絶せりと謂はさるへからす」云々と吾曹記者は余か法律の委任に由る区域と云へるは如何なる意味に解せしぞ例へは軍用の銃砲弾薬製造器械は何人の所有を問はず之を没収すと云ふか如き（刑法第百六十一条）又薬品営業竝薬品取扱規則実施の為め必要なる命令及ひ訓令は内務大臣之を発し薬種商、製薬者取締に係る細則は府県知事之を定むと云ふか如き（二十二年法律第十号第四十二条）は則ち当該官吏か法律の委任に由りて私権を制限するものなり

全体吾曹記者は如何なる偏見を以て余の駁論を読下し来りて「委任の路は断絶せり…民法は憲法と統一を欠く…論者も亦持論を曲くるの嫌を免かれさらん」杯と訳も解らぬ寐言を吐くや苦渋の態を極めて地段駄踏むとは此を之れ謂ふなめり

余か駁論第二編第二項下文（第八頁）に於て万一特別なる危険の種類を発見したる場合には憲法第八条を適用すへく又非常に際して特別なる物品の取引禁止の必要なる場合には憲法第三十一条を適用すへしと論述したるは敢て不当ならすと確信す乃ち余の論述したる所と吾曹記者の反撃を試みたる「論者又曰く」の二項と対較せは何れか是、何れか非、一読瞭然ならん故に復た贅せず

畢竟するに吾曹記者は如何様熱心に行政警察権の運用を極端にまて自在ならしめんと欲し法律の委任に基かさる命令を以て吾人の所有権を制限せんと主張するも（是れ吾人の休戚に大なる影響あるは勿論警察保護の本旨は一変して酷烈なる干渉と為るの弊害も亦是れより生せん殷鑒遠からす恐るへき哉）我か大憲の下に於ては断々乎之を許されす唯此例外は非常の変局に当りて間々大権の運用自在なるを見るへきのみ（即ち憲法第八条及ひ第三十一条の適用）

吾曹記者の「之を要するに」の三行半は咄何等の悪謔そ仮令是れ紙末の填草なりとするも江湖の有識に向て汝の指笑を買ふに足る欸めや吾曹子（以上五月十八日刊行日々新聞社説参照）

第三　吾曹記者は法人と単純なる社団との差別を知らす

人あり「法人は法律の認許するにあらされは成立するを得す」と云ふ確然不抜の原則を視て是れ法人の設置を阻碍するものと妄言するあらは凡そ法人の何たるを知る者誰か喫驚せさらん其喫驚するは他なし法人とは特に法律に依り創造せらるゝ仮想の人体の謂ひなるを以て法律の認許せさる限りは曾て其成立すへき道理なけれはなり故に余は駁論第二編第三項（第九頁）に於て懇ろに此事を説き以て吾曹記者の迷夢を一覚せんと期したり然るに測らさりき彼れ猶ほ栩々然何等の感覚なからんとは彼れ自ら法人の語を解釈して曰く「法人なる者は衆人協同して百般の事業を計るの盛行する今日に在て最も重要とするの設営なり」と自ら日進の法理に通せりと許す学者、自ら日耳曼の法理を弁へりと許す文士の奇言は斯んなもの歟は知らされとも若し日進の法理に霊あらは之を聴て豈能く泣かさらんや日耳曼の法理も亦応に哭すへし蓋し幼稚なる吾曹記者は法人設置の必す利益あるを空想して未た其弊害の恐るへきを考察せさるのみ抑々吾人は合意上共同団体を組織すること其目的の何たるを問はす公法に触れさる限りは自由なり而して此団体を法人と為すと否とは其間如何なる差異ありやと云ふに法人ハ特立して制限的に私権を享有し（法人は婚姻を為す筈なけれは親属もなきか故に人事上の権利は一切無用たるへし）其名を以て権利を得、義務を負ふと雖とも法人たらさる団体は仮令之に名号を付するも特立して財産を取得し所有し及ひ契約を為し訴訟を為すの権利なし左れは其団体の為めに財産を醵聚せん乎是れ即ち組合社中の共有物たり而して契約を為し訴訟を為すにも社員其人の名を以てせさるへからす此彼の差異は唯是れのみ故に法律に依らす行政命令を以て無形人の設置を認許するの必要は実際決して之れ無きものとす若し夫れ命令を以て荀子の轟々たる如く荷葉の田々たる如くに無形人を造り出さん乎其結果として殆んと不融通なる財産を多くするは的面（収利事業を目的とする法人を組成するに民商会社に関する法規に従ふへきは勿論なるを以て反対論者か命令に依り造らんと欲する無形人は政治、宗教、学術、技芸、慈恵等を目的とするものなること知るへし故に其無形人の財産は長

く不融通物たるの観を呈せん）並に無形人は身代限を為して其旧社中は飽の暖慾を専らにするか如き弊害も亦甚た少なからさるへし

吾曹記者は物知り顔に「法人の法理上の性質に関しては日耳曼法と仏蘭西法との間に衝突する所あり為めに欧州大陸の法学社会に一大論争を起したるは少しく近代の法学に通する者の知る所なり」杯と大層なる熱を吹けるが是れは例の欺瞞主義に基つき詭弁に過きさるのみ蓋し法人なる熟語は訳字にあらす我か立法官の新に考定したるものなり仏蘭西に於ては之に相当する学語を「ペルソンヌ、モラール」と云ふ想像の人の義なり（艸案中無形人と云へるは此意に拠る）而して其法典中明かに無形人等の文字を用ゐさるか故に或る団体の無形人たると否とを区別するには之に私権就中贈与を受くるの権利を授与したると否とを以て標準と為せり是を以て無形人の性質に関して大層に八釜敷議論ありたることは寡聞の余に於て曽て知らさる所なり尤も法人の享有する公私の権利多少の差異に就き仏法と曼法との間に幾許の逕庭は蓋し之れあらん然れとも為めに両々大衝突を致し欧州大陸の法学社会を震動したる杯とは恐らく跡方も無きことならん乎顧ふに是れ吾曹記者か南柯の手枕に蠻触の奮闘を夢みて空想を逞しふしたるにあらされは必す二十余年前の普仏戦争に模擬して虚構したる一話柄なるへし若し彼れ強ひて事実と為さは証言の責あるなり語を寄す吾曹子散録得意の口調を以て法律を論するハ実に其当を得さるものと、呵々

曩に人事編第五条に関して法人を解くや彼我共に其公法上の権義に及はさりき何となれは人事編第五条は私権享有の章中に在る以来公私法人の公法上の権義を説くは明かに別問題に渉るものなれはなり然るに吾曹記者は何等の思はくにや無形人に関する仏独法の等差を漫りに蝶々するの序次、仏国に於ける無形人の公私法上の権義を知らさるに拘はらす其公法上の関係の如きは全く之れなきものと妄想して最も奇怪の語を吐けり曰く「仏法は有体人にあらさる財産所有者をして所有権の付属する諸般の権利義務を有せしむる為めに設けたる法律上の仮想を以て法人なりとし〔四郎云何等識文如可解如不可解〕独法に於ては之を仮想とせすして之を実在なりとし独立の意

志を備へ独立の発動を為すに於て毫も有体人と異なることなし…要するに仏法の法人は私法の範囲に於て所有権を有するに止まるも〔又云由何断言之耶〕独法の法人は私法公法の範囲内に於て凡そ有体人に限り有すへきものゝ外の権利義務を有するものなり」〔又云独之無形人果有選挙議員之権耶可疑〕と余曼語に通せす且つ会々曼仏字典を欠く故に仏の Personne morael を曼に於て何と称するや今探る能はすと雖とも顧ふに吾曹子の所謂独法の法人は既に我か法人にあらす又仏の無形人にもあらす乃ち我か組合、仏の Corporation を意味するならん何となれは法人若くは無形人なる者は其性質上仮想のものたる争ふへからさるか故に之を実在と謂ふこと決して能はされはなり（此疑義あるを以て折角御注意のステンゲルと歟足で蹴ると歟云ふ者の行政字典も亦捜す能はす）爰に僻目かは存ぜねど余は吾曹記者か法人と組合即ち単純なる社団と（「ペルソンヌ、モラール」と「コルポラシヨント」）を混同したるものと推定せん蓋し社団は実在なり仮想のものにあらす而して合意上之を設置するは自由なりと雖とも之を法人と為すには法律に依らさるへからす且つ其仮想のものと為るは復た多言を竢て知らさるへし法人か公法上納税其他の義務を負ひ訴願を為す等の権利を有するは特に日耳曼に於てのみならす凡そ仮想の人体を認むる諸国の法規に於て慨ね相均し但余は法人の私権に就き論しつゝあるか故に此範囲を超えて蝶々するの要なきのみ

吾曹記者は現行の水利組合条例（二十三年法律第四十六号）及ひ地方学事通則（二十三年法律第八十九号）等に於ては日耳曼の組合主義を採れりと確信して水利組合の設置を府県知事の認可に依らしめ町村学校組合の設置を勅令の規定に依らしめたるを一見し是れ取りも直さす人事編第五条、法人は法律の認許するにあらされは成立するを得すとの規定と撞着せりと謂へり斯の如き牛旁の截り口然たる眼孔を以て我か新法を是非するを容れさるなり乃ち法律中或る法人の設置を勅令に又は地方長官の意見に依らしめたるは法律か斯る手続を以てする法人の成立を認許したるものにあらすして何そや且つ法人の名は我か立法官の新に考定したるものなること曩に述へたる如くなるか故に市町村其他、学校組合にもせよ水利組合にもせよ纔かに日耳曼の組合主義を学ひたるものにあら

す其実も亦大に異なる所あるなり
各種の農工商業組合の如きは現行の規則上決して法人を成さす又之を法人と為す実際の必要もなかるへし若シ有りと云はゝ其利弊を併せて意見を問ハん（商法第二百六十五条以下参照）
其他山林組合、救貧組合、労働者救助組合等に就きても亦余は其設置を望むと雖とも敢て之を法人と為すの必要を知らす
社寺の無形人を成すや否やは旧慣上甚た曖昧に属す而して之を法人と為すの利弊は最も熟慮すへきものあり且つ之を法人と為すに就きては適宜の制限を要するか故に亦特別法の規定に従ふへきは当然なり
実際の利弊要否を問はす共同社団を悉く法人と為さんと欲する吾曹記者か単純なる社団に醵聚したる財産は社団中の共有物たることを知るや知らすや左の如き暴言を吼へたり曰く「例へは赤十字社、教育会、慈善会の如き現に多少の財産を有せり然るに民法一たひ有効なるに至るときは其財産は財産編第二十三条第二項に依と当然国に属せされは第二十四条に依り無主物と為り磯部の説の如く何人も之を得るの自由を有するに至らさるへからす〔四郎云此悪謔蓋淵源于駁論第二編第七項（第十四頁）来者〕文明を粉飾し太平を潤色するの制度典章にして却て協同体の生命を絶ち其財産を劫奪せんとす是れ猶ほ以て忍ふへしと為す乎」と嗟矣亦太甚し吾曹子は法人廃止の場合に於ける財団も単純なる組合の財団も社中の共有に係ることを曾て知らさる者なり否な是れ恐くは吾曹子故意の暴言ならん反対論者か一種の情実よりして詭弁を放ち世の無識者を欺瞞するの手段は大率斯の如し其心胸の汚穢なる実に言ふに堪へさるなり
又吾曹子は制度典章を以て文明の粉飾、泰平の潤色と看做せるか如し是れ亦一大謬見なり今日は文物典章燦然可観杯と誇りて虚飾を主とする場合にあらす我か新法は私権確保の実益を目的とするものなり咄吾曹子未た之を知らさる乎

第四　吾曹記者は徒らに強弁を好む者也

凡そ事物を論議する者、自他論拠の当否如何に就き翻然覚る所あるに於ては敢て過を飾らす服すへし謝すへきは亦是れ礼なり然るに本問題たるの論拠論旨は之を措き或は末節に渉り或は岐路に趨りて只管に我れ必す彼れを圧せんと試み勝敗維れ争ひ竟に力屈して悪声を出すに至るか如きは鬚眉男児の固より耻つへき所矧んや操觚者流にして之を為すを憚からさらん乎其れ江湖の耳目を奈何せんや且つ自家の抱負を奈何せんや余は這般の事に関して吾曹記者の為めに惜まさるを得さるなり

先に吾曹記者か財産編第二百三十条の規定は行政裁判に関する法律に抵触して管轄の重複を生し民事と行政事項との分界を淆乱すと妄言したるか故に余は是れ吾曹子か法律に向ての無能力を自ら披露するものなれは其社説の正誤必要なるへしと極言し以て彼れか猛省を促したり（駁論第十三頁）然るに彼れ迷執の太甚しき尚ほ該条を目して司法裁判と行政裁判との管轄を紛乱するものと臆断し且つ余は前言に依りて現行法に暗きを自証したるものと詬罵して曰く「財産編第二十九条の沿岸者又は土地所有者は公法人たる市町村なること素よりあるへく而して市町村制の規定に従ひ市参事会町村長は右公法人の財産を管理し又其管理に就きては府県知事郡長の監督を受く乃ち此監督の方法如何に依りては財産編第二百三十条の訴訟起らさるを必期し難し其起るや二十三年法律第六号に水利土工事務を行政裁判所の管轄に属せしめたるを以て亦行政裁判所に訴ふるを当然とするものあるへし即ち民法本条の規定に対して管轄の紛議を生せさるを得さるにあらすや論者猶ほ吾曹を無能力と謂ふ乎」と余は遺憾なから此言辞に由りて一層確かに吾曹子か法律に向ての無能力を認め得たり而も其無能力は飛ひ切りなるへし抑々財産編第二百三十条の訴訟は曾て例示したる如く上流沿岸者又は高地所有者か流水を濫用し若くは汚穢にする等の事あるに因り下流沿岸者又は低地所有者か苦情を鳴らして御怱と出掛くる場合なるをもって行政庁の違法処分には何等の関係なきこと明かなり故に市町村に属する土地の管理に対して知事郡長の監督か不法なりとも財産編第二百三十条の訴訟の起るへき謂れなし然れとも例へは水流の沿岸者たる公法人か適法に其水を使用せんと

するに方りて其事相成らぬと厳命し又公法人の財産管理者か其管理地内を串流する水の通路を便宜に由りて変転せんと欲する場合に故なく邪魔を働くか如き奇怪至極の官庁あらん乎即ち右法人か水利事件に関して行政官庁の違法処分に由り権利を毀損せらるゝものなるを以て二十三年法律第百六号（第四号）に従ひ行政裁判所に出訴するを得へし而して此際裁判管轄に重複を生するの筈なく又其管轄に就き紛議を醸すへきの筈も無し何となれは爰に訴訟は財産編第二百二十九条の権利を伸ふるを目的と為すと雖とも同第二百三十条の規定とは全く無関係なれはなり説きて是に至れは迷執なる吾曹記者と雖とも甘んして首肯するならん否されは所謂馬鹿を医すへき膏薬なきの類なるを以て余も亦匙を投けさるを得す

曩に吾曹記者は財産取得編第三条か狩猟、捕漁の権利の行使を特別法即ち民法以外の法令（重駁第一編参照）に譲りたるを目して是れ行政命令を湮晦するものと速断し又財産編第六十五条か用益地に生産する羽毛鱗介を天然の果実と看做し用益者に之か狩猟、捕漁の権利を許与したるを見て此規定か効力を生するに至らは従来の職猟、遊猟の制は廃せさるへからす且つ為めに行政の組織は物質的敗壊を蒙らさるへからす杯と埒も無き忘想を惹起したるか故に余は略々狩猟、捕漁の何たることを述へ以て吾曹子の乖謬を数言の下に説破したり（駁論第十五頁）抑々右二条の規定の如きは事理の当然なるものにして素より旧慣に違はす又公法の機宜に触るへきの謂れなし然るに吾曹記者は何を苦んて歟更に贅冗の文字を以て其社説欄三段有半を填了せり是れ已に論拠を忘れて空言するもの特に一読するの価値も無し

吾曹記者か民法中用水に関する規則は粗笨なりと謂へるを以て余は財産編第二百廿四条以下に明定したる事項の外尚ほ如何なる規程の必要あるやを叩きたるに彼れ毫も之に答ふる無きは怪むへし（駁論第十一頁）且つ公共の流水（第十二頁）裁判所の斟酌（第十三頁）及ひ公私法の交渉（第十七頁）に関し余の与へたる説明に就きては彼れ如何に確執なりと雖とも再ひ争ひ得さるもの丶如し（以上五月廿日刊行日報社説参照）

第五　吾曹記者は自然法、性法、天法及ヒ条理ヲ各個異別ニ観察シ而シテ自然法ハ即チ無法ナリト謂フ

太甚哉吾曹記者の頑瞑確執事理に疎く法学に昧きや曩に吾曹記者は我か民法ハ天法を国法の上に認むと妄想して詭弁を弄したるか故に余は駁論第三編を以て明かに之を説破したり（第十八頁以下）然るに吾曹記者は敢て事実と学理とに頓着せす堅白同異的の主義に拠り曖昧模稜的の手段を以て余の論旨を晦蒙せんと試みたり余豈之を黙々に付し去るへけんや故に重複を厭はす縷述すること左の如し

夫れ六合の間自然に存在する条理（自然法、天法と云ふも同し）は有形無形万般の事物を支配して終古不易なり請ふ天体を稽へよ恒星動かす遊星運行す又大塊を顧みよ昼夜、四季循環、春夏発育、秋冬刺制し雲烟飛騰、水流卑きに就く又人界を察せよ生るゝ者は必す死し饑ゆれは食を思ひ餲すれは飲を欲す而して善を行ふ者は内心屑よく悪を為す者は胸中安からす勤険は昌んに驕者は亡ふ正義懿徳は遠通を化懐し姦邪讒佞は讎敵常に多し是に於て乎自他上下親疎内外の名分秩序自ら定まり其交渉に関する可否功罪毀誉褒貶は世論概ね事実を誤らす是れ皆造化の統轄指命し擁護責罰するものにして取りも直さす天地自然の条理の適用実施に係る也然れとも今昔四方国土異なれは国是毎に均しき能はす民俗同しからされは民情豈一揆に出てんや故に終古不易の条理も亦当代人智の程度及ひ国家の法制如何に由りて時に隆替あるか如く観え又消長するか如く観ゆるものとす此条理に基つき吾人の固より有する権利自由、之を天賦のものと謂ふ乃ち吾人か身命財産を保持するは天賦に係る権利自由の主なるものなり而して此権利自由は国法の担保に依るにあらされは鞏固なること能はすと雖とも国法ありて後始めて之を享有するものにあらさること既に屢々説述したる所の如し（第一編参照）

国家の法典に公法あり私法あり公法は宜しく国是を主とすへく私法は宜しく民俗に従ふへしと雖とも凡そ法令にして当代人智の及ふ条理を顧さるものは古今万国未た曾て之れあらさるなり唯国家統治の必要上純然たる条理を以て主権の運用を妨くへきにあらす是れ吾人は固より天賦の権利を有すと雖とも吾人は実に国家に対して服属の義務を負ふ以来国家主権の統裁に係る法律の認許保護する権利にあらされは確実なること能はすと云ふ所以なり

若し夫れ吾人天賦の権利自由に関して断々乎不可侵的の勢力を認め仮令国家の主権運用の必要に由るも到底之を動かすへからすとせん乎是れ寔に国家を無視し主義を蔑如し所謂個人本位の純然たるものなり蓋し斯る法制の邦土は古往今来渾円球上に成立すへくもあらす抑々我か豊蘆原の瑞穂国は固より皇祖皇宗の国家、固より万歳長久に天つ日嗣きの統治し賜ふ国家と雖とも又固より我か国家の国家なり而して国家の法源は一に至尊に匯集し衆庶の権利義務は皆此本源より流出すと云ふと雖とも宇内一般自然の条理は勿論之を認めさるへからす是故に公法と云ひ私法と云ふも其根原ハ条理なるのみ夫れ我か帝国憲法は寔に皇祖皇宗の宏謨遠猷を紹述せられたる不磨の大典なるが其所謂宏謨遠猷は大率条理に基つくと謂ふも亦敢て過言にあらさる也然らは則ち凡そ法令は国是と条理とに従て規定するの外なきこと明々白々たり且つ夫れ民法は私法なり必すしも政略権道と相待つの効用あるにあらさるを以て其規定は国是に触れす公法を侵さゝる限りは自然の条理を疏述せすして将た何をか為すへき我か民法は大憲の下に於て当然に条理を認め而して至尊の裁定に成れるものなり

然るに遅鈍偏僻なる吾曹記者は既に自然の条理の何たるを解せす豈復た此条理の六合に普ねく真に広大無辺のものたるを知らんや語を寄す吾曹子試みに俯仰して天地間の森羅万象を観察せよ蓋し汝は名山大川を跋渉せしことありや艨艟に坐し長風に乗し驚浪を截り怒濤を衝きて快駛せしことありや海外与国に遊観し学術を改め風俗を問へることありや若し此数者の一も未たしと云はゝ渾天儀を懸け地球図を開くも亦可なり而して考一考せよ星宿空に麗るは何故そ月影の万円虧昃するは何故そ雲行き雨施すは何故そ五洋百海の森茫渺漫たるは何故そ山嶽の突兀として峙ち足委鞨として横はり嵐光古今なきは何故そ而して人事の憂楽窮通多端、興亡互に代り隆替相襲き或は寧静或は艱難、和する者あり闘ふ者あるは何故そ即ち是等一切は暗々裏に自然の条理即ち無形の天法に統轄支配せらるゝものにあらすして何そや豈特り国家の制度のみ此条理と隔離するを得ん然れとも国家あれは必す国是なるものあり上下内外交渉の機宜之に拠りて定まる故に其国是の条理に適合すると否とは姑らく措き凡そ国法を制定するに方りては先つ国是の在る所を洞察し然る後条理に照して之を考覈するを当然とす抑々憲法なるものは

要するに国家と人民との関係を規定し即ち国是の大綱領を明記したるに外ならす而して是れ凡百法令の本源と云ふと雖も其一法は固より社会万般の実に亘ること能はす又之を包括すへき性質のものにあらさるを以て諸他の法令は必す憲法の下に於て尚ほ国是と条理とに従て制定せられさるへからす是故に憲法の外に国是なく又条理なしと曰ふは極めて荒唐無稽の言語なるのみ

吾曹記者曰く「吾曹は国法に於て条理とすへきものは其国体及ひ歴史に存する明白の事実に根拠するもの丶みなることを信す是れ固より理想上の絶対的条理と為す可からさるも其国に於ては的確不磨の相関的条理たらさるへからす而して我か列聖の宏謨遠猷は実に此条理の本源たり宏謨遠猷の外別に国法の根拠となるへき条理あるの謂れなし云々」と此言や吾曹記者か国家の制度に関して国是と条理とを混同し国是を認めて直ちに条理其ものと倣し維神の実典の外、国是もなけれは条理もなしと臆断したる確証なり吾曹記者よ余か前に切論したる所を熟読し来りて尚ほ汝か説を主張せんと欲せは必す先つ左の二問題に明答を与へよ

第一　立法者は憲法及ひ慣習のみに拠り公私法を規定するを得るや

第二　民事裁判所は憲法及ひ慣習のみに拠り万般の事件を裁判するを得るや

蓋し公法は国是に従ひ慣習を酌み及ひ条理を稽へて規定するの外なく又私法は慣習の採るへきは之を採り国是に触れす公法を侵さ丶る限りは条理を疏述するの外なきのみ故に国是を主とする公法は国家主権の作用に係る実例若くは認定に依りて始めて之れありと雖とも国是に触れさる限り条理に従ふ私法は仮令何等旧慣の徴すへき無きものに関しても固より存在すと謂ふを当然とす是に於て乎民事裁判所は成文律なき今日に於ても慣習及ひ条理に照して万事を決断するを得るなり

吾曹記者は既に国是を以て条理と看做せり其所謂条理は宇内普通の条理にあらす宜なり大憲の下に於て当然に条理を認めたる民法を目して天法を国法の上に認めたりと妄想したるや又宜なり余か大憲は大率条理に基つくと述へたるを見て帝国臣子読むに忍ひす名分上の不敬を問はさるへからすと憤激したるや伏して惟れは大憲は列聖の

宏謨遠猷、不磨維神の宝典、国家の不基は依て以て天壌と無窮なり故に吾人臣民の分義、欽仰して之に従ひ之に順ふは何そ啻無形の条理に於けるか如きのみならんや然れとも大憲は即ち条理、条理は即ち大憲なりと云ふに至りては是れ寔に佞媚の言語のみ事実学理決して之を許さゝるなり

彼れ又曰く「条理なるもの苟も絶対的に存在して千古磨せさらん乎之を以て一切の人事を断するの準と為す素より可なり奈何せん条理の標準なるもの東西洋幾百哲学者の脳漿を絞りても竟に未た帰着する所を知らさるを…論者の所謂条理なるものは論者の一家言なる乎将た其崇拝する民法起草者の一家言なる乎吾曹更めて之を問んと欲す」と抑々吾曹記者は未た条理性法の学を講せさるか故に之を認識するの方法順序も知らさるのみ夫れ自然の条理は人事に関しても亦絶対的に存在して千古不磨なること猶ほ夫の遊星の軌道を有ちて運行を錯たす地球上四時の循環変せさるか如くなるへしと雖とも実に人智の未た及はさる所あるを以て碩学大家時に未発の説あるなり然れとも其大体の標準に至りては東西古今殆んと一揆に帰著するか如く唯其演繹論法に就き頗る異同を致すに過きす故に条理を主とする私法の組織関係は開明列国著しき等差なきを常とし随て事物の可否正邪を裁断するに於て公平なる判官の意見は粗々相均しきものなり蓋し成文律は国是及ひ慣習を含む以来諸国の学士各其国法に拠りて事を論するときは全く同一の決定を見るは幾んと罕れなりと雖も純ら其学習せる条理性法に拠りて公平に事を論するときは学派の異同学識の深浅に由りて詳略麁密の等差こそあれ粗々同一の決定を見ること欧洲諸大学性法競争問題の答案に就きて知るを得へし畢竟するに法律を論しつゝある者か相手に向て汝の所謂条理なるものは汝の一家言なる乎将た汝の崇拝する学者の一家言なる乎と云ふか如きは自ら無識を証明し且つ他に対し討論の礼儀を失するの太甚しきもの也余は諸学に志して以来始めて斯る論客に遭遇し真に一大驚を喫したり然れとも余は寔に吾曹子の条理を知らさるを憫むか故に一言以て之に答ふへし曰く我か所謂条理は即ち方今宇内普通の条理なりと彼れ又曰く「本邦の歴史は固より論者の誤謬を容れす而して欧西法理の論亦之を容れさるを奈何せん論者は曰く自然法、性法、天法等都て是れ条理の別名に外ならすと是れ無稽の言のみ学者の屡々論する如く真の自然法なる

ものは無法なるのみ云々」と嗚呼是れ何等の暴言ぞ彼れ曩に「私法の学理に於ても性法、天法、自然法と云ふ十八世紀の旧夢に属せり自然法の存在を認むるに就きては近世の法理学者皆之を取らす」と虚吠したるか故に余は「自然法、天法、性法等都て是れ条理の別名に外ならす其条理の存在を否認する私法学を発明したるは果して何人なりや恐らくは虚無民ならん抑々亦吾曹子其人歟」と反問したり（駁論第二十頁）然るに彼れ之に答へす更に「学者の屡々論する如く」と云へり此有名なるへき学者は亦果して何人なりや余甚た惑ふ而して「真の自然法なるものは無法なるのみ」と云ふに至りては余は端なく驚倒されたり自然法とは決して太古無為而治焉的の方法状態を謂ふにあらす即ち自然法、性法、天法は都て宇内普通なる条理の別名なること余輩の確信する所なるを以て之に就きては復た吾曹子と争はさるへく只左の三問題に明答を請はんのみ

第一　吾曹子の所謂天法と自然法とは相同しきや否や

第二　若し天法と自然法とは唯其名を異にするものとせは理に於て自然法は即ち天法なり而して吾曹子既に自然法を無法と謂ふからには天法も亦之を無法と謂ふらん然るときは「民法は無法（天法即ち自然法）を国法の上に認む」とは如何なる意義なりや

第三　若し自然法、性法、天法の三箇互に相異なるものと思意せは其定解及ひ交渉如何

吾曹記者か日本人民の所有権は維新以後憲法其他の法律に依りて始めて之れある証左として荘園私領の無償公収等旧時の非理なる実例を挙けたるか如きは幼稚なる小学生徒の鴉墨に成れる論文めきて最も浅薄取るに足らす又「人生自然の状態は蠻族未た杜会を成さゝるの日に在り是れより進て国を成し法を立つるに至ては組織編制千差万別其孰れを以て自然に称へるものと断定すへからす原始世界の状態を離れたる後は皆人為にして自然にあらす君権撲滅の後に於て行はるゝ所を以て自然なりとするは民意の認定する所を以て君権の認定する所に対抗するに過きす若し民衆の認めて条理とするもの独り自然の法なりとせは民衆の意思を以て国権の標準とするものゝみ独り自然に合へる国家にして其他は仮想浮虚の国家たるへし云々」と云ふ非理不祥なる彼れの自問自答は支那の昔

の壮周か奇譎なる「聖人不死大盗不止殴符折衡而民不争」を非難するにあらされは夫の「ソシヤリスム」若くは「ネヒリスム」の破壊説を攻撃するか如き口吻にして余の駁論と何等の関係なきか故に亦是れ答弁の限りにあらさるへし彼れ唯記臆せよ余の所謂自然法は宇内普通の条理なること前に縷述したる所の如きを曩に吾曹記者か財産編第二百九十三条第二項に義務を定義し「…人定法又は自然法の羈絆なり」とあるを一見し民法か天法を国法の上に認めたるの確証と誤認し鬼の首でも刎ね取りし様勇み立ち不可思議の囈言を臚列したるか故に余は其愚を愍み該規定は人権（物件即ち物上権と分つ命詞にして対人権と云ふも同しく債権のことなり決して天賦権と分つ命詞にあらす財産編第一条乃至第三条及ひ第二百九十三条第二百九十四条参照）に対する義務に法定の義務と自然の義務との区別あることを指導したるに外ならすして所謂自然の義務は天賦の権利に対するものにあらす随て該規定は毫も天賦の権利に関係なきことを巨細に教示したり（駁論第二十一頁以下）然るに彼れ猶ほ頑然として悟らす更に余をして数語を費さしむるに至る請ふ吾曹子刮目して財産編第五百六十二条以下殊に第五百六十五条第五百六十八条及ひ第五百六十九条を看一看し且つ余の駁論と対比考覈せよ然るも尚ほ翻然として覚ることを得すんは汝は真に法律に向ての無能力者たり復た我か新法に対して黄口を開閉すること勿れ憲法第二十七条は明かに吾人天賦の所有権を確保し而して財産編第三十条は之を敷術したるに外ならさるなり然るに卑怯なる吾曹記者は「其他論者か憲法第二十七条と民法財産編第三十条との関係に就き論する所は吾曹既に警察権の条下に於て之を反駁したれは再ひ贅せす」との遁辞を以て嚮きの乖謬を蔽ひたるこそ見苦くけれ（以上五月二十一日発刊日々新聞社説参照）

第六　吾曹記者ハ旧慣を識らすして倫常を説く

余は駁論第四編を以て吾曹記者か民法財産編第三十一条に対して懐ける四大謬見を一々明白に説破したり（第二十三頁乃至第二十九頁）然るに彼れ尚ほ不服の意を表し剰へ剛愎不遜の数語に託して姑らく己れか妄誕を蔽ひ来

れり故に余は之に関して再ひ諭示するの徒労を執らす吾曹子自身の反省に委して可なり夫の徴発徴求を無償公収と誤り動産の公用徴収を租税と認めたるか如きは目に多少の文字ある者の最も愧つへき事なりき啻に吾曹記者のみならす総て付和雷同的の反対論者口を開けは輙ち曰ふ新法は外国の典章を生呑活剥して裁を取る所なかりしものなり、新法は国情旧慣を顧みす社交の革命を宣言するものなりと而して正条を指摘非議するに及んては一々乖謬誣妄の譏を免かれさるは何そや之を要するに新法の組織関係を識らさるものなり将た一種の情実欺瞞主義を抱くものなり若くは其欺瞞に罹るものあり（頃者温厚の君子剛毅の武人、老実の文士にして尚ほ且つ往々反対論を唱ふるは曾て新法を識らさるか故に端なく他の欺瞞に罹りし者なり）彼等新法を識らさるにあらされは外国典章を識らさるなり我か民法の如きは其一条一項と雖も外国の成律を其儘翻訳したるもの決して之れあること無し余は一身の名誉を以て之を確保せん若し之れありと云ふ者あらは敢て漫言を許さす必すや其の条、其の項たることを指摘し来たるを要す憚りなから来る明治二十九年は、さて措き十百年間血眼にて捜索するも彼我異文同義の一条項を発見すること能はさるのみ反て想ふ自今以後彼れの我れに擬するもの或は之れあらん殊に人事編及ひ財産取得編第十三章以下は純ら我か慣習及ひ条理に基つき規定せられたるものにして外部殊俗の元素は其最も我れに適当する制度にあらさるよりは一も包含せさるなり吾曹記者の頑迷確執なる余の駁論（第二十九頁以下）彼れか如くなるに拘はらす仍ほ謂らく「家制を破り個人本位を取りて家長権を麻痺せしめ専ら天然の血液を経緯として親族法を編制し而して父子権を論し夫妻其地位を同しくするの規程にして猶ほ我か固有の民俗に発す外国の法を参酌するものにあらすと云はゝ則ち天下何事か固有の民俗ならさらん」と蓋し彼等は戸主及ひ家族の関係（人事編第十三章）并に家督相続（財産取得編第十三章第一節）養子縁組（人事編第七章）等に就きての規定を未た識らさる乎若し粗々之を知り而して尚ほ能く「家制を破り個人本位を取て家長権を麻痺せしむ…」と言はゝ彼等は本来事理を弁するの智力を具へさる者なり彼等か人事編に関して再ひ呶々たる所左の如し曰く「本邦従来家長権を以て家族編制の基本とす然るに之と枘鑿相容れさる新主義を取て人事の規程と為さんとするは是れ本邦固有の習俗を攪乱するものにあらすして何そ…論者は二三の例を引証して弁解を試みたるも吾曹は固より一々瑣末の法条に拘々たるものにあらす人事編か他の諸編と稍々面目を異にしたるは吾曹と雖とも亦之を認む独り奈何せん其精髄に於て其骨子に於て立法の趣旨其大局を誤り本邦社会組織の根底と全く相乖離せることを…我か習俗は家に因て親族を論す即ち一家長権の下に立つ者を包括して家族とし家長権の及はさる所は血姻ありと雖とも一切家族にあらす民法は則ち天然の血脈に因て親族を論し以て家長権を軽視す是れ我か固有の習俗と相容れさるなり」と余曩には吾曹記者か自ら民法に対して私法上より観察したりと云ひ其人事編中国風、家制に乖離するの最も著しきものと思惟して挙けたる三事例（四月三十日日報社説甲の一乃至三）も亦他の事例と共に尽く謬妄なることを弁解したるのみ（第二十九頁乃至第三十四頁）然るに彼れ今「吾曹は固より一々瑣末の法条に拘々たるものにあらすと推諉するは何そや姑麻化すは何そや而して其旧慣は家に因て親族を論し新法は血脈に因て親族を論すと言ふに至りては是れ寔に家族と親族とを混淆したるの陋見なり抑々親属は血統に因りて之を論すへきこと倫理上当然にして特り我か国俗のみ然るにあらす（婚姻に因る姻属及ひ養親子の関係は自然別問題に属す人事編第二十二条第二十四条及ひ第二十五条）又家に因て家族を論し家長権の下に在る者（親属にあらされは必す姻属故に勿論僕婢及ひ食客の類を包含せす）を家族とし仮令血統姻縁の関係ありと雖とも其家を同ふせさる者は家族あらさること（住居を分つも一家長権の下に服属する者は此例に在らす）亦我か国俗のみ然るにあらさるなり（人事編第二百四十三条以下参照）唯新法は父権の下に子の所有権、家長権の下に家族の所有権、夫権の下に婦の所有権を確認せられたり（人事編第六十八条以下第百五十五条第二百四十五条及ひ財産取得編第四百二十六条以下）是れ旧慣に於て最も曖昧に属し且つ殆んと子、家族婦の所有権を認めさるか如く乃ち戸主窮迫身代限を為せは一家族の総財産を差押へ太甚しきは分家の家族たりとも公の手続に拠り分籍を為さゝれは其財産を差押ふるを得たりき豈新法斯る陋習を改むるに就き躊躇すへきの謂れあらんや然れとも若し彼等か家族の所有権を確認したるか為めに家長権の萎靡擁を致し父子夫妻其権を論争するに至ると過慮せは余復た何をか謂はん曰く「論者か新民法の我か習俗と相戻らさることを証明する唯縁は切れても血は切れぬと云ふ俚諺を以てせるのみ区々たる一俚諺に依頼して法典を擁護す其論理の薄弱なる固より言を竢たす況んや此俚諺も亦正当に解釈するときは反て吾曹の論旨を確むるものたるに於てをや我習俗に於て血と縁との必すしも相並行せさるは右の言外に領せらるへく血脈なきの子女も之を収養するときは実子と異なる無く血脉あるも一旦之を勘当するときは父子も亦路傍の人と為るの習俗は亦其詞表に溢るゝにあらすや」と嗚呼怪なる哉吾曹子の言や人を誣ゐ且つ不倫の言を吐くも亦是に至りて極まれり余何れの時乎一俚諺に依頼して宝典を擁護したるや汝は曾て「母の離別せられて其家を去るや家に残る子に対して親属たるの干繋を失ふは我か家制の習俗なり云々」と大法螺を吹き無鉄砲を放ちたるを以て余は手短に夫の縁は切れても云々の俚諺を挙けて汝の迷を解かんと試みたるのみ（駁論第三十頁）然るに汝は俚諺の正解をも尚ほ得る能はすして倫常を破るの暴語を布く抑々該俚諺は何人の教に出てたるや詳かならすと雖とも能く条理に適ふか故に千古不磨の格言とも謂ふへし縁とは夫婦の縁を云ひ縁の切るゝとは夫婦離別の事を云ふ然して血は切れぬとは母子の血親は母の離別に拘はらす実系の依然たることを云ふなり夫れ我か国何れの世に歟離別の父母と其子女との実系を絶滅し全く親子の関係なきものと為したることやある唯実際其子は父及ひ継母の感情を憚かりて公然に離別の母と音問すること希れなりき又刑事上親属連坐の場合に於ては概ね離別の母を除き又離別の父をも除きたる事例あるか如しと雖とも民事上実親子の関係は離別又は勘当等に拘はらす依然之を認めたること我か国古来の慣習にして且つ倫理上毫も疑を容れさるの事項たり故に人事編第十九条以下の規定も亦大率旧慣に拠れるのみ敢て之を外邦に採りしにはあらす然るに彼等は口徒らに名教、倫常、孝道等の辞句を唱ふれとも曽て我か制度慣例の著しきものをも知らすして「血脉あるも一旦之を勘当するとき父子も亦路傍の人と為る」と云ふか如き不義無道の蠻語を吠ゆるに至る余の彼等を疑て蝦夷の種族と做したるも亦理なきにあらさるへし

曰く「縁は家を本として相追跡し一家長の下に統理せらるゝ者を家族と謂ふ血脉の相貫聯すると否とは必すしも

問はす而して民法は全く此習俗を眼中に置かす専ら血脉存するときは親族家族の関係を存するものなりとの定義を取る論者猶ほ以て我か固有の習俗に戻るなしと謂ふ乎」と是れ彼等は「親属とは血統の相聯結する者の関係を謂ふ」との規定（人事編第十九条第一項）を見て未た「戸主とは一家の長を謂ひ家族とは戸主の配偶者及ひ其家に在る親族、姻族を謂ふ」との規定（同第二百四十三条第一項）を見さるか故に売ら威張に威張るなり笑止の至と謂ふへし

曰く「論者は忌服令を援証して云々するも未た法理沿革上忌服の何たるを知らす我か国及ひ古欧の制度に於ては人の死を汚穢として之を忌むの風習あり随て血液の相貫聯する者は忌服を受くるの俗を成すも亦唯実際上家族は血脉相通するを常とするを以て忌服も亦事実上親族の関係に相伴ふが如き観を呈せしのみ」と此驚くへき妄言は以て彼等か忌服の何たるを知らさるの確証と為すへし夫れ日に於けるの忌は猶ほ名に於けるの諱の如し人の死亡の汚穢を忌むにあらさるは固より論なく最近親戚間の愛情に於て若干日の間死者の喪を忌み即ち斎みして痛惜の意を表するの禮を謂ふ忌日、年忌皆是なり又我か習俗の服とは喪服を服すること例せは父母の喪に丁り十三个月間喪服を更めさりしに因ると云ふ蓋し服の本義は喪に服するの謂ひなり（支那に於ては父母恩君巌師の喪は三个年なり尚ほ服喪、致喪、心喪等の目稽ふへし）余幼時より左の国風を記臆して作者其人の至孝の情に感せり

限あれはけふ脱き捨てん藤衣はてなきものは涙なりけり

藤衣とは喪服の事なり当代の喪服は藤葉色に染めしか故に斯く云ふもの歟又此歌は貴公子某、父の喪に居り成規の忌明けの折り咏みしものと覚ふ其人の名は忘れたり吾曹記者尚ほ忌服は只事実上親族の関係に相伴ふか如き観あるに止まると謂ふを得る乎（駁論第三十頁参照）

曰く「本邦に在ては一家を統治するは唯、一家長権あり父の子に対する権、夫の妻に対する権、後見人の幼弱者に対する権等種々の権力並行はれ相結合して一家を共治するにあらさるなり新民法は乃ち一家内に行はるゝ権力を個人的に分配し父権、母権、夫婦の権と云ふか如き並等の権利に分割せるか故に家長権は名ありて実なし…是

れ君主主義の家を破壊して共和主義の家とするものなり而して論者は吾曹の此論に対して一も弁解する所ある能はす云々」と響きに吾曹記者か家長権、親権及ひ後見の互ひに差別あることを知らす且つ人事編の正条にも頓着なく妄りに蝶々したるか故に余は駁論第五編第四項（第三十一頁及ひ第三十二頁）を以て明かに説破して遺す所なし然るに今復た前記の如き言語あるは何そや素より我か民法は父権と母権とを平等視せす（人事編第百四十九条）又後見は幼者の父母共に死するにあらされは開始せさるを通例とす（同第百五十七条及ひ第百六十一条）而して一家数夫婦あるときは夫婦の権は各配偶の間に各別に行はるへきは勿論（同第六十八条以下及ひ第四百二十六条以下）且つ其児女あるときに夫若くは婦は各自其幼年なる子に対して親権を行ふと雖とも家族挙て生を戸主に仰くへきの仕組なるか故に（人事編第二百四十三条以下）一家統治の権は戸主に専属する言を竢たす豈我か新法の下に於ける家長権は有名無実と謂ふを得んや但今の家長権は旧慣に於けるか如く無制限にあらさるなり即ち家族の所有権を明認したるは其主なるものとす（同第二百四十五条）

曰く「父権の外母権あるを認め親権を以て二者に相通する用語と為せり我か民俗に於て家は男姓なるか故に婦女子戸主たるの場合と雖とも法理の仮設を以て家父たるの権力を有せしめたるに外ならす民法編纂者は乃ち之を忘却し扶助し親権を行ふときは是れ母権なりと云ふが如き臆説を為す何そ其忌憚なきや」と嗟矣是れ吾曹記者か又候、腐れ学者の謬説を踏襲し来りたるに過きす（法典実施延期意見参考書三丁後半）所謂親権は人倫に基つく父母の権なり父母か其子の身上及ひ財産上に有する監督の権なり然るに通常父独り之を行ふは他なし教戒指導并に財産管理の方法一途に出つるを要するか為めのみ父死亡し又は之を行ふ能はさるとき母之を行ふは敢て父に代りて父権を行ふにあらす固有の親権を行ふものなり爰に子の財産管理は姑らく措くも子を教戒指導するの権か特に父に属して母曾て之を有せさるの謂はれなし豈復た此母権を認めたり迚家制恪守の習俗と相容れさることあらんや彼等の本来無稽なる大率此類なり蓋し旧慣に於て父権は母権よりも甚た重く母権は常に父権の下に於て行はれたり然るに若し全く母権を認めさらん乎是れ実に倫常を壊乱するものと謂ふへし（人事編第百四十九条以下）

曰く「吾曹又曰く親族編郷党相援ひ相扶け互に道義を以て交る是れ我か社会の美風なりと論者は之に対して民法を以て倫理の関係を権利義務に書き分くるものとし徳義の家及ひ社会に対するの勢力を薄からしめんことを希望するに似たり是れ果して吾曹の論者を打撃するの精神なる乎云々」と迷執なる吾曹記者か既に正理に服し筆を投して降るを知らす又見るへきの論陣を布く能はすして徒らに讒誣を事とする斯の如し曾て吾曹記者か親族郷党相互に結托援助し徳義を以て交るは大東の美風なりと云へるか故に余は之を賛し且つ諭して此美風は国家の元気振興の要素なるか故に永く之を維持し之を涵養せさるへからすと雖とも法律の勢力をして其強行の任に当らしむへきにあらす純乎たる道義上の関係に至りては之を教育制度に専属せしむるの当然なること喋々を要せす而して法律上近親間養料互給の義務を規定するは世の昧者不義者を待つの具のみ且つ此規定は決して善良なる国民の感情を傷害するものにあらすと弁解したり（駁論第三十三頁及ひ第三十四頁）夫れ各人道義上の交際は固より法令の支配を受けす之と均しく平和齊粛なる一家の団体は潔白純良なる家風家政の下に信愛協合し家長は戸主の権力に服従否な寧ろ其恩威に心服すへし復た何そ一般法律の干渉を容るゝの余地あらんや故に各人相互の関係にまれ一家の構成にまれ法令の特設を要するは其不和紛争の変局に処理する準縄規矩たるのみ然るに彼等か敢て「故なく父子夫婦間に於ける関係を平等の権利義務に分配し〔四郎云父子夫婦之権義律之明条頗固親匡別今日平等分配者胡耶〕忠孝の程度は金銭を以て見積る裁判所〔又云法衙則司直之府然只金銭評価詬罵焉是誤解法理者於次編論破之〕判定の養料を以て測定す云々」と妄想するに至りては余の屡々云ふ如く彼等は法条を識らさるにあらされは詐術を挟んで詭弁を弄する者のみ而して疇昔の事余輩寔に慨歎に堪へす立法一部の幾多無邪気なる知名の志士も亦竟に反対論者の欺罔に罹るを致す法学の講せさるへからさるや久し、噫（以上五月廿二日発行日報社説参照）

第七　吾曹記者は法理を弁せすして立法を論す

金銭に評定するを得へき利益のあらさる合意の無効たるへき原則を訝るは是れ寔に其事理を解せさるに因るのみ

吾曹記者も亦全く之を解せす財産編第三百二十三条に向て黄口の濫囀を憚らさりしか故に余は為めに詳細なる説明の労を執れり（駁論第三十五頁以下）然るに愍むへし彼れ仍ほ覚悟する能はす極めて浅薄する立法論及ひ法理論と云ふことを臚列し且つ更に示教を乞へるもの丶如し（反駁第七末文）蓋し彼れ未た法理を弁せすして敢て立法を議す余竟に其可なるを知らさるなり又彼れか国是と条理との杆格を以て容易に立法論と法理論との交渉に擬したるは頗る其当を得すと雖とも余は岐路に趨るを嫌ふか故に直ちに本題の大旨に就きて弁論すへし

吾曹記者曰く「吾曹は我か民法財産編第三百二十三条か金銭に見積るを得へき利益なき合意を無効とし権利を毀損せらる丶に金銭上の損害なきものには救済を与ふることなしとするの規定は以て我か固有の美俗を頽墜するものなることを認め立法上より其不当なる所以を論駁したり論者は乃ち頻に吾曹を罵て法理に疎しと云ふ若し論者一家の法理論に疎しと云ふの批評ならは吾曹或は之を甘受せん立法上の見解に於て何か故に新法典は金銭を重んし名誉自由を軽んする乎の疑問に対して論者か一も弁明する所ある能はさるは吾曹更に反詰せさるを得す」と彼れの財産編第三百二十三条に対して疑義を懐くは則ち法理に疎きの確証にあらすして何そや余の極言憚らさるは性質なるも妄りに嘲罵することは決して之を為さす又余は曾て彼より「何か故に新法典は金銭を重んし名誉自由を軽んする乎」と云ふか如き奇怪なる質問を受けしことなきを以て弁明する能はさるは当然なるのみ而して余曩には彼等の無学無識是に至るを想像せさりしか故に当該条項の旨趣を解説するに止めたるなり夫れ我か民法は素より吾人の権利自由を確保す焉んそ其特に金銭を重んし其名誉を軽んするか如きことあらんや若し吾人か法律上の権利を侵され身体若くは財産上に損害を受けん乎必ら《(ママ)》其賠償に就きての訴権を生す而して其損害たる亦皆金銭に見積るを得へきものなり（財産編第三百七十条以下第三百八十五条乃至第三百八十七条及ひ刑事訴訟法第二条第四条第五条参照）彼れ知らすや世間往々名誉回復損害賠償の争訟あることを知らすや其争訟の目的たる大率金銭を以て賠償を要求するに在ることを

来し吾曹記者は要約者に於て金銭に見積るを得へき利益のあらさる合意の何たることをも知らさるならん故に余

は事例を設けて彼れの理会を促さんと欲す爰に甲者乙者あり相互に将蓋禁酒すへしと合意したることを想像せんに甲者乙者か此合意を承諾するに至りたる直接の理由は互に相手方の禁酒を望むに在りて是れ即ち合意の原因なり（尤も斯る合意は己れ躬ら飲欲の制し難きか為めに他の検止を望むに因ること多かるへしと雖とも這は間接の理由即ち縁由なりとす、財産編第三百九条第二項）此場合に於て甲者か乙者に対し又乙者か甲者に対して有する利益は如何と云ふに畢竟交誼上の満足なるへしと雖とも此利益を金銭に見積ること恐らくは能はす故に一方か約束に悖りて長鯨の百川を吸ふか如くなることあるも他の一方は裁到上義務の履行を強要するを得す何となれは他の身体を拘束するにあらされは之を強要すること能はされはなり（財産編第三百八十二条第一項）又単純なる交誼上の満足は評価し難き以来標準なき損害の賠償を請求するを得へからす是に於て乎甲乙間の合意の原因は本来無きにあらすと雖も幾んと虚妄に属して其合意は実際無効たるへきこと明けし然れとも右の合意に過怠約款を付したるときは則ち該利益は金銭に見積るを得るものなるを以て合意は当然有効なり（同第三百八十八条）又仮令過怠約款を付したるも其約欵は不融通物の譲渡に係るか如き場合には該利益は金銭に評定するを得るに拘はらす約款の不法なる点より合意は成立するに至らす是れ要約者か合意に付き金銭に見積ることを得へき正当の利益を有せさるときは其合意は原因なき為め無効なる所以なり之を要するに普通の能力を有する者か金銭に見積るを得へき正当の利益なき事物を要約するか如きは実際幾んと穸窄なることを想像し得へきのみ

彼れ又曰く「我々の権利は金銭を以て測定する価値の外更に貴重すへき無形の価値を有せり金銭に於ては損害と為るも利益と為るも之に頓着せすして我々が権利の保全を欲するの場合あり然るに民法か損害賠償を規定するや権利の毀損を以て直に其訴因と為すことを法文に認めす損害を蒙りし事実の証明あるにあらされは訴権なしと云ふの原則を取れり是れ明に権利を後にし金銭を先にするを以て立法の精神とするものにあらすや…私権の中貴重すへき者あるも金銭の価値なき限りは之を保護するに足らすと云ふ…」と此一章の趣旨は幾んと捕捉すへからすと雖とも力めて推測を下し以て之を弁解すへし今余輩は財産編第三百廿三条に関して論駁しつゝあるか故に彼れ

の所謂「我々の権利」とは合意に原つく吾人の権利を指すものならん（財産編第二百九十五条）此合意に原つくの権利は場合に由り債権者に取りて金銭上直接の価値の外名誉、信用若くは嗜好、愛惜上の価値（此価値も亦概ね金銭を以て評定するを得るものとす）を有することあるへし而して金銭上の損益に拘らす之を保全せんと欲することもあるへし然れとも債務者敢て其義務を履行せす且つ其義務の性質上強要するを得さるものなるときは債権者は実際損害賠償を求むるの外なきなり（同第三百八十二条及ひ第三百九十三条）此損害賠償は債権者の受けたる損失の償金及ひ喪ひたる利得の填補を包含するものなるを以て（同第三百八十五条）此際債権者は其債務者に侮蔑されたる権利の金銭上直接の価値に名誉、信用上の価値をも併せて賠償を要求するを得蓋し或る事実より利益を得んか為め裁判上之を主張する者は其事実を証明すへきこと証拠法上の原則なるか故に（証拠編第一条）右債権者は其権利の成立及ひ受けたる損失、喪ひたる利得の模様を証明すへきは当然なりとす是を以て金銭に評定し得へき利益なき合意を無効とするの規定に対して「金銭を先にし権利を後にするの精神なり」と謂ひ「金銭の価値なき限りは権利を保護せさるもの」と謂ふか如きは固陋偏僻の見解素より取るに足らさるなり又「此点に関して英独法と仏法と権利の思想を異にする法理上の一大差別は日刊新聞の論議を以て尽す能はさる所なり云々」と云ふに至りては是れ彼等得意の遁辞、架空の文言のみ読者為めに錯らるゝこと勿るへし

彼れ更に要言して曰く「吾曹か財産編第三百二十三条を以て我か固有の美俗を頽隳せしむるものとするは金銭に見積るへき合意にあらされは法律上無効なりとするを以てなり人苟も其任意を以て某の事を諾約す縦令要約者に対しては金銭に見積るへき利益を与ふる事たらさるも必す之を履行せさるへからす所謂信義なるものは金銭を以て然諾を軽重するを許さゝれはなり」と我か民法は公序風記に触れさる限り吾人に許すに合意の自由を以てす乃ち吾人は合意を以て普通の規定に依らさるを得又其効力を増減するを得（財産編第三百廿八条）然れとも凡そ合意の原因は或る利益なること疑ふへからす譬へは要約の目的か単純に名誉、信用、満足等に関するも亦是れ利益なり（仁義亦所以利益国家の古語味ふへし）而して此利益たる之を金銭に評定するを得るは通例なりと雖とも茲

に其評定の標準全く無く且債務者の任意不履行の場合を想像せんに債権者は如何なる方法を以て之を強要すへきや仮令裁判所に愬ふると雖とも既に債務者の身体を拘束して義務の直接履行を求むるを得す（要約の利益を金銭に評定し得さる場合は爰に義務は必す作為若くは不作為にして且つ其性質上直接履行を強要すへからさるものと知るへし）又損害の賠償を受くる能はす（其損害は金銭に評定するを得さるか故に）是を以て裁判所か債務者に其義務を履行すへしと言渡すと雖とも何等の実効あること無し抑々吾曹記者は此際如何なる方法に拠り必す義務を履行せしめんとする乎彼れ将た一諾は千斤よりも重し信義は渝ゆへからす故に債務者の身体を拘束して其義務を強要せしむるも亦可なりと言ふを肯んずる乎論して是に至れは頑迷確執なる彼等と雖とも最早再ひ財産編第三百二十三条に向て異議を試むる猪突の勇気なかるへし嗟矣吾曹記者よ復た「論者は乃ち法理論を以て立法論を攻撃せんとす吾曹の所論に対しては一絲だも触るゝ能はす杯と太甚しき漫言を吐露して大方の指笑を買ふ勿れ（以上五月二十四日刊行日報社説参照）

第八　吾曹記者ハ重ネテ法律ニ向テノ無能力ヲ自証シタリ

吾曹記者は其反駁第八前半を以て又新に法律に向て無効力を世問に吹聴せり曰く「民事訴訟法第七百三十四条は債務者か其意思のみに因り為し得へき行為にして第三者の之を為し得へからさるものなるときは申立に因り民法財産編第三百八十六条第三項に依り之を許すへきものと規定したり蓋し所謂債務者の意思のみに因り為し得へきものとは即ち金銭を以て見積ることを得へからさる利益にして〔四郎云吾曹子無看法文之明如此〕民事訴訟法は明に其強制執行を為さしむへきことを規定したるものなるに民法は第三者を以て為さしむへきものゝ外強制執行を許さゝるを以て〔又云有斯言即特看財産編第三百八十二条第三項而不玩味其第一項故耳〕民事訴訟法か依て以て其執行を遂けんとする折角の財産編第三百八十六条第三項も第三者をして為さしむへきものにして…〔又云吾曹子豈無視第三百六十八条第三項債務者之三字歟〕民事訴訟法の遂けんとする目的は主法たる民法の闕漏の為め

に之を達すること能はす」と幼稚なる吾曹記者は何か故に債務者の意思のみに因り為し得へき行為を目して直ちに金銭を以て見積るを得へからさる利益と臆断したるや実に解すへからす抑々債務者の意思のみに因りて為すを得へき行為とは例へは債務者其人の技能を目的として要約したる或る目論見書の起草の如きを謂ふ此場合に於て債権者の企図したる利益は之を金銭に評定するの易々たること多言を竢たさるへし又彼れは財産編第三百八十二条第三項を一見して凡そ作為の義務の直接履行は債務者の費用を以て第三者に為さしむるの外之を強要するを許されさるものと速了したるか如し夫れ作為の義務も亦債務者之身体を拘束せさる限りは其直接履行を強要するを得ること第三百八十二条第一項に照応して明けし而して其第三項の規定は一方便なるのみ蓋し債務者か其当に為すへきことを敢て為さゝる場合に於ては概して債務者其人に対し直接履行を強ゆへからす他なし畢竟其身体を拘束するにあらされは該履行を得へからされはなり且つ実際を想見するも人の身体を拘束して強行せしめたる作為の如きは幾んと無益たらん又夫の債務者之費用を以て第三者に為さしむるの直接履行に就きては債権者必すしも之を欲せさるへし何となれは債権者の目的か債務者の学術、熟練、名誉等に在るときは第三者の代作を以て満足するを得さるへけれはなり乃ち寧ろ之を強ゐすして為めに受けたる損害の賠償を要むるに若かさるへし然るに当初債権者か債権者其人を甚だ択はさりしときは相応の第三者をして代作せしむるを便宜とすることあらん要するに此際直接履行を求むると損害賠償を求むるとは債権者の任意なりとす其れ然り故意に作為の義務を懈る債権者其人の直接履行を強ゆるを得すと雖とも尚ほ之を強ゆるを得る例外の場合は則ち債務者其人の意思のみに因りて為すを得へき行為に係るとき是れなり茲に債務者其義務の履行を拒むも渠れの身体を拘束せす只其意思を強制して直接履行を遂けしむるを得へし然れとも斯る直接履行を強要するも実際の良結果なきの恐れあり何となれは此場合に於て債務者の意思か充実なるにあらされは直接履行の良結果を見るを得す而して債務者の意思に対する直接履行の強制手段あらされはなり財産編第三百八十六条第三項は即ち該債務者の意思を間接に強制するの手段なりとす由是観之財産編第三百八十二条及ひ第三百八十六条と訴訟法第七百三十三条及ひ第七百三十四条とは彼此の規定寔に能く照応して毫も両々支吾するの点なし笑殺す夫の欺瞞に罹れる文士、我か国法の「ハルモニー」に関して杞憂を懐くを止めよ

尚ほ吾曹記者に注意せん訴訟法第七百卅四条に所謂「債務者か其意思のみに因り為し得へき行為」の金銭を以て見積るを得へき利益なることは同条と照応する財産編第三百八十六条第三項末文に「債務者は直接履行を為さすして損害賠償の即時の計算を請求することを得」とあるに拠りても亦之を知るを得ん他なし金銭に評定し得へき損害にあらされは実際其賠償の計算を求むること能はされはなり

響きに吾曹記者か英派法学者十一名の法典実施延期意見参考書第十一丁第十二行以下に「債権者は債務者に与ふるに一片の告知書を以てする以上は何人にも其債権を譲渡することを得せしむるハ財産編第三百四十七条に認むる所なり故に甲乙親友間の貸借も忽ちにして高利貸に対する債務と化し最も恐るへき債主に対する義務と変すへし」とある無稽の放言を崇拝して実にもと信用し右の文句を吾曹社流義に更め「貸借の干繫之を相互の信認に基け互に他人をして知らしめす是れ我か固有の美風なり然して財産編第三百四十七条は債務者に向ひ一片の告知書だに発するときは其債権を何人にも譲渡すを認めたり是れ親友間情誼上の貸借を転して直ちに高利貸の擁する非道の債権たらしむるものにして果して我か習俗と相容るゝを得へき乎」との鸚鵡准的演習を試みたるか故に余は其惑を解かんか為めに「成る程親友間の貸借を秘密にして之を他人に知らしめさるは一美俗とも謂ふを得へし而して此情誼上の貸借に就きては債権者か其証券を第三者に譲渡すの必要を感せさるへし然れとも仮令合意に因るも債権を断して譲渡すを得さるものとするは其融通の途を閉塞し随て公序に関係するか故に法理之を許さす（財産編第二十七条及ひ第三百二十八条）蓋し債務者の総財産は其債権者の共同の担保なるを以て（債権担保編第一条）債権者は其債務者に属する権利を申立て及ひ其訴権を行ふを得るものなり（財産編第三百三十九条）然れ其茲に債務者あり債権者に要約するに二人間の権利関係を秘密にし且つ其債権を第三者に譲渡すること莫きを以てするも若し債権者の債権者より強要方法を行ふに方りては第三債務者之を拒むを得さるものとす（民事訴訟法第

五百九十四条以下）由是観之貸借の権利関係を他人に知らしめす且つ之を譲渡さゝることは債権者の資本安全なる場合に於て行はるへしと雖とも法律上記名証券の譲渡を認知せさるを得さるの理由明白なるへし」と説述したり然るに吾曹記者は叨りに之を反駁して「是れ亦法理論を以て立法論に当るの陋を免れす〔四郎云措法理而議立法是蓋鸞習余未曾聞焉〕吾曹は債権譲渡に関する規定を非難するものにして単に一条一項を攻撃するを目的とする者に非す故に吾曹の不可なりとする規定に干繋するの条文は一々之を削正せさるへからす〔又云万一此説実行則必有矯角斃牛之悔〕若し立法の趣旨債権者は債務者の承諾を得るに非されば其債権を譲渡すを得さるものとするに存せん乎財産編の規定は言ふまでもなく債権担保編も亦其条文規定を更めさるへからす」と云ふ嗚呼是れ全く事理を解せすして呶々するものゝみ彼れ蓋し余の前に指導したる諸条項は皆動かすへからさるの原則なることを識らさる也故に彼れ退て学習し来るにあらされは今単簡に之を諭すも益なし唯為めに左の問題を与へん

第一　債権の譲渡に就き債務者の承諾を必要とするの目的は単に親友間の情誼を保ち其貸借を変して高利貸に対する関係と為すを防くに在るや尚ほ他に効益ありや

第二　債務者か債権の譲渡を承諾せさるときは如何

第三　若し其承諾なきに於ては譲渡すを得さるものとせん乎債権者は為めに迷惑することあらん斯る迷惑は顧みすして可なりと謂ふを得るや

第四　若し其承諾を請ふて得さるときは之に拘らす譲渡すを得るものとせん乎承諾を請ふは無益の儀式に止まるへし如何

第五　或は又債権者其債権を譲渡すに方り債務者の承諾を要すとは例へは「予、汝に対して有する債権を何某に譲渡せんと欲す若し不同意なれは来る何日までに必す汝の義務を履行すへし」と云ふか如き注意を兼ねて催促を為すこと歟

此問題に就き充分考察し且つ余の所説と照較するときハ爾来の思ひ其半に過きさるものあらん（以上五月廿五日

刊行日報社説参照)

第九（完結） 吾曹記者ハ民法ニ対スルノ虚無党ナリ

余は曩に明言せり「後の日報社説も亦例の謬見、妄想、過慮に基つき更に羞愧、憤激、確執の三元素を化合せる一種不可思儀の文字のみ」と此言や己上累編読下し来る者は以て最も適切の評語なるを許すへし而して彼等誣妄の所説は再ひ余の反撃に遇ふて恰も腐朽の挫砕されたるか如く紛靡と為り微塵となり了せり嗚呼嗟嘻朝野知名の人士にして彼等一派の欺罔に罹りて自ら覚らさる者宜しく国家の為めに猛省する所あるへし

吾曹記者は其反駁第九前半に於て自ら乖謬詭弁の要旨を列挙せり乃ち其第一乃至第八号は以て余の重反駁一乃至第八編と対較比照の便に供すへし余は復た一々弁妄の徒労を執らす然れとも尚ほ撃破せさるへからさるもの数箇あり彼れ曰く「其他無用の釈義を含み徒に篇章の煩雑を来たすも正当にして必要なる民法の規程は却て欠くる所あるを論したる吾曹の批評に付ては纔に泛然其然らさるを弱言したるのみ毫も反駁するに足らす」と是れ実に遁辞のみ彼れ嚮には民法中必要の規程を欠くと思意し三四の正条に反して非難を試みたるか故に余は其諸条項は当然に民法を以て規定すへき事物を他の法令に譲りたるにあらす又必要の規定を闕如して之を慣習に一任したるにあらさることを証明縷述したり（駁論第四十頁乃至第四十三頁）而して彼れ切りに必要の条文及ひ定義を無用視したるを以て亦其指摘したる正条に就き諭示する所ありき試みに顧へ吾曹子等多少文筆ある者にして尚ほ且つ明確なる正条の解を得す我か新法中未た決して主もなる事物の定義を缺くへからざるなり蓋し人をして学理を知らしむるは固より成律の本色にあらすと雖とも本条の関係に於て間々之を指揮するを得んには是れ寧ろ望むへきも決して嫌ふへきにあらす若し夫れ成律の範囲内に跼蹐し其規に検束せられて法理を化石視するの学者あらん乎是れ腐儒のみ余輩は将に其至愚を笑はんとす要するに吾曹記者は余の駁論に対して辞の塞かりたるか為め「毫も反駁するに足らす」の一語を以て余の攻撃したる所を晦蒙抹殺せんと擬したるなり若し否すと云はゝ更に弁明す

る所なかるへからす
世の反対論者は我か民法の大体は羅馬族系に属する数国の成典を模範として編纂されたることに就き奇怪の観念を懐くか故に「余は…欧洲に於ける法理の瀾数、斯学の中心は何れと問はゝ特り仏を指すへからす英を指すへからす又独を指すへからす三者は相鼎立して互に優劣なしと答ふるの外なし然るに我か民法は仏、伊、白等の法典を模範とし英若くは独に及はさりしやと云ふに唯是れ英には印度の外成文の民法なく独の艸案は仏型より出て彼此の間格段の差等なきを認めたるか故のみ蓋し羅系にまれ英系にまれ其他の法系にまれ（支那法系、回教法系、仏教法系）法理は必す一に帰着すと云ふと雖とも其実論法を異にするものあるか故に数箇の法系の長を採り其理論を折衷し互に支吾なきを期するは既に容易の業にあらす而して之を敢てするも為めに著しき効益あるを見さるへし何となれは目的は唯一にして只之を達する数箇の方法を力めて折衷斟酌するに過きされはなり是れ我か民法は羅馬法系に属する数国の成典を模範として内外の慣習及ひ一定の理論を取捨して編纂せられたる所以なり…」と民法編纂の由来を明かに説述したりき（駁論第四十三頁以下）然るに吾曹記者は尚ほ之に対し固陋偏僻の見解を以て牽引附会の愚論を布けり此を之れ毫も反駁するに足らすと謂ふへし畢竟吾曹記者は我か民法に対するの虚無党其理否に関せす之を破壊せんと欲する者のみ故に余輩は新法の為めに国家の為めに彼等を余孽撃なく遺類なく筆誅し芟除せさるへからさるなり
彼れ又曰く「論者或は曰く民法は大憲の下に於て至尊の裁定に成れるものなり豈復た国家の体系に副はさる斯の如きの条規あるへけんやと其意、事を至尊の裁定に託して制法不完全の責を免るゝに在るか如し…」と彼れの舞文羅織、以て人を荼毒し世を欺罔せんと謀るは此論結に迫んて極まれり抑々余の「我か民法は大憲の下に於て至尊の裁定に成れるものなり云々」の言は彼の「民法は天法を国法の上に認むと云ふ陋妄を弁解するか為めに用ゐたるものなること駁論第三編第一項（第十八頁）を一読して明瞭なり然るに彼れ今前文を省略し濫りに折句を援きて余を中傷せんと試むるものに似たり而して彼れ自身か新法に通せす事理を弁せさるを覚らすして敢て妄りに

其是非を論議し竟に「不完不備の法律を制定して之か施行の裁定を仰きたる場合に於ては閣臣不明の責を免かれす当務者決して宏聡を欺罔したるの責を免かれさるへきなり」と云ふに至りては誹謗讒誣も亦太甚し彼れ啻に当時の閣臣及ひ編纂者に対して頗る無礼なるのみならす実に名分上大不敬の責を免かれさるものと思考す於戯皇天后土は我か国家を保祐す又応に我か新法を呵護するなるへし余輩請ふ之を来日に徴せん（五月廿六日刊行日報社説参照）

（付録）　日報社説民法修正論之由来

斯一編は我か師磯部四郎氏か一夕門下に教授の余閒を以て談話せられたる事項の大略を生等か筆記したるものに係る固より拙陋の蕪文なりと雖とも敢て師の談話の要領を失はさるか故に以て日報子頂門の一針と為し且つ世の新法を論する者の参考に供ふるを得へしと云爾

都澤敬次郎識

余（磯部氏、以下同じ）の頃者学友と共に「法典実施断行意見」一編及ひ「弁妄」七編を草し更に自ら「駁東京日日新聞民法修正論」六編を草したることは諸子の能く知る所なり而して右終りのものは他と相談するの要なければ起稿晩きも成案早く最先に之を公にするを得たり当時余以為らく夫の英派の法学者某々等十一名の「法典実施延期意見」と（弁妄は之を駁論せしもの）日日新聞の「民法修正論」とは仮令其趣旨目的を同ふするまても其論拠は論法は自ら異なるものあらんと然るに「弁妄」の稿、漸く成るに及んて余輩は始めて覚知せり所謂「民法修正論」なるものは「法典実施延期意見」を唯一の模本とし或る部分に就き少しく取捨斟酌を施し且つ其布置順序を前後して之を吾曹流義の文字に焼き直せしに過きさりしことを是故に「民法修正論」は「法典実施延期意見」に対して脱胎と評さるへきも決して換骨と云ふを得す此材料に関しては取りも直さす生呑活剥なりとす之を証すること左の此し

「修正論」第一乃至第三編は其材料を「延期意見本書」并に「参考書」の第二第四及ひ第五より採れり（参考書

に七個の目あり）

「修正論」第四及ひ第五編は其材料を「参考書」の第二及ひ第四より採れり

「修正論」第六編は其材料を「参考書」の第二及ひ第四より採れり

「修正論」第七編は其材料を「参考書」の第三及ひ第四より採れり

「修正論」第八編は其材料を「参考書」の第一及ひ第五より採れり

「修正論」第九及ひ第十編は其材料を「意見本書」并に「参考書」の第五及ひ第七より採れり

「延期意見参考書」中吾曹記者の採らさりしは其第一の「人事編第百三条に対する異議」及ひ「個人本位の事に関する僻説」其第二の「財産編第二十二条に対する異議」其第四の「財産編第二十一条及ひ第二十二条に対する異議」第五の「富豪壓貧の弊を防く件」并に「商法に関する一切の事項」「財産編第二百三十三条に対する異議」及ひ「入会権の事」其第六全体（租税に関す）及ひ其七の「財産編第百十六条に対する異議」是れなり

又吾曹記者の新に加へたるは「修正論」第五編中「財産編第六十五条第二百二十九条乃至第二百三十二条及ひ財産取得編第三条に対する異議」第六編中「財産編第二百九十三条第二項に対する異議」是れなり斯れは吾曹記者は英法学者十一人の法典実施延期意見書及ひ其参考書を剽窃したること明白の事実なり然るに彼れ若し之に首服せすして尚ほ吾曹の民法修正論は宿説の一たり平素講学の余に成る所を公にしたるに過きす（是れ吾曹記者の明言したる所五月十五日発刊日々新聞第二頁第四段参照）偶々彼此の論旨論拠を同ふしたるは是れ暗合のみと分疏し或る一部の人士と均しく女々敷も事実の明白なるに均ハらす確証なし〲と云はゝ余は更に之を挙くること易々のみ即ち

所謂「民法修正論」第八編（四月三十日発刊）第二段第二十九行より三十行に亘りて民法は財産編第三百二十三条に於て金銭に見積るへき要約の原因なき合意を無効とし と云ふ文句あり凡そ該条項の趣旨を解し得る者に

は却て解せさるの文句なり是れ蓋し吾曹記者か延期意見の参考書第十一丁の裏面第四行より第五行に亘り財産編第三百二十三条に於ては金銭に見積るへき要約の原因なき合意を無効としある誤を受けたるや知るへし又修正論第九編（五月一日発刊）第二段の最末三行に於て民法実施以前に於ける荒蕪未耕地貸借永小作に関する規程（同上第百五十六条）の如きはとあるは参考書第二十丁裏第三行に財産編第百五十六条とある誤を受けたること明けし何となれは従来の無期永久の貸借を特別法に譲るの規定は財産編第百五十六条にあらすして第百五十五条第六項なれはなり

若し執拗なる吾曹記者か右の失錯をも猶ほ暗合なりと強弁せは余復た何をか曰はん一に江湖の判断に任して可なり

余曩には聊か吾曹記者の品操を認めたるか為め駁論第六編の終りに「兎に角数多の条章を援き来りて十日の論弁数万言を費したり是れ恐らくは英法学者十一人の法典実施延期意見書に次けるの出来栄なるへし」と陳へたり今にして顧へは余の過信したるなりき余は必すしも吾曹記者の剽窃を尤めすと雖とも唯彼等は将来自ら慚ちて「吾曹の民法修正論は平素講学の余に成る所」杯と漫言するを肯んせさるへし

爰に余か半信半疑の一話あり五月十六日の「大日本」第七号は左の事を報せり（第三頁末段）

先頃東京日々新聞の社説欄内に掲けし「民法修正論は云々磯部氏か之に向て特に弁駁を費したるより見れは其多少の価値を有せること疑ふへからす而して之か起稿者は法学博士穂積八束氏なりと聞く

と而して翌十七日の日々新聞は「日本」子の邪推と題して左の如く分疏せり（第二頁末段）

「日本」請ふ多言するを休めよ吾曹浅学寡識と雖とも亦或る者の如く平気他人の論文を社説に填するの厚顔なし我か社人物に乏しと雖とも云々「日本」子の誤鑒に逢ふて聊か面目を施すに似たりと雖とも実に迷惑千万なり穂積博士の迷惑は更に之れよりも甚しからん

と右何れか是、孰れか非、輙すく判断すへからすと雖とも「日本」子の推測亦未た必すしも無理とは謂ふへからす何となれは八束氏は延期意見書署名者の一人なる以来修正論の趣旨材料と両々幾んと同一なるを視て氏を吾曹社中の一人に擬するは格別見当違にあらされはなり世間或は更に該意見書に署名したる十一学者は総て吾曹社中の伴影ならん」と疑ふ者もあらん但「日本」か一の八束氏のみを擬したるは別に拠ろありしならん吾曹記者の分疏は何れの途相立たさるか如し其故如何と云ふに修正論の筆者は果して八束氏ならすとせは日報社に人物乏しく浅学寡識の吾曹記者か平気他人の意見を剽窃し厚顔以て其十日間の社説に補充したるものなれハなり（吾曹記者の語辞を反用す）

尚ほ之れより太甚しきものあり吾曹記者は五月十五日来其寄書欄内に夫の十一名の「法典典実施延期意見」を続掲せるが是れ寔に吾曹記者か（手腕を仮らすと想定す）其民法修正論を艸するに方りて唯一の模本と為したるものなるに拘はらす如何に例文なりとは云へ説の可否信偽に就きては吾曹其責に任せすと附記せり嗚呼之を何とか曰はん若し吾曹記者か該延期意見の可否信偽に就き責に任せすとせは此一型より造り出したる自家の論説に就きても亦其可否信偽の責に任せさるものならん嗟矣吾曹記者ハ無責任の言論を放て躬ら欺き且つ世を瞞せんとす是れぞ眞成金箔付なる文界の破廉恥漢なるへし醜の又醜唾して蝦夷に棄てん蝦夷亦恐らくは容れさるなり

然りと雖とも余は姑らく吾曹記者を宥して自悔の実を挙けしめんと要す彼れ蓋し箇の言ふへからさる情実よりして延期修訂を虚吠する者の為めに誤られ其提灯持たる地位に在るを自ら覚らさるなり夫れ我か新法の実施は目前の急務にして吾人の倶に望む所而して彼等一派の反対者は情実の為め風潮に逆ひ無識に由りて妄言を布くと雖とも焉んそ能く世間衆多の耳目を掩蔽欺罔するを得んや彼等の擾々たるは譬へは猶ほ霜余の喚蝉鳴蛙の如し其枯死す蟄伏するは旦夕の間に在らんのみ

余の駁日々社説を艸するや恰も鉄槌一下唾壷粉韲の概ありき然るに彼れ尚ほ覚悟せす五月十七日以来の紙上に於て反駁を試み敢て旗皷相当らんと欲するものに似たり彼れ竟に自ら揣らさるの譏を免かれすと雖とも其気力は偏に好すへし故に将来全く虚偽を捨て必す真実の弁論あらんには余は更に教示する所なかるへからす蓋し迷信未た

除せさるか為めに呶々するに外ならされはなり

同志と起草したる「弁妄」は已に活刷に付せり数日の中必す江湖に頒たん其中余の担当せし部分は駁日々社説に用ゐたる文言を其儘に記写せる所少からす是に由りても亦彼此の論拠両々相同しきを察知するを得へし諸子試みに対観せよ云々

「管財人に関する意見」

（『日本之法律』第五巻七号、明治二六年七月一〇日発行）

第四帝国議会の決議に因り、商法の一部たる破産法は本年七月一日より実施せらるゝに就き、破産管財人選任の必要を生し、東京横浜両裁判所は既に其撰任を挙行し了り、各地方裁判所も将に其選任あらんとす、此管財人は、商業家の休戚に直接の関係を有するを以て、撰任其当を得ると否とに因り、商業の盛衰に至大の影響を及ぼすと云ふも不可なきを信ずるなり、尚ほ一歩を進めて之を論すれば、管財人の職任は、一国の富強に関係を有するものたるを知るべし、何となれば、商業の盛衰は国家の貧富に直接の関係を有するあればなり、故に予は、管財人は、如何なる部類の人より撰任するやに注目するや久し、今其撰任に値ふて横浜との間に於ける管財人を見るに、共に同一の職任を負担するに拘はらす、全く其人を異にすること、氷炭の大差も啻ならざるを見る、即ち東京は専ら弁護士中より撰任し、横浜は之に反して、一に実業家中より撰任せり、彼是既に其人を異にせり、其結果に至ても亦別色を呈すへきは、蓋し免かれ難きの数たるを知る、是れ予か商業家の為に、敢て愚見を吐露し、以て其参考に供するの労を執らさるを得さる所以なり、

抑も管財人とは、如何なる職任を負担し、如何なる事項を管理する者の名称なるや、管財人とは読んて字の如く、破産者か現有せる財産を管理する人と謂ふに外ならす、即ち破産者あるに際し、其財団に関する一切の事項を管理し、破産者に代り其現有せる財産を各債権者に分配するか為め、其責務を負ふ者是れを管財人と謂ふ、故に管財人の専ら取扱ふ所の事務は、財産上の問題に属するを以て、常に其事務に練熟したる者なることを要す、是れ商法第千八条に於て、各裁判所管轄区には、職務上義務を負ふべき破産管財人の名簿を備置き、破産裁判所は、各箇の場合に於て、其名簿中より管財人を撰任すべきことを規定したる所以なり、破産管財人は、最も其事務に

老練なるを要するは此明文あるを以て知るべしと雖も、破産管財人は、普通の管財人と同視すべきものにあらず、何となれば破産は商業上の失敗に原因するを以て、単に財団管財に関する事務を熟知するのみを以て足れりとせず、商取引の実況、及び商業に於ける貸方借方に関する事項等をも明にする者に非ざれば、其任に適すと云ふを得ざればなり、我東京の管財人名簿に上りたる者は、果して其適任を得たりとすべきや、予は疑なきを得ざるなり、

予は嘗て管財人を釈して、身代洗人の名称を下せり、破産管財人に関しては、実に身代洗人の名称を付するを以て其当を得たるものと信ず、請ふ試に之を論せん、抑々破産とは、普通人に在りては、家資分散、所謂身代限の謂たるに過ぎざるを以て、破産に就ても、亦単一なる身代限と看做して可なりとする論者なきにあらずと雖も、商業上の身代限は、普通の身代限と大に其関係を異にせり、普通の身代限に在りては負担する債務、及び現有する債権等、概して単純の契約に属するを以て、何人と雖、能く其財団を管理し得べくして、必すしも経済的に練熟なる人を要せず、之に反して、商業上の破産は然らず、既に支払を停止すと雖も、未だ必すしも破産したりと云ふにあらず、実際に就て、貸方と借方とを調査すれば、寧ろ貸方の借方より超過したるの故を以て支払を停止することあり、例へば、或る銀行に対して巨額の定期預金を為し、又は有価証券等を根抵当と為し、当座貸越の契約を以て支払を停止するの已むを得ざるに至るべし、又仮令ば、斯くの如き事変なしとするも、商業は唯一の信用を以て行はれ、売買契約を為す毎に、相互の間に明諾を要すと云ふが如きは、寧ろ商信用の薄弱を表するの嫌あるを以て、単に相互の信用に放任するは商家の常なり、故に若し貸方に属する区域に於て、各債務者其支払を停止するときは、亦忽ち自己に至大の影響を来し、之が為め、自己も亦支払を停止するの已むを得ざるに至る者、蓋し亦少からざるべし、是等の場合に於ては、貸方却て借方に超過するは怪むに足らざるなり、然れども、商家の貸方に属するものは、普通の債権の如く其取立を為すことを得ず、単純なる方法を以て其取立を為すは、寧ろ双方の不利たるを知るべし、何となれば、商業は唯一の信用に依て行はるゝが故に、一万円の資本を有する

者は、之を運転して十万円に該当する商取引を為し、十万円の資本を有する者は、之を百万円に運転するを常とすればなり、若し一万円の資本を有する者、単に一万円の商取引を為すに過ぎずとせば、是れ商取引に拙なる者と云はざるを得ず、否真の商業人と為すに足らざる也、然るに、一個の商家其支払を停止するや、忽ち其貸方に対する取立を厳にし、毫も寛仮せざるが如きあらば、一個の商家偶々其支払を停止したるが為め、数個若くは数十個の商家、頻々支払を停止するに至るが如きの結果を来すなきを知るべからず、斯の如き豈に商法の本旨ならんや、

商業破産には、前述の如き情状常に存するを以て、其財団の管理は、亦商取引の実況を熟知する人に委任するの必要あるを知るべし、且つ商業破産は身代洗に属するを以て、之を洗ふや、貸方は借方に超過し、真に破産に至らずして結局を告くる場合、蓋しまた少からざるべし、之れが管財人たる者も亦、当事者をして真の破産に至らしめず、又各債権者をして、其満足を得せしむるを勗むるは、其責務上最も重大の事項たるを信ず、若し当事者の利害は措て問はず、単に各債権者の利益のみを図るが如きは、商業保護の精神に出つる法律は、却て商業の振興を妨碍するの結果を来すなきを保すべからず、管財人の責任亦重且大なりと云ふべし、

破産法の真理を解せざるもの或は曰く、破産管財人は法理上の一問題に属せり、故に法理に明なる者をして之に当らしめば可なり、商取引上の事項は固より干知するの必要なし、唯だ能く現有財団を管理し、各債権者に満足を得せしむるに勗むるを以て足れりとす、畢竟するに破産は当事者の不注意以て招く所の結果に係り、商法上の罪人に属せり、故に唯各債権者の為に利益せば可なり、其他は管財人の問ふ所にあらずと、噫何ぞ誤見の甚しきや、論者の如きは、破産法の由て起る所を知らざる者と云ふも亦誣言ならざるべし、論者は知らずや、破産は商業の一大厄難に属するを、苟も詐偽破産、若くは過怠破産の嫌あらざる者は、実に其厄難に属し、其情状愍諒すべき者、蓋し少からざるを想像すべし、例へば、第三者の信用を破るが為め、延て破産の災害を招く者の如きは、実に愍諒すべきにあらずや、然るに、破産者は皆商法上の罪人なりとして其商取引の実況如何を問はず、単に財

団を造るに汲々し、其商業の継続は、管財人が関する所にあらずとし、専ら法律上の意見のみを以て之を処理するが如きあらば、商家の不幸是れより大なるは莫かるべし、矧や斯の如きは、一般商業の進路を遮断する恐れあるに於てをや、

論者又或は曰はん乎、然らば破産管財人は、法律上の問題に干与せずして可なりとする乎、其貸方に属する者に対して訴追を要するの場合あるべし、又借方に属する者と雖も、要するに皆商取引の結果に係るを以て、其果して正当の義務あるや否やは亦之を調査せざるべからず、且其権利義務は、法律上有効なるや否やは、法律家にあらざれは之を詳にすることを得ず、故に破産管財人は、法律家中より撰任せざるべからざるなりと、是れ亦皮相の見たるを免れず、若し論者の言に従ひ、専ら法律家、即ち弁護士等より撰任する時は、務(ママ)律上の問題に関しては、益する所少からざるべしと雖も、商取引の実況如何に至ては、実業者に数歩を譲らさるを得ざるを以て、破産者の為には、蓋し往々不利を来すの恐あり、啻に破産者の不利を来すの恐あるのみならず、随て各債権者の不利を招くなしとせず、例へは、実業者の眼を以てすれば商業継続の見込ありとし、又は貸方も、或る方法に依らば其取立を為し得べしと見込む場合あり、随て各債権者にも亦満足を与へ得べしとするときに於て、法律家は反対の意見を有することなしとすべからず、是れ他なし、法律家は単に法律上の意見に依頼するを以て、商取引の実況に関しては、其注意と着眼とを慎重せざるの憂あればなり、故に破産管財人は、専ら実業者にして、最も篤実なる者より撰任せざるべからず、若し夫れ法律上の問題に関しては、管財人より、時に一二の法律家に嘱托し、若くは顧問に任せしめば可なり、予を以て視れば、専ら法律家に任せしむるの必用あるを知らさるのみならす、却て種々の弊害の生し易き恐あるを見る、豈に省思せさるへけんや、

今夫れ弁護士等を以て破産管財人と為すを可とせん乎、遂には破産管財を以て一の営業的と為すに至るの恐あり、随て其結果は、幼稚なる執達吏の間に生する弊害と一般の観を呈するに至るなきを保すへからす、又或は破産管財を以て、一種の営業的と為すの極は、不正の所為を行ふに至る者なきを知るへからす、仮令弊害を生するの憂

は万之れなしとするも、商家の身代限に際し、商業の何たるを知らさるものをして之れを管理せしむるは、宛も航海者をして陸路の便否を処理せしむるか如く、其人を得たりと云ふを得す、然るに、我東京に於ては、専ら弁護士をして破産管財人たらしめんとす、予は其何の理たるを解することを得す、唯だ商業家の為に一嘆に附せんのみ、言ふ所を知らざるなり、

横浜は、我東京に反し、専ら実業者中より管財人を撰任したるは、詢に其当を得たりと云ふべし、蓋し横浜は、互市の商業最も盛なるを以て、商業家の観念も、亦自ら異なる所あるに出づるものたるを知るべしと雖、亦是れ当局者の注意、最も周到なるの致す所と云はざるべからず、我東京府下の商業家が、東京の管財人と横浜の管財人とは、全く其部類を異にするを見て、毫も之れを口にせざるものは、蓋し管財人は、自己に痛痒の感を与ふる者に非ずとして、之を度外に付するに在る乎、然らざれば黙々に付するの理あらざるべしと信ず、予は身、弁護士の職に在るにも拘らず、敢て弁護士を以て管財人と為すの説を攻撃するもの、豈に他あらんや、唯々商業家の休戚に至大の関係あるを以てなり、故にいささか所見を記して商業家の参考に供す、諸君も亦、幸に我東京の管財人に注目し、其利害の存する所を講究せば、啻に我一都府の商業に利益を与ふるのみならず、全国の商家に利益する所、蓋し僅少ならざるべしと信ず、何となれば、我東京は国の中央に位し、随て全国到る処、商取引の関係なきはあらざればなり、是れ予が黙することを為さず、敢て数言を呶々して、以て諸君の意見を叩く所なり、

「相馬事件ノ原因」

（『明法誌叢』第一八号・明治二六年八月二四日発行、
『日本之法律』第五巻九号・明治二六年九月一〇日発行）

所謂相馬事件は目下の一疑獄、謀殺と云ひ、贈賄と云ひ、道路怪聞百出、往々人を驚倒す、而して訴ふる者、諍ふ者、其是其非未だ劇に臆断すべからざるのみならず、凡そ法衙に審理中なる事実の有無当否に就き、私人妄に論議するは法律の許さゞる所、余輩豈復た世人の喈々者流に附和し、徒らに臆測を用ゐて私議を凝すを為さんや、只余は該紛擾の根元に於て感ずる所あり、聊か卑見を述ぶること左の如し、

古来旧族富豪の家、親姻主従ま丶党与を作して、軋轢又排擠、遂に刑獄の事を惹起すに至りたる者、其原因相続の争に係らざること幾ど罕なり、試に夫の某々御家騒動なるもの丶事跡を討ねよ、大率然らざるは莫けん、相馬事件も亦要するに是れのみ、而して、余は乃ち該事件の原因は、相続法、及び無能力者保護法の不完全に在りと以為へり、請ふ之を弁せん、

相馬誠胤氏已に逝き、子秀胤氏あるに拘らず、弟順胤氏其家を継ぐ、是れ世の指議を免れざる所、蓋し故誠胤氏は、故充胤氏の長子にして、夙に相馬家の戸主たりしも、其親族僕従より瘋癲者を以て待遇せらる、乃ち誠胤氏の相続人として、其弟順胤氏を予め擁立したるは親族会議の決定に由り、固より誠胤氏の意思に出つるに非ざるもの丶如し、而して誠胤氏の秀胤氏を生めるは数歳の後に在り、抑々長子孫の父祖に承継するは家督相続の原則にして、苟も重大の理由あるに非ざれば、被相続人と雖も之を変更左右するを得べからず、即ち戸主にして子孫あるものは、別に相続人を定むるを得ざるは勿論、前戸主若くは親族会の如き相続人を定むるの要あるは、戸主死して全く其嗣儲なき場合に限るべし、其れ然り、順胤氏を以て誠胤氏の相続人と為したるは、誠胤氏の子なき

以前に係るが故に、此事若し誠胤氏自由の意志に出でん乎、爾後秀胤氏を挙ぐるあるも、順胤氏相続権の確実なるや疑なし、斯の如きは所謂順養子なるものにして、順胤氏は猶秀胤の兄の如くなればなり、然れども、親族会が順胤氏を擁立するに方りて、誠胤氏の承諾を経ざりしは争ふべからざるの事実なるべし、若し夫れ親族会の諸人が誠胤氏の承諾を得たりと曰はゞ、是れ自家撞着の言のみ、何となれば、親族会が誠胤氏を瘋癲者として監し、終に其本復を認めざるが故に、其無能力者に向て有効なる承諾を得べきの事由あらざればなり、且つ又誠胤氏が、果して自由の意志を以て順胤氏を相続人と為すことを欲せしならん乎、宜しく一家内の協議を尽して足るべく、決して他の親族の干渉を須ゐざりしなり、由是観之、誠胤氏が曾て順胤氏の相続権を認知せざりしものと見做すは至当の推測たるべし、其れ既に誠胤氏にして順胤氏の相続権を認知せざらん乎、相馬家正当の相続人は、誠胤氏の一子秀胤氏ならずして誰ぞや、

或者曰く、順胤氏の誠胤氏に継ぎて現に戸主たるを見れば、其曩に親族会の決議に依りて相続権を得たるも誠胤氏の死亡に因り之を実行したるも、現行法の許せる相当の手続に拠りたる者に外ならざるべし、故に事理に於ては、正当の相続権秀胤氏に在りとも今や已に晩し、秀胤氏は到底順胤氏に対して之を争ふを得ざるならんと、是余が該事件に関して相続法の不備を慨く所以なり、夫れ順胤氏の相続は相当の手続を経由したりと謂ふとも、其手続は偏に親族会の決議に基き行為したるに過ぎず、而して現行法は、或る場合に於て、親族会が戸主の承諾なきに、其相続人を予定するを認むるや否は明文の徴すべきなしと雖も、実に親族が戸主の意思に関せず、其相続人を予定し、以て戸主の意思に関せず、其相続人を予定し、以て戸主の其後に生める子の正当相続権を奪ふが如きは、事理の許さゞる所なること喋々を竢たざるものと思考す、蓋し正当の順位を顚倒するが如き相続あるに方りて、検察官をして、職権上之に干与せしむるや否やの規定も亦明ならざるを以て、畢竟相馬家相続に関する問題は、秀胤氏成長後の意思に由り確定するものと論定して誤ることなかるべし、尤も是れ今回の紛擾如何様に決着するに拘はらざるなり、

又故誠胤氏の真に瘋癲者なりしや否やは、最も世の疑惑を惹ける所なり、而して当時氏を邸中に監置し、又は瘋癲医院に入らしめたる手続如何を顧るに、医師の診断と親族会議の決定とに過ぎざるが如し、夫れ瘋癲人を拘束するは、其乱暴を制し、危害を防ぐが為に外らざるを以て、もとより其当なりと雖も、抑も人を目して狂と做すに就きては、予め緻密の注意を加ふるを要す、若し夫れ然らず、濫りに人を監禁せん乎、之を敢てする者実に刑罰に触るゝを免れず、夫れ一個人を瘋癲者と做し、之れを監置するに方りて、医師の診断及び親族の決議のみに拠るを以て相当手続を経由したりと為すを得べき乎、蓋し医師の診断概ね信ずへく、親族の決議概ね当を得べしと雖も、是れ固より公の手続にあらざるが故に、之に基き、輙く人の身体を拘束して、其自由を制禁するが如きは、決して適当の処分と謂ふべからざるなり、然らば則ち之を如何して可なる乎、曰く人の瘋癲なることを確認し、又之を監置するが為には、裁判所の決定を仰き、又之を解くに就きても同様の手続に拠り、且検察官をして、職権上之に干与せしむるに若かざるなり、斯の如くすれば、人の無能力を認むるにも、其能力の回復を認むるにも、一に公力に依る者なるを以て、誰か復た此間に嫌疑を容るゝを得べけんや、然るに、誠胤氏を監置する彼れが如くなりしは、現行法の手続を経由したるなるべしと雖も、其手続たる、決して確的なる公の手続に非ざりしなり、実に誠胤氏は、其親族等より、瘋癲者を以て遇待せらるゝこと十有余年、其間本心を以て一身の自由を復せんと欲せしが如しと雖も、其事成らずして私邸監置中に逝けり、若し当時の監置、及び其後の処分が裁判上の手続に出でん乎、今に於て誠胤氏の真に瘋癲たりしや否やの明白確実なるは勿論、加之ならず、紛擾事件の根拠は或は全く無かりしならん、是れ余が相馬事件の原因は、無能力者保護法の不備に関すと謂ふ所以なり、之を要するに、誠胤氏は瘋癲病に罹りしや否や、又真に瘋癲者たりしとするも其後本復したりや否や、当時より明なれば、随て同家の相続権の果して誰氏に在るやも亦明かならん、然るに、右の事情の現に曖昧に属するは、関係諸法の不完全に因ること前述の如し、而して其曖昧不明の事情が、遂に彼れが如き一大紛擾を惹起したるものにあらずして何ぞや、因て顧ふに、我民法の修正は、果して其全編に亘るを要するや否や、未だ知る可らずと雖も、已に修正を了せし部分は、順次実施の命あること吾人の希望する所なり、然るに、頃日聞く、当局者中、人事に関する規定を目して急施の必要なきものとし、之を最後の調査に委するの議ありと、此謬見たる固より論なし、或は是人事に関する規定は最も厳密の調査を要するが為め、特に其調査を後にし、正理を尽すの趣旨ならん乎、然れども、余輩は寧ろ該規定の成るべく速に実施せらるゝを望まざるを得ず、何となれば、一般財産上の権議(ママ)に関する事項は、普通法理の指示する所に従て判断するを妨げずと雖も、公私の二性質を併有する人事に関しては、成法を待つの必要あるもの多きを以てなり、而して人事、殊に相続、婚姻、養子、後見、其他無能力者の保護に関する現行諸規則は頗る不備に属し、且ツ此種の慣習中、不条理にして遵用すべ(ママ)らざるものも亦尠からざることは、一相馬事件の顛末に鑑みるも、容易に之を理会するを得べきなり、噫、

「仏国裁判所構成法沿革」

（『日本弁護士協会録事』第一号、明治三〇年七月一〇日発行）

凡ソ法律ハ公法ト私法トヲ論セス。理法ト実法トノ二種ニ大別ス。此二法備ハリテ始メテ法治国ノ名実全キヲ得ルモノト云フ可シ。我カ帝国ノ如キハ維新ノ際ヨリ法治ノ極ニ達センコトヲ力ムルニ汲々シテ稍ヤ実法ノ片隻ヲ形ツクルコトヲ得タルモノ、如シ。蓋シ故アリ。理ハ所謂ル理ニシテ、声ナク香ナク智能ノ感想ニ外ナラス。実ハ形ニ現ハレ目ニ触レテ其道ノ感想ニ乏シキ輩ト雖モ、之ヲ聞知スルニ難カラス。我カ長足ノ進歩ト称スルモノ、外観ニ偏倚シテ内実ニ空虚ナルノ嫌ヒアルハ夫レ之カ為メナリ。亦止ムヲ得サル次第ナリ。

孔丘ハ理ト実トヲ論シテ名ト事トニ区別セリ。其言ニ曰ク名正シカラサレハ事成ラスト。蓋シ理ヨリ実ヲ生マサレハ事物ノ完成ヲ期ス可カラサルノ謂ナリ。我カ元勲諸公従来施政ノ方針ヲ観察スルニ実ヲ先キニシテ理ヲ後ニセリ。茲ニ於テ乎施政ノ一端タル法令ノ部ニ就キテモ国民ヲシテ朝変暮改ノ運命ニ遭遇セシメタルコト往々ナリシハ敢テ怪ムニ足ラス。余ノ斯ク評スルハ決シテ元勲諸公純忠報国ノ善意ヲ無視スルカ為メニアラス。今日立憲政体ノ下ニ生息シ、余ノ如キハ身体居住ノ自由ハ法律ノ保護ニ任シテ其ノ全安ヲ得、而シテ名ヲ好マサレハ聞達ヲ求ムルノ煩アルニアラス。一身ノ毀誉ハ他者ノ判断ニ托シ、真ニ昌平楽園、井飲耕食ノ民モ啻ナラサル徳沢ニ浴スルコトヲ得ルニ至リタルハ、全ク元勲諸公ノ功労与リテ大ニ力アルモノト云ハサル可カラス。豈ニ其高大無辺ナル諸公ノ功労ヲ無視スルノ愚ヲ為サンヤ。唯諸公ノ施政上本末ヲ誤マリ仮令ハ当局者其人ヲ得サルニ先チテ官署ノ構造ヲ急キ民法成ラサルニ訴訟法ヲ行ヒタルカ如キ痕跡ヲ残シタルハ前ニ所謂ル理想ニ乏シクシテ実感ニ趨リタルノ致ス所ニシテ恰モ小児ノ身体カ智能ニ先チテ発達スルカ如キモノナレハ諸公ノ政跡ニ対シテ失策ヲ列挙スルハ小児ノ理想ニ疎クシテ身体ノ肥満ヲ咎ムルト一般ナレハ其失策ハ失策ニアラスシテ事物自然ノ勢ナリ。

余ノ茲ニ論及セシハ世ノ不平家ヲシテ少シク反省スル所アラシメンコトヲ希望スルニ過キサルナリ。閑話休題、理法ト実法ト両者相待チテ法律ノ全キヲ得ルモノナレハ其区別ヲ詳論スルハ苟モ法学ニ志サス者ニ取リ必須欠クヘカラサル事項トス。然レトモ余ノ研究ス可キ主点ハ此広大ナル問題ニアラスシテ特リ仏国裁判所構成法ノ沿革ニ在ルヲ以テ理法ト実法トノ区別ニ就キテハ概シテ法律ニシテ権利義務ノ所属若クハ責罰ノ所在ヲ規定シタルモノヲ理法ト云ヒ、而シテ其規定ヲ実際ニ活動セシムル方法ヲ明示シタルモノヲ実法ト云フノ一言ヲ茲ニ附記シ置クニ止マル可シ。

抑モ裁判所構成法ハ実法中ノ実法タルコト疑フ可キニアラス。他ナシ、権利義務ノ所属ヲ判シ責罰ノ有無ヲ断スル法衙ヲ組織スル法律ナレハナリ。

我カ裁判所ノ構成ハ今日殆ント完全シタルモノ、如キ観ヲ呈セリ。我カ封建時代ノ跡ヲ絶チテ今日ノ盛大ヲ見ルニ至リタル星霜ヲ数フレハ僅カニ三十年ヲ越ヘス。社会機関ノ変遷斯ノ如キ迅速ヲ得タルハ諸公ノ先見以テ自強固守ノ陋ヲ脱シ広ク海外ノ開明ニ目ヲ注キ其長ヲ採リテ我レニ培養シタルカ為メナリ。故ニ此完成ノ起因ヲ知ラント欲セハ之ヲ他国ノ沿革ニ求メサル可カラス、而シテ我カ裁判所構成法ノ模範ハ概シテ仏国ニ存ス是レ余カ其沿革ヲ探求シテ諸賢ノ参考ニ供セント欲スル所以ナリ。

（未完）

「刑法改正ニ就テノ意見」

（『日本弁護士協会録事』第六号、明治三一年一月二七日発行）

刑罰ハ犯罪ノ種類ニ於ケル事実及ヒ状情ノ大小軽重ニ従ヒ加等減軽最モ適応ナルヲ要ス。即チ其罪大ナレハ其刑モ亦宜シク重カルヘク、其罪小ナレハ其罰モ亦当ニ軽カルヘシ、是レ固トニ古今ノ通理ニシテ学者称シテ刑罰可分ノ原則ト云フ。此原則ハ立法上一般ニ行ハルト雖トモ只死刑及ヒ無期刑ニ関シテ事実之ヲ貫徹スルコト能ハス、纔カニ酌量減等ノ作用ニ依リ以テ其欠点ヲ補充スルニ止マルヲ恨ミトス。

顧フニ人間当然ノ本分ヲ忘レ処世ノ軌軛ヲ脱出スル横暴者ヲシテ、社(ママ)ニ対シテ其身ニ負担スヘキ責任ヲ明カニ予知スルヲ得ルニ至ラシメタルハ復タ是レ維新文化ノ賜モノニシテ、首メニ新律綱領アリ次ニ改定律例アリ次ニ現行刑法アリ各々寛厳疎密ノ異アリト雖トモ、均シク夫ノ刑罰可分ノ原則ヲ実際ニ応用センコトヲ期シ、立法上当時ノ知識ヲ蒐羅スルニ力メタルハ素ヨリ喋々ノ弁ヲ竢タサルナリ。特ニ現行刑法ニ在リテハ主ハラ其模範ヲ泰西諸国ノ成法ニ釆リ理論実義能ク其衷ヲ折シ、融渾大成シテ当代善法ノ美誉ヲ得タリ。夫ノ刑罰可分ノ原則ノ如キモ亦其応用ノ妙ヲ極メンカ為メ一ノ犯罪ニ対スル刑罰中ニ最短期ト最長期トヲ明定シ、司法者ヲシテ其刑期中ニ就キ能ク事情ヲ判別考覈シ斟酌加減以テ可及的其罪ニ適当ノ刑ヲ科セシム。

然ラハ則チ、現行刑法ハ寔トニ完美ニシテ敢テ之ヲ改正スルノ要ナシト謂フ乎。曰ク何ソ然ラン。其実施以来経験ニ於テ不便トシ背理トシテ指摘セラル、条項モ亦少カラサルヲ以テ斯ル条項ハ早晩必ス改正セサルヘカラス。又現法草案ニ於テ定メタルモ当時姑ラク刪除サレタル夫ノ外人ノ内地ニ於ケル犯罪及ヒ邦人ノ海外ニ於ケル犯罪等即チ国際関係ノ犯罪ニ対スル条項ノ如キハ近ク改定条約実施ノ日ニ必要ナルカ故ニ之ヲ規定セサルヘカラストスルモ、是等ハ刑法補則トシテ頒行セラル、モ亦可ナラン。是ヲ以テ余以為ラク現行刑法ハ応ニ修正増補スヘシト雖トモ、今劇カニ其根本大体上ヨリ改造スルハ決シテ其要ヲ見サルモノナリト。

然ルニ這回起草サレタル改正刑法案ノ主タル目的ノ一ハ現法ノ全体ニ関シテ夫ノ刑期ノ規定方法ヲ異ニスルニ在リ。即チ其立法上ノ意見ニ於テハ現法刑期ノ規定ヲ目シテ尚ホ斟酌加減適当ノ処罰ヲ為スヲ得ルノ範囲ヲ甚タ挟シト做シ、之ヲ拡メテ以テ優ニ其適当ノ処罰ヲ為スヲ望ムニ在ルモノ、如シ。此目的ヲ達セントスルニハ必スヤ一ノ刑罰ヲ規定スルニ其最短期ト最長期トノ期間ヲ頗ル長大ニスルヲ要スヘシ。例ヘハ窃盗ハ十年以下ノ懲役ニ処スト云ヒ又強盗ハ三年以上ノ懲役ニ処スト云フ規定ノ如キ、司法者ヲシテ能ク其犯罪事情ヲ洞察シ斟酌加減優ニ適当ノ処罰ヲ為スヲ得セシムヘシト做ス乎。若シ斯ク速断スルモノアラハ是レ実ニ一ヲ知リテ他ヲ措ク皮相ノ見タルニ過キス請フ之ヲ論セン。

蓋シ事理ノ応用ニモ亦タ自ラ適度ナルモノアリ、若シ其度ニ過キン乎茲ニ却テ利ヲ収メスシテ害ヲ醸スニ至ルノ悪結ヲ生ス。今夫レ加等減軽斟酌ヲ為スノ範囲ヲ過大ニスルハ即チ殆ント其何等ノ範囲ヲ設ケス此斟酌加減ヲ一ニ司法省ノ権ニ委ヌルニ齊シキモノナルヲ知ラスヤ。特ニ司法省博学多識公明無私ノ人ニシテ始メテ能ク該規定ノ適用ヲ誤ラス立法者ノ意思ヲ貫徹スルヲ得ヘキノミ。抑々理法ハ実法ニ依リテ活スト雖トモ、理法ノ規定モ亦可及的精密明確ヲ要ス。而シテ理法ノ親定（マヽ）ニ関シ直接ニ痛痒ヲ感スルハ公衆ニ於ケルヨリモ寧ロ個人ニ於テ然リト為ス。司法者ノ専権ニ対シテ公衆ハ尚ホ能之ヲ争フノ機会アリ勢力アリト雖トモ、個人ハ常ニ服従ノ状態ヲ存ス。故ニ若シ立法者カ司法者ニ許スニ過大ノ権能ヲ以テセン乎其極ヤ最モ恐ルヘキノ弊害ヲ生スルコトナシトセス何ソヤ曰ク司法者ノ専恣ヲ漸シテ動モスレハ其偏頗愛憎ノ処断ヲ以テ民人ヲ荼毒スルニ至ルモ立法及ヒ一般行政ノ権之ヲ如何トモスル能ハサルコト是レナリ。夫ノ仏国革命ノ原因ハ固ヨリ一二ニ止マラスト雖トモ、要スルニ司法ノ権太甚重ク立法及ヒ一般行政ノ権ト其平衡ヲ得スシテ終ニ他ノ二権ヲ侵害スルニ至リタルニ職由セスンハアラス。

其レ然リ、理法ノ規定ヲ以テ過大ノ権能ヲ司法者ニ許与スルハ実際ニ利便ヲ生スルヨリモ寧ロ弊害ヲ招クノ恐レアリ。而シテ、学識ハ司法者其人ニ期スルヲ得ヘキモ公明常ニ望ミ難シ彼レ亦感情ニ支配サル、人且ツ無意ノ間ニ過誤ナキヲ保セス。然ラハ則チ該規定ニ就キテモ亦明定セル適当ノ範囲内ニ行動セシムルノ勝ルニ若カサルコト火ヲ観ルヨリモ明カナリトス、余偶々時事ニ感アリ敢テ茲ニ婆心ヲ布ク。言論雑駁ナリト雖トモ読者唯余カ首義ヲ解シテ其不文ヲ恕セヨト云爾。

「密室監禁ニ関スル考案」

（『日本弁護士協会録事』第九号、明治三一年四月三〇日発行）

予審ノ目的ハ刑事被告人ノ犯罪事実ノ有無ヲ確認スルニ在ルヲ以テ予審判事ハ其被告事件ニ関スル証跡ノ信憑スヘキモノハ具ニ之ヲ蒐羅スヘキコト固ヨリ絮説ヲ竢タス故ニ其犯罪事実ノ発見ニ要スル正当ナル手段ハ総テ法律上明々地ニ之ヲ認メ以テ該判事ノ特権ト為セリ而シテ夫ノ密室監禁ノ制（刑訴第八十七条乃至第八十九条）ノ如キ場合ニ依リ亦必要ノ一手段ニシテ且ツ正当ノ規定ナルコトヲ余ハ信スルモノナリ然レトモ現ニ執法者或ハ立法上ノ主趣ヲ誤解シテ往々該規定ヲ濫用スルニ就キ頗ル遺憾ナキ能ハス

現行監獄則ニ拠レハ数多ノ未決囚人ヲ一巨室ニ拘禁スルヲ例トス故ニ一被告事件数人共犯ニ係ル場合ノ如キ互ニ通謀シ虚構ヲ以テ罪証ヲ湮滅セント試ムルコトモアラン若シ実際斯ル状況アランニ之ヲ防グニハ各個ヲ別室ニ閉ツルニ如カサルヤ明カナリ夫ノ密室監禁ノ制タル唯斯ル場合ニ於テ至当ニ適用セラルヘシ即チ該規則ノ要ハ罪証ノ湮滅ヲ防キ事実ノ発見ニ資スルノミ因ヨリ未決ノ囚人ヲシテ之ニ由リ一層ノ苦楚ヲ感セシムル所以ニアラサルナリ

然ルニ予審判事カ被告人ニ対シテ「汝カ犯罪ノ実証斯ノ如ク明白ナルカ故ニ区々タル虚偽ノ陳弁ヲ以テ当然ノ刑罰ヲ逃ルヘキニアラス如カス速ニ事実ヲ告白シテ官ヲ煩ハスコトナキニ否ラサレハ茲ニ密室監禁ヲ言渡シテ厳ニ汝ヲ幽囚シ尚ホ斯ノ利害ヲ熟考セシムヘシ」ト曰フカ如キハ実際余リ珍シカラスト聞ク而シテ被告人等ハ所謂密室監禁ナルモノノ痛苦ヲ想ヒテ戦慄シ若クハ真ニ之ニ懲リテ止ムナク判事ノ意ヲ邀ヘ自己ニ不利益ナル陳述ヲ為シ或ハ又却テ虚偽ノ辞柄ヲ云々シテ枉屈ニ甘ンスルニ至ル者モ亦太甚尠シトセサルヘシ抑々斯ノ如キハ実ニ該判事ハ密室監禁ノ規定ヲ以テ犯人ヲ威嚇シ其言質ヲ強取スルノ具ニ供スルモノト謂ハサルヘカラス而シテ該判事ハ

畢竟法理上一種ノ犯罪人タルヲ免カレサラントス（刑法第二百七十六条乃至第二百八十二条参看）又聞ク実際密室監禁ヲ言渡シタル場合ハ厳ニ外部トノ交渉ヲ絶ツヲ旨トシ書状其他差入物等一切之ヲ授クルヲ許サス且ツ此際ノ例トシテ与フル所ノ食物ノ量ヲ頗ル減スルカ故ニ彼レ密監者ハ啻ニ索居無聯ニ耐ヘサルノミナラス数日ナラスシテ饑渇ニ苦シミ体量痛ク減シテ坐臥困難ヲ感スルヲ常トスト云ヘリ（刑訴第八十五条及第八十八条参看）夫レ未決囚ハ未タ決シテ罪人トシテ目スヘカラス仮令現ニ其罪跡顕然タルカ如キモ焉ンソ乍ニシテ無辜ノ反証挙ケラレサルヲ度ラムヤ然ルニ今日未決囚ニ対シテ彼レカ如ク過厳ナルハ取モ直サス有罪者ヲ以テ遇スルモノニシテ亦甚タ残酷ナルニアラスヤ是レ断シテ道理上許容スヘキニアラサルナリ

刑事訴訟法第八十五条ハ密室監禁ノ場合ノ外被告人ハ獄則ニ依リ官吏立会ノ上弁護士等ニ接見スルヲ得ルコトヲ明示セリ而シテ此規定モ完クハ実際ニ適用セラレサルカ如シ余ハ従来屡々予審中ノ被告人ヨリ公判上弁護ノ依頼ヲ受ケ監獄ニ往キ該被告人ニ面会シタルコトアルモ毎ニ其弁護ノ受諾ヲ一言シ得ルニ過キスシテ談話ノ犯罪事実ニ亘ルコトアレバ忽チ立会官吏ノ呵止ヲ被ムレリ余ハ今其理由ノ如何ヲ議セスト雖モ苟モ斯ノ如クナルトキハ未決囚人ハ常ニ密室監禁セラルヽニ均シト云フヲ憚ラサルヘシ

或者曰ク密室監禁ノ制ハ古ノ拷略的手段ノ遺臭ノミ現時此規定ヲ正当ニ適用スヘキ場合ナシト是レ蓋シ過言ナラン然リト雖トモ其立法上ノ趣旨ヲ誤解シテ実際威嚇苛責ノ具タルノ弊ヲ致サンヨリハ寧ロ之ヲ廃スルノ勝レルニ如カサルヘシ夫レ法ハ自ラ活動セス之ヲ司ル人ニ頼リテ或ハ活シ或ハ否ラス密室監禁ノ制モ亦場合ニ依リ必要ニシテ且ツ至当ニ適用セラルヘキノ規定ナルコト前述ノ如シト雖トモ誤解濫用ノ実跡往々ナルヲ認識シテ其弊竇ノ益々深キヲ不問ニ付スヘカラサル也是ニ於テ乎余ハ該規定ニ関シテ二種ノ考案ヲ得タリ即チ左ノ如シ

第一　密室監禁ノ制ヲ廃シ之ニ替ヘテ別房分置ノ制ヲ設クルコト此別房分置ト云フハ単ニ被告人ヲ各個ニ拘禁スルニ止メ其他ノ遇待ハ総テ通常ノ拘留ニ同シキモノヲ指ス

第二　密室監禁ノ制ヲ存センニハ勿論立法ノ精神ニ従ヒ実行スヘキモ実際被告ヲ強ユルノ傾向アルヲ以テ此監

禁ヲ命シタルトキハ其前後ノ口供ニハ之ニ証憑タルノ効力ヲ与ヘサルヲ例トスルコト

「親族会ニ就テ」

（『日本弁護士協会録事』第三五号、明治三三年九月二八日発行）

我社会今日ノ有様ハ、家族制ノ時期ヲ経過シテ将サニ親族制ノ時期ニ移ラントスル趨勢ニ在リトイヘトモ、猶万事家族ノ観念ヲ中枢トスル因襲アルヲ以テ、新ニ親族法ヲ制定スルニ当リテモ、他ノ法律ノ如ク専ラ範ヲ泰西斬新ノ法理ニ則ル克ハス。もんてすきゅーノ所謂「国民ノ熟知スル法律ニ非サレハ未タ以テ善法ト為スヘカラス」トノ語ハ、暫ク我国立法事業ノ実際ニ吻合セストスルモ、親族関係ノ準則ノ如キ少クトモ彼我歴史人情ヲ異ニスルモノニ在リテハ、之ヲ国情ニ察シ、之ヲ慣習ニ鑒ミ、宜シク民心ニ順フテ法ヲ立ツルノ方針ニ拠ラサルヘカラサルハ自明ノ理ニシテ、我新民法制定ノ際ニ於テ、立法者カ幾多ノ反駁ヲ排シテ、カノ隠居制ノ陋習スラ猶保存スルコトニ決シタル如キ、或ハ及ハサルニ幾シノ憾ナキニ非ストイヘトモ亦以テ立法者ノ注意ヲ見ルニ足ルヘシ。斯クシテ我親族法ノ規定スルトコロノ骨子ハ多クハ二千年来慣行セラレタル良風美俗ヲ基礎トセルモノニシテ、人民ノ永続慣行ニ依リ殆ント不文律ノ姿ニアリシモノ、新法典ノ編成ニ依リ国家ノ権力初メテ之ニ加ハリ、人民カ之ニ関スル随意行動ノ自由ヲ失ヒタルマテナリトイヘトモ、限リナキ人事ノ千態万状ヲ僅々数百条ノ明文ニ網羅シ、強制ノ畛域ヲ法律ノ規定スル部分ニ限レルヨリ、其弊ヤ法律ヲ格守スレハ乃チ道徳ニモ背カサルコトト考ヘ、或ハ形式ニ拘泥シテ立法者ノ真意ヲ誤解シ、或ハ法文ノ不備ニ乗シテ私曲ヲ逞クスルモノアリ。紛糾セル社会関係ノ基本タルヘキ親族間ノ法律関係ヲ劃一セントスルニ当リテハ、徳法粛律、慣習ノ縁由スルトコロヲ考覈シ、利害ノ分岐スルトコロヲ覷破シ、密ニ過クルモ簡ニ失セス、厳ニ過クルモ寛ニ失セス、以テ些ノ遺憾ナキヲ期スヘカリシニ、立法者ノ慣習ヲ重視シタル周匝ナル思慮モ、実際ニ応用スルニ当リテハ往々粗畧ノ譏ヲ免レザルモノアリ、吾人カ茲ニ云ハント欲スル親族会ニ関スル規定ノ如キモ其一ナリ。

惟フニ新民法第九百四十五条ニハ、親族会員ハ三人以上トシ親族其他本人又ハ其家ニ縁故アル者ノ中ヨリ裁判所之ヲ選定スルトアリ、旧民法人事篇ニ規定スル如ク先ツ未成年者ノ最近親族三人以上トナスノ制限ヲ削除シ、且ツ被選定ノ順序ニツイテモ親族タルト縁故者タルトノ間ニ何等ノ差別ヲ設ケサルヲ以テ、苟クモ親族会ノ召集ヲ申請スル者ヨリ、被申請本人ノ親族タリ又ハ縁故者ナリトシテ三名以上ノ人名簿ヲ裁判所ニ提出スレハ、裁判所ハ任意ニ且ツ無意味ニ其中ノ三名ヲ親族会員ニ選定スル筋合ナリ。吾人ハ検察官予審判事ガ刑事々件ヲ取扱フ如ク、親族縁故者間関係ノ内実ヲ捜索シ、果シテ被申請本人ノ利益ヲ希不者ナルヤ否ヤヲ確メタル上、初メテ其者ヲ親族会員ニ選定セヨトイフノ言、美ニシテ実、行ハサルヲ知ラサルモノニ非ス、然レトモ申請人ノイフガ侭ニ形式的ニ機械的ニ三人ノ親族会員ヲ選定シ、之ヲシテ或ハ未定相続人又或ハ未成年者ノ利害休戚ヲ託セントスル後見人ノ選定ヲ為サシムル現時ノ有様ニテハ、奸点ノ徒、斯法文ヲ利用シテ案リニ親族会召集ノ申請ヲナシ、添フルニ自己ニ利ナル同腹ノ人名ヲ臚列シ、因テ以テ裁判所ヲ欺キ、一時ヲ苟且シテ不当ニ他家ノ財産ヲ横奪セントスルモノ瀕々続出スルアルモ敢テ怪ムニ足ラス、甚シキニ至リテハ某裁判所ノ如キ親族会員ハ三名ニテ足ルモノナルヲ以テ、申請ニ添付スル会員候補名簿ニハ或ル三名者ヲ記シテ提出スルニ止ムヘシト勧告シタル実例スラサリタリトノ風聞アリ。立法者ノ真意親族会ノ精神モ斯クノ如ク無視セラレテハ、寧ロ全然親族会ニ関スル規定ヲ削除シ、冠婚喪祭ハ更ナリ、苟クモ一家ニ大事アレハ親戚縁者悉ク集合シテ利害ヲ討究スル古来ノ慣習ノ侭ニ委シ去ランコト却テ危険尠カルヘシト信セサルヲ得ス。兎ニ角法文ノ解釈如何ニ依テハ「民免レテ愧ナキ」今日ノ社会ニ茶毒ヲ流ス少小ニアラサルヘク、幾多不当ナル財産帰属者、幾多不幸ナル未成年者ハ踵ヲ接シテ現出スヘシ、シカモ裁判所ノ選定決定ハ等シク一ノ裁判トシテ既判力ヲ有シ、此決定ニ対シテハ被申請人ノ親族若クハ縁故者ニ非ス、乃チ全然他人ナルコトノ憑拠ヲ提出スルニ非サレハ、他ニイカナル理由アルモ抗告ヲ為シ得サルヘク、其結果ハ一タヒ選定セラレタル親族会員ハ非常ノ権力ヲ以テ、公然他家ノ財産ヲ左右スルヲ得ヘクシテ、実際ニ照シ危虞甚シキ数多ノ場合ヲ想像スレハ、転タ戦慄セサルヲ得ス、如斯ハ明文ノ儼存スル以上当然ノ結果ナリトイヘトモ、之ニ対シテ何等カノ緩和匡救ノ手段ヲ講スルハ喫緊ノ事項ナリト信ス。而シテ吾人ハ此場合ニハ特ニ規定ヲ設ケテ、或範囲内ニ於ケル関係者ハ、親族会員カ本人ノ為メニ利益アラサル人ヲ以テ組織セラル、コトヲ何等カノ憑拠ニ依リ立証スルトキハ、裁判所ハ口頭弁論ヲ開キテ其曲直ヲ裁決シ、因テ前ニ与ヘタル選定決定ヲ取消シ得ヘキモノトシ、猶民法第九百四十八条ノ規定ニ依リ親族会ニ於テ意見ヲ述フルコトヲ得ル者ノ範囲ヲ汎ク親族姻族ニ及ホシ、従テ凡テコレ等ノモノニ親族会ノ召集ヲ通知スルコトヲ要スルモノトシ、若シ親族会召集ノ申請ニ際シ其意見ヲ述ブルコトヲ得ル者ヲ裁判所ニ表示スルニ当リ、故意ニコレ等ノモノ、記名ヲ遺脱シテ其者ヲシテ裁判所ノ召集シタル親族会ノ成立若クハ決議ヲ知ルヲ得ザラシメタルトキハ、其成立若クハ決議ハ其陳述権アル不知者ニ対シ何等ノ効力ナキモノトナシ、乃チ其不知者ヨリ異議ヲ申立テ得ルモノトナサハ、幾分カ弊竇ヲ杜却シ得ヘシト信ス。若シ夫レ法ノ適用如何ハ一ニ裁判官ノ裁量如何ニカ、レリ。吾人ハ一人一家ノ大事ニ属スル親族会召集ノ申請等アルニ際シテハ、極メテ慎重ノ体度《(ママ)》ヲ以テ被申請人ノ利益ヲ図ル方針ニ遵拠セラレンコト嘱望ニ堪ヘザル也。

「非刑法改正論」

（『明治法学』第一三号、明治三三年一〇月一五日発行）

法律ノ改正ハ其ノ利弊得喪ノ極メテ明確ニシテ且重大ナルモノアルニ非スンハ得テ議ス可カラス而シテ法律ノ利弊得喪ハ区区五七年ノ経験ヲ以テシテ得テ明確ニ知悉ス可カラス曾テ仏国ニ於テ水ノ灌漑ニ関シ民法中約四十条ノ改正ヲ施スヤ当時民法講座ヲ担任セシ大学教授ブーダン氏ハ此改正ノ条項ニ付キ説テ曰ク従来ノ規定ハ云々ノ弊害アリ為メニ此改正ヲ見ルニ至レリ然レトモ此改正ノ規定カ果シテ従来ノ弊害ヲ救正スルニ足ルヤ否ヤハ未タ遽ニ知悉スルコト能ハス凡ソ新法ノ利弊得喪ハ少クトモ十年ノ経験ヲ費スニ非サレハ論議シ得ヘクモアラス是ヲ以テ此改正条項ノ利弊得喪ニ関スル論究ハ之ヲ今年ノ講義ヨリ省キ請フ諸君ト共ニ十年ノ後ヲ俟タムト蓋シ至言ト謂ハサル可カラス

法律ノ利弊得喪ノ知悉シ易カラサル此ノ如シ而シテ仮令多少ノ弊害アリトスルモ其ノ施行既ニ久シケレハ国民既ニ之ニ慣熟シ実際自ラ戒メテ以テ其ノ弊害ヲ防避スルコトヲ得ヘシ然ルニ一朝突然其ノ改正ニ遭フニ於テハ仮令新法ノ遥ニ完美ナルモ啻タ国民ノ容易ニ解得セサルノミナラス法官弁護士等亦久シク之ニ精通慣熟スル能ハス裁判所ノ判決スラ東西相抵触シ甲乙相矛盾シ威信地ニ墜チテ国民ハ其ノ依ル所ヲ失フニ至ル故ニ其ノ実弊ヨリスレハ良新法ハ寧ロ悪旧法ニ若カスト謂フ可シ現ニ我邦ニ於テ民商諸法典ノ施行日尚ホ浅キヤ各裁判所ノ適用往々相背馳シ国民適帰スル所ニ迷フハ日々聞睹スル所ノ事実ナルニ非スヤ固ヨリ此カ為メニハ大審院ノ設アリテ其ノ統一ヲ謀ルト云フト雖モ大審院カ各部ノ総会ヲ開キテ判例ノ変更ヲ為スノ頻繁ナルハ文明諸国中恐ラクハ我邦ヲ推シテ第一トスヘシ而シテ是レ必シモ該院ノ法官其人ノ罪ニ非ス実ニ法典ノ施行日浅ク未タ容易ニ此カ至正至当ノ適用ヲ得ル能ハサルニ職由スルノミ学識経験共ニ一世ノ粋ヲ抜キタル最高法衙ノ法官ニシテ尚ホ然リ新法ノ下ニ

於ケル国民カ誤解濫用ノ間ニ生活スルノ痛苦想フ可シ是ニ依テ之ヲ観ル新法制定殊ニ旧法改正ノ軽忽ニ断行ス可カラサル所以亦思半ニ過キンナリ

法律ノ改正ハ総テ此ノ如ク軽忽ニ断行ス可カラス而シテ我現行刑法ニ至リテハ殊ニ然ルモノアリテ存ス

抑我現行刑法ニ対スル改正ノ論点ハ一ニシテ足ラサルヘシト雖モ其ノ最モ主要ナルモノハ現行刑法ヲ以テ裁判官ニ与フル権限ノ狭キニ失シ刑ノ適用上寛厳其ノ宜シキヲ得シムルノ難キモノアリ故ニ大ニ其ノ権限ヲ拡大セントスルニ在リ然レトモ裁判官ノ権限ヲ大ニスルト小ニスルトノ利弊得喪ハ立法上最モ攻究スヘキ問題ニシテ予ハ未タ改正論ニ首肯スル能ハス請フ少シク之ヲ論スルコトヲ得ム乎

刑法ノ沿革ヲ案スルニ古代ニ在リテハ刑法上裁判官ニ殆ト無限ノ職権ヲ与ヘタルコト欧米各国ニ通スル実例ナルカ如シ国事犯ニ関スル所謂「ラミズ、ヲー、スクレー」ノ如キ其ノ較著ナル例証ナリ蓋シ国事犯ニ在リテハ若シ裁判ヲ行ヒ其ノ事実ヲ公ニスレハ被告ノ行為タル政府ノ専横ヲ憤リ国民ノ塗炭ヲ救ヒ一身ヲ犠牲ニシテ国家人民ノ為メニスルモノ尠カラスシテ之ヲ一般ニ知悉セシムルハ政府ノ利益ニ非ス故ニ裁判官ハ其ノ職権ヲ以テ或ハ全ク裁判ヲ行ハスシテ之ヲ獄中ニ殺シ或ハ其ノ裁判ヲ秘密ニシテ陰ニ死刑ヲ行ヒシコト頗ル多シ是レ所謂「ラミズ、オー、スクレー」ニシテ我邦ニ於ケル牢死ノ如キ亦此種ノ事実ニ属スルモノ尠カラス裁判官ノ権限ノ古代ニ在リテ最モ大ナリシコト実ニ此ノ如シ

此事タル其ノ情弊ノ至大ナル言ヲ俟タス是ヲ以テ学者論客ノ此カ為メニ苦心尽瘁セシコト亦至大ニシテ遂ニ犯罪ハ必ス裁判ヲ経サレハ処罰ス可カラサルコト及ヒ裁判ハ必ス公行ス可キコトノ原則確立スルニ至レリ是レ固ヨリ一大進歩タルト共ニ又裁判官ノ権限ニ加ヘシ一大制限タルナリ

此原則既ニ確立セリト雖モ裁判官モ亦人ナリ感情的動物タルヲ免レス故ニ被告人ニシテ或ハ宿怨アリ或ハ親近ノ情アリ刑罰ノ往々偏重偏軽ニ陥ルノ病アリ且仮令此等ノ私情ナキモ人心各異ナリ甲ノ所見ハ乙ノ所見ト異ナリテ公平ノ裁判ヲ以テスルモ尚ホ偏重偏軽ノ失ナシトセス而シテ裁判官ノ権限ノ大ナルニ随ヒ偏重偏軽ヲ生スルノ大

ナルハ数ノ然ラシムル所タリ是ニ於テ乎立法ノ傾向ハ漸次ニ各犯罪行為ニ対スル刑罰ノ規定ヲ細密ニシ以テ裁判官ヲシテ刑ノ適用上自由ナル伸縮ヲ為スコトヲ得サラシムルニ至ル我刑法カ各国刑法ノ多数ト共ニ刑期ノ範囲ヲ二月以上四年以下ト為スノ類ニ限リ努メテ過大ノ範囲ヲ設ケサルハ即チ是ニシテ其ノ裁判官ノ権限ニ対スル至当ノ制限タル呶々ヲ要セサルヘシ

現行刑法ハ爾カク節款ヲ置キ条項ヲ設ケ一々細密ニ刑罰ノ範囲ヲ規定セシノミナラス其ノ減軽ハ酌量減軽ノ如キ稍々自由ナルモノアルモ其ノ加重ニ至リテハ一々法ノ明文ヲ要シ極メテ厳ニ裁判官ノ権限ヲ制限シテ妄リニ加重ヲ得サラシム予輩寧ロ其ノ用意ノ周到ニ感ス

更ニ一ノ裁判官ノ権限ヲ努メテ制限スヘキ所以ノ大理由アリ他ナシ司法権ノ跋扈ノ極メテ恐ル可キコト是ナリ夫レ行政権ノ如キハ行政官カ一モ終身官ニ非サルノミナラス行政官ノ傍ニハ必ス之ヲ箝制スヘキ一機関アリ帝国議会府県会郡市町村会及ヒ各参事会等即チ是ニシテ一々此カ箝制ヲ受ケ爾カク専横濫私ノ行為ヲ為ス能ハス立法権モ亦其任ニ当ル議員其人ハ任期甚タ短ク若シ民望ニ反スル行為アラハ再選ヲ得ヘカラスシテ爾カク専横濫私ノ行為ヲ為ス能ハス唯タ貴族院ニハ一部分ノ議員カ終身ノ者アルモ一部ノ議員ハ独立シテ行為ヲ為ス能ハス直接ノ弊害ナキ言ヲ俟タス独リ司法権ニ至リテハ其任ニ当ル法官尽ク終身官タルノ保障アリ且我邦ニハ陪審官其他一モ之ヲ箝制スルノ機関ナシ然ルニ若シ之ニ与フルニ広大ナル権限ヲ以テセン歟其ノ弊ノ窮極スル所殆ト得テ知ル可カラス彼ノ仏国路易十六世カ断頭台上ノ露ト消エシカ如キ古今其例ヲ見サル害毒ニシテ司法権跋扈ノ其極ニ達セシモノナリ

法官ヲ以テ終身官ト為スノ制度ハ厳正ニ忌憚ナク国法ヲ執行セシムルノ保障ニシテ制度其モノハ固ヨリ間然ス可カラス然レトモ既ニ一方ニ於テ此ノ如キ担保ヲ与フルニ於テハ他方ニ法官ノ権限ヲ制限シテ司法権ノ跋扈ヲ防制スルノ必要アリ是レ我現行刑法カ前述ノ如ク犯罪行為ト刑罰トノ規定ヲ細密ニシ以テ法官ノ権限ノ過大ヲ避ケシ所以ナリ然ルヲ即チ今ヤ敢テ之ヲ改正セントス其必要抑々安ンカ在ルヤ蓋シ改正ノ最大要点ハ法官ノ権限拡大ニ

在リ是レ予輩カ殊ニ此改正ニ左袒スル能ハサル所トス

然レトモ今日刑法ノ改正ヲ提倡（ママ）シ其ノ改正ノ局ニ当レル者カ法官ノ権限ヲ拡大セント欲スルハ其ノ心事亦諒トスヘキモノ無キニ非ス蓋シ彼等ハ概ネ躬法官ノ任ニ在ル者ニシテ法官カ法官ノ権限ヲ拡大セント欲スルハ情勢ノ免レサル所タリ余輩ト雖モ亦固ヨリ彼等カ法官ノ権限ヲ拡大シ之ニ因リテ生スル害毒ヲ国家人民ニ流サント欲スルカ如キ故意アリト想像セス唯タ彼等カ法官トシテ自ラ刑法ヲ適用スルニ方リ刑罰ノ規定細密ニシテ往々不便窮屈ヲ感スルカ故ニ特ニ之ヲ拡大セント欲シ一片其ノ職務ニ忠実ナルノ念ヨリ拡大ノ弊ハ其ノ利ヨリモ大ナルモノアルニ思ヒ及ハサルノ過ニ坐スルノミ彼等心事ノ忠実ハ憐ム可シ但タ彼等識見ノ浅薄ハ之ヲ排斥セサル可カラス

凡ソ新法ノ制定又ハ旧法ノ改正ハ下之ヲ望ンテ而シテ後上之ニ従フヲ本則トス然ルニ我邦ニ於テハ維新以降急劇ナル政治上社会上一切ノ変遷ニ際シ此本則ニ反シテ上之ヲ強ヒテ而シテ下之ニ従フノ実勢ナリシハ已ムヲ得サルノ数ナルモ今日ニ迫ヒテ尚ホ此変則ヲ墨守スヘキ歟抑々既ニ本則ニ復スルノ時機ニ達シタルニ非サル歟実業其他庶般ノ事ハ暫ク措キ立法ノ一事ハ上強ヒ下従フノ変則的時代ハ既ニ経過シ下望ミ上従フ本則的時代ニ入レルコト断シテ疑ヲ容レス而シテ現行刑法ハ明治十五年以来ノ施行ニ係リ条約改正ニ関シテモ各交際国ノ我ニ対スル法律ニ関スル要求ノ頗ル厳ナリシニ拘ハラス刑法ニ付テハ一ノ要求ヲモ聞カス殊ニ我国民ハ果シテ刑法ノ改正ヲ希望スルヤ否ヤ民法商法ニ関シテハ施行後日尚ホ浅キニ某編某条改正ノ声ハ既ニ甚タ喧シキモ独リ刑法ニ関スル改正論ハ余輩未タ国民ノ口ヨリスル声ヲ聞カス唯タ今日其ノ改正ニ従事シツヽアル若干ノ法官其他ノ官吏カ口ヲ極メテ之ヲ唱導スルノミ是レ豈法律改正ノ本則ニ悖リ時勢ノ進運ニ後クルヽ迂愚固陋ノ見ニ非スト云フ可キ乎

試ミニ彼等カ改正ヲ必要トスル口実ヲ聴カム曰ク現行刑法ニ於ケル刑罰ノ規定ハ或ハ偏重ニ過キ或ハ偏軽ニ失ス例ヘハ貧苦ノ極偶々一箇ノ銅貨ヲ窃取スル者モ亦窃盗罪ニシテ二月以上ノ重禁錮ニ処セサルヲ得ス又陰険狡獪ノ手段ヲ弄シテ数万金ヲ騙取スル者モ亦詐欺取財罪ニシテ四年以下ノ重禁錮ニ処スルニ止マル前者ノ憫ムヘクシテ刑ノ重キニ過クル後者ノ憎ムヘクシテ刑ノ軽キニ失スル共ニ平衡ヲ得ス故ニ此等ノ刑期ヲ改正シテ一日以上十年

以下ト為スカ如キ頗ル急要ナリト是レ実ニ一理ナシトセス然レトモ果シテ此カ為メニ改正ヲ要ストセハ単ニ此ノ如キ空漠ノ議論ヲ以テ足レリトス可カラス明治十五年以来今日ニ至ル十九年間ノ実験上ニ於テ或憫ムヘキ犯罪ニ対シ規定ノ最短期ヲ取リ且為シ得ヘキノ減軽ヲ尽シテ尚ホ刑ノ罪ヨリ重キニ過キシモノ若干アリヤ又或憎ムヘキ犯罪ニ対シ規定ノ最長期ヲ取リ且為シ得ヘキノ加重ヲ尽シテ尚ホ刑ノ罪ヨリ軽キニ失セシモノ若干アリヤ各其ノ実例ヲ統計シ之ヲ刑事裁判ノ全件数ニ比例シテ以テ立証スルノ責任アリ余輩固ヨリ其ノ実例ノ殆ト絶無ナルヘキヲ想フ故ニ彼等ニシテ之ヲ立証セスンハ彼等ノ論ハ到底空論タルノ譏ヲ免レス

然ラハ則チ彼等ハ畢竟立法史上ニ自家ノ功績ヲ録セントスル一種卑陋ノ心事ヨリ刑法改正ヲ企ツルノミトノ悪声アルモ余輩ハ彼等ノ為メニ弁護ノ辞ナキヲ憾ム若シ夫レ二三年間英米ニ游ヒ仏独ニ学ヒ多少法律ニ通セシノ故ヲ以テ直チニ夜郎自ラ大ニシ法律ノ適用又ハ教授ノ任ニ居ルニ甘ンセス国家人民ニ及ホスヘキ利弊得喪ノ如何ヲ省ミスシテ徒ラニ自家カ立法上ノ功績ヲ貪リ競フテ法律ノ改正ヲ妄リニスルカ如キアラハ啻ニ国家人民ノ為メニ寒心スヘキノミナラス彼等ノ品格名声ノ為メ亦深ク惋惜セサル可カラス

余輩区々ノ微衷久シク茲ニ憂フルアリ曾テ刑法改正論ノ始メテ起ルヤ司法大臣ニ面シテ親シク鄙見ヲ具セントセシモ不幸遂ニ其ノ機会ヲ与ヘラレサリキ是レ今日所信ヲ本誌上ニ拠フルノ已ムヲ得サル所以ナリ

尚ホ茲ニ一言ノ附述ヲ缺ク可カラサルモノアリ余輩飽クマテ非改正論ヲ執ルモ余輩ハ必シモ現行刑法ヲ以テ完全無疵ノモノト為スニ非ス或ハ各国交通ノ益々頻繁ヲ加ヘ或ハ商業其他各般ノ事情ノ進歩ニ伴ヒ多少刑法ノ修正ヲ加フヘキハ余輩亦之ヲ領ス唯タ一部修正ノ要ニ藉口シ以テ全部ノ改正ヲ妄リニスルコト乃チ余輩ノ断シテ反対セサルヲ得サル所タルナリ

「古賀廉造氏ニ答フ」

（『明治法学』第一五号・明治三三年一二月一五日発行、
『日本弁護士協会録事』第三八号・明治三三年一二月二八日発行）

廉造古賀氏頃者岸本〔辰雄〕氏ノ朝令暮改ト余ノ非刑法改正論トヲ併セテ反駁スル所アリ先ツ詳ニ余輩二人ノ学歴ヲ掲ケテ世人ニ紹介セラル余輩謹テ感謝ノ意ヲ致ス而シテ氏ハ之ニ因リ余輩ヲ以テ先進ナリトシ自ラ後進タルコトヲ認メラル果シテ然ラハ予ハ敢テ先進トシテ後進古賀氏ニ誨フル所アルモ亦必スシモ氏ノ怒ヲ招クコト無カルヘシ

氏ハ余輩カ明治四五年ヨリ十一二年マテ学業ニ就キシ者ナルヲ以テ今日ハ既ニ世上ノ学問ニ後レタリト断定サレタリ是レ純然タル学生ノ境遇ヲ脱スレハ直チニ全ク読書修養ヲ廃スルモノト速了サレシナルヘク恐ラクハ氏自身カ明治十五六年或ハ二十年ノ頃マテ就学シ爾後一タヒ官吏ト為ルヤ直チニ全ク読書修養ヲ廃シタルヨリ己レヲ以テ他人ヲ忖度セシモノナラン余ノ如キハ駑鈍ノ質毫モ自ラ学者ヲ以テ居ル能ハス汲々トシテ当世学術ノ進歩ニ後レサランコトヲ勉メツヽアリ後進ノ諸氏カ少シク名ヲ成シ地位ヲ得ルヤ直チニ夜郎自ラ大ニシ読書修養ニ怠リテ揚々自得スル者多キヲ見テ窃ニ気ノ毒ノ感ニ堪ヘサルナリ若シ夫レ立法ノ事業ニ関シテハ明治十二年ヨリ二十九年ニ至ルノ久シキ終始一日ノ如ク法律ノ起草修正等ニ従事シタリシ者其ノ今日現ニ法典調査会ニ列セサルヲ以テ不平ヲ懐クモノ、如ク邪猜セラレシハ是レ亦氏カ立法ノ事業ニ干与セサリシ当時ノ自家ノ感情ヲ以テ予輩ヲ忖度セシモノナラン蓋シ氏カ法官ノ任ニ在ルヤ妄ニ他人ノ心事ヲ邪猜スルニ慣レ遂ニ屢々己レヲ以テ人ヲ測ルニ至レルナリ然レトモ人心ノ異ナルコト其面ノ如シ己レヲ以テ人ヲ測ルコトハ乞フ爾後深ク之ヲ慎メ先進ノ後進ニ対スル婆心ヨリ序次一言之ニ及フ間話休題余ハ前論ノ如ク本来刑法改正ノ非ナルヲ信スルモノナルカ今ヤ古賀氏ノ論ヲ読ミ益々其非ヲ信スルニ至レリ蓋シ刻下ノ刑法改正ノ挙ニシテ若シ果シテ氏ノ主義ヲ根拠トシ氏ノ所説ノ如ク改正スルモノトセハ啻ニ余輩ノミナラス社会公衆ハ尽ク改正ノ不必要否ナ其不当ヲ唱ヘサルヲ得サルヘシ

氏ハ刑法ノ目的ヲ以テ犯罪防禦ノ一点ニ在ルモノ、如ク論下セリ然レトモ刑法ヲ以テ犯罪防禦ノ具ト為スハ単ニ他戒自懲ノ二点ニ止マリ刑法其モノハ即チ犯罪防禦ノ具ナリト謂フコトヲ得ス何トナレハ刑法ハ刑罰ヲ既発ノ犯罪ニ加フルモノニシテ防禦テフ文字ト全ク矛盾スルモノナレハナリ而シテ他人カ犯罪者ノ処刑ヲ見テ戒ムル所アルト犯罪者カ一タヒ処刑サレテ自ラ懲ラストハ犯罪既ニ終リテ後始メテ生スル現象タルニ過キス然ルニ刑法ヲ以テ尚犯罪防禦ノ具ナリト論スルハ古昔二三ノ学者カ刑罰権ノ基礎ヲ以テ正当防衛権ニ在リト為シタル陳腐ナル議論ノ糟粕ノミ氏ニシテ今日ノ世尚此糟粕ヲ嘗メテ立論スルモノナリセハ氏ハ寧ロ刑法ノ何タルヲ知ラサル者ト云ハサルコトヲ得ス

凡ソ防禦トハ事ヲ未発ニ防クノ謂ナリ故ニ犯罪ノ防禦ナルモノハ之ヲ近クシテハ行政警察之ヲ遠クシテハ教育道徳其他国民ノ進歩如何ニ関スル問題ナリ而シテ刑法ハ決シテ犯罪防禦ノ具ニ非ス眼識アル学者カ刑罰権ノ基礎ヲ正当防衛権ニ執ラサルハ職トシテ之ニ由ル

氏ハ刑罰ナルモノカ之ヲ加ヘテ他戒自懲ノ効果ヲ奏シ得ルノ点ヲ以テ之ヲ刑法ノ目的ナリト云フノ意ヨリシテ刑法ハ即チ犯罪防禦ノ具ナリトシ随テ酷刑論ヲ唱フルモノナラン果シテ然ラハ氏ノ誤謬モ亦太甚シ蓋シ刑罰ノ軽重其モノハ必シモ自懲他戒ノ効果ニ影響スルモノニ非スシテ自懲ノ効果ハ獄則ノ如何ニ関シ他戒ノ効果ハ治罪ノ如何ニ関スル少シク其理由ヲ説与セン歟

自懲ノ効果ハ刑罰ノ軽重ニ在ラスシテ獄則ノ良否ニ在リ刑罰若シ厳ニ失シテ犯罪人ヲ遇スルコト禽獣啻ナラサルカ如クンハ犯罪人ハ徒ラニ其残酷ヲ怨ンテ却テ過改遷善ノ心ヲ生スル機会ナカルヘシ之ニ反シテ寛厳並ヒ行ヒ之ニ教フルニ人道ヲ以テシ且其自由ヲ恢復スルノ日ニ至リ生活ニ困シムノ憂ナキヲ得セシメハ茲ニ始メテ自懲ノ効

果ヲ庶幾スヘシ夫ノ徒ラニ刑罰ヲ峻厳ニシテ以テ此効果ヲ収メントスルカ如キハ是レ轅ヲ東シテ西馳セント欲スルモノ常識ヲ缺キタルノ論ト謂ハサル可カラス

他戒ノ効果モ亦刑罰其モノニ依リテ輙チ収メ得ヘキモノニ非ス往古炮烙車裂磔刑等今日吾人ノ想像モ及ハサル厳刑ヲ設ケタリシ当時ノ立法者モ亦氏一流ノ徒ニシテ刑罰ノ峻厳ナル此ノ如クンハ以テ大ニ他戒ノ効果ヲ奏スヘシト信シタリシナラン然ルニ事実ハ之ニ反シ元悪大奸尚天下ニ横行シタリシハ何ソヤ他ナシ治罪ノ方法完備セサリシナリ治罪ノ方法ニシテ完備セスンハ無辜ノ良民ニシテ冤罪ニ泣ク者アリ元悪大奸ニシテ幸ニ免レテ而シテ恥ナキ者アリ此ノ如ク処刑ノ犯罪ニ伴フコト必的ナラサルニ於テハ犯罪者ハ処刑ヲ万一ニ予期スルニ過キス多少不良ノ徒相率イテ罪ヲ犯スニ至ルコト亦怪ムニ足ラス之ニ反シテ治罪ノ方法完備シ処刑ハ必ス犯罪ノ代価トシテ之ヲ払ハサルヲ得サルノ観念社会ニ遍キニ至ラハ如何ナル寛刑ト雖モ犯罪ノ代価トシテハ其価額概ネ高キニ過クルヲ以テ罪ヲ犯スハ損アリテ利ナキヲ思ヒ漸ク他戒ノ効果ヲ奏スルニ至ラン要ハ罪アレハ必ス罰アルノ一点ニ在リテ刑ノ寛厳ニ在ラス氏カ一意厳刑ヲ主張シ唯タ之ニ依リテ以テ犯罪ヲ防禦シ得ヘシト為スハ事理ヲ弁セサルノ甚シキモノ其愚ヤ及フ可カラス

氏ハ犯罪者ノ昔時未開ノ世ニ少クシテ今日ニ増セシヲ云ヒ就中再犯者ノ増セシヲ云ヒ是レ刑罰ノ昔時ニ厳ニシテ今日ニ寛ナルカ為メナリト論セリ嗚呼是レ何ノ言ソ此ノ如キ見解ハ医術ノ幼稚ナリシ昔時ニ病者少クシテ其進歩セル今日ニ病者増セリト云フ愚論ト一般ノミ予ハ未タ昔時ノ正確ナル統計ヲ見サルモ処刑者ノ数今日ニ比シテ最モ少カリシハ敢テ疑ヲ容レス然レトモ氏ハ処刑者ノ少カリシヲ見テ即チ犯罪者ノ少カリシモノト為ス乎余ハ前段所謂治罪ノ方法完備セサリシ為メ犯罪者頗ル多クシテ処刑者頗ル少カリシモノナルコトヲ想フ昔時医術幼稚ニシテ医師甚タ少ク人民ノ衛生思想亦甚タ乏シカリシ時代ニ在リテハ偶医師ニ依リテ治療ヲ受ケシ病者頗ル少カリシモ其以外ニ治療ヲ受ケサリシ病者ノ頗ル多カリシコトヲ察セサル可カラス而シテ医術進歩セル今日ニ在リテ病者ノ増セシハ医師ノ治療ヲ受クル者ノ増セシト同時ニ之ヲ受ケサル者ノ減シタルニ止マリ病者ノ総数ニ於テハ人口

ニ比例シテ古今略大差ナカルヘシ犯罪者ト処刑者トノ増減亦猶此ノ如キノミ氏ノ眼光茲ニ及ハサル極度ノ近眼論ハ之ヲ責メンヨリモ先ツ之ヲ憫ムヘシ

氏又余ノ説ヲ駁シテ曰ク現行法ノ刑期ハ十五年以下十一日以上タリ改正案ノ刑期ハ十五年以下一日以上タリ即チ改正案ハ現行法ノ最短期十一日ヲ減シテ一日ト為シ十日ノ長短ヲ生セシニ過キス最短期ニシテ十一日ナレハ則チ危険少ク纔ニ十日ヲ下リテ一日ト為セハ則チ直チニ司法権跋扈ノ危険アリト為ス乎云々ト是レ全ク改正ノ事実ヲ蔽フテ言ヲ為スノミ改正ハ決シテ此ノ如キ細事ニ止マラサルヘシ若シ仮リニ氏ノ言ノ如ク改正ハ単ニ十一日ヲ減シテ一日ト為セシ一事ニ止マルトセハ此カ為メニ刑法ノ全体ヲ改造スルノ必要焉ニカ在ル予ハ固ヨリ氏ニ弁護ノ自由ヲ与フ然レトモ氏ヤ事実ヲ偽リテ弁護ヲ為スノ徒労ヲ止メヨ世俗之ヲ称シテ三百代言ト云フ三百代言ノ行為ハ天下広シト雖モ之ヲ容ル、者ナケン氏ニシテ此ノ如キ行為ヲ為ス余ハ窃ニ氏ノ品位ノ為メニ惜ム且夫レ氏ハ其主義トシテ駁論中屢々現行法ノ刑罰ノ寛ニ失スルコトヲ論シ改正案ハ一層之ヲ厳ニシテ防禦ノ目的ヲ達スルコトヲ唱道シタルニ拘ハラス倏チ翻然トシテ此言ヲ為シ改正案ハ十一日ヲ減シテ一日ト為セシニ止マルト唱道ス自家撞着モ亦太甚シ若シ果シテ之ヲ以テ改正ノ要点ト為サハ常識アル者ニ於テハ現行法ノ刑罰厳ニ失スルヲ以テ之ヲ寛ニスルノ必要アリ乃チ此改正ヲ為サ、ル可カラスト冒頭ヨリ論シ来ルヘキコト当然タリ然ルニ氏ノ言茲ニ出テス此撞着ヲ敢テシテ顧ミス亦驚クヘカラスヤ

嗚呼纔ニ一場ノ演説ニ於テスラ尚且此ノ此キ一大撞着ノ言ヲ為シテ平然タルノ人ニシテ国家ノ刑法改正ノ業ニ参シ其起草ニ従事セラルトセハ予ハ啻ニ氏ノ為メニ危フムノミナラス此ノ如キ人ノ手ニ成レル刑法ニシテ万々一世ニ行ハル、コトアラハ予ハ実ニ国家人民ノ為メニ寒心セサルヲ得サルナリ

「清浦前法相の刑法改正案に関する演説筆記を読む」

（『法律新聞』第一一号、明治三三年一二月三日発行）

清浦〔奎吾〕君の法律社会の経歴に就ては一々之を列記するの要はない、明治十二年の頃治罪法起草に従事し後太政官書記官となった、其後は法制局に出て当時ボアソナード氏崇拝者の一人であって随聴随筆を著はした後内務省警保局長として数年其職を執り転じて司法次官より司法大臣の重任を帯びた、其間と云ふもの星霜二十年内外に渉て居る、であるから其執る所の職務は刑事問題に直接又は間接に関係を有して居ない時と云ふものはない故に苟くも同君の言として刑法に関するものは法曹社會に一大勢力を以て迎へらるゝ事は余の疑はない所である、彼の早計刑事問題を論ずる古賀廉造氏の如きと同日の談にはならぬであるから余も亦清浦君の演説に付ては同意を表すべきは固より之を表す、然しながら亦清浦君の議論として或は根拠を缺き或は誤謬に渉るの点は反駁しない訳には往かぬのである。

君は刑法改正の必要を論ずるのを根拠として「我現行刑法は一百年前の制定に係る、仏蘭西刑法を模範として新律綱領、改定律例其他旧来の刑律を参酌して編成せしものなり云々」と論じて居る、模範とする所の法律古きを以て非なりと言ふに至っては一向了らない話である、抑々刑法は理法に属したもので、諸多の手続に関する法律とは趣を異にして理に至つてハ古今に通じて違ゐはないのである徒らに仏国刑法の古きを以て我現行刑法を非難するのは刑法の何たるを解せざる人の言に出でたものと言つて宜しい、清浦君の言としては誠に気の毒千万と言ふ可きである、加之ならず制定の年代に於ても三十有余年の誤りを致せしは何事である、仏国刑法は千八百十年に始めて制定せられたもので千八百三十二年に之が再調査を経て今日行はれて居る所のものは則ち千八百三十二年の再調査を経たるものである、然るに一百年前の刑法なりと云ふのは無法も亦甚しいのである併し是等は仏国刑法の何物たるを研究せざる清浦君の聞嚙りに属するものであつて敢て咎むるの必要はないのである。

清浦君の演説を見ると、先づ現行刑法を改正するのが必要であると云ふ其理窟の一は、現行刑法は其制定の当時にあつては未だ治外法権が外国に持たれて居つて国際上の犯罪に就ては充分の規定がない、夫れであるからして今日治外法権と云ふものを撤去して日本で裁判の全権を得て居る以上は此国際法上、国法上に関係する罪に付ても十分に刑法に不足を告げて居るものがある、之を入れなければならぬ、是れは至極尤もな話である、去りながら至極尤もと云ふのは之が為に更に法典調査会と云ふものを設けて刑法全体を改正しやうと云ふ必要は毫釐も無いのである、と云ふのは現行刑法は明治十四年に草案が成立つて之を法制局を経て元老院に回はした時分には即ち国際公法に関する処の条文が沢山に草案中に存在して居つたのである、夫れを元老院の審査に於ては是等は当分まだ要るまいかと言つて残したのである、夫れであるから元老院の審査の時に取つて除けた条文が沢山あるのであるから夫れを其処へ持つて来れば差支ない、若し差支へる事があるなれば夫等の点を一、二条、余る所は削り足らざる所は補ふて行けば全体刑法を改正しやうと云ふ必要がないのである、殊に現行刑法は夫等の条文を編入し得る様に出来て居つたのであるから今夫れを入れて行くに差支ないのである、然るに丁度其当時忘れもせんが清浦君は矢張り治罪法の起草委員であって此刑法草案に付ても多少の関係を持つて居つた、自分が明治十四年今日必要を感ずる所の条文を抜き差して仕舞つて夫れから今日現行刑法を非難するに方つて是れは不可であるから更らに改正を要すると云ふのは其当を得ない話である、斯う云ふ理窟が茲にあるのです。

夫れからもう一つは現行刑法の附加刑としてある監視の刑、此監視の刑ハどう云ふ理窟のものであるかと言へば取りも直さず犯罪者が刑を終へて出獄する、是等の人の身体を殆んど束縛して置いて一週間に一遍或は二週間に一遍警察署に出で監視中のものであると云ふ事柄を示さなければならぬ夫れをしなければ直ぐ様監視規則に違反したる者として犯罪人視せらるゝ、大に不都合である、もう一つの不都合と云ふものは監視の刑は廃しなければならぬと云ふ事柄は私は十四、五年前から議論として居るのである、夫れはどう云ふ議論であるかと言へば仮りに監獄則を堅く守つて充分懲戒の功を奏して立派な人間になつて監獄から出るとしても、出た奴が常人の処に奉公をすると一週間に一度とか二週間に一度とか警察署に出掛けて行く、何の用であるかと取調べて見ると監視中の者であると云ふことか分つて其家では驚て置かなくなる、即ち監視中の者は普通常人の家に出入することが出来ない、罪人は罪人の家に往くより外途がないから詰り監視と云ふものは大に処刑せられた者の前途を破るものである、夫れであるから暗々裏に監督するは格別監視の刑を附して善良の人民の家に出入する途を塞ぐのは抑々策の得たるものでない、だから監視の刑と云ふものはどうしても廃しなければいけない、斯う云ふ議論は私は前から言つて居るのである、所が其監視の刑を廃するにしても刑法全体を改正せねばならぬかと言へば毫も必要のない話で矢張監視の刑丈けを罷めて仕舞つて宜いのである、若し又多少監督を要するとするも単独に行つて宜しい、即ち附加刑たる監視を廃するに当つて刑法全体を改正しなければならぬと云ふ必要は毫も認めない話である。夫れから清浦君が仮出獄に関して云々して居るのである、是等は私は刑法問題でないと云ふ考である、尤も仮出獄の事は刑法中にありますけれども此仮出獄に関係する多少の改正は同感である、左りながら此仮出獄に関係する現行刑法を改正するに付て何故に全体の刑法を改正しなければならぬか、夫れハ一条か二条単独の修正で充分な考である。

又幼年者の犯罪に関する責任の年齢論である、之を短縮するの必要があれば短縮するが宜しい、又もう少し伸張する必要があれば伸張するが宜しい、去りながら是迚も亦別段に全部改正するの必要を認めないのである、是亦一、二箇条の修正で充分である。

其他懲治処分の事も亦然り、決して是等に付ては全体の現行刑法と云ふものゝ改正を必要としない、其次には「現行刑法は再犯加重の分量軽きに過ぎ再犯を防遏するに足らざるに拘らず被告人は尚ほ其加重を免れんことを計り犯数を隠蔽するを以て之を発見すること容易ならず」即ち裁判所で犯数を隠くして後に前科者であると云ふことが知れたなれば裁判を経たるものなるに拘らず何時でも刑を加重すると言つて居る、是れは絶対に清浦君の意見としても反対するし又刑法改正案としても最も反対する、夫れでは裁判の確定力と云ふものを大に傷ける此議論から往くなれバ被告人として事実を述ぶるに当つて自分の責任を重くするを以て之を隠蔽するのは人情の然らしむる所である、然るに一旦裁判を経ても前科者であると云ふことが分つて来たならば更に加重を加へると云ふは何事であるか、若し果してさうとすると裁判所が不都合である、検事は証拠を蒐集するの能力がある、予審判事も犯罪の捜査に手を尽さずして而して重き情状ある者を軽く処して後から証拠が出たならば亦た之に刑を加ふると云ふのは不都合である、今日裁判所が誤判を来して一無辜を罪した場合に於ては再審と云ふことがあるが、再審には条件が有つて条件が缺けた場合には勅裁を待つて特赦を与ふるの外之が罪を赦して遣る途がない、是れは誠に不都合であるけれども吾裁判の確定力を尊ぶ原則として一々誤りがあるに臨んで一々裁判を改正して行くと云ふことは決して出来ることでない前科者であるかないかを調べるのは裁判所の職務であつて被告人から私は前科者であると言ふて自分の責任を自首せぬければならぬと云ふことは全く拷問で自首を求めた時代の議論で今日の如き開明の世の中に自分の責任を自分から自首して出なければならぬと云ふ時代ではない、知れないのは裁判所が悪るいのである、裁判を改正して加重丈けを加ふると云ふことは抑今日の時代に遠ざかつた議論である、之には絶対に反対である、若し之を許すなれば少しく誤判があつたと云ふことも尚以て改正しなければならぬ、社会が過つたのである、前科者であると云ふことが裁判所の眼に分からなかつた場合に被告人自から言つて出なければならぬと云ふことは今日行はるべきものでない、清浦君はどう云ふ理由で賛成せられたか其理由を私は見出し得ない、夫れから此改正論者の説く所に依つて見ると再犯を加重するなれば以て再犯を止むことが出来ると言つて居る、夫れは誤りである、刑法が幾ら重くても之が為に犯罪を防禦し得らるゝと云ふことは大なる間違であつて、さう云ふ理窟で往くなれば磔刑、車裂刑、火炙り、是等の刑を存在せしめたならば犯罪が無くなるかと云へば決して犯罪を止むることは出来ない、刑を重くしたとて之を止むることが出来ない犯罪を減ずる手段は僥倖に刑を免るゝ者の無い様にしなければならぬ、今日其事に何れの国も汲々として居る裁判の刑を重くした為に再犯者を防遏することが出来ると云ふやうな考は抑数百年前の議論であつて所詮杜選《ママ》を免れない議論であると云ふことが言へるだらうと思ふ、夫れから尚終りに重罪、軽罪の区別を廃すとか、或は流刑を罷めると云ふことは監獄経済の議論と併せて唯何れも当然なりと清浦君が判断を下して居る、どう云ふ訳で之が当然であるかと云ふ事柄に付ては理由を少しも示されて居ない、是等は司法大臣として幕下に命令を発せらるゝに相当であつて一場の演説として社会に発せらるゝものとしては価値の無い議論であつて之を反対するの要がないものと考える。尚終りに臨んで清浦君は現行刑法は其根本に於て腐朽したる所ありと言はれた、其枝葉の改正を試みるも畢竟廃屋の修繕のみと論結せられた、けれども是亦無稽の論で如何なる点が根本に於て腐敗して居るのであるか、嘗て其理由を認め得ない、唯自分の憶測を言ふ丈けの話で現行刑法は何れの点に於て腐敗して居るか朽敗して居るかと云ふことは毫も示されない、或は刑法改正に反対する者は大勢を弁へざるの致す所である、或は現行刑法は根本に於て腐朽して居るとか云ふやうな御演説であるけれども未だ以て如何なる理由で刑法を改正しなければ不都合があるやら、又如何なる点が刑法の根本であつて其根本が朽敗して居るかと云ふことに付ては一言半句の見るべきものがない、若し此演説筆記が明治法律学校初年生の演説であつたならば固より歯牙に掛くるに足らぬけれども苟くも身法相の地位に在る人、法典調査会副総裁の地位を占めて居る人が此の如き演説をなされたと言ふに於ては吾輩清浦君の為に遺憾に思ふのである、今少し調査を尽されて見るべき理由の在るものを以て御示しに相成つたならば吾々共も大に感服して翼賛するかも知れない、併し如此議論では実に刑法改正の必要は何の辺にあるか未だ以て知ることが出来ない、加之ならず其議論としては以上の諸点が御議論の様であるけれども大に退歩した議論で、加重の責任を自から自首して出なければならぬと云ふが如き、裁判所が不明にして発見することが出来なかつたので、是等は抑々時代に遅れた議論で、徳川氏百箇条時代の支配を受ける感をなさしめる、誠に遺憾に堪へない。

「新刑法は帝国議会の立法権を傷害し併せて帝国臣民を侮辱したるものなり」

（『日本弁護士協会録事』第三九号、明治三四年一月二八日発行）

刑法問題の話てありませうか、元来此刑法の改正を要すると云ふやうな事柄は、司法官中二三の人の異論から起つて、さうして既に是までも屢々艸案といふものもあつたけれ共、兎角世の中に行はれすして終つた訳てあつた。所か我々共は、刑法改正の必要か無いと云ふ事に付ては、既に明治法学に二回も出し、夫から法律新聞又日本弁護士協会の録事にも出して、マア議論か尽きて居らうと考えますけれ共、唯た或は当局者達か妙な邪推を起して、今日まて民法商法或は登記法等に付て数年来我々か関係して居つて、独り此刑法改正問題に付ては我々か関係をしないから、之か為に何か徒らに反対に立つと云ふか如き考を持つて居る者もあるやうに見らるゝ。就中、古賀廉造氏の如きは明法志林に其事を明かに顕はしてあるから、夫等の点に付ては大に我輩は残念に考える。決して我々共は、社会の必要の事業として世の中に現はれんとするものを妨けやうといふやうな鄙劣な考は持つて居らぬ。加之、現に刑事訴訟法の如き民事訴訟法の如きものに付ても、今日改正するといふ事に承つて居るか、是等は即ち民法商法の実施等よりして、種々の関係上改正を要する点か少なくないのてある。殊に刑事訴訟法の手続なんそに付ては、我々共よりして当局者に向つて其改正を求めて迫つて居るのてある。例へは予審に弁護人を附するの件てあるとか、或は監獄の改良てあるとか、又徒らに人を拘束するのは困るとか、其人権問題に付ては実に熱血を注いて、夫等のことの速かに改良あらんことを求めて居る。而して民事訴訟法若くは刑事訴訟法、或は破産法等の如きことにも我々共か関係して居るかと言へは、一も関係といふものを持たない。去なから、今日他の法律の段々進歩するに随つて、実際上其必要を認めるからして、唯々其事を今日進むることに怠らない位の話で、此一点から考えても、我々法曹社会の人間か改正の事に関係を持たぬから、徒らに之か反対の運動をなすといふか如き邪察推定を受くるに至つては実に残念な次第であると我輩は考える。併し不幸にして二三の人か右様の考を持つて居るかは知らぬけれ共、社会多くの人は其邪察なる考に同意をすることは恐らく無いと信して居りますから、敢て意には留めぬけれ共、併し是丈けのことはとうも社会に知らしめたい、即ち我々共は本心平意に此刑法改正に反対運動を為すものといふことを世の中に示して置きたいといふ考てある。

夫て、成程刑法といふものも完全無疵のものては或は無いかは知れぬ、併なから、兎に角法律と云ふものか世の中に現はれて、今日に至るまて完全のものとして判断を受けるといふやうなものは一つも無い。然らは如何なる法律か先つ宜しいといふことに断決せぬけれはならぬかと言へは、人民の知り得て且其法律たるや敢て普通条理に反する廉の無いといふものを以て完全なものとするより外仕方ないてあらうと考える。而して現行刑法の如きは、明治十五年以来実施せられて今日に至るまて社会の人も稍々之を知り、犯罪処分に付ても誰あつて其不法を訴える者も無い位な有様に至つて居るものてある。又私共屢々述へました通り、条約改正も刑法に付ては一言の注文を受けすして行はれたといふこともある。又刑期か長いとか短いとか軽いとか重いとか云ふやうなことも人か主張するけれ共、是とても私は明治法学に論したるか如く、今日刑法上許してある刑期増減の制度といふものを十分用ゐ尽して尚ほ不足を感したといふ実例も勿論乏しい。絶無てある。且又今日の刑法は、決して他の法律と併ひ行ふて居つて実施上差支を見るといふ条文も無いことてある。是か即ち何の必要あつて此改正といふものをなすか、といふことか私のとうしても反対せさるを得ない結果に到着したのてる。

而して又、此学説なと、いふ事に付ては、一種の新奇を好むの頭か何れの土地にもある。現に十九世紀の始より種々の学者か現はれて、僅かに刑罰権の基本といふか如き一問題に付ても、其学説といふものは之を大別すれは九種に分る、又細別したならは二十種にも分るゝてあらうと考える。併し分れたとろて《(ママ)》、との説か果して宜いかと言へは、今日まて一つも一定したことは無い。併し社会に刑罰権かあるといふ事柄に付ては誰も反対して居る者は無い。即ち其刑罰権のあるといふ事柄は一つの法理て、此刑罰権のあるといふ理由といふものに至るといふと、悉く唯々学説か分れるまてのことてある。新奇な学説一つ起る毎に、一国の刑法を其学説に従つて進歩せしめて行かうと云ふことになつたならは、年々歳々法律家か唯々法律の改正にのみ従事して居つて、莫大な費用を要し、莫大な時間を費し、人民の為に得るところのことは一つも無いのみならず却て言ふ可からさるの迷惑を来すことかあらう。其迷惑たるや不知の法律の為に、一身の支配を受けて遂に終生の名誉をまても汚すか如き結果を見ることかあるてあらう。夫てあるから、先つ予め其意見を叩き、唯々其法律家のみならす尚ほ実地に関係しても、苟くも其帝国議会なり其他法律家の社団とも云ふへきものには一々意見書ても廻はして、十分の講究を経て、さうして之を社会に行つても少しも益あつて害か無い。其位の事柄を予め取り行つて然る後改正をする事ならは、我々も或は両手を挙けて賛成するかも知れない。然るに二三の若手連中か、唯々本の上て見たところの、新奇な説を取つて、さうして社会を侮辱し、甚しきに至つては帝国議会の人にも一応の相談も無いのてある。即ち帝国議会か此改正の必要といふものを認めて、帝国議会よりして起草をする事柄を法曹社会の人に委託して、さうして案になつたものを更に又帝国議会にても廻はして、十分に国民を代表する帝国議会か認めて後行ふと云ふやうなことならは、縦しんは我々共の意に合はぬ所と雖も、苟くも日本に住うて居る以上は、帝国議会の是認したことに服従しなけれはならぬと云ふ道理になるので、夫れなれは強ち不当てもあるまいと思はれる。然るところ、全く二三行政官吏か刑法の改正の協議を起して、是に於て二三の主任者か一種の草案を編成して、さうして予め法曹社会の討議に付することも無く、又帝国議会の意見を聞くといふことも無く、突然海外の制度を大部分採つて、此帝国議会に提出して、さうして何等の討究も経さる中に、一時に其協賛の結果を見て之を世の中に実施しやうといふことは、独り帝国議会の立法権を害するに至るのみならす、即ち日本の帝国民を侮辱したる挙動たるを免かれぬ訳てある。此の如き事柄は苟くも当局者は勿論、今日に於ても将来の為にも国家の名誉、国家の立法権の名誉としても拒まさるを得ない訳てあらうと考える。

勿論、斯く言へは破産法とか或は民事訴訟法とか云ふ事柄も、大に其関係を持たないのては無い。併しなから、是等は現に民法商法の施行上よりして、之を実地に行ふか為に必要上生して来るものてあるから、即ち民法商法の協賛を経て行はれた以上は是等の手続に関係する法律は或は其黙諾を得て居るものと云ふ議論も立たうと考へる。刑事訴訟法も亦然りてある。併し是とても極く鄭重なことを論ずるならは、尚ほ以て帝国議会の協賛といふものを経てやらぬければならない次第てあらう。然るに此法典調査会の如きは、幾らかの予算といふものを帝国議会に仰いて、さうして金を費して居るから、一方より見れは矢張り帝国議会の承諾を経たものといふ議論も立つかに見ゆるけれ共、是とても帝国議会を侮辱したものて、何々の法律を調査する為に法典調査会を置くといふ如きことを以て、承諾を経て居るものては無い。其法典調査会は、何を調査して居るか分らぬ話た。さうすると言ふと、帝国議会の人間といふものは、立法官の最上乗に居るけれ共、立法のことは知らぬものてある。我々か勝手に拵えるのてあるといふことを以て、やつて居るから、縦しや利益のものても、国家の体面上苟くも改正すへき法律は、帝国議会に意見を提出して改正すへき必要あるもの丈けは、帝国議会か認めてこゝに至らぬければ本当のものてはあるまいと考える。此改正刑法のことに付ての不必要とか何とか云ふことも、詳細の議論は今御話する丈けては充分致しませぬから、少しく御覧なさりたい方は、明治法学及昨年暮の法律新聞等にも詳しく出しましたから――尚ほ此後に大意見も十分出しませうか。大体私の考ては余り当局者か軽忽過きて、二三の人か自分等は法律を知つて居るといふ誤信からして、帝国議会の何たるを顧みす、況やそこの委託を受けるといふ事柄か無くして、之を案に拵えて、直に政府案として、国民に最大の関係あるものを政府より提出して、さうして盲印を取つて世に行ふといふ事は、国民を侮辱して居る行為と言はさるを得ない。之を我々共か遺憾に思うて反対するのてあります。改正の必要は無いといふことか第一の原因てあるか、宜しく立法の問題てある以上は、立法権の事柄を見て、其事を唱導して行くことて無くてはなるまいといふ丈けのことて、反対をするのてあります。

「運動論」

（『日本弁護士協会録事』第四一号、明治三四年三月二八日発行）

近頃ロ天下ノ事物、公トナク私トナク十中ノ八九ハ運動ノ巧拙ニ因リテ成否ヲ期スルコトヲ得ルモノ、如シ、而シテ其結果偶々自重独立ノ態度ヲ執リテ軽々ニ動揺セサルノ士アレハ、世上之ヲ目シテ彼レハ冷血ノ動物、事ヲ成スノ能ニ乏シト為ス、蓋シ社会此風ヲ成スニ至リタル原因ハ、運動ノ当事者ニアラスシテ其運動ヲ容ル、者ニ在リ、余レ聞ク、貴族院議員ハ概シテ法官ノ増俸運動ニ接シテ之ヲ憤レリト、其立腹ヤ君子ナリ、然レトモ此君子中ニモ東奔西走懇願運動ノ末議員ノ地位ヲ占ムルニ至リタル方々モ少ナカラス、外カヲ笑フハ内ニ省ミテ疚シカラサル者ニ限ル、人之ヲ知ラスト思ハ、誤マレルヲ以テ爾来君子ヲ気取ル可カラス、却テ同病相ヒ憐ムノ方針ニ依ラル、ヲ穏当ト信ス、或ハ増俸案ノ貴族院ニ復活シタルハ、議員方ノ多数カ此穏当手段ヲ執ラレタルニ因ラン、必スシモ法官運動ノ効果ニアラサル可キナリ、

実ニ運動ノ盛ンナル、其名称ノ重ナルモノヲ挙クレハ、授爵運動、大臣運動、知事局長撰挙請負甚シキニ至レハ示威、各々運動ノ固有名詞アリ、而シテ其方法ハ毎事異ナリト雖モ孰レモ陋劣ナラサルハナシ、法官ノ増俸運動モ亦此嫌悪ス可キ現時ノ風潮ニ游泳シタルノミ、敢テ咎ムルニ足ラサルナリ、

若シ天下ノ事物、運動ノ巧拙ニ成否ヲ期セス、正々堂々君子ノ競争ニ勝敗ヲ決スルヲ得ハ、少壮有為ノ法官ニシテ何ソ今日ノ動作ニ出テンヤ、只夫レ法官ノ淘汰裁判構成ノ改善ヲ唱道スルコト茲ニ幾年、而カモ其成蹟トシテ視ル可キモノナシ、故ニ或ハ運動ノ不穏ヲ知ラサルニアラサルモ、少壮ノ客気堪忍ノ慮ニ乏シキヨリ、所謂示威主義ヲ以テ官職ヲ犠牲ニ供シ、淘汰改善ヲ当局者ニ促カスノ意ニ出タルモノナルヤモ亦未タ知ル可カラサルナリ、然ラサレハ増俸按ノ成否ハ帝国議会ノ意向ニ存ス、法相ノ職権以テ如何トモ為ス能ハサルハ法官之ヲ知了ス、其

議会閉チテ後ノ法官辞職ハ、小児ノ厳父ニ叱責セラレテ慈母ヲ苦シムルト一般ニシテ、辞職其モノハ無意味ニ属シ、徒ラニ司法機関ノ運転ヲ妨害スルノミ、辞職法官豈ニ斯ノ如キ無分別ノ徒ナランヤ、辞職法官以為ク、司直ノ府老ヲ養フニ足ルト雖モ余輩ヲ待ツノ礼ヲ知ラス余輩去ラハ亦以テ反省スル所アル可シト、此観察ニシテ辞職法官ノ心意ヲ看破シタルモノトセハ其情掬ス可キモノナキニアラサルナリ、然リト雖モ之レ国家ノ大勢ニ鑑ミサルノ責ヲ免カレス、苟モ公職ニ在ル者ノ給禄其一家ヲ養成スルニ足ラサルトキハ其補充ヲ民衆ノ資産ニ取ルノ外カニ策ナシト為ス乎、社会交通ノ機関ハ其具備スルニ随ヒ単ニ音信旅行ノ便ヲ供スルニ止マルモノト為ス乎、特リ裁判所ノミナラス概シテ行政公署ノ配置ハ明治十二三年ノ頃ロニ係リ、当時西ヨリ東ニ達スルニ十日ヲ要セシ旅行モ現今ハ一日ヲ以テ足レルニアラスヤ、故ニ交通ノ便昔日ニ拾倍セリ、此比較ヨリ算出セハ地方ノ総テノ公署ヲ十分ノ一ニ減スルモ差支ナキ勘定ナリ、公署減スレハ吏員モ亦減スルヲ得ヘシ、而シテ又諸県知事ノ官職ハ、明治四年廃藩置県ノ際大名ノ威厳ヲ承継セシメタルモノナルヲ以テ、当時知事ノ殿様気取ハ、治県上稍々必要ヲ感シタルモノ、如シト雖モ、目下治県機関ハ偏ニ県会ニ属シ、知事ノ職権ハ昔日ノ庄屋名主ニ及ハサルコト遠シ、然ルニ今日モ尚ホ此小吏ニ莫大ノ俸禄ヲ食マシメ、以テ其大半ヲ県会議員ノ招待ニ散セシムルハ冗費ト云ハスシテ何ソヤ、知事ノ職禄階級ハ郡長相当ニシ、以下順次之ニ倣フテ可ナリ、斯ノ如ク国家経済ノ一手段トシテ公署ノ配置県庁ノ冗費ヲ削減セハ、法官ハ勿論他ノ行政官ト雖モ必要ノ者ニハ稍々満足ス可キ俸禄ハ民衆ノ資産ニ補助ヲ仰カスシテ之ヲ給スルコトヲ得可シ、況ンヤ裁判所構成法ヲ修正シテ合議裁判ノ員数ヲ減スルニ於テオヤ、之レ単ニ官吏俸禄ノ一問ニ就キテ卑見ヲ吐露スルノミ、事物各々理アリ、数アリ、不足ヲ民衆ニ仰クヲ以テ国家経済ノ料理トハ余断シテ言ハサルナリ、

明治二十三年帝国議会開設以来、廟堂ノ閣下連ハ国家財政問題ノ現出スル毎ニ、或ハ提携、或ハ交換、或ハ授職、或ハ買収、或ハ解散等ノ手段ヲ以テ、民衆負担増加案ヲシテ議会ヲ通過セシムレハ相国ノ任ヲ尽シタルモノトシ、其顔色得々タリ、

運動ノ宿弊ハ閣下連ノ養生ニ係ル、上ノ好ム所ハ下亦之ニ従フ、市会ノ賄賂運動、商店ノ注文運動、博覧会ノ賞与運動、官林払下運動、弁護士受任運動、皆ナ閣下連ノ議会運動ヨリ割出シタルモノナリ、今ニシテ此弊害ヲ制止スルニアラサレハ其極ノ那辺ニ達スルヤ国家ノ危険是ヨリ甚シキハナシ、実ニ長袖連ノ威迫運動ノ厭フ可キハ論ヲ竢タスト雖モ、未タ以テ国家ノ治乱ニ関スト云フニアラス、若シ斯ル風潮ニシテ少壮ノ軍人界ニ流入スルカ如キコトアラハ、閣下連之ヲ如何ト為ス、

夫レ然リ、運動ノ宿弊ヲ制止スルノ方策如何、曰ク道一ノミ、先ツ閣下連ノ議会ニ陋手段ヲ以テ運動スルヲ自カラ制止シ、而シテ国家ノ財政ヲ料理スルニ当リテハ、少ナクトモ維新以来ノ歴史ニ鑑ミ、冗ヲ除キ要ヲ置キ、徒ラニ負担増加ノ按ヲ通過セシムルヲ以テ策ノ得タルモノト為サス、且ツ閣下連以下ノ者ニシテ尚ホ運動以テ事ヲ遂行セントスル者アレハ、是非曲直ヲ論セス強硬ニ之ヲ排斥スルニ在ルノミ。

「磯部四郎先生譚話拝聴筆記」（内田鉄次郎速記）

（国立国会図書館憲政資料室・大木喬任文書、明治三四年六月一四日）

故大木伯ノ逸話等ヲ承知ナラ拝聴度イトノ御注文デスガ拙者ハ比較的随分承知シテ居マス幸今日ハ少敷閑暇デ有ルカラ数時間ノ余地ヲ以テ思出ノマヽ御咄申マセウ

凡ソ観察ト云フコトガ大切デ有ルガ、拙者ガ観察スル所デハ大木伯ノ為人ヲ有体ニ批評スルト至テ友誼ニ厚ク人情ニ富ンデ居ラレタ、乍併伯ニ知ラレテカラハ如是友誼ニモ厚ク人情ニモ富ンデ居ラレルト申上ベキナレトモ最初ハ仲々人ニ気ヲ許サナイ達デアル、一体伯ハ人ノ前ニ立チテ仕事ヲ為ス人デハナイ、帷幄ノ裡ニ座シテ算ヲ運ラシ人ノ裏面ニ匿レテ仕事ヲ為ル人デ有ルト存スル、何ヲ以テ斯ク申スカト云フト、大木伯ハ決シテ叨ニ人ニ気ヲ許サヌ達デ有カラ何ウモ初面会ノ時ニ困ル、初面会ノ時ニ兎角ニ躊躇セラル、傾キガ有ツテ急ニ対面ノ出来ザルハ畢竟是レ彼レハ自己ヲお先ニ使フガ為ニ来邸カ但シハ実際自分ヲ敬慕シテ来邸シタノカト云フ疑念ガ有ラシイ

明治十一年十二月頃デ御座イマシタ……拙者ハ仏国カラ遊学満期デ帰朝シテ未ダ何方ヘモ奉職ヲシナイ時デ有リマシタガ先ツ大木邸ヲ尋ネマシタ、処ガ面会ガ出来ナイ、其後ハ根気能クモ、三四度モ訪問致マシタガ是レモ亦同様面会ガ出来ナイカラ、其レカラ拙者ハ今度直接司法省ヘ出掛マシタ、ソウシテ漸ク面会ヲ遂ケタカラ此時拙者ハ伯ニ向テ拙者ハお邸ノ方ヘ三四度御尋ネ致シマシタガ何時モ拝謁ガ出来ナイ、ソコデ今日本省ヘ罷出テ拝謁ヲ願フタ理由デ御座イマス、拙者ガ斯ク屡々御邸ヘ罷出タルハ私事ノ為メデハナイ、申サハ公事デアル、国家ノ為メデアル、拙者モ長々官命ニテ仏国ヘ留学ヲシテ居マシタカラハ多少見聞スル所ノモノガ有リマスルカラ伯ニ於テモ是等ノ事情ヲ御尋ネニ相成ルコトト存シテ屡々御尋ネ致シタノデアリマスガ、併シ卿ニ於テ別ニ御用モ無

イト云ハルレバ拙者モ御尋ネ申ス必要モナイト存シマスト申シタ処ガ……卿ハ其レナラ今日来邸スベシト云ハレタカラ当日御約束通リ参邸シタ、スルト稍ヤ暫時経過シテカラ先生出テ御座ツタ、拙者ハワザト黙ツテ口ヲ開カズニ居タ処ガ先生ハ不審ニ思ツテ、何カ用ガ有ツテ来タノダロウガ何故沈黙居ルノカト云ハレルカラ、イヤ何カ御尋ネニ成ツタラ御答ヲ致サウト存シマシテ斯ク謹ンテ待ツテ居ルノデ有リマスト申シタ処ガ、先生稍ヤ暫時考ヘ込マレタ、シテ口ヲ開イテ

「仏国ハ物価ハ高貴デアルカラ留学生共ハ困難ヲスルダロウ、留学生共ハ何ウシテ居ルカ

トノ御尋ネデ有ルカラ拙者ハ

「左様デ御座イマス……留学生共ハ勉強ヲシテ居ルト申上クレハ虚言カモ知レズ……其レカト申シテ遊ンデ日ヲ送ツテ居リマスト申上クレハ讒謗ヲスルワケニ成リマス、物価ハ御高察ノ如ク寔ニ高価デアルカラ困リマス」

ト答ヘタ処ガ……先生今度ハ

「仏蘭西ノ政治上ノ事ハ如何デアルカ」トノ御尋ネヲ発セラレタ

「政治上ノ事ハ一向存ジマセヌ」ト答ヘタ

「何ウシテ政治上ノ事ヲ存ゼヌカ」ト云ハレタカラ

「拙者ハ官命ニテ法律ノ研究ニ参ツタノデアリマスカラ政治上ノ事ハ承知シマセヌ」ト答ヘタ

「留学中新聞ハ読マナカツタカ」ト云ハレタカラ

「新聞ハ読ミマシタ」ト答ヘタ

「ソレニ何ウシテ政治上ノ事ヲ知ラヌカ」ト云ハレタカラ

「新聞上ノ記事ヤ、人ノ噂位ヲ取次デ物知リ顔ニ申上タ処デ誤聞謬見ガ多イカラ却テ是レ間違ノ種デアル、且ツ拙者ハ法律学ノ研究ニ参ツテ居ルノデ有ツテ見レバ勢イ他ヲ顧ミルニ遑アラズト云フノデアリマス」ト答ヘ

タ

「ソレデモ長イ留学中ニハ何カ記臆ニ存スルコトガ有ラウ」ト強イテ尋ネラレタカラ

「政治上ノ事ニ付キ一ツ感心致シタコトガアルガ」ト申シタラ

「其レハ何ンダ」ト尋ネラレタカラ

「ソレハ行政学ノ泰斗トモ云ハレル大家バットリー氏ハ内務大臣ヤ文部大臣ヲ勤メタ人デ有ルガ……此ノバットリー氏ハ大臣ヲ辞スルト其ノ翌日カラ大学ノ講座ヘ出テ行政法ノ講義ヲ致スト云フ様ナ風デ御座イマシテ、何ウモ感心ナ事デ御座イマス、是レガ日本デ御座イマスト今日職ヲ辞スルト、即チ大臣デモ辞スルト明日カラハ何事モセズニ居ルト思ヘマス、然ルヲバットリー大博士ノ如キハ今日大臣ヲ辞スルト明日カラ学校ノ方ヲ本職ト心得テ講座ニ上リテ行政法ノ講義ヲ始メテ、書生ヲ薫陶スルト云フ始末デ、其ノ人ノ為メ国ノ為メニ尽ス所ハ到底日本人ナドノ企及ブ所デハ有リマセヌト思ヘマス」ト申シタラ

「ナル程、ソウカ」ト云ツテ大ニ賛同ノ意ヲ表サレマシタ、《(ママ)》シテ自己ハ左様有リ度思フ否ナ左様為サネハナラント思フ、人苟クモ公義心ガアレハ朝ニ在テモ野ニ在テモ所謂出処トモ国家ノ進運ヲ計ルノナラ宜敷ケレトモ人々皆ナ国家ヲ取ル積リデヤルカラ、其レデ行カナウ、其レデ在朝ノ時ト在野ノ時トニヨリテ……所謂出処ニヨリテ意向ヲ異ニスルヤウニ成ルノデアル、参議ハ即チ参議デアル、所謂天子ヲ補翼シ奉ル任デアルノダ、併シナガラ一旦故アリテ朝廷ヲ退イタ其時ニハ一個人トシテ何事ヲシテ居ルカ、一向ニ個人トシテ人ノ為メ国ノ為メニ尽スヘキ事ヲ致サナイ、コレハ尽スヘキ事ヲ知ラナイカラデアラウ、是ニ由テ之ヲ観レハ行政学ノ泰斗タルバットリー大博士ノ内務大臣ヲ辞シタル其ノ翌日カラ大学ノ講座ニ罷出テ、泰然トシテ講義ヲ致スナドノ事ハ実ニ善イ手本ダ、永久不滅ノ亀鑑デアルト申サレタ

大木伯ハ曽テ東京府ノ知事ヲ……其ノ前ニモ大参事ヲ成サレタ事ガアリマシタケレトモ、其ノ時代ニハ格別ノ仕

事ヲ成サレンデシタカラ殊更ラ記載スベキ程ノ事柄ハ有リマセヌ、大木伯ハ議論ヲ余リ好マレヌ様デ有ツタ、其故ニ言論ト云フ方ヨリハ寧ロ実行ト云フ方ヲ取ラレタ、言行一致ト云フ事ヲ重ンゼラレ、申サハ口ニテ言フヨリハ寧ロ能ク行ハレタト云フヘキ人ト考ヘマス

其レカラ一度民法編纂ノ時ニ拙者ハ大木伯ニ使ハレタ事ガアリマスガ……其ノ時分ナンカハ官吏ノ試験ト云フ事ハナク至テ邈然タルモノデアリマシタ、其故ニ始終役人採用ノ依頼ヲ受ケラレマシタ、然ルニイクラ役人志願者ハ沢山アルトモ、イヅレモ皆ナ何カ一廉ノ長所ト云フモノガナケレバ採用スル理由ニ参ラヌ、役所ハお助ケ所デハナイ、役所ノ規程ハ破ルベカラズ、ト云フノデ其処ニハ種々面倒ナ事モ有ツタラシイ、成程試験ト云フ関門ガナイカラ之ヲ通過シテ役所ニ入ルコトハ易イコトデハアラウガ、又一方カラ考ヘルト邈乎トシテ通過シ易イ処ニハ又通過シ難キコトモアツタノデアラウ

右ノ事ニ付キマシテ奇敷キ一話ガアル、ソレハ慥カ明治十六年ノ春頃ノ事デシタ

或日拙者ガ大木邸ヲ訪問シタ時ニ伯ハ暫時アツテ出テ来ラレタ、処ガ伯ノ右ノ頬ガ甚ク腫レ上ツテ血走ツテ居ルカラ、拙者ハ不思議ニ思ツテ

「御見受申ス処デハ大シタ御痛所ノ様ニ存スルガ其ハ又何ウ成ツタノデ御座イマスカ

「イヤ是レハ大変ナ事デ……

「大変ナ事とは何ンデ御座イマシタカ……

「イヤ、自己ノ処ヘ例ノ役人志望者ガヤツテ来テ、至願何成共不苦故ニ相応ノ処ヘ採用ヲシテ呉レロト云フカラ、採用ヲスルノニハ何カ一廉ノ長所ガナクテハ叶ハヌ義ナリ、何カ一芸一能ノ人ニ長スルモノガアルカト尋ネタ処ガ……外ニ是レト申ス芸術ハ覚エヌガ唯タ撃剣ヲ善クスルト答ヘタカラ、ドレ程出来ルカ……自己ヲ叩ク事ガ出来ルカト云ツタラ、叩ク事ガ出来ルカラ道具ヲ貸セト云フ、道具ハナイト云ヘバ、道具ヲ買フテ来ルカラト云ツテトウ々々道具ヲ買ツテ来テ、サア御相手ニ成リマスト云フカラ自己モ一旦言ツタ事デハアルカラ

庭ヘ出テ相手ニ成ツタ処ガ……力任セニ此ノ通リ激烈ニ打ツタ、ヒドイ事ヲシラレタト思ツテ居ル処ヘ此道具代トシテ二十五円呉レロト請求スルカラ、二十五円遣ツタガ……トンダ事ヲシタ……

右ノ様ナ御話ガアリマシタガ当時拙者ハ気ノ毒ニ思ヒマシタ、アハ、、、

明治十三年ニ丁度内閣ト各省トカ丸デ分裂シテ別々ニ成ツタコトガアル、此時大木伯ハ参議専務デ有ツタ、田中不二麿サンガ司法卿デ佐野常民サンガ大蔵卿デアツタ、

大木サンガ元老院ヘ参ラレタ時ニハ司法省カラ出来ナイ人間バカリヲ元老院ヘ引連レテ行カレタカラ、拙者ハ最ト不審ニ存ジマシテ、アナタガ今般御連レニ成リマスル人間ハ皆ナ撰モ撰ツテ愚鈍者バカリデ御座イマスガ……何ウ云フワケデ御座イマストお尋ネ致シタ処ガ、イヤソレハ自己ノ居ル時ニハ彼等モ皆ナ無難ニ済ムダロウガ、自己ガ居ナクナルト彼等ハ無事ニハ済ムマイ、彼等ノ腕デハ危イト思フカラ其処ヲ考ヘルト気ノ毒ニ思ヒコノ通リ出来ナイ人物ノミヲ引連レテ参ツタノデアルト答ヘラレマシタ、成程コレモ一理アルト存シマスガ、之ヲ以テ考ヘルト伯ハ至テ友誼ニ富マル、ト思ヒマス

又其程大木伯ハ司法卿デアリナガラ参議ヲ兼ネラレタコトガアリマスガ、其ノ時分ニモ又元老院カラ例ノ出来ナイ人物ノミヲ引連レテ参ラレタ、然ルニ拙者ノミハ此度ニ限リ元老院ニ取残サレマシタカラ、拙者モ不審ニ堪ヘマセヌ処カラ、伯ニ御尋ネ申シタ、最初ハ一処ニ参ツタ拙者ガ、今度ハ残サレマシテ外ノ者共ハ一同伯ニ従ツテ参ルト云フノハ何ウ云フ理由デ御座イマスト曰ツタ処ガ、伯ハ他ノ者ハ残シテ参ルト恥ヲサラスワケニ成ルケレトモ、貴様ニ限リテ恥ヲサラス様ナ事ハ万々之レナイト存スルカラ残シタノダト云ハレタ

大木伯ガ人ノ長ト成ラレテ恥チサル事ハ左ノ一例デ分カル、

明治十六七年頃デ有ツタガ民法編纂ノ事デボアソナード博士ガ主トナツテ遣ツテ居ツタガ一向捗ラヌ処カラ、頻

リニボアソナード氏ニ催促ヲシタ、処ガ西洋人ハ兎角出版ヲスルノニ是レデハ紙質ガ悪イダノ、是レデハ活字ガ鮮明デナイダノト、兎角降ラナイ処ニ気ヲ配ツテ肝腎ナ事務ガ運バナイ処カラ、爾来ハ一切ボアソナード氏ニ口ヲ利カセナイ様ニ致サネバナラヌ、苟クモ民法編纂ノ事ヲ西洋人タルボアソナード一人ノ為メニ、イヤ紙ヲ取替ヘル、イヤ活字ヲ改メルナド、申スコトハ出来ナイカラ是カラ大木卿ノ処エ参ツテ是ノ由ヲ申上ケテ置カウトテ拙者ガ司法省へ参リ大木卿ニ面会ヲ致シテ、ボアソナード氏ハ卿ニ向テ何ト申スカハ存シマセヌガ民法編纂ノ実際ハ斯クノ如キ状態デアルカラ、以来ハ文字ノ事ヤ紙質ノ事柄ニ付キ彼是レ申サヌ様ニ致度存シマスト申シタ処ガ、大層叱咤ラレマシタ、シテ大木卿ハ

「お前アレニ一ケ年ドレ程金ヲ払フカ知ツテ居ルデアラウ、一万五千円払フテ居ルデハナイカ、随分高イ入費デアルガ……国家ノ急務デアルカラ此ノ高金ヲ払フテ仕事ヲナサセルノデアル、ソレヲ僅カニ活字ノ事ヤ、紙質ノ事位デ以テカラニ相互ニ喧嘩ヲシテ感情ヲ害シ、ソレガ為メニ草案起草ノ渉ラヌ時ニハ其レコソ政府ノ損デアルカラ、ソンナ区々タル事ハ廃止トシテ、ボアソナードヲダマシテ仕事ヲサセル様ニ致サネバナラヌ、彼レニ此事ヲサセテ其後ナラバ、イクラ理屈ヲ言ハセテモ宜敷イガ肝要ナ仕事ヲ前ニ置キナカラ区々タル理屈ノ為メニ事務ガ沈滞スル様ニテハ却テ不為メデアルト云ハレタ

是ノ事ニハ感服シテ居リマス

又大木サンガ人ニ長タル能力ノアルコトヲ知ルニ足ルハ実ニ左ノ一条デアル、而シテ真実コレニハ敬服シタノデアリマス、タシカ明治十四年ノ頃デシタロウ、拙者ハ民法編纂局ノ事務ヲモ兼ネテ居タガ……此ノ時ニ今ノ警保局長ヤ和歌山ノ知事ナドヤツタ小倉久ナドガ拙者ノ膝下ニ居マシテ申スニハ磯部ハ随分乱暴ナ事ヲヤツタ男デアル又現ニヤリツ、アルカラ磯部ニ任セテ置テハイケナイ是非共奴ヲ引下シテ然ルベキ人間ト取替ヘテ改正スベシトテ徒党ヲ組ンデ騒立テ果テハ態々建白ニマデ出掛ケタト云フコトデアルガ拙者ハ是等ノ事ヲサツパリ知リマセ

ンデシタガ……

然ルニ茲ニ奇ナルハ拙者ガ兼テ、建白ニ参ツテ騒立ツモノ、為メニ昇給ノ中立ヲ成シテ置イタ一条デ御座イマス、此ノ拙者ヲ追除フテ而後改正致サウト云フニ就テハ衆人皆ナ連板《(ママ)》ヲ捺シタノデアルガ、扨テ左様右様スル内ニ連板中ノ一人ガ反謀ヲシテ来タ、裏切ヲシテ来テ是迄有リシ次第ヲシカ々々ト申立タ、其ノ申立ニ拠レバ十五人マデ連板ヲシテ大木司法卿ニ申立テタノデアルガ、此ノ一事ハ死ヲ賭シテ決行致サウト期シタノデアルサウダ、ソコデ大木司法卿ノ申サレルニハ編纂局ノ事ハ誰カ受持ツノカ……総裁ガ受持ツノデアラウ、然ルニ総裁ノ代表者トシテ磯部ガ受持ツノデアル、自己（卿自ラ云フ）ガ責任ヲ磯部ガ代ツテ受持ツカラハ皆々ハ磯部ノ命令ヲ受ケテ仕事ヲ為セバ宜敷イノデアル、然ルヲ磯部ヲバ差置イテ十五人マデ連板ヲシテ建白ノ上磯部ヲ追除ケテ而後改正ヲ致サウトハ以ノ外ノ事デアル、分外ノ事デアルト云ツテ説諭ヲ為サレタソウダ

大木卿ハ十五人ノ連板者ニ対シテ右ノ通リ説諭ヲ加ヘラタルユエ、連板者ノ面々ハ此ノ一事ガ却テ大木卿カラ洩漏モヤセントノ掛念カラビク々々シテ居タモノト見エ其中ノ一人ガ早クモ裏切ヲシテ拙者ノ処ヘ密告ヲシタノデアルガ……一旦拙者ヲ陥イルカ為メニ十五人連板ノ上死マテ決シテ掛ツタ位デアルノニ大木卿カラ一度説諭ヲ加ヘラレルト直クニ瓢カヘツテ反謀ヲスルト云フ薄志弱行ニシテ常心ナキ輩ノコトナレハ其ノ裏切者ヲバ肥前ノ五島裁判所ノ書記ニ左遷シタ

大木司法卿ガ確乎守ル所アリテ叩リニ動カズ、左右ノ讒言ヲ軽ルシク容レテ事ヲ処セラル、様ナ事ノナキハ右ノ次第デ能ク分リマス、コレガ尋常人ナラバ十五人モ連署シテ建白シタノナラ或ハ其方ニ心ヲ傾ケルデアラウガ、流石ハ大木卿ダ、確乎トシテ動カス、利害得失ヲ考ヘ理非曲直ヲ究メテ処断サレタ御手際ニハ感心シマシタカラ今デ忘レマセヌ

大木伯ガ文部大臣ノ時デアリマシタ拙者ヲ呼ビニ参リマシタカラ何ノ用カト思ツテ行ツテ見ルト、自己ハ一ツお

前ニ頼ミ度イ事ガアル其ハ他ノ義デハナイガ、自己ノ注文スル一人ノ男ガ寸法通リニ叶フナラ自宅ヘヨコシテ貰ヒ度イ、其ノ男ト云フハ第一ニ文学ニ長シテ居テ叨リニ議論ヲセズ、能ク拙者ノ命令ヲ聞入レテ其ノ命令通リニ起草ヲスル男デアル、自己ノ注文ヲスル男ハ左様云フ男ダガ何ウカ有リソウカ、ト云ハレルカラ種々考ヘテ見タケレトモ、何ウモ仙台人ノ服部誠一ト申ス男ノ筆マメニ及ブモノハ又有ルベシトモ思ハレネバ取敢ヘズ服部誠一ヲ向ケルコトニ致シマシタ

然ルニ誠一ヲ向ケルニ致シタ処デ何カ書イタモノヲ証拠ニ持参セネバナラナイカラ、丁度誠一ガ書イテ置イタ所ノ戯曲書ヲバ拾ヒ集メテ大木邸ヘ持参シタ、処ガ丁度伯モ在宅デ有ツテ、面会ノ上之ヲ差出シタ処ガ能ク見テ置クトノコトデ有ツタ

其ノ後ニ至リ服部ニ添書マデ持タセテ大木ヘ差向ケタ、ソレニ爾来何タル沙汰モナイ、打遣ツテアル様子デアルカラ、拙者モ不審ニ存ジマシテ大木邸ヘ参リマシテ

「拙者ガ伯ノ御請求ニ応シテ服部誠一ナルモノヲ見立テ、差向ケ其上戯曲書マデモ拾集メテ差上ケテアルノニ今以テ何タル御沙汰モ之レナク、拙者ハ勿論ノ事、本人タル服部モ何故カトテ甚ク心配ヲシテ居ル様子デアリマスカラ、一日モ早ク何分ノ御挨拶ヲ下サル様ニト申立テタ」

処ガ伯ハ

「服部ニモ逢フタ、戯曲書ヲモ見タガ、ドウモ人物ガワルイ

「人物ガワルイトハ……何ノ点ガワルイノデアリマスカ

「イヤ品行ガ方正ナラヌ様子ダ

「品行ガ方正ナラヌトハ、何ウ云フ事ヲ致シマシタカ一応承リ度イ

「財産ノ差押ヘヲ喰ツテ居ルソウダ

「ハア……隣家ノ財産デモ差押ヘラレタノデ御座イマスカ

「イヤ、ナニ、自分ノ財産ヲ差押ヘラレタノデ有ルノサ

「自分ノ財産ナラ何モ差閊ハ御座リマスマイ、凡ソ家政ト申スモノハ何ナ《（ママ）》不如意ガナイトモ申サレマセヌ、不如意ノ処カラ借金ガ出来ル、借金カ出来テカラニ催促期限ニマンマト返済ガ出来サル其ノ暁ニハ直ク財産差押ヘト来ルノダカラ、畢竟財産差押ハ家政ノ不如意ナル処カラ来ルモノニテ、人生有勝ノ事デ有レバ一向怪シムニ足ラヌコトデアル、又恥ツルニ足ラヌ事デアル

「イヤ、ソレデモ財産差押ヲ喰ツテ居テ見レバ頼ム訳ニハ参ルマイ

「拙者ニハ何ウモ合点ノ行カヌ事デ御座イマス、今文部省ノ事デ一例ヲ挙ゲテ申シマスレバ教科書ノ件ニテ書林ガ競争ノ結果、当路者若クハ関係ノ面々ニ対シテ賄賂ヲ携ヘテ家宅ニ参ルジヤア有リマセンカ、是等ハ贈ルモノモ間違ツテ居ル、受クル者モ無論間違ツテ居ル、申サハ相互ノ関係カラ成立ツ罪科デアル、然ルニ今自個ノ財産ヲ差押ヘラレタレバトテ、是レハ一個人ノ不如意ニ止ルノミニテ一向差閊ノナイコトト存ジマスル、元々御注文ガ……文学ガ出来テ……文筆ガ達者デ……議論ヲセンデ……自己ノ云フ通リ尋常ニ書ク男ト申スノデ御座リマスカラ……広イ東京ヲ拙者ノ眼界ニ任セテ見渡ス限リ、凡ソ丸イ男ト申シタラ、服部ニ若クモノハ無之コトト存ジマシテ……御注文ニ応シテ服部ヲ差出シタノデ有リマスカラ無論御採用ニ相成ルコトト見ヘ信シテ居リマシタル処ガ財産差押ノ一点カラ遂ニ蹉跌ヲ来ストハ実ニ思設ケヌコトデ御座イマス、扨イ此度御口頭ニ相成ル事柄ハ苟クモ文部卿タル閣下ガ斯クマデ鄭重ニ成サレマスカラニハ何ゾ其処ニハ一ノ重大ナル理由トカ趣意トカガ御座イマセウ、御差支ナクハ承リ度イ」ト申シタ処ガ

「理由トカ趣意トカ申ス程ノコトデモナイガ、自己ノ考ヘハアルノダ

「然レハ其ノ御考ヘヲ

「自分ノ考ヘハ至極間短《（ママ）》ナモノダ、天子ハ難有ト思ツタノミデハ未可ナリ、難有ト思フコト殆ント仏教信徒ノ釈迦ニ於ケルカ如ク難有ガルナラハ宜敷、我邦モ憲法ガ出来テカラ臣民ガ皇室ニ服従ノ義務ガ有ツテ難有ト思

フダロウガ……只タ難有ト思フバカリデハ未可ナリデアル、今一層尊敬ノ度ヲ高クシテ真実忠君尊王ノ事ヲ心掛クル様ニアルコトガ猶ホ仏教信徒ノ釈迦如来ニ於ケルカ如ク有ラネハナラヌト考ヘル
且ツ日本ノ創造ノ事カラ論シテ、是マテノ学者ヤ史論家ノ未定見ノ処ヲ打破シテ自論ノ存スル所ヲ世ニ示シ、併セテ皇基ノ堅固ナルコトヲ説キ、又帝室ノ恩沢ハ何レ程マデ深カリシカ、何レノ辺マテ及ヒシカノ辺マテ論シ、皇統綿々トシテ永世絶エス洵ニ日月ト光輝ヲ争フモノアリ、過去ニ於テモ亦タ同一ノ事ト存スル、且又独リ帝室ノミガ尊キノミナラズ、臣民ノ忠実ナルコトモ他国ニ於テ見ルヘカラサルモノ存スルアリ、是故ニ自己ハ自己ノ一生涯ノ内ニ日本ノ国体ハ決シテ動カスベカラサルモノデアル、否動カシ得サルモノデアルト云フ議論ノ中ニ自己ノ見込ヲ書込ンテ之ヲ世ノ中ニ示シ、永久日本人民ニ此ノ精神ヲ吹込ンテ置度トノ考ヘカラ……
此ノ事ハ目下加州家ニ居テ前田氏ノ祖先以来ノ編纂ニ従事シテ居ル古賀ト云フモノニ申シテ置イタ、マアザツト摘ンテ話ヲスルト、如是モノデアルガ要スルニ古人ノ説ニ従ハスシテ……否古人ノ説ヲ排斥シテ別ニ一説ヲ立ルノデアルカラハ自己ノ言フ通リニ書イテ貰ハネハナラヌ、ソレニ其ノ間ニ立チテ兎ヤ角ト議論ケ間敷事ヲ申立テ、ハ困ル」
ト申サレタガ其話ニ至ツテ其ノ様ナ事ヲ申サレシハ御薨去前僅カ前ノ事デアリマシタ
三十二年十一月頃ノ事デアリマシタガ……或日三十間堀ノ鈴木ト云フ待合カラ呼ビニ参ツタカラ、取敢ヘズ行ツテ見ルト大木サンハ
「国家経済ノ事ニ就テ少敷尋度事ガアル、目下此ノ通リ国家ガ衰退シテ居テハ如何ニ成ルカ知レヌ若シ此際主上カラ国家経済ノ事ニ付テ御下問デモ有ツタ其ノ時ニハ……如何ニ御答申上テ宜敷カ当惑スル様ノ事ニテハ申訳ナキ次第ナレバ是非ニ及ハス御答奉リ得ル丈ノ事ハ致シテ置度考デアル、サレバ仏国治革ノ書ヲ参考ニ致シ度考ヘナリ依之翻訳クシテ貰ヒ度イ、併シ時間ノ無イ時ニハ口頭ニテ陳ベテ

貰フテモ宜敷、ガ時間ノ有ツテ他用ニ差閊ノナイ時ニハ翻訳シテ貰フコトトセリトテ深ク御委托ニ成リマシタ

右ハ経済学カラ論客シテ以テ、聖旨ニ御答奉ル材料トナサレタノデアリマス

又或日左ノ通リ申サレマシタ

「日本ノ資産ノミニテハ到底日本ノ維持ガ出来ナイカラ、兼テ準備シ置カザレバ行ケナイトテ甚夕日本経済社会ノ事ヲ気ニ掛ケテ居ラレタカラ経済学者ト云ハル、富田鉄之助ナドニモ時々何カ御尋ネニ相成ツタ様子デスカラ此ノ事ニ関シテハ富田氏ニ御尋ネニ相成ルト分明ニナリマス、大木伯ハ死スマテ国家ノ事ヲ気ニ掛ケテ心配シテ御座ツタ

又大木伯ガ法律ノ事ニ付テ少敷議論ヲ成サレタ事ガアルカラ一寸申シマセウ

「日本ノ諸法典ハ社会自然ノ発達ニ伴ツテ出来タノデハナク、治外法権ノ撤廃ヲ期スル為メニ大急デ出来タノデアルカラ社会ノ程度ニ伴ハナイ、社会人民ハ是等ノ法典ノ思想ニ通達シテ居ナイカラ、日本諸法典ハ思想ヲ知ラサル者ヲ支配スルワケニ成ル、今一家ノ法律ヲ作ルニシテモ之レカ漏缺ノナイ様ニ緻密ニ作立ルト何百条モ有ルデアラウカラ、況ンヤ之ヲ民法上ニテ申ストキニハ二千条位ハ多カラサルコトト存スル、サレハ此ノ民法ヲ今一層緻密完全ニシテ欠典ノ是レナキ様ニトスルトキハ其レコソ莫大ノ箇条ト成ルデアラウ、大学ノ教授デモ分リ兼ネル程ノ事ニナルデアラウ、今ヤ民法ヲ民法ヲ攻撃スル所ノ失ハ仲々鋭イ随テ苦情モ沢山アルガ畢竟スルニ旧時ノ状態ニ拘泥シテ居テ新規ノ方針ニ推移スルコトニ出来ナイカラノコトト存スル、凡ソ自分ニ関スル事ハ能ク分ルトモ、他ニ関スル事柄ハ能クハ分ラナイ、況ンヤ世間ノ事柄即チ世上百般ノ事柄ニ対シテハソウソウ能ク分ルモノデハナイ、国家ノ法律トシテ之ヲ億万ノ衆人ノ目ノ前ニサラスノデアレバ日本ノ広キ風俗習慣ノ果ナル所アルヨリ甲論乙駁ノアルハ分リ易キ事デアル、併ナガラ猶ホ一層骨ヲ折テ整頓サセ衆議ヲ排斥鎮定シテ旗ヲ挙ル積デアル

大木伯ガ藩閥ノ事ニ付キ申サレシ事ガアルガ、是レハ世人ノ申ス藩閥トハ其ノ弊害損摘ノ点ガ違フカラ一申シテ置キマセウ、此ノ時ノ年月日ハ慥カニ記憶ハ致シマセヌガ何カノ序ニ其ノ咄ガ出タノデ有リマス

「世間デハ藩閥々々ト八釜敷云フケレトモ、其ノ世人ノ云フ藩閥ノ弊害ト自己ノ云フ藩閥ノ弊害ト自然相違シテ居ル藩閥政府デハ不可ナリトテ真実嘆息スルノハ自己ダヨ、此ノ事ハ他人ハ気ガ付クマイガ、自己ノ薩長ノ藩閥ヲ攻撃スルノハ薩長二藩ニアラザレバ政ヲナス能ハズ、其他ノ藩人ハタトヒ各論卓説ノアルモ之ヲ行フコト能ハズ、之ヲ行フニハ必ス薩長人ノ手ヲ借ラサレハイケナイノデアル、是レガ真ニ遺憾千万デアルノダ、世人ノ申スノハ、当時薩長二藩ニアラサレバ人ニシテ人ニアラサルナリ、都市ハ勿論ノコトナリ如何ナル僻陬ノ地方へ参ツテモ薩長ノ者カ薩長ト縁引ノアルモノニテ其ノ要部々々ヲ占メテ居ル、シテ其ノ他ノモノハ如何ニ卓見達識ノ者デモ宏才多芸ナル者デモ到底一躍シテ要地ヲ占ムルコトハ最モ難イコトデアルト云フノデアル如何ナル人ガ撰挙シテモ、如何ナル政府ガ成立チテモ勢イ此ノ如キ傾向ニ成リ行クコトハ決シテ免ルベキモノニアラズ、是レ自然ノ勢デアル、自然ノ理デアル、現今已ニ非リトスルモ将来ハ如何ト掛念スルモノアランカナレトモ将来朝ニ立ツモノト雖トモ亦タ然リデアル

然ラハ真ノ弊害ハ如何……真ノ弊害ハ廟堂ノ上ニ座シテ此ノ薩長人ト共ニ事ヲ執ルノ際ニ当ツテ、大名誉、大切業ナドハ一ニ皆ナ薩長人ノ手ニ成ルカノ如ク見ヘルダラウ、サア其処ヨ、是レハ他藩ノ者共ハイクラ善イ策略ガアツテモ皆ナ薩長二藩ノ為メニ奪ハレルノヨ、国家ガ斯クモ皆ナ薩長人ノ為メニ奪ハレルカラハ自己ノ説ヲ行フコトガ出来ナイ、自己ノ説ヲ間接ニデモ遠久ニデモ行ハウト思ツタラ是非ニ及ハス薩長人ノ手ヲ借リルニアラサレハ到底行ハレタ例ハナカツタノデアル、マア内幕ヲ洗ツテ見ルト、コンナモノダカラ、自分デ此ノ説ヲ用チ出セウト欲スル其時ニハ薩州デハ黒田カ、松方ノ手ヲ借リル、長州デハ山県カ山田ノ手ヲ借リルコトトシテ居タ、ソウシナケレハ到底出来ナイカラ止ムヲ得ナイ

大木伯ガ拙者ヲ異見スル積リデ柳橋ノ河長デ宴会ノ有ツタ時ニ種々ノ咄カラ……人間ハ不平ヲ心ニ養フテハ迚モイケナイト云フコトヲ説カレタ

「人間ハ毫末ニデモ不平心ヲ持ツテ居テハ迚モイケナイガ扨テ其ノ不平ヲ起ス原因ヲ原スルニ三個アルモノ、如シ

第一　嫉妬心

第二　畏懼心

第三　損失

右ノ三階級デアルガ、此ノ不平心ノ原因ヲバ第一カラ順ヲ逐フテ述ベヨウ

第一　嫉妬心

「嫉妬心ノ起ルノハ、アノ男ハ誰々ニ相談シテ居リナガラ自己ニハ何ノ相談ヲモセヌ、ソンナ方ガ何処ニアル、一体全体人間ヲ人間ト思ハヌ所カラ起ルノデアル、不敬千万、不埒至極デアルト云フノダガ……是レガ嫉妬心ノ由テ起ル所以デアルガ……是レハ我心ニテ抑制鎮撫ヲスレバ之レガ発生ヲ防クコトガ出来ル

第二　畏懼心

「是レハ何カ心ニ恥ツル所ノ事ガ有レハ忽チ此ノ畏懼心ヲ生スルコトナレハ、悪事等ヲ働カサル以上ハ決シテ憂フルニ足ラヌ、サレハ別段注意スル必要ハナイト思フ

第三　失敗

「是レニナルト只デハ出来ンカラ何カ掛ケテ遣ルデアラウ、サア遣リ出スト面白ク成ツテ其レニノミ「ハマリ込ンテ、職業モ何モ其方除ケニシテ仕舞フ、ソウ成ルト商売モ仕事モ手ニ着カズシテ、一身ヲ持崩ス源トナルノデアル、其故ニ博奕ハ不可ナリト云フワケデアル、其ノ上勝ツコトバカリアレバ宜敷ケレトモ、負ケルコトモ

アルカラ、最後ニハ財産ヲ傾ケ身体一ツニ成ル事モアラウ、其故ニ賭事ハ一切禁物トシテヤラヌガ宜敷

前ニ申サレシ第三条ハ是レ拙者ガ好ンデ「カルタ遊」花合ヲスルカラ、ソノ誡ニ言ハレタノデ有リマス、ソコデ拙者ガ思フニハ、大木先生コノ三個条ヲ特ニ拙者ニ示サレタガ、即是レ平生先生ガ自カラ之ヲ確守セスシテ因テ以テ無難ニ世ヲ渡リ来ラレシ所以カト思ヒマス、此ノ拙者ヲ戒シメラレシ言葉ハ寔ニ先生ガ平生実験サレシ所ノモノデ有ラウト存スル

第一　嫉妬

第二　畏懼

第三　失敗

右ノ三個条ガ先生平素ノ確守セラル、処ニテ随テ健全ニ確実ニ事ヲ処置セラレシ所以デアラウ、是ヲ以テ之ヲ観レハ先生死スルマテ不平心ナク恬淡トシテ日ヲ送ラレシ所以デアルト愚考致シマス、言葉ヲ替ヘテ申サバ右三ケ条ハ即是レ先生平生ノ観念デアル

大隈伯曽テ大木伯ヲ批評サレシ其譬ノ面白ケレハ左ニ採録スト云フ

大隈伯ガ嘗テ大木先生ノ事ヲ批評サレタコトガアリマスガ……ソレハ仲々面白イ或ハ適切ナ評カモ知レン、其ハ左ノ通リデス

大木ト云フ男ハ蝦カ蟹ノ様ナ男デアル、司法省へ行クト司法省ノ内ニノミ引込ミ、文部省へ行クト文部省ノ内ニノミ引込ンテ洞穴ヲ其ノ中ニ造ツテ其処へ這入ツタナリ外へモ出ナケレバ、内へ人ヲモ入レヌト云フ風デアツテカラニ妙ナ男ダ、其故ニ司法ヤ文部以外ノ事柄ニ就テハ相談モナケレバ事情モ相分ラズト云フノニ印ヲペタペタト捺シテヨコス、丸デ盲目印デアル、司法省ト文部省トカ左様デアルト司法文部以外ノ人々モ亦タ同様ニ司法ト文部トニ対シテ相談モセズ意思相疎通セサル所カラ矢張リ盲目判ヲツク、ト云フ風デアツ

テカラニ丁度大木ガ這入リ込ンダ文部ヤ司法ノ内ハ大幕ヲ以テ蔽フタ一ノ洞窟ノ様ナモノダト言ツテ笑ハレタソウナ

拙者ハ斯様云フ風デアルカラ、何デモ無遠慮ニ種々ナ事柄ヲ尋ネルノデアリマスルガ……明治廿五年彼ノ法典問題ノ起ツタ時デシタガ……大木伯ガ衆議院ニ於テ演舌ヲナサレタ其ノ筆記ヲ見マシタ処ガ何時モノ習慣タルソノコノソノコノト云フ文句ナドガ見エズシテ仲々能ク出来デ居タ、マサカ議院ノ即記者ガ速記上間違タノデモ有ルマイ、又後カラ殊更ラ修飾シタノデモ有ルマイ、ソレカラ大木伯ノ処ヘ参リ其ノ事ヲ申シタ問答ハ左ノ通リアリマス

「今日衆議院ノ議事録ヲ見マシタガ……実ニ驚入マシタ……実ニ不思議デ堪リマセヌ

「議事録ヲ見テ……ドウシタノカ

「貴殿、議場デ演説ヲ成ツタデセウ

「ム、、演説ヲシタガ何カ

「其事ニ付テ不思議デ堪リマセヌ

「ナニガ其様ニ不思議カ

「イヤ御演説ガ大層ニ上出来デ御座イマシテ……其レデ驚入マシタ

「演説ガ上手ダツテ驚タト馬鹿ナコトヲ云フ

「実ハ例ノ「ソノコノ」「ソノコノ」ガ沢山ニ筆記中ニアルコトト存ジマシテ一通リ読下シマシタケレトモ一向ニ見当ラヌ、而已ナラス、趣意ト申シ、体度ト申シ、弁舌ト申シ仲々上出来デ有ツタソウデスガ、毎時ノ御弁舌トハ雲泥ノ相違ノ様ニ存スルガ其ノ義ハ如何デ御座イマセウカ

「ソレハ其ノ筈ダ、議場ハ議場ノ様ニヤルシ、平生ハ平生ノ様ニヤルノサ

「サレハ平生ハ、ソノコノソノコノノウお前ト多ク申サレルノニ議場ニテハ毫末モ斯ル口癖ガナカツタガ何ウ云フ加減デセウカ……一体全体ソノコノソノコノト云フノハ何ウ云フ場合ニ御用イ成サルノデスカ私ニハ分リ兼ネマスカラ敢テ御尋ネ申シマス

「自己ノ「ソノコノ」「ソノコノ」ト云フ癖ハ、ノウお前気ニ掛ルダロウガ、アレハ甲説ヲ説了ツテ乙説ニ移リ行ク其ノ時ニ用ウルノデアル、申サハ言葉ノ「チヨウツガヒ」ノ様ナモノサ、自分バカリ了解シテ居テモ相手ニ分リ兼ネルコトノ有ラウモ計リ難ケレバ相手ニ猶予期限ヲ与フルガ為メニ、又相手ノ感情ヲ害セスシテ自説ヲ弁明スルタメニ斯クモワザワザ言葉ノ間柄間柄ニ之ヲ用イルノデアル、自己ノ「ソノコノ」「ソノコノ」ハ全ク此ノ理由デアル、然ルニ……議場トナルト最早ヤ大勢ノ已ニ定ツテ居ル処デアルシ、此ノ問題ニ付テ演ベル言葉ハ衆人モ亦タ聞取リ易イト存シナガラ、猶予モナク避難セスシテ、ヤツテ除ケタノダ

右ノ様ナ面白イ咄ヲシタ事モ御座イマシタ、アハ……明治元年ノ頃カラ大木ノ事ヲ聞テ居タガ……其後イツノ間ニカ段々懇意ニ成リテ頻リニ訪問モシタガ、何時遇フテモ「ソノコノ」「ソノコノ」ノ癖ガ出ナイ時ハナカツタ、然レトモ其ノ后ノ理由タルカニ至ツテハ未曽テ質問モセナンダガ、此時ノ質問ニ対スル伯ノ御答弁ニテ是迄ノ疑問モ能ク分リマシタ

奈良原繁、関義臣、紅葉館ニテ喧嘩セシ事

今一ツ逸話ガアリマス、何時デ有ツタカ年号月日ハ記憶致シマセヌガ、紅葉館デ寄食ヲシタ事ガ有リマシタツケ、其ノ時ニ奈良原繁ト関義臣トガ大層口論ヲ致シタ、果ハ摑合マデヤリ出シタ騒ギデ、拙者ハ容易ナラサル義ト存シマシタカラ、伯ニ向テ

「喧嘩モ大分ヒドイ様デ御座イマスカラ仲裁ヲ致シマセウカ

「イヤ構ハズ打遣ツテ置ケ、喧嘩ヲスルモノハ多クハ喧嘩ノ半ニ誰人カ止メニ来ルダロウト思ツテ人頼ニスル

処へ仲裁ニ這入ルト却テ調子付クモノダカラ構ハズニ打遣ツテ置ケト云ハレマシタ、成程是レモ一理アリマステ、拙者モ伯ノ御言葉ニ従テ其ノマ、打遣ツテ置キマシタ処ガ果シテ有耶無耶ノ間ニオサマリマシタ

大木伯、書生ヲ試ミラル、事

是等ノ話ハ大木家ニ書生ヲシテ居タ山本ト申スモノ、実話デアリマスカラ間違ハ御座イマセヌ、コノ山本ト申ス書生ヲ何ウシテ承知シテ居ルカト申スト、拙者ノ兄ニ林太仲ト申スモノガ有リマシテ郷里富山ニ居リマシタ（拙者モ富山ノ者デ御座イマス）コノ林太仲即チ愚兄ハ貢士ト成ツテ京都ニ出タ、ソレカラ大参事トモ成リマシタガ、コノ愚兄ガ京都ニ居マス時ニ大木サンヲ知ツテ懇意ニ成リマシタ、其ノ関係カラ、山本ト云フ書生ヲ大木邸ニ頼テ置イテ貰ツタノデ御座イマス、コノ山本ノ咄デ御座イマスカラ間違ハ御座イマセヌ、

大木サンハ大木邸ノ書生共ニ対シテ各自考フル所ノモノヲ陳述セシメタリ、又種々ナ方法ヲ以テ書生ヲ試ミラレマシタ、殊ニ左ノ重要ナル事ヲ申サレタ

「貴様達書物ヲ読ンテ何ウスルカ……歴史ヲ読ムトキニハ必ス治乱盛衰興亡隆替ナドノ事ガ出テ来ル先ツ書中ニテ左様ナ大事件ガ出テ来ル其ノ時ニハ先ツ書物ヲ閉チテ仕舞フテ自分ガ其ノ時代ニ宰相ト成ツタト仮定スル、宰相ノ覚悟ニテ此ノ舞台ニアラハレ、自分ハ此ノ事件ヲ如何ニ処置スルカ之考案ヲメグラスガ宜敷イ凡ソ書物ヲ読ムトキニハ此事ガ事実ニ違フカ如何、又理屈ニ適スルカ、適セサルカノ辺ヲ自カラ究メルガ宜シイ、是レ考案ノ由テ生スル所デアル、サレバ事件ニ対シテ策略ヲ考ヘ置キ而後ニ従容之ヲ判断スル様ニスレバ綽々乎トシテ迫ラス、後々処置ガ出来ルト云ハレタ

明治二年頃大木サンガ東京府ノ知事ヲ成サレテ居ラレマス時ニハ太政官ノ十三年限ノ通貨ガ非常ニ下落シテ一円ノ額面ガ四十五銭位ノ相場デ通用スルト云フ有様デ誠ニ驚入ツタ次第デ有ツタ、

ソコデ先生或日、自邸ノ玄関カラ三四人ノ書生ヲ残ラズ呼集メテ

「貴様達ノウ、只今太政官ノ札ガ下落ニテ一円ノモノガ僅カニ四十五銭ニシカ通用セヌ有様デアルガ此ノマヽ自然ニ任セテ打遣ツテ置ク時ニハ何ノ位ノ程度マテ下落スルカ知ラン、因テ此際人力ヲ以テ自然ノ勢ヲ制シテ其ノ価格ヲ平準ナラシメント欲スルノデアル、即チ爾来一円ノ札ヲ一円ニ通用セザルモノハ厳罰ニ処スルト云フコトニ布達サセル積リデアル、

サア、ソウナルト其処ニ銭儲ガ出来ルノダ、貴様達モ考ヘテモ分カルダロウ、今日此ノ太政官札ガ一円僅カ四十五銭ノ価ヲスル時ニ乗シテ、ウント沢山買込ンデ置クノダ、而シテ明日ニデモ太政官ノ布達ガ出ルト直グニ四十五銭ノ下落札ガ一□（読めず）シテ正価一円ニ通用スル其時ニハ僅カ一円札一枚ニテ五十五銭ノ利ヲ占メル、ソレモ長イ日月ノ間ナラ兎モ角モ、僅カニ一両日間ニ其位ノ利益ヲ得ラレル商法ハ又ト有ルマイ、ノウ貴様達此際一番金儲ケヲ遣ツテ見ナイカ、遣ツテ見ルト云フナラ、聊カ資金ガ入ル、其ノ資本ハ自己ガ出シテ遣ル、誰レガ儲ケルモ同シ事デアル、ソラ資本ガ入ルナラ之ヲ渡ス」トテ五百円バカリ一束ニシタ貨幣ヲバ拋出サレマシタスルト三四人ノ書生中、或者ハ其ハ至極面白キ事ナリ僕共一番ヤツテ見マセウト云フ、又或者ハ此ハ金儲ニナルニハ相違ナイガナト、申シテ考ヘ込ム、又或者ハ沈黙シテ何事ヲモ発セズニ居タ、

右ハ大木サンガ全ク書生共ノ気ヲ引テ見ラレタノデ有ツテ真ニ之ヲ実行致サウト云フノデハ有リマセヌ、其故気早ノ書生即チ紙幣買入ノ事ハ至極面白カラントテ大奮発デ賛成ノ意ヲ表シタ書生ニ対シテハ大木サンガ左ノ如ク言ハレタ

「貴様ハ学問修行ノ見込ニテ自邸ノ玄関ニ居ルノダロウ、自己モ其ノ積リデ貴様ヲ置イタノデアル、併シ平生普通ノ事柄ヲ以テ貴様達ノ度胸ヲ試ミル事ハ出来難イカラ、此際特ニコノ太政官札ノ件ヲ以テ貴様達ヲ試ミタノデアル、苟クモ学問ヲ以テ身ヲ立テ様ト存スル程ノモノハ精神モ潔白ナラサルヘカラズ、是故ニ自邸ノ玄関ニ居テ勉強スル以上ハ若シ主人ニ於テ斯様ナ仕打ヲ致スコトガ有ラバ其時ニハ思切ツテ諫メルガ本統ノ筋ヂヤ

ノウ、ソレヲ、喜ンデ賛成ヲスルトハ町人根性デアル、学問ヲスルノニ町人根性デ出来ルモノカ、貴様ノ様ナ者ハ爾来自邸へ置クコトハ出来マイ」トテ其日限リ放逐サレマシタ

右ノ辺カラ考ヘテモ先生ガ終始正直ニ道ヲ守リテ事ヲ処置セラレタコトガ分カル、又是レガ善キ手本デアル

新法典ノ編纂ニ就キマシテ新タニ文字ヲ製造スル必要ガ起ツタ、ソコデ段々文字ガ出来タ、大木サンハ翻訳ヲスル事ニ付キテ議論ガ有ツタ、支那文字ハ必要ニ応シテ製造スルガ宜敷イ、断然新字ヲ造ツテ構ハナイトテ、左ノ人々ヲ委員ニ撰挙シテ文字ノ取調ニ従事セシメラレタ

杉山孝敏

鄭　永寧

木村正辞

三島　毅

而シテ法律学者ト云フモノガ出来テ、是等ノ新字ノ解釈ヲ成シテ、意味ノ抵触セサル様ニセラレタ

生田　精

高野真高（ママ）

コレハ信州真田藩ノ人ニテ慥カ佐久間象山ノ門人カト存スル

右両人ガ習慣上、国体上、ノ事ヲ取調ベテ、矢張リ新字ヲ製造シタ、斯クテ新法発布ノ時ニハ法律字書モ必要デアル、天下ノ者ニ法典ノ意味ヲ誤ラシメサル様ニスルニハ是非共法律字書ガ必要デアルト云フ処カラ、コレモ出来ル筈ニ成ツテ居リマシタ、処デ伊藤博文候ガ参事院ヲ造ツタ時ニ人ニハヤラセヌ、何ンデモ自分ノ手ニテ仕遂ゲルト云フ処カラ、同郷ノ山田顕義ヲ司法省ニ入レテ、大木サンハ司法ノ関係ガナクナツタ、ソコデ折角ノ是迄ノ計画ガ水泡ニ属シタ

御維新ノ時ニ京都ニ於テ諸藩カラ集ツタ徴士ヤ貢士ヲ一団トナシ、何カ評議ガアツタ、其時衆人皆ナ異口同音ニ此際品行ヲ謹マネバナラナイト云フ議デ有ツタガ、此ノ時大木先生大ニ笑テ曰ク

「諸君ノ言ハ平素ニ於テハ可ナルモ、此際ニ於テハ言フヘクシテ行フヘカラサル論デアル、今ヤ国家ノ乱ニ当リ、ソンナ窮屈ナコトヲノミ申シテ居テハ到底大精神ヲ養フコト能ハス、畢竟品行云々ト申ス様ナコトハ卑屈ノ極致ニテ、国家経倫上取ルニ足ラヌ議デアルトテ一言ノ下ニ抑ヘラレタラ、ソレデ衆人皆ナ黙シテ復タ敢テ言ヲ発スルモノガナカツタソウナ」是レハ愚兄林多仲ノ話デアルカラ間違ハナイ

大木伯ハ寛大ニテ狭暴《ママ》ニアラサル処ハ慥カニアル、其故ニ人ノ一言一行ノ定規ニ外ヅレルモノアルモ、仕事サヘ出来レバ宜敷トテ、打遣ツテ生カシ、些少ノ事ハ決シテ論ゼラレナイ、何ヲ云フテモ豪傑ノ風ガ慥カニアル

勝安房ガ民法ハ急クト云フ処カラ大木ニ賛成ヲシタノデアルガ、コノ勝安房翁ガ其ノ始メハ民法不賛成ナリシニモ拘ハラス、後ニ至リテ大賛成ノ側ニ立タレンニハ全ク大木伯ノ力ニ由ルノデアル

黒田清隆ノ壮ンナル時、大木先生ハ巧ニ黒田ヲ使ツテ居ラレタ、或時紅葉館ニテ黒田モ大木先生モ宴会ニ招カレタ、宴会終ツテ玄関カラ馬車ニ乗ラントスル時、黒田ガ大木ニ向テ

「お前馬鹿ナ……モー少シシツカリシテ貰ハンケレバ不可イ

ト黒田ガ申セシ一言ヲ大木ノ家来共ガ聞入レテ、御前様ノ事ヲ馬鹿呼バリヲ成サルトハ失礼ノ一言打捨置クコト叶フマジ、トテ大木公ニ申上ケルニ公ハ咲テ

「アレハ自己ニ礼ヲ述ベル口上ダ、貴様共ノ考ヘ違イダ

ト曰ハレタ事ガアル、是レ即チ朝廷ニテ評議ノ時ニ黒田ニ申含メテハ事ヲ行ツテ参ラレタノデアル証拠ダ、又黒

田ガア、申シタノハ、折角大木ノ立言ヲハ取次テ朝廷ニテ披露ハシタモノヽ、今一層大木ガ奮張ツテヤツテ貫ハナケレバ何ラモ甘ク行クマイカラ、以後ハ今一層力ヲコメテ遣ラレヨト云フ意デ有ツタラシイ
畢竟是レ世間デハ薩長肥土ナト、申スケレトモ其実ハ薩長ノ馬力ニ及ンダモノデハナイ、ソレダカラ肥前ノ大木公デモ、イクラ知謀ガ有ツテモ薩ノ黒田ナドヲ頼ンテワレノ力ニ頼リテ以テ計画ヲセザレバ事ガ成就セナイノデアル、コノ事ハ大木公ノミナラス、大隈伯モ同様デ有ツタラシイ、ソコデ大隈伯ハ薩摩ノ河村純義伯ノ事ヲ継テ事ヲ行ハシメタラシイ、

大木伯友誼ニ厚キ事

副嶋伯ハ不幸ニシテ家運ノ傾キガ出来テ所謂進退維谷ノ場合ニ陥イラレタガ其ノ時ニハ大木伯ナドハ非常ナ奮発ヲ以テ熱心ニ長日月間ヲ費シテ其ノ善後策ニ最メラレマシタ、実ニ御友誼ニ厚イノニハ感心仕ツリマシタ
大木サンハ文部ニテモ、司法ニテモ江藤新平ノ跡片付ノ様ニ後ヘ々々トマハラレタ
文部ニテハ最初ニ九鬼渉トワレタ、最後ニハ森トスレタ、此ノ時文部省一等出仕トシテ森ガ這入ツテ来タノデアル、
大木サンガ人ヲ撰択スルノニハ余程念ヲ入レラレル、然レトモ自己ニ諂フモノノミヲ用イテ、他ノ硬骨ノ者共ヲハ近ケナイト云フ風デアルカラ、諂諛者ガ取巻イテ居テ然ラサルモノ共ハ遠巻ニシテ控イテ居ルト云フ始末デスカラ有為ノ士ハ皆ナ逃去ツテ他ヘ参ル様ニナル

此外
深川亮之氏ガ主人鍋島家ノ奥方ヨリ上野弁天ノ競馬場設立費用トシテ金壱萬円取立ノ約定証書ヲ取テ持ツテ戻タ、然ルニ期限内ニ差出サナイカラ主人ヲ相手ニ訴フルト申シタ、ノデ人々驚入ツテ訴ヘラレテハ財産ノ差押等モ有

ラン、其レコソ鍋島家ノ面目ニ関スルトテ騒立チテ大木へ相談ニ参ツタ、スルト大木先生ハ
「訴ヘルト成レハ自己ノ処へ相談ニ来ルダロウカラ自己ハ其マテ打遣ツテ置ク」ト云ハレタ
松平直方ト云フ人ガ三万円ヲ持参デ厩橋家ノ養子トナルトノ相談ガ有ツタカラ、拙者（磯部）ガソンナ何ノ素養モナク、学術技芸ノ覚エモナイ者ニ三万円ヲ渡シタ処デ忽チ消費シテ仕舞フニ相違ナイカラ其レヨリハ、月々幾何ツ、カ、金額ヲ定メテ遣ハス方ガ双方ノ為メニ宜敷カラウト申シタ、処ガ松平家デハ此ノ直方ヲ分家シテ而シテ其レデ縁ヲ切ツテ仕舞フ算段デアルノダカラ仲々容易ニハ「ウン」ト云ハナイ、然ノミナラズ、此ノ件ニ就テ（所謂三万円ノ持参）ハ磯部ガ反対側ニ立ツノデアルカラ、第一ニ磯部ヲバ押付ケテ仕舞フノガ上策デアル、磯部ヲ押付ルニハ磯部ノ上ニ居テ勢力アルモノナラデハ叶ハヌ義ナルガ……其レニハ大木ガ宜カラウ、大木伯ハ磯部ノ親分デアル、コノ親分タル大木カラ磯部へ命令ヲ下シタナラ、大石ヲ卵上ニ置クガ如ク忽端ノ間ニ立消エト相成ラントノ議カラ、松平家ニテハ一方ニハ厩橋家へ斯々ト打合セ、一方ニハ大木ノ旧主人タル鍋島家へシカシカト依頼スル、鍋島家ニテハ大木へ箇様々々ト伝達スルト云フ運デアツタ、ソコデ或日大木伯ハ拙者ヲ招テ
「今般鍋島家カラ自己ノ処へ申シ来タニハ、お前ノ子分ニ磯部ト云フモノガ有ツテ、折角井上家カラ厩橋家へ三万円ヲ持タセテヤラウト相談ガ出来タノヲ中途デ拒ムノデ……其ガ為メニ万事捗リ難ク、大ニ困難ヲスルカラ、其事ヲ能ク吟味ノ上何ントカ処置ヲ付ケテ呉レロト云フノデアルガ、一体何ヲシタノダ
ト云ハレタカラ
「ナニ反対ト申スノデハ御座リマセヌ、アンナ馬鹿者ニ三万円ノ大金ヲ背負セテ遣ツタ処デ忽チニ消費スルノミナラズ、其金ヲ以テ善ヲ求ムレバ宜シイケレトモ若シモ悪ヲ買フタ其時ニハ却テ禍根ヲ培殖スル様ナモノデ両家ノ面倒ハ是レカラ起ルヤモ計リ難イ、其レヨリモ寧ロ月々ニ定額ノ金子ヲ贈ル方ハ本人ニ取ツテモ、先方ニ取ツテモ宜敷カラム、云ハ、両為メデアル、

言葉ニ曇リナク申立テタル処ガ伯ガ顔色モ少敷柔カニ成リ
「ソレデハ既橋家ニ反対シタ訳デハナイノカ自己ハお前ガ反対ヲシタコトト許リ思ツテ居タ
「イヤ、反対処デハアリマセヌ、実ニ同家ニ為メニ成久敷、幸福ヲ祈ツテ、斯ク申上タ訳デアリマスガ、此ノ件ニ付テ、アナタ迄お煩ハシ申上タルハ恐入ル次第デアルガ、畢竟事ノ此ニ至リシ其ノ次第ハ前ニ述ベタル通リデアリマスカラ此ノ事件ニ付利害得失ノ点ハ一ニ以テ「アナタ」ノ裁判通リニ致シマス
「自己モマダ書類ヲモ能ク見ナイカラ、一週間許リニ猶予ヲ以テ書類ヲ見テ置カラ
トテ其日ハ御分レ致シタ、ソレカラ其ノ後ニ至ツテ即チ一週間程過シテカラ、再度参邸シテ
「一件書類ハ悉皆御覧下サイマシタカ
「ザット一通ハ検閲シタ
「何ウ云フ御考ヘデ御座ルカ
「ノウお前、お前ノ考ヲ云ツテ見ロ
「拙者ノ考ハ是ノ前ニ申上タ通リ少シモ替ハリマセヌカラ一ニアナタノ御判断通リニ任カセル事ニ決定シテ居マス
「イヤ今一度簡短ニ言ツテ見ロ
「馬鹿殿様ニ大金ヲ渡スノハ、丁度子供ニ正宗ノ名剣ヲ渡スト同様デ危険此上モナイコトデアリマス、且ツ金ハ殃ノ門トモ成ルベケレバ大金持参ノコトハ一切廃止トシテ月々定額ヲ支払フテ蓄ヒ殺シニスルノガ上策ト存ジマスル
ト申上ケタル処ガ、再度ノ念入答弁ニハ大木伯モ拙者ノ心意ヲ御調見ヤセラレケン
「其ノ義ナレバ自己モ大賛成ダト云ツテ大喜ビヲ為サレタコトガ有リマシタ

34・8・19

【編者注】大木喬任と服部誠一の逸話については、播磨龍城「弁論の精髄（続）」（『龍城雑稿』所収）、ボワソナードの倹約の逸話については、同「大局に眼を著けよ」（『龍城雑稿』所収）と、播磨「一瀬先生の片鱗」（猪狩又蔵編『一瀬勇三郎翁』所収）でも紹介されている。

「明治法律学校支部講話大要」

（『北陸政論』明治三四年七月三〇日発行）

第四席は全校講師法律学士弁護士磯部四郎氏にて氏は病を冒して登壇「法律学研究の必要」の題下に開口一番久々にて帰郷したる挨拶を陳述し扨て一般国民が法律学を研究するは地方団体を維持するに必要なりと説き起し夫れより政党のことに論及し政党其物は其実質憲法を擁護し人民の意見を戦はして勝を政界に制するにあれば頗る立派のものなれども或る村長が反対党の穴を探して之を陥擠せは其又た反対党が同しく穴を探して陥擠する如きことありては政党の作用は只た地方団体を汚すに了らんのみと述べて県下の近事を諷し而して政党及ひ選挙に関する周旋奔走遊説運動此等は只た自己の利益を専らとするものにて常に莫大の費用を要して馬鹿を見たることは諸君の中にも承知の人之れあらん是れ団体政治の基礎固からず法律思想の欠乏甚だしきが為めなり此の故に苟も地方団体を維持せんと欲せは少くも法律思想を涵養せざるべからずと説き所謂法律家は道徳家のみにあらず他人が事を依頼するに際せば其利害を研究するよりも先つ米櫃の利害を講するものあることを警醒し県下の法律屋にして政治に奔走するもの甚だ少なく個人間にては結構かなれとも国家的観念より法律以て国家を治むることを知らざるやうにては如何に智識あり胆力ありと雖も恰も米屋の小僧が枡目を知らざると一般なりと嘲罵し此の故に法律上の苦情は代言人に頼むまでもなく勿論裁判所に証人として出てゝ事実を誤魔化すほどの智識は要らずとするも何れも自衛の道を講するだけは法律を知らさるべからずと説き去り進んで県下に人物なきことに説き来り富山県下は佐々成政以来豪傑偉人輩出せざりしにあらずと雖も二十三年の国会議員は如何なる人物出てたるか運動費を使はさりしものは遂に代議士たること能はざりしにあらずや自分は自惚かなれども聊か国家の為めに尽さんとして起ちし結果は借金に追ひまくられ昨年まで貧乏したりとの懺悔話しを為し斯く運動費を要して選出せられし

人々も日比谷原頭に来り門前に立番の巡査に尋ね始めて議院を知る位なるが故に何の用にも立たず此の如く云はゝ兄弟牆に鬩くか如きに似たれともお互ひに楽屋内のものなれば直言するものにて県外に於ては随分立派に吹聴し居れりとて聴衆の笑声を招きたり氏は更に語を継き二十三年以来県下より出てたる人々は丸馬鹿にあらずと雖も知名の士は只た一二名に過ぎずして而かも僅かに少数の人に知らるゝのみ是れ立派なる人を出すべき責任ある諸君が之を出さゝりし罪にして入江鷹之助の如き人も富山県では迚も叶はぬ運動費が掛ると云つて望みを絶つに至れりと述べ尚ほ県治上の問題は知事又は議員其人を得れは足れると同しく議院に立つ所のものも亦人物を得ざるべかれず然るに売薬税問題の成行は如何諸君は只だ運動費を烟とせしのみにあらずやとて聴衆の喝采を招き今日は已に法治国たる以上は少くも国家経済のこと外交政略のことを知らざるべからす大蔵大臣も会計検査院長を無みする能はざるか如く能く法律を普及したる上相当の人物を出して県下の利益を得ることに注意すべしと陳し更に伊藤博文も星亨も又は稲垣示もエライ人に相違なし併しエライ人は多く居らず仮令星亨か死ぬとも生ると も政権は一人か二人の手に帰するものなり故に政権と人物の関係も亦知らさるべからず自分か斯く論し来れは或は来年の選挙に野心があるなどゝ思ふ人あらん併し自分は野心なきことを諸君に誓ふべし去り乍ら諸君にして頼み来らば遣つて見ぬことなしと雖も今は野心なきを証するが為め斯くは直言するものなりとて暗に野心を示したり而して尚ほ県下に人物なきを証する為めに県下に関する問題一も議会を通過せさるにあらずや議員は只だ手当を受取らんが為めに上京せるものにあらずやと冷罵し漸く本題に転して故に諸君は常に能く法律を研究し置き自己の権利を行ふには人物の撰択を慎まさるべからすして之か為め我々は校外生に講義録を発刊し居れは諸君は之を購読せらるへし個は少しく広告めげども一堂が熱心に出張したる所以をも併せて吹聴し敢て諸君の賛成を求めんと欲す自分は昨夜来吐瀉病に罹り恰もコレラの如く感するに依り是れにて御免を蒙る云々多く諧謔を交へ最と軽快に弁し了りて降壇したり

「磯部四郎氏の談」（箕作麟祥回顧談、明治三四年八月三日）

（大槻文彦『箕作麟祥君伝』九善、明治四〇年一一月刊）

箕作先生は明治四年ぐらゐから命を受けて仏国の五法を翻訳をしかけた今日の法律語となつて居る文字は多くは箕作先生の発明に成つて居る文字であるがそれは支那文に万国公法が訳されて居るそれから幾分か取つたのだと云ふことです

明治五年に江藤新平が司法卿でやつて来てさうして其時の議論は西洋と日本とは風俗も違ひ慣習も違ふけれども日本に民法と云ふものがある方がよいか無い方がよいかと云へばそれはあるに如かぬと云ふ論でそれから仏蘭西民法と書いてあるのを日本民法と書き直せばよいさうして直ちに頒布しようと云ふ論が起つて司法卿江藤新平氏の命令に因つて箕作先生が日本民法草案を拵へ始めたそれが明治九年に稍脱稿して居ますそれが尚不完全であつたからして明治十一年の暮から十二年の春にかけて大木司法卿が民法編纂と云ふものを起した其編纂の事に従事して起草掛と云ふものに命ぜられたのが箕作先生と僕それから起草掛の外に尚起草委員と云ふものが出来たこれはたゞ議するのだそれが牟田口通照だの西成度池田弥一水本成美鶴田皓それに木村正辞杉山孝敏などで各々掌る所は違つたが先づそんな人たちだつた

箕作先生と僕は起草掛と云ふものであつたが専ら法理に関係する所は「ボアソナード」に起草させて僕等は其翻訳をやつた

十二年に司法省部内でやつて居たが十三年の初だつたか参議は各省の卿をやめて各省の卿は卿専務となり参議は太政官に行つて仕舞つたことがあつた其時司法卿は田中不二麿で山田顕義さんと大木さんが参議専務となつて法制局主管となつたそこで又更に民法編纂局と云ふものを起した起草委員が箕作先生に私それから杉山孝敏とか木

村正辞とか云ふ日本学者でこれはテニヲハを調べる方の役さうして元老院に場所を借りて居た箕作先生は元老院議官で民法編纂委員で起草委員と云ふ役を引受け私は同じ起草委員であつたが民法編纂局の行政を重もにやつてさうして翻訳を掌つて居ましたさうすると十八年ごろに―十五年だつたか知らん年は能く覚へぬが更に参事院と云ふものを太政官に置かれて伊藤参議が参事院議長さ其時民法編纂の事業を伊藤参議が参事院に取らうとした其時水本成美や津田真道が岩倉公の所へ行つて在来の通り大木を以て編纂総裁にして置いて貰いたいと言つたそれで参事院が設立になつたに拘らず依然として元老院に民法編纂局を置いて大木さんが総裁になつて箕作先生も従来の通りやつて居た

其中に財産編だけ出来て元老院の議に附せられると云ふことになつたそれが明治十九年かで一旦議定になつて仕舞つたが尚更に再調査をすると云ふことになつて井上伯が外務省に法律取調局を置いたから編纂の事はあちらに引渡して仕舞つて私は大審院判事専務箕作先生は元老院議官専務になつた其時山田伯が司法卿をやつて居た

其後井上伯の考へも旨く行はれず大隈伯が外務卿になつてやつて居た其時山田顕義さんが法律取調局を起して民法訴訟法商法此の取調局を司法省部内に起して其所へ又我々が報告委員と云ふものになつて行つた箕作先生あたりの勅任官は取調委員となつて行つたさうして司法省で議しました

それが二十三年の帝国議会開会の前年二十二年に総て脱稿して頒布になつて仕舞つた山田伯の時代に

ところが大学や何かで反対論が起つて延期説が行はれて又調査局と云ふものが起つて箕作先生は貴族院議員で行政裁判所の方をやつて居たが又調査局で調査委員と云ふものになり我々どもゝ調査委員になつて始めて今日行はれて居る民法商法が出来たのだ訴訟法は二十三年に行はれたがこれには箕作先生は関係は無いのだ

先づこれが法律編纂事業に付て箕作先生の功績の大要です

其事業に付て私の敬服して居つたのは箕作先生の説と云ふものは民法編纂局でも調査局でも大抵は行はれたことである又あの先生は余程敏捷であつて法案を一見して其抵触をして居る所などを見出すことが上手だつた我々と

違つて多弁な人では無かつたが能く気がついて修正説などを出したさうして出した説は大抵行はれる有様であつた

私など斯うやつて坐に列んで居ると同じ委員仲間の大学の腐れ教授などが青二才のくせに自分が大学教授だとか何だとか云ふので生意気に箕作先生の事を同等の言葉を使つて「箕作君」とか何とか言つて居た我々は常にそれを聞いて先輩を蔑視する奴だと思つた我々は箕作先生と福澤先生は学問上の先輩として尊敬すべき方であつて事に法律家として箕作先生を先輩とし又之を先生と称して少しも差支ない御方であると云ふ考へは始終念頭を離れなかつた〔以上、一一一～一一五頁〕

私は箕作先生とは民法編纂局でも一緒に居つたし取調局でも一緒に居つたから性行から考へまでも能く知つて居るが先生は役人風でなくて書生風であつた

私は公私を問はず先生を「箕作先生」「箕作先生」と云つて居た私が常に「先生」と云つて居た人は日本人で箕作先生又外国人では「ボアソナード」先生尤も「ボアソナード」は私の本当の先生であつたが先生と云つて居たのは此二人だけだつた併し私は一日たりとも箕作先生の塾に居たことも何もないそれを先生と称したのは先生と称すべき御方であると云ふことを常に認知して居つたからであります

先生に付て驚くべきことは私が「あなたは英語もおやりなさるが英と仏とどちらが読みよいか」と聞いたすると「実は英書である英の方が仏より読みよい」と言はれたそれで敬服して居ることは先生は法律専門家と云ふのではなかつたが仏の法律のことなどに付いては普通の専門家と云つて居る人たちより明らかだつた我々が質問して先生の明解を得て大に益したことが屢あつた

民法編纂局の行政に付いては私は先生と気が合はなかつた私は斯う云ふ磊落生さ箕作先生はあゝいふ方正な人で金は借りたこともないが又貸したこともないと云ふやうな人であつたからどうしても気が合はぬさ併し喧嘩した事はなかつた随分行政の上に付いては先生と私と反対の事もあつたが私がどんなやりかたをしても先生決して干

渉しなかつたそりやあ感心だつた性質は公平であつた
我輩が常々主張して居つたのは他のくだらない人を華族にして居るが法律といふものが行はれて国に利益のあるものであると云ふことならば箕作先生を措いて他に華族にすべき人は元勲の外にないと斯う我輩は考へて居るそれ故に新規に華族を拵へるなら箕作先生を真つ先きに華族にしなければならぬと云ふことは或る時迫つたことがあつたどういふ訳で箕作先生の功績を不問に措かれるかと言つたことがあつた
私は箕作先生の長所も知つて居るが又短所も知つて居る積りだ先生の短所は抱負を世に現はす勇気が無かつたことであるあの牟田口通照などは洋学も出来ずさそれで司法省の権大書記官で居つて民事局長さ先生は民法編纂課長をして居つたがそれで牟田口の方が実際勢ひがあつた其牟田口に法律を吹込んだのは誰かと云ふと先生なのだそれで其の時分我々が余計な話であつたがもう少し先生が勇気を出しててきはきやつてくれればよいなぜこんなことに躊躇してお出でなさるかと云ふやうなことを言つたことがある「先生どうです斯うなすつたら」と云ふと「まあ〳〵さう言はぬでもう少し待つて」などと言つて同意してくれなかつたこれが先生の先生たる所以だつたか知らぬが僕等はまどろく思つたことが度々だつた
先生は少しも聞達を求めぬ人で伊藤さんにも行かずどこへも行かず大木さんの下で働いて居た先生の功績の世に現はれないのは不幸にして大木さんに信ぜられて居たからだ私なども大木さんに用ゐられて居たが大木さんと云ふ人は内部の事を外に知らせないやうにして居た人だからそれで箕作先生の功績なども外に現はれぬのだ山県さんにでも見出されて見たまへそれやあ大変な幸だつたらうに
先生は詼諧の要素は乏しかつたごつ〳〵して居た癇癪はあつたが勉めて押へて居たやうだ元老院議官などの何も知らぬ人が先生の説に対してつまらぬ取りとまらぬ反対論などをすることがあつても先生平気で受けて挨拶をして居た
先生は廃物利用家で司法省に居た時分でも誰か「あれは何の役にも立たぬから免職しなければならぬ」と云ふと

自分の所へ引受けたそれだからあの先生の部下には蟲みたやうな奴が多く居たまあ極厚い方だつた「なあに十二円や十五円で勤めて居る人を役に立つの立たぬのとそんなことを言つては可哀さうです私の所で使ひませうから免職するのは見合はせてやつて下さい」などゝ云つて御払箱にならうと云ふ蟲を背負込んで居ました
先生は死なれる前には独逸文も読み得るやうになつて英仏独の三国に通じ漢字のことに付いては漢学者では無かつたが随分専門の漢学者よりも旨い議論が出たことがあつた即ち四箇国の学問が出来たに拘らず十分に振廻はさなかつた振廻はさなかつたのは如何にも遺憾に思ふ
先生は時々宴会などで長唄をやつたことがあつた「先生あなたはどうして長唄をお習ひなさつた」「これは実は入費の出て居ないぬすみ芸なのだ」と云ふ話さ段々聞くと先生は御嬢さんが二人か三人あつてそれに長唄の師匠が教へに来るのを先生が襖のこちらで聴いてさうして覚えたのだと云ふ話さ
人と交際をするに書生風で少しも城壁を設けぬで誰とでも同じやうに面白く話をしたこいつは学問のない奴だから好い加減なことを言つて逐払つてやらうなどゝ云ふ方ではなかつた
能く話に聞いたことがあるが福澤諭吉先生から箕作先生に「君の技倆を以て役人などをして居るのは愚ぢやあないかそれより代言人になつたらよからう」と勧めたさうだ私はそれに付いて「先生あなたはどういふお考へですか」と聞いたことがあるすると先生の言はれるのは「成るほど代言人になつたら銭は役人をして居るより余計取れるだらうが私はもう少し何か固まつたことをして置きたい代言人になればどうしても役人をして居るやうに著書も出来なければ翻訳も出来ない何も二百五十円か三百円欲しいからかぢりついて役人をして居ると云ふ訳ではない福澤と云ふ人は金儲主義の人だから少しばかりの月給でも貰つて居ると直ぐに愚だとか何とか云ふが私は月給が欲しいとか何とかさう云ふ考へではないのだ」と云ふことを二度か三度か聞きました〔以上、一六五～一七〇頁〕

〔参考〕「磯部四郎氏の談話」

（石井研堂著『改訂増補　明治事物起原』上巻、春陽堂、昭和一九年一一月刊、のち『明治文化全集』別巻『明治事物起原』日本評論社、一九六九年刊所収）

明治五年に、江藤新平が、司法卿でやつて来た。その時の議論は、日本に、民法といふものが有るが好いか、無いが好いかといへば、有るに如くはなし、といふので、それなら、仏蘭西民法と書いてあるのを、日本民法と書き直せばよろしい。さうして、直に頒布しようといふ論が起きて、司法卿江藤新平氏の命令で、箕作先生が、日本民法草案を作り始めた。

それが、明治九年に稍脱稿して居りますが、尚不完全であつたから、明治十一年の暮から、十二年の春にかけて、大木司法卿が、民法編纂会《（ママ）》といふものを起した。その起草掛を命ぜられたのが、箕作先生と僕、その外に、起草委員といふものが出来た。これは、たゞ議するだけの人だ。

箕作先生と僕は、起草掛といふものであつたが、専ら法理に関係する所は、ボアソナードに起草させて、僕等は、その翻訳をやつた。

十三年の春かに、田中不二麿が、司法卿で、大木さん、山田さんが、参議専務になり、法制局主管となつた。そこで、更に、民法編纂局といふものを起し、箕作先生は、元老院議官で、民法編纂局委員で、起草員《（ママ）》、僕は同じ起草委員をやつた。その他、杉山孝敏・木村正辞などいふ日本学者、これはテニヲハを調べる役、さうして、元老院に場処をおいた。その後、参事院といふものが出来たが、民法編纂だけは、依然元老院に編輯局をおき、大木さんが総裁でやつてゐた。

明治十九年かに、財産編だけ出来して、元老院の議に附し、一旦議定になつて仕舞つたが、尚更に再調査することになり、井上伯が、外務省に、法律取調局（ママ）を置いたから、民法の編纂も、そちらに渡して仕舞つた。その後、大隈泊が、外務卿の時、山田顕義さんが、法律取調局（ママ）を起して民法・訴訟法・商法の取調局を、司法省内に起して、箕作先生あたりの勅任官は、取調委員、我々が報告委員といふものになつていつた。
それが、二十二年、山田泊の時代に、総て脱稿して、頒布になつて仕舞つた。処が、大学の先生や何かで、反対論が起つて、延期説が行はれ、又調査局が起つて、又前の委員の手で調査し、始めて今日行はれて居る民法が出来た。訴訟法だけは、二十三年に行はれたが、これには、箕作先生は関係はない。

【編者注】石井研堂の右記事は、『箕作麟祥君伝』所載の「磯部四郎君の談」を要約したものと考えられるため、参考として収録した。

「非刑法改正論」（明治三四年一〇月二日、立憲政友会談話会における演説）

（『政友』第一五号、明治三四年一二月一〇日発行）

前席に於て岸小三郎君は改正刑法草案の賛成すべき理由を述べられたるが、其言ふ所を聞くに現行刑法の不完全なるものなりとの各点を論ぜんとの意にて或は現行刑法に於て重罪軽罪違（ママ）軽罪の三種を区別したるは非なりと論じ、或は治外法権撤去の後にあつては国内に於ける犯罪処分及び国交に関する犯罪の規定に於て現行刑法は不完全なりと論じ、又現行刑法は刑の範囲狭きに失し、裁判官に適宜裁量の充分なる余地を与へざるものなりと論じ、或は現行刑法に刑の執行を猶予するの寛典を与へず、又は再犯加重の程度も軽きに失すとなし、又監獄上刑の執行方法に困難なる点少からず、而して改正刑法草案は是等諸欠点を充分修正せるを以て是れ飽迄も賛成する所なりと為し、且つ諸君に望むに此理由を諒とし是非次期の議会に於て同案の通過に尽力せられんことを以てせられたり、予は岸君と全く反対の意見を有するを以て此処に岸君の論ずる所を反駁し以て諸君の判断を仰がむと欲す、先づ岸氏の論ぜし各項に付き項を別つて論駁せむ、

第一、論者は現行刑法に於て犯罪を重罪、軽罪、違軽罪の三種を区別せしを不可なりと云へるも、元来立法上の区別は其の法律を実施するの便宜より生じたるものにして法理を以つて論ずべきものにあらず、何事に限らず総べて物の区別に天然の理由あるべき訳なし、而して現行刑法に犯罪を三種に区別したるは裁判の管轄付加刑の処分並びに刑の適用上に於ける便宜より来りたるものなり、岸氏の賛成する改正刑法草案は果して此の区別を全然除却せりや、改正刑法に於ても既に重罪と軽罪との区別を存するにあらずや、若し三種に区別せしを不当なりと云はゞ二種に区別せるも亦た不当にあらずや、改正刑法草案に於て二種に区別したる便不便は応用の経験如何に依つて証せらるゝ所なるべきも、其の区別を存したる点に於ては現行刑法と五十歩百歩の論のみ、三種に区別

したる現行刑法を不当なりとするの理由ありとせば改正刑法草案に於て二種に区別したるを是とするの理由あるべからず、岸氏が斯くの如き二種と三種との犯罪区別点を以つて改正刑法賛成の一理由と為したるは改正刑法の起草者連に於ても迷惑を感ずるならん、故に此の点は深く論ずるの必要なきものと信ず。

第二、現行刑法に於て外国人が内地に於て犯したる犯罪を処理するの点及び日本人が外国に於て犯したる罪を処理するの点其他国交上の罪等に付き欠点あるは予の素より認知する所なり、然れども此点に関しては少しく現行刑法の沿革を了知せざるべからず、現行刑法は明治十四年に頒布せられたるものにして其草案中には国際刑法上に関する規定ありしも其の当時に於ては外交のことに関し我が国権は充分に行はれず所謂治外法権なるもの存在して如何に法律に外交上の問題を規定し置くも全く徒法に属し一も実行の力を有せず、外交上の関係を規定したる条項は他日治外治《ママ》権撤廃の時を俟て之を加ふべしとの議論により当時元老院の刑法審査会に於て之を削除し遂に現行刑法の如くして世に出るに至りたるものなり、故に其当時の草案にありたる如く国際刑法上に関する条項を特に加ふれば其不備は之を充たすこと容易なり、僅に此点の存せざる一事を以て許多の費用と国家有為の学者連の労力とを糜して現行刑法を全部廃物と為し更に改正刑法を起草するの必要何れにあるや、故に国際刑法に関する条項不足するの一事を以て刑法全部の改正を企るは是亦早計の謗を免れざるものと云ふべし。

第三、現行刑法は刑の範囲狭まきに失するにより改正刑法草案には此の範囲を大いに拡張したりとて之れを刑法改正賛成の一理由と為せるは実に驚入りたる議論と云はざるべからず、成程改正刑法草案を見るに其の範囲の最も広きものに至りては裁判官に委するに一犯罪に対し死刑より一日の懲役に至る間に処刑を昇降する職権を以つてしたる如き裁判官の職権を宏大無辺のものと為したるは疑なき事実なり、然れども斯くの如きは予の最とも改正刑法案《ママ》を批難して措かざる一大理由なり、

刑の範囲に関し現行刑法の規定狭きに失するの声改正論者の間に喧しきを以て予は常に当局者に要求するに若し果して刑の範囲にして狭隘なりとせば二十年間の実験上如何なる犯罪に付き尚一層重く処刑せむと欲するに当り

刑法の規定許さゞるが為め能はざりし実例幾許ありしや又或犯罪に付き尚一層軽きに処せむと欲するも現行刑法の規定之を許さゞるが為め充分に情状を酌量する能はざるの実例幾許ありしや、宜しく実際の統計を示されんことを以てせり、然れども今日まで何人も此問題に反証を示したる者あるなし、蓋し反証ありて示さゞるにあらず実際前陳の如き事情に遭遇したる多くの実例の存せざるを以てなり、然らば現行刑法の規定に於て刑の範囲狭きに失すと云ふは決して二十年間の経験より生じたる論断にあらず、唯だ純然たる空想に止まれるのみ、空論以て一大法典を全部改正するの必要ありとなさば格別然れども斯の如きは心ある者の誹を招ぐに過ざるを如何せん、加之刑の範囲を広くするは取も直さず裁判官の職権を拡張するものにして裁判官の職権拡張とは即ち司法権の拡張に過ぎず、而して司法権の拡張は果して国家に利益あるものなるや否やは宜しく国家問題として充分の調査を要すべきものと言はざるべからず、蓋し予の見る所に於ては司法権の拡張は国家に取り最も憂ふべき危険の存ずるものなりと信ず、而して此危険は我帝国に於て最も多しとす、何となれば今日司法権を除くの外公権に公民の干与せざるもの一として存せず、即ち国には帝国議会ありて其権利の作用を抑制し府県郡市町村亦各々議院制の監査を受くるを以て行政を恣にすること能はず、何れも公民の監査を受けざるはなし、独り司法権に至りては数千の裁判官各々独立の権利を有し何人も其職権の発動を監査する能はず、而して其職権の及ぶ所は重きは生命名誉及び公権并に身体の自由、軽きも財産の与奪にあり、此重大なる権利を有する裁判官に委するに過大の職権を以てし敢て之に制限を加へざるに於ては遂に司法権の濫用よりして国家を害し其流毒の及ぶ所を知らざるに至るべし、然らば即ち裁判官の独立を廃せむか、之を廃するとせば裁判に公平を望む能はざるべし、故に独立は素より維持せざるべからず唯其職権の範囲を制限するに法律を以てするを必要なりとす、現行刑法に於て各犯罪に付き刑の範囲を或程度に定めたるは是が為めなり、然るに改正刑法草案に於ては其範囲を非常に推拡し、一日の懲役以上死刑に至るまでの間之を伸縮するの自由を裁判官に与へたる如きは司法権の拡張が国家に如何なる関係を有するやを察せざるの甚しきものと云ふべし、彼の仏国の大革命は司法権の拡張、司法権の濫用実に其原因たり又省みざるべからず、尚此点に付ては充分研究すべき問題存ずと雖も是れ一朝一夕の能く弁じ得る処にあらざるを以て茲には唯其要領を述るに止めん、

第四、論者は改正刑法草案に於ては或犯罪に付き刑の執行を猶予し其猶予中犯罪人にして改悛の情顕然たるに於ては其刑の執行を免ずべき寛典を設けたるを最大の美事なりとして此規定の現行刑法に存せざるを批難せり、成程軽微の犯罪に対し或場合に刑の執行を猶予すべしとの論は頗る其当を得たるものゝ如し、然れども果して我が国に応用して実地に有益なるや否やは今尚ほ無経験の議論たるを免れざるなり、議論は美なるも而かも実地に不都合の事多きは他事に於て屢々証せらるゝ所、去れば他日外国に於ける実施の効果如何を見て之を規定するも敢て遅しと為さず、外国に於ても学者間刑の執行猶予に対し反駁するもの少からず、一度法安《ママ》を紊りたるものには国家之に刑罰を科するを必要の原則とするに係らず、例ひ或範囲内に於てするものなりとは云へ此大原則に背戻して刑の執行猶予を許すは刑罰根本の観念に反す、殊に改正案の規定に依れば一年以下の禁錮又は六ケ月以下の懲役の言渡を受けたるものにして且裁判官の認定に依る情状あるものに此恩典を与ふるものなり、一年以下の禁錮又は六ケ月以下の懲役の言渡を受くべきものゝ中には極めて危険なる犯罪人も含まるべきは当然なる可し、危険なる犯人は裁判官に於て之に恩典を与へざるべしと云ふものあるべきも、情状の認定は裁判官の専権に属し、或は情状なきものにして情状ありと認定せらるべく、或は真に情状あるものにして誤て情状なしとせらるゝ場合も少からざるべきは容易に想像し得べし、且刑罰軽き罪は之を犯すも執行猶予の恩典を望み得べしとすれば或は執行猶予を恃みて「一度位は」といふ犯罪者を生ずることあるべきは明なり、要するに執行猶予は改正刑法起案者の犯罪必罰主義とは全然相容れざる制度にして彼等が之を以て改正刑法の金科玉条となすは噴飯に堪へざる処なり、加之刑の執行猶予は刑法の問題にあらず執行上の問題なり、即ち所謂行政の範囲に属す、既に我邦に於ても特赦大赦の問題は天皇の大権に属するにあらずや、執行猶予の如きは刑法中之を規定せず、特に或犯罪を限り執行官即ち検事に其権能を付与するの単独法を設くるも可なり、刑法の大典に行政の一事に属する執行猶予の権

利を規定するの必要何れにあるや、素より現行刑法に於ても仮出獄等行政に属する問題の規定なきにあらずと雖も是れ大典を制定するの序次に規定せるものなれば敢て不可と云ふべからず、然れども現行刑法に其執行猶予法の規定なきを理由として現行刑法の全部を改正するの必要ありと主唱するに至りては立法と行政との区別をも知らざるの愚論たるを免れず寧ろ一笑すべきなり。

第五、論者は改正刑法草案に再犯者に対する処刑を重くするの趣旨を採りたるを称揚し現行刑法の加重主義を難じて再犯者を処するに軽きに失するの嫌ひありとなせり、元来再犯加重論に関しては学者の説種々ありと雖も予は全く之に反対の意見を有す、再犯加重とは既に一犯罪ありて刑に処せられたる者が更に罪を犯せしに当り初犯者と同一の処刑を以てしては懲戒の効なしと為し一層加へて以て重きに処し懲戒の効を奏せしめんとするものなり、然れども是れ甚だ幼稚なる考と云ふべし、此意見の依て来りたる理由は刑法を以て懲戒を旨とする者との論に基けり、若し刑法にして果して単に懲戒主義のものならんには死刑の如きは全く其主意と矛盾すべし、死刑の可否は別問題とし刑法は決して懲戒のみを旨とするものにあらず、刑法は寧ろ賠償主義に重きを措くものなりと云ふの勝れるに如かず、賠償主義とは何ぞや、汝は斯く々々の行為をなし国家の安寧を害したるを以て汝を斯く々々の刑に処し国家は之に依つて其受けたる害の復讐を為して満足すと云ふの趣意なり、然らば刑は犯罪の代価と云ふて可なり、而て各犯罪に就ては刑法上各々其代価を規定しあるを以て初犯に付き刑を受くれば初犯の代価は既に弁済せるものなり、再犯に至れば又再犯の代価を払ふて足れり、再犯に及び初犯の代価の不足を追徴すべき理由なし、徒て又何ぞ特に其代価を高くするの必要あらんや、唯迷妄者は刑法と宗教とを混同して刑法を以て犯罪人を懲戒するの善法なりと思考し其懲戒の効を奏せざる者には再犯の際一層重くすると云ふが如き坊主臭き議論を唱ふる者ありと雖も是れ刑法と宗教との区別を知らざるの論のみ、故に予をして現行刑法を批難せしむれば現行刑法中再犯加重と云ふが如き陳腐なる懲戒説を採用せしは不都合といふべく、却て此制度を除却するの至当なるを信ずるなり、然るに改正刑法草案に於ては此陳腐なる再犯加重説に一層の重きを加へ益々陳腐の上塗りを為したるは何の意たるを知らず、而して此の陳々腐々なる説を賛成する論者の如きは其浅薄なる寧ろ笑ふに堪へたり、而して再犯加重の制度を批難する論者は独り予のみにあらず、刑法学者間中一問題として大に之を唱道する者ありと聞く、蓋し他日此主義の世界に行はるゝことあるべきを信ずるなり。

第六、論者は現行刑法に体刑を区別して死刑、徒刑、懲役、禁獄、禁錮、拘留と云ふが如き種々の刑名を存すと雖も、死刑を除く外其執行方法に至りては敢て大差あるを見ず其名異にして其実同一なるは非なり、寧ろ種々の刑名を廃し名実同一に為すの勝れるに如かずとの理由を以て改正刑法草案に於ては其刑名を死刑、懲役、禁錮、拘留の四種のみに区別したるを以て改正案賛成の一理由となせり、而して過般来司法大臣は監獄則の関係より此改正の点を得々として諸方に演説し、此改正法の如くすれば刑の執行上大に経費を節減するを得るの利ありと主張せりと云ふ。成程国家の事業は常に経費問題に伴ふを以て経費上の点より当局者の注意を惹くは無理ならず、然れども経費の問題を以て国家事業の原則と為すは誤まれり、国家事業の原則は原則として経費の不足を告る間は姑く其原則を停止し以て国庫の余裕を待つは或は可ならん、経費の足らざるを名として原則を滅却するは不可も亦甚し、監獄問題即ち刑の執行問題も是と同じ、刑を執行するに方り刑の軽重に論なく一列一体に為すは経費の節減に利ありと雖も成べく犯罪人をして改悛に導くの効果を見むとするの点に於ては最も不都合なり、既に改正刑法論者は一方には再犯を最も加重して懲戒の効を奏することを希望せしにあらずや、一方には此希望を有しなから一方に於ては犯罪の性質をも区別せず囚人の身分をも顧みず刑の執行とし云へば一列一体に為し以て経費の節減を唯だ惟れ旨とするに至つては全く自家撞着前後矛盾たるを免れず、嘗て聞く監獄は犯罪の学校なりと、蓋し大罪人と軽罪人とを混同して同一の獄房に居らしめ、罪悪に経験ある者が初犯の者を誘ふて出獄の後は斯く々々の方法を以て斯く々々の罪を犯せば斯く々々の方法を以て刑を免かるゝを得べしと云ふが如き手段を教授するが故なり、故に誤つて罪を犯したる者も一旦囚人となり数ケ月を経て出獄するに及んでや殆んど犯罪学の博士となるの例少からずと、是れ何ぞや監獄の取締其宜しきを得ざるが為のみ、予を以て監獄の制度を充分に改正せしむれば予は原則として犯罪の種類、年齢の老幼、囚人の自分教育、男女の区別等総て資格の異なる毎に一々之を区別して収監し以て犯罪の害毒他者に伝染せざることを努むべし、是れ監獄の制度上最も注意すべきの点なり、素より斯の如き規定を設くるに於ては其費用も亦莫大ならん、然れども原則に於ては之を以て良法と為す、蓋し現行刑法に於て刑名を一々区別したるは監獄の制度も亦此区別に従つて設定せむことを希望したるや明かなり、而して執行官が其区別を滅却したるは経費の足らざるが為め一時の仮処分のみ、経費不足なれば已むを得ず一時仮りの手段を以て之を処理するの外なし、一時の処理方法を以て永代の原則となさむとするは思ふはざるの甚しきものと云ふべし、司法大臣は単に監獄の経費のみを慮りとなして監獄内に於て犯罪手段の悪業他に伝染することを察せず、徒らに其執行を一にして種々の囚人を同一に処するが如き趣意に出でんとす、若し此方法に依らば総ての監獄は却て犯罪学の学校と化し刑期満ちて出獄する者は益々犯罪の害毒を社会に流すに至るべし、斯の如き罪悪を養成するの監獄則を設けんよりも寧ろ監獄を滅却し刑法を僅に財産刑にのみ止むるの簡単なるに如かざるなり、即ち罪悪の増長せざる点と経費の省約し得る点とに於て寧ろ勝るものあらん、然るに監獄は保存せらるべからず経費は足らずとの故を以て刑法の原則を滅却して罪悪増長の学校主義を改正案中に設け以て之を誇称して諸方に演説し回はるに至ては果して其の本気の沙汰なるやを怪むなり、猶ほ数多なる刑名を設るときは刑名の異なるに従ひ刑の執行方法を異にするが故無用の行刑費用を要するの弊ありとせんか、仮令現行刑法に数多の刑名ありとても其執行方法を簡単にせば此弊は之を除き得べく現に今日の実際に於て爾かせられ居るにあらずや、去れば此点に於ても改正論者の主張する材料の甚だ薄弱なるを知るべきなり、此外或は数罪倶発を改正案に於て併科主義に更めたることの如き此亦改正論者の称揚する処なりと雖も既に改正論者の根拠とせる最大理由の不当なるを弁駁したる以上は、些末の同題《（ママ）》に論究するの必要はなかるべし。

以上は余が記憶する処に於て岸君が改正案を賛成せらるゝ論点に対する反駁なり、其他詳細の点に立入りて彼背対照検覆する時は倍々以て現行刑法を貶して改正案を掲ぐべき所以を看る能はず、然し其詳細は寧ろ刑法学理の範囲に属するを以て茲には述べざるべし、余と雖も現行刑法の或点に於て陳腐に属し社会の進歩人文の発達に伴はざるものあるを認めざるにあらず然れども明治十五年実施以来既に二十年の星霜を経来り人民も之を熟知し裁判官も其運用に熟したる今日に於て一知半解の徒が全く経験を度外に措き奇怪なる教科書的刑法を作成して之を人民に強ゐんとするは予決して其可なる所以を知らず、如何なる法律と雖ども決して完全無欠は望み得べきに非ず、人民の汎く知り得たるものにして普通の条理人情に適合するもの之を以て良法律と為さゞるべからず、果して然りとせば現行刑法は寔に良法といふを憚らず、夫れ大破に至りたる家屋は改築を要すべし、然れども僅かに雨漏り風透るの故を以て根蔕より改築するの必要あることなし、修補して完きを得るの望あらば宜しく修補に止むべきなり、新法出づる毎に疑議百出し裁判官も人民も帰趨する所を知らざるが如きは民法制定せられて地上権問題起り商法制定せられて手形問題起りたるが如きに徴して知るを得べし、此等は社会の必要上止むを得ざる結果なれば詮方なしと雖も、現行刑法に於ては旧民法商法の如き人民の迷惑を度外に措きても新に制定する必要あるものと同日の談にあらず、是を要するに刑法は経験に基く実際学とも謂ひ得べきものにして、単に一片の理論に基き制成すべきものに非ず、況んや其理論すら首尾一貫せざる皮想の見解に過ぎざるものに於てをや、予は確信す、今日までは現行刑法の試験期にありしものにして今日以後は捨彼取是所謂修正時期に属すべきものなることを、刑法の如き直接に吾人の生命身体財産に影響を及ぼすべきものに於ては呉々も慎重の態度を採るべきは論を須ゐざるなり。

最後に予は猶一言すべきことあり、予等同志は徒らに言に敏に行に拙なるの非難を受くるは素より忍びざる所なり、乃ち現行刑法を基礎として取るべきは取り捨つべきは捨て今日の我国の現状に照して比較的良好なる刑法たらしめんことは予等の責務たるを信じ且つ行ひつゝある所なり。

尚ほ終りに方り一言す、岸君は諸君に求むるに第十六議会に於て此改正案をして必ず通過せしめられんことを以てせしが、予は此の如き大胆なる考なし、予は唯だ単に予の所信を披陳して以て諸君の判断を乞ふのみ、謂はゞ諸君は予の為に裁判官にして予は諸君の判断に訴ふるのみ、取捨は一に諸君に在り、諸君乞ふ諒せよ。

「魚河岸移転の非を論す」

（『法律新聞』第八五号、明治三五年五月五日発行）

私が磯部四郎てこさいますかまた長老といふ位は持ちませぬ、それてこさいますから長老といふ唯今高木［益太郎］君の御吹聴は御取消を願ひたい（大笑拍手）そこて私か此魚河岸移転といふことに付きまして此処に演題を掲けてありますか要するに私の意見は此問題に反対であるといふたけの論結に帰するのてありまするから唯た徒らに反対といふはかりてはいけませぬから一通り私の意見を諸君に御話をして幸に諸君の御賛成を得ましたならは私の所見か誤つて居らぬといふことを確めるたけて決して私は物識り顔に諸君に対して講釈をするの何んのといふ大胆な考は毛頭無いのてありますから其御積りて姑く清聴を煩はす次第てこさいます（謹聴々々）そこて元来此魚河岸移転といふことは文字から見まするると立派なやうに見へまするけれとも詰り所払ひといふことになるたらうと思ふのてす、所て此所払ひといふことは今日に始まつた事てはなくして御維新以前にもありました、御維新以前に所払ひの処刑を被つた者は何人てあるかと云へは火を出して人の家を焼いた奴てあります、それから御維新以後に至つて所払いに遭つた者は何てあるかと申しますれは是は私の覚へて居る所では遊廓てあると私は覚へて居ります（拍手大笑）そこて今日如何なる理由てあるかは知りませぬけれとも日本橋の魚河岸といふものを此御維新以前の出火者若は御維新以後の遊廓と同様に所払ひを命するといふことは殆と日本橋の魚河岸全体を侮辱して居るものてはあるまいかと私は考へます（拍手喝采）それから今一つは魚河岸を所払ひにして如何なる方面に移すかと承つて見まするると日本橋の箱崎町の土州様の御屋敷跡の近傍を買潰すとか埋立てるとかして其処に魚市場を建設する目論見てあるといふことてこさいます是も亦魚河岸を侮辱して居るのてはあるまいかと思ふのは御維新以後彼の太田様の御屋敷跡に住つて今日繁栄を極めて随分色々な商業者も住んて居りますか良い人間か住んて居るかと云へは佐竹の原や本所の津軽ツ原に移つて今日繁昌を極めて居るものはとういふ者てあるか云へは淫売の巣窟てあるといふことを承つて居ります、此魚河岸を土州様の御屋敷跡に移すといふのは即ち此淫売婦と同一視した所為てはあるまいか是亦魚河岸に対して侮辱てあらうと私は考へるのてあります（大笑拍手）

それを苟も東京を代表して居れる所の魚河岸諸君に於ては甘んじて受けられることてはあるまいと私は想像するにも拘はらす是迄の沿革上それを甘諾せられた模様の見えるのは、其当時法律思想か発達しませぬから誤つてさういふ事を甘諾せられたか知りませぬか政府も今日は日本橋に対して誤つた処置を執つて居りまするし日本橋区の諸君も誤つた考を持つて居られたので詰り錯誤の結果と見なければなりませぬ錯誤に出てた契約は法律上無効てありますから諸君か是迄魚河岸移転といふことを甘諾せられて居つたことを無効てあると私は考へるのてこさいます（大拍手大喝采）

それから私か此問題を諸君の御面前に於て御話をするのは元来とういふ所からあの立派なる魚河岸を移転させるとか、させやうとかいふ事を考へて来たかといふに裏面には余程汚ない事かあります、こさいますけれとも其人は多少御身分の有る方てありまするし私は是に付ては未た確実なる証拠を得ぬものてありまするし又其人かとうかして刑事の被告人になられた時には弁護の労ても取らなければならぬ場合に立至るかも知れませぬから今日是は暴露しませぬ（拍手大笑）併なから表面の事実を尋ねて見まするも立派てあるかといふに大変間違つた《（ママ）》居てと思ふのてす、表面の理由はとういふ事を言ふかと云へは先程丸山［名政］君の御説もでましたか衛生問題といふやうな事もありますか案外至極の事てあると私は想像する其事に付ては丸山君から既に実例を挙けられましたから私は喋々申しませぬか若し衛生問題といふやうな事からして総て衛生上多少の差響きを来するものは悉く遂払つてしまはなけれはならぬといふことか相当の理由てあるとしますれは此繁栄なる所の東京市を殆と昔の武蔵野に帰せしむるに至りはせぬかと私は考へるのてす（拍手喝采）

其理由は先つ第一に喧かましい業務を執る所のものは四隣の安眠を妨けるから是程衛生に害の有るものはありませぬ四隣の安眠を妨ける業務は何んてあるかと云へは今日文明の一大機関として居る所の活版印刷事業は最も喧ましい、殊に新聞屋さんの隣に居つて車をグル〳〵運転された日には夜中眠られぬといふ有様てあります(拍手)それから小にしては西洋仕立屋さん是も夜明けから夜の十時頃迄ガタ〳〵やられるの四隣の子供なとは驚風を発すといふ有様てあります(拍手大笑)又或は市街鉄道の如き馬車の如き或は湯屋の如き料理屋の如き又此の如く便宜を与ふる所の劇場の如き四隣の人の迷惑を感すること夥しい殊に今夜の如く斯様に大人《(ママ)》てさすかに広き明治座も聴衆充満して立錐の余地なしといふ場合に在つては炭酸中毒を起して皆さんの顔か真赤になつてしまふ(大笑)衛生的といふ所から云ふと是等のものも悉く東京市中を遂払つてしまはなけれはならぬといふことになるのてこさいます(拍手喝采)

それから今一つは日本橋の魚河岸の近辺を通ると臭か悪るい是かために空気か云々といふやうな暴な議論も出る、さういふ議論を起すことになりまするると臭の悪るい所の家業も是亦東京市中に居て貰つては相成らぬと諸君か御考になるかも知れない其例を挙けて云へは第一に臭の悪るいのは瓦斯会社てあります、それから旨いものては牛肉屋、それから諸所に散在する所の魚河岸の流れを汲んて居る所の魚屋さん、蒲鉾屋さん、それから染物屋さん蕎麦屋なとも余りよい臭はしない是等も東京市中から遂払つて何れかの片隅へ移つて貰はなけれはならぬといふことになります(拍手喝采)それから今一つは其他此人命を害する所の危険な商売かあります、それて此魚河岸といふものは既に先程丸山君の言はれた通り流行病を発生する原本地てあることか何んとか何も証拠もなくして漫りに衛生々々と唱へて之を移転せしめなければならぬといふ理由の一つに算へて居る者もあるやうてすか、さういふ論を致すことになりまするると人命に害有る危険なる業務を執つて居るものも悉く東京市中から遂払つて貰はなけれはならぬことになるのてす(ヒヤ〳〵)其危険なる業務とは何んてあるかと云へは第一電燈会社てある、私か曾て或所を通つた時に人殺しかあるといふから驚いて駈付けて見ると流電気に触れて其処に三人斃れて居つた事かありました（大笑）文明の機関として人か用ゐて居る電燈にさういふ危険かありますから先つ第一に電燈会社、それから馬車鉄道人力車といふやうなものも屡々新聞紙上て人を傷けるといふことか書いてありますから是亦危険なるものと云はなければならぬ、さすれは是亦他所へ移つて貰はなけ《ママ》はならぬといふことになります（拍手喝采）それから其他総て危険の問題から云ふと多く火を取扱ふもの―其中には二重になつて来るものもあります即ち先程申しました所の或は湯屋てあるとか或は寄席―吾々なとも羽織を焼かれて居ること何回かに及んて居ります（拍手大笑）危険といふ問題から来ると是等のものにも退去して貰はなけれはならぬことになります、そこて何等の証拠をも挙げることか出来すして唯た衛生上といふ理由を以て日本橋の魚河岸を移転せしめる必要かあるといふならは私か唯今算へあけた所の業務の如きは寧ろ一層甚しい所の直接人間の生命或は財産に危険を与ふる業務てありますから是等も悉く東京市中から逐払はなけれはならぬ何処か片隅へ移してしまはなければならぬといふことになりますから是等のものを差引いて跡に残るものは何んであるかと云へば私は武蔵野の原より外に残るまいと考へるのでございます（拍手大喝采）

左様致しまするると先程高木正年君が既に御発言になつたと考へますが元来此東京市といふものは何を以て組織して居るものであるか詰り商業の中心でありまするから―日本全国の商業の中心でありまするから繁雑の上に繁雑を極めることを望まなければならぬのに八道に通じて即ち関八州の人々に魚類を食せしむる所の最も便利なる魚河岸を経済上の考もなくして他に移転せしめなければならぬといふことは実にくだらぬ話て市場の何者たるを知らぬもの〻言葉てあるのてこさいます（拍手喝采）繁昌することを望まなければならぬのに繁雑であるから之を取除けなければならぬといふのてこさいますから市場の何たるを知らぬものてあると述へることか出来やうと思ふのてこさいます（ヒヤ〳〵）

又外観的といふ議論も起るのてす、とうも日本橋を通ると魚河岸の連中か夏なとは裸体になつて居つたり何かして誠に見苦しい、それに第一不潔てちツよと通つても胸か悪るくなる位た、倫敦や巴里に行つて見れは何処へ行つても倚麗《ママ》て清潔た、日本橋の魚河岸は何分不潔てあるからとうしても立退いて貰はなけれはならぬなと洋行帰りの先生達か無鉄砲なことを言ふのてす、けれとも欧羅巴視察の先生等は大抵汽車に乗つて道中する先生達ですから綺麗な所はかり見て汚ない所を見ないから左様な事を申すのて、私は昔海外に行つて居つたことかありますか、なか〳〵市場で御座敷へ毛氈敷いて酒ても飲まふといふやうな所はありはしませぬ（拍手喝采）殊に今日の東京の町を御覧なさい魚河岸を例にして言ふのてはありませぬか何処も骨みたやうな電信柱か樹つて居つて其見ツともないこと御話にならぬ（拍手喝采）鰯の骨みたやうな者ても我慢して文明々々と云つて居りますが、そんな所は見たくも世界にありは致しませぬ（大笑）唯だ便利のためにアンな見ツともないものを我慢して居りながら今日関八州の人々に魚肉を食はせる其中心たる魚河岸を繁雑だから除けてしまはうといふやうや議論は私は頭も尻もない議論であると断言出来るのでございます（拍手大喝采）

それから私は少しく締まつた議論から申すと日本国は何れの国でも多少の慣習といふことを貴ぶ国でございますが、就中日本の今日皇統連綿として外国に卓絶して居る又君臣の大義に於ける事又親子の情合に於ける事、夫婦の関係に於ける事総て日本程千古の美風の存在しる《ママ》居る国が世界中に一つも無いといふのは何に原因して居るかと云ふと是は即ち開闢以来の慣習、開闢以来人民が是に由て育ち多年是に従て教育を受けたる結果に外ならぬでございます（拍手喝采）それでございますから日本の歴史といふものは自己に付ても一大勢力を持たなければならぬのである其証拠には今日如何に貧乏すればとて先祖以来大切にして居る所の仏檀を売らうといふやうな人間は日本に一人だつて有りはしませぬ即ち祖先を大切にするといふ観念が日本の今日各国に卓絶して居る美風を顕はして居るのでございます（拍手大喝采）

而して日本橋の魚河岸といふものがとういふ歴史を持つて居るかと云へば其昔江戸と云ひし東京草創の当時から日本橋の魚河岸といふものが成立つて今日迄繁栄を極めて居るのでございます、斯様な大切な歴史を持つて居る魚河岸を出火者や遊廓と同一視して所払いを命じて片々たる土州の御屋敷跡へ移転せしめるなどといふことは、私は此今日迄持続して来た魚河岸の江戸ツ児気性—倭魂の骨髄となるべき江戸ツ児根性といふものに対して甚だ怪しからぬ次第と考へるのでございます（大拍手大喝采）

それから私は経済上に付て一言申上げますが先つ右等の理由てこさいますから無論魚河岸といふものは移転すへからす又移転することか出来るものてない祖先に対して断して斯様な事は出来ないのてある（大拍手大喝采）諸君の家は何人か建てましたか即ち祖先の建てたものてあつて魚河岸といふものか開闢以来今日迄存在して居る主要の土地てあるのてある、それを移転せしめるといふ事の甚た宜しくないといふ話は姑く措いて、経済上とうしても移転すへからさる理由か茲に在るのてこさいます（ヒヤ〳〵）私は深く経済上の事は存しませぬかそれ〳〵の人に聞きまするど元来土州の屋敷跡をとれたけ買ふのか借りるのか知りませぬか相当なる土地を買入れて其所へそれ〳〵設計をして盛んなる魚市場か仮に出来ると想像して其所に至つて今日の如く盛んに営業を為し得るに至る迄の費用といふものは幾百万円掛かるか分らぬ其中何人かの手に這入る所の費用も半額位はあると思ひます、左様致しますると此事か落成に至る迄に五百万円掛かるか七百万円掛かるか殆と其算は取れませぬか兎に角幾百万円の資を投して新たなる魚市場か成立つとしても其費用は何人か背負って立ちますか、魚河岸に関係有る御銘々か背負つて立たなければなりますまい、私は不人情のやうてあるか致方かない魚屋さんか背負つて立たなければならぬのてす、御銘々か背負つて立つた結果はとうなるかと云へば魚類の代価か騰貴する其結果関八州に於ける労動社会—八百膳の料理てなければ食はぬなとといふ贅沢屋さんは姑く措きまして鰯てあるとか何んとかいふものを食へて一日の労を慰め精神を養ふて行く所の人か関八州の労動社会に私は沢山あらうと思ふ此人々か即ち安き所の魚類を食ふことか出来なくなりますから従つて魚類を以て己れの身体精神を養ふことか出来ないといふことに帰着するのてこさいます（大拍手大喝采）此問題に付きましては最も当局者は注意しなければなりませぬ諸君は幾らお金持たからと云つて決して幾百万といふ金をたゝ背負つて居られるものてない即ち之をむつかしく云へは間税—直接税てはない間税といふものか何時ても品物に掛けられるのてあります固より鰯一匹百円といふことにはなりますまい（大笑）去りなから三倍するか四倍することになりますれは今日僅に一日四十銭か五十銭の労銀を得て之を以て多少の魚類を買ひ家族を養ひ己れの身体精神を養ひ以て一家族の健全を保つといふ輩に於きましては平素魚類を食することか出来ぬといふ次第になりますから殆と阿片を喫んて育つた支那人の如き者か沢山関八州を徘徊するに至るてあらうと考へます（大拍手大喝采）其事に当局者は注意をせすして魚河岸に於て是迄虎列刺を出した或は流行病を出したといふ何等の証拠、何等の統計もないのに唯た臭か悪るい不衛生た之を逐払はなけれはならぬといふのは即ち関八州の衛生といふ事を少しも顧みぬ又関八州の人間の身体を弱めてしまふといふ重大なる事に心を用ゐぬ所の頗る欠点多き措置と考へますからあなた方御一個の利害は姑く措きまして、日本人は日本人たけの気骨を保たなけれはならぬ気骨を保つには安い魚類を食はせなけれはならぬ安い魚類を食はせるには元との日本橋の魚河岸に居つて商売するのか日本国の為てあると私は堅く信しまするから諸君も魚河岸移転問題に対しては極力反対せられんことを偏に希望致します。（大拍手大喝采磯部君万歳）

「裁判所廃合ノ議」

（『日本弁護士協会録事』第七二号、明治三七年一月二八日発行）

政府ハ多年政界ノ宿題タル行政整理ノ一端トシテ、先ツ政務機関ノ廃合ヲ実行シ、以テ財務ノ緩融ヲ図ラントシ、司法部内ニ於テモ亦大ニ裁判所ノ廃合ヲ為スノ議アリ。其案将サニ成リテ、来ルヘキ議会ニ提出セラレムトス。今窃カニ其案ナリト称スルトコロヲ聞クニ、其廃合ノ程度ハ他ノ行政官庁ノ廃合ト略ホ同率ナルモノ、如シ。蓋シ政府ハ官庁ノ廃合ニ関シテハ、其司法官庁タルト其他ノ行政官庁タルトヲ問ハス、之ヲ同列ニ観察シタルニ非サルナキヤノ疑ナキ能ハス、予惟フニ齊シク是レ官庁タルモ司法官庁乃チ裁判所ト、其他ノ行政官庁トハ廃合ノ結果偶々同一率ニ帰スルコトアルヘキハ復タ已ムヲ得サルトコロナリトスルモ、廃合ヲ行フニ当リテハ必スヤ両者ノ間其必要ノ軽重ヲ参酌シ、其必要ノ程度ニ準シ、権衡ヲ失セシメサランコトヲ期スヘク彼是相混同スルヲ許サス。

抑モ国家政務ノ発達ハ各国自ラ一定ノ順序アリ、イカナル草昧ノ世ニ在リテモ苟クモ一ノ国家ヲ組成シタリト称スルヲ得ヘキトキハ、必スヤ先ツ軍事ト司法トノ政務ヲ存シ、又苟クモ此両政務ニシテ存在スル以上已ニ一国家ヲ成セリト云フニ足レリ。乃チ軍事ト司法トハ之ヲ国家存立ノ基礎乃チ国家ノ生命ナリト謂フモ必スシモ過言ニ非サルヘシ。之ニ反シ諸他ノ政務ニ至リテハ如上両政務ニ附属シテ必要ナルモノ、若クハ国家ノ基礎已ニ成リタル後其発達進歩ヲ図ル目的ノ為メニ生シタルモノニ過キス、財政ノ如キハ前者ニ属シ、諸種ノ助長行政ハ後者ニ属ス。所謂衣食足リテ礼節ヲ知ルノ語ニ比スレハ、軍事及ヒ司法ハ衣食ニシテ、其他ノ政務ハ礼節ナルモノニ似タラスヤ。軍事及ヒ司法ノ政務ノ必要ナル之ヲ諸他ノ政務ニ比較シテ、其間霄壌ノ差ナクンハ非ラサルナリ。已ニ然ラハ其必要ノ程度ニ於テ上位ニ在ル政務ヲ掌ル官庁ノ廃合ヲ律スルニ当リ、下位ニ在ル政務ヲ掌ル支庁ノ廃合ニ準セントスルハ、冠履転倒ノ譏訾ヲ如何セントスル。

乞フ廃合ノ結果両者ノ間ニ生スル差異何似ト顧ミヨ、普通行政ニ在リテ其官庁殊ニ府県庁ノ廃合ハ、単ニ人民ニ不便ヲ感セシムルニ止マル、乃チ官庁減少ノ結果廃合以前ニ比シテ人民カ官庁ニ対シ或行為ヲ要求シ、若クハ法令ノ命スル義務行為ヲ尽スニ当リ、諸種ノ不便ヲ感スヘキヤ論ナシ。然レトモ是等ノ行為タルヤ固ト法令ノ命スルトコロニシテ、人民カ必ス之ヲ為サヽルヘカラサルモノ、若クハ自己ノ利害上其行為ヲ為サヽルトキハ明ラカニ自己ニ不利益ヲ被ムルコト、何人モ見易キモノニ属ス。従テ其不便ノ為メニ此等ノ行為ヲ等閑ニ附シ、以テ其不利益ヲ甘ンスルカ如キコトナキヤ明ラカナリ。之ニ反シ司法乃チ裁判ニ至リテハ、其刑事ハ姑ク擱キ、民事ノ訴訟ニ在リテハ其行為ヲ要求シテ、権利侵害ノ救済ヲ得ルト否トハ、一ニ人民各自ノ自由意思ニ存シ、法令ヲ以テ之ヲ強制セラルヽカ如キコトナキノミナラス、救済ヲ求メテ果シテ自己ノ意思ヲ貫徹スルヲ得ルヤ否ヤ、乃チ其裁判タル初ヨリ其必勝ヲ期スベカラザルカ故ニ、他ニ何等ノ障碍ナキ場合ニ在リテスラ之ヲ試ミルニ躊躇スルモノアリ。今之ニ加フルニ土地ノ遠隔ヲ以テセントス。多少権利ノ枉屈ニ忍フモ其遠隔ノ為メニ生スル多クノ不便ヲ避ケントスルニ在リ。司法制度ナルモノハ遂ニ国家ノ虚飾タルニ了ルヘシ。之ヲ実務家ノ言ニ徴スルニ、新ニ一ノ裁判所カ分離設置セラルヽトキハ、其裁判所ニ於ケル訴訟事件ハ従来同一ノ地域内ニ於ケルモノニ比シ倍蓰シテ提起セラルヽヲ見ルヘク、之ニ反シ再ヒ之ヲ廃合スルトキハ忽チ復タ原状ニ回リ、訴訟事件ノ減少ヲ来スヲ見ルト、斯ル顕象ハ職トシテ前陳ノ理由ニ基クヲ知ルニ足ルヘシ。若シ夫レ府県庁ノ如キ之ヲ現在ノ如ク分立セシムルハ、啻ニ土地ノ遠隔ヨリ生スル不便ヲ減少スルノ外各地方ノ事情ニ応シ、適宜ニ処理スルヲ得ルノ利益アリテ存スルカ如キモ、是等ハ其各地方選出ノ議員カ其職責トシテ努ムヘキコトニ属スルヲ以テ、其廃合ハ必スシモ不可ナルニ非スト雖トモ、民事訴訟ニ於ケルカ如キ一個人ノ随意ニ放任スルモノニ至リテハ同日ニ立論スルヲ得サルナリ。

政府カ其行政整理トシテ実行シ若クハ実行セントスル方針ニ就テ観察スルニ、軍事ニ就テハ能ク其権衡ヲ得タルモノアルカ如キニ拘ハラス、司法制度就中裁判所ノ廃合ニ至リテハ、之ヲ其他ノ助長行政機関ト同視シ、実際必要ノ程度如何ヲ顧慮セサルモノ、如ク爾リ如斯ニシテ節減シ得ル僅カニ三四十万円是レ洵ニ執政者ノ短見ニアラストセンヤ、司法ノ制度タル人民ノ休戚一ニ之ニ繋ル、蓋シ人民ノ争闘ハ国家ノ生存ト相容レス、否ナ国家ノ目的ハ主トシテ人民ノ争闘ヲ防遏シ、各自其職ニ安ンシ、以テ人生ノ幸福ヲ享有セシメントスルニ在リ。今人民ニシテ各其権利義務ノ観念ヲ明ラカニシ、争闘ノ念ヲ断チ、各其位地ニ安ンセシメハ、国家自ラ富彊ナラン。而シテ此権利義務ノ観念ニ富マシムルノ方策ハ、司法制度ヲ拡張シ、国民ヲシテ法律ニ親炙セシメ、自己カ権利ナリト信スルトコロヲ争ヒ、適当ノ裁判ヲ受ケシメテ、其堵ニ安ンセシムルニ在リ、法三章以テ天下ヲ治ムルコトヲ得シハ太古ノ事歴ニ属ス。今ヤ文化錯綜、一片ノ道徳ヲ以テ能ク民人ノ平和ヲ保維スル克ハス。於玆乎法律ノ必要益々多キヲ加ヒ、従テ司法機関ノ拡張ハ洵ニ治世ノ要策タリ、或ハ曰ハン司法機関ノ拡張ハ健訟濫訴ノ弊ヲ生スト、然レトモ這ハ国民権利思想ノ発達ニ伴フテ免ルヘカラサル過渡時代一時ノ通弊ニシテ、有識者ノ深ク憂フルニ足ラサルモノナルハ、玆ニ弁スルヲ須イス。

裁判所廃合ノ案タル已ニ久シク公表セラレシニ拘ハラズ、各直接ニ利害ノ干係アル地方人士ノ云為スルアルヲ見ルノミニシテ、我協会ヲ初メ一般ニ冷々淡々タルカ如キヲ見ルハ、予ノ怪訝ニ堪ヘサルトコロナリ、幸ニ江湖ノ三顧ヲ望ム。

「磯部四郎君の茶話」

（『法律新聞』第二三二号、明治三七年九月二〇日発行）

コーズセレーブルと云ふ書は昔し封建時代から英国で有名な裁判の筋書を悉く記載したものであるが其中に同種類の謀殺の被告事件が三つある、三人共皆色情から出て居る、夫からズッと読で見た所が一人が死刑一人が無期徒刑一人が有期徒刑に処せられた、其死刑に処せられた甲者の申立には私が殺しました奴は、僕を欺して実に甚い奴です夫故に殺しました、殺したのは罪人でせう、罪人ですから其責に任じますと云つて傲然と構へて遂に死刑を宣告された乙者は唯憤然として居るけれども別段判事に向つて不服も言はず、申し訳はありませぬ殺したには相違ありませぬと云つて居る其者が一等減ぜられて無期徒刑さ一体彼方では殺人事件でもあると死骸などを塗物で型を拵えて置き夫を見せたり何かするのだが丙者は之れを見如何にも愁嘆極つて、今更思へば申し訳はありませぬけれどもアノ時はどう云ふ考えであつたかと云つて啼泣して謝罪した、而して有期徒刑の宣告を受た、さうすると右記者の評が面白い、犯罪者の状態如何に依て種々の裁判を受るものである、丙者は一番狡猾である、乙者は其責に任ずると云ふやうな考へで居るが併ながら敬礼は失しない、夫故一等を減ずる、甲者に至つては傲然と構へて一番男子らしい、けれども裁判官の感情に触れた為に死刑の重罪を受けたのであると云ふたコレが若し閻魔の裁判を受けたらまるで反対の結果を見るのであらうと記してあるが甘いことを云つたものさ英国では只今でも魔術を罰するの刑法が存在して居るが昔し或る一人の老婆が鯉に乗つて空中を旅行すると申触した、ソコデ或者が彼は魔術を使用するのであるからとの告訴をしたサテ告訴があれば兎に角受理しなければならぬ、所が其判決に曰く成程魔術は罰する其罰する所以は人に害を及ぼすからである、然るに此告訴たるや唯老婆が魔術を使用して鯉に乗て空中を旅行しただけの話に止まる、何人にも害を及ぼさゞるのみならず鯉に乗て空中旅行などなどゝはナカ〳〵洒落て居る之を罰する訳にいかぬと云つて其告訴を棄却したと云ふことがあつたがドーも毛色が換つて味ふべき所があるよ云々

「磯部四郎君の博士論」

（『法律新聞』第二九一号、明治三八年七月一五日発行）

近来大学に於て種々の学者に博士号なるものを与ふ、之れ頗る美挙なり、苟くも教授の任に当る者は学問其物より生徒の信用と云へる事柄が大に此生徒の成効する点に於て至大の影響を有せり、如何に実学を具へたりとて官之を優待して所謂何等の尊号を与へざる時は生徒は其実学如何を窺知すること能はず、故に教授連に博士号を与ふることは単り其者の名誉たるのみならず国家教育の点より観察して即ち生徒をして其師を信仰せしむる点に於て大いなる利益ありとす、啻に教員のみならず若しも公衆に向つて多少の信用を博する職に在る者には成べく博士号を与へて可なり、余輩の考ふる所に拠れば尚ほ大学が博士号を与ふることの吝なるを惜む、然らは如何曰く其範囲を広ふして大学以外学校の官私を問はず小学校の教員に至るまで其栄典に浴せしむべし、之れ其人の名誉を世上に博するが為にあらず其門に出入する生徒をして信用を抱かしむることは国家教育の点に於て頗る重要なる事項に属す、如何となれば殊に小学校教員の如き薄給にして其身の装飾すら缺くる所あり其教堂に臨むや幼年の子弟をして我家の書生にも及ばざる底の感を起さしむ、而も今日の社会経済は之等に十分なる月俸を払うことを許さゞるが故に教員及び学校長の如きも総て与ふるに博士号の如きものを以てせば縦令身は敝褞袍を纏ふも子弟をして其学識を仰望し自ら尊敬の念を生ぜしめん

更に衛生上の問題より観察すれば元来余輩は医学の経験に乏しきも、一己の私言としては自然的療法に勝るもの無からんと信ず是れ病源の多くは神経作用より発すればなり、夫れ区々たる開業医と雖も治療の点に至つては堂々たる学士博士と択ぶ所なく動もすれば却て之に凌駕するあるを見る之れ現時の状態なり、然るに世の博士を重んずる所以は信用の一点にありて病者は自ら神経を安んじ従つて其回復や速かに之れ敢て施術の巧みなるにあ

らず即ち神経作用の然らしむる所、又医師の治療を待たず自然治療に一任して却つて好結果を見ること往々にしてあり、近着の欧字新聞の記事に曰く或人銃を担ふて出猟せしに石に躓いて足を傷る、然るに僥倖にも其土地に医師なかりしと空気の良かりしが為め三日にして癒へたり若し此負傷者をして巴里に在らしめば多くの医師に依りて少なくも三週間は病褥に臥したるならんと之れ自然療法の可なるを証する一例なり、然れども多くの世人は斯く覚悟し得べからざるが故に尚ほ医師の治療に待つ必要あり、閑散なる医師は其技拙に繁劇なる医師は其技巧なりとは一般の認る所なるを以て余輩は病者をして信念を抱かしむるが為に総ての開業医に博士の号を授くるは衛生上大に利益ありと思考せり

乍併茲に博士号を与へて不可なるものあり、何ぞや曰く、社会に在つて対手を有する業務は容易に与ふべからず是れ学識の厚薄如何を直ちに対手人に看破さるゝの恐れあればなり、此の如き者に濫与すれば大に国家を誤まるべし、蓋し刻下も茲に鑑みる所あつて所謂軍学博士外交学博士、弁護学博士の類を設けず、夫れ軍人外交家若くは弁護士の如きは必ず対手あつて初めて其手腕を奮ふに至るが故に是等に向つて徒らに博士を与ふれば直ちに他の一方より其人の真価を知悉さるべし故に当然実力を以て世に立つべきこと言を俟たず、斯く論じ来れば余輩は奇異の説を銜ふの観あるべきも若し対手ある業務者にまで博士を濫与すれば弁護士程一個人の財産若くは生命、名誉を賭じて業務を執るものありや、或は国家の光栄を担ふ軍人外交官の如き一朝其画策方針を過つ時は至大の影響を及ぼすものなるが故に其極却つて国家に害あるを恐る、即ち極愚昧か若くは青年を対手と為して一々自分の議論が人に感服され然して感服の余り其人が学に就く底の位置に居る者には成べく博士号を蒔き与ふることを偏に国家の為に希望して已まざるなり、然る時は信用に依て勉強し勉強の結果早く世に立つことを得べし、併し斯く云はゞ博士号のみを与へても実際何も出来ぬぢや困ると攻撃する論者もあらん、夫は最も正鵠を失つたる説にして余輩は敢て信仰せざるも古来神仏の尊号を与へたるものを見よ、曾て物言ふたることなく成効せし人にあらざるも迷信者の信仰に依て霊顕赫灼たるが如き其実際は神経の作用に依て一身上の利益を得たるものなり、即

ち前段に述たる教員医師の如きは之を信ずる人の観念如何に依て大に利益を与ふるものにして殆ど木偶人たる神仏に均しく、之に博士を授くるは尚ほ木偶人に観音菩薩権現等の尊号を与へ、堂を築いて安置すると一般なり、所謂信者の成効茲に於てか期すべし、之れ余輩が大学の博士号を与ふるに吝なるを惜む所以なりとす云々

「東京地方裁判所の武林男三郎に対する判決を読む」

（『日本弁護士協会録事』第九八号、明治三九年五月二八日発行）

名士事件として殆んど前古比類なき一世の同情を惹ける河野広中氏等に対する兇徒聚衆事件の裁判長として、精励能く其審理を尽し、一度其真相を明かにするや当該検事か渾身の熱血を注いて之か有罪に努めたるに拘らす、敢然無罪の判決を宣告して名声を天下に轟かせる東京地方裁判所第一刑事部長今村恭太郎氏、今亦詩人寧齋殺害事件として満天下の胆を寒からしめたる武林男三郎（野口事）に対する謀殺強盗殺人官印官文書偽造行使被告事件の裁判長として鋭意疑獄の解決に力を致し、嘗て有罪主義の評判高かりし氏に似合はさる程迄熱心に事件の真相を研究し、所有《（マヽ）》ゆる証拠の蒐集に苦心し、鄭重なる審理を尽したる末、被告及ひ弁護人か極力其無罪を主張せる寧齋殺害事件並に臀肉事件を証拠不充分なりとして無罪を宣告し、単に被告の自白に係る薬屋殺の犯罪に対し死刑の宣告を下すや、河野氏等に対する判決に次く名裁判として氏の名声は更に一層世に高まれり。中には今村裁判と称して名奉行大岡越前守と併ひ賞する者さへあるに至れり。吾人も亦夙に氏の人格を信し、適任なる司法官たることを認むる者、独り該判決を名裁判として推称するに吝ならさる而已ならす、世人の賞讃は氏か熱心なる対価として世人と共に之を慶せんと欲する者也。然れとも今村氏の人格と該判決の当否は本論の問ふ所に非らす、吾人の爰に問はんとする問題は、世人か例なき裁判振りと称して今村裁判長か本件の証拠不充分に関する説明の詳細を期するか為めに、筆端迸ツて警視庁、検事局の捜査行動に及ひ、極力筆誅を加へて痛快を極めたるは僅かに裁判の進歩にして、実に近来稀に見る名裁判なりとて賞讃措かさるも、吾人は此点に関し一種の疑問を有し遺憾なから世論に反対せさるを得す。

夫れ裁判官の職権は公訴を受けたる範囲内に限られ、附帯犯罪を除くの外、其以外に何等の裁判権を有せさることは刑事訴訟法の明規する所也。然るに今本件の判決文を通読一番、法律家の立場に立脚して冷静に考ふる時は、折角の名判決なから此点は云はすもかなと思はるゝ節なき能はす、例せは臀肉事件に関する予審調書の信用するに足らさる事を説明して「右被告の調書は予審にて被告に対し接見禁止命令ありたるに拘らす雑居房に他囚と共に二十有余日拘禁せられ居る間の陳述に係り其云ふ所信を措き難けれは」と云ひ、亦寧齋殺害事件に関する予審調書の信を措くに足らさる事を説明して「右調書は前掲予審調書同様に被告か警視庁留置所の雑居房に拘禁中に為せる陳述にして云々予審中被告の知り得へからさる事項鑑定により現はれたる結果迄知了し之か陳述を為すは頗る奇恠にして如斯陳述は信を措き難けれは」云々とあるか如きは一種の論文としては頗る快文字なれとも、厳格なる判決文としては少しく裁判の軌道を逸したるの譏りを免れさるにあらすや。

若し夫れ如斯裁判の傾向を喜ふへき減少なりとして之を歓迎し、茲に其倆を作らんか、吾人は之れか為めに将来我司法警察官の犯罪捜査上に関し恐るへき現象の生し来らんことを憂ふるものなり。何となれは国家か社会の安寧秩序を維持するか為めに犯罪捜索上に関し司法警察官に極めて広汎なる権限を与へ、故意又は刑法上の犯罪を犯したる場合の外は何等の責任をも負はしめさるに拘らす、検事若しくは司法警察官か国家の為めなりと信し（河野氏等に対する事件の如き故意を以て為したる場合は格別なり）苦辛惨胆して或る犯罪事件を検挙したるに、該事件の公判に於て捜索手段の当否迄も判定せられて社会より其責任を問はるゝに至ては、何人も捜査機関の責任を重んして熱心犯罪の捜査に従事する者なきに至り、其結果犯罪の跋扈跳梁を見るか如き事あらは実に国家の為めに憂へさる可からす。吾人豈に奇を好んて折角の名判決を批評し司法警察官の為めに弁護の言を弄する者ならんや。

人或は曰はん、男三郎事件に付検事局か不法なる命令を警視庁に下して面会を禁止せられ居る予審中の被告人を勝手に東京監獄より警視庁に移し、之を雑居房に入れて他の未決囚と同居せしめたるのみならす、甚たしきは巣鴨監獄より就役中の囚人を連れ来つて之れに其意を含め、普通の衣服を給し変名の差入を為して連日同房せしめ以て被告人に自白を促し、強て事実にあらさる事を自白せしめたるは是れ実に眼中予審判事なく且つ刑事訴訟法の規定を無視したる行動にして、実に職権濫用の極にあらすやと、然り論者の言の如し、吾人も亦河野氏等に対する筆法に照らし本件の公判廷に現はれたる右様の非違行動の事実ありたる事を信せんとする者也。然れとも此れ自から別個の問題にして、且つ吾人の知れる処にては未た裁判官か裁判を下すの程度に進み居らす、故に此等の不法行為に対する責任を糺さんと欲せは勢ひ前途の手段に依らさるへからす。論者か警視庁の非違を憎むの余り感情昂進して冷静の態度を欠くは其熱心に於て嘉みすへきも、其見解の誤れるは甚た惜むへしと為す。

最後に司法権の独立に付一言せん、世人或は司法権の独立を目して時の権門勢家に屈せさるの謂のみと解するものなきにあらす、勿論多くの場合に於ては権門勢家に由りて其独立を危ふせらるゝを常とすれとも、人文発達して輿論の勢力漸く盛んなるに及んては、往々輿論と称する其実愚論の奴隷となりて其独立を危殆ならしむることなきにあらす、二者趣きを異にすれとも其独立を害する危険に至つては殆んと撰む所なし。然れとも吾人は今日の裁判官に向ツて高尚なる理性に富む国民の同情輿論迄も無視せよと奨むる者にあらす、只浅薄幼稚なる同情輿論に迷ふ勿れと戒しむる而已。我尊敬する今村裁判長か河野氏等の兇徒聚衆事件以来輿論の同情如何に注意を怠らさる如き傾向あるは寧ろ嘉みすへき事ならんも、亦之に大なる危険の伴ふ事を忘れさらんことを望まさるを得す。

「刑法改正案に対する私見」

（『日本弁護士協会録事』第九九号、明治三九年六月二八日発行）

司法省は多年の宿題たる刑法改正案調査の為め、今般取調委員会なるものを組織し、広く朝野の法曹に之か取調委員を嘱托せり、夫れ刑法は国家百年の大法にして其善悪は直に国民の身体、財産の安危に関す、故に之か改正を企てんとするに方つては極めて慎重なる研究を要すへきことは敢て多言を俟たさる所也。幸にして我司法当局者深く茲に鑑みる所あり、従来の官権独断的の陋見を排し、先つ調査委員会なるものを設け、広く各方面の意見を徴し、以て鄭重なる審議を尽さんと企て国家の大事業に対し周到なる用意を怠らさりしは、政府近来の美事として吾人の賞讃せんとする所也。吾人亦乏しきを調査委員の一人に受く、然れとも今は暫らく一個の法曹として改正案に対する大体の私見を述へんと欲す。

伝聞する所に依れは調査委員会に於ては、曩きに改正案として一端貴族院を通過せるものを原案と為し、之に幾分の修正を加へ、採るへきは之を採り、捨つへきは之を捨て、尚現行刑法中よりも其長所を採用し、斯くして一方には宇内刑法家の理想を容れ、一方には日本現今の人情慣習の要求に応する適切なる法案を備へ、以て本年の帝国議会に提出し、本法改正の目的を達する見込なりと云ふ。

熟ら思ふに現今刑法家の理想の傾斜する所は、成る可く司法官に拡大の権限と自由裁量の範囲を与へ、以て法廷に現はれたる犯罪の事実情状に対し、適切にして間然する所なき裁判を為さしむるを以て刑法の要を得たるものと認識せるに似たり。我改正案も亦文明諸国の刑法案に模倣して刑罰の範囲を広くし、適用上伸縮寛厳一に裁判官の自由に一任するを以て原則となせるものゝ如し。

斯る刑罰主義に基く刑事制度の是非善悪に付ては将来の実行に依り幾数年の経験を積みたる上にあらされは今日

より予言すること能はさるや必せりと雖も、苟くも立法の権限を厳縮して司法の権限を拡張するは尠なくとも司法権を以て立法権を侵害したるものなりとの譏りを免れさる可し。而して司法権の権限益大なる時は、之に伴ふて国家人民に危害を及ほす事亦極めて大なるものあるを忘る可からす。例せは彼の仏国大革命の極、立法権なるものは司法権の侵略する所となつて其威信全く地に墜ち、司法権のみ独り横暴を極めて遂に王室に及ひたるか如きは実に悪適例にあらすや。故に苟くも国家料理の重圧に膺る者は深く茲に注意する所なかるへからす。蓋し仏国に於ても当時既に司法権の広大に過くることは国家の安危に関すること頗る大なることを感知したるものゝ如し。故に革命後の刑法に於ては司法権の運用範囲を減縮し、刑期は各犯罪毎に極めて狭き範囲に於て之を定めたる而已ならす、其後千八百三十三年刑法再審査の時に際し、新たに酌量減刑なる規定を設け、彼の経済上若しくは社会上の制裁に余義なくせられ、親子の愛情を忍ひ涙を振つて最愛の嬰児を圧殺せる可憐の犯罪人等に対し、何等の顧慮する所なく他の謀故殺犯人と等しく之を重刑に処するは酷に過くると為し、此種の犯罪人に対しては可成其情状を酌量して、裁判官に減刑の余地を与ふるの制度を設くるに至れり。

依之観之は極端に司法権の濫用を悪んて絶対に裁判官をして法律運用の伸縮自由を有せしめさるは国家に害ありて益なきを知ると同時に、広汎なる自由裁量の余地を与ふることも又前陳の如く国家に大害を醸すの恐れあり。要は能く二者の中庸を得るの外あらす、我現行刑法は仏国に於ける再審査後の刑法を模範として制定し、之に自首減刑の一款を新設し、以て各刑罰主義を折衷したるもの也。

思ふに今日の程度に於て刑法は如何なる主義原則に依るを可とすへきやとの問題に対しては、各国各特種なる風俗習慣あり、之に適応する刑罰制度を設けんには、単に机上の法理論に訴へて一般的に其善悪を概論し得さることは敢て言を俟たさる所なりと雖も、只爰に立法者の注意すへきは、古語にも言へるか如く「一不幸を殺すよりも寧ろ不刑に失せよ」との精神を忘れさらんこと是也。今茲に一人の被告人あり、其罪一年以上に処すへからさる者に対し仮りに二年若しくは三年の刑に処したりとせんか、即ち一年以上の刑期は全く不辜に科したるものと謂はさる可からす。故に立法者たる者は其所見に従ひ、各犯罪の最長期は必す之を確定し、裁判官として断して其以上に処刑せしむることを許さゝるを要す。反之最短期に至つては強ち確然たる制限を置かさるも格別の弊害を見さる可し、或は之か為めに偶々不刑に失するの誇りを受くるの嫌あらんも、寧ろ不辜を酷罰するの優れるに若かす。其他将来の刑法に於て附加刑の一たる監視刑の如きは宜しく削除して可ならんか、勿論改正案の監視執行方法は現行刑法の処刑者自から一定の時期に所轄警察署に伺候して形式的謹慎の意を表し、其他旅行転居等日常生活上の自由に対し厳重なる検束を施したるに反し、改正案は単に住所を一定するの義務を負はしめたるに止まり、現行法の如く幾多の積極的検束を加へさるは刑法上の一進歩たるに相違なからんも、免囚保護事業の盛に唱道せらるゝ今日、放免囚の良民的生活を妨害して寧ろ再犯者を製造奨励するの傾向ある監視制度の如きものを存置するは吾人の甚た感服せさる所也。其他故らに新規の文字を用ひ徒らに之か解釈に苦ましむる如きは断して之を避けさる可からす。

之を要するに将来文明国の刑法は一方に司法権の濫越を防くと同時に、他の一方には刑の減縮を自由ならしめ、以て十分に情状酌量の自由を与へ、殊に前科者と雖も一端改竣《（ママ）》したる者に対しては、従来の如く度外視して良民の区域外に駆逐することなく、能く彼等を社会的に善導して良民の境遇に復帰せしむることを期せさる可からす。斯くして敢然なる刑法を作成することを得は、敢て海外の法律如何を斟酌するを要せす、自から良法を以て天下に誇るを得へし。亦何を苦んて各国の既成法若しくは法案を一々研究して甲論乙駁に貴重の時間を費すの必要あらんや。

「弁護士の職分」

（『法律新聞』第四四六号、明治四〇年八月三〇日発行）

露探殺してふ今村勝太郎の押送せらるゝや日ならずして我が東京弁護士数名は之が義侠的弁護を申し出られたりと聴く、一日磯部博士を訪ひ氏も亦諸氏と同じく該弁護の労を執らるゝやを問ふ、博士頭を掉つて曰く否々、弁護士の職たる応に此くの如くなるべしとて左の如く物語られぬ（無味子）

凡そ弁護士は依頼人を待て初めて其職務を執るべきもので宗教家とは大に趣を異にして居る、宗教家は衆生済度を以て目的とするから我が宗教を信ぜざる者若くは之に敵する者を或は釈伏し或は経文の有難味を説いて随喜の涙を滾させると云ふことは至極結構であるけれども弁護士はさうはいかぬ、依頼者にして自己の権利を伸張することの出来ない而して我に相当の理由があつて此行為に及んだと考へても自分自ら主張すれば自画自賛に属し多少裁判官の信用公衆の信用を博し得られないやうな場合がある是に於て我が信頼する弁護士に其の実情を開陳し、弁護士はソレを聴て以て初めて自分が訟廷に立て其冤を雪ぎ若くは情状を明かにして裁判官の明断を仰ぐと云ふのが真面目である、然るに近来の事件にして多少新聞紙上若くは本人の主張する所に依れば公憤の結果所謂一身を犠牲にして国家の為めに天誅を加へたと云ふやうな者が出て来ると諸氏が自ら進んで競ふて之が弁護を申し込むと云ふ事柄は私は少し職分を誤つて居るかと考へる、固より其事実等は明かに研究された結果御申し込になるとは察するけれども乍去発狂人ならざる以上人を殺すとか人に負傷せしむる上に於て多少理由の無い者はない、而して其職分を誤つて居ると云ふのは二個の点に於て誤つて居る尤も這般某事件に於て申し込まれた方々の氏名を新聞紙上で拝見すると皆知名の弁護士で或は新聞で広告をしやうとか自己の技能を社会に知らしめんが為めに弁護の労を執らるゝと云ふやうな方々ではない全く善意を以て所謂救済的にやられる考へであると云ふことは信じて疑はない、然れども其は一二其人々を知つて居る者の観察に止まるので社会から見ると弁護士の位置を誠に低うせしめられたやうに思ふ夫は何かと云ふと弁護士は乃ち己れを信ずる人の為に行為するので自分より信用を売込んで歩く必要のないと云ふ事柄は実際弁護士として守らなければならない一種の職分であらうと考へる、然るに其人の需めざるに自分より進んで弁護の労を執らんと云はるゝのは稍風評に駆られて事実真偽を深く研究されぬのではないかと云ふやうな疑を起さしめ他の一方に於ては弁護士なる者は依頼もせぬのに何か目立つた事件でもあると弁護を申し込まるゝと云ふのは畢竟他人の為に弁護するのではない自己の公告的におやんなさるのであると思はしめ、啻に其弁護士の不名誉たるのみならず余輩は切に弁護士団体の為に惜むのである、曾て名前は知りませぬが或弁護士が未決囚に一月の餅か何かを送つて幾らかソレを慰める行為を執つたと云ふことである、当時人から「ナンだと被告人に見舞など遣つて、歓心を買つて弁護でも取うとするのか」と迄云はれ大に攻撃されたけれども夫も是も同じ事で如何なる被告と雖も法律の罪人であるから事実を調べなければ真相は分らぬものでソコへ持て来て弁護士自ら進んで労を執つてやらうと云ふのは甚だ当を得ない、是が乃ち弁護士としての地位を誤つた一の行動であると云ふことは言はれるであらうイマ一つは自ら進んで弁護の労を執てやらうと申し込で而して其弁護が充分な効果を現はすことが出来なかつたならば実に其人の為めに迷惑千万な話である、仮令ば被告人は肢体に苦痛を感じつゝある一種の病人である、病者が自ら依頼せんと欲した所の医師もあるのに頼みもせぬ医師が来て診て己が療治をしてやると云つて誤つて殺したらどうだらう、悪意で殺せば無論であるけれども……故に被告人の信念と其信念に応じた弁護士がやつたならば設令力足らずして充分な効果を奏することが出来なくとも之は撰者と被撰者との間に止まつて居るから本人も別段遺憾とは思ふまい、之に反して頼みもせぬのに遣つて呉れるから定めし立派に遣つて呉れるだらうと思つて居ると、大に誤らるゝと云ふやうなことはあるまいけれども充分な効果を奏し得られなかつたならば其人の為に申訳がない、其申訳のない程度は恰も病者の依頼を待たずして医師自ら進んで治療せんことを求め遂に其の目的を誤りしと一般である、要するに医師の職分と弁護士の職分とは全く同一のもので公告的若くは誘導的の行為は医師に取ても弁護士に取ても陋劣であると考へる、併し此度の某事件の為に申し込れた諸氏は決して是等にお気付がなくて元より善意に於て遣られたものに相違ない、私は右様の考であるから自分より申し込むやうな行為は誓つて致さぬ考へである、又どうかさうありたいやうに思ふ、然し之は私し一己の考へで諸君は如何に考へらるゝか宜しく法曹諸氏の御示教を仰ぎたい云々

「韓国司法制度に就て」

（『法律新聞』第四四七号、明治四〇年九月五日発行）

伊藤〔博文〕統監は韓国の公法問題は其国の歴史及び従来の関係もあるから一朝にして之を改正し日本同様の法律を施くと云ふことは殆んど不能に属する乍去商法若くは民法の如きに至つては段々語学上の関係もあり従来の慣習などを固持する訳にはいかないと云ふ意見を吐かれた、夫は唯口に云ふべきことで実際之を行ふに就ては矢張五年か十年の星霜を積んで其間宜しく審議編纂したものでなくては行はれないと考える、ナカ〳〵法を三章に約すると云ふようなことは出来やしない、彼の羅馬古代の法典と云ふものは極簡単であつたが人民の商取引若くは民間の交際が日一日と進歩して行くから、迚も古くから存在して居る法文を其偍現時に適用して行くことは出来ないと云ふので新たに一種の指令官（puteur）と云ふものを設けた、ソコで各裁判官が情況を取調べて之は斯様々々の成行でございます如何致したら宜うござらうと云て裁判の指令を仰ぐ、サウすると此指令官が古い法律と自己の脳裏に浮んで来る条理とを斟酌し、而して相当の指令を与へて裁判させる、其指令を編纂したのが乃ち今言ふ羅馬法である、一例を挙れば羅馬の旧法典に依て見ると幼年者が成年者と約束するサウスルと此約束は全部取消さるべきものでなく幼年者の方は有効である、然らば一方無効の結果は如何なることが起るかと云ふと元来幼年者が土地を買ひ或は器物を買つて持て来ると云ふことは幼年者に取ては利益である而して其代価を払ふ事は不利益である、ソコで旧法典の上から云ふと代価を払ふ事は取消され先方の品物を取て来る方だけ有効であるから夫では大変不公平になる、随分狡漢が幼年者の名前を持つて品物を只取ることも起るであらう、ソコで裁判官が之は如何に裁判しませうかと云つて指令官に伺ふと、其指令に法律は此通りに相違ない乍去幼年者と雖も不当に利得を受る権利はない、故に此場合物を取て来るのは有効で代価を払ふのは無効であるけれども其取て来ると云ふのは乃ち不法に利益するのであるから一旦取て来た物であらうとも其中存在して居る物だけは渡してやれと云ふことであった、サテさうなつて来ると飲食物の如き消費物から消費しただけは取りどくになる、之が不当利得と云ふことの起原で現に日本でも仏蘭西でも用ゐて居る、夫から時効の如きも設令ば自己の土地が卅年間他人の名義になつて居るソレを苦情も云はず書換へもせずに置けば一朝所有権争ひが起つても其所有権は当初既に放棄したものと見做される斯う云ふのが時効の本であつて、斯様ことが羅馬法にズツと出来て来たのである。

ソコで私の考へでは夫に類した裁判制度を朝鮮に設くるのが一番宜いと思ふ、先づ法律を拵へずに朝鮮の裁判官でも日本の裁判官でも構はぬ少し法律を心得た者を顧問官の如き位置に置いて各裁判官が事実を調べ上げて如何に之を裁判して宜からうかと云ふて判断を求めたときに、乃ち日本の今日の法典を殆ど条理を酌で仕上げた所の法律と見て夫に依て指令して行く、左すれば朝鮮人が裁判をして居つても構はぬ而して段々と其指令や何かの溜つた所で五年と十年の後に民間の取引上の一種の慣習法とか裁判例と云ふものを作る、夫は或は従来の裁判に慣れた朝鮮人には大に迷惑を感ぜしむるかも知れぬ、故に日本人に関係ある事件は其日本人の原告たり被告たるを問はず又外国人に関係するものは其裁判法で行く、朝鮮人間の関係事件でも其裁判所を信用して其処へ来て裁判して朝鮮人間の訴訟なら従来の朝鮮人にやらせて宜いと云ふやうな便宜法を用ゐるやうにしたい、此際ワザ〳〵朝鮮の法律迄も制定して莫大な費用と時間とを費して其間だに如何なる裁判をされるか分らぬと云ふ不安心の程度に人民を置くと云ふことは如何なものであらうか、先例は羅馬法に立派にある乃ち法律上多年の経験なる人を高等の位置（各控訴院長位）に置けば宜いのである、然らずんば寧ろ条理裁判所を設けて其処丈は日本人を任用し日本の法律を条理と見做して日本人と朝鮮人との関係日本人と外国人との関係若くは日本人同士の関係は必ず其裁判所でやる朝鮮人間の訴訟は随意で本人の信頼に依ては裁判を与へてやるも宜い、左様な公平の遣り方であると自然徳化して来るだらうと思ふ。

「陸海軍刑法改正案に就て」

（『日本弁護士協会録事』第一一八号、明治四一年三月二八日発行）

這般両院を通過せる陸海軍刑法改正案は、其規定の内容に於て、現行の陸海軍刑法に比し幾多の進歩を為し、稍々理想的に近き良改正案として之を迎ふるのであるか、仮令法律そのものか如何に燦然として完備するも、之か運用の機関にして其宜しきを得さる時は折角の金科玉条も遂に徒法に帰せさるを得ないのである。殊に陸海軍刑法の規定を見るに、軍法会議の判決に就ては覆審制度即ち上訴の途も開けて居らす、且又軍法会議に附せられたる被告人の為めに如何に冤を雪かんと欲しても、弁護権と云ふものを与へて居らぬから、遺憾ながら之を救ふに由なく、みす〳〵冤枉に泣く被告人が随分少くないと云ふ今日の実況てある。即ちこの覆審制度並に弁護権制度の二つか運用機関の中に存在せさる限りは如何に理想として立派なる刑法てあると雖とも、之を実際に施行して何等の功績を奏することか出来まいと思ふ。此点に就ては花井〔卓蔵〕氏なとも非常に心配せられて、屡々当局大臣に質問せられた処か、当局大臣は何れ治罪法制定の暁には無論覆審制度を採用すへし、又弁護権の如きも戦時の時に於て之を認めると云ふことは頗る困難なる事情なきにしもあらさるも、或範囲内に於ては弁護権の制度も認めることにしやうと云ふ言明かあつたので、其言明を信して該改正案に賛成したのてある。それから陸軍刑法にも海軍刑法にも下官か上官に対して不平を起して反抗てもした時には是を罰する処の規定は充分備はつて居るけれとも、之に反して上官か下官に対し凌辱を加へ若しくは不法の行為をなしたと云ふ場合に如何に之を処分するかと云ふことに就ては其規定か甚た不完全てある。最も刑法中に凌辱と云ふ様な文字もあるけれと、法文の所謂凌辱と云ふ迄に至らさる間に随分苛酷な所為をせらるゝと云ふことは屡々吾人の耳にする所てある。外国の軍刑法なとを見ると、さう云ふ場合には厳重に之を処分して居るのてある。彼の脱営事件と云ふ様な規律厳正なる軍隊にとつては無上の失態てある出来事の生するのも畢竟此等懲罰の規定か不完全なるか為てはあるまいか、此点に就ても屡々当局者に質問を試みた処か、当局者は、それは行政上の懲罰法に譲つてあるから其方て充分厳重なる制裁を施すつもりてある。殊に刑法の明文にも凌辱云々の文字かあるから旁々充分の規律を保つことか出来ると云ふことてあつたか、吾人は従来の実験に照らして之を明かに刑法の中に規定せさる以上は安心を払ふ事か出来ぬ。それから是は陸海軍刑法の問題てはないか、海賊に関する規定か甚た不完全にして、今日の外務令なるものに依ると、海賊に出会つた時に、如何に之を処分するかと云ふ方法か殆んと規定してない。是は其性質上陸海軍何れの刑法にも規定すべきものてもなければ、勿論普通刑法に入れへ（マヽ）きものてない。故にこの海賊に関しても完全なる特別法を設けて適当なる処分を施す様にしたいのてある。之を要するに今般両院を通過せる陸海軍刑法改正案の規定中に其運用の機関たる軍法会議の判決に対し上訴権及ひ弁護権の制度を認めて権利伸張の範囲を拡大し、更に上官の懲罰法を厳明ならしむる事を得は、今回の改正案は欧米文明国の陸海軍刑法に比し、毫も遜色なき完全の刑法として誇ることか出来やうと信するのてある。終に臨んて一言して置きたいのは花井氏か本案の委員会並に本会議其他に於て直接当局者に交渉の上覆審、弁護の両制度を設くることに就て熱心に尽力せられたる功労は決して之を忘れてはならぬ、故に茲に之を特筆して感謝の意を表すのてある。

「借地権の由来」

（『法律新聞』第五〇三号、明治四一年六月一五日発行）

私の述やうと思ふ借地人保護の問題は唯好奇心に駆られて諸君の静聴を煩すと云ふ考へではない又今日は既に選挙問題も済だ後で選挙の準備を致すと云ふ考へでもござりませぬ而して私が今日此処でお話致しませうと思ひます事は自分の思想を述ると云ふよりも寧ろ諸君の御判断を十分に仰いで幸ひ諸君の容るゝ所とならば一大活動を試みて所信を遂行して見たいと思ふのでありますソコで問題は小さい就中全天下の問題と云はうより寧ろ東京市に最も関係の多き問題である言はゞ日本全国中特に東京市に於ける借地人が頗る迷惑を感ぜらるゝ問題であらうと思ふ私の演題は借地権の由来と云ふので殆ど学術問題の如くにも見へまするが其実は諸君にも多少利害の関係がございまするし自分自らも亦利害の関係を持て居る問題であります夫であるから吾が述る所果して諸氏の容るゝ所ありや否や其は諸氏の判断を仰ぎたい元来借地権問題に就て第一にお考へを願はなければならぬのは自分は地所を持ないから単に借地人を保護する其保護の結果地主の権利を害すると云ふ事になれば之は偏頗な問題でありまます私の述べます趣意は善良なる地主の権利と云ふものは尚借地人の権利に於けると同様に保護しなければならぬ唯私の悪む所のものは即ち今日初めて気付きましたが欧羅巴に斯う云ふ格言がある悪人の思想は立法官の思想より富めり之はどう云ふ事を言つたのか今日迄殆ど判断に苦しんで居るたけれども悪い人間の思想と云ふものは常に法律を潜つて自己の暴利を貪る事を考へる此点に於ては或立法官の考へよりも一層悪人の考への方が富で居る即ち我日本に行はれて居る民法並に夫に存在せる借地権に関係ある法文の如きも善良なる地主と善良なる借地人との間に於ける事柄が双方の権衡其宜しきを得て毫も孰れを単に利益し孰れを単に害すると云ふ事はないのでございます乍併此規定と云ふものを利用してどう云ふ者が出て来るかと云ふと一体孰れの国の立法官と雖も

先づ立法の任に当る人は多くは善良なる人の方が多い様に思ふ所謂学者の如き者は孰れも畳の上の水練はして居るけれとも実際には疎いから孰れの国の法律でも悪い考へを以て穴捜しをされゝば何の法律でも缺点がある我民法に於ても其通りで大体は欧米各国に原則を取て之に従来の関係を嵌て成立つて居りますから一見して殆ど地主は之が為に大した迷惑を蒙むる所もなく借地人も敢て迷惑を蒙むることがないやうに出来て居る所が茲に缺点と見る所は何かと云ふと如何に地主と雖も我が地所を永久に所有し得られぬ場合が生ずる或は商売替をする為に地所を売渡すとか或は抵当に入て金を借て居た者が公売に逢て取られるか兎に角旧地主が無くなつて新規の地主が出来る而して借地人は旧地主から借て居つて新地主からは何も借て居ないソコで不法の占有者であるから直ちに地所を明渡せ……之を名けて地震屋と云ふ是に於て一つ法律に缺点がある元来前々の借地証を見るとお指図次第何時にても明渡し申すべき候と云ふ文言があるどう云ふ訳で左様な証文を入れるかと云ふ事を遡つて研究すると借地人もお指図次第で何時でも明渡すと云ふ考へでなく地主と雖も指図次第何時でも明渡させると云ふ考へでもない即ち土地所有権の認知と云ふ事は御一新以後の事で其以前に於ては寸毫の土地と雖も皆公儀の土地であつた其初めと云ふものはお下渡を願つて而して自分が開墾して或は宅地とし或は田地とし総て開墾を目的にして借入れた夫故に当時御用だと云つて縄張をされると如何な土地でも公儀に取上られて仕舞つたさうして一文のお手当も頂戴する事が出来ない只の一人も土地の所有権を持て居た者は無いのである自分に所有権のない物を貸与へて十年なり二十年なりの約束を致すのであるから万一土地を取上られる節にお前は俺に向つて十年なり二十年なり貸せると云ふ約束がしてある以上は只明渡されるものではないお前に夫だけの不都合な点があるから賠償を呉れと言はれては困る夫故にお前は私の指図次第明けて呉れなくてはいかぬぞ即ち公儀の御用の時に彼是言はれては困るから夫を予防する為に何時にても明渡し申すべく候と云ふ証文を取て置くどんな考へのない人でも何時明渡すか知れぬやうな土地へ大厦高楼を建築し立派な倉庫を設けるやうな事は出来得べき問題ではありませぬ、茲に宜く御注意を仰ぎたいのは借地権の永久を期するのは土地の繁栄を来す原因になるのである、然るに近年法律の不備若くは判例の不完全を奇貨として所謂土地の盛衰如何も考へず自分が一時の暴利を貪らん為に即ち人の借地して居る、家を毀せと云つても毀し能はざるやうな土地を選んで、買つたと云ふ名義か何かの下に於て直ちに明渡せと云ふ事を借地人に向つて逼る、此地震屋なる者が益々跋扈すれば東京市なら東京市の盛衰を顧みず都府の美観を害して遂に見る影もない築造物しか東京市下に存せぬやうな結果の来ると云ふ事を知らなければならぬ、之れ即ち国賊であると云ふ論決が出来る、

ソコで私が……私と申しては甚だ恐縮の至りでございますが彼の民法御制定の際である、其際に私共はホンの小僧ッ子同様の仕事をして民法編纂委員と云ふものゝ末席に列なつて居りました、其時も此問題に就ては大に議論が出た、ソコで私は其時の議論として……私し〳〵と云つては穏かでありませぬ民法編纂委員の少数の議論、少数者の議論は市街宅地の借地権は当然地上権と法律で定めなければいかぬ、而して其消滅期は何時を限るかと云ふと家屋の如きは朽廃した時を以て期限とする、新に地上権を設定する場合には五十年以上百年以下の年限を以て地上権を約束する事が出来る斯様な事を法律で定めなければならぬ、未だ法律思想が如何に都府の方でも十分に入つて居ないからして貴下方は色々陳腐な議論を為さるけれども去乍ら自分の権利を保全する為に登記をすれば必ず地主なる者の感情を悪くして期限が来れば直ちに逐出され、登記を以て第三者に対抗する規定をお設けにならうとも法律の死物に属すると云ふ事は地主と借地人に喧嘩をさせる基ゐを来すのである殊に此市街宅地は繁栄に赴くに従つて登記の必要を感じない、明地面の上の地上権の議論なら登記の効用を必要とするけれども日本橋の真中に草の生て居る土地もなれ《（マヽ）》けば神田の真中に明地もない又苟くも土地を買うと云ふ人間は如何なる家屋が存在して居るのか研究取調をせずして買う地主もあるまい、何の必要あつて市街宅地の立派な家屋の建造しある土地に於て借地権なり地上権なりの登記を必要とするか、此位迂遠な事はない、明地とは違つて立派な家屋のあるのに其存在を登記簿を以て示さなければならぬと云ふ公示方法は無駄であらう、法律上借地権の既に存在して居るものに付ては建造物の朽廃に至る迄当然の地上権と認めなければ相成らぬ、此考へは私は今日でも持て居

る、乍併今日に至りますれば私一人の考へだけの話であつて果して遂行し得るや否やは諸君の御同情を寄せらるゝや否やに依るに止まつて居る、当時多数の反対者は何も夫程に論じなくても明かに借地と云ふ事を五年なり六年なり約束した証拠のある以上は敢て契約の自由を妨げる必要はないではないか、斯う云ふ議論が出て而して夫が遂に勝を占めて、どう云ふものが出来たかと云ふと民法発布以後一年か一年半か既往に遡つて地上権の仮登記を許して夫は朽廃に至る迄と云ふ事になつて居る、モウ一つは賃貸借を契約した者は契約の意思を妨げる事は出来ない其侭にして置くが宜いぢやないかと云ふ事になつた、一面には登記をせんければ第三者に対抗が出来ぬと云ふ法律がある其結果諸君も身にお覚へがありませう地上権の仮登記などをすると借地人が合同して喧嘩をするが如き挙動に出たものと看做して地主から非常なるお叱りを蒙る、両者の間は猿犬啻ならぬ有様で全く平和を破つて仕舞つた、何の為にさうなつたかと云ふと僅かに要りもしない所の登記法を設けて、地主の感情如何を立法官が調査せずして権利保全の為の行為ならば何人も不平を抱く者はあるまいと感じたのが今日の有様を来した所以である、夫が基礎となつて地震屋が一己の利益を得ん為に多くの借地人を害し、単に借地人を害するのみならず延ては東京全市の問題で即ち此土地の衰頽を将来に来すものである、三年か五年で何時明渡を逼らるゝかも知れぬ処へ馬鹿〳〵しく資本を投じて普請するやうな者はない、将来之が世界一等国の大都会かと嘲けられるやうな事があつては国家の体面にも関係する、

夫からして私は今日の演説会を奇貨として此議論をするのではありませぬ、私も初めには気がつきませなんだ、然る処御臨席の諸君中には有るか無いか知りませぬけれども、昨年の春から今日迄地震売買に掛つて迷惑してお在なさる方に三四十人程逢ひました、其意見が三つか四つに分れて居る、第一は私共の商売上には宜いが大に間違ひで只無闇に延ばして地主の根気を疲らして示談でも組うと思ふから裁判所へ出る度数が繁しい、何とか故障を設けて開廷を延期して殆ど金の無い先生が月賦弁償でもするが如き工合を以て徒らに訴訟を引張つて苦しんで居ります、併し法律を此侭にして置けば二年三年引張つた後はどうしても遣らなくちやならぬ、落選する候補者

を担いて運動なさると同じ事である実に情けない、ソコで私が昨年の議会に何とかして之を保護し得らるゝならば自分も大に快い、又単に私に依頼なさつた借地人諸君のみならず全天下……と云ふと大業かも知らぬが少なくも東京市下に借地権を持て被在る方は勿論又善良なる土地を所有さるゝ方にも将来の衰頽を予防する一端にもならうと考へて五六の人と謀り、一方には弁護士として塩入太輔君と謀り貴族院並に衆議院へ請願書を提出し、他の一方には同志と法律案を提出致しました、而して諸君が宜しく其記憶にお止め下さらんければならぬのは此請願と云ふものは貴族院衆議院孰れも之は採用すべきものとして通過して居る、所が法律案と云ふものに就ては之が私が諸君に向つて一応愚智を言はなければならぬ必要がある、私が一人で議会に踊つて居なくちやならぬ事になつた、中には私が其事に就て心配して居ると云ふ事を御承知の方もあつたらうがマア磯部が遣るから宜いだらう位で応援して呉れる者が議会に一人もない、無い為に遂に冤罪迄受て居る「之は君は選挙区の人望でも取る為めだらう、来年は総選挙だが好い加減にして置く方が宜いだらう」と云ふ風で丸で高閣に束ねて置く有様、茲に於て私が委員長に撰まれて居るから毎日の様に委員を招集するけれども何時でも定数に満ない為にお流れ〳〵して閉会して仕舞つた、尤も単に此問題のみならず個人関係の権利保護の問題になると誠に延滞する、之は我国のみならず外国に於ても左様である、どう云ふ訳で延滞するかと云ふと外国の議会では個人関係では騒いでも金儲けにならぬさうです、日本の議会はどうでございませうか、之に反して千万円の会社を何処其処に起して政府から五百万円の補助を受ける杯と云ふ事になつて来ると、世の中は森として居るが議会の中は鼎の沸くが如く茲に於て国庫の補助金も出るやうになりませうし其案も通過して全天下の人は利益を得て居るかどうか二三の方は大に利益を得らるゝ事である、個人関係になつて来ると自分が其事を扱つて自分で其悲惨の有様を感じて提案するだけの話で、一人から一円か二円集めた所が何にもならぬ、夫であるから何時も、単に日本の議会のみならず孰れの国に於ても個人関係の法律の改正を要するには三十年若くは四十年の星霜を経なければ初めて法律となつて現はれて来ないと云ふのが今日迄の有様である、夫で個人関係の問題の如きは如何に議会で奮発してやらうと思つても与論が助けなければ何にもならぬ又私は目出度も何でもないが今回の総選挙には立派に落選致しました、立派と云ふ事が言へるのである、何故言へるかと云ふと私の選挙は極清潔である、不清潔者の当選に対しては落選者に取ては立派な事であらうと思ふ、併し沢山の友人はござりまするし既に私に向つて本年も借地権問題に就ては十分に練て呉れろ僕は与論の助けさへあれば君に代つて議会を通過させるぞと云ふお約束がありますから、諸君に於ても一場のお考へと云ふ事でなく権利の永続、収入の永久、又借地人の権利の安泰、従つて天下の盛衰に関係する問題として僅かに民法中の一二箇条を改正すれば暫く維持が出来ることでございますから十分御賛成あらん事を希望する。

「陪審制度の設備を要する意見」

（『政友』第一〇九号、明治四二年七月三〇日発行）

今ま茲に愚見を述べんとする問題は、事新しきが如く見ゆれども、其の実は然らずして、既に去明治十二年故大木伯が司法卿たりし頃、司法省に修補課……此れは、総て法律上欠点を修補することを以て主務とせる一課……を置き、之に当時の法曹家を兼務せしめ、以て種々の法制を起草せしめたることあり、其の時代に於ては、旧刑法も未だ草案の時代に属し、此の刑法を実施するに当りては、尚ほ我が法典の母国たる仏国の制度に倣ひ、陪審制度を置くや否やの問題起り、予に陪審制度の案を起草するの命あり、因て其の案を草し、之を司法当局の議事に付し、後、成案を法政局に廻はせし所、法政局に於ては、尚ほ深慮を要するの趣意を以て制限せり、而して当時に在りては今日と異り、各省の成案は、其の起案者をして、法政局に提出せしめず、成《ママ》は局長若くは其の他上長官より提出するの習慣にて、是が為め弁明宜しきを得ず、従つてそれなりけりに煙となりたる案も少からず、即ち陪審制度案の如きも、其の轍を覆みたるに外ならず、而して又在野法曹即ち日本弁護士協会に於ては、七八年前より陪審制度を設くるの必要と並に兵事にありては軍法会議に弁護士を置くを必要として常に絶叫し来れり。但し軍法会議に弁護士を置くの必要如何の問題は他日の話に譲り、今日は唯、陪審制度の必要如何に付き、予の愚考を諸君に一言すべし。

元来我国は法律の改正に吝ならずと雖も併し、一旦施かれたる法律は必ず数年若くは数十年施行さるゝものなるを以て、或は規定の当時に於ては、敢て人情風俗と離れざりしものと雖も、年を経るに従つて立法当時に必要のものも遂に或は不必要に帰することあり、或は又犯罪と見るべきものも、敢て罰するの必要を感ぜざるに至ることあるべし。之を要するに、法律は死物なり、之を活動せしむるは法官其の人を得るにありと雖も、亦或は普通の常識感情を以て判断を要する場合も無きにしも非ず。而して其の適用の宜しきを得るが為には、単に法律に従事し法律其のものの解釈にのみに心を寄せて、世上の情態に暗き者は、其の適用を誤ること往々なり。茲に於てか、英仏の如き国に於て陪審制度の存在し来る所以なり。

又今日の如く、国家の事は立法と言はず行政と言はず、又財政の問題も悉く官民相合して、之を料理するの時に当り、独り司法権のみに国民の参与なきは頗る危険のものと言はざるを得ず、即ち国家の大権を大別すれば、立法、行政、司法の三権に存す。中央政府には帝国議会ありて、立法及び財政の根拠を定め、地方自治政に於ても亦府県会、郡市会、若くは町村会の如き、悉く立法行政に関し国民の参与せざる者無し。独り司法権に就ては、全く執法官は之を終身官と為し、以て之に全権を一任せり。

抑も仏国大革命の如きは、他に種々の原因無しとせざるも、事遂に其の極端に達し、或は時の国王を極刑に処したるが如きは、一に司法権の専横に出でざる無し、即ち当時の裁判所は革命裁判所と称せられたる程にして司法権の専横其極に達したるものたり。茲に於てか革命の後政府は直に法典を制定すると同時に、民刑の裁判に陪審員を設け、其の陪審員の職務は国民に之を執らしめ、以て司法権も亦国民の参与を得て其の適用宜しきを得るに力めたるものなり。

我が司法権は未だ以て其の専横に達したりと言ふべからずと雖も、往々にして法律を曲解し、罰すべからざる者を罰し、若くは罰すべき者を逸するが如き憾無きに非ず、罰すべきを罰せざるは尚ほ恕すべしと雖も、罰すべからざる者を罰するに至つては、執法官其の職権を弄して、執法権を侵害する者と云ふも亦可なり。

立法行政の如きは、其の専横に達すると云ふも敢て人命を絶ち、若くは名誉を毀損し或は身体の自由を約束するの甚しきには至らず、然るに司法権の濫用は、其の及ぶ所生命、名誉、自由、財産に及び、実に恐るべきものと言はざるべからず、其の恐るべきものを一の法官に専任して、国民之を顧みず安閑として居るは実に慨嘆せざるを得ず。

故に今や刑法は既に改定せられ、刑事訴訟法も亦其の改正の日近きにあるの時に方り、此際宜しく茲に陪審の制度を設け、以て将来の危険を予防し、法律は死物なりと雖も之を適用するの活動力を陪審に委ぬるを可なりと信ず。然れども欧洲大陸に於ても、陪審制度の是非に付ては論難あるを免れざる所にして、法曹間に於ても在朝者は、陪審制度に反対し、在野者は之を賛成す。予思へらく在朝者の概して反対するは予輩の之を必要とする最大の理由なりと。

尚ほ陪審制度の困難なりと云ふものは、如何なる種類の犯罪に付て陪審員の列席を求むるか、此の問題に付ては最も攻究を要す。仏国に於ては、我が旧刑法に於けるが如く、犯罪の種類を重罪、軽罪、違警罪の三種に区別し、而して中に就て重罪に限り特に之を陪審裁判所の管轄と為し居れり。然れども我が新刑法に於ては此の区別存在せざるが故に、若し陪審制度を設くるとすれば、第一に起る問題は、如何なる犯罪を陪審裁判所に管轄せしむるやと云ふこと是れなり。斯は大に研究すべき問題なり。

予の考ふる所に拠れば、若し我が国に陪審制度を設くるとせば、犯罪と、被告人の身分の此の二つの区別を為すの要あり、例へば殺人罪、或は貨幣偽造罪と云ふが如き最も重き罪。又被告人の身分としては、或は皇族、国務大臣、若くは国会議員と云ふが如き身分等に依て区別するを要す、尤も其詳細は先づ大原則に於いて、陪審制度を置くや否やの問題を研究したる後の事たり、次に如何なる人を以て陪審に列せしむるか、之に付ては、現に陪審制度を置く国に於ても種々の別ある所なるが、矢張り我が国に於ては多少財産若くは人格と云ふものを区別して、或は之を彼の市会議員若くは所得税調査員等を選定する方法に依るか、或は又商業会議所とか、其の他総て相当の身分を有し且つ公認せられ居る所の団体に割付けて、三ケ年毎に何人づゝかを陪審に挙げて、裁判に列席せしむるか、其等の方法は自ら之れあるべし。

尚ほ民事に就ては、一般に許したる時もあり、殊に仏国の如きは今日と雖も土地所有法に関しては矢張り土地の所有者を以て一種の陪審員を設け、之に価格を査定せしむると云ふことになり居れり、予は今ま茲には主として刑事に付て述ぶる者なれども、民事に於ても亦必要の点の之れあるべきを思ふ。頃日司法省の民刑局長平沼氏の談話なりとして、二三の新聞に掲げられたる、陪審制度に反対の意見なるものを見るに、何か被告人の親族朋友を以て陪審に列せしむるかの如き説なるが、何れの国の法律に然るものありや、是れ予輩の未だ知らざる所なり、若し果して、被告人の親族朋友を以て陪審員たらしむると言ふならんには、是れ寧ろ大に反対せざるを得ざる所にして、此の如きは却つて法律の威信を害するの虞れあるものと云はざるべからず。蓋し是は平沼氏の一説なるべし、唯名声嚇々たる司法省民刑局長が反対意見を洩されたるは、是亦欧洲大陸に於て、在朝法曹の反対すると同主義に基くものにして、即ち反対意見は吾々をして益々陪審制度設定の必要を感ぜしむるの理由とならむ乎、要するに此制度設置の事は宜しく我党諸君の賛同を得て、他日国家の為に之を事実に現さんと欲する所の問題なり。

「陪審制度の設定を望む」

（『日本弁護士協会録事』第一三六号、明治四二年一一月二八日発行）

陪審制度の問題は近時司法部に対する批難の声と共に在野法曹家並に政治家に依て盛に提唱せられ、如何にも耳新しく聞ゆれども、其実は然らすして既に明治十二年の昔故大木〔喬任〕伯が司法卿たりし時代に、司法省に修補課なる一課を設け主として法律上の缺点を修補することを掌らしめ、之に当時の法曹家を兼任せしめ、以て種々の法制を起草せしめたることあり、当時は旧刑法も尚未た草案の時代に属し、此刑法を実施するには其母国たる仏国の制度に倣ひ、我国も亦陪審制度を置くへきか否やの問題起り、余は陪審制度に関する起草の命を受け調査起案の上司法当局の議事に附し、後、成案を法制局に廻付せし所、同局に於ては尚研究を要するの趣意を以て制限せり、而して当時は今日と異り各省の成案は其起案者をして法制局に提出せしめす、局長若しくは其他の上長官より提出するの習慣にて之か為め弁明宜しきを得す為めに其侭葬り去られたる法案も亦尠なからす、則ち陪審制度案の如きも蓋し其轍を履みたるに外ならす。

我日本弁護士協会に於ても七八年前より陪審制度を設くるの必要と軍法会議に弁護士を参与せしむるの必要を絶叫し来れるは世人の既に知れる所也、軍法会議に弁護士を置くの必要如何の問題は姑らく之を他日に譲り、本論は主として陪審制度の必要に関し余の愚考を一言すへし。

元来我国は法律の改正に吝ならすと雖も、一旦実施せられたる法律は必す数年若くは数十年施行せらるゝを以て或は規定の当時に於ては敢て時の人情風俗と離れさりしものと雖も、年所を経るに従ひ立法当時に必要の法理も遂には不必要に帰することあり、或は亦犯罪と見るへきものも敢て罰するの必要を感せさるに至ることあるへし。之を要するに法律は元来死物也、之を活動せしむると否とは専ら法官其人の手腕に在り、然れども亦或は普通の常識感情を以て判断を要する場合なきにあらす、而して其適用の宜しきを得るが為めには単に法律に従事し法律其のものゝ解釈にのみに心を寄せて世態人情に暗き者は之か適用を誤ること往々にして之あり、於此乎、英仏の如き国に於ては夙に陪審制度を設け人権の擁護に努むる所以也。

又今日の如く、国家の事務は立法、行政は勿論財政問題の如きも悉く官民相一致して之を料理するの時に当り、独り司法権に限り国民の参与を許さゝるは頗る危険なりと云はさるへからす、夫れ国家の大権を大別すれは所謂立法、行政、司法の三権即ち是也、而して中央政府には帝国議会ありて立法及財政の根拠を定め、地方自治政に於ても亦府県会、郡市会若くは町村会の如き機関ありて悉く立法行政に関し国民の参与せさるものなし。然るに独り司法権に就ては之か執法官を終身官と為し其全権を挙けて之か独断に一任せり。

彼の仏国大革命の如きは他に種々の原因なしとせさるも事遂に其の極端に達し、或は時の国王を極刑に処したる如き酸鼻の実例を演するに至れるは全く司法権の専横に帰せさるを得す、即ち当時の裁判所は革命裁判と称せられし程にして司法権の専横其極に達したるもの也。於是乎、革命の後政府は直に法典を制定すると同時に民刑の裁判に陪審員を設け、国民をして陪審員の職務を執らしめ、以て司法権も亦国民の参与を得て其の適用宜しきを得るに力めたるもの也。

我司法権は未た以て仏国革命時代の如く専横に達したりと言ふへからすと雖も、司法事務の実際に照らして之を鑑みるに往々にして法律を曲解し罰すへからさる者を罰し、若しくは罰すへき者を逸するか如き憾無きに非す、罰すへきを罰せさるは尚恕すへしと雖も罰すへからさるものを罰するに至つては、執法官其職権を弄して人権を侵害するものと云ふも亦可也。

立法行政の如きは其の専横に達すると云ふも敢て人命を絶ち若くは名誉を毀損し或は身体の自由を拘束するか如き甚たしきに至らす、然るに司法権の濫用に至つては其及ふ所名誉を毀け自由を拘束し財産を減すに至る、豈に恐れさるへけんや、如斯危険極るものを一の法官に専任して国民之を顧みす恬然として等閑に附するに至つて実に慨嘆の極也。

今や刑法は改定せられ、刑事訴訟法も亦其改正の日近きにあらんとす、此際宜しく陪審制度を設け以て将来の危険を予防し、死物なる法律を活用して之か応用を適切ならしめさるへからす、然れとも陪審制度に就ては欧洲大陸に於ても是非の議論あり、法曹間に於ても在朝者は一般に陪審制度に反対し、在野者は挙て之を賛成するの傾向あり予思へらく在朝者の概して反対するは偶々予輩の之を必要とする最大の理由也。

陪審制度に付き一の困難を感するは、如何なる種類の犯罪に付て陪審員の列席を求むへきかの問題是也、此問題に付ては最も慎重の研究を要す、仏国に於ては、我旧刑法に於けるか如く犯罪の種類を重罪、軽罪、違警罪の三種に区別し、重罪に限り特に之を陪審裁判所の管轄と為し居れり、然れとも我新刑法に於ては此の区別を設けさるか故に、若し陪審制度を新設するとせは第一に起る問題は如何なる犯罪を陪審裁判所に管轄せしむるやといふこと是也。

予の考ふる所に拠れは、若し我国に陪審制度を設くるとせば犯罪と被告人の身分此二個の区別を為すの要あり、例へは殺人罪或は貨幣偽造罪と云ふか如き最も重き罪、又被告人の身分としては或は皇族、国務大臣、若くは国会議員と云ふが如き身分等に依て区別するを要す、尤も其詳細に至ては先つ大原則として陪審制度を置くへきや否やの問題を研究したる後の事たり、次に如何なる人を以て陪審に列せしむへきか之に付ては現に陪審制度を採用せる国に於ても多少財産若しくは人格と云ふものを区別して或は之を彼の市会議員又は所得税調査員等を選定する方法に則るか或は又商業会議所とか其他総て相当の身分を有し且つ公認せられ居る所の団体に割付けて三ケ年毎に何人かを陪審に挙けて裁判に列席せしむへきや等の方法に付て自ら適当の方法を発見するならん。

尚民事に就ては既に一般に之を許したる時もあり、殊に仏国の如きは今日と雖も土地所有法に関しては矢張り土地の所有者を以て一種の陪審員を設け之か価格を査定せしむることになり居れり、本論は主として刑事に関し其の必要を主張するものなれとも民事に於ても亦必要の場合を認めさるを得す。

頃日司法省の平沼〔騏一郎〕民刑局長の談話なりとして新聞紙上に伝へらるゝ陪審制度に対する反対意見なるものを見るに、同氏は陪審員をして被告人の親族朋友にても任命するか如き誤解を抱き居るか、何れの国の法律に然るものありや、予輩の寡聞なる未た曾て之を聞かさる也、若し果して被告人の親族朋友を以て陪審員となすか如き馬鹿らしき制度ありとせは之れ実に法律の威信を害するものにして平沼氏等の反対を俟つ迄もなく予輩は卒先鼓を鳴らして大に反対せさるを得す。蓋し是は平沼氏一個の私見なるへし、唯名声赫々たる司法省の民刑局長か反対意見を洩されたるは之れ則ち欧洲大陸に於て在朝法曹の反対すると同主義に基くものにして偶々是等の反対意見は吾人をして益々陪審制度設定の必要を感せしむるの理由たらしむ、之を要するに吾人は人権擁護の為め飽まで陪審制度の実現を希望して止まさる也。

「陪審を要する意見」

（『法律新聞』第六〇六号、明治四二年一一月二〇日発行）

今ま茲に愚見を述べんとする陪審問題は、事新しきが如く見ゆれども、其の実は然らずして、既に去明治十二年故大木伯が司法卿たりし頃、司法省に修補課……此れは、総て法律上欠点を修補することを以て主務とせる一課を置き、之に種々の法制を起草せしめたることあり、其の時代に於ては旧刑法も未だ草案の時代に属し、此の刑法を実施するに当りては、尚ほ我が法典の母国たる仏国の制度に傚ひ、陪審制度を置くや否やの問題起り、予に陪審制度の案を起草するの命あり、因て其の案を草し、之を司法当局の議事に附し、後、成案を法制局に廻はせし所、法制局に於ては尚ほ深慮を要するの趣意を以て制限せり、而して当時に在りては今日と異り、各省の成案は、其の起案者をして法制局に提出せしめず、或は局長若くは其の他上長官より提出するの習慣にて、是が為め弁明宜しきを得ず、従つてそれなりけりに煙となりたる案も少からず、即ち陪審制度案の如きも、其の轍を履みたるに外ならず、而して又在野法曹即ち日本弁護士協会に於ては、七八年前より陪審制度を設くるの必要と並に兵事にありては軍法会議に弁護士を置くを必要として常に絶叫し来れり。但し軍法会議に弁護士を置くの必要如何の問題は他日の話に譲り、今日の唯陪審制度の必要如何に付き、予の愚考を諸君に一言すべし。

元来我国は法律の改正に吝ならずと雖も併し、一旦施かれたる法律は必ず数年若くは数十年施行さるゝものなるを以て、或は規定の当時に於ては敢て人情風俗と離れざりしものと雖も、年を経るに従つて立法当時に必要のものも遂に或は不必要に帰することあり、或は又犯罪と見るべきものも敢て罰するの必要を感ぜざるに至ることあるべし、之を要するに、法律は死物なり、之を活動せしむるは法官其人を得るにありと雖も、亦或は普通の常識感情を以て判断を要する場合も無きにしも非ず、而して其の適用の宜しきを得るが為には、単に法律に従事し法律其のものの解釈にのみに心を寄せて、世上の情態に暗き者は、其の適用を誤ること往々なり、茲に於てか、英仏の如き国に於て陪審制度の存在し来る所以なり。

又今日の如く、国家の事は立法と言はず行政と言はず、又財政の問題も悉く官民相合して、之を料理するの時に当り、独り司法権のみに国民の参与なきは頗る危険のものと言はざるを得ず、即ち国家の大権を大別すれば、立法、行政、司法の三権に存す。中央政府には帝国議会ありて、立法及び財政の根拠を定め、地力（ママ）自治制に於ても亦府県会、郡市会、若くは町村会の如き、悉く立法行政に関し国民の参与せざる者無し。独り司法権に就ては、全く執法官は之を終身官と為し、以て之に全権を一任せり。

抑も仏国大革命の如きは、他に種々の原因無しとせざるも、事遂に其の極端に達し、或は時の国王を極刑に処したるが如きは、一に司法権の専横に出でざる無し、即ち当時の裁判所は革命裁判所と称せられたる程にして司法権の専横其極に達したるものなり。茲に於てか革命の後政府は直に法典を制定すると同時に、民刑の裁判に陪審員を設け其の陪審員の職務は、国民に之を執らしめ以て司法権も亦国民の参与を得て其の適用宜しきを得るに力めたるものなり。

我が司法権は未だ以て其の専横に達したりと言ふべからずと雖も、往々にして法律を曲解し、罰すべからざる者を罰し、若くは罰すべき者を逸するが如き憾無きに非ず、罰すべきを罰せざるは尚ほ恕すべしと雖も、罰すべからざる者を罰するに至つては、執法官其の職権を弄して、執法権を侵害する者と云ふも亦可なり。

立法行政の如きは、其の専横に達すると云ふも敢て人命を絶ち、若くは名誉を毀損し、或は身体の自由を拘束するの甚しきには至らず、然るに司法権の濫用は、其の及ぶ所生命、名誉、自由、財産に及び、実に恐るべきものを一の法官に選任して、国民之を顧みず安閑として居るは実に慨嘆せざるを得ず。

故に今や刑法は既に改定せられ、刑事訴訟法も亦其の改正の日近きにあるの時に方り、此際宜しく茲に陪審の制度を設け、以て将来の危険を予防し、法律は死物なりと雖も、之を適用するの活動力を陪審に委ぬるを可なりと信ず。然れども欧洲大陸に於ても陪審制度の是非に付ては、論難あるを免れざる所にして、法曹間に於ても在朝者は、陪審制度に反対し、在野者は之を賛成す。予思へらく在朝者の概して反対するは予輩の之を必要とする最大の理由なりと、

尚ほ陪審制度の困難なりと云ふものは、如何なる種類の犯罪に付て陪審員の列席を求むるか、此の問題に付ては最も攻究を要す、仏国に於ては、我が旧刑法に於けるが如く、犯罪の種類を重罪、軽罪、違警罪の三種に区別し、而して中に就て重罪に限り特に之を陪審裁判所の管轄と為し居れり、然れども我が新刑法に於ては此の区別存在せざるが故に、若し陪審制度を設くるとすれば、第一に起る問題は、如何なる犯罪を陪審裁判所に管轄せしむるやと云ふこと是れなり、斯は大に研究すべき問題なり。

予の考ふる所に拠れば、若し我が国に陪審制度を設くるとせば、犯罪と、被告人の身分の此の二つの区別を為すの要あり、例へば殺人罪、或は貨幣偽造罪と云ふが如き最も重き罪、又被告人の身分としては、或は皇族、国務大臣、若くは国会議員と云ふが如き身分等に依て区別するを要す、尤も其詳細は先づ大原則に於いて、陪審制度を置くや否やの問題を研究したる後の事たり、次に如何なる人を以て陪審に列せしむるか、之に付ては、現に陪審制度を置く国に於ても種々の別ある所なるが、矢張り我が国に於ては多少財産若くは人格と云ふものを区別して、或は之を彼の市会議員若くは所得税調査員等を選定する方法に依るか或は又商業会議所とか、其の他総て相当の身分を有し且つ後任せられ居る所の団体に割付けて、三ケ年毎に何人づゝかを陪審に挙げて、裁判に列席せしむるか、其等の方法は自ら之れあるべし。

尚ほ民事に就ては、一般に許したる時もあり、殊に仏国の如きは今日と雖も土地所有法に関しては矢張り土地の所有者を以て一種の陪審員を設け之に価格を査定せしむると云ふことになり居れり、予は今ま茲には主として刑事に付て述ぶる者なれども、民事に於ても亦必要の点の之れあるべきを思ふ。

頃日司法省の民掲局長平沼氏の談話なりとして二三の新聞に掲げられたる、陪審制度に反対の意見なるものを見

るに何か被告人の親族朋友を以て陪審に列せしむるかの如き説なるが、何れの国の法律に然るものありや、是れ予輩の未だ知らざる所なり。若し果して、被告人の親族朋友を以て陪審員たらしむると言ふならんには、是れ寧ろ大に反対せざるを得ざる所にして、此の如きは却つて法律の威信を害するの虞れあるものと云はざるべからず。蓋し是は平沼氏の一説なるべし。唯名声嚇々たる司法省民刑局長か反対意見を洩されたるは、是亦欧洲大陸に於て、在朝法曹の反対すると同主義に基くものにして、即ち反対意見は吾々をして益々陪審制度設置の必要を感ぜしむるの理由とならむ乎、要するに此制度設置の事は宜しく諸君の賛同を得て、他日国家の為に之を事実に現さんと欲する所の問題なり。

「陪審制度論」

（『刑事法評林』第一巻四号、明治四二年一二月五日発行）

陪審制度の可否如何、是れ欧米諸国に於ても今尚未決の問題たるものにして、在朝の士は之を否とし、在野の士は之を可とするを常とす、而して在朝の士が之を否とするは、寧ろ益其の必要なるを証明する所以たり、蓋し世人動もすれば諸外国殊に英国に於て、陪審制度が既に殆ど無用の長物たることを言ひ、又或は我国が欧米諸国と国情を殊にすることを言ひ、以て此制度を否認せんとす、然れども是れ誤れるの太甚しきものにして、彼の英国等に於て無用の長物たる実状あるは、却て以て此制度の効用の至大なるを見るに足る、何となれば英国に於ては、数十百年来の経験と慣習とに因り、裁判の運用既に殆んど一定し、毫も陪審官より指摘し、反対し、補正さるゝの過失偏頗等なく、随つて陪審官は常に其実用なく、徒らに法廷の装飾物たるの観ありと雖、此の如きは実に陪審官其者の賜にして、万一裁判に過失あり、偏頗あらんか直ちに陪審官の為に指摘され、反対され、補正さるべきを以て、裁判官は汲々として此等の過失偏頗なからしめんことを勉めつゝあり、即ち陪審官が無用の長物たる実状あるは、畢竟陪審官其者の効用の顕著なる結果に外ならざればなり、是を以て此実状を引用し来りて、陪審官無用の論を唱ふるは、事実の真相を知らざるの迂論に非ずんば、則ち事実の真相を誣ゆるの妄論に過ぎず。

若し我国に於ても、彼の英国の如く、裁判の運用其の宜しきを得て、大に人権を尊重し、事毎に満足なる裁判を見るに至らば、吾人亦安んぞ徒らに事を好んで、陪審官の設置を唱へんや、而も今日の実状は、如何せん爾く裁判官に信頼して安心する能はざるものあり。

抑我が新刑法は、比類なき広大の権限を裁判官に付与したり、而して其の之を付与したるは犯罪事実に応じて刑の裁量其の宜しきを得しめんが為めにして、決して旧刑法の科刑軽きに失すと為し、之を重くせんが為めに非ず、今其の証左として一実例を挙げんか、旧刑法は殺人罪を三種に区別して、謀殺、故殺、及び過失殺と為し、而して其の所謂謀殺は、特殊の理由に依る減刑の外は、如何に之を減軽するも、酌量減刑に依りて二等を減じ、有期徒刑十五年と為すに止まる、然るに新刑法は謀、故殺の区別を全廃して、単に殺人罪と為し、重きは死刑より、軽きは三年の懲役にまです下《(ママ)》ことを得、尚之に酌量軽減を加ゆれば、二年に下すことをも得、執行猶予をさへ与ふることを得べし、故に新刑法が裁判官の権限を広大にせしは、必ずしも刑を重くせしめんが為めに非ずして、寧ろ之を軽くせしめんが為めなりと謂ふ可し、蓋し世界何れの国に於ても、法律進歩の大勢は、厳より寛に進み、成る可く刑罰を軽くせんとするに在り、而して一方に於ては、慈善的及ひ道徳的方法に依りて、犯罪人を善導するを常とす、是れ人類の進歩に伴ふ刑事政策根本の目的なり、然るに我国今日の実状を観よ、旧刑法廃せられて新刑法行はるゝや、刑罰は俄に苛重と為り、人権は往々蹂躪せらる、吾人が不幸今の裁判官に信頼する能はずして、陪審制度の必要を唱ふる、豈已むを得んや。

法律は死物なり、運用其の宜しきを得るは、一に法官其人に待たざる可からず、屑々として法律の字句を暗記し、一字一句の解釈に惟れ勉めて、社会の状態に暗くんば、法律の運用其の宜しきを得んこと望む可からず、是に於て乎深く社会の状態に通じ、常識に訴へて之を判断し能く民心に副ふて、刑の適用其の処を得るは、陪審制度を待たざるを得ず。

且夫れ今日国家の事、立法行政諸般の問題、一として官民相合して之を行はざるもの無し、中央には帝国議会ありて立法の衝に当り、財政の大綱を定め、又行政を監督し、地方には府県会、郡市町村会ありて、地方自治の事を行ふ、此時に当りて独り一司法権のみ、之を官吏に一任し、国民の参与を許さゞるの理なし、夫の仏国革命に際し、国王を極刑に処したるが如き、一に司法権の専横に出づ、当時の裁判所は之を革命裁判所と称したる程にして、司法権の専横実に其極に達したりき、故に革命後の政府は、直ちに法典を制定すると同時に、陪審官を設けて国民をして裁判に参与せしめ、依て以て専横の弊風を一掃し、依て以て裁判の公平穏当なるを得たり、我国の司法権は、幸にして毫も専横と云ふが如き形跡なしと雖、法律の適用往々其中正を失し、罰すべからざるを罰して、罰すべきを逸するが如き憾なしとせず、罰すべきを逸するは尚可なり、罰すべからざるを罰するに至りては、事決して等閑に看過するを得ず、此の如くんば縦令専横の心なきも、結果は則ち専横と択ぶ所なきに至る、国民の参与を以て適当に之を矯正すること、亦必要ならずや。

夫れ立法、行政の如き、縦令専横の事あるも敢て直接に生命を絶ち、身体の自由を奪ふに至らず、然るに独り司法権の専横に至りては、生命を絶ち、自由を奪ひ、利刃の触るゝ所尽く直ちに截断し去らずんばあらず、而して之を挙げて司法官の手に一任す、誰か戦慄を禁じ得る者ぞ、小児に与ふるに利刃を以てす、娱姆常に其側に在りて之を制御す、固より当然の事のみ。

是に於て乎、吾人は熱心に陪審制度設置論を唱ふ、而して一朝之を設置し、陪審官をして裁判の運用を監視し補正せしめば、数十年ならずして、裁判の良慣習を養成し、英国の如く陪審官を以て無用の長物と為すに至るや必せり、其時に至らば、吾人亦此が廃止論を唱ふるに吝なるものに非ず、否な吾人は斯くして一日も早く其時を迎へんことを祈る者なり

既に陪審制度を置くとせば、第一に起る問題は、如何なる種類の犯罪に陪審官を参与せしむるかの点是なり、是れ徐ろに研究すべき所なるも、仏国の如きは我が旧刑法と同じく、犯罪に重罪、軽罪、違警罪の区別あるを以て、其の重罪に限りて陪審官を参与せしむることゝ為せり、我が新刑法は此区別なきを以て、吾人の差当り思考する所は、犯罪の種類と被告人の身分とに依りて之を区別し、最も重き罪即ち殺人罪、貨幣偽造罪、其他某々の罪に限るとし、又被告人の身分よりは、例へば国務大臣、帝国議会議員、其他某々の身分の人に限るとせば、或は可ならん歟。

又陪審官其人の選任方法は、身分、地位、財産等の上より其の資格を定め、或は県会議員市会議員又は所得税調査委員を選挙する類の方法に依り、或は商業会議所其他相当の団体中より、数年毎に数人を選出せしむる等の方

法あるべし、要するに陪審制度の設置てふ根本問題既に決せば、此等枝葉の問題は容易に之を解決することを得べし、吾人は只此の根本問題の速に決せんことを、切に期待して已まず。

「刑事訴訟法改正必要」

（『読売新聞』第一一六九九号、明治四二年一二月一六日発行）

最近日本弁護士協会に於て人権蹂躙問題に関し大に活動を試みつゝあるは世の既に知る処なり蓋し憲法治下に在る国民は法律上の権利と裁判上の権利とを論ぜず共に同一ならざる可からず我国現在に於ける実情は法律上の権利こそ階級の如何を問はず職業の差異に拘はらず共に公平なれども裁判上の権利は民事裁判と刑事裁判とに依て甚しき不公平あるを認む即ち民事訴訟に在りては訴訟の始より予審を設る事なく原告被告共同等に証拠と反証とを提供して裁判を受くるの制度なるに反し独り刑事訴訟に於ては予審なるものを設け此の期間は公権を代表せる検事法律の智識を有する判事に対抗して被告人の権利を擁護すべき弁護士を加味せしめず故を以て詐言又は強制等の手段を用ゐて被告人の本意にあらざる自白を為さしむる事往々にして之れ有り人権蹂躙を呼号するは全く是より生じ来れる結果なりとす是等の弊害を救済するの唯一手段は即ち現在の刑事訴訟法を改正して民事訴訟の如く予審の時代より弁護士を附せしめ検事が犯罪の証拠を挙ぐれば被告を代表する弁護士は之に対する反証を挙げ検事と被告と双方に於て互に正反の証拠を竭くし而して後始めて裁判を下すの制度を取らば裁判上の権利は法律上の権利と相並んで公平なるを得べし是れ実に人権保護の根本問題たるを以て一般世人も共に此の改正に関し研究を試みるの価値あるものと信ず云々

「刑事裁判改良の方法」（明治四二年七月一五日、立憲政友会茶話会における演説）

（『政友』第一一四号、明治四二年一二月二五日発行）

余は本日の集会を機とし刑事裁判の改良に関し聊か所見を述ぶる所あらんと欲す、此事たる過般日本弁護士協会に於て既に起りたる問題なるが、諸君も知らるゝ如く弁護士協会は弁護士相集まり理想上より種々の論議を為すと雖も、之を実際に施すに当りては権力を有するものにあらざるが故、之に就ては是非とも政治上に関係ある諸君の援助を待たざるべからず、乍去敢て無理なる問題を提げ来つて諸君に援助を強ゆるにあらず、此事たる諸君も必ずや同意せらるゝことゝ信ずるなり

扨て其問題は近頃世論を喚起せる陪審制度とも関聯することたり、夫れ陪審制度は宜しく之を設定せざる可らず、余は此制度に対し実に熱心の主張者を以て自ら任ずる者なりと雖も、而かも陪審制度は有らゆる刑事裁判に対する弊を除くの方法としては尚ほ不足の点多し、即ち其制度の適用せらるゝ範囲は犯罪及犯罪人の種類に制限あるが故に、一般の刑事事件に及ぶを得ず、故に陪審制度を採用するとも以て刑事裁判全般の改良を期するに足らざるなり、乃ち更に進んで全般の改良方法を講するの要あり、余の今ま茲に述べんと欲する所は即ち其方法なり、此れは敢て新発明にも新工夫にもあらず、現に英国に於て行はれ居る方法にして、我邦亦宜しく之を採用するの必要あるべきを感ずるを以て、茲に其の方法を一言し、以て諸君の同意を仰がんと欲するなり

之を述ぶるに当りては、先づ理論上より国民権利の同等なることに就て一言するを要す、国民の権利を尊重するの上に於て法律に対する同等及裁判に対する同等なることは実に欠くべからざる重要事たり、而して之に対する我邦の状態如何と見るに

一、法律に対する同等　新律綱領や改定律令の適用せられ居りたる時代には、封建の余風尚ほ存し居りたるこ

と故、我邦に於ても法律に対する同等なることは未だ備はらざりしと雖も、旧刑法実施以来は、四民皆法律の上には同等となり、此点に就ては今や毫も遺憾あるを認めず、故に此事に対しては今何等問題とすべきなし

二、裁判に対する同等　然るに裁判に対する同等に至ては遺憾ながら我邦には未だ実際に行はれ居らず、元来裁判廷に在りては国家を代表する検事の論告も被告たる一己人の弁論も同等のものならざるべからず、欧洲の歴史を繙くに往昔は僧侶には特に僧侶の裁判所あり、貴族には貴族の裁判所あり、其階級身分に依りて各々裁判の管轄を異にせり、此れは啻に羅馬のみならず、日本に於ても旧幕時代には寺社奉行あり町奉行（江戸市内）あり、郡奉行（地方）あり又評定所もあり、僧侶、神官、等は寺社奉行の管轄に属したれども、平民は郡奉行や町奉行の管轄に属し、又各藩の武士は其藩主の成敗を受くる制なりしこと殆ど羅馬の其と符号す、斯く種々の裁判所ありしは是階級又は身分を異にするに随ひ其習俗を異にするが故特に其階級身分に属する者が裁判官となりて之れを裁判せしなり、然るに独り平民に在りては法律上の智識も乏しきを以て別階級に属する裁判官に依りて裁判せらるゝこと羅馬法以来然る所なり、此に於てか平民は裁判に対する同等の地位を得る能はず、或は遂に虐圧を蒙ることあるを以てシセロの如き人卒先して民間の代表者となり進んで弁護の労を執り茲に弁護士なる者の濫觴を生ずるに至りたるなり、弁護士に依りて冤枉の雪がるゝ素より尠らずと雖も、然れども其制度の根本に於て裁判に対する同等尚備はらざる間は弁護士の力は極めて微弱なるを免れず、試に現在に於ける弁護士の立場如何を見よ、素より検事と同等なるべくして遺憾ながら毫も同等ならず、弁護士は裁判官に対して弁論を聞かしむるにあらずして唯だ傍聴人に対して面白半分に聞かしむるが如き場合も多く、傍聴人なき場合には壁に対して徒らに弁論を訴ふるが如きことも少からざるにあらずや、若し長く此の如くならんには弁護士なるものゝ本分は全く没却せらるゝに至るべし、是れ今日の弁護士見識なきが為にあらず、気骨なきが為にあらず、我田引水にはあらざるも、今日の弁護士は少くも裁判官と同等の智識を有し又学問を有す、然るに其の同等ならざるは全く刑事訴訟法の不備に基づくなり

今日の刑事訴訟法に依れば、茲に一の嫌疑事件起らんに、検事は先づ其嫌疑者として目する者を検事廷に召喚し、幾時間も之を留置き有らゆる手段を以て之を訊問し、自己に満足する聴取書を作る迄は之を放たず、斯の如くにして自己に満足なる聴取書を作るに及んで初めて之を予審に送付す、予審は公開廷にあらず秘密の場所なるを以て予審判事が被告を訊問すること猶ほ検事廷に於けると異ならず、其の集むる所は総て有罪の材料のみにして、被告の為に有利なる材料の如きは素より其眼中に置く所にあらず、既にして予審終結するや之を公判裁判官に送付す、公判裁判官が先づ調ぶる所は検事の聴取書や予審の調書なり、先入豈に主とならざるを得んや、故に公判を開きたる後と雖も常に基礎とする所は唯だ有罪的材料たる検事の聴取書や予審の調査のみなり、之を基礎として種々訊問を重ねたる後、「弁護人及被告に於て何にか利益の陳述あらば申立てよ」と云ふ、而かも是れ殆ど儀式的の言辞のみ、乃ち弁護人より種々の立証方法や証人の召喚等を請求すれば、大抵は却下せられ採用せらるゝは稀れなり、豈に不対等も亦甚しからずや、裁判の結果は知るべきのみ、検事の論告予審の決定通りなること大概然り

最も裁判官に甚しく偏頗の嫌ある場合には忌避を請求し得ること刑事訴訟法の規定する所なりと雖も、弁護士にして一度び此挙に出でんか其結果は裁判官の睨む所と為り所謂る犬糞を以て仇を討たるゝ恐なきにあらず、此に於てか忌避の規定も殆ど其効力なし、一方に於て国家を代表する検事のみが十分の職権を振舞はすに対し、被告の弁護者たる弁護士は殆ど何等の特権を有せざるなり、不対等も亦甚し、実に我邦に於ては裁判の同等なることは毫末も存せずと云ふも可なり、宜しく改良する所なかるべからず

然らば則ち之を改良するの方法如何、之に付き倣ふべきは英国の制なり、英国に於ては刑事も民事も其裁判の仕方同等なり、則ち民事に於て原告より出訴する場合には被告を喚出し双方同等の地位に立ち或は証拠を提出せしめ或は弁論せしめ、其局を結ぶに及んで裁判官之を裁判する《（ママ）》如く、刑事に於ても検事と被告とを同等の者とし、双方互に立証をも為し弁論をも為し、其間敢て徑庭を置かざる方法たり、苟も裁判に対する同等の実を挙げん

と欲するに於ては其方法宜しく此如くならざるべからず、尤も検事と被告とを同等の地位に置くと云ふと雖も其座席の如きは必ずしも同等ならずして可なり、検事は今日の如く上席に居り、被告人や弁護人は下席に居らしむるも不可なし唯だ其の弁論上の権利は即ち同等ならざるべからず、今や刑事訴訟法の改正を要する時余は此方法の設定を希望して已まざるものなり、茲に一言以て諸君の賛成を仰ぐ所以なりとす

「磯部岸本両博士のボ氏追懐談」

(『日本弁護士協会録事』第一四四号、明治四三年七月二八日発行)

△ボ氏逝く　我法曹界の大恩師仏国エミール、ギユスターブ、ボアソナード、フォンタラビー氏山紫水明の故山の地に痾を病んで溘焉として逝く、痛傷何ぞ堪へん、吾人は此悲報に接するや曾て其門下生として最も親近せる磯部岸本両博士を訪ふて其無限の暗愁に包まれたる追懐談を聞く

△磯部翁は言ふ。我輩はボ氏の薫陶を受けたる一人なるが氏の生徒にのぞむや真に慈母の愛児に於ける如かりし故今尚其徳を慕へり、然れども氏は又一面剛直犯す可らざるの人也、現に明治二十二年の事当時外務卿大隈伯が埃及制に倣ひて我国の裁判官に外人を採用せんとするの議あるや氏は侃諤の弁を揮ひて極力之に反対し、遂に其事無きを得たるが如き全く氏の賜ものと謂ふべし、

△又曰く氏は極めて利慾の念に乏しく且つ愛国心に富める人也、明治七年頃と記憶す、時の太政大臣三条公及岩倉公等相計り氏を帰化せしめて我国最高法衙の長官に任じ以て専心国事に預らしめんとの廟議一決し、畏くも左府有栖川宮殿下より氏の内意を尋ねられたるに氏は之に答へて御厚志感謝の外なし、然れとも斯くすれば故国に不忠なるを如何せんと、固辞して受けざりき、

〔以下、岸本談話は略す〕

「法曹界に於ける梅博士」

（『読売新聞』第一一九五三号、明治四三年八月二七日発行）

「嗚呼梅謙次郎君逝く」

（『日本弁護士協会録事』第一四五号、明治四三年九月二八日発行）

法曹界の大先達法学博士梅謙次郎君予ねて韓国統監府の嘱托に応じ明治三十九年以降年次渡韓して新法典編纂に従事し本年また此の途に就き専心編纂に従事しつゝありしが突然疾病の為め大韓病院に入り治療中の処薬石終に効を奏せず不帰の客となれり誠に痛歎に堪へさる也

之れに関して吾人は磯部四郎君を問ひて左の説片を得たり

△　明治二十九［七……読売、以下同じ］年の頃旧民法断行論、延期論が盛に相戦つた時たしか厚生館と云ふた今旅舘になつてゐる釆女町の裏通の大きな会堂で演説会かあつた、其時始めて私は梅謙次郎博士に逢つたので博士はボアソナアドの旧民法は修正を要すべき点もあるけれども之れを断行した方が好いといふ説で延期論ではなかつ［た］と記憶するが自分達の把つた断行［論］は遂に破れてしまつた。之れから伊藤博文公の調停があつて法典調査なるものを創め梅博士は穂積、金井《ママ》の二博士と共に民法編纂を担当した

△　其後私は法典問題の起つた時のみ梅博士と一初《ママ》になつたが私交上には余り関係がなかつたから立入つた日常の事は知らないが兎に角博士は勉強家であり又弁者であつた彼は商法でも刑事訴訟法でも法律に関係したる事は総て研究し読破したが余りに議論家であつた為め其論鋒にいくらか疑を抱かしめることもあつた然し乍ら博士の勤勉と弁論にはいつも私達は敬服して居た

△　民法調査［編纂］の折なども手許へ来る問題は一々之を研究して卓見博識を以て論断［弁］したが其弁論

に多くの力を用ひた所は穂積博士等とは全く性格を異にして居る然し乍ら何時も学者的の態度を以て事に臨んで居た

△　博士は目先の大変よく利いた人であるから法律学の外に何をさしても出来る得《(ママ)》る人である［らう］と思ふ。学問上の特色と言へば進守主義で古きを尋ねて新しきを知ると言ふよりは新しきに由つて尚新しきを知ると言ふ方の人であつた。法曹界に対しては余り城壁を設けると言ふことはなく在朝在野の法曹来つて門を叩くものあれば心好く逢つて意見の存する所を述べると云ふ風であつた平生の健康は極めて達者であつたが余り体を使ひすぎた為め腸質扶斯などに罹つても内部の心の疲れが手伝つたかと思はれる嗜好といふものは別に無かつたやうに思ふ

△　精神修養に対する主張といふやうなものも別に無かつたらしく耶蘇を信じたとか仏に帰依したとか言ふことは曾つて聞かなかつた。唯法学に関する書籍を広く研究したのであつて法曹界のために誠に惜むべき人である

「陪審制度を要する実例」

（『刑事法評林』第二巻一二号、明治四三年一二月五日発行）

吾人は空理空論の上より無く、実際上常識の判断より観て、陪審制度の必要を述べて見たい、凡そ社会万般の事は歳に月に変遷して行くが、法律は死物であるから、此変遷につれて歳に月に之を改正すると云ふことは、到底出来ない、如何に屡法律を改正するにせよ、一々人情世態の変遷と共に之を改正して行くと云ふことは出来得ない事である、故に専ら法律に依つて刑事問題を処断する所の裁判官と云ふものは、如何しても法律即ち死物が根本にあるから、人情世態に合はない裁判が生ずることを免れぬ、蓋し犯罪の如きものも社会の実情に照して初めて成立するもので、社会の認めて以て罪とせざるものに刑を科するが如きは、既に根本的に刑の目的と全く相反する所以である。其処で此輿論を代表する、社会の人智、現下の状態を代表する所の、法律上の学識も何もない善良の国民が、此司法権の作用に参与して、唯自分の信ずる所即ち常識に従つて意見を述べれば宜しい、其処で初めて法律を活用して、社会の現状に応ずる切実な刑事政策を施して行くことが出来る。是れ即ち陪審制度の起源である。

元来刑法学上、罪を区別してテルロカルとテル・ユニベルセルと云ふ二つに区別することが出来る。テル・ロカルと云ふのは、其各地方に依つて人情風土の異る為め、彼国体に於て罪とせざる所も、我国体に於ては之を罪として罰せなければならぬ、と云ふ様の性質のものが何処の国にも在る、此等のものは陪審に依つて処理するの必要はない、何故かと云へば、此等は各其の国体の関係から来て居るものであつて、何も天地の間に容れざる性質のものではない。然るにテル・ユニベルセルと云ふ方は、所謂天地の間に容れざる罪である、然れども此中にも種々の状態が其処に現はれて居るものがある、例へば人を殺したと云ふ上から云へば、正当防衛もあれば又知覚精神の喪失から出て居るものもある、或は又種々の状情からして、殺された者よりも、殺した者の方に同情を寄すべき者も少なくない、此等の者に向つては、如何しても社会の現下の輿論を代表する所の良民の判断に依つて、有罪のものをも無罪にせなければならぬ。此場合に死物たる法律を適当に能く実状に応ずる様に適用して行くことが難しい、是が即ち陪審制度の起つた原因の様に吾々は考へて居る。

其れで何処の国でも、陪審制度に於ては、有罪無罪は、宣告するが、何が故に有罪にする、何が故に無罪にすると云ふことはない、斯々の状況から斯々の行為を為すに至つた、是が有罪であるか無罪であるか、有罪ならば有罪とする、無罪ならば無罪とする、尚一歩を進めて有罪とした所で、情状酌量すべき理由があるか無いか、若し有りとすれば、改めて二三等を減じたら宜からうと云ふことになれば之を減じて行く、酌量すべき理由が無いと云へば、相当の法律を適用して行くと云ふことに決する。併乍ら陪審制度如何に好しと雖も、其地方の秩序若くは経済的の関係から起つて、之を罰せざるを得ない場合、或は国家の平和を維持するに就て、一時罰せなければならぬこともある、其は又其れで法令もあり制度もある、此等は制度の成立つて居る限りは別段陪審などで輿論に問ふて有罪無罪を決する必要はない。其れで普通重罪軽罪違警罪と云ふ様に区別して居るのは、重罪には必ず陪審制度を用ゐるけれども、軽罪違警罪以下には之を用ひない、其軽罪の中でも、竊盗とか其他種々あるけれども、此等は人情世態の如何に拘らず、何時でも罪とすべきものであつて、此等に輿論の代表者を要する必要はない。

要するに立法、行政等国家の大権を運用するに当つて、国民の参与せざるものはないに拘らず、独り司法権のみ官吏に一任して置く訳がないと云ふ事は、一見して之を承認することが出来る。是れが抑も前述の如く陪審制度の起つた原因を為して居る様に思ふ。其中仏国の陪審制度の沿革を見ると、彼国は何時でも官権主義の勝つて居る時には、新聞条例若くは出版条例、或は誹毀罪とかと云ふ様のものは、所謂軽罪裁判所の管轄に属せしめて、陪審を干与せしめない、之に反して自由主義を執つて居る時には、何時でも此等を陪審裁判所の管轄に属せしめると云ふ例もある。是は元来陪審裁判と云ふものが、重罪のみに用ひられて居る所が、此出版条例其他言論に関係したものは何時でも軽罪である、自由主義が勝つて居れば無罪となり、官権主義の勝つて居る時でも之を陪審制度に附すれば、自由主義が勝つて居るから終に無罪になる、其れでは国の秩序は保たれないと云ふので、官権の盛んなる時代には陪審を干与せしめないと云ふ例もある。

其処で我々が陪審論に両手を挙げて賛成するのは何の為であるかと云ふに、我々が数年扱つて居る事件を見ると、裁判官と云ふものは如何しても死物たる法律に拘束されて了ふ、情に於て忍びないけれども、此法律の在る以上は之を罰せざるを得ないと云ふことになつて行く。例へば正当防衛などに於ても、殺された者に後ろ傷があるから、向つて来たのを斬つたのでない、逃げんとするのを斬つたのである、正当防衛と云ふものは万止むを得ざる場合に初めて存するのであるから、後に傷のある以上は、敵が逃げんとするのを斬つたもので、是は正当防衛を以て論ずることは出来ないと云ふ、成程法律に依つて論ずるときには、机上の論として当然の談であるけれども、実際の状態から云へば、如何にも憤懣に堪へずして、殆んど自己と云ふものを忘れ、向ふから暴行でも加へられて、遂に激怒の余り其処に行つた時には、少々逃げかゝつたから、其点まで判断して居る余地がなくして斬付けたのである。此等は陪審があれば、其様の事も、正当防衛の権利を行ふときに、己が法律上権利があるか無いかを思ふ余地はない、と云ふことが現はされて来ることが出来る。

曾て予が大審院の検事をして居る時分に起つた事件であつたが、肥後の熊本の昔の旧藩邸に始終家扶と云ふもの、即ち旧士族の番人を付けて置いた、然るに其一人が蕎麦を食ひに行つた後に強盗が入つて来た、さうすると今一人の留守をして居る人が其強盗を追詰めて、強盗の携帯して居る品物を取上げたのみならず、之を殺して了つた、之を見た蕎麦食ひに行つた者が、御主人様の留守を預つて居り乍ら、斯様の暴行人の入り来るときに御奉公も申上げず、不注意極まつて居る段恐入ると云ふので割腹して居る、所が殺された者が後傷で死んで居つたのみならず、物品が取上げられて居ると云ふので、第一番（ママ）、第二番には有罪として罰して来たのである、私は之を見て、其は酷い、兎に角其士族の考へから行けば大功を奏して居るのである、強敵を防いで物品を取上げ、向ふ敵を殺して居るから、御主人様から御褒美が出なければならぬ、且つ一人の割腹までして申訳した位の次第である、けれども之を法律の杓子定規に当てると、矢張罰せざるを得ない、其処で現に第一番第二番に罰して来て居る、私も彼れほどの事情の明かなるものに対してすら、尚此の如きである。是は実に困つたものだと思つて居た、之に対して種々の議論もあつたが兎に角有罪になつた実例がある。斯う云ふ場合に陪審制度があれば、無論無罪にならなければならぬ、法律は如何しても其処迄認めなければならぬ。

今一つ私が記憶して居るのは、森有礼を西野文太郎が殺害に及んだ時、森の門下が西野文太郎を殺害に及んだ、(是は結局無罪になつたと思ふが)、其時に文太郎に後傷があると云ふて、矢張有罪にして処置した例がある、実に訳の分らぬ様のことで、是が裁判官の立場から云へば、裁判官は人情世態に依つて法律を曲げることは出来ぬ、法律の機関である、其処で法律の活用と云ふことは、法律其のも［の］が死物であるから、人情世態を酌んで其の料理宜しきを得ないと云ふことも出て来る、故に強ひて裁判で之を罰する必要がない場合に、何か他に有罪無罪を決する機関がなくてはならぬ、其れも法律は死物で、時勢の変遷に連れて変化して行くものではないから、其運用の宜しきを得しむるものは、所謂現下の社会を代表する良民が参与して、之を処理したが宜しい、尤も法律思想の無い素人では行はれるものではないと云ふ人もあるが、法律は却つて知らぬ方が宜しく、良心に問ふて罪の有無を決する方が宜しい、況んや行政権と云ひ、立法権と云ひ、未だ以て生殺与奪の権利を与へるものにあらざれとも、是にさへ悉く人民の参与に依つて其権利を実行して行くに拘らず、自由、財産、名誉、生命迄も生殺与奪を行ふ司法権に就て、独り良民の参与せざるは何事であるか、併し其議論で行くと、僅か違警罪にまで陪審が参与せなければならぬ窮屈のものになるから、茲に於て犯罪の性質を区別し、軽罪以下一時の秩序を維持するため罰せざるを得ないものに向つてまでも悉く陪審制度を用ひよと云ふ訳ではない、唯だ前述の例に属する場合に於て、事実に於て罰すべからざるものも、法律に於ては罰せざるを得ない事がある、此時に当つて、何等かの機関を以て之を打破らなければならぬ、是は陪審制度を措いて、他に求むべからざるものであると信ずるのである。

「ルソーと其の立論」

（『日本及日本人』第五八五号、明治四五年一月発行）

▲貧苦の裏に生長す　ルソーは時計製作工の子で、貧窶の裏に生長したから、殆ど両親よりは教育らしい教育を享けなんだ。其の生れたジネーブと云ふ土地が抑々奇態な土地で、或時は仏蘭西領たり、或時は瑞典領たりといふやうな土地である、此の事も後年のルソーの思想に影響して居る。

▲四方に漂浪す　既に教育らしい教育を享けて居ないのであるから独立して行くには中々骨が折れる、裁判所の書記の内の事務員に成つたり、彫刻師の内弟子に成つたり、時には僧侶にならうとした事などもあつた。不平の多い男で、何をして見ても思はしくなかつたらしい。偶々シヤンベリーのマダム・ワランスと云ふ婦人に知られて、其の保護の許に多少勉強することが出来たらしい。が、これとても永続きせず、或る物持ちの家僕と成つて馬車の前に腰を掛けて馬車の手引みたいなものをやつてた。

▲始めて都に上る　一七三二年に始めて巴里に出て来たが、思はしい事もないので、シヤンベリーに帰つてワランスに詫びを入れ、また其の保護を受けた。一七四〇年にはリオンのマブリーと云ふ人の家庭教師に成つて居つたが、一年許りでよして再び巴里に出た。此の時何か音譜を発明して自分では大した希望を以て発表したけれども、頓と成功しなかつた。其後羅馬に駐劄をしてる仏国の全権大使モンテギユーの秘書となつて伊太利に行つた。これも余り永続きはしなくつてお暇になり、一七四八年に三度巴里に来てジユツパンといふ商人の番頭と成つた。

▲妻帯す　番頭と成つてどうにかかうにか貧しいながらも、其日の活計が立つて行き出したものと見えて此の時に妻帯をした。この女房といふのは宿屋の所謂飯盛りで、素より氏素性のある者ではなかつた。

▲初めて世に知らる　一七四九年にヂジヨンのアカデミーから一つの懸賞問題が出た。それは学術并技術の進歩

は一国の風俗を腐敗堕落に導くものなりや、将たまた其の進歩は人をして益々善良の奉公に導き清廉潔白ならしむるものなりやといふ論題であつた。ルソーは常々文学の進歩人は人の感情を膨大ならしめ遂には恋情のために生命を断つ者を生じ、技術の進歩は世を挙げて驕奢に赴かしむるのみであるといふ持論であるにも拘らず、立派な意見を提出して、喃その月桂冠を戴くことが出来た。

▲初めて独立の生活に入る　其処で番頭を辞して独立の生活を営んだ。仕事としては音譜の製作に腐心して居つた。一七五三年に再びヂジヨンのアカデミーより人間に貴賎賢愚—即ち不平等のあるは何に起因するかといふ懸賞問題が出た。この時にルソーは不平等は専制政治より来るものであるといふので頗る激烈なる意見を提出した。是れが時の政府の忌憚する処となつて、巴里に居づらいので拠なく郷里に帰つて見たが面白くないので、またまた巴里に出て来た。

▲一世の幸運児　巴里に出て来て見ると昨日とは打つて変つた有様、持てるわ、持てるわ、貴族や貴婦人はさながら予言者の如くにいつて、ルソーの謦咳に接しないものは仲間入りが出来ぬといふ有様、一七五六年には当時有名なる貴婦人マダム・デビネーはモンモランに立派な別荘を建築して之をルソーの住居に充てさした。此の時代がルソーの全盛時代で、民約主義の著書やエミールの教育書などは此処で一七五九年から一七六二年の間に著はしたものである。

▲迫害来たる　ヌーエルロイロエイズも此の頃に出来た。斯く幾多の著述をして意見を公にすると、時の宗教家、権勢家より蛇蝎の如くに忌み嫌はれ、終には頗る残酷なる待遇を受けるやうに成り、巴里にも居れなくなり、ジネーブにも居れなかつた。ユームといふ友人の斡旋で英国に隠れた。暫くすると例の病気が起つてこのユームと喧嘩をしてしまつた。其の頃禁も漸く緩んで来たので、仏蘭西にまひ戻り、人の厄介に成つて辛じて生活をして居たが、一七七八年の七月三日に突然死んだ。病み煩ひもせずに死んだものだから、当時毒殺とか、自殺であるとか風評されたが全く頓死したに相違ない。遺骨はブーブリエー島のエルムノンビールに葬つた。死後種種な遺

稿が出版された。かの自叙伝も慥か歿後の出版であつたらう。一七九四年国葬の礼を以てパンテオンに改葬された。これがまづルソーの略伝である。

▲性行を見るべし　この略伝によつてルソーを見ると、彼の思想の根原を容易に知ることが出来る。金銭上には珍らしく淡泊な性質であつたといふが、私人としては更に取柄のない男であつた。到る処に不義理をして何とも思つて居ない。妻といへば宿屋の下女で、子供は孰れも教育らしい教育を施さず恩人には屡次恩誼を没却したやうな行動をする、頓と褒めることの出来ぬ男であつたらしい。たゞその如何にも剛愎な処に多少の美点はあつた。

▲不平等を怨む　不世出の才を抱きながら、貧窶に長じたために奴隷の如き取り扱ひを受けて、単に金銭あるがために智慧のない男に反対に使役され、人間らしい待遇を受けなかつたといふ反感により、彼は終生社会を怨んだのである。珍らしい間は使はれて居るが直ぐ何だい馬鹿野郎といふ気が出て何処にも腰が落着かなんだ、こんな目に遇うのは社会の不平等よりである。社会の不平等は弱肉強肉より来たものであつて世の開明は之れを助長するものである。原始時代には素より君臣なく、技芸なく、宗教もなかつた、原始時代に復らなければ真の幸福は享けられぬといふのが彼の信念であつたが、これは全く、彼れの境遇より来つた僻見である。

▲ルソーの著述　ルソーの総ての立論は社会に重きを置いて居ない。何時も自己より打算してる、故に其の著書を読むに当つても先づ彼れの為人、性行を研究してからでないと余程危険である、いきなり其の著書を読んで如何にも愉快なものである、かくあるべしなどの考へを持つてはならぬ。彼れの文字は彼の境遇が生んだのであつて、秩序ある国家には容れらるべきものでない。

▲自由民権説との交渉　自由民権論が我国に起つて今日のやうな立憲政体を現出したには、ルソーの民約論が交渉あるやうにいふ人もあるが、それは絶無ではなかつたらうが、さしたる力のあつたものではない。明治初年に来朝して居たボアソナードなども民約説は想像説であつて、実際とは余程懸隔のあるものであるといふ説を持して居つた位で、あれは中江兆民が熱心に鼓吹したに止まるのである。またルソーを社会主義の元祖のやうにいふ

がこれも誤りである。社会主義の元祖はプリユウドンである。プリユウドンの思想とルソーの思想には似通つた処も少しはあるが根本が違ふ。

漫録子「漫録数則」

（『日本弁護士協会録事』第一六三号、明治四五年四月二八日発行）

月の上旬明治大学校長岸本博士卒中症にて、にはかに易簀さるゝや、校友故旧等其邸に集り葬儀万般の手配順序も既に整ひ、電燈の下故人の逸話など語り合ひて往時を偲びつゝありし処へ入り来りしは磯部老にぞありける。老は明治初年洋行当時のことより、何くれとなく故人の逸事逸話を話し出された

▲千円札で尻を拭ふ　仏蘭西行にこゝの爺父（故博士）を会計監督にすればヨカツタガ、木下（故廣次氏）を会計長にしたが間違ひサ、馬耳塞に着くと其夜千フランの札を紛失した、如何に詮索してもない、漸く領事に泣付て旅費を借り巴里に行くことが出来た、スルト木下がフフンと了解の笑を洩らした、ドーシタときくと、馬耳塞の宿屋で夜半に木下が便所に行つたのだ、千円の札は其時鼻紙の代用となつたことを悟つた訳、ソレト云つて電報を掛けたが十二三階の上でやつたコトダカラ発見されずに其侭になつたのである、ソレデ木下が五百フランの負担他の九人で五百フランの割合と云ふ様なことになつたと云ふ様な話であつた、何分質直堅実主義なる故人の性格のことなれば、其一言一行鑑戒となり、教訓となるべき方面にて滑稽突梯頤を解き臍をよるの談柄に至つては故人と全く性格の相反する磯部翁の擅場ならずんばあらず、ソコデ話柄は遂に磯部博士中心とするに至つた

▲ソナイナこと云ふてはドモならぬ　杉浦大成氏問て、原告と被告と間違つたとか云ふ有名なる一見は事実ですかナアと、キツカケルと、博士答へて、ソレハ事実が違ふ、実は斯ふ訳サ、即ち吾輩が丁度役人を罷めて代言人に為つた当座のことだ、或朝松尾弁護士（清次郎氏）がやつてきて横浜（裁判所）へ一緒に行つて呉れと頼む、其用件は訴訟事件で相手方が岡村（輝彦君）を頼んだ、ソレデ此方も権衡上、君を加へて対抗したいと云ふ趣向なのだが、事件は稍々込み入つて居るが行き掛けに汽車中で話すからと云ふのであつた、諾、諾、と受け込んで、

スグ様松尾と同行した、汽車中で話は松尾から聞いたが境界の争論か何かで、との標抗からどうとかこうとか云ふので薩張わかなかつた《マヽ》が、うむ、うむ、と解つた様に宜い加減に返事をして置いた、それでも松尾が付て居るのであるから、黙つて松尾の主張弁論を聴いて後から喋べればよかつたのだが、早まつたのがこつちの失策の基、松尾より先きに立つて滔々とやり出した、それがそれ相手方の主張議論であつたから堪らない、裁判官が、けげんな顔付き、相手の岡村は例の顔付でにたり〳〵と此方を見て居る、驚いたのは松尾だよ、頻りに袖を牽いて違ふ〳〵、と小声に止めよふとする、いや違はない、判つて居るよとばかりに、松尾の手を振り離して弁護を進行すると、松尾はいよ〳〵慌惑、磯部君違ふそれは相手方の言ふことだ丸であべこべだ、とて狼狽の余り大阪弁でそないなこと言ふてはどもならん、ともならん、と連呼し袖を強く牽きて益々制止する哩……そこで吾輩も気が付いたから抜からぬ顔で、わかつて居るよと、松尾の手を振り離して置いて、語勢を改め相手方は斯く論するならんもと、一転語を下しグラリと本論に立返つた訳さ……原告と被告との席を間違へた訳では無い……

▲其被告は予審で免訴に為つて居る　其次東京控訴院で刑事の弁護をやつた時のことだが、被告がなんでも十二三人ドレカドレやらサツパリ区別がワカラヌ、分らぬなりに弁論をやると裁判長は松室（致氏）であつた、意地のワルイことを云ふ男で、磯部サン其の被告人は予審で免訴になつて居るハ、……と一本真向から急処を衝く的の注意、ソコデ吾輩は言下に勿論と絶叫した、スルト判事連はツク〳〵と吾輩の顔を見るから、吾輩は既に此被告人すら証拠不充分として予審で免訴にされて居る、況んや此法廷に列んで居る被告人の如きは無論無罪でなくてはならぬ……とヤツテのけた……

▲検事局の局議　ソノ時のことだ、磯部は何時でも検事の弁論の揚足バカリ取る、即ち言葉尻を捕へ、アーとか、コーとか論するから、言葉尻を捕へさせぬ為めには検事の方で弁論せぬのに限ると、局議で決定したとやらだそうだ、ソンナコトは知らぬが仏の吾輩は例によつて法廷に立つと、立会検事は石渡（敏一氏）であつたが「本件の公訴は理由なし」と、一言云つた切りで坐つて仕舞つて、ソシテ吾輩の顔をジロジロと見て居る、勿論裁判官

の審問を聴いて居れば事実は書類を見なくもワカルが吾輩はお生憎様で、審問に立会はなかつたのだよ、それで検事の論告がなくては反駁は勿論、弁論の材料に究する訳サ、マンマと検事の局議のワナに掛つたワケである、ソコデ吾輩も此ワナから脱せんければならぬ、此処そと早速治罪法を舁ぎ出した、原告官たる検事か事実及び法律の論告をなされぬは、実にけしからぬことである、抑も治罪法の一条には何んと書いてある、公訴は犯罪を証明して刑を適用する云々と明記してあるではないか、然るに検事は其職責を尽されぬ、一体弁護は防禦である、原告官の攻撃があつてコソ之に対応して相当の弁護即ち防禦をするのであるが苟も原告官にして攻撃をナサラヌ以上、弁護人は防禦を要せぬ次第であると信ずる、念の為め裁判長より検事に御たしかめを願ひ度い、検事は本件に付いては事実を証明し刑の適用を求められぬのであるや否や、求められぬのならソレデよろしい如何で御座ると、挑みのワナを掛けた、スルト検事は正直なものサ、慌だしく起立してイヤソウ云ふ訳では無いと、言ひつゝ到頭此方から投げたワナに引懸つて仕舞つたよウフフ……

「恩赦令の制定」

（『法律新聞』第八一五号、大正元年九月三〇日発行）

従来恩赦に関する根本的規程なかりしに今回恩赦の機会に於て恩赦令を制定し其根本方針を示さるゝに至りたるは洵に当を得たるの措置として大に之を歓迎するものなり就中彼の復権手続きの如き従来其不便少からざりしを今回詳細に規定せられたるが如き又恩赦を蒙りしものに対する証明書を交付するの手続きを定めたるが如き其他執行猶予者に対する規定の如き最も機宜に適したるものと信ず而して今回行はれたる大赦以下の恩赦に就ては臣民の分として彼れ是れ申すは最も恐縮に堪へざる所なりと雖若し強ひて希望を云はしむれば只特赦減刑復権等に於て一般的に之を行ふは個人主義を採りたるの点にありとす蓋し司法当局者奏請の意は之を一般的に施すに於ては或は中に再犯者を生ずるの惧れなきにあらずとの懸念より斯くは個人主義を採りたるものなるべく又事実に於て左る事なきを保し難きは勿論なるも斯く個人主義を採りて一般的に行はざる結果恩赦に洩れたるものが自然怨みを含む事となるの弊は寧ろ一般的に之を施して再犯者を出すの弊に勝るものあるのみならず特に恩典を与へ之に依て改化遷善の目的を達せんとする所謂恩赦の根本的精神に反するものと云はざるを得ず是れ余が今回恩赦令の制定並に大赦令の内容に就て大々的賛成の意を表するに拘らす聊か以て遺憾とする所也云々

「各其職分を守るべし」

（『法律新聞』第八三四号、大正二年一月一日発行）

近頃国家の財政問題に付て重立たる実業家が種々と政治の方面に関与して御心配なされる或は他の使嗾に依て運動なさるやうな人もあるやうに聴く一方から見れば誠に結構のやうであるが是等は甚だ面白くない現象で、実業家は何方かと云へば政府から諮問のあつた時に財政の状況を述べて自分の意見書を奉ると云ふのは結構であるけれども、今回の如く或は増師(ママ)案に反対であるとか国の予算は斯うなくちやならぬと云ふて団体を組で奔走するなどは甚だ面白くない、吾々共は閥族が何等の権利もなくして政治の事に容喙するを快く思つて居らぬと同時に、重立たる実業家が又一の閥族に均しい勢力を以て政治に干与すると云ふことは国家の一大事であると考へる、各々其分に応じて実業家は実業家のする事があるだらうし工業家は工業家のする事があるだらう、自分々々の職業に就て或は研究し或は会合して以て議論すると云ふことは毫も差支へないが実業家が団体を作つて政治を議論するに至つては、上には閥族の元老あり下には実業家の運動あり間に在る政治家は何をするのか大に惑はざるを得ない茲に至ると一番立派な者は吾々在野法曹である在野法曹と雖も実業家位の財政意見は心得て居ると考へる乍併法曹は法曹として単り法律にのみ従事して居つて敢て政治に喙を容れぬのである、宜しく実業家も亦各々其職に勉励して徒らに政治杯に容喙せぬやうにして貰ひたい。

「防衛権の行使に非ず」

（『法律新聞』第八四三号、大正二年二月二〇日発行）

過日帝都に於ける騒擾事件の際、国民新聞社員が民衆に対して加へたる暴行に付ては目下東京地方裁判所に於て審理中なるが、本件は裁判所が正当防衛権の行使なりとして無罪と為すべきや否やに付ては這般法曹間の問題となれる所あり、之れに付て

▲磯部博士　は曰く、正当防衛にあらず、普通犯罪として罰すべきものと信ず、元来日本の刑法は防衛権を認むる範囲甚だ狭隘に失せり、余が嘗て仏蘭西滞留中実見したる所なるが、或る婦人あり之れが二人の情夫を持ち何れも此婦人と結婚を約し情夫は互に自分と結婚を為すべく有らゆる手段を講じたるが其一人は一計を廻らし婦人に対して医師の診断なりと称して彼れは肺病なり結婚すべからずと告げたるに遂に婦人は其男と結婚するに至れり、茲に於て其捨てられたる男は大に憤り恋敵なる情夫が病院より出づるを待受て銃殺したりと云ふ事件あり、裁判所は此加害者に対して無罪の判決を為せり其理由を聞くに、人には三つの大切なるものあり生命名誉財産之れなり、而して結婚は人生の最重要事項にして生命と同一視すべきものなりと云ふにありき、恁は極端なる一例に過ぎざるも正当防衛権は今少し範囲を広くするを要すべきものと信ず、現行法の如く強盗を斬るも背部の創は防衛権の行使に非ずとするが如きは宜しきを得たるものと言ふを得ず。

「我が意を得たる案」

（『法律新聞』第八四八号、大正二年三月一五日発行）

司法省の提案に係る裁判所構成法一部改正案は、議論沸騰の末去る十三日原案通り本会議に於て可決したり然れ共斯案は国民の利害休戚に及ほす所決して僅少に非ざるべきを以て今之れに付ての与論を聞くも強ち徒爾ならざるべし

今度の帝国議会に政府案として提出された裁判所構成法の改正に付ては大体に於て私は賛成である。改正の必要なる理由は色々あるだろうが現行法実施以来約二十年間の経験が専ら其必要を促したゞろうと思ふ。現行法によれば地方裁判所以上の裁判所に於ては合議制として三人、五人、七人、の判事が合議裁判をなす制度になつてゐるが、実際の経験及実情から云へば裁判長と所謂主任判事との二人が其局に当り他は全く賛員たるに過ぎない感がある、否以上の二人で実際局に当り、之れで充分足りて居る。であるから改正案の如く五人三人とする方が国家経済の点から云ふても又司法事務の迅速を計る点から云ふても今日の国家社会に適合するものと思ふ。勿論聯合審判と云ふことはあるけれども是亦経験上寧ろ有害であつて利益少い様である。尤も余程以前に此改正の声が世間に持上つた頃は私共もまだ経験が少なかつたから、如何だろうかと思ふたが今日は全然改正案の正当なことを信ずる。而して今度は政府でも司法行政整理を断行するさうであるから一層適当のことゝ思ふ。

即ち改正案の様にすれば裁判官の時間を節約し、裁判の延滞を防ぐの利あるばかりでなく、裁判官の員数に対して国家経済上大に利する所ある訳であるから司法行政整理の目的にも大に適合する次第であると思ふ。

次に又区裁判所等の軽微な罰金又科料に処すべき事件に付ては可成人民に無益な時間と費用と迷惑をかけさせないと云ふ理由から、書面整理をする様に改正するとのことであるが是れ誠に私の賛成する処である。従来は随分

下らぬことに付いて人民に無益な迷惑をかけて居るので、私は常に痛心に堪へなかつた。

次に司法官の休退職及び転職に付ても今度の改正には賛成である。尤も従来とても実際に於ては黜は別として陟は行はれた。且つ大低《（ママ）》大審院の総会でばかり決めてゐる。由来司法官に付ては憲法上の保障があるとか云ふて八釜敷く云ふが私は司法官でも年齢（例へば七十才以上）と病気（例へば半年以上）と其他の事情（例へば何かの故障で百日以上職を執ること出来ない場合）とに依つて休退職を命する法律の制定を望む。之れは司法事務の刷新を計ると同時に司法官其者に対する寧ろ優待法であると思ふ。何となれば一方老朽職に堪へない者に強て職を執らする必要なく、又一方斯様に年とつた者が職を執ることは実に困難なことであると思ふからである。斯く云へば司法官の独立が危くならんか等の議論もあろうが決して心配には及ばない、即ち職務の上から云つても国事犯を除くの外常事犯では断じて彼是と云ふことがない。であるから私は斯る法律の制定を切に望むのである。

「裁判昔譚」

（『法律新聞』第八七五号、大正二年七月五日発行）

御役人様ア夫れだから困る

松室裁判長の三複論

前法相の松室致君が東京控訴院で裁判長をして居られた時に本郷辺の大工が松の六分板を贓品と知つて買つたと云ふので第一審で有罪になつて控訴した事件があつた、弁護士は齋藤孝治君と僕で、松室君が其裁判長で段々取調べられた結果立会検事の古賀廉造君が、裁判長の許可を得て被告の大工に直接訊問して曰ふ「お前は情を知らずして買ふたと云ふけれども本職の取調べた所では六分の厚さのある板を普通四分の厚さしかない四分板の直段より廉く買つて居るのは贓物と知つて買取つた証拠ぢやないか」斯う詰問すると被告が「何うもお役人様アさう云ふ馬鹿気たことを仰しやるから吾々共ア困ります、お前さん達ア板が厚くさへありやア値が高えと思つて、六分板を四分板より廉く買つたから情を知つてるつて仰しやるけれども私の買つたのは松の六分なんで、お前さんの聞合せたと仰しやる四分板と言ふなア杉の四分板なんでせう、松の四分板と言ふなア無え筈です杉の四分板ア松の六分板より直段が高え事は神武此方何時でもさうでごぜえますい、夫をお前さん達ア板が厚くせえありやア高えと思つて居るから下々の者は迷惑しまさア」と啖呵を切つた。スルと流石に古賀君だから「フームさうか」と云つた切り黙つて仕舞つた、やがて吾々の弁論が済むと傍聴席に居た被告の姻類が青くなつて弁護士室へ飛で来て「何うもお役人様に向つて怪しからぬ事を申しました、定めし酷い目に逢ませう」と震えて居るから「イヤ今日は吾々両人の弁論よりも被告の答の方が遙かに宜かつた、彼の一言で無罪になるから心配するな」と慰めてやつたが遂に此事件は無罪になつた、此間古賀君に逢つて其話をしたら「さう〳〵そんな事があつたつけナ」と笑つて居た、此時分は判検事も余程雅量のあつたものだ。

又松室裁判長から或日「弁論は何れだけでも聴きますが重複になるのは甚だ困るから成べく重複を避けて弁論して貰ひたいと云ふことであつた、其時の弁護士は確か五人で僕が最後に廻はされたのだ、そこで僕が「唯今裁判長から重複して呉れるなと云ふお話ですから努めて重複せぬやうに致しませう、乍併私は今日歯が痛くて前々弁護士が何んな事を云つたか少しも聴きませなんだ、就ては甚だ恐れ入ますが裁判長から前々弁護士の弁論した要領だけを摘んで一通りお話を願ひたい、さうすれば重複しないやうに弁論致しませうと斯う遣つた、スルと松室裁判長が「磯部さん夫では三復になりやアしませんか」と言はれたので「夫れなら仕方がないから重複せぬと云ふことは断言出来ませせぬが心付いただけ言つて見ませう」と云つて弁論を済した事がある。

「民法編纂ノ由来ニ関スル記憶談」（法理研究会講演）

（『法学協会雑誌』第三一巻八号、大正二年八月一日発行）

今日私カ諸君ノ面前ニ於テ此記臆話ヲ致シマスルノ機会ヲ得マシタノハ私ノ身ニ取リマシテハ無上ノ光栄ニシテ深ク御礼ヲ申上ル次第テアリマス、実ハ一両月前ニ穂積［陳重］先生カラシテ日本ノ五法就中民法ノ制定ニナツタ順序ニ付テ君カ古クカラ関係シテ居ツタヤウニアルカラ君ノ覚ヘテ居ルコトタケヲ一日研究会ニ於テ話シテ呉レナイカトノコトテアリマシタカラ、私モ喜ンテ御受ヲ致シマシタモノノ、私ハ至ツテ雑駁ナ人間テアリマスカラ、是ト云フ書類モコサイマセス唯其時々ニ政府カラ貰ヒマシタ辞令書カ家ニコサイマシタカラ、コレヲ辿ツテ種々推考シマシタコト、並ニ其当時諸先輩カラ承ツタコトヲ集メテ此処テ御話シ申上ケマスノテコサイマスカラ、年月日等ノコトハ或ハ間違ツテ居ルカモ知レヌト考ヘマスカラ其辺ノ処ハ偏ニ御容赦ヲ顧ヒマス、私ノ特ニ御話シ申上ケルノハ、民法ノコトテコサイマスケレトモ、御話ノ順序トシテ他法律ノ沿革ニモ多少論究スル様ニナリマス、即チ其初メ江藤新平君カ民法ハ勿論、訴訟法、刑法、治罪法、及ヒ商法ノ五法ヲ一時ニ日本国内ニ布カウト云フ考ヲ持タレタノカ丁度明治四年ノ頃テアリマシタト記憶致シマス、抑モ江藤新平君カ此重且ツ大ナル企図ヲ持ツニ至ラレマシタ原因ハ当時同君カ文部卿テ居ラレマシタ砌リ箕作麟祥先生ノ手ニ依ツテ成リマシタ仏蘭西五法ノ翻訳書ヲ江藤文部卿カ御覧ニナリマシテカラノ事ト承リマシタ、即チ同卿カ之ヲ大ニ賞讃シテ、何トカ我邦ニ於テモ斯ウイフ法律ヲ布キタイト云フ希望ヲ持タレタケレトモ、又謂ヘラク、此仕事ヲスルニ付テハ、文部省カ管轄庁テハナイ、ドウシテモ是ハ司法省ノ仕事テアルト、茲ニ於テ江藤文部卿ハ先代ノ大木伯ニ文部省ノ椅子ヲ渡シテ、御自身ハ司法卿ニ転任セラレマシタ、コレカ丁度明治四年ノ終リトイフコトニ承ツテ居リマス、故ニ今日ヨリ推考スルニ江藤君ノ文部ヲ去リテ司法ニ移ラレタノハ、全ク我帝国ヲシテ一日モ早ク法治国タレシメントノ希望ニ在リタルコトハ疑ヒヲ容レマセヌ、果セルカナ江藤新平君カ司法卿ニ就任セラルルヤ幾日モナク当時ノ重モナル裁判官及ヒ省内ノ高等官連中ヲ集メテ、仏蘭西ノ五法ニ等シキ成文法ヲ我帝国内ニ布ク必要アリトノ主意ヲ演説セラレタトイフコトヲ承ツテ居リマス、而シテ其演説ノ大要ハ「我帝国ニ仏国ノ法治制度ヲ採リ速ニ五法ヲ海内ニ布キタイ理由ハ国民ノ利害関係ヲ一ニ裁判官ノ勝手我儘ナル判断ニ放任シテ置ク可キニアラス、之ヲ放任シ置クハ統治ノ御主意ニ反ス、故ニ余カ今日諸君ノ賛同ヲ得テ速カニ法治制度ヲ布クノ大問題ヲ決定シ殊更此場合ニ於テハ此五法ナルモノニ何等ノ修正モ加ヘス成ルヘク速ニ之ヲ採用スルヤウニ致シタイ、併シソレテハ或ハ帝国ノ慣習等ニ不釣合トイフコトカ出テ来ルトイフ案シモアルテアラウ、ソレ等ハ後ノ法律家カ出テ来テ随時之ヲ鋳直ストイフヤウナコトニシタラソレテ十分テアル、若シ之ニ反シテ予メ之ヲ研究シテ我帝国ニ適宜ノ程良イモノヲ作ラウト云フタ所カ容易ニ出来ルモノテナイカラ、仮令ハ仏蘭西ト記シテアル処ヲ帝国又ハ日本トイフ文字ニ直ス位ナコトテ直チニヤツテ仕舞ツタ方カ宜カラウ、諸君以テ如何ト為ス」

江藤司法卿ノ此演説ニ対シ会員中ヨリ攻撃シタノカ或ハ賛成シタノカ分ラヌカ、会員ノ中カラ斯フイフ風ニ言ヒマシタ方カアリマス、(是モ私カ後ニ承ハツテ居ル処ニ依ルト、ソレハ津田真道君テアツタトイフコトテアリマス)「拙者ハ司法卿ノ御意見ハ先ツ道理カアルト考ヘル、ナセナラハ今仏蘭西ノ五法ヲ研究スルトカ、我風土ニ合フ、合ハヌトイフコトヲ調査スルトカ云ツタ処カ、蓋シ泰西諸国ノ法律ヲ心得テ居ル人間カ無イ、泰西諸国ノ法律ヲ知ツテ居ル者カ無イノニ之ヲ研究スルト云ツタ処カ到底不可能ノ事柄テアツテ、実ニ困難ナコトテアル、故ニ私ハ司法卿ノ演説ノ趣旨ニハ賛成スル、併シナカラ茲ニ一ツノ疑問アリ他ナシ、仮リニ仏国ノ五法ニ何等ノ修正ヲ加ヘスシテ我帝国ニ之ヲ実施スルトシタ処テ、元来法律トイフモノハ独リテ運用シ行クモノテナイ、此法律ヲ運転スル職工然カモ錬磨ノ積ミタル職工カ入用テアル其職工ハ何処カラ採ツテ来ルノテアルカ、仮令トンナ立派ナ法律カ布カレテモ之ヲ施行スルコトニ付テ巧ミナル所ノ判官カ居ナクテハイケナイカ、司法卿ハ何処カラ其判官ヲ御連レナサル積リテアルカ、承タマハリ置キタイ」ト、斯イフ皮肉ナ問答ヲ試ミラレタ、ソレカ丁度津田真道サンノ会合ノ席ニ於ケル演説テアツタサウテス、此問答ヲ試ミラレタ方ハ風聞ノ通リ正シク津田真道君テアラウト私モ考ヘマス何セナラハ津田先生ハ旧幕ノ末ニ和蘭陀ニ行カレテ就中法律ヲ研究セラレ法学階梯ニ有利ナル著者少ナカラサル方テアリマシテ、恐ラク会議ノ席テ泰西諸国ノ法律ヲ心得テ居ラレタノハ津田先生丈ケテアツタカラシテ、サウイフ議論モ出サウニ思ハレルノテス、

此攻撃或ハ賛成演説ノ結果トシテ司法省内ニ現出シタモノハ明治五年ノ創設ニ係ル明法寮及ヒ同寮学校ナリ、蓋シ明法寮ハ主トシテ立法事業ニ従事スルノ旁ラ司法省所属ノ法律問題ニ関シテ指令ヲ草スルコトヲ掌リ、学校ハ法律運用ノ職工ヲ養成スルヲ目的トセリ、則チ五法ヲ布クマテニハ新学生卒業シテ運用ノ任ニ当ラシムルコトヲ得ルトノ予断ナリシカ如シ、併シナカラ江藤卿ノ下ニ於テ始メテ此学校ニ入学ヲ許シタ学生ハ僅カニ貳拾壹人ナリ今日ヨリ之レヲ観レハ貳拾壹人ノ法律家カ出来タ処テ之ヲ帝国全般ニ如何ニ配置シ如何ニ事務ヲ採ラシムルヤノ疑問百出ス可シ然レトモ当時江藤卿ハ此学生卒業ノ上之ヲ顧問判官トシテ目下ノ控訴院若クハ大審院ノ如キ重モナル裁判所ヘ一二名宛ヲ配置シ以テ法理ノ質問ニ応答セシムレハ新法ノ運用ニ左ノミ困難ヲ感スルコトナカルヘシトノ考ヲ以テ学生ノ数ヲ之レニ限ラレタリト伝聞致シテ居リマス、

扨テ此学校ノ事ニ付キテ鳥渡一言スルコトノ御許シヲ願ヒマス、満更無益テモナカラウカト考ヘマス此学校ニ入学ヲ許サレタノカ始メ貳拾壹人テアリマスカ其中ニ自家ノ生活難ヤ種々ナ関係カラ退学シ官吏ニナラレタ方モアリ又学生淘汰ノ末学校ヲ去ツタ人モアリテ貳拾壹人ノ学生カ僅カ拾壹名ノミ残存スルニ至リマシタ、即チ木下廣次、栗塚省吾、井上正一、熊野敏三、宮城浩蔵、加太邦憲、小倉久、関口豊、岡村誠一、岸本辰雄、並ニ私ト合計拾壹名ノ内関口ト岡村ハ仏蘭西テ死ンテ仕舞ヒ、又宮城、熊野、小倉、木下、及ヒ岸本ハ昨年迄ニ追々ト亡クナリマシテ、今日残ツテ居ルノハ僅ニ栗塚、井上、加太、及ヒ私ノ四人ノミテ誠ニ心細キ次第テアリマス、当時ノ学校ニ遡ホリテ思ヒ起スニ実ニ其御手厚キ取扱ヒ振リハ恐入ツタコトテアリマシタ僅カ拾壹人ノ学生ノ為メニ教師トシテハ文学専門ノ「リベロール」氏、法学専門ノ「ブスケ」氏及ヒ「ボアソナード」氏此三先生カ交ル々

ルニ教授ノ任ニ当ラレ又学生ノ衣食住並ニ習学上必要ノ品具交付等ノ為メニハ立派ナ御役人カ四五名専属セラレタ様ニ記憶致シマス、兎ニ角此拾壹人ノ学生モ専心勉強ノ結果残ラス海外ニ留学シテ各々業ヲ終ヘ帰朝ノ後其長スル処ニ従ヒ奉公シ若シクハ奉公シツツアルモノト存シマス、

他ノ一方ニハ明治寮（ママ）ニハ楠田英世君カ長官トシテ新法起草ノ歩ヲ進メ行ク趣向テアリマシタ所カ明治六年ノ頃ニ江藤司法卿カ朝鮮問題ノ為メ辞表ヲ提出セラレ随テ江藤卿ニ更リテ大木喬任伯カ司法卿トシテ就任セラレマシタ、同シク法律ノコトニ付テハ熱心ニ江藤卿ノ企図ヲ踏襲セラレマシタカ、大木伯就任ノ始メ即チ明治六年ノ終リノ頃カラシテ誠ニ立法事業ノ為メニハ一大支障カ起ツテ来マシタ、其支障トハ司法省内部カラ起ツタモノト、司法省ノ外部カラ生シタモノト二種ニ区別セネハナリマセン、

先ツ内部カラ起リマシタ支障トハ外テモアリマセンカ大木伯カ江藤卿ノ如キ性急果断ノ質ナク深慮熟考ノ上事ヲ処スルヲ旨トセラルルカ故ニ自然司法部内ニ於テモ江藤君ノ時代ニ圧迫セラレテ頭ヲ挙ケサリシ議論モ沸湧シ来リ或ハ曰ク仏蘭西ノ五法ヲ其侭採用シテ仕舞フナトトイフ事柄ハ飛ンテモナイ話テアツテ兎ニ角其以前ニ日本ノ慣習並ニ風俗ハ宜シク之ヲ斟酌取捨セサル可カラス或ハ曰ク相続及ヒ親族ノ関係ノ如キ人事ノ問題ハ篤ト之レヲ調査シテ我帝国ノ比類ナキ国風ヲ毀損セサル様ニ按ヲ草シテ後チ仏蘭西法律ノ長所ヲ採用スルニ力メサル可カラス然ルニ仏蘭西トイフ文字ヲ日本ト云フ語ニ更ムレハ他ニ修正ヲ要セス杯トハ以テノ外ナリ或ハ右或ハ左リ議論百出殆ント其止マル所ヲ知ラサリシナリ是レ司法省内部ヨリ立法事業ノ進行ニ起リシ支障ナリ、

又外部ヨリ生セシ支障トシテ数フヘキモノハ明治七年ニ於ケル佐賀ノ乱、即チ江藤新平君カ戦ヒ敗レテ遂ニ梟首サレマシタ内乱騒動是レ其一ナリ、台湾征討其二ナリ、即チ西郷従道将軍カ司令官トシテ台湾ノ牡丹台ヲ征伐シ随テ日清間ニ起リシ国際問題ニ関シテ大久保内務卿ヲ時ノ全権大使トシテ清国ニ派遣セシメラレタル際「ボアソナード」氏ヲ法律顧問ノ名義ヲ以テ随行セシメ遂ニ清国ヨリ五拾万両ノ賠償ヲ得テ帰朝セラレタル件ナリ終リニ西南ノ戦争其三ナリ、此内乱ハ明治十年ニ起リテ以来国内ノ財政ニ重大ノ困難ヲ来タシ加之一勝一敗容易ニ平和

回復ノ時期ニ達セス立法事業ノ如キハ一時高擱ニ置カレタル有様ニシテ漸ク明治十二年ノ春ニ至リテ大木司法卿ハ司法省内ニ脩補ノ一課ヲ創設シ一方ニハ按ヲ具シテ当時ノ現行法即チ新律綱令(ママ)、改定律令(ママ)ノ如キモノノ缺点ヲ脩正補足セシメ他ノ一方ニハ新法起草ノ準備ニ取懸ラシムルニ至レリ、

前陳ノ種々ナル支障ノ為メ立法事業ハ余マリ捗取ラサリシカ学生養成ノ点ニ至リテハ大木伯ハ江藤卿ト其趣キヲ異ニシテ一方ニハ八ケ年ヲ以テ卒業ス可キ正則学生ノ多クヲ募リ、他ノ一方ニハ三ケ年ヲ以テ法律ノ大要ヲ会得ス可キ変則生ヲ集メ新法実施ノ際ニハ此学生ヲシテ旧法官ノ全員ニ更ハラシメンコトヲ企図セラレタルモノノ如シ、蓋シ学生養成ノ事ニ関シテ江藤、大木両卿ノ主義異ナリタル理由ハ之レヲ解スルニ難カラサル可シ、江藤君ハ立法ノ成効ヲ急キタル為メ其成ルノ日ニ数百名ノ卒業学生ヲ得ルノ難キヲ見タルカ故ニシテ、大木伯ハ二千五百年来不文法ヲ以テ支配シ来リタル我帝国ニシテ成文法ヲ需ムルニ急ハ急ナリト雖モ取捨選択宜シク自国ニ適宜ノ法律ヲ布クコトニ力メサル可カラス、其成ルノ日ヲ待チテ今ヨリ学生ヲ養成セハ数百千ノ卒業生ヲ得ルコト容易ナリト期シタルニ外ナラサルナリ、今日司法部ノ一般ヲ観ルニ旧時代ノ裁判官ハ皆無ニシテ法官ハ悉ク公私ノ学校出身者ヲ以テ充タシ居ラル、カ故ニ此点ハ全ク大木喬任伯ノ賜モノト私ハ断言致シテ差支ナシト考ヘマス、閑話休題ト致シマシテ前陳ノ事情テ新法制定ノ問題トイフモノハ明治六年ノ終リカラ明治十二年ノ頃マテトイフモノハ殆ント中止サレテ居リマシテ、其間ニ出来上リマシタノハ刑法及ヒ治罪法ノ草案テアリマシタ、此両法案ハ「ボアソナード」氏ノ手ニ依ツテ出来タヤウニ考ヘマス、「ボアソナード」氏ハ当時此法案ノ起草ニ従事セシ旁ラ公私ノ学校ニ於テ法学ノ教鞭ヲ執リ加之ナラス法律問題ニ就キテハ常ニ中央政府ノ質問ニ応答シ同氏ハ当時法律界ノ、何ト申シテ宜カラウカ、団十郎トテモ申シマシヨウカ今更考ヘテ見マスト変テコサイマス、或時ニ法制局ノ立派ナ方カ私ニ命シテ「政府補助金幾許ヲ年々附与スルカラ何々会社ヲ設立ス可シトノ条件ヲ約シテ成立セシメタ会社ニ対シテ政府ノ専断ヲ以テ補助金附与ノ条件ヲ取消シテモ差支ナキヤ如何」トノ問題ニ付キ「ボアソナード」氏ノ意見ヲ聞テ来イト云ハレマシタカラ私ハ夫ハ御免ヲ蒙リマス、知レキツタ問題テ、政府ノ勝手ニ左

様ナ事ハ出来マセント申上ケタラ夫レテモ是非ニ聞テ来イトアリ「ボアソナード」氏ニ笑ハレタコトカアリマス、又或時ニ司法省ノ大書記官トモ云フヤウナ重要ナ御役人様カ「ボアソナード」氏方ニ質問ニ御出テニナリマシタ、其質問トイフノハ裁判所ノ書記ノ或仕事ハトウイフ風ニスルノカト云フコトヲ「ボアソナード」氏ニ質問ニナツタ、サウスルト「ボアソナード」氏カ言ヒマスノニソレハ僕ニハ甚タ六ケ敷イ問題テ、元来ソレハ法律問題テナイカラ私ハ即答スル訳ニハ往キマセヌト答ヘタラ、其重キ御役人様カトウモ「ボアソナード」氏ハ余リエラクナイ、斯ンナ簡単ナ問題ニ答ヘカ出来ナイヤウテハエライ人テハナイト言ツタト云フヤウナ説カアリマシタカ、是等一二ノ事例ニ依リ当時ノ法律思想如何ノ全般ヲ伺ヒ知ルコトカ出来ルト存シマス、実ニ「ボアソナード」氏ト云ヘハ、裁判所ノ書記ノ事タラウガ、小使ノ事タラウガ悉ク知ツテ居ル者ト言フ様ナ有様テアリマシタ、夫レカラ明治十二年ノ始メカラ致シマシテ、今度ハ大木伯カ最モ熱心ニ五法ノ制定ト云フ事柄ニ付テ軍配ヲ持タレタ様ニ考ヘラレマス、ソレハ大木伯ノミナラス山田顕義伯モ其当時司法大輔ノ地位ニ在ツテ大木伯ヲ扶ケラレタノテアリマス、ソレテ此仕事ノ仕方ト云フモノハ余程混雑シテ来マシテ幾ツニモ区分ケカ出来マシタ、ドウ云フコトニナリマスカト言フト、先ツ司法省部内テハ刑法ノ為メニハ鶴田浩及ヒ名村泰蔵ノ両君カ司法省部内ノ草案ノ主幹トナツテ心配セラレタ、ソレカラ治罪法即チ刑事訴訟法ノ草案ノ方ニ向ヒマシテハ岸良兼養ト申ス方テ三等出仕テ検事ノ官名ヲ帯ヒテ省内テ仕事シテ居ラレタ老人テアリマシタ、其方ト今ノ枢密顧問官ノ清浦奎吾子爵及ヒ大審院長ノ横田国臣ナント云フ諸先生等カ刑事訴訟法ノ為メニ主幹ノ位地テ心配セラレタヤウナコトテアリマス、夫レカラ又民法ノ方ハ民法編纂局長箕作麟祥先生、民事局長牟田口通照君並ニ遅レ馳セニ私カ其端ニ列スルコトニナリマシタ、此三ツノ刑法、治罪法及ヒ民法中相続法並ニ親族法所謂人事ニ関スル部分ヲ除クノ外、財産編ト称スル部分ハ悉ク「ボアソナード」氏ノ手ニ由ツテ起草セラレタトイフコトニナリマス、ソレカラ民事訴訟法ニ付キマシテハ、是ハ今村恭太郎君ノ先大人今村信行君カ重モニ関係セラレタ様ニ存シマス而シテ其草案ハ「ルドロフ」トイフ独逸人テアツタカト思ヒマスカ其先生カ起草ノ任ニ当ラレタ様ニ記臆シテ居リマス、終リニ又商法ニ関シテハ司法省時代ニハ現行行政裁判所長ヲシテ居ラレル山脇玄君及ヒ長森藤吉郎君ノ先大人長森敬斐君此両君カ商法ノ事ヲ専ラ取調ヘテアリマシタ様ニ思ヒマスカ其後チ太政官法制局ニ立法事業ノ多クヲ移サレテヨリ商法ニ関シテハ本尾敬三郎、岸本辰雄ノ両君カ主管シテ、草案ハ独逸人ノ「ロイスレル」氏ノ手テ起草サレマシタ、

五法起案ノ運命ハ右ノ如クテアリマスカ其受持チ区別ヲ附ケラレタ年月日ニ至リマシテハ明カニ覚ヘテ居リマセンカ、是ハ明治十三年中ノコトテアリト記臆（ママ）致シマス、唯ソレニ付テ少シク詳シク心得テ居リマスノハ民法ノ方テアリマスカ、外ノ四法中、刑法、治罪法ノ如キハ明治十四年ニ頒布ニナツテ、十五年ニ実施セラレマシタ、ソコテ十三年ノ初ニ愈々民法丈ケハ大木伯ノ専属関係トナリマシテ、其事業トイフモノハ全ク中央政府部内ニ送ラレテ法制局ノ仕事ニナツテ仕舞イマシタカラ大木伯ハ法制局長官及ヒ民法編纂局総裁トシテ民法起草ノ「ヂレクシヨン」指揮ヲスルコトニナリマシタ、此当時大木伯ハ立法事業ニ関シテ民法以外ノ法律ニハ全ク離脱セラレタ形テアリマシテ、其代リ民法ノ為メニハ全力ヲ注カレマシタ、然ル所民法以外ノ法律案ハ民法ヨリ先キニ出来タ為メ大木伯ノ手ヲ離レタル法律案ハ早ク進ムナソト云フ悪口ラシク聞ヘマシタカ立案事項カ簡易ナルカ為メニシテ敢テ他ノ法律ハ職人カ立派ナノテアツテ、民法ノ方ノ立案職人カ劣等テアツタト云フ次第テハナイト思ハレマス、

性来大木伯ハ前陳ノ如ク深慮熟考諸事緻密ニ分析シテ後チ事ニ当ル方テアルカ故ニ民法立案ニ関シテモ其性格ヲ表白セラレマシタ、即チ民法編纂局ニ種々ナル分課ヲ置カレ先ツ第一ニ相続並ニ人事ニ関係スル事項ハ必ス日本ノ法律家ニ依ツテ編成サレナクテハナラナイシ、殊ニ此事項ニ付テハ風俗慣習等ヲ充分ニ取調ヘナケレハナラヌト云フ問題カ起リマシタ、処テソレカ為メニ人ノ慣習取調方専門ヲ置カレマシタ、即チ高野真遜、生田精ノ両君カ其任ニ当ラレマシテ或時生田精君カ此慣習取調ノ為メ地方巡回ニ出掛ケマシタ、ケレトモ全ク見当違ヒノモノヲ取調ヘテ帰ラレマシテ殆ント其取調ヘトイフモノハ何ノ効モナカツタノテアリマス、仮令ハ何処ノ国テハ浅草

海苔ハ斯ウシテ取ルトカ、鮑ハ斯ウトカ、イフヤウナコトテ、法律上ノ慣習トイフモノハチツトモ調ヘテ来ナカツタ、ソレカラ又第二ノ分課ハ法律ノ各条文トイフモノハ最モ明瞭ニ且ツ又日本ノ文章体ニ間違ノナイヤウナ文章ヲ作ラナケレハナラヌ、是レカ為メニツイ先月アタリテアリマシタカ亡クナラレマシタ和学者ノ木村正辞博士ヲ民法編纂局ノ書記官トシテ迎ヘタ、是ハトウイフコトヲ主管セラルルカトイフト、「得セシム」トイフコトハ日本ノ言葉テナイ「得シム」ト書カナケレハナラヌトカイフヤウナ「テニオハ」ノ方ニ於テ詳シク教ヘラレタ方テアリマス、第三ノ分課ハ翻訳ハ屡々原語ノ元ノ意味カラ遠サカツテイケナイカラ、之カ為メニ支那学ニ精通シタル学者ヲ置キ之ニ就テ能ク字義ヲ正シテ適当ノ字ヲ当テナケレハナラヌトイフノテ、今ノ三島毅博士ト杉山孝敏君トカ此任ニ当ラレマシタ、此杉山君ト云フ方ハ仏教儒教其他種々ノ学文ヲ心得テ居ラレタ方テアリマシタ、第四ノ分課ハ仏文草案ノ翻訳ヲ掌ル処ニテ其主管者ハ箕作麟祥、熊野敏三ノ両博士並ニ私モ其末席ヲ汚カシ其外若手ノ一騎当千ノ仏法学士カ居ラレマシタ、而シテ終リニ第五ノ分課ハ泰西ノ法律ハ我国ニ新ラシキモノナリ其新規ナ思想ヲ言ヒ表ハスノニ古イ文字ヲ持ツテ来テハウマクイケナイカラ必要ナ場合ニハ文字ヲ拵ヘナケレハナラヌ、恐クハ清国アタリテモサウイフコトハ感シタテアラウ、仍テ清国ノ現今ノ通語ニ達シテ居ル者ヲ呼ンテ来テ、ソレ等ノ事ヲ取調ヘタラ宜カラウトイフノテ、鄭永寧君ヲシテ此任ニ当ラシメタリ、此方ハ清国通語ノ達人ニシテ私共モ新字作成ニ利益ヲ得マシタ次第テアリマス、

扨テ民法編纂局カ斯ノ如キ大仕掛ケニナリテ来タ為メ如何ナル結果ニ遭遇シタカト云フニ一字一句何角問題トナルト宗旨違ヒノ学者ノ寄合ヒテアルカラ、サア議論区々テ迚モ追付カナイ、其果テハトウナルカトイフト、仕方カナイカラ、新字ヲ拵ヘヤウトイフコトニナル、ソコテ少シ覚ヘテ居リマスカ可分「ヂビジーブル」トイフ文字カアル、ソコテ馬一頭トセンカ、此馬ハ二人テ共有スレハ各々半分即チ二分一ノ所有者ナルカ之ヲ実体上分割スルコトカ出来ナイ只人ノ心ノ中テ二分ノ一ツ、ヲ所有スト云フ意味ニ心念上ノ分割ハ出来ル訳テアルカ斯クノ如キ意味ヲ含ム分ノ字ハ存立セス故ニ「人」ヘンニ「分」ノ字ヲ書キタル新字「份」ヲ作成シテ其意味ヲ表ハスニ

如カスト云フコトニ問題ヲ決セリ、斯クノ如キ事例ハ少ナカラサリキ、

右ニ反シテ委員総会ニ於ケル討議ハ概シテ静カテアリマシタ此委員ハ如何ナル人ヲ以テ組立テラレタカトイフト、先ツ大木伯カ総裁テ其他ハ元老院議官、或ハ重モナル裁判官、ソレカラ例ノ書記官トカ、只今列挙シマシタ専門家先生カアリマシタ、元老院議官トシテハ水本成美、津田真道、楠田英世、箕作麟祥、裁判官トシテ玉乃世履、西成道《（ママ）》、池田弥一ノ諸君ニ前陳ノ専門家先生ヲ加ヘテ委員総会ヲ一週間ニ二度宛開カレマシタカ、此総会ハ前述ノ如ク至極平穏ニ討議ヲ了シタモノテ、質問ヲ為ル方モ殆ント稀レテアリマシタカ、ソレハトウイフ訳テ左様ナ結果ニナツタカト云フト、最初ノ委員総会ヲ開カレタ時ニ総裁カ斯ウイフ意見ヲ述ヘタ、「先ツ是ヨリ本会ニ於テ民法草案ノ討議ヲ為ス次第テアリマスカラ充分ノ御調査ヲ仰キタイカ、先ツ討議ヲスル前ニ宜シク問題ヲ御了解セラレンコトヲ望ム、問題ヲ御了解セラレスシテ討議ニ時間ヲ徒費スル様ニ相成リテハ不都合ト考ヘマスカラ、一応起草委員ヲシテ草案ノ各条ニ付キ一々説明ヲ為サシメマスカラ、其説明ヲ一通リ御聴キニナツテ、御了解ノ後更ニ御討議ニナツタ方カ宜シカラン」云々ト遣ラレタ故ニ委員総会トハ名義ノミニシテ其実ハ唯其処カラ起草委員即チ翻訳主任書記官カ草案ノ各条講義ヲ為スノヲ委員方カ黙ツテ聞イテ居テ、ソレテ会議カ終ツテ仕舞フ様ナ始末テアリマシタ此講義ヲ聞キ終ツテ草案御了解ニナツテ更ニ討議ノ問題カ起ツタカト思フト、ソレカ起ラスシテ直クニ政府按トナリテ元老院ノ議ニ附スルトイフコトニナツテ仕舞ツタノテアリマス、ソレハ丁度明治十九年ノ頃テコサイマシタ、即チ民法財産編ノ草按タケヲ元老院ノ議ニ附セラレテ一ト先ツ民法編纂局ヲ閉チラレ又元老院ニ廻ハサレタ草按等モ何角政府ノ都合テ院議ヲ経スシテ法制局ニ草案カ返付サレマシタ、私共ハ政府委員トナツテ元老院ニ出マシタカ何ノ議事モナク此時ハ延期ニナツテ仕舞ヒマシタ、併シナカラ後ニ至リテ草按返付ノ理由カ分リマシタ、ソレハトウイフ訳テアツタカトイフト、丁度其当時カラ条約改正ノ問題カ起ツテ来マシテ井上侯爵カ外務大臣トナツテ、法律取調局トイフモノヲ外務省ニ置カレ総テ法律ノ草按ヲ外交談判ニ明示シテ我帝国ハ斯クノ如キ立派ナ法律ヲ布クノテアルカラ、国際上治外法権ナル乱暴ナモノヲ爾来維持スル必要ハナカラ

ウトイフコトヲ以テ頻リニ法権ノ撤去ヲ促カシ、又一方ニハ西洋舞踏ノ似擬ヲシテ欧米人ヲ嬉レシカラセテ外交ノ目的ヲ達センコトヲ力メラレタリ今更ラ考ヘルト変テコサイマスカ当時政府ハ条約改正ニ際シ交際国ニ於テ治外法権ヲ抛棄スルニ至レハ斯カル立派ナ法律ヲ実行スルモ宜シカランカ、若シ然ラスシテ従来ノ如ク法権ヲ維持スルニ於テハ敢テ新法ノ作成ニ急クノ必要ナシト考ヘタル所ヨリ法按ノ議事ヲ中止シテ総テ之ヲ外務省ノ法律取調局ニ送付シタルモノト承ハリテ居リマス、

其後チ大隈伯カ井上侯ニ更ハリテ外務大臣ノ任ニ就カレマシタカ夫レハ明治二十年若クハ二十一年ノ頃ト思ヒマスカ当時モ井上侯ノ時ト同シク外務省内ニ法律取調所トイフモノカ出来マシテ、其時モ矢張リ毎日々々議論カ喧カマシカツタケレトモ、其時此取調所モ亦成功セス気ノ毒ニモ明治二十二年ノ終リニ大隈伯カ刺客ノ為メニ御足片一方ヲ失ハレ遂ニ辞表ヲ出シテ職ヲ退カレ彼是ノ中ニ法律ノ事モ一時中止ノ姿ニナツテ仕舞ヒマシタ、

今度ハ山田顕義伯ノ手ニ法律問題カ移リマシタ、同伯カ司法大臣ト為ラレテヨリ更ラニ又司法省内ニ法律取調局ヲ設ケテ民法按ノ調査ヲ熱心ニ遣ラレマシタ此時ノヤリ方ハ余程面白ウコサイマシタ、同局ノ特色ハ取調委員中法律ヲ心得テ居ル者ニハ委員会ニ於ケル議決権ヲ与ヘス其心得ナキ委員ニハ議決権ヲ有セシメタ点テアリマス即チ其議決権ヲ有ツテ居ル方ハ元老院議官、或ハ行政裁判所々長ノ槇村君、或ハ大審院長ノ尾崎君等テアル、此方々ハ我帝国古来ノ法律思想ハ沢山アツタラウガ泰西ノ法律思想ハ殆ント無イ方テアツタト考ヘマス而シテ当時仕事師ヲ以テ目セラレタ若手ノ書記官連ハ報告委員ノ名称ノ下ニ於テ唯委員会ニ諸案ヲ提出シ之ヲ説明スルニ止マリ一言半句取捨ノ議論ヲ戦ハス機能ヲ有セサリシモノトス、取調委員ハ議決権ヲ有シテ報告委員ハ之ヲ有セサルノミナラス委員会ノ決議シタ事項ハ一々之ヲ法按ニ登ホセテ法按ヲ更ラニ仕直シテ行カナケレハナラヌトイフヤウナ風テアリマシタ、此遣リ方ハ法律取調ノ運フ為メニハ宜シカツタト思ヒマス何ゼナレハ余マリ議論ナク議事カ進ミマシタカラテス、

山田伯ノ下ニ於テ民法中財産ニ関スル法按ハ既ニ議了シタリト雖トモ人事編ト相続編トノ二大事項ニ付キテハ未

タ何等ノ法按ノ存セサリシヲ以テ人事編ハ熊野敏三君ヲシテ起草セシメ又相続編ハ私カ起草ノ命ヲ奉シマシタ、其案ハ定メテ無茶苦茶ナモノテ御座イマシタラウカ併シ現行民法ノ相続編ト大差ナカリシ様ニ思ヒマシテ心窃カニ光栄トシテ喜ンテ居リマス、案カ出来テ丁度元老院ノ議ニ附セラレテ、従来幾難関ヲ経タル民法按モ山田伯ノ下ニ漸ク物ニナリ元老院ノ議ヲ経テ既ニ明治二十二年ニ頒布セラレ二十六年ヨリ之ヲ実施スルトイフコトニ一旦決マリマシタケレトモ茲ニ又一ノ故障ヲ生シマシタ夫レハ善イ事カ悪イ事カハ存シマセヌカ、丁度二十五年ノ頃帝国大学及ヒ幾多私立学校ノ方面カラ大々的反対運動カ起ツテ来マシテ、此反対運動ハ実施期限ヲ明治三十一年アタリマテ延期スルトイフ名義ヲ以テ東奔西走セラレ而シテ又司法省モ之ヲ黙視セス山田伯ノ如キハ後ロ鉢巻シテ運動セラレマシタケレトモ遂ニ衆議院テ敗ヲ取ラレ同院ハ民法ノ実施ヲ明治三十一年迄延期スト決議シマシタ、蓋シ延期ノ目的ハ更ニ其間ニ民法ヲ鋳直ス考テアツタト見ヘ其延期ノ理由ノ中ニ全体此民法ハ怪シカラヌモノテアル、古来各地方ニ存在スル入会権ト称スル重大ノ財産権ニ関シテ一条ノ規定モ設置セス実ニ此種ノ缺点多々アリ斯ル不完全ナモノヲ実行ス可キニアラス宜シク修正ヲ要スヘシト痛ク論難セリ、

蓋シ延期派ハ其目的ヲ達シ即チ伊藤博文公主裁ノ下ニ前法ヲ鋳直シタル現行民法ヲ得ルニ至レリ此現行民法中先キノ論難シタル入会権ニ関シテ如何ナル規定ヲ置キシカト云フニ民法第二百六十三条及ヒ同第二百九十四条ノ設定アルノミ即チ第二百六十三条ニハ「共有ノ性質ヲ有スル入会権ニ付テハ各地方ノ慣習ニ従フノ外本節ノ規定ヲ適用ス」トアリ又第二百九十四条ニハ「共有ノ性質ヲ有セサル入会権ニ付テハ各地方ノ慣習ニ従フノ外本章ノ規定ヲ準用ス」トアルノミ是丈ケノ事ナレハ有ルモ無キカ如ク無キモ敢テ不備ヲ感セサリシモノナランカ読者ヲ以テ如何ト為ス、

前陳ノ如ク明治二十六年民法ノ実施ハ既ニ延期セラレテ伊藤博文公主裁ノ下ニ更ニ法律取調局ヲ置カレ民法全部ノ再審査ニ着手セラレ当時伊藤公ハ勿論副総裁ノ任ヲ帯ヒタ西園寺公望侯モ共ニ熱誠ヲ以テ其事ニ当ラレ数ナラヌ私共モ取調委員ノ末席ヲ汚カシマシタカ此時ニ立按ノコトニ最モ与ツテ力有ル方ハ穂積陳重先生テアリマス、

故ニ二十六年以後ノコトニ付テハ法律ノ歴史ハ全ク穂積先生カ能ク心得テ居ラレマスノテアリマスカラ同先生ヨリ何レノ日カ爾後ノ御話ハアロウト存シマス、私ハソレマテノコト丈ケヲ唯記臆ノ侭諸君ニ御話シ申上ケタ次第テアリマスカ定メテ間違ヒタラケテアリマシヨウカ其辺ハ幾重ニモ御詫ヒ致シマス誠ニ私ハ冒頭ニモ申上ケマシタ如ク斯クノ如キ雑駁ナコトヲ御聴キクタサイマシタコトニ付テハ難有ク御礼ヲ申上ケル次第テアリマス、

「検事の聴取書に関する卑見」

（『日本弁護士協会録事』第一八三号、大正三年二月二八日発行）

近時刑事訴訟記録を閲するに往々検事の聴取書と題する一種の訊問調書に類する被告人の事実陳述を記録したる書類あり此聴取書の特種なる性質は被告人の陳ふる所全く自問自答に出てたる状態にして検事より問題を発し之に答へたるものと見ること能はさる如く作製せられあり、蓋し検事は其職として被告人を訊問するの職権なきが故に被告人が任意に事実を陳述したるか如く外装したるに外ならす然るに此書類の真相は其表面と全く事実を異にし実際は検事より一種の喚問状を発して被告を検事廷に召喚し種々詰問の結果検事の問に対し唯々諾諾偏に其意を迎へんか為めに全く自己の意思に反して被告の答へたる所多しと聞知せり、果して然りとせは斯くの如き書類は予審中に在りては予審判事を惑はし公判にありては裁判官の明を蔽ひついには事実を誣て判決を為すの悪結果を来すこと尠からざるへし之れ在野法曹間に於て検事の聴取書なるものは刑事訴訟法の許容する所ならさるのみならす徒らに誤判を招くの悪手段たるに過ぎさるものなるか故に斯くの如き手段を法律上厳禁せさるへからさるものとなし之か為め帝国議会の一問題として目下存在せりと聴く。

検事の聴取書なるものは果して前陳の如き怖るへきものなるや否やは余未た遽かに之を断言することを得す然れとも往々にして誤りを伝ふることあるは疑なきものの如し、乍併法律上之を禁するとするも陽に其聴取書の如きものを示さすして陰に之を以て裁判官の心証を動かすの具に供するか如きことあらんか法律の禁止も亦却て弊害をして層一層大ならしむるの外何等の功果なきに帰すへし故に寧ろ検事の聴取書は聴取書として在来の如く公判書類に綴付し置き偶々其弊害の大なるものあるに際して之を矯正するの途を講するを以て穏当なりと信す。

元来検事は其訟廷に立ちて事件を取扱ふ場合に於ては公益の代表者にして弁護人は被告人の利益を防禦するを以

て任とし其任する所の資格各々異れりと雖も訟廷に立ちて彼我相争ふの職権に於ては全く同等のものなり、故に余の考ふる所に於ては検事の公益代表上有する権利手段は弁護人も亦被告の利益を防禦するの点に於て検事と全く同一の権利手段を有すへきは当然なり、然るに従来弁護人の事件取扱上検事の如く或は証人を訊問し或は事実の真相を探り或は相被告を詰問する等の手段を執りたること稀なるか如し、是れ畢竟弁護人の怠りにして爾来検事と同しく弁護人も亦其自ら任する事件の難易如何に従ひ公判若くは予審中に拘はらす検事と等しく共犯訊問若くは証人取調其他一切の証拠調を任意に執行し之を聴取書の如く調製して事実取調書若くは其他の名称を附して将来検事若くは予審公判の判事を指導し以て偏頗なる検事の聴取書のみに裁判官の誘惑せられさる様注意せは裁判官に於ても亦自ら検事の聴取書同様の価値を以て之を迎ふるは当然なるへし、今日までの事実に於ては単に検事の聴取書存在して弁護人の取調書は皆無なり、皆無なるものは裁判官之を参照するに由なし之れ検事の聴取書に偏して裁判官か誤判に陥りたることもありたる所以なるを以て将来は聴取書の禁止を要求するよりも寧ろ弁護人の取調書なるものを作製して之を法廷の参考に供するの便宜なるに如かすと信す。諸君以て如何と為す。

「大隈伯後援会に就きて」

（『日本弁護士協会録事』第一九三号、大正四年一月二八日発行）

此間大隈伯を首め現内閣の大臣其他同志会臭味の或る人々が出席の上、大隈伯後援会なる名の下に於て上野精養軒で茶菓を饗した、其時に寄集つたところの人々といふものは多くは東京市中の中流以上の人並に近県の有志といふ連中であつた、然るに其際に於ける大隈伯の演説は唯政党宿弊といふことが問題となつたのみで、三十年来の理想云々といふ其声大なりと雖も理想の如何なるものであるかといふことは毫も見る所がなかつたのである、又岩槻蔵相の口を開いて論じた所は昨冬の議院に於ける財政演説の繰返しに過ぎなかつたやうに思はれる、それから尾崎司法大臣が滔々数万言を以て厳正中立、党の自他を問はず選挙取締の峻厳にして所謂大義親を滅するといふが如き態度を以て政府党の者たると反対派の者たるを問はず苟も選挙の法律に触れる者は断じて仮借しない、斯ういふ演説をされたといふことが各新聞の報ずる所であつて其外に大隈伯後援会の何たるかを説かれたものが一つもないやうに思ふ、而して之を謹聴して居るところの者といふものは前にも述ぶる如く東京市の中流以上の人即ち選挙有権者が多いのである、又近県から出張して列席した人々も名は後援会であるけれども大隈伯を後援するといふことに付ては一言半句聴く所なくして唯此選挙に際して特に設けられたところの集合と見るの外はないのである。

此席に於て各大臣が所謂茶菓を饗するといふ名の下に人を集めて饗応して、依て以て来る三月二十五日に行はれんとするところの総選挙の為に一人たりとも多く政府党の方へ人を引付けやうといふ行動を執つたのである、之に依て考ふるに若し司法大臣の口にするが如く大義親を滅するの経綸を持つて政府党たると在野党たるとを問はず、苟も選挙違反に当るところの行動は毫も仮借しないといふことを以て真ならしめば、彼の後援会に出席した人々といふものは尽く之を一網にして検挙しなければならぬ必要が起つて来るのである、然るに自ら内閣に列するの地位を濫用して而して選挙取締を厳正にするといふ名の下に於て、就中尾崎法相の如きは特に選挙に関する演説しか為さなかつたのである、斯の如きは実に其言ふ所と行ふ所と全く相反する行動といふことを世上に露出したものである。承る所によれば選挙の何たるを深く考へないところの青山病院の院長齋藤某なる者か、開業十年の記念と銘したる塗盆とかを知友に配つたといふ一事を以て既に之が検挙をして、且其齋藤某をして之が為めに心痛の余り卒倒せしむるに至つて今日も尚病床に在るといふ話である、吾々は在野法曹として敢て此の紙面上に於ては政治其者には容喙しない、純然たる政治問題に関しては政治の為す所を敢て攻撃する者ではない亦敢て之に賛成する者でもない、併ながら事苟も法律の適用といふことに付ては後援会に於ける尾崎法相の演説を其侭に聞捨置くことはどうしても出来ない訳である。

元来大隈伯後援会なるものはどういふ趣旨から成立して居るか、吾輩未だ其根本は之を解し得ないが、承る所によれば早稲田大学出身の人々が大隈伯が三十年間終始一貫して此大学に力を入れられて、依て以て今日の盛大を致したといふ其功労を頌するために此後援会といふものが組織せられたやうに承つて居る、其趣意を以て開かれたところの講演会であるとするならば幾分か此大学の関係所謂教育の部類に就ての演説もあつて然るべきであるのに、目下政府に反対する多数政党の弊害奈何、若くは財政の問題奈何、或は司法大臣として選挙取締の方法奈何といふことを此後援会を利用して説かれたといふに至つては実に吾輩其何たるを解し得ないのである。

然るに未だ各新聞に於いても彼の大隈伯後援会の集合を以て選挙違反と唱ふるところのものなく、唯心ある二三の人が彼が如きは後援会の趣意を失して居るといふことを説かれたことはあるけれども世上多くは之を黙過するといふ有様で又之を黙過せしむるに付て大に其手段を執つて居る人があるのではなからうかと吾々をして疑はしむるのである、併し之等の事も特に法曹に関係の有る司法大臣が後援会に何等関係の無い処に於て選挙取締の事を説かれたといふことであるならば吾々も亦之を黙して居つたであらう、けれども尾崎氏は多年政党に従事して選挙の何たるかは十分に解して居られる人である、尤も法律には何等の知識経験の無い人であるから法律の事に就て唯間違つたことを言はれたといふならば吾々は之を責むることを敢てする考も無い、又責むるだけの資格が先方に無いのであるから、黙過するけれども、併ながら自分が第一期の選挙以来選挙場裡に立つて選挙の事は十分知つて居られる人であるから、直接間接に選挙人を集めて饗応をしてさうして一時に勝を制しやうといふ行動は悉く選挙違反であるといふことは疾に解して居られる筈である、然るに其人が今日司直の府に在つて前述の如き言論を為して、さうして其言論を為した場所、其時の会合、其時の饗応振、是れ則ち空前絶後の選挙違反たる行動を為すといふに至つては法曹社会之を宜しく糺さなければならぬ必要があらうと考へるのである、諸君以て奈何となす。

吾輩は如何にも尾崎氏の為めに之を惜む、又随つて此後援会なるものは其の名正くして其実は之を所謂政争に利用せられたといふに至つては、大隈伯の為めにも惜まざるを得ぬ、亦此会を起されたところの方々も定めて不満に堪えないところであらうと考へる、蓋し大隈伯自ら此後援会を今日起して之を政争に利用するといふ考はなかつたであらう、伯と共に廟堂に立つ人竝に其一派の人々及多年の知友等が之を勧めて遂に大隈伯をして此誤りたる地位に陥らしめたものと考へる、此事に就ては必ずや他日臨時議会に於て心ある者からは彼の後援会に出席をせられた各大臣に向つて十分に質問せられることゝ信ずる、どうか相成らうことならば過日の後援会に於て尾崎司法大臣が公平無私を以て此総選挙といふものを行はしむると述べられた其の十分の一でも実行せられんことを希望して已まぬのである。

「日本弁護士総覧序」

（浅田好三編『日本弁護士総攬』合本、東京法曹会、大正四年八月刊）

按ずるに弁護士の制度は古の希臘に濫觴す、希臘政府は国民に口訴の自由を許し、野外に裁判を公開し原告被告をして親しく弁論を闘めたり、然れども弁論に巧ならざる者は意思の徹底を欠き敗訴の憂あるより他人を用て弁護せしむることを許可するに至れり。又た羅馬に於ても口訴の場合、貴族は貴族、僧侶は僧侶として裁判を区別し、各階級の原告被告自ら法廷に立ちたれど、無智なる平民は弁論に拙劣なるを以て、平民の為め識者に代弁することを許可し、遂に公衆弁護の制度を定め人権擁護の機関を確立するに至れり。然るに羅馬亡びて封建禍乱の世となるや、弁護制度も羅馬法と共に一時は葬り去られたるが、近世欧洲列国の勃興と共に羅馬法再び世に出るに当り弁護制度も亦た行はれ、人文の進歩人権の発達と共に、弁護士の職責は一日も欠くべからざる人権擁護の要素たるに至れり。翻て東洋諸国を見るに古来人権の尊重すべきことを知らず、随て口訴代弁の制定あるを聞かず、明治五年八月我邦欧米の制に倣ひ初て代言人を置きてより、人文長足の進歩は人権の発達を促し、代言人は免許代言人と為り進て弁護士と変りて今日に至りぬ、之に依て是を見るに人文の発達は人権の擁護を促し、人権の発達は口訴弁護の自由にありと云はざるべからず、故に弁護士は人権擁護の機関にして、而も国家の文明を彩る精華と称するを得べく、羅馬法の弁護士制を設定せし理由より推論するも、断ずるものと弁ずるものとの差はあれど、民権擁護と云ふ職責に関しては判官と状師とは常に平等の権利を有し、平等なる地位を獲得するを至当なりと信ず、弁護士の職責も亦た重大なりと云ふべし。知友浅田青南君茲に見る所ありて日本弁護士総攬を輯し、照代の精華を蒐集せんと試む、其功大にして其労多とするに足る、聊か所見を述て序と為す。

「乃木家再興に就て」

（『法律新聞』第一〇三七号、大正四年九月二〇日発行）

毛利元智氏の乃木家再興に付て磯部四郎博士は語つて曰く乃木家の再興は一体奏上するのが間違つて居る乃木家には大館と云ふ亡伯の弟や玉木と云ふ甥があるから再興するとすれば乃木家の親族にスツカリ交渉して親族会議の承諾を得て夫等に相続させるが宜い、何等親族に関係の無い子爵の次男に相続させるのは間違ひで、閣員等が此際乃木家を立たら人心が引立つだらう位の考へからやつた仕事だらう、斯うなつた以上は乃木家の親族に適当な法律家があつて黙つて親族相談の上チヤンと乃木家を拵へて置いて「今回乃木家再興の御芳志の段は誠に有り難い、去り乍ら私が乃木の家を継ぎましたら将来希典の祭は此方で一切致します何うか貴殿には御関係の無いやうに願ひたい此事を一応申込で置きます」とやつて夫から先祖冒認罪でも起したら却つて亡伯が地下で満足するだらうと思ふ、波多野〔敬直〕宮相などは笑つて弁明して居るやうだが心中は余程苦しいに違ひないア、云ふ人だから新聞で突つけば大浦氏のやうに隠居位しかねまいテ、先祖冒認と云へば曾て甲州で斯う云ふ事件を扱つた事があるソレは或村に悪まれ者があつて村の者が四十何人かで訴訟で其家を潰さうと掛つた、乃で其者が代々名主だと威張つて居るので、怪しからぬ奴だ何でも訴訟をして潰して仕舞へと云ふので徳川時代にタツタ一度名主になつたのみの家だ代々名主とは不都合だから其文字を削除しろと云ふ訴訟を起し次に所謂先祖冒認罪を起したことがあつた、第一今回の事は区役所が反対すべきもので区役所から斯う云ふことは何号の布告に依りますかと云つて反対したら変挺になつて仕舞ふんだ、一体絶家と云ふ処に尊とひ勝ちがあるので後継者がなければ尊とひと云ふものではない、菅原道真の末裔は何うである自ら道真の子孫と称して居る者はあつても真偽が分るものではない、僕等も或は藤原時平の子孫だか菅原道真の子孫だか分らない冒認するなら藤原時平の後裔だとでも第二

世広嗣とでも何とでも名乗れるよ、ハハヽヽヽ

「大典雑話」

（『日本弁護士協会録事』第二〇二号、大正四年一一月二八日発行）

余は今月の八日暁の汽車にて西下したるが、其の出立前に於ては定めて混雑するならんと思ひ居たるに今回の鉄道院の多くの人々を送るに付いての注意と云ふものは至れり尽せりで紙筆に尽し難いほど鄭重且つ紀律正しく余等は是迄度々旅行したるに未だ曾て今回の如く安心して旅行したることはないのである。而して京都到着後に於ける参内若くは天機奉伺其の他総てのことに付いて皆当局より一々御通知を受けた事柄に付いては其の用意の周到なる又手の行届いて居ること等総て感服すると云ふより外なかつたのである。而して余は京都を離れたる紀伊郡伏見稲荷の前の玉屋と云ふ旅館へ投宿した、同宿したのは衆議院議員の森久保作造君であつた、其の玉屋に行く由来と云ふものは森久保君は日頃此の稲荷神社の信者にして数回京都の御下りになつたことがあるさうである、而して此の旅館に投宿すると云ふことになつたのは実は森久保君に願つて同宿することになつた次第である、是より先京都の方より宿も鄭重に指定して呉れられたのであるが、承はる所に依るとそれは素人屋であつた、素人屋であれば近い親戚もあるのである、けれども素人屋は置く人迷惑、居る人又迷惑と云ふ考からして自分の親戚の方に宿ることは自から辞した位であるから其の与へられたのは素人屋と云ふことを知つて之を御断りしたのである、所が却つてそれが大変な幸であつたのである、第一は此の京都の中央でないから訪問者等も少く、或は極く閑静にして空気も良く、而して又京都市へ散歩する為には縦横無尽に電車の便があつて十五六分二三十分にして其の用を便じ得るのである、且つ宿と云ふものも森久保君の馴染の宿である、為に大変鄭重に取扱はれたのである。

然るに今回最も失態を極めたものと云ふのは人力車の問題である、それはどう云ふ為であるかと云ふと、混雑を避ける為に京都府の方から小幡と云ふ人間に命じて一手引受をさした、さうして御大礼に参列する人々の人力は其小幡が一手で引受けることとなつたのである、所が、人力車屋が嫉妬の為であるか、将又カスリを余計取られる為であるか、在来の京都市の人力車営業人共が小幡の下に来る者がなくなつた、それが為に小幡なるものは他の地方より腕車輓を雇入れる必要を感じたのである、為に其の小幡より来る所の俥輓は殆ど京都市の地理を知らない、従つて御所に行けと云ふと市役所へ輓いて行つたと云ふやうな噂も承はつた、所が乗る人も亦旅の人である、従つて地理を知らぬと来て居るから其為に不都合を極めたことが沢山あつた趣である。然るに我が宿の出入俥と云ふものは是は数十年来の出入俥屋であつて且つ地理にも通じ値段も案外に貪ることなくして至極便利を得たと云ふやうなことであつて、是亦私共の偶然に出会つた一つの幸福である。

次に此の儀式に参列した感想と云ふものは神々しく神界に列したるが如き心地が致したのである、殆んど口筆を以て発表することの出来ぬと云ふ一言に止まつて居るのである、又此のことは他の新聞雑誌等に見えて居ることであつて今更贅弁を弄する必要はないのである、而して其の万事の御取扱と云ふものは恐縮の外なく休憩所の設備は実に行き届いたものである、是より先余は宮中のことゝし言へば終始紀律のみのことゝ心得たるに儀式の際の外は常に椅子を賜ると云ふが如き有様にして実に当事者の御骨折さこそと察せられたのである。

所が茲に一つ奇怪な問題が起つて来た、是れとても如何のものであらうかと思ふが、例へば貴衆両院議員の如きは貴衆両院議員の待遇は勅任官の末又は奏任官の上列と云ふ待遇を受くるものにして貴衆両院議員中には或は位階勲等の高き人あり、又公侯伯子男と云ふ如き貴族の方もある為に其の待遇に関して一部の不平があるさうである、我々は単純なる貴衆両院議員として召さるるものに非ざるが故に大礼に制服を着用したるに、貴衆両院議員として参列する時は通常礼服にても苦しからざる次第なるべし、然るに身分相応の大礼服を着用すべきやう命ぜられたる以上は身分相応の御取扱ひを受くべき次第なりと云ふが如きことを以て当局の諸氏を苦しめられる方あるやに承はる、併ながら是等のことは余の考ふる所に依れば余り品位を争ふの価値あらざるやに考へる、即ち特に大礼の制服を召されてある以上は仮令吾々の如き身分の低きものの間に隠れて座席を占めらるゝと雖も燦爛たる服装を纏ふて品位を表記せらるゝ方々に対しては自から我々は敬意を表し得る次第であるから一々各人の御身分の最高のものに依つて取扱ひを受けんと希望せらるゝは如何のものやと云ふ感じを懐いて居るのである、定めて当局の御方も此の一事のみを以て彼是の非難を受けらるゝは御迷惑のことゝ思ふ、其の他に於ては万事に於て満足に此の大礼を決行せられたことは上は皇室を始めとして下国民の末々に至る迄偏に感涙の意を表するの外はないのである。

「磯部四郎博士　郷土帰来談片」

（『北陸タイムス』大正七年七月二九日発行）

□私の帰省は一門の展墓と、姉が一人富山に残りあるが、本年丁度八十歳になつたから、一度面会したいものと思つたからの事で、姉は山王町に居る弁護士千秋良平氏の母である。我侭な姉で良平氏に富山に帰れ、八十歳になつて母を養はんが為に帰郷せよと、頻りに云ふものだから、良平氏も致し方なく司法官を罷めて帰郷し、此頃弁護士と為つた。

□処が又、弁護士などと云ふ職業は面白くない、気に合はぬ商売だと、言ひ立てゝ仕方が無いから、此度私から弁護士の職業の左程心配した程のもので無い訳柄を懇々説き聴かすと云ふ騒ぎ。斯麼《こんな》要事で帰つた序に、松島弁護士の被告事件の弁護を一寸遣つた次第だ。私の同胞は六人も居たけれど、只今では千秋の八十歳の姉と私と其れから妹が一人東京に居ますばかりで、他は皆死んで仕舞つたです。

□現政府の人気の無い事は成立当時からの事で余り国家の重大事件には手を触ない様にしてゐましたが、此度出兵論で我政友会からも不平が出て、遂に新聞紙上で見らるゝ通りの事になりました。米国からの出兵要求の真意は能くも解りませんが、或は我邦の心を引いたものかも知れませんよ。政党屋も此頃お上手になりまして、攻め方も巧みになりました。政友会で出兵論の批評をせぬのは英米両国の態度を気にするからかも知れませんナ。

□此頃の政治は誰が遣つても大抵似たもので、余り変つた事もありません様ですから、当分寺内伯に厄介序に願ふのも宜しいではありませんか。私の要事も一先づ済みましたから、此れから一寸午睡でもして今夕八時四十何分とかの汽車で帰京したいと思ひます。富山での親友も大抵亡くなりまして帰省した処で淋しいです。只今小児時分からの親友は、太田口町の富川芳太郎氏の親父、八木三郎といふ撃剣家、並に政友会支部の横山隆通氏位なものです。（廿七日午後三時）

「陪審制度の必要」

（『日本弁護士協会録事』第二四九号、大正九年二月二八日発行）

陪審制度は近頃より起つた問題の如く考へられますが、我国に於ても既に明治十二年に時の政府が起草して、法制局へ此案を上つた。又中古以前にありては希臘及羅馬に於て既に其根拠を有し当時国民の団体と云ふものが裁判に干与して有罪無罪を決する、それをラシンブームと称して、殆ど今日の欧洲大陸に於て言ふ所の陪審制度に類似したものであるのであります。其次には紀元千百年頃から即ち今より九百年前より英国に於て初めて陪審制度と云ふものを採用せられましたのは、丁度ヘンリー第二世の時代である。刑事に於ても所謂起訴に関する大陪審があり起訴不起訴を決定する。起訴せられ、公判に附せられる時に当つて、公判に関係して有罪無罪を決定する陪審が即ち小陪審と称するものがある。其他民事に就ても種々な陪審を設けてございますが、それが即ち今日欧洲に於て行はれて居る。さうして其発端は英国に始つて居る大体に於て英国の裁判程国民の信用を持つて居るものはありませぬ。是が為に今日は英国の裁判官と云ふものは、殆ど活神様のやうに思はれて居つて誰も裁判の当否に就て喙を容れるものは無いと云ふ有様になりましたには独り裁判官が本来立派であるとのみは云はれぬ。今から九世紀以前の時代からして陪審が干与致し、苟くも私を挟んで裁判をすると云ふことが事実の上に出来なくなり其慣習が一つの性となつて、英国の裁判程多大な信用を持つて居るものは無いことになつたので之は一に陪審制度の結果である。或は英国にして今日の陪審を止めると雖も、裁判の信用を維持して行くには差支ない。之に反して先程から諸弁士の述べられましたやうに、日本の裁判所は如何なる信用を持つて居るものでありませうか、苟くも人民を保護し、国家の恩沢に浴せしむる制度には違ひないから、悪事をした者を除く外は、裁判所に喚出されると、成るべく喜んで出ると云ふことにならなければ、国民の信用を得て居るものとは言はれぬのでありますが、日本に於ては、予審判事から取調べることがあるから一寸出頭しろと云ふと、各々慄上がつて、弁護士の助勢でも求めると云ふに至つては、人民を保護すべき役所が却て人民の怨府になつて居ると云ふ有様である。是は何の為であるかと云ふと、国民の信用が薄いからであると断言するのであります。法律を弄んで以て国民を蔑するものは弁護士である、裁判官であると云ふやうに思はれて居る。英吉利と日本とは同盟国であるけれども、裁判の信用如何に至つては全く天地懸隔して居るやうに思はれる。仏蘭西の陪審制度の採用は革命に至つて、即ち千七百九十一年九月十六日の法律を以て初めて制定致しました、其制度は英吉利に倣つて刑事に於ては起訴陪審と公判陪審との二種ありましたが、起訴に関する陪審は千八百十年に之を廃止されました、今日の公判に於ける陪審に関する法律の根本は其後種々の改正があつて、今を去る事七十年程前千八百四十一年八月七日の法律を以て規定したものが今日の法律であつて、其後の改正は枝葉に互つて居るに過ぎない。

そこで今や此陪審制度を日本に設けるに就て色々な議論がありますが、何も他国に倣ふ訳ではございませぬけれども、今日文明国として知られて居る国で陪審制度を設けて居ない所は土耳其と支那と日本だけでございます。私の考へるのに、今日は何れの国に於ても少しく文物が開け国民の権利が伸張せられて居る所では、所謂総て公の権利作用と云ふものは、政府其者が特有すべきものではない。必ず国民と共に之を共有して行かなければならぬと云ふのが、殆ど争の無い問題になつて居る。故に何れの国に於ても国民を代表する所の国会がある。府県郡市町村に於ては各々国民の代表者を選出して自治政を行ふと云ふのが今日の有様である。此点に就て我が日本国に於ても少しも遜色はないのであります。併ながら此処に一つの缺陥のある、縦令古の如く独断専制で以て悪政を施すとしても、人の生命を断ち若くは財産を没収してしまふと云ふやうなことは行政部内には無い。之に反し司法権に於ては人命名誉を断ち、自由を拘束し、若くは財政を没収すると云ふまで、諸君の身上に及す所の実に著しい権利があるであります。他の国政に願ふは国民が干与して居る。けれども是よりモツと大なる事柄を取扱ふ裁判権は、三人若くは五人の裁判官にそれを取捨する権利を一任して居る、労働問題に就ては八釜しい問題になつて居りますが、斯の如き重大なる司法権の問題に就ては、恬として国民が之を顧みぬと云ふことは、国民が本末を誤つて居る。裁判上の歴史を見ますと、昔日の大悪人が今日忠臣となつて之を償ふの贈位若くは社を設けて神に奉ぜられると云ふことがありますのは是れ既往の裁判権の施行を今日に於て全く否認して居る証拠であらうと思います。加之、今日の制度に於ても裁判は動かすべからざるものとは法律其者が之を認めて居らぬ。裁判には誤かあり易い、故に之を正す為に、下級の裁判所の裁判を監査する為に控訴上告等が必要であると云ふ事柄が法律の上に現れて居る。既に誤審のあるべきものであると云ふことを法律が認知して居る以上は、已れに罪がなければ罪せられる気遣はないと安閑として居られるのは、国民と共に国家の一大不幸である。

今日までの各国の例を取つて見まするのに、支那には傑紂とか云ふ偉い先生があつたが其当時の裁判は存じませぬが、稍々開けて後に最も残酷を極めた所のものは司法権の濫用かと考へます。日本の裁判例にては、現に幕末に於て勤王の為めに正義を叫んだ国家の忠臣を残虐に処分し裁判の結果小塚原に首を斬つたではありませぬか、仏蘭西は大革命の時ルイ十六世の世に於て、革命裁判と云ふものを設けて、何等罪無き皇室であるけれども、国民の革命を全うすることが出来ないと云ふ理由の下に皇室悉く斬罪に処して、是は裁判権濫用に甚しきものである。然かも斯くては平和を維持することが出来ないと云ふことを革命自らが気付いて、初めて陪審制度を採用するに至つて将来は国民と共に国家の裁判をしなければならぬと云ふ所から、今日に至つては最早やさう云ふ残虐を極める事の弊害を矯め終つたのであります。そこで陪審制度が全体どう云ふ風にして設けるのであるか、私は制定の事に就て末席を汚して居りますが今日の日本に於て斯くすれば宜しいと云ふまでには極つて居りませぬ。

仏国に於ては総て、三十歳以上の男子にして公民権を有する者は陪審員たる事を得る、唯だ其例外として文字の読書きの出来ない人、若くは人の奴隷となつて、主人の命令等に依つて自己の意思を十分に発表するだけの資格の無い者だけは、陪審員たるの資格は無いことになつて居る。それから法律上陪審員たる事を許さざる所の者は、不具者、禁治産者、準禁治産者或は重罪の刑に処せられたもの若くは一年以上の禁錮に処せられた者、次に陪審員たる事を免除せられたる者は、労に堪えぬからお断りすることの出来る、七十歳以上の老人若くは其日稼ぎ人又は公務の関係上に於ては、所謂国務大臣、府県知事、裁判官、現役軍人等であります。其他貴族院議員、衆議院議員にして即ち議会開会中は、より以上の本務を取扱はなければならぬからして、陪審員たる事をお断りすることが出来る。而してどう組織するかと云ふと、陪審員選出の方法は毎年各市町村に於て陪審員の人名簿を調製し抽籤を以て各町村に所謂三十六名の陪審員と六名の補助員と云ふものを選ぶ、是は病気などの時の用意であります。それから各事件の為に十二名の者を抽籤で定め検事及び被告は、其陪審員に宿縁があるとか、政党の関係があつて公正の判断を受けることが出来ないと云ふ疑がある時には、検事も被告人も、之を忌避することが出来る陪審員にして当選したる者は召集に是非とも応じなければならぬ。若し之に応せざる時は国家に尽す義務を缺いたものとなつて、五百法以上千法以下の罰金に処せられる。又何人に限らず二年間に一ケ年以上の陪審員に応ずる必要はない。

之を日本の歴史に就て考へて見ましても、初は県会議員も国会議員も尚ほ早からうと云ふ事でありましたが、二十三年以来やつて見ると、今日国会議会が如何なる功を奏して居りますか、日清戦争と云ひ、日露戦争と云ひ、今回の五年の世界大戦争と云ひ、其他納税の事総てに於て、国政の為には著しき貢献を致して居るのでありますから、其職に在らしめれば、是非曲直を判断するだけの職務を奉ずることが出来る。それが出来ないと云ふ考は自ら日本国民にして自らを劣等視して居ると信じます。陪審員はどう云ふ職務を執るか、公判が始まると、総ての取調べ、検事の論告及び弁護士の弁護を聞いて居る其処で検事も十分に陪審員の判るやうに、有罪の趣意を論告致し又弁護士は無罪若しくは酌量すべき情状のある事を十分に論じ且つ双方より、証拠を具してやる。裁判官が此事実に就て有罪なりや、将た無罪なりやと云ふ事実の認定に就て陪審員に其意見を問ふのであります。そこで仏国に於ては十二人の陪審員が別室に引下つて、各々投票致して決定する。併し法律上無罪にしなければならぬと裁判長が認知して居るに拘らず、素人の陪審官(ママ)の有罪と云ふ投票が多数を占めた時は裁判長は裁判をせずに、他の裁判所に送つて更に陪審員を募つて第二の裁判をせしむる。是れ即ち仏国に於ける裁判所が孔子の所謂一の不辜を殺すよりも寧ろ不刑に失すと云ふ原則を陪審制度に於て尚ほ行はれて居る著しい証拠である、日本に於ては成べく之等陪審制度の例に倣つて、許し得られるだけのものは許してやりたいと云ふ精神を以て、陪審制度の規定を致したいと考へて居るのであります。

偖て於是陪審制度は何故そんなに必要であらうかと云ふ問題を少しく研究して見たい、法律其ものは唯だ紙に書上げただけのもので、法律自体は全く死物であります。之を活用するのは人である。裁判官である。而して一の法律は時とすれば数年若くは数十年、甚しきに至つては数百年の前に規定せられ今日も尚ほ存して居るものがある。然るに人事は退歩するか将た進んで行くか兎に角変化があるから其古い法律が其侭今日の人情に当嵌つて行くと云ふことは到底ない。故に動もすると裁判官は法律に拘泥して、人情風俗に反する。然るに以上の陪審官が居りましたならば現在の社会に生活して一般的に苦痛を嘗めて居るから、其時其社会の実情に伴ふ事を判断して行くことが出来る、茲に於て古き法律と雖も活きたる適用を受けて行く、是れ陪審制度の力である。

是は法律適用の大なる力を奏するもので陪審制度の最も必要なる所以であらうと思ひます。又今日迄の所弁護士はどう云ふ職責を尽すか裁判所は独断専制であるから、弁護士の弁論は深く聴く必要がない。故に弁護士も自然職務上の熱誠が缺けることになる道理で、裁判は互に真摯ならざることに相成るは当然の結果である。自分も明治二十五年以来弁護士の地位に居りますが、実際に斯様な傾向のあることも認めて居る。苟も陪審制度と云ふものが成立致しました以上には、一方に検事が立つて有罪の議論をし、一方に弁護士が立つて被告の利益になるべき議論をする、之を虚心平気に、全く常識判断を以て聴いて居るのが所謂陪審員である。而して此陪審員が只だ自分の感じた所を以て無罪有罪を定めるのでありますから、陪審制度の立つた後の弁護士の職責と云ふものはやればやる程立派に行はれると同時に、其責任と云ふものは益々重大を加へるものであります。兎角有罪の眼を以て事実を調べれば、どうも有罪の方に気が行き易いものである。又無罪の眼を以て事実を調べて行けば無罪であると云ふ方に考が行き易いものである、今日まで検事と裁判官との連絡上事件の取扱方は有罪の眼を以て調べ来たられる方が多いやうに考へられますから、弁護士の言ふ事は多く達せず検事の言はれる事が通ると云ふ弊害がありますから、此弊を除くのは陪審制度を設けるより他に道は無いと信じて居るのであります。尚ほ此上に論じたい事は沢山ありますが時刻が切迫しましたから今晩は之で御免蒙ります。（拍手）

「立法権を弄ぶもの―弁護士会分裂問題―」

（『中央法律新報』第三年八号、大正一二年四月一五日発行）

一、分裂法案提案の経緯

予は明治二十五年以来東京弁護士会員となり其職に従へること茲に三十余年、其間種々の内紛も無いではなかつたが、所謂老成派が今日程我儘を極めたのを見た事がない。事端は昨年五月の東京弁護士会役員選挙に発し、昨年十二月の日本弁護士協会の役員選挙の結果に激成されたものである。五月の選挙に於て、老成派は岩田宙造君を推し、少壮派は乾政彦君を推した処、乾君多数の得票で会長に当選し、少壮派の天下となつたので、老成派は口惜がり、恒例の懇親会には老成派が連袂欠席といふ子供らしい不穏の挙に出た事実もある。又十二日の協会の総会では、少壮派の役員公選論勝ちて、単記無記名の選挙の結果老成派の全敗となり、老成派最後の牙城も時の力には抗し得ず、脆くも落城の悲運に遭ふの已むなきに至つた。乃で老成派が其最後の隠居所を造らんが為め、立法権に頼らんことを企て、院内の数氏と策応して合法的放肆を遂げんとして居る。是れ今回の分裂法案提案の経緯の大要である。

二、老成派は自らを侮る者

老成の人々は物質的にも精神的にも社会の上流に位する君子人である。後進少壮の人々を指揮誘掖して、識見人格の向上を輔くると共に、内には団体結合力の鞏固を図り、外には在野法曹の権威を示し、其の職能たる正義人道の維持と、人権の擁護とを完うする為めに努力するを、高潔なる君子人の態度とする。然るに自分等は役員になれず、少壮派の天下になつたのが癪に障るというて自ら逃げ出し、団体の結合力を破壊し、立法権を濫用して隠居所を造り、倨傲自ら居らんとするは何事であるか。彼等が所謂協会派として日本弁護士協会、並に東京弁護士会の中心勢力たりし時代に於て、為し来りし自らの専横の跡を顧みれば、今更自派が少数になつたからとて分立するなどと言へた義理ではあるまい。然るに此我儘を敢てするに至つては、自らを軽んずるの甚だしきものとして老成派の為めに衷心遺憾に堪へぬ。兄弟牆に鬩ぐも、外其侮を禦ぐとは詩経の教ふる処である。我が弁護士会が一致団結外に対して大に為すあらんとする秋に際し、老成派が内部に於て紛乱を醸し、団体の勢力を薄弱ならしむる挙に出でたることは、老成派の名誉の為めに、我弁護士会の権威の為めに、深く悲むものである。老成派の静思反省を希ふ。

三、提案其時期に非ず

提案者の説明に依れば、弁護士多数になると統一が出来ないとか、風紀の維持監督が困難だとか、思想感情を異にする者は分れた方が宜いとか云ふことを、提案の理由として居る。我が東京弁護士会の員数三百人以上になつたのは、既に廿年も昔のことである。此廿年間に統一の出来なかつたことがあるか。風紀の維持監督の困難なことがあつたか。何処の団体にも在る様に、時時内紛はあつたらうけれど、統一維持の出来ない様な事実が一度だつて無かつたではないか。仮にあつたとしても、何故老成派権力を握つて居る時代に提案しなかつたのか。自分等が少数となり、権力を握れないからとて、自ら統一を破り逃げ出すが如きは、余りに我儘で余りに卑怯である、又後進に対して余りに不親切ではないか若し夫れ思想感情の異る者は分立した方が宜いなどと言ふに至つては、滑稽千万沙汰の限りである。議会が思想感情を異にするからとて分立する事ともならば、府県会は二個にも三個にも分立し、衆議院も貴族院も三個にも四個にも分立する事が出来る様にならう。何処に統一と帰趨とを求めんとするのか。公法上の団体は私的団体とは違ふ。弁護士会は公法上の団体として公法上の職能を有する。思想感情を異にする会員相集りて互に所見を披瀝し、討論評議以て決定を為す機関である。思想感情を異にすることが何故討論評議の妨げとなるのか。弁護士会は社交団体で無い。社交団体ならは、厭な連中と分離して趣味感情の合ふ者丈けで別団体を組織するも宜からうが、弁護士会は社交団体で無い。公法上一定の職能を有する公的機関である。老成派が思想感情の異るを名として、自ら我が弁護士会の統一を破り、今回の提案を為したることに対し、世間若し自己の我儘を遂げんが為めに立法権を弄ぶものなりと非難する者あらば、何と申訳せんとするか。如何なる方面から見ても、今度の法案は不合理であるが、仮りに百歩を譲り、何等かの理由ありとしても、今日は提案の時機でない。司法省は在野在朝の法曹二十名を委員とし弁護士法改正調査会を設置し、今現に其審議中である。遅くも来議会までに政府案として提出せらるゝ事と信ずるが、斯の如き状態に在る事を知悉せる老成派が、何故に急遽一箇条丈けの改正案を今議会に提案するに至つたのか、其心事を諒解するに苦しむ次第である。

第二部　履歴および関係記事

玉乃世履「序」

（磯部四郎『仏国民法契約篇講義全』泰東法律学校、明治一九年九月刊）

叙

法律之学。高尚深遠。至於成業寔難矣。雖然。学者欲必達其志。非無道也。何哉。曰。游於海外文明之国。就於善良卓識之師。勉励精研。以達其目的是已。世之法学者。就師於海外者。維新以還。亡慮数十百人。而帰国之後。講説法理。以誘掖後進。訳述法書。以教導邦人者。果有幾人耶。亦足以見法学之難於成矣。頃者。島巨邦君。示余以仏国民法契約篇講義。請余叙。余受而閲之。係於吾友磯部四郎君之所譚述。而巨邦君等之所筆記。夫四郎君。嘗学法律於仏国。学成帰国。拝司法官。累遷至権大書記官。與余相識於司法部内。久矣。官之開民法編纂局也。余與四郎君。共為委員。連床同案。終日討論。相識之情。蓋益深焉。則四郎君之所譚述。而有余題言。庶幾乎得其宜矣。因弁一言於巻首。以応巨邦君之需。若夫四郎君深於法学而篤於誘導後進。則読此編者。当自知之。豈待余言而後知之乎哉。

時在

明治十七年十一月

大審院長判事民法編纂委員従四位勲二等玉乃世履撰併書

漫録「磯部四郎氏」

（『富山日報』第一四六三号、明治二三年一月二二日発行）

世に磯部四郎氏と云へる人あり富山県出身の人なりと云ひ伝ふ蓋し卓犖不羈の人なりと申すべき歟曾て物に拘泥せず能く人の為し能はざる所を為すの人なりとぞ吾人が聞き得たる所に由りて之を証明せんに大審院検事兼大同倶楽部員としては吾人として其の大胆なるに瞠若たらしめたり夫れ大審院は司法の最高法衙たり之に検事たるものは我が日本国民を代表して違法の訴を提出するの貴重なる官吏たり仮令ひ法律上に於ては政党政派に関係す可らずと明言せざるにもせよ大審院検事たる者は道理上に於て徳義上に於て政党政派に関係を有す可らざるものと思ふ何となれば検事にして若し一種の党派に加盟せりとせん乎人の常情として時に或は其の党派に偏することなしと云ひ難し万々一其の職務を実行するに当り自党の罪人は之を庇護し他派の有志をば舞文羅織して之を陥るが如きことありては相済まざるなり是を以て吾人をして検事の職に在らしめば日夜戦々兢々として一の政党政派に関係を生ぜざらんことを是れ戒むべき筈なるに磯部氏の大胆なる毫も頓着する所なく大審院検事の重職に在りて而かも中越大同倶楽部に加盟せり中越大同倶楽部は富山県に自由主義を執ると公言する所の大同倶楽部の機関たり表面に政党と名乗り居ると居らざるとに論なく真逆に之を政党派に関係なき組織なりとは云ひ難からん検事たる者能く此の倶楽部に加入して差支なきを得る乎吾人甚だ惑ふ或は曰く磯部氏は辞職せりと夫れ信然なる乎聞かまほし

官吏兼候補者としては吾人をして其の勇気あるに感服せしめたり官吏中にても彼の大臣（時としては次官）の如きは所謂る政務官にして国会議員となりて差支なきのみならず英国等にては議員たるが通例なりと聞及べとも其他の事務官吏に至りては輿論と共に進退する者に非ずして長上の命に由り左右せらるゝ者なり斯かる事務官にし

て国会議員たらん乎議員として官府を攻撃するの必要あるに当り忽ち長上よりして一喝叱咤さるゝときは之を奈何すべきぞ去ればとて一喝叱咤に辟易し只管官府のお為筋を計るときは他の人民の委托を奈何すべきぞ日本の憲法に於ては固より官吏兼候補者の制を禁ずるには非ざれども輿論は翕然として其の非なるを唱道せり之が為めにや三崎亀之助氏は辞職せり合川正道氏は辞職せり在官者の末松謙澄大森鐘一波多野承五郎諸氏は多分断念すべしと云へり斯かる中に在りて磯部氏は委細構はず官吏にして候補者たり是れ吾人が其の勇気あるに惑ふ所なりとす官吏政談実行者の惟一人としては吾人をして其の有為なるに敬畏せしめたり官吏政談の禁は固とより吾人が之を排斥したる所にして其の禁を解きたる政府の処置は吾人の之を賛成せる所なり独り奈何せん昨春の解禁以来今日に至りて殆んと満一年、上は内閣総理大臣より下は十等属に至る迄未だ一人の政談演説をなせる者なし然り而して磯部氏は厳霜烈日との評判ある山県内閣の下に在りて集会条例に由りて届け出たる純粋政治演説をなすこと数回に及び十数万の官吏をして転た氏の後に瞠若たらしめぬ氏も亦た人傑なる哉（氏の政談演説が大概法律の講義に止まり寧ろ之を学術演説と云ふの穏当なりとの評判は別問題として）

半年間に主義を一定せるには吾人をして其の学者たるを称せしめたり磯部氏は昨年七月帰省の際江畔対青閣上の懇親会席に於て種々混雑のありたる節（当時の北陸公論に在り）満座の会員に向て「余は未だ政治主義を定めず」と公言されたりと云ふ夫れ氏は日本法律学士たり又た仏国法律学士たり其の年齢は殆んど不惑に達し其の声望は大同派員をして提灯持せしむるに足る昨年七月迄に真逆に政治主義を定め居られざりしことはなかるべしと思へども当時公言されたる以上は其節は無主義なりしこと明らかなり而して当時を去ること僅々半年の間に大同団結の主義（而かも茫漠として捉ふ可らざる主義）を抱持することに断言されたる其の発達の速かなるは流石学士の学士たる所なるらん

半年間に議論を変化せるには吾人をして其の奇人たるを思はしめたり氏は昨年七月八尾又は水橋等の各地に於て国会議員は政治主義に由りて之を撰ぶ可らず人物才能に由りて之を採るべしと明言せりと云ふ（当時の北陸公論

に在り）是を以て氏は本県下の改進党にも大同派にも入らず自家の人物才能に由りて帝国議会に撰出されんことを望めり今や半年を越へざるに早氏は昨年七月魚津泊の各地に於て痛く大同派を攻撃し渠れ一派の壮士連より多少の妨害を受けたり（当時の北陸公論に在り）即ち昨年七月に在りては大同派は氏の政敵たりしなり然るに氏の才子たるや主義を是非して彼是と争ふことの野暮なるを悟り大海是無量、彼我無差別の一念を観じ来りたるもの乎半年間にして脆くも其の鉾先を折り自己を冷評して殿様と呼び自己の気節を嘲罵して筒井主義なりと書き立て偖ては十円足らずの宿料に究し喰逃げせりと迄散々に人身攻撃を加へ来りたる所の北陸公論記者等と一味同心となりたり包容寛大の度量は人をしてビツクリせしむること二十四時間開きたる口を閉ざす能はざらしむる者あるなり

磯部四郎氏は卓犖不羈の人なるかな物に拘泥せずして能く人の為し能ざる所を為すの人なるかな大胆なるかな勇気なるかな有為なるかな学者なるかな奇人なるかな才子なるかな立山の下、磯海の浜、此人傑を出たす富山県の幸栄亦大なり此人傑に由りて代表せらるゝ富山県大同派の面目や羨むべし

摂提子（高橋忠治郎）編『帝国議会議員候補者列伝　全』

（庚寅社、明治二三年四月刊）

富山県第一区及第二区・大同団結・東京市京橋区築地二丁目住・士族・官吏・嘉永四年生

君ハ旧富山藩若年寄林太仲ノ四男ナリ二歳ニシテ父ヲ喪フ是ヨリ先キ同藩足軽小頭上野宗右衛門ノ養子ト為リ三歳ニシテ養父ヲ喪フ後チ六歳ニシテ養家ヲ相続シ上野秀太郎ト称シ御普請所支配足軽ニ召出サレテ勤仕ス十八歳ノトキ藩ヲ脱シ越後ニ赴キ磯部四郎ト自称ス当時越後柏崎県知事久我維麿ノ近習ト為ル干時明治元年ナリ同二年帰藩ノ許可ヲ得東京昌平学校ニ入リ又亀谷行氏ノ門ニ遊フ同三年村上英俊氏ノ塾ニ入リ仏蘭西学ヲ修ム同四年大学南校ニ入リ同五年司法省明法寮生徒被命同八年七月仏国留学被命同十年十月仏国巴里法律学校ニ於テ「バッシウリエー」（法律得業生）ノ学位ヲ受ク同十一年十月同校ニ於テ「リサンシエー」（法律学士）学位ヲ受ク同十二年一月帰朝同年二月判事ニ任ス同十三年一月正八位ニ叙ス同年二月司法権少書記官ニ任ス同年五月太政官権少書記官ニ任ス同月民法編纂委員ヲ命セサル（ママ）同六月正七位ニ叙ス同十一月太政官少書記官ニ任ス十四年一月従六位ニ叙ス十七年五月司法権大書記官ニ任ス七月正六位ニ叙ス十一月司法省ヨリ法律学士ノ称号ヲ受ク十九年三月検事ニ任ス同四年民法艸案編纂委員ヲ命セラル同七月奏任官一等ニ叙ス十一月従五位ニ叙ス同月我政府民法草案弟（ママ）二編弟三編元老院ノ審議ニ付スルニ当リ内閣委員ヲ命セラル廿年二月司法省法学生徒教授ヲ命セラレ四月内務省ヨリ警官練習所ニ於ケル刑法治罪法講義ノ嘱托ヲ受ク十一月法律取調報告委員ヲ命セラル二十一年六月十八日中越中富山失火ノ節罹災者ヘ金五十円施与セシ廉ヲ以テ賞杯ヲ受ク明治十三年以来或ハ浅草榧寺ニ於テ或ハ茂松学校ニ於テ或ハ日本銀行ニ於テ或ハ泰東法律学校ニ於テ或ハ明治法律学校ニ於テ或ハ東京専門学校ニ於テ或ハ警視庁ニ於テ或ハ深川警察署ニ於テ民法刑法商法訴訟法等ノ講義ニ従事シ後進ノ薫陶ニ熱心ナリ君ハ性洒々落々光風霽

月ノ如シ而シテ学問淵博識見高遠其人ト談スルヤ議論風生其諸法学校ニ於ケル講義ノ如キハ間マ詼謔ヲ交ヘ数百ノ聴聞者ヲシテ唖然頤ヲ得カシムルコト尠カラスト云フ君公退ノ余常ニ東台山下小西湖畔ノ別荘ニ於テ花晨月夕逍遥自適或ハ琴筑ヲ弄シ或ハ院本ヲ朗誦スルノ状遠ク世外ニ超然タリ君ノ胸襟モ亦濶大ナラスヤ君著訳書頗ル多シ就中刑法治罪法契約篇憲法講義ノ如キハ君ノ最モ力ヲ用イタルモノナリト云フ君目下大同派ニ入リ大ニ為スアルモノ、如シト云フ

「富山県第一選挙区衆議院議員候補者磯部四郎氏略履歴」

（『北陸公論』第三六七〜三六九号、明治二三年六月二二・二四・二五日発行）

雄壮の言、快濶の弁ハ以て「デモセンス」「クラットストン」を泣かしむべきハ誰れぞ該博の学、深遠の理を以て「ボアソナート」「スダーイン」を驚かしむべきは誰れぞ是れ吾邦司法部部内済々たる多士中殊に出色の声誉を負ふ所の磯部四郎氏其の人なり氏ハ嘉永四年五月を以て越中国富山に生る藩富山旧老臣林太仲の第四子なり氏生れながらにして肥体多髪呱々の声洪に嘻々の音亦高し已に英才俊秀の相貌あり人未だ之れを知らず偶々同藩の卒長上野宗右衛門子なきを以て養えんことを請ふ其の家格大に異り食禄も亦大差ありしと雖も太仲敢て之れを意とせず謂らく均しく是れ藩主の臣属なり若し此児にして特異の伎倆あらば他日自ら驥足を展るの機会あるべし何ぞ門閥貧富を論せんやと遂に宗右衛門の請ひを容れて子と為さしむ未だ幾許くならずして太仲没し宗右衛門又た逝く乃ち襁褓の中より義母に養はると雖も食録薄くして纔かに衣食を支ふのみ未だ煖飽を知らざるなり寧ろ艱難は人世の常なりとの観念を起さしめたるのみならず尚ほ幼なりと雖も深く自ら襁褓の恩に感し義母に事ふること生母に於ける如くなりし年六歳にして甫めて養家を襲き上野秀太郎と称して歩卒の群に伍し入てハ孝順義母に奉侍し出ては活溌肝胆を練り其の風采挙動自ら衆に異る所あり年十二にして一日途に藩中の狡童に会ふ氏が歩卒の子たるを以て大に之れを軽賤侮辱したり然れとも氏ハ韓信股間の故事を想ひ之れを忍ひ之れに耐えて敢て抵抗せす蓋し大謀を乱るを慮りてなり是れより氏ハ慨然として大に為す所あらんとするの勇気を惹起し夢寐寝食にだに之れを忘れずと雖も身ハ封建の覊絆に束縛さるゝを以て其の素志を果す能ハず怏々欝々の余暇或は古今の経書を繙き或は武術の練習を為し時としてハ同僚先輩に就て句読を学ひ武談を聴くを以て無上の楽みとせり年十五にして江戸藩邸に勤番し十七にして京都の禁闕に祇役す当時天下の大勢たる尊皇攘夷の論頻りに起り物議囂々人心騒然苟も志望あるものハ皆な国事に奔走して以て其の志を遂けんとし京摂の間は殆んど慷慨悲歌の志士を以て充塞するに至れり是を以て氏ハ大に慨する所あり今や卑屈場裡に齷齪するの秋にあらず即ち槽櫪より蹶起して驥足を展すべきの時なりとし任満つるを待ツて富山に帰り直ちに藩を脱して北越に走り自ら磯部四郎と称せり実に明治元年なり

時正さに奥羽の戦争遏み北越地方稍々平定したるに際し政府ハ久我維麿を以て柏崎県知事と為し国政を料理せしむ維麿夙に名望あり氏乃ち其の門に投し近侍と為ること凡そ一年間翌二年許されて藩に帰り再ひ養家に投したりと雖も豪放の気不羈の念ハ益々燦んにして禁する能はず遂に笈を負ふて東都に出て昌平黌に入る当時以為らく男児世に処して志を成さん欲せは須らく先つ漢籍を修め漢学を講せざるべからずと復更に亀谷行の門に入る但し行ハ当時漢儒の錚々たるを以てなり居ること一念再ひ以為らく漢学の用は文学を解し思想を写すを得ハ以て足れり今進んて絶大の偉勲を奏し日世の雄図を画せんとせハ須らく洋籍を講し洋学を修めざるべからずと遂に村上英俊の塾に入ツて始めて仏蘭西語学を攻究し大に得る所あり其の業漸く進むに及ひ同五年を以て大学南校に入り親しく仏国教師に就て学ぶ同五年八月司法省に於て明法寮を置き法学生徒を募集するや氏ハ率先して其の召募に応し日夜奮励して敢て倦怠せざるのみならす品行方正能く他の模範となりしを以て同年十月卒族より抜擢されて新川県士族に編入されたり再来蛍雪の辛苦を積むこと殆んと三裘葛其の俊秀の名は夙に赫々たりしを以て同八年七月官命を受けて仏国に留学し法学を研究するを得たり氏が巴里の法律大学校に入るや天賦の実力を養成し幸福の基礎を確定するは此の時に在りとし寝食を忘れて勧学に余念なかりしかば十年八月「バツシユリエー」法律得業生の学位を受け尚ほ益々奮ツて励む所あり十一年八月更に同校に於て「リサシシエー」法律学士の学位を得たり氏が仏国に在ること前後四年既に其の業成り志を遂けたるを以て同年十二月錦衣の栄を荷ふて帰朝し幾くもなくして判事に登庸さる翌十三年一月正八位に叙して民法編纂委員に選れ又同年二月司法権少書記官に転し同年三月太

政官権少書記官に遷りて法制部勤務と為り更に民法編纂委員を命ぜられ同年五月正七位に叙せられ同年十一月太政官少書記官に進み同年十二月従六位に陞れり

翌十四年六月氏は更に民法編纂局会計主務と為り同年七月登記法取調委員に選ハれ同年十月参事院議官補に任せられて法制部勤務と為り同年十一月司法少書記官兼参事院議官補に転せり翌十五年十一月登記法取調委員の任を解き十六年十月兼参事院議官補を罷められ司法少書記官に専任し十七年五月司法権大書記官に進みて正六位に叙し十九年三月検事と為り同年七月奏任官一等に進みて大審院勤務と為れり而して氏ハ更に民法草案編纂委員を命せられ同年十一月従五位に叙せられ同年十一月法律取調報告委員に選はれ次て内閣委員を命せられたり夫の本年四月頒布ありし新法典中に於て氏が最も労力を費やせしハ財産取得編にして人事編に於けるも亦氏が苦心せし所なりと云ふ其の完成発布を待ツて氏が学才を活用したるを見るに足るものあらん且つ氏は常に官暇を以て後進者の薫陶に従事し二十年二月司法省法学生徒の教授を兼ね同年四月警官練習所に於て刑法治罪法講義の嘱托を受け又た去る十三年以来浅草榧寺に茂松学校に日本銀行に泰東法律学校に明治法律学校に東京専門学校に警視庁に深川警察署に皆な其の委嘱を受けて民法刑法商法訴訟法理財学等の学科を講述し醇々焉として普ねく説明し毫も倦懈のいろなかりしと云ふ又た法律に関する著訳頗るおほく就中刑法治罪法民法契約編及び憲法講義のこときハ氏が畢生の才力を錬り蘊奥の学理を極めたるものにして法律社会に利益を与へたること尠からざるものなり

夫れ斯のことく氏は実学的の利用を専らとし政治的の運動を試みさゞりし所以のものは未だ時機の熟せざるを看破せしに由るものなれども今や憲法既に定まり国会将に開けんとするに方ツてハ是れ所謂る時機の熟したるものにして乃ち氏が驥足を展へ素志を達せんとするの時なり左れば昨年七月病痾を故山に養ふの際各所に公会演説を開き政治上の論議を吐露し以て同志を求めしかば到る所政論の活溌なるに感じ靡然として氏が所説に服したり而して本年一月氏ハ再ひ郷里に帰り中越大同倶楽部に入りて公然大同団結に加盟して以て各郡の演説会及び懇親会に臨み帰京後更に東京の大同倶楽部に入りて又た同党の為めに尽す所あり遂に今回富山県第一選挙区衆議院議員

候補者に予選さるゝに至れり嗚呼氏が雄壮の言快濶の弁を以て国会議場に立ち該博の学深遠の理を以て経天緯地の才を揮ハゝ啻に中越人士の冀望を満足せしむるのみならず日本帝国に公益を与ふるハ蓋し期して待ツべきのみ

都澤敬治郎編『磯部四郎君伝』

（奥野綱城発行・北陸公論社、明治二三年六月刊）

桂正直編『中越名士伝』

（富山市清明堂、明治二五年一二月刊）

凡そ雋才の世に出つるや皆必す非凡の資性を有し所謂苦棟は嫩葉より薫するもの雋才の幼時に於て往々看る所なり而して或は始め処女の如きも終りに脱鬼の勢を顕はすものあり或は蛟龍の渕に潜んて雲雨を待つ如き者あり故に人其雋秀の才あるを知らすして韓信股間の辱を忍ふを嗤ひ豊公懐履の奴たるを嘲るものあり然れとも凡眼焉んそ知らん偉男児の耐ゆへからさるに能く耐エ忍ふへからさるに能く忍ふものは即ち是れ尺蠖の屈するか如く其伸ひんか為めなを《ママ》磯部四郎君の世に出つるや奇抜の才知を懐きて活溌の伎倆を顕はし多年営雪の業を積みて法学蘊奥の理を明かにし滔々懸河の雄弁を振ひて政事の得失を痛論するや壇上風を生して草木も為めに偃さんとし循々先覚の誘導に任して後進の徒弟を陶治するや懇到倦ますして保姆も亦及はす君の如きは真に法律家中卓絶の雋才にして啻に託孤の任を委すへきのみならす政海の風潮澎湃として政党内閣の方針に向て流れ勇進敢為の士を要するの時運に際しては君の如きは最も缺くへからさるの政事家たること人皆之を知ると雖とも君の驥足を展へて今日の枢地位に立つを得るものは蓋し偶然にあらさるなり実に前言の如きあるは君の履歴に徴して知るへきなり

抑々磯部四郎とは君の実父の名くる所歟将た君の養父の称せしむる所歟否な故ありて君の自ら称せる氏名なり君は嘉永四年五月二十六日を以て越中富山に生れ旧富山藩老臣林太仲君の第四子なり君生れて肥大多髪眉宇軒昂尋常の赤児にあらす呱々の声亦頗る高ふして生母を驚かし雋才の相貌早く已に見はれたりと雖とも生母未た之を知らす偶々同藩の卒長上野宗右衛門氏子なきを以て乞ふて止ます実父太仲君亦磊落の性を有し乃ち曰く苟も藩禄を

食む者は等位の差を問はす均しく是れ藩主の臣属なり若し此児にして特殊の伎倆を懐くあらは自ら能く其驥足を展ふるの時機あるへし復た何そ門地門閥を論せんや万葉の家に畜はるゝもの駑は竟に其駑たるを免れす千里の才を有するものは伯楽なしと雖とも能く起たんと遂に上野氏の乞ひを聴し養て其子と為さしむ嗚呼君は門地の家に生れ今降つて歩卒の家を嗣かんとす是れ将た君の不幸と為す乎否な天故らに儁才をして飽くまて艱苦を嘗めしめ竟に之を奮励せしむるの鞭撻を与へたるか如く実に是れ君の幸福たりしは出身の日に於て始めて之を知る君天賦の儁才を有すとも若し高禄の家に養はれ尸位素餐に安んして曽て艱苦の感を知らすんは豈能く驥足を展へて今日の雷名を掲くるを知らんや君をして一たひ身を歩卒の地位に下さしめたるものは偶然にあらさるか如し実父太仲君の先見亦明かなりと謂ふへし

然して君の艱苦を嘗めたるや亦尋常の事にあらす二歳にして生父を喪ひ三歳にして養父を亡ひ襁褓の中より義母の手に養育せられたりと雖も俸禄甚た薄ふして纔かに其衣食を支ふのみ曽て飽煖の何たるを知らす寧ろ艱苦は人の常たりと雖とも深く襁褓の恩に感し義母に事ふること生母に事ふるか如し年甫めて六歳にして養家を襲き上野秀太郎と称して歩卒の群に伍し入ては孝順能く養母の意を迎ひ出ては活溌時に儁才の胆を練り挙動自ら衆に異れり一日出てゝ途に藩士の狡童に遇ふ狡童等君か歩卒の子たるを以て之を侮り悪声荐りに到りて亦猶ほ股間の辱を受くるか如し君忿りて将に拳を揮つて之に抗せんとし忽ちにして以為らく吾今黙して斯の辱めを受くるも亦何れの時か彼の輩をして膝下に屈せしむるの秋なからんや小忍ひされは必す大謀を乱ると竟に血涙を呑んて止みたるは実に君か十二歳の時なりしと云ふ

因に曰く義母永森氏性実直厳正にして亦一個の女丈夫なり年二十四良人を喪ひ唯君を養育するを以て務めと為し夙夜懈らす君の稍々長するに及んて親戚故旧母子の日に貧困に迫るを見君をして相応の手工を習はし家計の一助と為さしめんことを勧めて止ますと雖とも母氏は断乎として謝して曰く苟くも此児に賤業を教ゆるは特り亡夫の委託に背くのみならす妾の衷情に於て忍ひさる所あり復た之を言ふ勿れと而して母氏は他人の衣服を裁

縫洗滌し僅に得る所のものを以て君か文武の教育費に供せりと云ふ君か時々此事を話さるゝや毎に懐旧の情に堪へすして暗然垂泣せらるゝなり母氏今尚ほ健全にして都下築地に住し充分の保養を得且其求むる所は一として君之を供給せさるなし実に義母子の恩情是に於て乎完きものと謂ふへし

君は斯の刺衝に遭ふて憤然激昂し活溌の気力ハ一層増奮して寝食の間も素望を遂けんことを忘れす汲々齷齪として之を思ふと雖とも奈何せん身ハ封建制度の覊絆に束縛せられ起たんと欲して起つ能はす真に蛟龍未た雲雨を得すして淵底に躍るの想ひあり此間唯其心を慰めたるものは読書演武の二者にして偶々暇あれハ同僚先輩の識見ある者に就て句読を学ひ武談を聴き曾て狡童の群に入て悪戯を為さす年十五歳にして江戸藩邸の勤番に就き十七歳にして禁闕警衛の為め京都に赴き留ること半歳を過きたりと雖とも身は歩卒の伍に在るを以て風に櫛り雨に沐し立て宮門を守衛するのみ一歩も自由の脚を動かす能はす当時君の意中は果して奈何なりしや想ふへしと雖とも此行や又君をして第二の奮励を為さしむるの幸福を得せしめたりき当時尊王倒幕の論頻りに行はれ物議紛紜人心恟々苟も志を懐く者は皆国事に奔走して其驥足を展へんとし京摂津の間は殆んと慷慨悲憤の志士を以て埋むるの景状あり君は京に在りて志士の奔走を目撃し今や卑々屈々として槽櫪の中に伏在すへきの時にあらさるを暁り任満ちて藩に帰るや宛かも蹀躞たる馬蹄の将に逸せんとするか如く復た五斗米の為めに折腰するに耐えす蹶起藩を脱して北越に走り産地の名を取て自ら磯部四郎と称せり是れ君か出身の第一着歩にして其姓名を変したるものは蓋し生家に倚らす養家を頼ます自ら一家を創立するの洪志を懐けるを以なり時維れ明治元年にして北越地方は稍々平定し久我維磨氏柏崎県知事と為て当時頗る名望あり君以為らく維新更始の世に遭遇し我宿志を達するの時機已に到れりとするも名望家を選んて之に就くあらされは事恐らくは成らすと断然意を決して久我氏の門に投し近待と為りて酒掃の労に服せり二年許されて藩に帰り再ひ養家に投したりと雖とも勇進敢為の志気は益々熾んにして到底禁し難く負笈東京に出て昌平黌に入り始めて高尚の学科を修めて以為らく男児今の世に処して志を遂けんとせは須らく先つ漢学を攻究せさるへからす然らされは何等の学を修むるも恐らく之を自国に活用し難しと遂

に昌平黌を出て亀谷行氏の門に入れり氏は当時漢儒の錚々たるものにして頗る名声ありしを以てなり既にして君又以為らく漢学の用ハ文字を解し思想を写すを得は以て足れりとす我輩進んて大に為すあらんとせは宜しく欧洲の学理を講せさるへからす蓋し数年を出てすして学海は洋学流潮を以て充たすに至らんと翌年遂に亀谷氏の門を辞して村上英俊翁の塾に入り始めて仏蘭西語学を修むるや君の資性慧敏なるを以て忽ちにして之を解了し一書を翻へす毎に君の心を得たるものゝ如く愈々読んて愈々感し修学の志気勃如として奮興し宛かも暗室を出てゝ別天地に入るの想ひあり是に於て四年大学南校に入り親しく仏国教師に就て学ひ五年八月司法省に明法寮を置き法学生徒を募るに値ふや君率先して其生徒と為り日夜努力し倦まさるのみならす行状方正なるを以て同年十月卒族より陞せて新川県士族に列せられ爰に勤勉すること三裘葛学業優等雋秀の名錚々たるを以て八年七月法学専修の為め官費を以て仏国に留学するの光栄を得られたり是れ実に君か驥足を展ふるの端緒にして仏国巴里府の法律大学校に入るや天賦の才力を琢磨する唯此時に在りと為し研究穿鑿殆んと寝食を忘れ勤学の結果顕著にして十年八月「バッシユリエー」法律得業生の学位を授けられ益々進んて励精し十一年八月第二の試験に及第して優等生の中に算へられ同校に於て「リサシシエー」法律学士の学位を受け今や学業成れるを以て同年十二月錦衣の栄を負ふて帰朝し十二年二月判事に登庸せられ翌十三年一月正八位に叙し同時に民法編纂委員に選はれ君か学業を活用するの時機已に到れるを以て同年二月司法権少書記官に転し同年三月太政官権少書記官に遷りて法制部勤務と為り更に民法編纂委員を命せられ専ら法典の編纂に従事し其業稍々挙かるを以て同年五月正七位に叙せられ同年十一月太政官少書記官に進ミ同年十二月従六位に叙されたり嗚呼君は天賦の雋才を有すと雖とも一歳の間斯の如く栄進せられたるものは偏に君の学業非凡なるに因ると蓋し疑ひを容れさるなり

十四年六月民法編纂局会計主務と為り同年七月登記法取調委員に選はれ同年十月参事院議官補に転して更に法制部勤務と為り同年十一月司法少書記官兼参事院議官補に転任せり蓋し君の如きハ雋秀の法律家を以て世に許され司法省中欠くへからさるの人材なるか為めなり宜へなる哉君は十五年十一月登記法取調委員の任を解き十六年十

月兼参事院議官補を罷められ司法少書記官に専任し十七年五月司法権大書記官に進みて正六位に叙し累遷して十九年三月検事に進み同年七月奏任官一等に叙して大審院勤務の命を被れり然れとも君か得意の伎倆ハ法学の活用に在るを以て新法典の編纂に際し君を措きて亦誰をか選ハんや故に君ハ検事の職に在りなから更に民法草案編纂委員を命せられ専ら法典の編纂に従事し其功労果して居多なるを以て同年十一月従五位に叙せられ同時に内閣に於て民法第二編第三編を元老院の議定に付せらるゝに方り内閣委員を命せられ質義（ママ）に応し説明を為すの労を取られたり同年十一月法律取調報告委員に専任せられて法典編纂上の報告を掌り本年四月既に新法典の頒布ありしと雖とも君か民法の編纂に関して最も其学力を竭されたるハ財産取得編人事編に在るを以て本年五月法例民法財産取得編続人事編を元老院の議定に付するに因り亦内閣委員を命せられ君か年来苦心して起艸したる新法典は将に其結果を奏するあらんとす嗚呼君か学才活用の効亦著大なりと謂ふへし

君ハ又官暇を以て後進の陶冶に力を竭され二十年二月司法省法学生徒の教授を兼ね同年警官練習所に於て刑法治罪法講義の嘱託を受け大に官設学舎の生徒を陶冶したるのみならす十三年以来浅艸榧寺に茂松学校に日本銀行に泰東法律学校に明治法律学校に東京専門学校に警視庁に深川警察署に皆嘱託を受け民法刑法商法訴訟法理財学等の学科を講述して循々後進を誘導し一日二十四時間官務に学校に殆んと安眠の余暇なきか如しと雖とも君や資性活溌にして曾て倦むの色あるを見す君又法学に関する著訳頗る多く幾んと百を以て数ふへしと雖とも就中刑法治罪法民法契約編及ひ憲法講義の如きハ君の最も精神を錬り蘊奥を叩けるものにして法律社会に利益を与へたること尠からす人皆君を目して明治の一大法律家と為すも亦決して偶然にあらさるなり

君を知らさる者ハ或ハ曰く君は大法律家として視るへきも真に是れ学者のみ未た政治家を以て視るへきの人にあらす否らされハ何か故に君は既に驥足を展へたるに拘はらす曾て政事界に向て運動を試みさるやと是れ君の伎倆を知らさるの甚たしきものと謂ふへし兄弟徒らに墻に鬩き鷸蚌相争ふて漁夫の獲ものと為るは君の敢て取らさる所なり君か政事思想に熱心なるハ業に已に身を起すの時に在りしと雖とも君ハ元来実学的の利用を専らにし且つ

政治界の運動を要するの時機未た熟せさるを以て敢て政治界に向て喋々の弁を售らさりしと雖とも三年鳴かす鳴けは必す人を驚かすとハ蓋し君の謂ひなるへし今や国権既に定まり国会将に開けんとし真誠政事家の伎倆を顕はすハ已に此時に在りとなす君亦是に暁る所あり故に昨年七月病痾保養の為め偶々郷里富山に帰るや有志者の為め得意の雄弁を振ひ到る処の大衆君か政論の活溌なるに感し靡然として君の所説に服す本年一月事あり又郷里に帰る干時有志者頻んとりに君を慫慂し中越大同倶楽部に入らしめ同志提挈運動せる所す《ママ》君曰く好し同郷諸兄の為め応さに尽すへきの時機到れり余豈敢て一臂の労を吝まんや否な一身を擲つて亦決して辞せさ《ママ》なりと遂に大同倶楽部に加盟せり君若し衆議院議員当選の日に値ひ国《ママ》き会議場に得意の雄弁を闘はすの期に至らは啻に中越人をして其冀望を達せしむへきのみならす帝国の前途に至大の公益を与ふへ《ママ》は亦敢て疑ふ所にあらさるなり因て君を知らさる者の為め所聞を挙けて以て伝記と為す

右は先生の親族旧知の談話並に辞令公文及ひ生か見たる所に拠りて一事綜合記述したるもの也固より拙陋乃蕪文先生か奇偉の風釆経論閲歴の百か一を權揮すること能ハさるや知るへきのみ稿成り敢て先生の閲を乞ふ先生通読一過大に笑て曰く是れ所謂肉を画きて骨を閑却するものなり止矣止矣斯の如き擬構雑駁の文字を流布して予を累はし他人の笑を買ふへからすと因て之を塗擦し了らんと欲すと雖とも兄等の需も亦甚た急なるを以て別に艸を起すに遑あらす肯て先生の意に背きて郵送す切に請ふ兄等之を取捨補足し痛く刪訂する所ありて生に無稽杜撰の罪を帰する勿らんことを

五月尽日　　　　　　　　　　　　　　　金石生都敬拝

奥野賢兄案下

【編者注】『磯部四郎君伝』は、第一回衆議院選挙（富山市）において、当時、富山県会議員で磯部の選挙参謀を務めた奥野綱城が、選挙用に、磯部の略伝をその門下生である都澤敬治郎に依頼して出版したものであり、その後、桂正直著『中越名士伝』に収録された（ただし、末尾の「右は」以下の一節は削除されている）。

関谷男也編『帝国衆議院議員実伝』

（大阪同盟書房、明治二三年八月刊）

（富山県第一区上新川郡婦負郡撰出）

法律学士従五位磯部四郎氏は旧富山若年寄役林太仲氏の四男にして嘉永四年を以て生る二歳にして父を喪ふ是より先き同藩足軽小頭上野宗右衛門の養子となり三歳にして養父を喪ふ後養家を相続して上野秀太郎と称し御普請所支配足軽に召出されて勤仕す十八歳のとき藩を脱して越後に赴き自ら磯部四郎と名乗り柏崎県知事久我維麿の近習と為る明治二年帰藩の許可を得東京昌平学校に入り又亀谷行氏の門に遊びて専ら漢学を修め同三年村上英俊氏の塾に入り仏蘭西学を修む同四年大学南校に入り同五年司法省明法寮生徒被命同八年七月仏国留学被命同十年十月仏国巴里法律大学に於て「バツシウリエー」（法律得業生）の学位を受く同十一年十月同校に於て「リサンシエー」（法律学士）の学位を受く同十二年一月帰朝す爾後経歴する処左の如し

明治十二年二月判事に任ず○同十三年一月正八位に叙す○同年二月司法権少書記官に任ず○同年五月太政官権少書記官に任ず○同月民法編纂委員を命ぜらる○同六月正七位に叙す○同十一月太政官少書記官に任ず○十四年一月従六位に叙す○十七年五月司法権大書記官に任ず○七月正六位に叙す○同十一月司法省より法律学士の称号を受く○十九年三月検事に任ず○同四年民法艸案編纂委員を命ぜらる○同七月奏任官一等に叙す○十一月従五位に叙す○同月我政府民法艸案第二編第三編元老院の審議に付するに当り内閣委員を命ぜらる○廿年二月司法省法学生徒教授を命ぜられ○四月内務省より警官練習所に於ける刑法治罪法講義の嘱托を受く○十一月法律取調報告委員を命ぜらる

氏又公務の余暇を以て浅艸榧寺に於て或は茂松学校に於て或は日本銀行に於て或は警視庁に於て或は明治法律学

校に於て或は泰東法律学校に於て或は東京専門学校に於て法律の講義に従事し後進を薫陶するに熱心せり

木戸照陽編述『日本帝国国会議員正伝』

（大阪田中重蔵、明治二三年八月刊）

富山県第一区　大同　法学士《（ママ）》

法律家を以て雄弁家を以て司法省中済々多士の群中に出藍の俊才子は誰ぞと問はゞ人皆磯部四郎と答へんとす君は嘉永四年五月を以て越中富山に生る旧富山藩士林太仲氏の第四子にして同藩士上野宗右衛門、養ふて己れが子とす君、幼時に太仲宗右衛門相尋で歿す故を以て甫めて六歳上野家を継ぎ上野秀太郎と称す是れより出でゝ藩侯に仕へ長ずるに及びて江戸京都等に祗役す明治元年君歳十八歳、藩を脱して越後に走り自ら磯部四郎と称し旧柏崎県知事久我維麿に事へて近侍となる二年、許されて藩に帰る是れより君は東京に出で昌平学校に入り又た亀谷行の門に遊び漢学を攻究し翌年村上英俊の塾に入り仏蘭西学を修む四年大学南校に入学す五年司法省明法寮の生徒となる八年君俊秀の名あるを以て官命を受けて仏国に留学し法律を研究す十年八月仏国巴里府法律大学に於てバッシユリエー法律得業生の学位を受け一年を経て更にリサンシエー法律学士の学位を受く其十二月錦衣の栄を荷ふて帰朝し幾くならずして判事に登庸せらる是れより今日に至るまでの間、君は常に民法編纂委員、登記法取調委員等の如き要務を兼任し連りに官を累ねて目下、官は奏任官一等に叙する検事に進み位は従五位の高きに陞る君は又た官暇を以て後進の薫陶に力を致し或は諸所の私立法律学校或は銀行会或は警視庁或は警察署等に於て民法、刑法、商法、訴訟法、理財学等の講義に従事し常に循々として能く人を誨へ毫も倦懈の色を見ず又た法律に関する著訳書、頗ぶる多し就中、刑法、治罪法、契約法及び憲法の講義の如きは君の最も力を用ひし所にして法律界中に利益を与ふる尠からずと云ふ君は二十三年以来病気保養の為め再三郷里富山に帰りしが其間政治主義の事に関し同地有志者の間に周旋し且つ自ら演説討論を試ミ以て大に士気を振起したり君二十三年一月越中大同倶楽部に加盟す故を以て同地方有志者は君を推して国会議員候補者となし偏に君の当撰を冀望せしが七月の撰挙に全勝を得たり吾人は君が経天緯地の才略を以て国会議場に立ち独り其伎倆を擅にするの快劇を見んと今より唾津を呑みて之を遲つ

久保田高三編著『東都状師月旦』第一巻

（蒼龍窟発売、明治二五年一〇月刊）

磯部四郎君足下　学士社会　磊落豪放　奇才機知の士固より乏しとせず然れども足下は其首領たり足下の学友多くは奏任一二等位に過ぎず而して足下は身藩閥の勢力なく一躍勅任の栄位に昇る何ぞ其れ立身出世の速かなる
児島党の謀臣勇士多くは懲戒裁判に罹り其醜を流す而して足下は独り之を免る何ぞ其れ機を見て去るの敏なるや
状師の収入或は勅任の俸給に若かざるべし然れども尚ほ酒を呑み肴を食し新柳二橋の花を詠め北里南品の月を弄するに足るべし訴訟の業務繁なりと雖負債堆積の足下に於てハ其の云訳け寧ろ検事の職に於けるよりも気楽なるべし足下今や是れを以て世に立ち且つ人に傲る嗚呼何ぞ其れ磊落豪放なるや
磯部君足下　足下の言行　磊落は磊落なり然れども世人若し之れを模倣せバ必す社会の弊端を開かん足下の言行快活は快活なり然れども他人若し之に倣はゞ無恥無操の譏を受けん一ありて二無くんば足下も亦昇平天地の粧飾物たるを得べし是の如き粧飾物の陸続輩出するは足下の願はざる所ならんか
足下の奇才落磊は世人の驚服する所なり然れども子は其の奇所僻所に働て正所平所に働かざるを惜む古人曰く才の難きに非ず之を用ふる実に難しと予足下に於て此の言の正確なるを見る

久保田高三編著『東都状師月旦』第三巻

（日陽堂発売、明治二六年五月刊）

磯部従四位足下、足下の令名声望は独り官吏社会を傾けしのみならず、代言社会に於て亦た隆々として高きを見る、独り代言社会のみならず、学士林中独立独歩嶄然として巍立せり、豈に唯然るのみならんや、花柳の巷、遊芸の海、亦其名声嘖々焉たるを見る伎倆は以て官、勅任の栄位に登り、才能ハ以て東都状師の巨擘と仰かれ学識は以て、士林の泰斗と尊ばれ、遊芸は以て粋人の王者と目せらる、嗚呼足下の栄も亦極まれりと云ふべし足下人となり磊々豪放にして快活敏捷、学は博く古今を攻め東西に渉る殊に仏派法理の深邃其精研の極に達し、敢て彼の鴻儒オルトラン其人と雖も譲らざるものあり、足下既に此深奥の学と其機敏の才を以て状師の業務を執る、断案鑑査少しも誤たず弁論巧妙遺洩なく、着々之れか勝利を見る素より偶然にあらず、余は深く足下の如き傑出の名士か我代言社会に立つあるを喜び兼て同社会の為め其面目なるべきを賀せんとす而して余はまた足下か前途の盛運と法学社会に顕はす所の伎倆の是れより益々大なるべきを刮目して待たん

東恵雄著『明治弁護士列伝』

（明治三一年〔月不詳〕刊）

君は旧富山藩老臣林太仲君の第四子なり嘉永四年五月二十六日を以て其郷に生る君生れて肥大多髪眉宇軒昂尋常の赤児にあらず呱々の声頗る高ふして生母を驚かし雋才の相貌早や已に見る偶々同藩の卒長上野宗右衛門氏子なきを以て乞ふて止まず太仲君は磊落卓見の士なり乃ち曰く苟も藩禄を食む者は等差を問はず均しく是れ藩主の臣属なり若し此児にして特殊の技倆を懐くあらば自ら能く其驥足を伸ぶるの時機あるべし復た何ぞ門地門閥を論ぜんやと遂に上野氏の乞ひを容れ養て其子となさしむ既にして太仲宗右衛門二氏相尋で没す故を以て甫めて六歳にして上野家を継ぎ上野秀太郎と称し歩卒の群に伍し入ては孝順能く義母の意を仰ひ出でゝは活溌時に雋才の胆を錬り挙動自ら衆に異る義母亦賢にして貞節に厚く一箇の女丈夫たり君が幼時の訓陶多く一に之を義母に受く齢十五にして江戸邸の勤番に就く十七年にして禁闕警衛の為め京都に赴く当時尊王倒幕の論頻りに行はれ物議紛紜人心恟々苟も志を懐く者は皆な国事に奔走して其驥足を伸べんとし京摂の間は殆んど悲歌慷慨の志士を以て埋むるの景状あり君之を目撃し大に悟る所あり謂て曰く大丈夫事を為さんと欲せば須臾く遠大の計なかるべからず区々の五斗米に齷齪し糟櫪の間に伏在するは吾が志にあらずと遂に意を決し明治元年蹶起藩を脱して北越に走り産地の名を取て自ら磯部四郎と称す蓋し独立の気象卓見の識君を駆て一家をなさしむるもの抑も茲に胚胎す当時久我維麿柏崎県知事として名声甚だ高し君之に従ひて近侍となる居ること二年許されて藩に帰り再び養家に投じたりと雖も勇進敢為の志気は益々熾にして到底禁じ難く負笈東京に出で昌平学校に入り又亀谷行の門に遊び漢学を攻究す既にして君の炯眼は維新の風雲四散して天下の蒼生太平を謳歌せんとするの時早やくも時勢の変遷を看破し以為く漢学の用は文字を解し思想を写すを得ば以て足れりとす我輩進んで大に為すあらんとせば宜しく欧洲の学

理を講究せざるべからず蓋し数年を出でずして学海は洋学の流潮を以て充たすに至らんと遂に去て村上英俊の塾に入り仏蘭学を脩む業大に進み四年大学南校に入り親しく仏国教師に就て学び翌五年八月司法省明法寮の生徒となる君勤学秀絶にして行状方正なるを以て同年十月卒族より陞せて新川県士族に列せらる勤勉すること三裘葛学業優等雋秀の名錚々たるを以て官君を抜擢して仏国に留学せしむ君仏国に航して巴理法律大学校に入り螢辛雪苦の間に琢磨の功を積み十月八日「バツシシスリエー」法律得業生の学位を授けらる一年を経て更らに「リサンシエー」法律学士の学位を受く其十二月錦嚢の重量更らに一段を加へて帰朝し幾ばくならずして判事に登庸せらる翌十三年一月正八位に叙し同時に民法編纂委員に選ばる同年二月司法省権少書記官に転じ同年三月太政官権少書記官に遷りて法制部勤務となり更らに民法編纂委員を命ぜらる十三年五月正七位に叙せらる同年十一月太政官少書記官に進み同十二月従六位に叙せらる十四年六月民法編纂局会計主務と為り同年七月登記簿取調委員に選ばれ同年十月参事院議官補に転任せり蓋し君の如きは雋秀法律家を以て世に許され司法省欠くべからざる人材なり宜なる哉君は十五年十一月他の兼官を解かれ司法省専務の書記官に任ぜらる十七年五月司法権大書記官に進み正六位に叙せられ同年十一月日本法律学士の称号を授けらる十九年三月検事に任じ同年七月奏任官一等に叙して大審院勤務の命を被れり同年十一月従五位に叙す二十三年偶々郷里に帰省す遂に衆の推す所となり第一期衆議院議員に当選せり然れども君大に想ふ所あり暫くにして之を辞す二十三年十月大審院判事に任じ勅任官に陞叙せられ翌十一月従四位に叙せらる廿五年五月君亦感ずる所あり断然其得意の栄地を去り野に下りて状師となる爾来専ら権義保護業務に従事し冤を雪ぎ権を伸ばし許多の民命財産を救護し今や東都無数法律家の泰斗と仰がれ其声望隆々たり明治廿六年法典調査会委員に命ぜられ今尚ほ其委員たり嗚呼男子生れて君の如くんば宿昔の志望亦以て酬ゆるに足らん歟

君人と為り磊塊英偉小事に齷齪たらず宏量海の如し而して亦頗る耐忍の気象に富む幼時君が藩閥の名家を出で一歩卒の家を襲ふや藩の狡童君が軽賤の身を侮り一日途に相遇ふ嘲笑罵倒殆んど彼の韓信股間の辱めを受け君忿り

て将さに拳を揮ふて之に抗せんとす忽ちにして以為く吾今黙して斯辱めを受くるも他日彼の輩をして膝下に屈伏せしむるの秋なからんや小忍びざれば必ず大謀を乱ると竟に血涙を呑んで止みたる如きは以て君が天稟的に於て非凡の耐忍家たり非凡の傑物たるを証するに足る当時人伝へて以て豊公懐履一対の美談として之れを称せるもの今にして亦寔に偶然ならざるを知れりと云ふべし嗚呼古来英雄の大事を為す者焉んぞ亦此耐忍力なかるべけんや余猶ほ更らに詳かに君の性行を評隲すれば近世彼の偽粧社会の紳士大家に求むべからざる一種の美質を存す神は則ち秋水態は則ち春雲之を望めば宛として公子の如し而して亦剛毅磊落にして活溌雄壮威武も屈する能はず貧賤も移す能はず其志常に済世利民に存す其人に接する城府を設けず瀟々落々一見十年の友の如し清風徐ろに来り茶榻烟上るの辺り一枕仰臥細かに詩を論じ文を評し放談高論毫も顧みる所なく人をして坐ろに其心事を想像せしむ彼の辺幅を修め虚礼を飾り名利の渦中に投入せられつゝある偽才子偽紳士と年を同ふして語るべからざるなり君や日本法律家の巨擘たり其法学的伎倆功績に於て素より見るべきもの少なきにあらず中に就て彼の明治政府の一大難業と指目されし所の法典編纂に於ける君が苦心惨憺たる如きは寔に之を偉なりとして特筆大書すべきもの豈に勲六等単光旭日章の胸辺に燦爛たるを待て知るべけんや将た其後進の陶治に力を竭し幾千の人材を卵生せしめたる如き若しくは汗牛棟啻ならざるの著書を公にして法理の光明を陰地に透徹せしめたる如き誰か能く君に比すべきものぞ想ふに此三つのものや永く後昆に伝へて以て君が伎倆偉績を誇るに足るべし

黒岩涙香「弊風一斑　蓄妾の実例（七）」

（『萬朝報』第一七〇七号、明治三一年七月一三日発行）

▲（六二）弁護士磯部四郎　ハおまつと云ふ妾を蓄ふ此おまつハ吉原五十間の引手茶屋新若松屋おりゑの娘にて曾て芸妓なりしが一番最初にハ故河村傳衛に落籍されて其妾となり次に故小松判事の妾となり更に吉原の稲本楼主故庄三郎の妾となり最後に磯部の妾となりたるなり斯の如く其旦那が三人迄おまつの関係中に死去せしを見て磯部も亦万一の事無けれバ宜がと彼が友人中窃に心を痛むるものありとぞ又同人ハ亀澤町二丁目三番地に中嶋さだ（四十一二）なる妾をも蓄ふ

「磯部四郎君の快談」

（『法律新聞』第二一号、明治三四年二月一一日発行）

一日、弁護士の東京控訴院弁護士控所に集るもの殆ど二十余名、卓を繞んで各一几を擁し、甲唱し乙和し、談漸く熾んならんとす、忽ち闥を排して入るものあり、衆目等しく之に注げバ、これなん予て快弁の聞へある磯部四郎君ならんとは、既にして君又空几を選んで其団欒に入る。これより談更らに華を副え、盛んに刑法改正の可否を論ず。忽ち一人あり曰く「這般の改正案は弄花に付ては、金刑に止て体刑を科せぬやうだが、此改正案にはそんぢょ其所等の人も、徹頭徹尾反対する訳には行かないだらう……」と暗に論戦を君に挑むものゝ如し。君徐ろに咳一咳して曰く「それは僕の事であるか、吾々は国家の為めに刑法改正に反対する、言論の上に於ては、法律新聞を始め、明治法学や弁護士協会録事等で非改正の意見を述べ、運動の上からは非改正事務所で、一生懸命にやつて居る、こんなに声の嗄れたにも拘らず、国家の為めに熱血を注いで居るが、世の中からは僕は物事に熱心しないやうに云はれるよ。何有、何の問題にでも常に熱心すると感服しないけれど、今度の問題には一生懸命にやるよ……」、話頭是より更に滑脱し、例の義太夫語中の人物を拉し来つて曰く「何有改正も人に由るよ、岩永左衛門のやうな古賀や、鷺阪伴内のやうな倉富や、薬師寺次郎のやうな横田や、春藤玄番のやうな石渡やが拵へた法律に賛成が出来るものか、僕の見立は能く当つて居るだらう、アハ、、……」と、君尚ほ快弁を弄して曰く「嶋田の告発事件かい、アンナ余計なお世話を焼くから、まだ日本の弁護士の地位が進まないのが知られるよ。打ち遣つて置けばよいに……」と謂ひ了つて君は席を立ち、鞄を提げて蹴踵として運動事務所に出掛けたり

伊藤時編『茶話』

（東京堂、明治三四年五月刊）

磯部四郎が被告の代言を引受け乍ら間違へて原告の弁論をして裁判官に注意せされ『此の如く原告は論ずると雖も』と論鋒を一変して誤魔化したのは頗る有名の話だが兎に角此の磯部と云ふ男は中々余裕がある男で裁判所の控所でも折々仏国の小説杯を読で居る、それで法典調査会で一番喋べつたのも此男で種々雑多の修正動議を起したけれど又一も成立たなかつたそうな

「風の便り」

（『読売新聞』第九一六三号、明治三五年一二月二二日発行）

法学博士磯部四郎と云へバ、弁護士中の老練家で、殊に奇智頓才を以て有名な男であるが、或る時品川遊郭一円亭の主人が、詐偽取財の告訴を受けて、一月許り未決監へ入れられた、所で愈々無罪放免の言渡を受ると、焼け腹紛れに告訴人に向て一ケ月入監に就ての損害賠償一千円を請求した。磯部弁護士被告代理人として弁論して曰くさ、一千円の損害ハ甚だ高い、一日一円一ケ月三十円で宜しい一体遊郭に男ハあつてもなくても可いもので、特に刑法上一日の禁錮を以て、一円の罰金に換算して居るでハないか、況んや相手方ハ一円亭の主人なるに於てをやと、是を聞いて満廷ハ吹き出して仕舞つたが、其判決を見ると矢張一日一円であつたさうな。（後略）

『新選代議士列伝　全』

（金港堂、明治三五年一二月刊）

東京市選出衆議院議員　磯部四郎君（立憲政友会）

君は旧富山藩士林太仲氏の第四子にして嘉永四年五月生る明治元年君越後にあり柏崎県知事久我維磨氏の門に投じて勤学し三年上京して昌平黌に入り転じて亀谷省軒先生の塾に入り去つて村上英俊翁の門に入り四年大学南校に入り五年司法省明法寮生徒となり居ること三年選ばれて仏国巴里法科大学に遊び十一年八月『リサンジエー、アン、ドロワ』の学位を授けられて帰朝す〇十三年民法編纂委員司法権少書記官太政官少書記官となり十七年累進して司法権大書記官に昇り正六位に叙せられ十九年三月検事となり同七月奏任官一等に叙し大審院に入つて専ら民法編纂に尽瘁す同十一月従五位に叙せらる〇二十三年富山県第一区選出代議士となりしが政府更に君を勅任判事に抜摘し従四位に叙し勲六等単光旭日章を賜はる二十四年七月大審院次席検事となる二十五年弁護士となり爾来民間にあつて常に政界に重きを置かる。（東京市本所区亀澤町）

「磯部弁護士の奇行」（法律経済新報社編『近世法曹界逸話』（法律経済新報社、明治三九年一〇月刊））

東京弁護士会長法律学士磯部四郎、磊落にして洒脱、其言と行と皆凡を抜く。また浄瑠璃義太夫に堪能なるを以て、世人動もすれば彼の性格を錯り、或は偎紅倚緑、よく飲み能く遊ぶの徒となせるが如し。其の実彼れは有名なる下戸なり、レモナード、平野水、之を以て繋ぐに非ずんば、幾んど酒席に堪へざるなり。彼れ曰く、予に後悔なし、何んとなれば予の一言一行は、嘗て酒一滴の力だも藉りしことなければなり、予の云為は悉く予謀に出づと。一歳新年回礼の途上、腕車を駆つて小川町に出で、不図東京座附の茶屋魚十の亭主に逢ふ。亭主は神田で口幅の利く侠客なり。磯部突如として車上より五円助貸せと呼ぶ、魚十瞠目その意を解せず、再び呼ばれて低頭平身、謹んで竹内大臣を捧呈す。傍人見て奇異の感を為す。魚十笑つて曰く、磯部さんの無頓着には驚きましたよと。女婿法学士磯部尚、嘗て其夫人と争ふことあり、父翁(即ち磯部)に訴へて曲直を乞ふ。判決して曰く、犬も喰はない夫婦喧嘩を、親に喰はせる了簡かと。彼れ平生費ふに馴れて、金を金とも思はざる風あり、適々費はざるの日あれば、今日は十円儲かつたと微笑す、儲かりしに非ず、費はざりしなり。其奇偉不群の状概ね此くの如きも、法理腹笥に満ちて、造詣最も深く、胸中自から蓄へ得て十二分の乾坤あり、議論精確、往々法曹界を驚かす。当代の奇士に非ずして何ぞや。

漫録子「本郷座舞台に於ける磯部翁」

(『日本弁護士協会録事』第一〇九号、明治四〇年五月二八日発行)

本〔明治四〇年五〕月五日弁護士総会々場に於ける司会者たる磯部四光翁の体度《(ママ)》は実にあつばれなものであつた、その場合あの境遇に於けるあの行動は流石は斯界の元老たる磯部翁である、漫録子は実は如何なることになるかと注視凝視をして居つたのである、勝敗などは言ふに足らぬ、ソレハドチラになりても斯翁の貫目には差し響きは無い、只だ行動の如何が軽重をなすのみである。

一、斯翁が協会の幹事斯界の元老でありながら、非協会を標榜せる少壮組郎党に昇つぎ上げられ、大低《(ママ)》の人なら外と言ふ字に辶繞をかけて、山と山とをきめ込むか、ソレとも多少内心色気かあれば、他の手前表面我不関焉をきめ込んで、陰でコソ〳〵手を廻はすまいものでもないのに、ソコハ清浄潔白なもので、西郷翁が郎党に骸を投与したと同一筆法で自ら陣中に出馬して必至の宰配を振りて、以て倒るまでも行動を与にして彼等の好意に酬ゆるなどは実に立派なものである、

一、ソレカラ九段偕行社の総会、新聞紙の筆鋒で云ふと、其参謀総長の木内中老が、「磯部君来れ」と麾いたので会長席より降りて何やら耳語の結果と覚しく、次の喧嚣の幕では霹靂一声前代未聞の解散を決行したるか如き、責を自己に引き受けて彼等の制肘否要求に応じたるものなるべし、其時の翁の顔色は平時の顔色ではなかつた、アノ時の翁の挙動、もし翁の中心より出てたとすれば、ソレハ印堂即ち両目の間の働きである、翁の此部位は顔面で一番負けて、居る、

一、処が、本郷座の翁と来ると此の両眼間の欠点を少しも働かせなかつた、ソシデ豊満具足の智庫たる脳部即ち翁の長所のみの脳部が、旺んに活動したのである、故に優容迫まらず、顔色極めて怡和、時に例の調和的諧謔性

が、鋒芒をチョイ〳〵と露はして、公平に慎重に、しかも機敏に、自派より持出してコネ廻はす難問を巧みに厳正に収捨して、議場をまとめ遂に議案を無事に議了終決せしめたるは当然とはいへ、実に、自派の利害や、自己の勝敗其他種々の私情を顧みない崇厳なる精神を発揮するにあらざるよりは出来ない地位である、此点は甚だ感服の至りであつた、実に充分に翁の真価を発揮したものである、

一、柔術家が相撲を取るや、究すれば忽ち柔術の奥の手を出すものである、然るに毫も其気振りもなきに於て始めて其品性を見るべき也、翁の此度の行動甚だ壮厳なりしを感ず、如此にしてはじめて永生を得べきなり、若し事茲に出でずして纔かに尺寸の余命を延ばすの行動に出でんか、復、浮ぶ瀬なきに陥る凡人と択ぶなかるべし

一、因に黒須、櫛部、松本諸氏の奮闘実に眼覚ましかりし、木内氏が十票確かに負けたと予言し、ソレカラ総会無効説の長幕を打開したるが如き、流石知彼知己の高等参謀官たるの力量を見る、

岩本維霰・山根秋伴編『菊あはせ（法曹の片影）』上巻

（無射会、明治四二年一二月刊）

▼「一流転気療養」

「磯部さんは暢気な方よ……」

この一句はぞんしよ其処らの小料理屋で聞く言葉であつて而かも此人の性格を残らず写し出して居るのである君は在野の法曹中第一位に居るべき先輩で菊池武夫君と共に多数の後輩を率ひて居る人であるが、其為人が菊池君程真地目で無いだけ、夫れだけ現社会と同化して居る頗る砕けた性である「磯部さんは暢気な方よ」と云はれたのも、蓋し此砕けた処があるからであらう

此人三十歳にして既に大審院の勅任検事と云ふ顕職に在つたが間もなく弄花事件と云ふのに出会して罷して了ひ、代言人磯部四郎と銘打つて状師の仲間に這入つて来ると、其洒脱な弁論は忽ちにして声望を一身に集め、恰かも飛ぶ鳥を落す程の勢となつた、今でも非協会派の頭首である

君は酒を飲む女が好き、そして対手嫌はずと云ふ世話なしであつて、金さへあれば決して一処に落着いて居た例しが無い、曽て悴の尚君と北海道辺へ出掛けた時、一夜徒然の噺の序に

「何うだ俺が居るからお前も放蕩が出来ぬだらう」

と仔細らしく尚君に畳み込むと、これもづぼら屋の尚君

「何有に、私が附いて居るから、貴下が出来ないんだ」

と竹篦返しに素破抜いたと云ふ噺がある、イヤ親子お揃で御達者なものさ君は義太夫の天狗であつて、四光太夫の雷名は四海は愚が本所の隅々にまで轟いて居る、此外別に転気療養と云ふ道楽がある、これは君の言葉を藉り

て説明しやう「君等あ転地療養と云つて騒き立てるが俺あ小銭が有ると芝居から寄席、小料理屋から屋台店まで漁つて歩いて楽みにするよ、転気療養と云ふもんさハ、ハ、、、」と恁うである、成る程君が小料理屋へ這入る御来歴も、年が年中御清貧で在らせられる御仔細も是れでもつて悉く合点が行く

東京法曹会編『日本弁護士総攬』第二巻

（東京法曹会、明治四四年一二月刊、のち合本、大正四年八月刊）

君富山県に生れて天授の逸才郷党に抽で、明治八年明法寮を出づるや直に大志を抱いて仏国に留学し十二年帰郷し判事に任ぜられ次で明治十三年司法省少書記官となり、転じて太政官少書記官に任じ又参議《（ママ）》院議官たり、明治十七年には司法権大書記官、十九年には大審院判事、次いで勅任検事に任ぜられたるの時、君は其年歯未だ僅に三十歳に過ぎず、以て其天才英偉夐に倫類を抜けるを知る可し。而して君が官を辞して野に下り弁護士の業を執るに至れるは明治二十五年にして同年以来法律取調委員となり次いで法典調査会委員たり弁護士会長の椅子を占むる事前後四回、明治四十年六月を以て君は博士会の推薦により終に法学博士の桂冠を頂けり。加之ならず君は第一期の衆議院議員として富山県より選出せられ、明治三十五年以来東京より選出せられて代議士たる事四期に亘り、国政の審議に努力して歇ず、又麹町区一級選出の東京市会議員たり、天下君の名を知らざる者なき所以なり、事務所は本所区亀澤町二丁目三番地（電話本所七六六番）に在り。

古林亀治郎編『代表的人物及事業』

（時事通信社、大正二年一二月刊）

卓識雄弁時流に高挙し、民刑各訴之く所として可ならざるものなきを示して、法曹界に覇を称し、一度政界に其器を試みては組織ある経綸、秩序ある政見、忽にして下院に異彩を放つ、君や亦当代の雄たるを失はざるなり。旧富山藩士林英尚氏の三男にして、嘉永四年七月十五日を以て生れ、後出でゝ同藩士磯部宗右衛門氏の養子となる、夙に江戸藩邸に勤番し、十七歳京都に赴きて禁闕警衛の任に当る、明治二年東京に出でゝ昌平黌に漢学を修め、兼ねて村上英俊氏の塾に仏学を研究す、四年大学南校に入り、翌年司法省民法寮学生となり俊秀を以て鳴る、八年仏国留学を命ぜられ、在学三年民法の蘊奥を究め、十二年帰朝して判事に任じ、民法編纂委員に選ばる、十三年司法省権少書記官に任ぜられ、爾来太政官少書記官、参事院議官補、司法省権大書記官等に歴任して令名あり、十九年大審院検事に任じ、従五位に叙せらる、二十三年富山県より選出せられて衆議院議員となり、高論雄弁異彩を下院に放てり、尋で大審院判事に任じ従四位に陞叙せられ、勲六等に叙し単光旭日章を授けらる、二十五年官を辞して弁護士となり、該博且深遠なる蘊蓄を披瀝して熱誠権利擁護の事に力め、二十六年法典調査委員を命ぜられ、三十一年東京弁護士会長に推されて名声弥加はる、先是余暇を以て明治法律学校及東京専門学校等の聘に応じ民法を講じて後進の指導に尽すもの年あり、三十五年東京府郡部より選ばれて衆議院議員となり、翌年再選す、後法学博士の学位を授けられ、法曹界の重鎮として声望斯界を圧す。

方今専ら法律事務に鞅掌するの傍、東京市参事会員として市政に参し、市民福利の増進に尽して、能く其任務を完ふす、君又詩文を能くし、呉峰と号して詞藻界に名あり、其浄曲に巧みにして、斯道専門家をして驚嘆せしむるものあるは、四光太夫の称と共に、普く世人の知る所なり、夫人をせき子と呼び、養嗣子尚氏法学士にして亦

弁護の事に従ひつゝあり。（東京市本所区亀澤町二ノ四、電話本所七六六）

井関九郎監修『大日本博士録』第一巻

（発展社、大正一〇年一月刊）

法学博士　従四位勲二等。法律学士（東大）。
弁護士・貴族院議員。
法制審議会委員・明治大学商議員。

【出生】　富山県士族林太仲四男、嘉永四年七月十五日生れ、後同県士族磯部宗右衛門の養子となる、幼にして江戸藩邸の勤番となり、十七歳の時禁闕警衛の為め京都に在り、明治元年脱藩して磯部四郎と改名す。

【学歴及閲歴】　翌二年東京に出で昌平黌に入り漢学を修め、村上英俊の塾に仏語を学び同四年大学南校に入り、仏人に学び、翌五年八月司法省明法寮の生徒となり、同八年巴里大学に留学を命ぜられ、在留満三年、法律、政治、経済学を専攻して帰朝す、同十二年判事に転じ、次で民法編纂委員に選ばる、同十三年一月以来司法省権少書記官、参事院議官補、司法省権大書記官等を歴任し、同十七年法律学士の学位を得、同十九年大審院検事に任ぜらる、同二十三年及三十五年富山県選出衆議院議員となり、同二十三年十月任大審院判事、同二十四年七月任大審院検事、同二十五年官を辞して弁護士となる、同二十六年法典調査会委員を命ぜられ、同三十一年東京組合弁護士会長に推選せらる、其間業務の余暇明治法律学校、東京専門学校其他の各専門学校に講師たりし事あり、同三十五年乃至同四十一年の間東京市選出衆議院議員たりしこと三回、大正三年貴族院議員に勅選せられ、又曩に法律取調委員会委員たりしが大正八年七月廃止となり、同時に更に法制審議会委員を命ぜらる、同年九月二十九日叙勲二等授瑞宝章。

【学位】　法学博士・授与日付・明治四十年六月十三日・法学博士会推薦。

【専門】 法律学一般。
【著書】 ⑴ 帝国憲法講義、⑵ 刑法正解、其他絶版せるものに、⑶ 民法釈義、⑷ 商法釈義、⑸ 日本刑法講義、⑹ 破産法釈義、⑺ 刑事訴訟法釈義、⑻ 民法註解（服部誠一共著）等名著尠なからず。
【雅号】 呉峯（蓋し氏は越中の国呉葉山の近傍磯部村の出なるを以て呉峯と称す）。
【趣味嗜好】 凡て音曲を愛す、就中義太夫に至りては其技素人を脱すと称せり。
【家族】 妻セキ子（安政六年六月生、亡養父宗右衛門長女）、養嗣子尚（明治八年十一月生、長女ツヤ子夫、福井県士族工学博士日比忠彦弟、法学士、弁護士、東京市選出前衆議院議員）、女ツヤ子(明治十二年十二月生、養嗣子尚妻)、孫百合子（明治三十三年六月生、養嗣子尚長女）、孫愛子（明治三十五年一月生、同二女）、千枝子（明治三十六年六月生、同三女）、菊代（明治三十七年十一月生、同四女）、秀夫（明治三十九年九月生、同二男）、陽三（明治四十二年三月生、同三男）、萩枝（明治四十三年九月生、同五女）、正代（大正元年八月生、同六女）等あり。
【本籍地】 富山市惣曲輪。
【現住所】 東京市本所区亀澤町二丁目三番地、電話本所七六六番。
【参照】 工学博士日比忠彦。

播磨龍城「弁論の精髄（続）」

（『法律新聞』第一九一六号・大正一〇年一二月一〇日発行、『龍城雑稿』新阿弥書院・大正一三年一〇月刊）

大木喬任氏司法卿たりしとき秘書として文筆の士を索む磯部四郎先生其依頼を受け物色の末、服部誠一を薦む、誠一は東京繁昌記を著はし文名嘖々たりし人、大木卿其文と其人とを見て大に意に適し即ち之を聘用す、居ること月余、誠一債権者のため財産の差押に逢ふ、喬任卿之を聞き大に驚き急使を以て推薦者磯部氏を招く、磯部氏何事の出来せしかと驚いて大木邸に駆け付く、喬任卿何時もの優容に似ず、頗る気色ばみて磯部氏に向て詰るが如く言ふて曰、トンダものを世話して呉れたジャナイカ、……磯部氏コトサラにおち付き払ふて、服部が何か悪事でも働きました歟、と反問した、スルト大木卿はイヤ別に悪事と云ふでは無いが、かれハ差押を喰ツたと云ふことだ、……とのことであつたから磯部氏は、ナニ差押？……ソレ丈けのことですか、文士の貧乏ハ昔からきまりもの、如何に天才とハいへ、あれ丈けの学問文章ことに東京繁昌記をかくには野暮天でハ不可能、大体積つてみると余程資本が入つてる筈、スレバ借金のあるのが当り前でありますまいか、ソノ借金のために差押へを喰つたと云ふのは何にも不思議ハ無いと思ひますが、泥棒をしたとか他人の女房デモトツタとか云ふのならトンダ眼鏡違不埒者ともいへますが、文士が借金のため財産を差押へられた、と云ふ丈けではチツトモ不思議でハ御座らぬ、拙者は服部の文筆才学を推薦したので借金の無いと云ふ様なことを保証して推薦したのでハ御座らぬ云々と例の先生一流の諧謔の智弁を揮ふて弁明寧ろ逆襲したので喬任卿の顔ハ見る〳〵解けて、イヤ了解々々……、夕メニ幸ひに服部には事なきを得た、借金で取捨されるのでハひとり服部の問題のみでハ無い、徳不孤であるから磯部先生のこのときの弁護にハ余程精神が這入り弁論も嘸力がこもつたことゝ想像さるゝ……

「磯部四郎博士の悲壮な最後」

（『高岡新報』大正一二年一〇月二四日発行）

猛火の中で万歳を三唱した磯部四郎博士の悲壮な最後
被服廠跡の追悼会当日初めて其消息が知れた
貴族院議員磯部四郎氏は大震災に際し東京本所被服廠跡に避難し行方不明とのみで今もつて氏の最後を知るものもなく遺族は八方手を尽し懸賞附で消息を知るに努めて居たが図らずも十九日被服廠跡に於ける府市の大追悼会の祭場で夫れが分つた。磯部博士の遺族誰が当日の法要に出席して居ると磯部氏と共に被服廠跡に避難した附近の小学校教員が見えたので当時の様子を訪ねた所、図らずも同人の妻子が磯部氏の直間近くで見聞した話をした。同氏の談に依ると磯部氏は足の不自由な所から早く火焔の渦に襲はれて二日には気息奄々となり乍ら池の附近まで這つて来た。当時右訓導の妻女は池の中の泥水を被りながら僅かに生きてゐて二間位の処まで来た氏の娘を認めたが既に此時は刻々死屍の山を築きつゝあつた時で叫ぶにも声が出なかつた。軈て磯部氏は決心したらしく力一杯「私は貴族院議員磯部四郎であります、最早死ぬ時が来た、残念ながら仕方がない」と氏の周囲に別れを告け続いて高く万歳を三度唱へて悲壮の死を遂げたのである。此物語りに遺族の人は初めて確実に氏の最後と其光景を知り市川の避難先で更めて法要を営んだと。

尾佐竹猛「日本陪審の沿革」（八）

（『法曹会雑誌』第一巻九号・大正一二年一二月発行、
『明治文化史としての日本陪審史』邦光堂・大正一五年七月刊）

……それから、ボアソナード案とは如何なる関係であつたか不明であるが、明治十二年に司法卿大木喬任が陪審法起案を命じ、修法《（ママ）》課の磯部四郎之を起案した。それは、仏国法に拠つたのであるが、司法省の議を経て法制局へ提出した。

法制局に提出せられたのは、集法課の課長の渡邊驥といふ先生がお持になつて行つた、此渡邊驥といふ先生はナカ〳〵司法省を双肩に背負つて、万事事を裁かれた者でございますが、法律の事には少しくお暗いやうでございます。けれども其当時の制度と致しまして、誰が拵へたものであらうとも、身分相応の人が所謂法制局等に提出して、其案に依つて弁明を為さらんければならぬ。所が少しく法律にお暗かつたが、どう云ふ訳かと云ふと、斯様々でござると直ぐに其所でお答をせんならぬ、そこでマア己が持つて行つて来やうと云ふので、法制局へお持出しになつた、所が遺憾ながら尚早といふ議論で以て潰れました。（磯部四郎談）

尚早といふ唯一の理由で否決されたのであるが其尚早の理由といふのは政府の顧問たりしロバート、プレーダの……意見の影響を受けたのであらう。当時は何事にもあれ欧米制度の輸入に急なるのときであつたから、陪審法も起草せられたのであるが、同時にまた外人の意見は権威を有するのであつたから、右の意見に依つて反対され潰されたのでい《（ママ）》かと推測される。

此否決のとき司法卿は起草者の磯部を呼び、其起案の杜撰なる為め否決せられたるものとし叱責したるに、磯部はそれでこそ大政府であると空嘯いた、司法卿益赫怒し其故を詰りしに、磯部の曰く陪審法の如き大法典を書生上りの青二才に、しかも日を限つて起草せしむるのが間違である、之を通過せしめなかつたのは流石に大政府であると答へたとの噺がある、四光太夫の面目躍如たるものがある。陪審史上の一挿話として正に千古に伝ふべきである。

三宅雪嶺「自分の教師」（大正一五年）

（『自分を語る』『石川近代文学全集』一二、石川近代文学館、昭和六三年八月刊）

［司法省の］法学校は明治五年に創設し、九年に第一回卒業生を出したけれど、自分が開成学校に入学する年の事であつて、孰れも年齢が隔たり、同窓と考ふべくもなく、唯だ同郷人が二人、一は磯部四郎氏、一は杉村虎一氏である。磯部氏は富山県でも、旧加賀藩に属し、且つ当時富山県が石川県より分れず、同県人として知られた。法学校は漢学の試験で入学を許し、仏蘭西法律を主にし、漢学風と仏蘭西風を混合する形がある。混合の分量は漢九仏一から漢一仏九まで違ふとし、英語に重きを置く所と趣を異にし、漢学書生の俤が見え、それと言つて普通の漢学書生とも違つて居る。…中略…法学校の学生は漢学風からでも、仏蘭西風からでも、其の孰れかに流れ、初め年が若いだけ放蕩に傾き易く、それも色男風して得意がるのでなく、蛮骨で流連荒亡を愉快とし、判検事になつて借金の五人組とか、何とかいふのがあつた。

磯部氏が放蕩で、借金を以て評判されたのは、仏蘭西から帰つて後の事ながら、如何にも才物で、調子が磊落で、一風変つてゐた。然し前には兎も角、締りの無い方ではなく、後に青年を戒めるに借金をせぬやうにと言ふを持てし、自身の高利を借りて苦んだ例を挙げた。氏の才能で金を造るに困難でなく、金持ちにならうと思へばなれたらうが、余り金に執着がなかつたらしい。才能が豊かで、学才に富み、適処に適材を発揮したならば何処まで到達するか測り知られぬとして宜く、然し遂に持前の才能ほど働かずに終つた。太夫振りで義太夫を語るなど、道楽の方に分つた所が多からう。大正十二年九月の大震火災に被服廠跡へ避難して絶命したが、生存者の言ふ処に拠れば、火焔が渦を捲き、集つた人のばた〳〵死ぬのを見、「誰か生き残つた人が話して呉れ、私は磯部四郎といふ者で、こゝで死んだといふ事を」と。氏は足の外科治療して歩行が不自由、付添人と共に見えなくなつた。

尾佐竹猛「人間は借金を払ふ動物なり」

（『法曹珍話閻魔帳』春陽堂、大正一五年六月刊）

茲にまた借金を平気とせる在野法曹に法学博士磯部四郎がある、年齢七十を超えて猶ほ壮者を凌ぐの茶気がある、或時事件依頼人其裁判の不当を罵りて曰く立派な金を貸した証文があるのに負けた、こんな不都合な判決は無いと、磯部曰く、さうかえ、一体金貸なんてものは泥坊より酷いよ、泥坊は在る丈の物を持つて行くのだが金貸は無い金を寄越せと催促するのだから其上だよと、問者唖然として引退つた。

加太邦憲『自歴譜』

（加太重邦・昭和六年一月刊、岩波文庫・昭和五七年八月刊）

磯部四郎　大正十二年九月一日大震火災ノ際本所被服廠跡ニ於テ家族ノ一部事務員従者ノ六人ト共ニ殪ル行年七十三富山ノ人村上仏学塾大学南校司法省法学校（予此三校ニ於テ同窓）ヲ経明治八年司法省ヨリ仏国ニ留学ヲ命セラレ帰朝後大審院判事法学博士弁護士勅選議員タリ晩年電車ニテ負傷シ一足ヲ失フ君才器アリ物ニ拘泥セス能ク人ノ気ヲ察シ諧謔談笑ノ間巧妙ニ事ヲ処理ス性極メテ淡泊ニシテ己レノ過失アルモ絶エテ掩フコトナク之ヲ自白シ往々人ヲシテ大笑セシムルコトアリ

塩坂雄策「故磯部四郎先生」

（石井敬三郎・亀谷正司・黒沢松次郎・佐伯俊二著『現代弁護士大観』第一巻、九萬書店、昭和七年一二月刊）


磯部先生に関する官吏、政治家、弁護士及び社会人としての経歴や、多くの逸話は余りに顕著であるから、茲に贅するを省き世上に知れぬ事実で而かも後進の学ぶべき点、先生に対する小生の感想とを述べて見たい。

先生は、壮年の時より『煙草』は嚙む程好きであられた。煙草入れの如きも、一つの箱を作り、型の変つた高価なるものを数多く貯へられ、愛玩せられた。然るに、明治四十五年春頃であつたと思ふが、『マラリヤ』を患われてから其時を動機として禁煙せられ、爾来、絶対口にせられなかつた。加之、先生は、人の喫煙するのを見ても禁煙の苦みを喞たれたることさへなかつた。之は事甚だ小なるが如しと雖も永年の慣行、殊に喫煙の習慣は他と異り容易に止められるものではない。縦令、半歳や一年位は何かの機会で中止しても、又、逆戻りをして再び旧に勝る愛煙家となるのが常で世人比々皆、然りである。私の如きも、煙草の害を知り、屡々禁煙を試みたけれ共、十日間と続いた事がない。磯部先生の此の果敢断行には、私は全く敬服した。況や世人から放縦の様に誤解せられて居た先生に於てをや。

磯部先生は、記録を読まないで、原告と被告とを取り違へて弁論を始められ相手方より注意されて漸く我れに返り相手方は『……』と、主張するであろうが、『私は……』と当意即妙、其場を転換されたとか、或は刑事法廷で、検事の論告を聞いて即坐に弁論の材料を作られるので、某検事が或時、一言にして論告を終り、先生が弁論出来ないで困られるであらうと興味を以て見て居つた処、豈に計らんや、堂々と大弁論をされたので、某検事は非常に感嘆せりなどゝ云ふことは法曹逸話中のトク種で有名な話であるが、私は今に忘れられない之と『正反対な事実』を知つて居る。彼の幸徳秋水一派の大逆事件で一流大家連が官選弁護人として選任せられ、磯部先生も、今村力三郎氏、鵜澤總明氏等と共に其選に入り、奥宮健之（元控訴院検事長奥宮正治氏の実弟）の弁護人となられたが、其事件の記録は極秘と云ふ極印が附され、弁護人以外には家族と雖も手に触るることさへ許されなかつた。加ふるに頗る浩瀚大部の物で、三尺位の高さの包が二個あつた。之を全部閲読することは容易な事ではない。然るに、先生は一週間昼夜兼行で家人と言葉さへ交へず之に没頭せられ、殊に二昼夜続けて一睡もせられず熱心詳細に記録を閲覧調査せられ、事件の動機経過等を究明せられた。記録を読まれないので有名だつた磯部先生にも人に知られぬ斯うした事実が屡々あつた。此一事を以て見ても世評は必ずしも正鵠を得たものとは言へない。最も、先生は非常に頭の能い方であられたから、簡単な事件は一見して要点を捕へ記録などは読まれる必要はなかつたのであるが、之に反して少しく複雑した案件は能く記録を精読せられた。

先生は有名な『粋人』であられたから、先生の平素を知る極めて少数の人の外は先生が、一滴と雖も酒を口にせられなかつた事を聞いたら吃驚することゝ信ずる。先生は、官吏として十三年、弁護士として三十四ケ年の生涯を送られ、其間、代議士たり貴族院議員として、永年政治家の生活をも送られたのであるから、多くの機会又は社交上『飲酒の癖』は自然に習慣付けらるるを普通とする。が、先生は先天的に余程酒は嫌であられたからかも知れぬが、一生を通じて一滴の酒と雖も口にせられなかつた。川柳に『酒呑は奴豆腐にさも似たり初め四角で末は愚図々々』とある如く、酒席に臨んだ多くの者は、初めは裃を着けて鹿爪らしい顔をして居ても、酔の廻るにつれ、身も心も、共に緊張味を缺き、足どり乱れ、腰が砕けて、座るは眼ばかり、果ては乱痴気騒を演ずるが、先生は初めより天神様のやうな格構はされず打寛いだ朗な態度で首尾一貫、或は諧謔を飛ばし、或は寸鉄人を刺す底の諷刺を交へて、呵々談笑せられ、時には『四光太夫』として義太夫を語られる等、決して同席者に嫌悪の念を与へられるが如きことは絶無であつた。故に、先生を知らざるものは、先生は酒の上で、斯く打解けて居られるものゝ様に考へた者が多かつたさうだが、無理からぬことゝ思ふ。先生が、全く呑んだ者以上に愉快さうに席の終るまで一貫変られなかつたのみならず坊間、能くあることだが、相手の酔態等を目前に見せ付けられて不快の態度を示し、時に席を起つが如き事は決してされ無かつた。此の点は他人の到底企て及ばざる所で我々の大いに学ぶべき長所である。

先生は『同等以上』の者には兎も角、自分『以下の者』には非常に叮嚀な態度で応接せられた。全く人と正反対だ。嘗て、私が何かの用で裁判所書記課の入口で帽子を冠つた侭で立話をして居たら、先生は後から来て、私の帽子を取つて『礼を知らぬか』と云つて、一喝せられたことを記憶する。一事は万事である、先生の一般が之を以ても知られると思ふ。

又、先生は法曹界の耆宿であり政党人として古参株であられたから交友は可成り広い。従て時の権勢ある者若しくは富豪連とも交際があられたが、先生は決して膝を屈したり阿諛する様なことはされなかつた。例へば『年賀』の如きも宮中に奉伺する外は旧藩主前田伯を訪はれるのみで、それ以外は所属政党の総裁又は総理大臣と雖も、又、仏国留学時代の知友であられた西園寺公さへ訪問せられたことなく全く独立不羈の生涯を貫かれた。先生は之が為め『政党人』として余り重用せられなかつた憾はあつたが、併し、其意気や、誠に壮とすべく又敬服すべきものがあつた。

先生は、明治九年仏国に留学せられ十二年帰朝せられた。先生が、自由民権の殿堂に於て新智識を体得せられたことは著名の事実であるが、先生が、帰朝以来四十七年を経た大正時代に至つても、外人と流暢な『フレンチ』で話され、原書等も能く愛読せられた。特に、仏国の小説には非常に興味を持たれ、車の上でも愛読せられたことを記憶する。先生は、頗る恬淡の様だが、一面、凝り性であられた。例せば将棋は至つて下手であられたが、初めたら誰れ彼れを問はず何時間でも相手とすると云ふ様な風で、若し負けでもしたら、何十番でも時の過ぐるのも忘れて居られるので、相手方が弱つて故意に負けて難を脱がれると云ふ様なこともあつた。如斯、四十七年前に学んだ仏語なり原書なり自由自在に活用された。又、仏法の外、日本の法律に付ても系統的に学ばれた訳ではないが、法律取調委員又は法制審議会委員として活躍せられ、故花井卓蔵博士と共に在野法曹出身の委員として重きを為して居られたのも、斯うした優れた長所があられたからである。

先生は、類例ない程『健康』な方であられた。身長五尺五六寸位、体重の如きも七十歳を越へて、尚、二十貫内外、堂々たる偉丈夫であられた。従て超特の汽関車が多量の石炭を用ふる様に、先生も亦頗る健啖家で、宴席に列しても瞬く間に運ばれた料理を平げ尽し、時には他人より割愛を受けて不足を充される様なこともあられた。何分不規則な起居をせられながら如此、無比の強壮を保持せられた其重なる原因は、素より先生の先天的体質にも依られることだらうが、後天的には『朝湯に入られること』と、『能く眠られる』ことにあつたと思ふ。

先生が、法廷で『居眠』されたことは有名な話で、之は極端な一例であるが、床に就かるれば鼾声雷の如く能く熟睡せられ、又、所を構はず眠られた。先生の居眠りで一番困つたのは車夫先生だ。先生は、往々にして、車の上で居眠りをされた。二十貫内外の体重で、車上で眠られては体の中心が動揺し、車夫先生の梶棒が上下して安定せぬので、非常に骨が折れると云つて車夫先生が随分と『コボシタ』事を知つて居る。全く先生の保健は能く睡眠せられたことが其重なる原因である。

先生は非常に聡明穎智な方であられた。所謂『一を聞いて十を知る』と云ふ風で物事を簡単に考へられた。彼の大宰相原敬氏が如何なる複雑重要なることも頗る簡素に考へられたと仄聞するが、之は頭の非常に能い人の特性とも云ふべきであらう。

又、先生は、非常に磊落の様であられたが、他方、頗る『神経質』な所もあり、豪放の様に見へて極めて『小心』な所もあり、頗る『楽天的』で朗かな方であられたから、容易に人を叱責されることはなかつた。けれども一度び怒られると百雷の一時に落つるが如き大喝を喰はされることもあつた。先生は、前述の如く、堂々たる『強健な体躯』と『明晰な頭脳』の持主であり、加ふるに当意即妙、奇智縦横、円転滑脱、洒々落々、話術に長じ、交際に巧みで、真に『政治家としての天分』を多量に帯有せられて居た。恐らく、先生は、法曹として一流大家たりしと同時に、政治家としても大成せらるべきであつたが、不幸にして衆議院議員選挙に地盤、看板、評判は能かつたが、『鞄』が何時も軽い為め、度々落選の憂目を味ひ、下院に議席を占められた年数が極めて短かつた。従て遂に『政治家として大成』される機会を失はれ、単に貴族院議員正四位勲二等法学博士磯部四郎で其『全生涯』を終はられたのは私の甚だ遺憾とするところである。

市島春城（謙吉）「学園物故師友録　三〇、磯部四郎氏」

（『随筆早稲田』南有書院・昭和一〇年九月刊、市島春城随筆集第四巻・クレス出版・一九九六年五月刊）

早稲田の過去にはずいぶん面白い人物がゐた。自由の学園に於ては教諭も学徒も磊落であつたのだ。弁護士界で名声のあつた磯部四郎氏も初期には法科を教へたが、或る朝教場へ這入ると学生に向ひ君等の内金を二円もつてゐるものがあれば貸して貰ひたいと云うて求めるので、或る学生はそれを弁じてやると、直ちに外へ出て間もなく帰つて来た。多分車代を払つたのであらうが、当時の車代としては二円はチト過ぎるので、口善悪なき連中は先生悪所から馬を引いて来たナと云うた。ある時先生の出席が遅いので、学生は退席せんとする折柄、先生やつて来て学生に詫びて云ふには、実は昨夜花を引て、夜深しをしたので、遅刻した、誠に済まんと挨拶の後は受持の治罪法は高閣に束ねて芳原《（ママ）》辺の惚気話をして学生を烟に捲いた。しかし氏の無邪気の態度は却つて学生の喜ぶ所であつた。

原嘉道「洒落な磯部博士」

（『弁護士生活の回顧』法律新報社、昭和一一年一一月刊）

沈明久対岩崎鍋島等事件の上告代理人には、星亨氏の外に、磯部四郎博士も加はられた。磯部博士は、岸本博士と同じく明治九年に司法省明法寮を卒業し、後、司法省の仏国留学生として、巴里大学に入り法律学を修め、学位を受けて帰朝し、司法省、太政官等に出仕して、専ら法典編纂の事に従ひ、又、傍ら明治法律学校等にて仏蘭西法律を講じ、更に検事、判事に歴任し、同窓中、栄進頗る著しかつた人であるが、明治二十五年、大審院検事を辞し代言人となられたのである。博士は、斎藤孝治氏と共同事務所を設けて居られたから、斎藤氏は、沈明久事件が、控訴院で敗訴となつたので、上告審に於て、大に陣容を整へて奮闘する為め、磯部博士をも煩はすに至つたものと思はる。之れで、沈明久側は、星亨、磯部四郎と云う英法、仏法の両大家を揃へた訳である。此両大家と朝倉、斎藤二氏が、全力を尽くして原判決を攻撃した結果、大審院の採用するところとなり、事件は控訴院に差戻されて、茲に、吾輩も鳩山、岡山両先生の驥尾に付して、三菱の代理人として応戦する機会を得たのである。

磯部博士は、大正十二年大震火災の犠牲となられた人の中、最も著名な方で、実に惜みても余りあることであるが、吾輩は弁護士生活の間、三十年にも亘りて博士の謦咳に接することを得た、博士は、刑事被告に弁護人を付することを主張した我が邦最初の人で、司法制度の発達に尠なからず貢献されたが、平素の言動は、極めて洒々落々で、少しも物に拘泥されなかつた。弁護士控所等で、能く漫談的に自分の失敗話をして聞かせたが、実に抱腹絶倒の奇談が多かつた。其の二三を紹介して見やう。

或る時、宮城控訴院とかで、岡村博士を相手に一民事々件の口頭弁論を始め、書類を見乍ら、頻りに事実上の主張を述べると、岡村博士がソツト袖を引いて「君、其れは違つて居るよ、其れは吾輩の方の主張だ」と注意するので、之れは已れを騙すのだなと思つて「黙つて居ろ」と叱り付け、尚、蝶舌りながら書類を見て行くと、何ぞ図らん、其れは矢張り相手方の主張の部分であつたので、急に言葉を転じ「と、相手方は云ふのでありますが」と、今迄は前提として、相手方の主張を述べたかの如くに誤魔化して、漸く切抜けたヨと、呵々大笑された。

又、或る刑事々件で、滔々と一被告の無罪たるべきことを論じ立てると、裁判長の松室致博士が「磯部さん、今アナタの論じて居られる被告人は予審で免訴になつて居ますヨ」と云はれ、之れにも一寸面食つたが、直ぐ「ソレは判つて居ります、然し、此人の無罪たることから云はなければ、他の人の無罪たることを明かにすることは出来ません」と云つて、其れから自分が引受けた被告の名を調べ出して、弁論したことがあつた、抔と話された。

尚、此の松室裁判長の法廷では、能く話柄を作つたと云つて語られるには『或事件で、自分が、数人の弁護士が弁論した後に立つて弁論して居ると、松室裁判長が「磯部さん、アナタの今云はれたことは皆前の弁護人諸君が既に云はれたことであるから、成るべく重複せぬようにして頂きたい」と云つたので、自分は「其れはお気の毒ですが、自分は他の事件の為めに、此事件の公判に終始立会ふことが出来ず、弁護人諸君の弁論も聞いて居なかつたので、何う云ふことを云つたら重複にならぬか判りませぬから、裁判長から、今迄各弁護人の述べられたことを一応お聞かせを願ひたい」とやつたら、裁判長は苦笑して「其れでは重複どころか、三複になりますから、矢張、アナタの自由にお述べなさい」と云つて閉口したヨ』抔と話して、自ら笑ひ出された。

又、博士が謂はれるには『簡単な刑事々件の弁護抔は、大抵記録を精読する要はないもので、検事の論告を聞いて、臨機応変に之れを弁駁すれば其れで依頼人は満足する、自分は常に此流儀でやつて、相当の効果を挙げて居る、唯一度弱つたことは、矢張、松室裁判長の担当する部で、或事件の弁護人として出廷したところ、愈事実審理も終り、検事論告の段になると、立会検事の石渡敏一博士は、自分の癖を知つて居て、一つ磯部を困らせて遣らうと思つたと見えて「第一審判決の相当なることは公判の取調に依つて明瞭でありますから、控訴の棄却を求めます、弁護人の弁論を聞いた上で、必要があれば更に其の時に述べることにします」と云つて着席して仕舞つた、之れには自分も大に困つて「検事は、被告が有罪たるべき事実を証拠に基いて論告せねばならぬのに、今のようなことを云ふのは、其の職責を怠るもので怪しからん、是非、事実証拠を挙げて論告せよ」と喰つて掛つたが、石渡博士はニヤ〳〵笑つて「其必要は認めませぬ」と云ふだけで起ち上らないので、自分は困り切つて、再三同じことを云つて喰つて掛り、時間は益々遅れるので、松室裁判長は遂に見兼ねて、検事に「何うです、モ少し詳しく論告をされては」と仲裁したので、石渡博士も「それなら、やりましよう」と云つて、一と通り事実証拠を述べたので、自分もヤツと弁論の資料を得て、其の日の弁論を済ましたことがあつたが、之れには参つたヨ』と哄笑されたことがある。

磯部博士は、斯の如く常に諧謔百出で、何事にも無頓着極まる態度を持して居られるので、或時博士に向ひ「先生の如き性格の持主は実に幸福である、我々の如き者には到底先生の真似は出来ぬ」と云つたところ、博士は「イヤ、吾輩の無頓着は天禀ではない、実は自分は非常に神経質で、怒りつぽい性格であつたので、之れを矯めなければならぬと思つて、何事にも頓着しないように勉めて来たのが、遂に習ひ性となつて、こんな脱線的になつて仕舞つたのだ」と答へられた。成程、そう云はれて見ると、博士は極めて洒々落々たる人で、物に拘泥されることはないと思つて居ると、稀れには、何んの為めにそんなに怒られるかと思ふような、怒り方をされたこともないではなかつた。博士が、自分の性癖を矯めんとして達せられた心境が、処世上果して適当であつたか否かは別とし、自己の短所を強めんとして苦心された点は、大に学ぶべきもので、何人も、此の用意があつて然るべきである。

横田正俊「磯部四郎氏の逸話」

（『父を語る―横田秀雄小伝―』巖松堂、昭和一七年一月刊）

在朝法曹で後には在野法曹となり弁護士会長までせられた人に磯部四郎といふ人が居られた。不幸大正十二年の震災で被服廠跡で亡くなられたが、父［横田秀雄］は同氏の円転闊達なところが大いに気に入つたらしく、同氏に付ては極めて種々のことを話してくれた。そのうちの二、三を左に。

（イ）九州方面に起つた某刑事事件で、被告人は東京の有名な弁護士多数に弁護を委頼したところ、検事が法廷に於て『被告人は金にまかせて東京から弁護士を招聘して鷺を烏といひくるめ様とするが、罪証は明白、逃れる途はない』といふやうな論告をやつた為に、東京から来た其の有名な弁護士連中は『自分等は金で動くやうなものではない。検事は怪しからん』と大いに憤慨しこれが大問題となつたことがあつた。この話を聞いて磯部四郎氏は『人間といふものはとかく本当のことをいはれると腹がたつものだよ』といはれたといふ。父は此の言をきいて非常に面白がつて、司法省の或る委員会の席で其の有名な弁護士の中の一人に対してあの事件についてこんな批評をした人があると話したところ、其の弁護士は「それは怪しからん」とカンカンに憤慨した相《（ママ）》である。父曰く『磯部君の定理に従へば本当あで《（ママ）》つたことが益々確かまつたわけだ』と。父にはこんな茶目気もあつたのである。其の後私共の家庭では『本当のことをいはれると怒る』といふ言葉が流行したが、此の言葉は我々の日常生活に於ても思ひ当る数多くのものを持つてゐる、実に一種の名言たるを失はぬ。

（ロ）磯部氏が或る刑事事件で弁護士としての最終の弁論を永々とやり出したので、裁判長はたまりかね、『御議論の趣旨は裁判所にはよくわかつて居りますからその程度で……』とやんわり弁論を制限しやうとしたところ、磯部氏は自分の腹のあたりで、即ち傍聴席の方に見えぬ様にして、指で後方、即ち傍聴席の方をさした、といふのである。禅問答の様だが、此の意味を解けば、『何も自分は裁判所に聴かせる為に弁論してゐるのではない。傍聴席に居る依頼人に聴かせて居るのだ』といふわけなのであらう。公判廷で堂々とこの様な芸当の出来る弁護士は古今東西を通じて少なからうと父は笑つてゐた。

(ハ)或る民事事件の法廷で磯部氏は相手方の弁護士が弁論してゐるうち睡魔に襲はれてしまつた。フト目を醒すと裁判長が今度は自分の方に陳述を求めて居るので、立上つて手元にある書類に基いて述べ出したまではよかつたが、何とそれは相手方の提出した書面であつた。それでも気付かず縷々相手方の言ふことを力説するので、裁判長たまりかね『あなたの述べて居られるのは相手方の主張で……』とやりかけると、磯部氏俄然陣容を立てなほしなほも読み続けた上『……といふのが相手方の主張でありますが、私は之から此の主張を順次反駁せんとするのであります』といつて、それから続いて自分の方の主張を述べられたといふ。実に国宝的心臓ではある。

(ニ)父が私立大学聯合の謝恩兼還暦祝賀会の席上で他の方々から最大級の御ほめ言葉を頂戴して恐縮して居たとき、磯部氏は立上り、『皆さんは横田博士を名裁判官といつて大層ほめられるが自分は決してそうは思はない。何となれば、私は大審院に上告して未だ嘗て横田博士の部で勝たしてもらつたことがないから』と極めて飄逸な卓上演説をされて満場の人を笑はされた相である。ところが、其の磯部氏の事件が父の部にかゝり(何でも放蕩息子が親父の手形を濫発して親父が訴へられたといふ様な種類の事件だつたと聞いてゐる)幸に勝訴となつた。父は茶目気を発揮してその後磯部氏に逢つたとき『どうだ。僕の名裁判官たることが初めて判つたらう』と申したら、磯部氏は呵々大笑して居られたとの事である。

稲村徹元編『大正過去帳〈物故人名辞典〉』

（東京美術、昭和四八年五月刊）

衆議院議員。大正一二年九月一日東京本所の本邸において焼死。富山県士族林英尚三男。嘉永四年七月生まれ。磯部宗右衛門養子となる。前名秀太郎。昌平黌、大学南校明法寮に学ぶ。パリ大学留学。明治一二年判事に任じ、爾来、司法省権少書記官、太政官少書記官、参事院議官補、司法省権大書記官、大審院検事、同判事等歴補。二三年衆議院議員。組合弁護士会長、明治法律学校、東京専門学校各講師たりしこともあり。妻セキ安政六年六月生。磯部宗右衛門長女。養嗣子尚明治八年一一月生。

パリ大学法学部卒業（法学士号取得）論文（明治11年8月提出）

FACULTÉ DE DROIT DE PARIS

THÈSE

pour

LA LICENCE

l'acte public sur les matières ci-après sera présenté et soutenu
le mardi 6 août 1878, à 4 heures.

par

ISSOBÉ (Siro)

(Né à Toyama (Japon), le 26 juillet 1852.)

Président : M. Beudant, *Professeur.*

Suffragants : MM. Vuatrin, Glasson, *Professeurs*

Lyon-Caen, *Agrègé.*

dat répondra en outre aux questions qui lui seront faites sur les autres
matières de l'enseignement.

PARIS
IMPRIMERIE DE CHARLES NOBLET
13, RUE CUJAS, 13

1878

パリ大学法学部卒業（法学士号取得）論文

JUS ROMANUM

DE RITU NUPTIARUM.

(Dig., lib. XXIII, tit. II.)

Nuptiæ sive matrimonium est viri et mulieris conjunctio, individuam vitæ consuetudinem continens (Institutiones, lib. I, tit. IX, 1).

Nullum ad matrimonii substantiam instrumentum requiritur. Sœpius ducuntur solemnitates quæ si non nuptias faciunt, ad illarum probationem maxima sunt argumenta; et brevi, in patriciorum præsertim familias, nuptiales tabulæ confectæ sunt et amicorum vicinorumque testimonia requisita sunt. Inter præsentes solo consensu matrimonium contrahitur, sed quum vir adsens est, deductio mulieris in domum mariti necessaria est.

Tria requiruntur ut justæ sint nuptiæ quæ nobis spectanda sunt: pubertas, consensus, connubium.

I. Justinianus pubertam in masculis post quartum decimum annum completum initium accipere, et feminas post duodecim annum completum viripotentes esse decrevit.

II. Maxime requiritur ad substantiam nuptiarum contrahentium consensus. Cum vis in cœuntem est adhibita, ita efficit ut matrimonium tanquam obligations metus causa effectæ, rescindatur.

Nec sufficit coeuntium consensus, nuptias, enim consistere non possunt nisi consentiant illi quorum in potestate sunt coeuntes. Ille consensus non solum honoris et pietatis, sed tantummodo potestatis causa requiritur, et sine patris familias consensus non sunt justæ nuptiæ. Imo si nuptias recte contractas divortium sequatur et contrahatur novum matrimonium, requirendus est novus consensus.

Hæc consensus necessitas e patria potestate nascitur. Numquam matris et illius parentum consensus requiritur, sed solum patris aut avi in cujus potestate est coeuns. Inter masculos et feminas diversitas est : vir non solum ejus, in cujus potestate est consensum expectare decet, sed adhuc ejus in cujus potestatem est recasurus, nemini enim invito heres suus agnascatur. Igitur neptis si

nubat, voluntas et auctoritas avi sufficit.

Is cujus pater ab hostibus captus est, si non intra triennum revertatur, uxorem ducere potest.

III. Connubium est uxoris jure ducendæ facultas. Connubium habent cives romani cum civibus romanis; cum Latinis autem et peregrinis ita si concessum sit. Cum servis nullum est connubium.

Sunt adhuc justis nuptiis impedimenta quæ nobis sunt inspicienda.

De cognatione. Cognati appellati sunt qui ex uno communiter nati vel ab eodem orti sunt. Cognationis substantia duplex apud Romanos intelligitur: cognatio superior et inferior; cognatio ex transverso aut a latere.

In superiore et inferiore cognatione, nuptias consistere non possunt inter eas personas quæ in numero parentum liberorumve sunt, sive proximis sive ulterioris gradus sint, usque ad infinitum.

Et nihil interest ex justis nuptiis cognatio descendat. Suam matrem manumissus non ducet uxorem; idem dicendum est, ut pater filiam non possit ducere, si ex servitute manumissi sunt.

Cognatio superior et inferior etiam mere impedimento est nuptiis, in tantum ut etsi per emancipationem adoptio dissoluta sit idem juris maneat.

In cognatione ex transverso latere prohibentur nuptiæ in secundo et tertio gradu. In quarto gradu transversæ lineæ nuptiæ permittuntur jure Pandectarum et Justiniani Institutionum. In transversa linea pariter servilis naturalis et adoptiva cognatio impedimentum est nuptiis.

De affinitate.-Est affinitas necessitudo quæ intercedit inter unum e conjugibus et alterius conjugis cognatos et quæ nuptiis impedimentum est. In recta linea in infinitum nuptiæ prohibitæ sunt.-In affinitate ex transverso, antiquis temporibus, nullum esset nuptiis impedimentum; sed imperatores Valentinianus, Theodosius et Arcadius dixerunt: 《Fratris uxorem ducendi, vel duabus sororibus conjungendi, penitus licentiam. summovemus; nec dissoluto quocumque modo conjugio.》 Non sola quæ ex justis nuptiis orta est affinitas adimit connubium, sed adohuc illa quæ ex servilibus cognationibus et ex concubinatu nata. Nulla autem affinitas est inter comprivignos.

Alia sunt quæ justis nuptiis sunt impedimenta. Sunt enim personæ inter

quas, diversis causis, connubium non est. Illas causas a longiniquis temporibus usque ad recentiores adspiciemus. Lege XII Tabularum connubium patricios et plebeios ademptum est; antiquo jure nuptiæ interdictæ inter ingenuos et libertinæ conditionis personas.

Lege Julia et Papia senators et eorum per masculos liberi uxorem libertinam ducere non potuerunt, et cæteri ingenui prohibentur ducere lenam, a lenone lenave manumissam, et in adulterio deprehensam, et judicio publico damnatam et quæ ludicram artem fecerit. Illa quæ crimine adulterii condemnata fuit nubere non potest cum illo qui eodem crimine condemnatus est. Si quis officium in aliqua provincia administrat, inde oriundam,vel ibi domicilium habentem, uxorem ducere non potest, quamvis sponsare non prohibeatur; ita scilicet ut, si post officium depositum in eadem voluntate persevera verit, justæ nuptiæ efficiuntur. Neque solum ipse ducere, sed et qui in provincia officium aliquod gerit, prohibetur etiam consentire suo filio uxorem ducenti.

Pupillam suam intra vigesimum et sextum annum non desponsam a patre nec testamento destinatam, ducere uxorem, vel eam suo filio jungere tutor vel curator non potest.

Denique ex edicto Constantini connubium prohibetur inter illum qui virginem rapuit ipsamque puellam.

POSITIONES

I. Inter præsentes solo consensu matrimonium contrahitur; sed quum vir absens est, ductio mulieris in domum mariti necessaria est.

II. Prisco jure consensum patris expresse datum non necesse erat, eitam ad matrimonium filii.

III. Lex 3 et lex 16, §1, Dig. *De ritu nuptiarum*, inter se non pugnant.

IV. Nuptiæ legi Juliæ contrariæ etiam ante Divi Marci senatusconsultum inutiles habebantur.

DROIT FRANÇAIS

DE LA PREUVE DU MARIAGE.

(Cod. Nap., art. 194-200.)

La loi, dans le chapitre IV du titre du Mariage, traite successivement des demandes en nullité et des preuves du mariage; mais tandis que le législateur devait déterminer limitativement les causes de nullité et les personnes qui seraient recevables à les proposer, elle devait au contraire poser en principe que tout individu peut toujours et en tout temps nier l'existence d'un mariage dont les effets civils lui sont opposés, et que c'est à ceux qui prétendent que ce mariage existe à en fournir la preuve.

Or, peuvent avoir intérêt à prouver le mariage:

1° Le conjoint qui voudrait profiter du bénéfice du contrat de mariage, des droits et des devoirs respectifs des époux;

2° Les enfants peuvent avoir le même intérêt, soit au point de vue de la filiation, soit au point de vue des droits des successions auxquelles ils prétendraient;

3° Les mêmes droits de succession peuvent être invoqués par les parents jusqu'au douzième degré,parents qui ont encore intérêt à prouver le mariage;

4° Les tiers enfin peuvent avoir intérêt à se prévaloir du contrat de mariage, et, par conséquent, à établir preealablement l'existence du mariage lui-même (art. 1419).

Dans ce but, la loi établit quatre modes de preuve du mariage; disons plus justement qu'elle renferme une règle générale et trois exceptions à cette règle, exceptions que la neécessité, le bon sens, l'équité ont fait admettre.

I. — Art. 194:《Nul ne peut réclamer le titre d'époux et les effets civils du mariage s'il ne représente un acte de célébration inscrit sur le registre de l'état civil, sauf les cas prévus par l'art. 46, au titre : Des actes de l'état civil.》

Telle est la r`gle; et, en principe, rien ne peut remplacer la preuve par l'acte de célébration inscrit sur le registre de l'état civil.

Ces derniers mots de l'art. 194 ont donné lieu à la question de savoir quelle serait la valeur d'un acte inscrit sur une feuille volante, question dont nous nous occuperons tout l'éheure.

A ne considérer que la rédaction de l'art. 194:《Nul ne peut réclamer le titre d'époux...》, on pourrait croire que la règle de notre article n'a pas été faite pour les tiers. Mais nous verrons bientôt qu'il ne saurait exister aucun doute à cet égard quand nous constaterons qu'il n'est admis à notre règle qu'une seule dérogation en faveur des enfants.

Il ne saurait être question de remplacer en cette matière l'acte de célébration par la possession d'état, preuve impuissante quelquefois et que repousse avec raison ici l'art. 195:

《La possession d'état, nous dit-il, ne pourra dispenser les prétendus époux qui l'invoqueront respectivement de représenter l'acte de célébration du mariage devant l'officier de l'état civil.》

Nous dirons que c'est avec raison que l'article 195 repousse cette preuve. En effet, la possession d'état d'époux légitimes ne prouve absolument rien, et elle devient au contraire immédiatement suspecte dès que ceux qui l'invoquent n'y peuvent joindre d'autre preuve. Nous verrons cependant plus loin que la possession d'état d'époux légitime produit d'importants effets.

De même que l'art. 194, l'art 195 semblerait,au premier abord, tout spécial aux époux. En d'autres termes, et à ne considérer que la manière dont est rédigé notre article, on pourrait se croire fondé à dire qu'un tiers a la faculté d'invoquer la possession d'état contre les prétendus époux ou respectivement. Ce serait commettre une grave erreur que d'interpr êter ainsi l'art. 195. Comme l'art. 194, il doit être généralisé.

II. Trois exceptions, avons-nous dit, sont apportées à la règle que nous venons d'examiner.

1° ***Preuve du mariage tant par titres et papiers domestiques que par témoins.*** — Cette exception, qui n'est qu'une application de la règle générale contenue dans l'art. 1348: 《La preuve testimoniale est admise quand on a été dans l'impossibilité de se procurer une preuve écrite ou de la conserver,》 résulte de l'art. 46, auquel nous renvoie l'art. 194.

Art. 46: 《Lorsqu'il n'aura pas existé de registres ou qu'ils seront perdus, la preuve en sera reçue tant par titres que par témoins; et, dans ces cas, les mariages, naissances, décès pourront être prouvés tant par les registres et papiers émanés des pères et mères décédés que par témoins.》

Cet article, tiré de l'ordonnance de 1667 (article 14 du tit. XX), détermine nettement les deux cas auxquels il s'applique, l'inexistence des registres ou leur perte. Il indique aussi trèsclairement que celui qui voudra invoquer la preuve exceptionnelle qu'il autorise devra préalablement prouver l'un ou l'autre des deux faits énumérés.

Examinons d'abord les deux cas dans lesquels l'art. 46 est applicable. Il faut, avons nous dit:

1° Qu'il n'ait pas existé de registres;

2° Ou qu'ils aient été perdus.

Mais il se présente d'autres hypothèses qui nous semblent devoir rentrer dans les termes mêmes de l'art. 46. Ainsi, les registres existent, mais ils sont tenus sans ordre, pleins de lacunes; ou bien la destruction des registres, au lieu d'être complète, n'est que partielle. Dans la première hypothèse, ce sera une question de fait laissée à l'appréciation des tribunaux que celle de savoir si les registres sont si mal tenus qu'ils doivent être considérés comme inexistants; quant à la perte partielle, elle équivaut à la perte totale pour la personne qui prétend que l'acte qui la concerne se trouvait précisément sur la partie détruite.

Que déciderons-nous dans le cas où, alors que les registres existent et sont bien tenus, l'on viendrait alléguer l'émission d'un acte de l'état civil qui aurait dû, dit-on, être inscrit sur les registres? Nous pensons que, dans ce cas, la preuve exceptionnelle de l'art. 46 ne pourrait être admise. Le texte de cet article, qui suppose qu'il n'a point existé de registres ou qu'ils ont été perdus, s'y oppose formellement. Qui ne voit d'ailleurs qu'appliquer l'art. 46 dans ce cas, ce serait admettre que les actes de l'état civil peuvent toujours être prouvés tant par titres que par témoins, et, par conséquent, renverser absolument la théorie de la loi sur cette matière?

Nous avons dit que celui qui voudrait invoquer la preuve exceptionnelle

autorisée par l'art. 46 aurait deux faits à prouver:

1° L'inexistence ou la perte des registres, et nous avons vu quelles hypothèses rentraient dans ces deux cas;

2° Le fait même que l'acte civil a dû constater, c'est-à-dire, en notre matière, le mariage.

Remarquons bien les expressions employées par l'art. 46 sur la manière dont doit être faite cette double preuve.

Quant à l'inexistence ou à la perte des registres, la preuve, nous dit notre article, en sera reçue tant par titres que par témoins, c'est-à-dire, soit par titres, soit par témoins seulement. Quant au mariage, il pourra être prouvé tant par les registres et papiers émanés des père et mère décédés que par témoins.

Ces expressions laissent au tribunal un pouvoir discrétionnaire. Ainsi, il peut admettre, soit la preuve par registres et papiers émanés des père et mère décédés, soit la preuve par témoins, de même qu'il peut exiger le cumul des deux preuves.

Nous venons de dire, avec l'art. 46, que le tribunal pouvait admettre la preuve par registres et papiers émanés des père et mère décédés. Cette disposition est-elle limitative, et le tribunal ne pourrait-il pas admettre, comme preuves suffisantes, les registres et papiers, soit des père et mère vivants, soit de toutes autres personnes? Oui, sans doute, il le pourrait: cela résulte de la manière la plus évidente de son pouvoir descrétionnaire qui lui permet d'admettre la preuve testimoniale toute nue, et, par conséquent, les simples présomptions. Si la loi n'a parlé que des papiers des père et mère décédés, c'est qu'elle a voulu indiquer ce mode de preuve comme l'un des meilleurs.

Ajoutons ici qu'une loi de 1871, promulguée à la suite des incendies de l'insurrection de Paris, a rendu bien plus facile le rétablissement par témoins des papiers ou actes de l'état civil.

2. — *Preuve par possession d'état.*

La possession d'état, nous l'avons dit, ne prouve pas le mariage, c'est-à-dire qu'elle ne peut remplacer l'acte de célébration, mais elle produit cependant des effets très-importants.

Art.196. 《Lorsqu'il y a possession d'état et que l'acte de célébration du mariage devant l'officier de l'état civil est représenté, les époux sont respectivement non recevables à demander la nullité de cet acte.》

Sur cet article trois questions se posent:

1° A quelles nullités s'applique la fin de nonrecevoir créée par notre article?

Les expressions dont se sert l'art. 196 nous donnent bien à entendre qu'il ne s'agit ici que d'une nullité de forme, d'une 《nullité d'acte.》 Entendons-nous bien sur le sens de ce dernier mot. L'acte de célébration, c'est ici la célébration même, l'ensemble des solennités qui la constituent. Or, parmi ces solennités, figure la publicité, figure la compétence de l'officier public qui n'est elle-même qu'un des éléments de publicité. Ainsi, la nullité résultant du défaut de publicité ou de l'incompétence de l'officier public sera couverte par la possession d'état; le vice de clandestinité sera purgé, pour ainsi dire, par l'espèce de publicité que la possession d'état donne au mariage.

On a prétendu qu'il s'agissait ici de la nullité résultant de ce que l'acte était rédigé sur feuille volante, et cette proposition est restée vivement controversée. Pour les uns qui se mettent en absolue contradiction avec les textes, l'acte sur feuille volante fait preuve complète du mariage. Pour les autres, il fait commencement de preuve par écrit. Nous préférons l'opinion de ceux qui pensent que l'acte inscrit sur une feuille volante n'a aucune force probante.

Cette opinion seule nous semble conforme au texte et à l'esprit général de la loi sur la matière.

Si l'on nous objecte qu'aucun texte n'a prononcé la nullité de l'acte de célébration pour vice de forme, et qu'en matière de nullités on ne peut suppléer au silence de la loi, nous répondons qu'il est vrai que la loi n'a pas prononcé la nullité de l'acte de célébration pour vice de forme; mais qu'il nous semble que l'on ne pourrait pas conclure de là que tout acte de célébration, si informe qu'"il soit, puisse être considéré comme un acte de l'état civil; qu'un acte inscrit sur une feuille volante manque d'une des conditions essentielles qui constituent un acte de l'état civil: l'inscription sur le registre.

Nous persistons donc à penser que la nullité couverte par la possession d'état est la nullité de la *célébration*, et non pas de *l'acte qui la constate.*

L'art. 197 nous indique un second effet, produit en faveur des enfants par la possession d'état.

Art.197. 《Si néanmoins, dans le cas des art. 194 et 195, il existe des enfants issus de deux individus qui ont vécu publiquement comme mari et comme femme, et qui soient tous deux décédés, la leegitimité des enfants ne peut être contestée sous le seul preetexte du défaut de représentation de l'acte de célébration toutes les fois que cette légitimité est prouvée par une possession d'état qui n'est point contredite par l'acte de naissance.》

Notre article permet aux enfants de prouver le mariage de leurs parents, pour en faire la base de leur légitimité, sans avoir besoin de représenter l'acte de célébration. Mais nous remarquerons bien que ce n'est qu'en faveur des enfants qu'il déroge à la règle générale posée par l'art. 194, et seulement lorsque certaines conditions se trouvent réunies. Ces conditions sont au nombre de quatre; il faut:

1° Que les père et mère soient tous deux décédés;

2° Qu'ils aient eu la possession d'état d'époux légitimes;

3° Que les enfants eux-mêmes soient en possession d'état d'enfants légitimes;

4° Que leur possession d'état ne soit pas contredite par l'acte de naissance.

Reprenons ces quatre conditions.

Première condition. — Il faut que les père et mère soient tous deux décédés.

C'est ici le lieu de donner le motif sur lequel repose l'exception admise par l'art. 197. Lorsque les père et mère sont vivants, rien n'est plus facile aux enfants que de leur demander des renseignements sur le lieu de la célébration de leur mariage, et d'arriver ainsi à se procurer l'acte civil qui en établit l'existence. Mais, lorsque les père et mère sont morts, à qui les enfants demanderont-ils des renseignements? A des parents presque toujours intéressés à contester leur légitimité! La loi n'a pas voulu que des enfants légitimes se trouvassent ainsi dans l'impossibilité de faire la preuve exigée par l'art. 194, et elle a organisé pour eux la preuve spéciale dont nous nous occupons.

Une question se présente ici: notre texte ne prévoit que le cas où les époux

sont l'un et l'autre décédés; devons-nous aller plus loin et assimiler au décès la démence ou l'absence des père et mère?

Si nous nous prononçons pour l'affirmative, nous aurons d'abord contre nous les termes de la loi: la loi, nous dira-t-on, quand elle veut comparer au décès l'impossibilité où serait une personne de manifester sa volonté, a toujours soin de s'en expliquer. Or, l'art. 197 ne prévoit que le décès des père et mère; donc, on rentre dans la règle générale pour tous les autres cas. Ensuite, on ne manquera pas de nous faire sentir combien l'absence ou la démence qui peuvent avoir une fin, sont différentes de l'hypothèse d'un décès. Supposez, nous dira-t-on, que le père ou la mère absent revienne, que le père ou la mère en état de démence recouvre la raison: ne pourra-t-il pas arriver, l'époux ne pouvant prouver son mariage, que l'on soit obligé ou d'annuler le jugement rendu en faveur de l'enfant, ou de maintenir sa légitimité, tout en déclarant qu'il n'y a pas eu de mariage?

Malgré tous ces arguments dont nous reconnaissons la valeur, nous préférons l'affirmative.

En effet, quel est le motif pour lequel la loi a admis une exception en faveur des enfants dont les parents sont décédés? C'est, avons-nous dit, l'impossibilité où sont alors les enfants d'obtenir les renseignements dont ils ont besoin. Or, le même motif de raison et d'équité se présente ici; donc, nous devons appliquer l'art. 197, dans le cas de démence ou d'absence des père et mère ou du survivant. Si la loi n'a prévu que l'hypothèse du décès, c'est qu'elle est l'hypothèse la pous ordinaire. Ajoutons que, lorsque l'enfant a fourni les preuves demandées par l'art. 197, on est presque certain que le mariage a existé et que l'absent de retour ne sera pas en peine de représenter l'acte de célébration.

Que déciderons-nous au cas où, l'un des prétendus époux seulement étant décédé, le survivant, dans un intérêt pécuniaire, pour évitre, par exemple, une liquidation de communauté réclamée par son enfant, nie le mariage? L'enfant, dans ce cas, pourra-t-il invoquer le bénéfice de l'art. 197; en d'autres termes, sera-t-il dispensé de la représentation de l'acte de mariage, en supposant remplies d'ailleurs toutes les autres conditions requises par l'art. 197? — Nous ne

le pensons pas.

L'art. 197 nous semble ici inapplicable autant qu'il est formel; parce que le motif qui lui sert de fondement, c'est-à-dire l'impossibilité de la part des père et mère d'instruire leur enfant du lieu où ils se sont mariés, n'existe pas, et le texte exige formellement que les père et mère soient *tous deux* décédés.

Deuxième et troisième conditions. — Il faut, d'une part, que les parents aient vécu publiquement comme mari et comme femme, c'est-à-dire aient eu la possession d'état d'époux; d'autre part, que les enfants aient eu la possession d'état constante d'enfants légitimes, c'est-à-dire aient toujours été traités comme tels dans la famille et dans la société.

La loi attache une grande importance à la possession d'état, parce qu'elle tient toujours pour constants les faits qui constituent, dans les rapports des hommes, la condition régulière et habituelle. Aussi, la double possession d'état des époux et des enfants est la base de la présomption légale.

Comment cette double possession d'état sera-t-elle prouvée? L'art. 16 du projet voulait qu'elle le fût, soit par des actes authentiques, soit par des actes privés émanés de ceux qui contestent l'état de l'enfant; mais, cette rédaction a été supprimée. La preuve pourra donc être faite par tous les moyens possibles.

Quatrième condition.— Il faut qu'il n'y ait pas d'acte de naissance qui contredise la possession d'état de l'enfant.

Cette dernière condition est, comme on l'a dit avec raison, une condition négative. Ainsi, on n'exige pas de l'enfant qu'il représente un acte de naissance affirmant sa légitimité; il suffit qu'on ne puisse pas lui en opposer un qui soit contraire à sa possession d'état, qui le qualifie, par exemple, d'enfant naturel.

Or, il paraît qu'il n'en a pas toujours été ainsi. Denisart nous apprend qu'autrefois on exigeait que l'acte baptistaire de l'enfant fût conforme à sa possession d'état. Et, d'après la première rédaction de notre article, il fallait qu'un acte de naissance, appuyé de la possession d'état, prouvât la légitimité. Ce projet a été abandonné avec raison. On a considéré qu'il n'était pas rationnel d'exiger que l'enfant représentât un acte de naissance affirmant sa légitimité, alors qu'on le dispensait de représenter l'acte de mariage de ses père et mère. Il est évident que l'enfant peut tout aussi bien ignorer le lieu où a été

reçu son acte de naissance, que le lieu où a été célébré le mariage de ses parents. La même impossibilité, pour l'enfant, de se procurer des renseignements se présente dans l'un et l'autre cas.

Maintenant, supposons que les quatre conditions que nous venons d'étudier concourent; supposons que l'enfant a fait toutes les preuves exigées de lui : la présomption de légitimité qui existe alors en sa faveur est-elle absolue? Non. Ces mots de l'art. 197: 《...La légitimité des enfants ne peut être contestée sous le prétexte du défaut de représentation de l'acte de célébration...》 indiquent bien que la présomption de légitimité peut être contestée pour d'autres causes. Mais quelles sont ces causes?

Si l'adversaire de l'enfant prétend que le mariage du père, bien valablement célébré, est nul à raison de quelque empêchement dirimant, pour cause, par exemple, de bigamie, d'inceste ou d'impuberté..., la demande en nullité est certainement recevable. La présomption légale qui résulte de l'art. 197 ne fait que suppléer à l'acte de célébration et en tenir lieu. En d'autres termes, cet acte ne prouve qu'une chose, la célébration du mariage; mais, la question de savoir si le mariage est ou non exempt de toute autre cause de nullité reste entière.

Si, au contraire, l'adversaire de l'enfant attaque la célébration même du mariage; s'il prétend, non qu'elle n'a pas eu lieu, mais qu'elle n'a pas été valable, et produise lui-même un acte de célébration irrégulier entre les père et mère, la présomption légale devra-t-elle tomber devant cette production? Cela revient à se demander si la présomption légale de l'art. 197 équivaut à la représentation d'un acte de mariage régulier et valable, et il nous semble qu'on doit se prononcer pour l'affirmative.

3º *Preuve du mariage résultant d'une procédure criminelle.*

Cette matière difficile est réglée par les art. 198 et 200 du Code civil.

L'art. 198 est ainsi conçu :

《Lorsque la preuve d'une célébration légale du mariage se trouve acquise par le résultat d'une procédure criminelle, l'inscription du jugement sur les registres de l'état civil assure au mariage, à compter du jour de sa célébration, tous les effets civils, tant à l'égard des époux qu'à l'égard des enfants issus de

ce mariage.》

La loi, supposant que la preuve du mariage a été détruite par un fait coupable, vient au secours des époux en décidant que l'inscription du jugement de condamanation sur les registres de l'état civil tiendra lieu de l'acte de célébration, et, comme lui, fera preuve complète du mariage.

Entendons-nous d'abord sur le sens de ces mots : procédure criminelle, et notons bien qu'ils s'appliquent non-seulement aux crimes proprement dits, mais encore aux délits. Ce qui doit lever tous les doutes, c'est que, dans le projet de la commission du gouvernement, il n'était question que du cas où l'acte de mariage avait été inscrit sur une feuille volante. Or, ce fait ne constitue qu'un délit. D'ailleurs, ce n'est qu'en 1810, c'est-à-dire à une époque postérieure au Code, que la classification des méfaits en crimes, délits et contraventions a été consacrée dans le Code pénal.

Quand y a-t-il lieu à une poursuite criminelle? Il y a lieu à une poursuite creminelle:

1° Lorsqu'il y a un fait réprimé par la loi ;

2° Lorsqu'il y a un agent punissable, c'est-à-dire ayant commis le fait avec une intention coupable.

Si le fait n'est pas réprimé par une loi pénale, si l'auteur du fait n'est pas punissable, il ne peut être question d'une poursuite criminelle.

Nos articles ne s'appliquent-ils qu'au cas où c'est l'offcier de l'état civil lui-même qui est poursuivi, ou s'appliquent-ils également au cas où l'auteur du fait est tout autre individu?

Nous croyons qu'ils ne s'appliquent qu'au cas où la condamnation est prononcée contre l'officer public et seulement pour des faits qui, par leur nature, ne peuvent être que son œuvre,; par exemple, dans l'hypothèse de l'inscription de l'acte sur une feuille volante ou dans l'hypothèse d'un faux intellectuel, c'est-à-dire d'un faux commis dans la rédaction même de l'acte.

Quant au faux matériel, résultant de l'altération ou de la falsification après coup d'un acte inscrit sur les registres, et qui peut être l'œuvre non seulement de l'officier public, mais de toute autre personne, nous croyons que nos articles 198 et 199 ne l'ont pas prévu, et que l'on doit dans ce cas recourir à l'art.

46. D'ailleurs, l'art. 200 suppose bien que l'auteur du fait est l'officier de l'état civil lui-même.

Par quelles personnes l'action peut-elle être intentée? Aux termes de l'art. 199: 《Si les époux ou l'un d'eux sont décédés sans avoir découvert la fraude, l'action criminelle peut être intentée par tous ceux qui ont intérêt de faire déclarer le mariage valable, et par le procureur de la République.》

Nous avons tout d'abord à nous demander ce que c'est que l'action criminelle dont il est question dans notre texte.

En droit commun, lorsqu'un crime ou un délit ont été commis, deux actions bien distinctes en résultent:

L'action poblique ayant pour but l'application des peines : elle appartient au ministère public et ne peut être intentée que devant les tribunaux criminels;

L'action civile ayant pour but la réparation du dommage causé: elle appartient au particulier qui a été lésé et peut être exercée soit devant les tribunaux civils, soit devant les tribunaux criminels, concurremment avec l'action publique.

Il nous semble évident que ces mots de l'article 199, 《action criminelle》 ne désignent pas l'action publique. Ils désignent l'action civile; et, si cette action est appelée ici criminelle, c'est que, dans notre ancienne pratique, toute action née d'un crime, l'action civile comme l'action publique, s'appelait action criminelle. Nous avons vu, il est vrai, que cette action n'appartenait qu'aux particuliers, mais, à cause de l'importance du mariage, la loi a cru devoir déroger au droit commun et permettre au ministère public de l'exercer.

L'explication de l'art. 199 comporte l'examen de deux hypothèses;

1° Il peut se faire qu'au moment où la fraude est découverte, les époux ou l'un d'eux soient décédés, Dans ce cas il résulte directement de l'art. 199: d'une part que le ministère public pourra intenter l'action publique et, par dérogation au droit commun, demander la rectification de l'acte; d'autre part que l'époux survivant et tous les intéressés pourront porter leur action devant la juridiction criminelle.

2° Il peut arriver que la fraude soit découverte du vivant des deux époux. Alors, deux questions se présentent: le ministère public pourra-t-il exercer

l'action publique? Les autres intéressés pourront-ils exercer l'action civile, ou seront-ils condamnés à l'inaction si les époux négligent d'agir?

A ne considérer que la manièr dont s'exprime l'art. 199, il est clair que la négative dedrait être admise sur l'une et l'autre question, que l'on devrait dire que du vivant des deux époux aucune action ne peut être intentée par personne. Il n'est cependant pas probable qu'il en soit ainsi.

Et d'abord, quant à l'action publique, action fondée sur l'intérêt social et complètement indépendante de l'action civile, il n'est douteux pour personne que le ministère public ne puisse toujours l'exercer.

Quant à l'action civile, plusieurs auteurs ont pensé que lorsque les deux époux sont vivants au moment où la fraude est découverte, les autres intéressés doivent rester dans l'inaction. Cela, disent-ils, résulte de l'art. 199 et de cette considération que, tant que les epoux vivent, eux seuls sont les véritables intéressés et que, s'ils se taisent, nul n'a le droit de se plaindre à leur place.

Ces arguments ne nous touchent point.

Le texte de l'art. 199 est trop défectueux pour qu'on en puisee tirer aucun argument décisif. Tout le monde admet que ces expressions《sans avoir découvert la fraude》ne sont qu'ànonciatives; nous ne voyons pas pourquoi il n'en serait pas de même de celles-ci:《si les époux sont décédés.》Il n'y a pas lieu de séparer les deux membres de phrase; dans l'un et l'autre cas, la loi a statué sur le *plerumque fit*.

Voici quelle a été sa pensée : Du vivant des époux, personne n'a intérêt à prouver l'existence du mariage ; si, de leur vivant, les époux ont découvert la fraude, ils n'ont pas manqué d'agir et il n'est plus nécessaire, par conséquent, d'appeler personne à rétablir une preuve qui est déjà faite.

Le plus souvent, en effet, il en sera ainsi. Mais il est possible que les époux s'abstiennent ; il est également possible que des tiers aient, du vivant de ces derniers, un intérêt né et actuel à prouver la célébration du mariage. Leurs enfants, par exemple, peuvent avoir besoin d'établir leur légitimité pour recueillir une succession qu'on leur conteste. Pourquoi leur refuserait-on le droit d'intenter l'action? Si l'on admet que, lorsque les époux seront décédés, même

connaissant la fraude, leur inaction n'aura pas enlevé aux autres le droit d'agir, pourquoi leur refuserait-on ce droit lorsque les époux sont vivants?

Il nous reste à nous demander devant quel tribunal l'action civile doit être portée.《Si l'officier poblic, dit l'art. 200, est décédé lors de la découverte de la fraude, l'action sera dirigée au civil contre ses héritiers, par le procureur de la République, en présence des parties intéressées, et sur leur dénonciation.》

Nous distinguerons deux cas :

1° Le cas où l'officier public est décédé lors de la découverte de la fraude ;

2° Le cas où il est vivant.

Premier cas. — L'officier public est décédé. Ce cas est prévu par l'art. 200 qui contient une dérogation remarquable aux règles du droit commun.

Dans notre hypothèse, il ne peut être question de procédure criminelle et d'action publique. Celle-ci a été éteinte par la mort du coupable. Reste l'action civile.

Le droit commun exigerait qu'elle fût intentée par les époux eux-mêmes ou par les autres parties intéressées. Cependant, les choses ne se passent pas ainsi. L'exercice de l'action est conféré non pas à ceux qu'elle intéresse, mais au procureur de la République. La loi, par cette décision, a prévenu une collision qui aurait pu s'établir entre le demandeur et le défendeur. Nous nous expliquons : tant que l'officier public est vivant, la collision n'est pas à craindre, car il est certain que sa défense sera énergique, vu les peines que pourrait entraîner contre lui une condamnation. Mais, lorsque l'action est intentée contre ses héritiers, ceux-ci, n'étant exposés qu'à de simples condamnations pécuniaires, pourraient parfaitement s'entendre avec le demandeur pour se laisser condamner moyennant une large indemnité.

Nous remarquerons que, dans le cas qui nous occupe, le procureur de la République n'est que l'organe, pour ainsi dire, de la partie privée, et par conséquent est tenu d'agir du moment où elle lui dénonce le fait et l'intention de poursuivre. Cela semble bien résulter de ces expressions de l'art. 200 :《L'action sera dirigée par le procureur de la République.》

Deuxième cas. — Lorsque l'officier public est vivant, la partie privée a-t-elle, conformément au droit commun, la faculté de choisir entre les tribunaux

criminels?

On invoque, en faveur de l'affirmative :

1° Le droit commun auquel, dit-on, il n'est pas formellement dérogé ;

2° Cette considération que, dans l'hypothèse d'un crime proprement dit, les parties n'ayant pas le droit de saisir directement les tribunaux criminels, ce serait subordonner leur droit à l'appréciation du ministère public, qui peut refuser de poursuivre, que de les obliger à porter plainte.

Malgré ces raisons, nous pensons que, lorsque la poursuite criminelle ou correctionnelle est possible, la partie privée doit agir soit directement par voie correctionnelle, lorsqu'il s'agit d'un délit ; soit par voie de plainte au ministère public, lorsqu'il s'agit d'un crime. Cela résulte directement des art. 198 et 199 qui supposent toujours une poursuite criminelle, et par *a contrario* de l'art. 200 qui ne permet l'action civile que par exception et en conférant la direction au ministère public.

D'ailleurs, les travaux préparatoires du Code nous indiquent bien qu'il en doit être ainsi. La première rédaction de l'art. 198 se composait de deux dispositions qui furent ensuite réunies en une seule. Or, il y était dit que《l'officier de l'état civil doit être poursuivi criminellement tant par les époux qu'il a trompés que par le commissaire du gouvernement. — Que l'action doit être dirigée par le commissaire du gouvernement...》

Si ce texte a été modifié, ce n'est que parce qu'il ne s'occupait que de la rédaction sur une feuille volante, cas déjà prévu ailleurs. Mais, la pensée essentielle des rédacteurs a été conservée par l'art. 198.

Nous avons encore à examiner en terminant, quel est l'effet du jugement de condamnation. L'art. 198, *in fine*, nous apprend que《... L'inscription du jugement sur les registres de l'état civil assure au mariage, à compter du jour de sa célébration, tous les effets civils, tant à l'égard des époux qu'à l'égard des enfants issus de ce mariage.》

Nous devons rectifier certaines inexactitudes contenues dans ce texte. Ainsi, cette formule《assure au mariage tous ses effets civils》ne signifie pas que désormais le mariage sera à l'abri de toute attaque. Il est bien certain que la question de savoir si le mariage est valable, s'il est exempt d'inceste, de biga-

mie, de violence ou d'erreur, reste entière. Le jugement de condamnation ne prouve qu'une chose, la célébration du mariage. Quant à ces mots《tant à l'égard des époux qu'à l'égard des enfants,》ils n'ont rien de limitatif. L'inscription du jugement de condamnation sur les registres de l'état civil équivaut à un acte de célébration régulier, et l'acte de célébration, nous le savons, prouve le mariage à l'égard de tout le monde.

Ce sont là, d'ailleurs, des points sur lesquels tout le monde est d'accord.

Ajoutons en terminant qu'il ne nous semble pas nécessaire, bien que cette solution soit trèscontestée, que les époux ou les autres intéressés se soient portés parties civiles au procès pour que le jugement de condamnation puisse avoir les effets que lui attribue l'art. 198.

POSITIONS

I. L'acte de célébration inscrit sur une feuille volante ne fait point preuve.

II. La fin de non-recevoir créée par l'art. 196 s'applique à la nullité qui proviendrait d'un vice dans la célébration, d'un défaut de publicité par exemple.

III. La demeure ou l'absence des père et mère ou du survivant doit, quant à l'application de l'art. 197, être assimilée au décès.

IV. Lorsque l'officier public est vivant la partie privée ne peut se pourvoir devant les tribunaux civils.

DROIT ADMINISTRATIF

DES ATTRIBUTIONS DES PRÉFETS.

La loi des 22 décembre 1789 et 8 janvier 1790 qui établit une nouvelle organisation administrative, en remplaçant la division de la France en provinces par celle en départements, mit à la tête de chaque département : 1° un directoire permanent, de huit membres choisis par le conseil général dans son sein et représentant l'administration active et contentieuse ; 2° un conseil général de trente-six membres représentant l'administration délibérative ; 3° un procureur général syndic chargé de reguérir l'application des lois et de représenter le département au point de vue judiciaire.

Tous les membres de l'administration départementale durent être élus par les citoyens qui avaient reçu, des assemblées primaires, le droit d'élire les représentants à l'Assemblée nationale. Cette organisation se continua jusqu'au 5 fructidor de l'an III, époque à laquelle la Constitution qui porte cette date confia l'administration du département à une administration centrale composée de cinq membres nommés à l'élection, mais assistés d'un commissaire nommé par le gouvernement et chargé de requérir l'application de la loi.

Enfin, la loi du 28 pluviôse an VIII modifia complètement le système antérieur en supprimant partout l'élection ; elle divisa ainsi les pouvoirs au département ;

1° Un préfet chargé de l'administration active, nommé par le premier consul ;

2° Un conseil général, chargé de l'administration délibérative, nommé par le premier consul sur la liste des notabilités départementales ;

3° Un conseil de préfecture, chargé de l'administration contentieuse, nommé aussi par le premier consul.

L'élection fut rétablie au département, après l'avoir été à la commune en 1831. Mais la division des pouvoirs, telle qu'elle a été organisée en l'an VIII au département, est restée en vigueur sauf en dehors du rétablissement de l'élection, des modifications importantes dans les attributions. Citons particulièrement les décrets de décentralisation des 25 mars 1852 et 13 avril 1866,

qui ont singulièrement étendu les attributions des préfets déjà nombreuses et variées. — Mais la loi de 10 août 1871 leur a enlevé depuis certaines de leurs attributions pour les confier au conseil général et à la commission départementale.

Nous diviserons notre étude sur les préfets en trois chapitres : le premier s'occupera de leur organisation, le second et le troisième seront consacrés l'un à leurs attributions administratives, l'autre à leurs attributions contentieuses.

CHAPITRE PREMIER.

ORGANISATION DES PRÉFETS

Le préfet est le premier agent administratif du département. Il est nommé et révoqué par le chef de l'État. Mais aucune condition particulière d'âge ou de capacité n'est exigée pour sa nomination ; la qualité de citoyen suffit.

Les attributions des préfets, très-nombreuses et très-diverses, diffèrent de celles des ministres à un double point de vue : 1° tandis que les attributions des ministres s'appliquent à tout le territoire, celles des préfets sont bornées au département, et, à ce point de vue, on peut dire qu'elles sont moindres ; 2° mais, d'un autre côté, tandis que les attributions des ministres sont restreintes à une branche particulière de service public, celles des préfets se rapportent à tous les services publics, et, à cet autre point de vue, on peut dire qu'elles sont plus étendues.

Le préfet correspond donc avec tous les ministres, mais il relève plus spécialement du ministre de l'intérieur, qui particulièrement contre-signe les décrets qui les nomment ou les révoguent.

Le préfet doit résider au chef-lieu du département, et ne peut s'absenter de son département sans la permission du ministre de l'intérieur.

En cas d'absence ou d'empêchement, et si le préfet ne sort pas de son département, il peut, sans approbation du ministre de l'intérieur, déléguer ses fonctions au secrétaire général ou à un conseiller de préfecture. A défaut de délégation, le remplaçant est de droit le plus ancien membre du conseil de préfecture.

En cas de mort, de démission ou de révocation jusqu'à nomination du successeur, le remplaçant est encore de droit le plus ancien membre du conseil de préfecture, s'il n'y a pas eu de délégation antérieure.

Quand le préfet prend une décision, il agit tantôt seul, tantèt après l'avis du conseil de préfecture, sans que cependant cet avis puisse le lier. Toutefois, s'il statuait sans avoir demandé cet avis, dans le cas où les règlements l'y obligent, il commettrait un excès de pouvoir.

Les préfectures sont divisées en trois classes et les préfets peuvent avancer sur place.

CHAPITRE II

ATTRIBUTIONS ADMINISTRATIVES DES PRÉFETS.

Le préfet, dit l'art. 3 de la loi du 28 pluviôse de l'an VIII, sera seul chargé de l'administration.

Les attributions du préfet sont en général des attributions d'administration pure ; ce n'est que par exception qu'il exerce des attributions contentieuses ; attributions, qui ont été fort restreintes, comme nous le verrons, par une loi de 1815.

En qualité d'administrateur, le préfet présente deux caractères distincts :

1° Celui d'agent du pouvoir central ;

2° Celui de représentant du département.

Cette division, qui sera celle de notre chapitre, subsiste malgré la loi du 10 août 1871. Dans le projet de loi, on voulait enlever au préfet ses attributions comme représentant du département. Mais ce système n'a point prévalu, comme l'indique l'art. 3 de cette loi de 1871.

SECTION PREMIÈRE.

DU PRÉFET CONSIDERÉ COMME AGENT DU POUVOIR CENTRAL.

Notons tout d'abord que la qualité d'agent du pouvoir central est dominante

chez le préfet. Cette qualité se manifeste par plusieurs sortes de fonctions :

1° Comme agent de transmission du pouvoir central le préfet est chargé de transmettre et de faire exécuter les lois, décrets et instructions ministérielles. Il est contraint d'obéir aux ordres qu'il reçoit ou de se démettre. C'est à ce même titre qu'il est l'intermédiaire obligé de toute demande ou réclamation adressée soit par les administaateurs des arrondissements et des communes, soit par les particuliers, au gouvernement ; de même qu'il transmet à celui-ci tous les renseignements qui lui sont demandés.

2° Comme dépositaire de la portion du pouvoir exécutif appelée l'autorité administrative, le préfet règle par lui-même toute affaire administrative d'intérêt général qui n'est pas spécialement réservée à l'autorité supérieure : il réglemente pour le département. C'est à ce même titre qu'il exerce les fonctions de tutelle administrative à l'égard des communes et des établissements publics.

Sous l'empire de la loi de 1838, les délibérations du conseil général n'étaient executoires qu'après approbation soit du préfet, soit du ministre, soit du chef de l'Etat, soit du Corps législatif.

Les décrets, dits de décentralisation, du 25 mars 1852 et du 19 avril 1861, en transportant, dans la plupart des cas, au préfet le droit d'approuver les délibérations, n'ayaient fait que déplacer l'action ou le contrôle du pouvoir central.

La loi du 18 juillet 1866 entra dans la voie de la véritable décentralisation, en attribuant au conseil général le pouvoir de statuer définitivement, sans aucune approbation, sur un grand nombre de matières intéressant le département.

La nouvelle loi du 10 août 1871 a élargi encore le cercle des matières sur lesquelles le conseïl général est appelé à prendre des délibérations réglementaires, exécutoires par ellesmémes, en diminuant d'autant les pouvoirs de tutelle administrative du préfet.

III. Le préfet dirige la police administrative du département ; il est aussi officier de police judiciaire (art. 10 C. I. cr.).

IV. Comme représentant de l'Etat, le préfet intente les actions au nom de

celui-ci et y défend. Mais comme il est en même temps le représentant du département, quelle qualité prédominera en lui, lorsque ces deux personnes morales auront des intérêts opposés? Il représentera l'Etat ; et depuis la loi du 10 août 1871, c'est un membre de la commission départementale qui représente le département, tandis qu'avant cette loi c'était le plus ancien membre du conseil de préfecture. Spécialement, il est chargé d'élever le conflit devant l'autorité judiciaire pour les affaires qui sont de la compétence de l'autorité administrative, de rendre exécutoire le rôle des contributions directes, etc.

La forme des actes du préret peut être :

1° Tantôt celle d'une simple lettre missive, comme lorsqu'il transmet aux maires les instructions de l'autorité supérieure ;

2° Tantôt celle des arrêtés, et alors il énonce tout d'abord la fonction dont il est revêtu et dans laquelle il agit ; il indique les lois sur lesquelles il s'appuie et enfin la décision prise.

Le préfet statue ainsi, tantôt seul, tantôt après avoir pris l'avis du conseil de préfecture. Quoique l'avis de ce dernier ne le lie pas, il commettrait un excès de pouvoir s'il négligeait de le prendre, dans le cas où les lois et réglements l'y obligent.

Parmi les arrêtés préfectoraux, les uns sont spéciaux et individuels, c'est-à-dire s'appliquant à un fait particulier ou à une personne déterminée, comme par exemple : l'autorisation de l'ouverture d'un magasin général ; les autres sont généraux et réglementaires.

C'est ainsi qu'il est chargé de déterminer l'époque de l'ouverture et de la clôture de la chasse (art. 3, 4 du 3 mai 1844), de réglementer les servitudes imposées aux riverains en matière de voirie vicinale (art. 21, 1. du 21 mai 1836). Dans ces divers cas, le texte des lois que nous venons de citer est formel.

Mais nous avons à nous demander ici si, en l'absence d'un texte de loi, le préfet a le droit, dans l'étendue de son département, de faire des arrêtés réglementaires sur un objet quelconque, et notamment en matière de police municipale. Ce point est controversé. Aussi, pour bien étudier la question, nous examinerons plusieurs hypothèses.

Primière hyplthèse. — Le préfet peut-il prendre directement un arrêté de

police municipale applicable à une commune?

La discussion de la loi du 18 juillet 1837 sur l'administration municipale va nous aider à résoudre cette question.

On sait que la loi du 16-24 août 1790 donne aux maires le droit de régler la police municipale. Or, d'après le projet (art. 11 de la loi de 1837) adopté en 1835 par la Chambre des pairs, le préfet pouvait annuler ou *modifier* les arrêtés des maires. Mais la Chambre des députés retrancha la faculté de modifier, par cette raison, qu'accorder au préfet cette faculté, c'était le substituer au maire et rendre vaine son autorité qui ne doit être qu'éclairée et dirigée.

Une raison d'analogie complète nous fait décider que le préfet ne peut pas directement rendre un arrêté de police municipale applicable à une seule commune. Lui accorder ce droit, ce serait aussi le substituer au maire.

Nous allons même plus loin, nous refusons au préfet le droit de requérir le maire d'avoir à prendre une mesure de police, et, faute par celui-ci de la prendre, de se substituer à lui. Que l'on ne vienne pas nous opposer l'art. 15 de la loi précitée ; cet article dit bien, en effet, que《dans le cas où le maire refuserait ou négligerait de faire un des actes qui lui sont prescrits par la loi, le préfet, après l'en avoir requis, pourra y procéder d'offce par lui-même ou par un délégué spécial》; mais, là n'est pas notre hypothèse, puisque l'art. 15 ne parle que des actes que la loi prescrit aux maires. Or, en matière de police municipale, le maire a un pouvoir discrétionnaire : il prend telle ou telle mesure qu'il juge convenable et non pas telle ou telle mesure prescrite par la loi.

Deuxième hypothèse. — Le préfet peut-il prendre un arrêté de police municipale applicable, non pas seulement à une seule commune, mais à toutes les communes du département?

Cette question a donné lieu à deux systèmes.

Dans un premier système, on soutient que la généralité de la mesure lui donne un caractère d'intérêt départemental, et que le règlement de police du préfet est, dans ce cas, légal et obligatoire. On argumente de la loi du 22 décembre 1789-8 janvier 1790, d'après laquelle il est dit que《les administrations des départements sont chargées de veiller à la salubrité, à la sécurité et à la tranquillité publique》, loi à laquelle s'est référée celle du 28 pluviôse an VIII,

en mettant les préfets à la tête des départements.

Dans un second système, consacré par la Cour de cassation, et que nous adoptons, on dit qu'en principe les préfets n'ont pas le droit de réglementer en matière municipale ; que la loi de 1789 n'est pas assez précise pour que l'on puisse en tirer un argument sérieux ; que l'on ne voit pas d'ailleurs pourquoi le préfet aurait plus le droit d'empiéter sur les pouvoirs de tous les maires de son département que sur les pouvoirs d'un seul. Cependant, et par excpetion, l'on reconnaît ce droit au préfet *pour les mesures de sûreté générale*. En effet, cette exception est commandée par l'art. 9 de la loi du 18 juillet 1837, qui nous dit qui les maires sont chargés, *sous l'autorité de l'administration supérieure*, des mesures de sêreté générale. C'est ainsi que la Cour de cassation a reconnu valables des arrêtés défendant de couvrir les bâtiments en chaume, ou réglant la police des cabarets et débits de boissons, tandis qu'elle a déclaré illégaux des arrêtés fixant l'heure du balayage de la voie poblique, ou prescrivant aux habitants l'échardonnage de leur propriété.

SECTION II.

DU PRÉFET COMME REPRÉSENTANT LE DÉPARTEMENT.

Comme représentant du département, le préfet est, au point de vue de l'action, l'organe des intérêts du département considéré comme personne marale.

I. Aux termes de la loi de 1871, il est chargé d'une mission d'instruction préalable des affaires du département et de la mise à exécution des décisions du conseil général et de la commission départementale.

II. C'est lui qui présente au conseil le projet de budget départemental et signe les marchés au nom de département. Il pourrait même, si le conseil général ne se réunissait pas ou se séparait sans avoir arrêté la répartition des impôts directs, délivrer les mandements des contingents, d'après les bases de la répartition précédente, sauf modifications en exécution des lois.

III. C'est le préfet qui, en conformité des décisions du conseil général ou du gouvernement, accepte ou refuse les dons ou legs faits au département.

Il peut, du reste, toujours les accepter à titre conservatoire, et la décision de l'autorité requise qui intervient ensuite a effet du jour de cette acceptation.

IV. Comme représentant judiciaire et civil du département. il intente les actions en vertu de la décision du conseil général, et il peut, sur l'avis conforme de la commission départementale, défendre à toute action intentée contre le département. Il fait tous actes conservatoires et interruptifs de déchéance.

Mais rappelons que, en cas de litige entre l'Etat et le département, c'est le préfet qui représente l'Etat, tandis que le département est représenté par un membre de la commission départementale désigné par elle.

Nous allons parler maintenant des modes d'attaque des actes du préfet considéré comme administrateur, et de la sanction des arrêtés préfectoraux.

§1. — *Modes d'attaque des actes du préfet considéré comme administrateur.*

Les modes d'attaque ou voies de recours contre les arrêtés du préfet en matière purement administrative sont :

1° La rétractation, par laquelle on demande au préfet l''annulation ou la réformation de son arrêté ; mais cette rétractation ne peut avoir lieu que si les choses sont encore intactes.

2° L'appel au ministre, son supérieur hiérarchique, chacun selon ses attributions spéciales. Le recours se formera pour violation de la loi ou erreur de fait.

3° Le recours au conseil d''Etat pour excès de pouvoir ou incompétence, ce dernier recours dans un délai de trois mois.

CHAPITRE III.

ATTRIBUTIONS CONTENTIEUSES DES PRÉFETS.

§1.— *Cas dans lesquels le préfet les exerce.*

Les attributions contentieuses du préfet sont exceptionnelles.

Sous la loi du 28 pluviôse an VIII, le préfet n'avait aucune compétence en matière contentieuse. Ce sont des lois postérieures qui lui ont attribué la qual-

ité de juge administratif.

Avant la loi de 1865 sur les conseils de préfecture, le préfet statuait tantôt seul, tantôt après avoir pris l'avis du conseil. Depuis la loi du 21 juin 1865, les cas dans lesquels le préfet jugeait après l'avis du conseil de préfecture, sont restitués à la compétence de ce conseil.

Aujourd'hui donc ; quand le préfet juge au contentieux, il juge seul. Voici les principaux cas où il exerce ce pouvoir :

Pour autoriser les établissements dangereux, incommodes, insalubres, des deux premières classes, sauf recours au conseil d'Etat de la part de l'impétrant, en cas de refus d'autorisation, et l'opposition de la part des tiers devant le conseil de préfecture (décret du 25 mars 1851).

Pour prononcer la déchéance de l'acheteur d'un bien de l'Etat pour défaut de paiement, sauf approbation du ministre des finances (loi du 11 juin 1817).

Pour ordonner la suspension de travaux de mines, lorsque des puits ou des galeries ont été ouverts contrairement aux lois et réglements (loi du 27 avril 1838).

Pour frapper d'interdiciton les moulins situés à l'extrême frontière, lorsqu'il est justifié qu'ils servent à la contrebande des grains et farines.
—— Son arrêté, quoique susceptible de recours au conseil d'Etat, est provisoirement exécutoire (loi du 30 avril 1806).

Pour interdire les entreprises de fabrication de sel marin, qui ont été formées sans autorisation préalable (loi du 17 juin 1840).

§2.— *Voies de recours.*

Les voies de recours contre les attributions des préfets en matière contentieuse sont :

1° L'opposition contre les décisions par défaut ;

2° La tierce-opposition de la part des tiers qui se prétendent lésés ;

3° L'appel au ministre compétent, sauf ensuite le recours contre la décision du ministre devant le conseil d'Etat ;

4° Le recours direct au conseil d'Etat dans deux cas :

1° Lorsque le recours est fondé sur l'incompétence ou l'excès de pouvoir ; 2°

lorsque la loi a dit《sauf recours au conseil d'Etat,》bien que sur ce point il y ait eu controverse.

La jurisprudence du conseil d'Etat est fixée dans le sens que nous indiquons.

POSITIONS

DROIT ADMINISTRATIF.

I. Le préfet ne peut prendre un arrêté munipal applicable à une seule commune.

II. Quand la loi dit que le préfet statue sauf recours au conseil d'Etat, on n'a pas besoin de suivre la filière hiérarchique.

Vu par le président de la thèse,
CH.BEUDANT.

Vu par le doyen,
G.COLMET-DAAGE.

人名索引

〈ア　行〉

〈カ 行〉

〈サ 行〉

〈タ　行〉

〈ナ　行〉

〈ハ　行〉

〈マ　行〉

〈ヤ　行〉

〈ラ　行〉

〈ワ　行〉

〔編者紹介〕

村 上 一 博（むらかみ・かずひろ）

1956年　京都市生まれ

1978年　同志社大学法学部卒業

1986年　神戸大学大学院法学研究科博士後期課程単位取得

現　在　明治大学法学部教授

博士（法学、神戸大学）

日本近代法学の巨擘 磯部四郎論文選集

2005年（平成17）年11月20日　初版第1刷発行

編　者　村　上　一　博

発行者　今　井　　貴
　　　　渡　辺　左　近

発行所　信山社出版株式会社

〒113-0033　東京都文京区本郷6-2-9-102

電　話　03(3818)1019

ＦＡＸ　03(3818)0344

Printed in Japan

印刷・製本／松澤印刷・大三製本

ISBN4-7972-2442-8　C3332